石 狮 年 鉴

SHISHI YEARBOOK

(2014)

石狮市地方志编纂委员会办公室　编

方志出版社
Publishing House of Local Records

图书在版编目（CIP）数据

石狮年鉴. 2014 / 石狮市地方志编纂委员会办公室编. --北京：方志出版社，2015.1
ISBN 978-7-5144-1560-5

Ⅰ. ①石… Ⅱ. ①石… Ⅲ. ①石狮市—2014—年鉴
Ⅳ. ①Z525.73

中国版本图书馆CIP数据核字（2015）第038699号

石狮年鉴（2014）

编　　者：	石狮市地方志编纂委员会办公室
责任编辑：	刘方圆
出 版 人：	冀祥德
出 版 者：	方志出版社 地址　北京市朝阳区潘家园东里9号（国家方志馆4层） 邮编　100021 网址　http://www.fzph.org
发　　行：	方志出版社发行中心 电话（010）67110500
经　　销：	各地新华书店
印　　刷：	泉州丰泽七彩印刷有限公司
开　　本：	889×1194　1/16
印　　张：	23
字　　数：	664千字
版　　次：	2015年1月第1版　2015年1月第1次印刷
印　　数：	0001~1000册

ISBN 978-7-5144-1560-5　　**定价：** 260.00元

石狮市地方志编纂委员会

《石狮年鉴》总编室

编辑说明

一、《石狮年鉴》是中共石狮市委、石狮市人民政府组织编纂，石狮市地方志编纂委员会办公室负责编辑出版的地方综合性年鉴。《石狮年鉴》以年为时间单位记载石狮市改革开放、经济发展、社会进步等方面的基本情况和最新成就，展示石狮市社会主义现代化建设崭新风貌。所刊载资料系统、翔实、准确，具有权威性，为国内外读者全面了解、研究石狮提供帮助。同时，也为编修地方志书积累资料。

二、《石狮年鉴(2014)》以马列主义、毛泽东思想、邓小平理论、“三个代表”重要思想、科学发展观为指导，实事求是记载2013年石狮市社会主义现代化建设的进程。记事时限为2013年1月1日—12月31日。

三、本年鉴共设32部类、188个类目、66个表格。反映各行业、各部门工作和经济社会发展新貌的图片分列于各部类中，图文并茂。

四、本年鉴采用规范的现代汉语记述。文字、标点符号、计量单位(除统计资料部分照录外)均以国家现行规范为准。

五、本年鉴采编的资料(除特载、附录外)，均由市直各单位、各镇(街道)提供，并由各参编单位的领导审定；某些类目的内容，编者亦采集有关资料编纂或融合成文；采用的统计数字属全市性的，均以石狮市统计局公布的资料为准，不属石狮市统计局统计的部门性资料，由主管单位提供。

六、本年鉴的组稿、编辑、印刷、出版等工作得到各相关单位、镇(街道)的大力支持，对关心支持年鉴工作的各级领导及参与文稿编辑、审订的人员所付出的辛勤劳动，谨此致以衷心谢忱！《石狮年鉴(2014)》内容广泛，但因编者水平有限，疏漏差错之处在所难免，恳请广大读者批评指正。

石狮市地图
图 例
县级行政中心
街道办事处、镇
农 林 场
社区居委会
村 委 会
县 级 界
镇（街道）界
在建高速公路
省 道
县 道
一般道路
主要街道
在建街道
河 流
山 峰
旅游资源
比例尺 1:100 000
福建省制图院（0591-87832543）编制 审图号：闽S（2011）99号
惠 安 县
晋 江 市
台 湾 海 峡
深 沪 湾
泉 州 湾
石狮市
凤里街道
湖滨街道
宝盖镇
蚶江镇
祥芝镇
鸿山镇
锦尚镇
永宁镇
灵秀镇
陈埭镇
西滨镇
新塘街道
泉州晋江机场
泉州港石湖码头
祥芝中心渔港码头
华锦通用码头
梅林码头
六胜塔
姑嫂塔
闽南黄金海岸
虎岫寺
朝天寺
宝盖山
灵秀山
观音山
大北山
风炉山
双髻山
黄牛山
莲山
香山
仙公山
白石山
烟墩山
乌龟山
洪厝山
将军山
五虎山
青山
关公山
后宅山
泉州湾跨海大桥
S201
S308
X323
X324
X325
X326
X327
X317

目　　录

特　载

大事记

概　貌

中共石狮市委员会

中共石狮市纪律检查委员会

民主党派　工商联　人民团体　群众团体

社会公用事业

文　化

镇、街道

2013年重点建设竣工项目

【概况】 2013年，石狮市入选福建省重点项目27个，总投资330.97亿元，其中在建项目16个，总投资221.96亿元，年度计划投资48.71亿元；入选泉州市重点项目40个，总投资560.29亿元，其中在建项目26个，总投资382.28亿元，年度计划投资64.11亿元；石狮市级重点项目169个，其中在建项目111个，总投资807.67亿元，年度计划投资179.68亿元。

【八七路及人民广场景观提升】

该重点项目建设地点位于八七路、市政府人民广场。建设内容：全长6千米，面积15万平方米，投资3750万元，主要包括城市园林景观、植物配置等景观项目建设，2013年6月全部完工。

该重点建设项目责任单位系石狮市住房和城乡规划建设局，责任人张基明；设计单位系深圳市北林苑景观及建筑规划设计院有限公司，施工单位系福建腾辉环境建设集团有限公司；挂钩市领导：刘德旺、郭丽莲。

石狮市政府人民广场景观

(图/摘自《石狮日报》)

【东港路绿化景观提升工程】 该重点建设项目建设地点位于东港路。建设内容及规模为全长2.2千米，投资500万元，主要包括城市园林景观、植物配置等景观项目建设，2013年5月全部完工。

该重点建设项目责任单位系石狮市住房和城乡规划建设局，责任人张基明；施工单位：福建玲珑园林建筑工程有限公司；挂钩市领导：刘德旺、郭丽莲。

【嘉禄路（濠江路—学府路段）绿化工程】 该重点建设项目建设地点位于嘉禄路。建设内容及规模为全长1.2千米，投资200万元，主要包括城市园林景观、植物配置等景观项目建设，2013年5月全部完工。

该重点建设项目责任单位系石狮市住房和城乡规划建设局，责任人张基明；施工单位系福建和隆园林建设有限公司；挂钩市领导：刘德旺、郭丽莲。

【五个口袋公园景观工程】 该重点建设项目建设地点位于八七路达狮雄边、南洋路与西环路交叉口、香江路港塘村古井边、子芳路华侨医院边、西环路与华北街交叉口。建设内容及规模是五个口袋公园，面积约1万平方米，投资700万元，主要包括城市园林景观、城市绿道、景观小品、植物配置等景观项目建设，2013年3月全部完工。

该重点建设项目责任单位系石狮市住房和城乡规划建设局，责任人张基明；设计单位系深圳市北林苑景观及建筑规划设计院有限公司；施工单位系泉州市耀华园林有限公司；挂钩市领导：刘德旺、郭丽莲。

【明珠广场景观提升】 该重点建设项目建设地点位于石泉路入口处。建设内容及规模是总面积约2.67公顷，投资2000万元，主要包括城市园林景观、景观小品、植物配置等景观项目建设，2013年12月全部完工。

该重点建设项目责任单位系石狮市住房和城乡规划建设局，责任人张基明；设计单位系深圳市北林苑景观及建筑规划设计院有限公司；施工单位系泉州市耀华园林有限公司；挂钩市领导：刘德旺、郭丽莲。

【全市推广种植三角梅活动】 该重点项目建设地点为石狮市建成区范围。建设内容及规模为完成种植10万株三角梅，计划投资2000万元，主要是在全市范围内推广种植三角梅，2013年9月全部完工。

该重点建设项目责任单位系石狮市住房和城乡规划建设局，责任人张基明；施工单位系福福建达宇园艺工程有限公司；挂钩市领导：刘德旺、郭丽莲。

【石泉二路交通互通口至横二路沿线景观提升工程】 该重点项目建设地点为石泉二路互通口、互通口—大北环3#桥道路两侧、龟坝水闸绿地、大北环3#桥—横二路两侧道路。建设内容及规模为石泉二路交通互通口至横二路沿线景观提升工程，总占地约25万平方米，投资7650万元，主要包括城市园林景观、城市绿道、景观小品、植物配置等景观项目建设，2013年12月全部完工。

该重点建设项目责任单位系石狮市住房和城乡规划建设局，责任人张基明；设计单位系深圳市北林苑景观及建筑规划设计院有限公司，施工单位系福建闽景园林绿化工程有限公司、福建红珊瑚景观建设有限公司、福建艺景园林工程有限公司；挂钩市领导：刘德旺、郭丽莲。

大北环景观提升工程(图/摘自《石狮日报》)

【石狮大道(互通口—水头外线段)景观提升工程】 该重点项目建设地点为石狮大道(互通口—水头外线段)。建设内容及规模为全长1.3千米，计划投资1900万元，主要包括城市园林景观、植物配置等景观项目建设，已全部完工。

该重点建设项目责任单位系石狮市住房和城乡规划建设局，责任人张基明；设计单位系厦门市北林城景园林景观设计有限公司，施工单位系厦门市雅景致环境艺术工程有限公司；挂钩市领导：刘德旺、郭丽莲。

【宋塘路(子芳路—濠江路段)景观提升工程】 该重点项目建设地点为宋塘路。建设内容及规模为全长1.6千米，投资350万元，主要包括城市园林景观、植物配置等景观项目建设，2013年9月全部完工。

该重点建设项目责任单位系石狮市住房和城乡规划建设局，责任人张基明；设计单位系厦厦门市北林城景园林景观设计有限公司，施工单位系福建红珊瑚景观建设有限公司；挂钩市领导：刘德旺、郭丽莲。

【南洋路塘园溪景观带景观提升】

该重点项目建设地点为南洋路塘园溪。建设内容及规模为总面积约40000平方米，投资600万元，主要包括城市园林景观、植物配置等景观项目建设，2013年9月全部完工。

该重点建设项目责任单位系石狮市住房和城乡规划建设局，责任人张基明；设计单位系厦门市北林城景园林景观设计有限公司，施工单位系泉州绿宇园艺有限公司；挂钩市领导：刘德旺、郭丽莲。

【外东环路简单绿化】 该重点项目建设地点为外东环路。建设内容及规模为全长1.6千米，投资100万元，主要包括城市园林景观、植物配置等景观项目建设，2013年5月全部完工。

该重点建设项目责任单位系石狮市住房和城乡规划建设局，责任人张基明；施工单位系福建天林市政园林工程有限公司；挂钩市领导：刘德旺、郭丽莲。

【外西环路交通互通口简单绿化】

该重点项目建设地点为狮城大道与外西环路交叉口。建设内容及规模为总面积约 10 万平方米，投资300 万元，主要包括城市园林景观、植物配置等景观项目建设，2013 年 12 月全部完工。

该重点建设项目责任单位系石狮市住房和城乡规划建设局，责任人张基明；设计单位系厦门市北林城景园林景观设计有限公司，施工单位系福建省泉州恒利装饰设计工程有限公司；挂钩市领导：刘德旺、郭丽莲。

【香江路（濠江路—学府路段）景观提升工程】 该重点项目建设地点为香江路。建设内容及规模为全长 1.7 千米，投资 500 万元，主要包括城市园林景观、植物配置等景观项目建设，2013 年 10 月全部完工。

该重点建设项目责任单位系石狮市住房和城乡规划建设局，责任人张基明；设计单位系厦门市北林城景园林景观设计有限公司，施工单位系福建省泉州恒利装饰设计工程有限公司；挂钩市领导：刘德旺、郭丽莲。

【学府路景观提升工程】 该重点项目建设地点为学府路。建设内容及规模为全长 4.1 千米，投资 900 万元，主要包括城市园林景观、植物配置等景观项目建设，2013 年 5 月竣工。

该重点建设项目责任单位系石狮市住房和城乡规划建设局，责任人张基明；设计单位系厦门市北林城景园林景观设计有限公司，施工单位系泉州耀华园林有限公司；挂钩市领导：刘德旺、郭丽莲。

【沿海大通道（海兴厂区—红塔湾段）绿化工程】 该重点项目建设地点为沿海大通道。建设内容及规模为全长 1.6 千米，投资 200 万元，主要包括城市园林景观、植物配置等景观项目建设，2013 年 5 月全部完工。

该重点建设项目责任单位系石狮市住房和城乡规划建设局，责任人张基明；施工单位系福建和隆园林建设有限公司；挂钩市领导：刘德旺、郭丽莲。

【城北片区安置小区污水管网接入工程】 该重点项目建设地点为濠江路至学府路段。建设内容及规模为城市次干道，起点与濠江路相交，终点与学府路相交，道路全长为 1217.667 米，宽为 30 米，双向四车道，采用沥青砼路面。主要建设内容为土石方工程、道路工程、雨污管道工程、路灯工程等，总投资为 3000 万元，2013 年 1 月 1 日竣工。

该重点建设项目责任单位系石狮市住房和城乡规划建设局，责任人王春艺；设计单位系石狮市规划设计院，施工单位系泉州福兴建筑工程有限责任公司；挂钩市领导：刘德旺。

【嘉禄路东段（濠江路至学府路）工程】 该重点项目建设地点为濠江路至学府路段。建设内容及规模为该工程为城市次干道，起点与濠江路相交，终点与学府路相交，道路全长为 1217.667 米，宽为 30 米，双向四车道，采用沥青砼路面。主要建设内容为土石方工程、道路工程、雨污管道工程、路灯工程等，总投资为 3000 万元，现已经竣工验收完成。

该重点建设项目责任单位系石狮市住房和城乡规划建设局，责任人王春艺；设计单位系石狮市规划设计院，施工单位系泉州福兴建筑工程有限责任公司；挂钩市领导：刘德旺。

【石狮服饰辅料专业市场周边道路建设】 该重点项目建设地点为宝盖镇辅料市场周边。建设内容及规模为石狮服饰辅料专业市场周边道路建设，路基工程分为石狮市东西三路（直一路—福辉路）路基工程和石狮市直一路（东西三路—香江路）路基工程。其中石狮市东西三路（直一路—福辉路）路基工程全长约 0.427 千米，内容包括路基土方开挖、回填、余方外运、缺方内运，总投资额为 4008 万元，该路基工程已竣工验收。石狮市直一路（东西三路—香江路）路基工程，全长约 0.52 千米，内容包括路基土

（图／重点办）

方开挖、回填、余方外运、缺方内运，总投资额为 4091 万元，2013 年 4 月 24 日竣工。

该重点建设项目责任单位系石狮市住房和城乡规划建设局，责任人王春艺；设计单位系中国市政工程西北设计研究院有限公司，施工单位系福建省泉发建设工程有限公司；挂钩市领导：林自育。

【石狮市福辉路、福辉北路工程（宝岛路至石狮大道段）】 该重点项目建设地点为宝岛路至石狮大道。建设内容及规模为全长为 3.614 千米，道路红线宽 44 米；实行主车道宽 23 米双向六车道，两侧各 1.5 米宽绿化隔离带、5 米非机动车道及 4 米人行道。工程建设高规格高标准，车行道采用沥青路面，人行道、雨污水管道、路灯、道路绿化景观、交通设施等相关配套设施同步建设。其中，宝岛路至宋塘路段长 350 米由 38 米改造扩宽为 44 米（含二座扩建桥梁），其余路段均为新建道路（含二座新建桥梁）；工程与宝岛路、宋塘路、香江路、横二路、东西三路、横一路、大北环路、石狮大道等道路相交叉，总投资约 40000 万元，工程已竣工验收。该项目主体工程共有三个标段，第一标段为大北环路至石狮大道段，2013 年 3 月 10 日竣工。第二标段为宝岛路至大北环路段，2013 年 3 月 30 日竣工。第三标段为桥梁工程，2013 年 3 月 22 日竣工。

该重点建设项目责任单位系石狮市住房和城乡规划建设局，责任人王春艺；设计单位系石狮市规

（图／重点办）

划设计院，施工单位系福建省中联建工有限公司、福建省九龙建设集团有限公司、中闽建设有限公司；挂钩市领导：梁炳辉、蔡天守。

【石狮市福辉路南段（八七路至宝岛路）道路改造工程】 该重点项目建设地点为八七路至宝岛路。建设内容及规模为起点与八七路交叉，终点交于宝岛路，道路全长约为 1067.55 米，宽 26 米。工程施工主要内容包括道路工程、破除工程、交通工程、交通信号灯系统工程（电子警察、监控系统等交通设施）、雨水工程、绿化景观工程等，项目总投资约 2000 万元，该工程于 2013 年 3 月 31 日竣工，验收时间为 2014 年 1 月 17 日。

该重点建设项目责任单位系石狮市住房和城乡规划建设局，责任人王春艺；设计单位系石狮市规划设计院，施工单位系福建远方建设有限公司；挂钩市领导：梁炳辉、蔡天守。

（图／重点办）

【湖光小区】 该重点项目建设地点为石狮香江路龟湖公园北侧。建设内容及规模为项目 2011 年 9 月开工，计划两年建成。该工程用地规模 5.08 万平方米，总建筑面积约 17.15 万平方米，其中地下室面积约 4.05 万平方米，地上面积约 13.09 万平方米。建筑密度为 23.4%，容积率为 2.5。小区有 10 幢 18 层住宅楼，共 907 套，其中 500 套保障性住房。小区停车位：地下 1033 位，地上 63 位。湖光小区项目由石狮市宝昌房地产开发有限公司负责建设，工程投资额约 50261 万元，2013 年 10 月竣工。

湖光小区全面建成 （图／郭雅霞）

该重点建设项目责任单位系石狮市住房和城乡规划建设局，责任人王春艺；设计单位系福建省闽武建筑设计院有限公司，施工单位系福建省一建；挂钩市领导：刘德旺。

【灵秀廉租房】 该重点项目建设地点为石狮市共富路南侧，灵秀服装科技园内。建设内容及规模为市廉租房二期工程位于市共富路南侧，市灵秀服装科技园内。共建设 1083 套，共投资 17000 万元。总用地面积 37610 平方米，建筑面积 74634 平方米。1 号楼地下一层，地上 17 层，设计 292 套，目前完成至 16 层主体工程。2 号、3 号楼地下

灵秀创业园的廉租房(图/摘自《石狮日报》)

一层地上30层及28层，设计464套及324套，完成至8层主体工程。

该重点建设项目责任单位系石狮市住房和城乡规划建设局，责任人王春艺；设计单位系中国华西工程设计建设有限公司，施工单位：1号系福建成森建设集团有限公司2号、3号系福建远南工程建设发展有限公司。

【石狮市凤里中学新校区综合楼】

该重点项目建设地点为凤里童装基地北侧。建设内容及规模为建筑占地6532平方米，总建筑面积27678平方米，建筑层数地上6层地下1层，2013年8月30日竣工。

该重点建设项目责任单位系石狮凤里中学，责任人陈增坛；设计单位系泉州市建筑设计院，施工单位系福建省第一建筑工程公司；挂钩市领导：杜举胜。

【石狮市龟湖中心小学教学楼】

该重点项目建设地点为石狮市横二路南侧。建设内容及规模为五层建筑面积3862.3平方米，高度19.05米，2013年1月14日竣工。

该重点建设项目责任单位系石狮市龟湖中心小学，责任人杨劲松；设计单位系石狮市规划设计院，施工单位系福建省惠一建设工程有限公司；挂钩市领导：杜举胜。

【石狮市永宁镇梅林小学教学楼、综合楼及礼堂】 该重点项目建设地点为石狮市永宁镇梅林村。建设内容及规模为建筑面积4372平方米，框架结构一至四层，框架抗震等级二级8度设防，冲孔灌注桩基础，工程造价652.85万元，2013年10月15日竣工。

该重点建设项目责任单位系石狮市永宁镇梅林小学，责任人黄新民；设计单位系惠安县建筑设计院，施工单位系福建博源建设工程有限公司；挂钩市领导：杜举胜。

【石狮市实验小学敦荣楼改建】

该重点项目建设地点为石狮市凤里新华路。建设内容及规模为建筑面积1439平方米，框架结构五层，条形基础，工程造价179.7万元，2013年8月20日竣工。

该重点建设项目责任单位系石狮市实验小学，责任人许建设；设计单位系石狮市规划设计院，施工单位系福建省得兴建设工程有限公司；挂钩市领导：杜举胜。

【石狮市灵山沟(八七路至石灵路)截污改造工程】 该重点项目建设地点为石狮市八七路至石灵路。建设内容及规模为起点与八七路交叉，终点交于石灵路，水沟全长为269.915米，工程施工内容包括：排水沟工程、雨污水工程、照明工程、道路工程、绿化工程等。合同价为198.692万元。由于八七路至石灵路段当地居民阻挠拆除预制砼板导致沟底清淤拖延、增加设计变更、下游闸门关闭等造成施工工期共延期89天，实际完工日期为2013年12月30日。

该重点建设项目责任单位系石狮市住房和城乡规划建设局，责任人王经锵，挂钩领导：张基明；设计单位系石狮市规划设计院，施工单位系福建磊鑫(集团)有限公司；挂钩市领导：蔡天守。

【城北片区安置小区污水管网接入工程】 该重点项目建设地点为石泉二路至城北安置小区。建设内容及规模为石狮市城北片区安置区污水管道工程管道总长661米，建设内容包括工程范围内所需管道、污水井、倒虹井、拉管、水泥路面及沥青路面破除及恢复、人行道破除及恢复、围堰。项目总投资300万元，于2013年7月13日竣工。

该重点建设项目责任单位系石狮市市政建设管理处，责任人王经锵；设计单位系石狮市规划设计院，施工单位系泉州自来水工程公司；挂钩市领导：蔡天守。

【石狮市中心城区污水处理厂尾水利用工程(福辉路至泰马桥)】

该重点项目建设地点为石狮

石狮市中心城区污水处理厂尾水利用配套管网(福辉路—泰马桥)顺利打通并成功试通水　(图/摘自《石狮日报》)

市长福路。建设内容及规模为石狮市中心城区污水处理厂尾水利用工程(福辉路至泰马桥)压力管道实施范围自福辉路与长福路交叉口起,采用D6320PE实壁管沿长福路主车道下方采用非开挖牵引施工(拉管)、穿过子芳路至东沟泰马桥西北侧挡墙处,全长483米,总投资300万元。该工程已竣工验收,现进入标外会准备阶段该重点建设项目责任单位系石狮市市政建设管理处,责任人王经锵,挂钩领导:陈朝晖;设计单位系石狮市规划设计院,施工单位系福建远方建设有限公司;挂钩市领导:蔡天守。

(蔡锦堂撰　高培榕审)

（图/摘自《石狮日报》）

1月

7日 “中国·石狮辅料城”封顶暨全球招商仪式启动，致力打造全国规模最大的辅料集散地。

（图/摘自《石狮日报》）

同日 以“精美辅料与品牌服装价值”为主题的中国辅料高峰论坛在石狮举办。

8日 北太平洋公海围网渔业项目论证会在石狮召开。

13日 第16届海峡两岸纺织服装博览会、2013年海西国际时装周在北京举行新闻发布会。

15日 石狮市纺织服装产业发展基地举行首批入驻企业自建标准厂房集体开工仪式。

18日 “石狮农商银行·狮城十大杰出青商”举行盛典活动。

23日 石狮市郭坑村和前埔村入选“泉州美丽乡村”。

31日 石狮市设立全省首个县级市外国人服务中心。

（图/摘自《石狮日报》）

本月 石光华侨联合中学通过“省素质教育工作先进校”检查评估，这是石狮市第一所中学获此殊荣。

2月

2日 石狮有8位乡贤当选第12届全国政协委员，分别是蚶江镇的许景期、王亚南、林积灿，永宁镇的李贤义、卢文端、卢温胜，凤里街道的许荣茂、王明洋。

（图/摘自《石狮日报》）

6日 石狮市福辉路（自八七路至石狮大道）全线通车。

27日 以沈山煌为组长的省委巡视组一行到石狮开展巡视工作。

本月 石狮市富贵鸟股份有限公司工会和石狮市大帝集团有限公司工会被命名为“福建省模范职工之家”；中国移动福建公司石狮分公司湖滨营业部工会小组被命名为“福建省模范职工小家”。

本月 石狮市濠江国际小区被评为“全国物业管理示范住宅小区”，这是石狮市第一个获此殊荣的住宅小区。

3月

1日 石狮绿岛国际酒店举行五星级旅游饭店揭牌仪式。

5日 福建省副省长徐钢一

行到石狮市调研社会保障、企业用工等情况。

同日 石狮市“12345”便民服务系统开通。

“12345”热线 （图/摘自《石狮日报》）

6日 石狮市人民政府与建设银行福建省分行开展“石狮商品汇”电子商务金融合作，开创全国金融机构与地方政府合作的先河。

18日 石狮市第一个位于农村的市直实验小学——容卿实验小学举行揭牌仪式。

21日 中国农业银行泉州分行与石狮市祥芝镇祥渔村信用村授牌暨银村共建签约仪式举行。

23日 2013年海峡两岸马拉松赛在石狮举行，来自国内外

2013年海峡两岸马拉松赛（图／颜华杰）

2000多名爱好者参加。

29日 第二届永宁古卫城暨城隍文化节—中骏·黄金海岸沙雕艺术展开幕式举行。

永宁沙雕艺术展 （图/摘自《石狮日报》）

本月 石狮市龙穴村“景胜别墅”被评为“第八批福建省级文物保护单位”。

4月

9日 国家开发银行调研组一行到石狮调研。

10日 “2013年福建省职业院校技能大赛中职组服装设计制作与模特表演赛”在石狮鹏山工贸学校举行。

同日 福建省委书记尤权、省长苏树林一行到石狮参加泉州金融综合改革试点工作座谈会。

16日 石狮市孤残儿童托养服务中心在石狮市社会福利中心举行揭牌仪式。

17日 以“时尚魅力、聚焦石狮”为主题的2013年石狮国际时装周开幕。

同日 石狮市城市标志和城市口号揭晓。标志图案和文字色彩以海洋蓝色为主色调，代表石狮城市濒临海洋以及深受海洋文化影响的历史文化积淀，同时以红橙色、紫色为辅助色。主宣传语为“时尚织就梦想”，辅助宣传语为“时尚之都、活力多彩”“时尚石狮、缔造生活品质”“云海情怀、霓裳天堂”。

石狮市城市标志（图/摘自《石狮日报》）

同日 石狮“星期yi服饰创意园蝶狮广场”、海西（石狮）电子商务园、石狮服装城北A区银河商场分别举行启动仪式和开业典礼。

18日 “2013年泉州商品博览会暨第16届海峡两岸纺织服装博览会”开馆仪式在石狮服装城举行。

（图/李荣鑫）

同日 石狮服装城、鸳鸯池布料市场分别获得“中国十大服装专业市场”“中国十大纺织专业市场”称号。

20日 菲律宾纺织同业公会与石狮市纺织服装商会缔结友好签约仪式。

21日 民革中央组织部副部长但昭颖一行到石狮调研民革基层活动开展情况。

23日　以“携手爱绿护绿 共创城市文明”为主题的石狮市树木绿地认养认植活动启动，这是石狮市首次组织此项活动。

（图/摘自《石狮日报》）

25日　石狮市第六届人民代表大会常务委员会第十次会议审议决定，任命张慧君为石狮市人民政府副市长。

28日　石狮市开通组织系统“12380”举报电话。

同日　石狮世茂钞坑城市综合体举行奠基典礼。

5月

7日　省委常委、教育工委书记陈桦一行到闽南理工学院调研。

同日　石狮市成立心理健康志愿服务队。

9日　石狮市钞坑村民举行海葬仪式，将1133位先人的骨灰撒入大海，创下全国一次性海葬人数最多的纪录，推动石狮“绿色殡葬”发展。

（图／颜华杰）

同日　石狮市老龄服务志愿者协会举行成立大会暨第一次会员代表大会。

同日　福建省加快海洋经济发展推进会在石狮市召开，省委常委、常务副省长张志南，省有关部门负责人及沿海各地市、平潭开发区的有关负责人参加会议。

10日　福建省副省长倪岳峰一行到石狮调研市场建设情况。

13日　以“文明出行　利家宜业”为主题的石狮市首届全年无违章车辆表彰抽奖活动举行。

16日　石狮市公共资源交易中心举行成立揭牌仪式。

25—26日　全国高校光电信息主干课程教学研讨会在闽南理工学院举行。

28日　石狮市企业与企业家联合会成立，举行第一次会员代表大会，吴清含当选为第一届理事会会长。

30日　政协第六届石狮市委员会第三次会议举行，李丽月当选为政协第六届石狮市委员会主席。

（图／李荣鑫）

本月　经国家知识产权局批准，石狮高新技术产业开发区被确定为国家知识产权试点园区。

6月

2日　石狮市被正式列为全国5个流动儿童关爱服务体系试点之一。

5日　福建省人民检察院检察长何泽中一行到石狮调研检察工。

8日　石狮市永宁镇永宁老街获第五届“中国十大历史文化名街”称号。

12日　第七届闽台对渡文化节暨蚶江海上泼水节开幕式在蚶江后垵澳举行。

（图/摘自《石狮日报》）

17日　石狮市作家吴永雄、女作家高晶炯（笔名高寒）正式加入中国作家协会。

18日　“石狮·菲律宾·中国台湾武术表演交流大会”在石狮市体育馆举行，来自菲律宾和中国台湾、香港、澳门及石狮本地近600名武林高手通过拳艺展示，交流切磋中华传统武术。

24日　厦门大学经济学院与石狮市人民政府金融服务实体经济战略合作框架协议签约暨项目启动仪式举行。

26日　福建省政协副主席薛卫民率领省政协调研组一行，到石狮调研社区矫正队伍建设工作。

本月　石狮市通过省级生态市考核验收。

7月

7日　经福建省政府同意，石

狮市全域城市化发展改革试点方案正式实施，标志福建省新型城镇化试点工作全面启动。

8日 宝盖镇坑东村、塘头村，灵秀镇灵峰村，蚶江镇大厦村、东垵村，永宁镇前埔村、西偏村、郭坑村，祥芝镇后湖村、古浮村、湖西村，鸿山镇莲厝村、洪厝村，锦尚镇奈厝前村、谢厝村共15个村被省环保厅授予"福建省生态村"称号。

14日 外来人员可凭石狮居住证在石狮市办理摩托车牌照。

24日 中共石狮高新技术产业开发区科技孵化基地企业党支部在日冠公司举行揭牌仪式。该企业党支部的成立，开创石狮市产业园区非公有制企业党建工作先河。

30日 石狮市第二"生命水"通道——石狮市引水二期工程主体工程正式试通水，切实解决本市沿海五镇居民和企业用水难的问题。

（图/摘自《石狮日报》）

本月 石狮籍国家一级运动员杨丽婉在2013年IPC世界田径锦标赛中，获得两枚银牌。

本月 石狮电力公司2013年迎峰度夏配网工程全面竣工。

本月 石狮市在全省率先推行安全生产实行专家"会诊"制。

本月 石狮市光华水处理一期升级改造工程完成改造并投入试运行。

本月 石狮市政府研究决定，将凤里中学旧校区改建为一所市直实验小学，并正式命名为"石狮市第六实验小学"。

8月

1日 石狮市祥芝中心渔港举行福建省2013年度开渔仪式，这是继国家1995年、福建省1998年以来实行伏季休渔的第一次大型省级开渔仪式。

14日 石狮市发放首批公交敬老卡、爱心卡。公交敬老卡适用于1944—1953年出生的60—69周岁的老年人，爱心卡适用于1943年前出生的70周岁以上老年人、残疾人及全市69名伤残军人。持敬老卡乘车可享5折优惠，持爱心卡乘车免费。

15日 国家安监总局党组成员、中纪委驻国家安监总局纪检组长赵惠令一行，到石狮开展安全生产调研。

22日 中国商业联合会、中国食品工业协会糖果专业委员会主办的"糖果术语"国家标准专家审定会在石狮举行，会上通过"糖果术语"国家标准。

27日 福建省帮扶中心工作研讨会在石狮召开。

本月 石狮市物流寄递企业启动收发物品实名制管理，规范市场经营秩序，促进石狮市物流寄递业健康有序发展。

本月 2013年全省市县区文明程度指数和未成年人思想道德建设工作测评结果揭晓：石狮以总分96.714分的成绩，居全省县市第一。

9月

1日 石狮市政府与中科招商投资管理集团合作签约仪式暨项目对接座谈会举行。

6日 最高人民检察院检委员专职检委张德利带领高检院联合调研组一行到石狮，就"建立健全行政执法与刑事司法衔接机制"进行专题调研。

7日 中国农业产业发展基金董事长吴文军率考察组一行到石狮考察华宝海洋生物化工有限公司。

9日 石狮市友好城市——菲律宾那牙市市长John G. Bongat带领那牙市工商会代表团一行到石狮参观访问。

10日 石狮市第三届工人运动会开幕式在人民广场举行。来自全市各行各业的23个代表团4000多人次运动员报名参加，比赛项目和参赛人数均创历届新高。

12日 第二届永宁古卫城暨城隍文化节在永宁城隍庙广场开幕。

（图/摘自《石狮日报》）

同日 福建省政协副主席陈绍军率队到石狮市医院，调研石狮开展取消药品加成落实的具体情况。

13日 福建省第三季度工业运行暨两化融合转型升级现场推进会在石狮市举行，省委常委、常务副省长张志南作重要讲话。

16 日　石狮市首批荣誉市民评选工作正式启动。

18 日　石狮市电子商务人才孵化中心在海西（石狮）电子商务园举行启动仪式。

25 日　全国政协教科文卫体委员会副主任、上海交通大学党委书记马德秀带领全国政协调研组一行，到石狮开展“高等教育质量建设”专题调研。

26 日　石狮市台湾同胞联谊会成立，并举行首届台湾同胞代表大会，佘圣尧当选第一届理事会常务副会长。

28 日　2013 年石狮市首届婚庆文化博览会在万佳国际酒店开幕。

30 日　石狮市举办首届海峡两岸盆景赏石邀请博览会。

（图/摘自《石狮日报》）

本月　石狮市各镇（街道）开始为村务专职工作者缴交住房公积金。

本月　石狮市获“福建省级生态市”命名。

10 月

19 日　北京石狮商会成立大会暨慈善捐赠仪式在北京举行，吴海龙任会长。

20 日　湖北省长阳土家族自治县中青班到石狮举行异地培训，这是石狮市委党校首次承接异地培训办班。

24 日　民生银行海洋产业金融泉州中心成立暨银政、银企战略合作签约仪式在石狮举行。

27 日　台北市石狮同乡总会成立大会暨首届理监事就职典礼在台湾台北市举行，邱国泉任会长。

本月　石狮市世源票据服务有限公司成立，标志着石狮市首个金改项目落地。

本月　全省首个社会组织党建文化展馆在石狮落成。

本月　石狮市被中国纺织工业联合会授予“中国纺织服装行业社会责任信息披露实践示范产业集群”称号。

本月　石狮市锦尚镇副镇长、工会主席黄梅跃当选为中国工会第 16 次全国代表大会代表。

本月　石狮服装工业旅游合作项目及石狮伴手礼商品展销中心创建，实现石狮市旅游合作项目零的突破。

11 月

1 日　石狮法院“保险纠纷诉调对接调解室”揭牌成立，成为泉州地区首个保险纠纷诉调对接机制试点单位。

同日　省委副书记于伟国到石狮调研金融服务实体经济改革工作。

3 日　永宁镇前埔村建成福建省首个“新型社区”智能配电网示范村。

4 日　全国人大代表、全国工商联副主席、科创控股集团董事局主席何俊明带领科创控股集团考察团一行，到石狮市参观考察。

5 日　福建省委书记尤权一行到石狮市通达集团、甲骨文纺织服装创新发展云平台和海西（石狮）电子商务园进行调研，要求企业以创新促进发展，加快转型升级。

福建省委书记尤权（左四）莅临海西（石狮）电子商务园区视察　（图/颜华杰）

9 日　福建海峡银行石狮支行开业仪式举行。

10 日　毛里求斯副总统贝勒波一行，在中国驻毛里求斯前大使王富元等人的陪同下，到石狮参观考察。

14 日　凤里街道通过“省级安全社区”验收，成为石狮市首个获得“省级安全社区”称号的街道（镇）。

19 日　石狮政协之友书画院成立，并举行“中国梦·石狮情”书画展揭幕仪式。

22 日　世界石狮同乡联谊会第二届理监事就职典礼举行。

同日　石狮市举行《石狮市华侨志》首发式，该书真实记述海外石狮华侨艰苦创业的奋斗史。

26 日　中国社会科学院世界经济与政治研究所副所长何帆率中央政法委调研组一行，到石狮调研流动人口管理与服务相关工作。

本月 石狮市通过教育部督导检查，成为全省首批“国家义务教育发展基本均衡县（市、区）”之一。

本月 “石狮市委、市人民政府发展改革研究中心”正式挂牌，并加挂“中共石狮市委政策研究室”和“石狮市全域城市化发展改革办公室”两个牌子，承担为市委市政府提供决策参考和推进全域城市化发展改革工作的重任。

12月

1日 永宁镇郭坑村生活污水处理站正式投入运行，成为石狮市首个村级生活污水处理站。

2日 祖籍石狮玉湖社区的中科院福建物质结构研究所学术委员会主任吴新涛被授予“中国侨界杰出人物”称号。

3日 由民建中央经济委员会主任、清华大学政治经济学研究中心主任教授蔡继明带队的民建中央专题调研组到石狮开展构建城乡统一的建设用地市场调研。

5日 福建省检察院党组成员、副检察长顾卫兵率省综治考评督导组一行到石狮，对石狮市落实2013年党政领导综治责任书情况进行考评督导。

同日 石狮乡贤许荣茂当选中国侨联副主席，邱天祝、姚志胜当选中国侨联常委。

9日 鼎峰集团控股有限公司在香港联交所创业板成功挂牌上市，成为海西第一家在香港上市的类金融集团，标志着鼎峰集团控股有限公司正式迈入国际资本市场。

10日 石狮市人民政府与西安工程大学政校企合作签约仪式在西安工程大学举行。

（图/摘自《石狮日报》）

13日 中国纺织工业联合会会长王天凯一行到石狮考察调研纺织服装产业发展情况。

14日 因公牺牲的蚶江边防派出所张国樑的烈士追悼会在石狮市永久墓园举行，近1000名军民为其送别。

17—18日 英国皇家艺术学院设计师王逢陈一行，到石狮考察服饰创意产业，先后走访星期YI服饰创意博览园、狼道石狮总部、新宏兴面料研发中心、卡宾服饰、圣吉奥男装等。

21日 国家卫生计生委医政医管局、健康报社在北京举办“2013年度医院服务‘改革创新人物’和‘改进服务推进人物’亮点交流会暨颁奖典礼”，石狮市就公立医院法人治理结构改革作典型发言。

24日 中国共产党石狮市第六届代表大会第三次会议开幕。

28日 石狮网球协会成立大会在闽南理工学院（宝盖校区）举行，林添火当选首任会长。

同日 石狮市侨乡乡土文化协会成立，并举行首届理监事就职典礼，蔡第福当选会长。

29日 政协第六届石狮市委员会第四次会议开幕。

30日 石狮市第六届人民代表大会第三次会议开幕。

（图/李荣鑫）

本月 石狮市灵秀镇经济户总数跃居泉州各乡镇首位，成为泉州市第一个经济户总数过万的乡镇。

本月 石狮市残疾人服务中心正式启动。

市残疾人服务中心（图/摘自《石狮日报》）

本月 石狮市图书馆再次荣获“国家一级图书馆”称号。

本月 石狮市获批为国家循环经济示范城市创建地区。

本月 石狮市获批为首批国家信息消费试点城市。

（黄彬彬、刘春银整理 李秉源审）

（图/颜华新）

历史与发展

【由来与得名】　石狮历史悠久。从出土的新石器时代石刀石斧等文物的考古中查明，在7000年前石狮就有人类活动。春秋战国时期，古越人在这里繁衍生息、陆耕海渔。周代以后，有北方汉人入迁。西晋末年永嘉之乱，中州兵燹而动荡不安，士族衣冠南渡入闽，定居石狮境内晋江流域的滨海平原，或从事农耕，或从事近海捕捞。据《西山杂志》记载，隋代，蚶江、永宁、石狮、祥芝等地，均有中原移民南迁定居。永宁岑兜一带建有盐场，先民从事海盐生产已成规模，石狮凤里庵前有从沿海通往泉州官路经过。石狮宽仁一带人烟稠密。今宽仁凤里庵尚存清代竖立的石碑，碑文记载，凤里庵始建于隋朝。庵前石雕狮子造型别致，与中国其他地方隋代及唐初石狮子形态一致。据地方文史专家考据，因当时人们常约定在庵前石狮子处碰头聚会，于是石狮便渐成地名。《西方杂志》记载，时有石狮子，外来商人在此贸易。

【建置沿革】　唐武德元年（618年），石狮属建州（今福州）南安县。唐开元六年（718年），析南安东南地置晋江县，石狮属晋江县。宋、元、明、清，石狮均属晋江县。民国至1987年，石狮仍属晋江县。1987年12月17日，经国务院批准析晋江县石狮、蚶江、永宁3个镇和祥芝乡，置石狮市，为省辖县级市，是福建省综合改革试验区。1988年9月30日，中共石狮市委、石狮市人民政府正式挂牌办公。

【人文积淀】　石狮山川毓秀，人文荟萃，素有“滨海邹鲁”美誉，境内有市级以上文物保护单位30处。晋人南迁后，中原文化即在石狮土地上扎根、衍化。石狮依山面海，拥有67.6公里海岸线，港湾众多，是“海上丝绸之路”起点之一，海外交通贸易发达，姑嫂塔、六胜塔是“东方第一大港”泉州港的“航标”。繁荣发达的海外贸易让石狮人走向海洋、走向世界，也吸引世界各地商人到石狮，带来多种宗教文化、信仰习俗。传统的古闽越文化、中原古老文化和多元的外来文化经过千百年融合交汇，形成石狮独具特色的包容开放、急公好义、团结互助、勇于拼搏冒险的海洋文化，造就石狮人爱拼敢赢、开拓创新的精神与强烈的商业意识、竞争意识、开放意识和创业意识。

【著名侨乡和港澳台胞祖籍地】

石狮市是福建著名侨乡、台湾同胞的主要祖籍地之一。全市旅居海外的华侨及港澳同胞37万多人，祖籍石狮的台湾同胞30多万人。海外石狮人主要分布在世界40多个国家和地区，近90%居住在东南亚各国，其中又以菲律宾最多。石狮市有港澳同胞9万多人，归侨、侨眷12万多人，占全市总人口约39%，9个镇（街道）均是重点侨乡。广大侨胞和港澳台同胞素有爱国爱乡的优良传统，热心于家乡事业地建设和发展，积极兴办教育、文体、医疗卫生等公共设施，设立各类教育、慈善基金会，全市旅外华人华侨及港澳同胞捐赠教育、卫生、文化等公益的资金近12亿元，建立各级各类奖教奖学基金近70个，基金总额上亿元，为石狮市经济发展和社会进步做出重大贡献。200多人次获省政府和泉州市政府捐资兴学金、银、铜奖章、荣誉证书和奖匾。其中16人捐资达1000万元以上，获福建省人民政府“捐赠公益事业突出贡献奖”，并予以立碑表彰；2010年福建省第三届世界闽商大会表彰会上，8人获得“省华侨捐赠公益事业突出贡献奖”，2人获得“闽商建设海西突出贡献奖”，5人获得“省非公有制经济人士捐助公益事业突出贡献奖”；15位个人捐资超2000万元的海外乡亲在泉州市政府华侨捐赠公益事业表彰大会上受到表彰。

（市方志办）

地理位置 行政区划 人口

【地理位置】 石狮市位于福建省东南沿海突出部，东濒台湾海峡，地处北纬24°39′52″—24°48′48″，东经118°33′46″—118°46′51″，西南与晋江市西滨农场及罗山、永和、龙湖等镇接壤，东、南、北三面临海，距台湾134海里。

【地域面积】 石狮市域东西宽20.9公里，南北长16.8公里，陆地面积157.2平方公里，海域面积968.5平方公里，滩涂面积30.78平方公里，海岸线长67.6公里，耕地面积2758.82公顷。

（李幼芳撰 林志坚审）

【行政区划】 石狮市辖有凤里、湖滨2个街道，宝盖、灵秀、蚶江、祥芝、永宁、鸿山、锦尚7个镇。辖有102个村，25个社区。2013年行政区划与2012年相同。

（王少勇撰 黄文毅审）

【人口现状】 至2013年年末，全市常住人口321487万人，比2012年增长9.1‰；全市登记在册流动人口436777万人，户籍总户数87736万户，户籍总人口为321487万人，比2012年增加3429人。其中，非农业人口97165万人，占总户籍人口的30.22%，比2012年增加418人。全市出生人口4512人，出生率14.03‰，死亡人口1354人，死亡率4.21‰，人口自然增长率9.88‰。

（王丽明撰 郑平仕审）

自然环境

【自然条件】 石狮市位于福建省东南沿海，三面临海，濒台湾海峡，临北回归线，属亚热带海洋性季风气候。夏长无酷暑，冬短无严寒，秋温高于春温。石狮季风气候显著。冬季刮大陆南下强劲的北风，夏季盛行来自海洋的偏南风，两者的强弱、进退、更替影响气温、降水等气候要素及天气现象变化。石狮雨水充沛，但时空分布不均，春夏多雨、秋冬少雨，降水量年际和季节变率大。台风、暴雨、低温、干旱等气象灾害时有发生。

【年度气候】 2013年，石狮市主要气候特点是：年平均气温偏高；年降水量偏少。主要气象灾害有热带气旋、暴雨、强冷空气和干旱，其中热带气旋、暴雨对石狮市影响较大。综合分析，2013年属偏差年景。

气象要素

【气温】 2013年，年平均气温为22.1℃，与常年相比偏高0.5℃。全年35℃以上的高温日数有22天。年极端最高气温37.2℃，出现在8月1日；年极端最低气温5.0℃，出现在2012年12月31日。

冬季（2012年12月—2013年2月）平均气温14.7℃，比常年偏高0.7℃；春季（3—5月）平均气温20.6℃，比常年偏高0.6℃；夏季（6—8月）平均气温28.9℃，比常年偏高0.6℃；秋季（9—11月）平均气温24.3℃，与历史同期相比偏高0.4℃。

【降水量】 2013年（2012年12月—2013年11月）降水量1014.0毫米。

冬季（2012年12月—2013年2月）降水量70.9毫米，比历史同期偏少近五成；春季（3—5月）降水量451.7毫米，比历史同期偏多三成；夏季（6—8月）降水量451.7毫米；秋季（9—11月）降水量39.7毫米，比历史同期偏少八成左右。

【热带气旋】 2013年，5个热带气旋影响石狮市。影响的热带气旋分别是1307号超强台风“苏力”、1308号热带风暴“西马仑”、1312号台风“潭美”、1315号强热带风暴“康妮”、1319号超强台风“天兔”。

【强冷空气】 2013年，较强冷空气过程出现在2012年12月16—19日、22—24日、12月30日—2013年1月1日；2013年2月6—9日、18—20日；11月25—26日、29—30日。

（曾　盈撰　林中鹏审）

环境质量

海湾新城　（图／李荣鑫）

【空气质量】 2013年，城市环境空气质量总体保持优良的水平，达《环境空气质量标准》（GB3095—1996）二级标准。酸雨频率有所下降。城市道路交通噪声和城市区域环境噪声呈"较好"水平，城市功能区噪声昼间达标率100%，功能区噪声夜间达标率72.9%。环境质量呈明显改善趋势。

【水质现状】 2013年，水环境质量总体符合功能区水质类别要求。集中式生活饮用水源地水质达标率100%，地表水水质达标率100%，近岸海域监测水质全年平均值符合《海水水质标准》（GB3097—1997）的二类标准。

（郑　明撰　苏传贤审）

(图/摘自《石狮日报》)

综　述

2013年，中共石狮市委坚持以邓小平理论、“三个代表”重要思想和科学发展观为指导，深入学习贯彻中共十八大、十八届三中全会和总书记习近平系列重要讲话精神，落实省委、泉州市委的各项决策部署，按照“质量石狮、二次创业”的总体要求，扎实推进各项工作，经济社会发展朝着质量和效益的方向迈出新步伐。全年实现生产总值570.9亿元，同比增长12.5%；公共财政总收入57.41亿元，同比增长13.5%，其中公共财政预算收入35.9亿元，同比增长17.0%；城镇居民人均可支配收入40002元，同比增长9.8%；农民人均纯收入17952元，同比增长11.9%。经济综合实力位居全国中小城市科学发展百强第21位，比2012年晋升2位；全域城市化发展改革方案获省政府批准实施，成为全省首个试点。

2013年，经济稳中向好、产业加快转型，主要经济指标完成或超额完成年度目标任务，全社会固定资产投资290亿元，同比增长25%；自营出口同比增长8%；社会消费品零售总额278亿元，同比增长14%。全年实现工业增加值304亿元，同比增长13.2%，对GDP增长贡献率达59.1%；第三产业增加值214亿元，同比增长11.9%，增幅居泉州市前列。服装城新增入驻636家商户、1000多个时尚品牌；第16届海博会实现成交额115亿元，同比增长11.6%；港口运输业迎难而进，石湖港实现货物吞吐量2350万吨、集装箱吞吐量111.6万标箱；入选全国首批信息消费试点城市。

重要决策

【全域城市化改革】　2013年，中共石狮市委抓住国家推进新型城镇化的契机，谋划启动全域城市化发展改革，试点方案获省政府批准实施，成为全省第一个获批的试点。研究制定与居住证相衔接的积分制管理办法，促进农业转移人口市民化；制定城市更新管理办法，探索“土地重划、业主自改”模式，推进低效用地再开发；编制全域统筹空间规划和《城市更新改造空间指引》《生态控制线规划》，推动“多规融合、一张图作业”。

【金融服务实体经济改革】　2013年，中共石狮市委开辟投融资信息频道，成立民生银行海洋产业金融泉州中心，启动建行“善融商务”平台，创新集体建设用地抵押贷款、小微企业“助保贷”“无间贷”、产业园区“批发贷”等金融产品和服务，分别与厦门大学、中科招商集团建立金融战略合作关系，进一步破解中小微企业担保抵押难问题，拓宽企业融资渠道，取得阶段性成效。全市银行存款余额642.7亿元，贷款余额486.8亿元，比2012年分别增长24.8%和21.5%。

【公用事业管理改革】　2013年，石狮市率先实施公立医院改革，围绕“体现公益性、调动积极性、提高群众满意度”的目标，重点从管理体制、运行机制、补偿机制、监管机制及分工协作机制等五个方面进行改革，在全省率先实行药品零差率销售、扁平化管理、院长聘任制、医院班子组阁制、总会计师制度、引入第三方考核机制等八项举措，实现“管办分离”“医药分开”，建立绩效考核机制，医改试点经验得到卫生部医改办推广；推进行政管理体制改革，全面启动行政服务标准化建设，合并、取消审批项目12个，减少收费项目1个，减少职能部门内部审批环节33个，压缩办事时限384个工作日，精简审批材料12项。建筑工程施工许可审批时限由19个工作日缩短至7个工作日，申报材料由45份梳理合并为22份；实施水务一体化管理体制改革，与中节能集团合作，加强水资源的规划、开发、再利用，推进新型染整产业园综合污水处理厂、再生水回用水厂等项目建设；实施城市环境卫生管理体制和营运机制改革，从管理体制、运作机制、资金投入、监督考评等方面入手，建立全覆盖管理、全天候保洁、全过程控制的环境卫生管理网络；推进教育体制改革，实施“小片区”管理模式，以优质学校为龙头捆绑周边一般校，建立中小学校长和教师校际交流机制，促进教育资源配置全市域均衡。

【创建“幸福之城”】 2013年，石狮市落实“幸福之城”指标体系，把保障和改善民生放在更加突出的位置，加强和创新社会管理，最大限度增加和谐因素，增强社会创造活力，确保人民安居乐业、社会安定有序，2013年民生投入25亿元，占财政支出的62%。

【民生项目有序推进】 2013年，石狮市引水二期工程建成通水，全市日供水能力达64万吨。城东110千伏输变电工程竣工投产。投入2.7亿元，实施60个校安工程和薄弱校改扩建项目，开办第六实验小学、蚶江中心幼儿园，完成第二实验幼儿园改扩建，凤里中学搬入新校区。市医院新院主体工程封顶，农贸市场改造、城市副食品基地等项目有序推进。出台沿海五镇石结构及危险房屋改造实施意见，完成408宗危旧房翻建审批，建成2690套保障性住房，进一步改善群众居住条件。城乡居民低保标准提高到户月人均480元，居全省县级市第一，发放低保金1781.8万元，1980户4768人受益；城乡居民社会养老保险续保率99.3%，居全省第一。新农合财政人均补助330元，保持全省最高，28万人次报销医药费用1.2亿元。

凤里中学新校区 （图/摘自《石狮日报》）

【平安建设】 2013年，石狮市综治维稳工作力度进一步加大，群众对社会治安满意率达94.8%，创历史新高。安全生产事故四项指数全面下降。成立全省首家县级“12345”便民服务中心。建立市、镇（街道）、村（社区）三级和谐社会促进会，推进镇（街道）网格化服务管理、流动人口居住证发放等工作。渣土车整治经验获得上级肯定和推广。全省首辆101米登高平台消防车投入使用。

101米登高平台消防车投入使用

（图/摘自《石狮日报》）

重点工作

【强主体】 2013年，石狮市按行业筛选20家企业作为行业龙头骨干企业进行重点扶持，实行“一企一策”，集中支持用地、总部大厦等关键生产要素，助推企业做大做强，带动产业发展。推动卡宾、富贵鸟、永信科技等重点企业上市；推进255家企业增资扩股，新增注册资本30亿元；2013年产值超亿元企业达144家。先后制定出台推进产业集群集聚发展、电子商务、企业改制上市、促进染整企业兼并重组、集聚纺织服饰创意设计人才等11份政策措施，兑现惠企奖励资金3亿元。组织企业家参加清华大学高级研修班，评选十大杰出青

石狮市教育卫生事业人才住房摇号现场
（图／李荣鑫）

商、纺织服饰行业十佳职业经理人和十佳新锐设计师，成立企业与企业家联合会；安排191套住房奖励企业中高层管理人员和教育卫生人才，与13家国内著名纺织服装院校开展政校企合作对接，保障企业用工和人才需求。

【建平台】 海西（石狮）电子商务园一期建成投入使用，入驻近300家电商企业；甲骨文纺织服装创新发展云投入运营，入驻100多家企业；石狮辅料市场意向入驻500多个国内外辅料品牌；国际轻纺城市场主体结构、星期YI服饰创意博览园基本完工；星期YI服饰创意博览园、纺织服装产业基地一期、国际轻纺城、辅料城、益家建材城基本建成、陆续投用，甲骨文纺织服装创新发展云、海西电商城投入运营，新型染整产业园循环化改造全面启动，高新区跻身国家知识产权试点园区，海洋生物科技园被列入国家级农业高新技术园区。

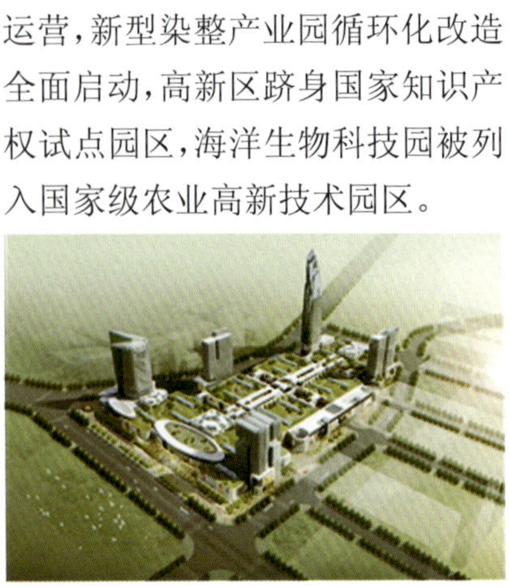

国际轻纺城　　（图／颜华杰）

【促创新】 2013年，石狮市实施创新驱动战略，出台《石狮市创新转型若干任务分解方案》，推进科技、文化创意、信息化、金融、管理、人才、政务等领域的创新。推进"两化"融合，建立智能制造体系，加快制造业升级。制订专项培育计划，设立创业创新基金，推动一批成长型、科技型中小企业向"专""精""特"科技型小巨人企业转变。与台湾逢甲大学、天津工业大学、东华大学等两岸高校开展校市校企合作，推动产学研对接。创新商业模式，推进"电商换市"，发展壮大海西电商园。实施97个技改项目，总投资45亿元，新增国家科技项目12个、省星火科技重点项目3个、高新技术企业2家，3个项目被列入省战略性新兴产业重点项目。

【大招商】 2013年，石狮市强化重大项目支撑。开展"大招商、招大商"活动，对接"三维"项目22个，总投资473亿元。鸿山热电二期、碳纤维新型材料产业园、海兴PTT等一批大型生产性项目相继落地建设，引入甲骨文云计算、中科招商管理集团等实力名企助推信息化服务、金融运作等生产型服务业，吸引世茂、万科、恒大等一批上市房企进驻，提升城市建设品位，推动现代服务业发展。

【城建提质提速】 按照泉州市委提出的建设"生态宜居幸福城"的目标，围绕"质量石狮、二次创业"发展战略，全面推进全域城市化发展改革。坚持规划引领，编制石狮X年发展战略规划，环湾片区、北环片区、城北片区控制性详细规划，城东片区、祥芝渔港风情特色小镇、永宁文化旅游特色小镇概念性规划，以及交通、景观风貌等专项规划。围绕"时尚织就梦想"的形象定位，开展城市营销推介。

【改善交通质量】 2013年，石狮市继续实施交通质量提升三年计划，推进环湾大道、石龙路、蚶江大道等41条道路建设，完成东港路、宋塘路等中心市区道路"白改黑"40.6千米，推进公交线路优化、交通安全、文明出行等畅通工程。启用公交IC卡，新增公交车65部，新建公共停车场3个、停车泊位1819个。

【加快片区开发】 2013年，石狮市有序推进"五片区二小镇"规划建设，城市建成区面积扩大到35.3平方千米，城镇化率达75.9%，居全省县级市首位。钞坑片区、幸福新城、镇中路二期、长福等城市更新改造项目全面动工，城北片区和梧园、洋内亭、永宁小城镇等项目改造积极推进。

【提升景观风貌】 2013年，石狮市继续实施景观风貌提升三年计划，完成石狮大道、八七路、香江路等主干道的绿化彩化，推进高速公路互通口、人民广场、"口袋公园"、公园拆墙透绿等景观工程。继续实施水系环境综合治理三年计划，推进东沟、塘园溪、灵山沟等内沟河整治，开展晋石跨境流域水环境污染治理，获得省级生态市命名。启动新型染整产业循环发展园建设，

公园拆墙透绿 （图／茅罗平）

推进清洁能源替代导热油炉改造工程。扎实推进“新型社区”建设，“五清四化三提升”取得良好成效，环境卫生考评位居泉州市前列，前埔村、郭坑村入选泉州首批十大“美丽乡村”。

【文体事业加快发展】 2013年，石狮市举办闽台对渡文化节暨蚶江海上泼水节、永宁古卫城暨城隍文化节、第三届全市工人运动会，承办国际龙狮争霸赛、全国象棋锦标赛、海峡两岸马拉松比赛等赛

石狮市第三届工人运动会开幕式在市人民广场举行 （图/摘自《石狮日报》）

事，城市美誉度进一步提升。获得“全国民族传统推广优秀奖”“全民健身先进单位”称号，永宁老街入选第五届“中国十大历史文化名街”，市图书馆再次获得国家一级图书馆称号，市博物馆被授予“泉州市第一届社会科学普及基地”称号。

【文明风尚逐步形成】 志愿服务、文明出行、道德讲堂、文明餐桌等公益活动持续深化，助学、助医、助困等善行义举蔚然成风，钞坑村举行迄今为止最大规模的集体海葬。深入开展“全国文明城市”“国家卫生城市”“省级教育强市”创建活动，通过国家义务教育发展基本均衡县评估、国家计生优质服务先进市检查验收，连续16年被评为“全国科技进步先进市”，省公共文明指数测评连续两年居全省县级市第一名。

党建工作

【树立正确用人导向】 2013年，中共石狮市委开展“增强忧患意识 推动长远发展”大讨论活动，汇聚发展正能量，坚持“多角度看干部”和“干部动态管理”，实行“四推一考”和干部综合评价“五步成像法”，加强干部平时培养、平时沟通、平时考察，创新干部推荐操作方式，体现“干多干少不一样、干好干坏不一样”，在基层和项目一线提拔重用一批表现优秀的干部，树立鲜明的用人导向，匡正选人用人风气，调配任免市管科级干部252人次，其中提拔正科级干部47人，副科级干部69人，对公安局、镇（街道）和部分市直单位领导干部的调配促进士气提振、事业发展，广大干部和社会各界反响良好。

【落实中央“八项规定”】 2013年，中共石狮市委广泛宣传、反复重申厉行节约和领导干部廉洁自律各项纪律要求。制订《贯彻落实中央八项规定精神监督检查工作方案》，加强对重要时间节点、高档消费场所的监督检查，注重建立常态化检查的长效机制。开展监督检查29次，督促取消节日聚餐活动40场次，及时制止违规大操大办庆典活动。建立全市公务用车档案，追回违规借用车辆，追究违规使用公务用车领导责任2人。组织全市68个行政事业单位、国有和国有控股企业开展会员卡清退活动，全部清退对象“零持有、零报告”。全市“三公”经费预算同比压减9.9%，实际支出同比下降29.5%。

【持续推进反腐倡廉建设】 2013年，中共石狮市委组建反腐倡廉教育讲师团，对20个单位1352人次开展选题教育、点题教育、定点教育和定位教育，增强党员干部拒腐防变意识。开展“每月一文思勤廉”、勤廉书画作品征集、廉政灯谜展猜等活动，提升廉政文化的影响力。深化“醒狮·石狮反腐倡廉网”建设，应对和处置网络舆情，发挥反腐倡廉网络宣传效应。组建公共资源交易中心，健全公共资源市场化配置机制，完成交易项目274个，建设工程节约资金6972万余元，下浮率8.4%，政府采购交易节约项目资金737.2万元，节约率5.75%；产权交易年增收53.45万元，增值率10%；土地招拍挂溢价率0.27%。狠抓作风建设，开设“纠风论坛”，为群众提供24小时政风

行风建设投诉、举报、建议平台，督促职能部门及时整改落实并建立长效机制，从源头上解决损害群众利益不正之风问题。推行“马上就办”，促进行政大提速。严肃查办违纪违法案件，2013 年立案 51 件，给予党纪处分 49 人、政纪处分 11 人、党政纪双重处分 9 人、移送司法机关处理 8 人，挽回经济损失 45.84 万元。

【创新党建工作机制】 2013 年，中共石狮市委激活乡镇、农村党建活力，提高运转效能。全面推广乡镇党委“五三”工作法，出台《关于实施优秀村级党组织带头人培养计划的通知》，开展村党组织书记异地挂职工作，组织实施新一轮“168”农村、“135”社区党建工作，推动建立组织“目标管理”、个人“设岗定责”等机制；推进“百日攻坚行动”，不断提升非公党建典型示范水平。全市非公有制企业共成立党组织 342 个，党员 3453 名，其中规模以上企业成立党组织 269 个；创新社会组织“双五”党建工作法，促进社会组织健康发展。在全省率先成立县级社会组织党工委，创新“党员双重隶属、过双重组织生活”的“双隶属”党员教育管理服务模式，社会组织党组织数量增至 54 个，党支部应建组建率 100%，活动覆盖党员 874 名；落实“1263”机关党建工作机制要求，深入开展“解放思想见行动，服务中心创一流”主题实践活动，机关事业单位党建不断加强。

【人才队伍建设】 重点抓好纺织服饰创意设计人才和青年企业家队伍建设，研究制定《集聚纺织服饰创意设计人才暂行办法》《实施“五个一百”纺织服饰产业人才聚集计划（2013—2017 年）》《关于开展纺织服饰创意设计领军人才培养工作的通知》等系列文件，配套出台《认定纺织服饰创意设计人才实施细则（试行）》《兑现纺织服饰创意设计人才优惠政策实施细则（试行）》《关于加强青商培养创业工作的若干措施》，进一步完善人才政策体系，加强青年企业家、纺织服饰创意设计人才、专业技术人才培养工作。

【民主政治建设】 进一步加强和改善中国共产党对人大工作的领导，听取市人大常委会党组工作汇报并专题研究人大工作，协调解决人大工作中的重大问题，支持和保证人大及其常委会依法履行职责。支持市政协履行政治协商、民主监督、参政议政职能，重视政协报送的调研报告、意见建议、社情民意的使用和提案的落实，发挥人民政协协调关系、汇集力量、建言献策、服务大局的重要作用。强化统一战线工作，加强与各民主党派、工商联、无党派人士的团结合作，定期举行工作通报会和征求意见会，向民主党派、无党派人士和各界商会通报经济社会发展情况，征求意见，民族宗教、台港澳和海外统战等工作取得新进展，举办世界石狮同乡联谊会第二届理监事就职典礼，成立石狮市台胞联谊会、台北市石狮同乡总会、北京石狮商会。加强党对工会、共青团、妇联、老龄委、商会、科协、侨联等群团组织的领导，调动各方面的积极因素，形成推进经济建设和社会发展的强大合力。党史、党校、编制、机要、档案、老干老龄、关心下一代等工作取得新成效。国防动员、民兵预备役和双拥工作有力推进，获得省级双拥模范城七连冠。

石狮市委办公室

【概况】 2013 年，石狮市委办公室发挥枢纽作用，强化综合协调能力，做好活动协调服务工作。全年组织服务省主要领导到石狮市活动安排 3 次，中央各部委、省、市各级领导莅石活动安排 78 人次，服务市委主要领导到各镇（街道）、高新区、重点项目等调研 110 余次。服务保障省委巡视组在石狮的巡视工作；做好会议协调服务工作，全年精简办会，完成 300 多场会议的组织和服务工作，完成全市干部大会、市委六届三次党代会、世界石狮同乡联谊会等大型会议的组织、协调、服务工作，并全力做好 4 次市委全委会、24 次市委常委（扩大）会等全市性重要会议的服务保障工作；加强公文处理工作，全年发文 262 份，其中以中共石狮市委名义发文 99 份，以中共石狮市委办公室名义发文 163 份。全年共收到上级机关来文 510 份，本级机关来文 800 多份，从未发生泄密和迟延事件。出台《关于进一步提升公文流转效率和规范公文报送的通知》和《印发〈石狮市党政机关推行无纸化办公工作制度〉的通知》，与政府办公室牵头开展石狮市加快公文流转和推行无纸化工作考评工作，提高公文流转效率和推行无纸化办公，提升全市公文质量水平。

【发挥出谋划策作用】 为市委科学决策服务，发挥出谋划策作用，全年起草领导讲话稿和汇报材料160多篇，编发会议纪要39期、狮办通报5期，书记署名文章以及各类书信等礼仪文书15篇，其他市委领导材料27篇，撰写市委重大决策公开材料10期，编写《市委大事记》等。其中，负责起草贯彻落实改进工作作风、密切联系群众八项规定的实施意见以及市委六届三次党代会报告、市委六届八次全会、全市干部大会等事关全市发展大局的重要会议材料15篇。

【调查研究】 开展32个重点课题调研，2013年编发《石狮研究》33期，并指导相关单位或者亲自撰写20余篇调研文稿，被中办《理论与研究》、省《调研文稿》、省《调研内参》《泉州通讯》、泉州《决策参考信息》等各级刊物采用；与省委政研室开展政策研究共建联系工作，为市委科学决策、推动具体工作提供参考。

【服务全域城市化发展改革】

2013年，《石狮市全域城市化发展改革试点方案》获得省委省政府高度肯定，试点方案获省政府批准实施。石狮市委办公室研究制订具体的推进方案，分解到各个责任部分抓落实，在人口管理、城市规划体系、低效用地再开发、城市更新改造等方面再创体制和政策优势。

【推动市委决策落到实处】 推进市委决策部署贯彻落实，2013年，下发《贯彻落实中央八项规定实施办法执行情况督查工作机制和分工抓落实方案》等督查方案14份，组织专项督查37次，督查重点项目948个（次），印发《督查督办工作通报》68期，对93个重点项目存在的189个问题向38个相关责任单位提出整改要求和建议。

加强领导批办件的督办力度，2013年办理上级领导批示件8件，全部按要求时限办结反馈；办理本级领导批示件65件，全部办结；编发《落实与反馈》38期，市委主要领导做出批示15次，有关问题均得到解决。

建立健全督查工作长效机制，发挥市委督查工作领导小组牵头抓总的作用，推行“责任、督查、服务、巡视”四位一体的推进体系和节点推进制度，“尾巴问题”限时办结制度，以及将项目总负责人、施工单位等信息编入《石狮年鉴》的“终身负责制”。

【强化信息服务意识】 立足服务，当好领导耳目。2013年，采编《石狮快讯》62期，整理编发信息2148条。上报信息采用量位列全省前三名、泉州前三名，被省《八闽快讯》采用68条，被泉州《侨区快讯》采用201条，其中获省、市主要领导批示8条。

【强化制度管理】 加强机关制度建设，落实总书记习近平关于厉行勤俭节约、反对铺张浪费重要批示精神和改进工作作风、密切联系群众八项规定的实施意见，强化车辆管理、财务管理、办公用品管理、文印管理等后勤服务保障工作，提高行政服务水平。落实市委值班室24小时值班制度，提高应急反应处置能力。牵头起草《石狮市人民广场管理办法》《石狮市人民广场广场舞管理规定》，做好公务大厦、人民广场安全保卫以及各种设备维护和清洁等后勤保障工作，营造安全、舒适的工作环境；筑牢机要保密防线，获得2013年度泉州市密码业务技术比赛团体第二名；连续两年被评为全省保密宣传报道与信息报送工作先进单位。

【机关作风建设】 开展“四下基层”活动，指导帮助前埔村建设新型社区，帮助挂钩企业谋出路，拓市场。组织参加市直党委综合系统“庆五一”登山比赛等活动和石狮市第三届工人运动会，强化作风意识。开办《道德讲堂》12期，进一步加强党风廉政建设，时刻牢筑防腐防线，树立清正廉洁形象。借助论坛、微博、微信等平台开展网络文明传播志愿者活动；提升党建科学化水平，落实“1263”机关党建工作机制要求，开展以“为民务实清廉”为主要内容的党的群众教育实践活动；加强干部队伍建设，通过强化干部职工的语言文字表达能力、调查研究能力、沟通协调能力；优化队伍结构，选拔任用9名股级干部，通过年度考核和优秀党员评选，调动全体干部职工的工作积极性，激发干部队伍活力。

（卢　奇撰　庄国阳审）

组织工作

【概况】　2013年，市委组织部践行市委正确用人导向，坚持多角度看干部、动态管理干部，实行“四推一考”和干部综合评价“五步成像法”。推行干部培养选拔“一线工作法”，成建制抽调干部参加“安征迁”工作，发挥“退二线”科级干部、基层工作经验丰富领导对年轻干部的“传、帮、带”作用。坚持“组织找干部谈”和“干部找组织谈”相结合，建立组织部长与干部双向约谈机制。提升党建工作水平，推行镇党委“五三”工作法（“三联”：领导包片联村、干部挂村联组、党员设点联户；“三议”：党委提议、干群商议、联席决议；“三亮”：亮目标、亮责任、亮实绩；“三抓”：业务工作分工抓、中心工作分组抓、应急工作集中抓；“三评”：月点评、季小评、年总评），激发镇党委工作活力；实施农村“168”、社区“135”党建工作模式，健全村级组织工作机制；在全省率先成立社会组织党工委，总结形成以“五目标、五措施”为内容的社会组织“双五”党建工作法，首创社会组织党建文化展示馆，“双五”工作法先后刊发于中央政策研究室《学习与研究》、中央办公厅《每日汇报》等刊物；石狮市被确定为全省处置不合格党员工作试点单位。营造尊重人才氛围，推行人才住房奖励保障，面向民营工业企业人才、教育卫生事业人才提供189套保障性住房，建立生活困难人才信息库，石狮市入选泉州市唯一的“省管人才管理改革试验区”。打造“文化养老”品牌，举办以“同心共筑中国梦”为主题的第七届离退休干部文化艺术节，办好老干部交谊舞、乒乓球、门球等多期辅导培训班，开展地掷球、南音等多项比赛，市老干中心争创省级示范性活动中心，获得省委老干部局评审组好评。

（林怡真撰　龚金镇审）

【改进干部考评机制】　坚持多角度看干部，实行“四推一考”和干部综合评价“五步成像法”，组织市管科级干部进行“自我画像”，撰写自我评价材料，以白描的手法勾勒个性心理特征及心理素质，以纪实的手法阐述德才表现，重点突出体现3项最满意和1项最不满意的工作业绩，通过自我剖析和单位推荐，对干部适岗情况做出评价。在“自我画像”的基础上，组织开展卡特尔16种人格因素测验，由表及里、多维分析，确定干部的行为风格。

【干部日常监督管理】　配合省委巡视组开展巡视工作，得到肯定。落实领导干部述职述廉、诫勉谈话、重大事项报告、任前廉政教育、经济责任审计等制度，对13名领导干部实施离任经济责任审计。畅通“12380”举报电话、组织部长信箱、来信来访等信访渠道，及时调查核实干部信访举报件，妥善处理原“社教”人员的利益诉求和息访工作。核实科级及以上领导干部持有因私出国（境）证照情况，并抓好证照集中管理。规范干部请销假管理和出国（境）审查备案。受理干部在职学习申报和学历学位更改。

【加大对一线干部提拔力度】　以重点工作一线为平台，科学调度和合理使用全市干部资源，做到“退二线”科级干部、基层工作经验丰富领导和年轻干部科学合理配置。以成建制部门为单位，从各镇（街道）、市直各单位成建制抽调人员，全脱产进驻项目一线，参与动迁工作，实行任务包干、责任包干，把干部人才资源集聚到经济建设主战场。加大对项目一线的干部提拔力度，对在项目一线干得好的干部给予提拔重用，逐渐形成“干部到一线锻炼，市委在一线选干部”的干部培养选拔机制。

【干部培养锻炼】　抽调干部到重点项目、信访窗口、“安征迁”、招商引资、复杂艰苦环境进行一线能力锻炼，选派年轻干部赴泉州台商投资区挂职，做好泉州市第七批援藏干部和第六批援疆干部选派工作。坚持多岗位、多层次锻炼干部，实行干部动态管理，加强乡镇与市直单位科级干部交流轮岗，为干部搭建成长平台。

【干部队伍宏观管理】　提升干部信息科学管理化水平，建立科级干部信息管理库，更新全国公务员管理信息库和福建人事信息系统，完成干部年度统计工作。组织开展公务员和事业单位工作人员招考（聘）工作，做好大学生村干部服务期满考核安置工作。配合开展泉州市管副处级后备干部推荐考察，做好到石狮挂职干部的接收服务工作，接受安置副团职军转干部。推进全市干部人事档案改版更新，组织审查干部“三龄二历”（三龄是指年龄、工龄、党龄；二历是指学历、工作经历）信息。

【干部培训】 建设面积1000平方米的党校干部培训基地，改善党校办学条件。制订《2013年全市干部培训计划》，重点办好1期科级干部培训班、3期科级干部十八大精神轮训班、2期专题研讨班、1期村（社区）主任进修班，组织科级干部培训班学员赴广东中山异地办学。选派43名处级干部和42名科级干部参加上级调训。举办“质量石狮大讲堂”，邀请知名专家学者授课讲解，提升干部队伍素质。

（佘日森撰　王莉萍审）

【提升非公党建水平】 推进“百日攻坚行动”。全市非公有制企业党组织数增至342个（党委2个、党支部340个），党员3453名，其中规模以上企业党组织269个。全面推行非公企业党建“三五”工作机制，组织开展“三五”机制业务知识轮训10个班次，300多名党务工作者（党支部书记）通过专项考试。加大典型培育力度，指导富贵鸟公司党支部升格为党委；建设大帝集团党建文化馆、加多宝党律文化走廊；确定15个党组织作为新一轮培育对象。加强非公党务干部培训，组织参观考察漳浦县天福集团台资企业党建，组织富贵鸟公司党委、大帝集团党委和加多宝党支部负责人到江浙培训考察，组织卡宾公司、鑫盛达集团党支部负责人参加全省非公企业基层党组织书记示范培训班，组织镇（街道）组织委员和企业党委专职副书记7人参加泉州市乡镇（街道）企业党委书记培训班。

（蔡嘉荣、蔡慰玲撰　蔡文博审）

【村级组织建设】 实施农村“168”、社区“135”党建工作模式，健全村级组织工作机制。强化村级运转经费保障，及时下拨村干部、村务专职工作者工作报酬及离任村主干补贴，2013年下拨近400万元。实施优秀村级党组织带头人培养计划，确定26名村党组织书记作为培养对象，通过举办进修班、组织异地培训等措施，强化激励培养。接受三明、永春等地34名村党支部书记到村挂职，安排本市9名村书记在9个基地村进行挂职锻炼。推进4个市级相对薄弱村整顿转化。培育郭坑村“十服务”、新湖社区“1+N”网格化管理等一批服务型党组织典型点。

【机关党建工作】 落实“1263”机关党建工作机制，深入开展“解放思想见行动，服务中心创一流”主题实践活动，推行“马上就办、办就办好”，推进服务型党组织建设。以机关党建“三级联创”为抓手，深化“机关党建工作先进单位”和“五好”机关党支部创建活动。总结开展“联一帮二带三”活动经验，拓展机关干部下基层服务群众的工作内涵。统筹推进国有企业、学校等领域党建工作，坚持党建带群团组织建设，深化文明单位、文明行业、文明窗口争创活动，推动“工人先锋号”“青年文明号”“巾帼文明岗”等创建活动向纵深发展。

（蔡慰玲撰　蔡文博审）

【组工信息调研】 2013年，共63条组工信息被各级刊物采用，综合得分位列泉州市各县级市第二名。《石狮市创新“双五”党建工作法引导社会组织发挥正能量》《石狮市着力打造电子商务人才栖息地》两条信息被评为泉州市委组织部门“好信息”。调研课题《石狮市创新社会组织党建“双五”工作法的实践与启示》获组织工作调研课题优秀成果全省二等奖、泉州市一等奖；《关于加强人才队伍建设的思考》获泉州市2013年度党建重点调研课题优秀成果二等奖；《石狮市关于集聚纺织服饰创意设计人才打造“东方米兰”的实践与思考》获泉州市组织工作优秀调研成果三等奖。

（蔡锦耀撰　龚金镇审）

【推行党建“双五”工作法】 在全省率先成立社会组织党工委，加强对社会组织党建工作的领导协调。总结社会组织党建“双五”工作法，促进社会组织健康发展。在全省首创社会组织党建文化展示馆，集中展示社会组织党建典型的经验做法和特色亮点，为基层党组织提供学习借鉴平台。推行“党员双隶属”、党员教育“五法”、党建工作“四纳入”等制度，力促社会组织党建有序开展。培育经济中介行业党委、青商会特别党委、布料同业公会党支部等一批示范点；强化工作力量，举办为期2天的社会组织党务干部培训班，培训基层党务工作者75名。注重宣传推广，拍摄制作社会组织党建专题宣传片6部、编印社会组织党建宣传手册。在泉州市“一地一特色”非公企业党建品牌展评中，取得总分第二名的历史最好成绩。加大党组织组建力度，党组织数增至54个(党委4个、支部50个)，覆盖党员974名。“双五”党建工作法先后被中央政策研究室《学习与研究》、中央办公厅《每日汇报》《人民日报·内参》《中国组织人事报》等刊物和新华网、共产党员网等网站刊载。

（蔡嘉荣、蔡慰玲撰　蔡文博审）

【推进“四下基层”活动】　制定《关于进一步推进领导干部“四下基层”工作的实施意见》，出台联系服务群众的一系列工作制度，推动党员干部沉下基层、现场办公、实地调研、排解矛盾、宣传党的方针政策。活动中，市领导挂钩联系社区31个、重点项目215个、企业72家、贫困户31户；市直单位帮扶共建社区31个，结对帮扶贫困户200多户；全市各级领导干部累计现场办公150多次，走访群众8000多人次，接访群众88批、215人次，受理信访68件，办结53件。中央办公厅《每日汇报》、中组部《组工信息》《福建信息》《八闽快讯》等刊物先后介绍石狮市做法。

【发展共产党员】　严把发展党员预审关，2013年发展党员257名，实现控制数量、提升质量。研究出台《石狮市处置不合格党员暂行办法(试行)》，明确认定不合格党员22种行为表现及处置程序，稳妥处置党员61名；石狮市被确定为全省处置不合格党员工作试点单位，《福建信息》专期刊发，泉州市委副书记周银芳做出批示。

【党员教育服务工作】　开展全市基层党组织书记学习贯彻中共十八大精神集中轮训工作。发挥党员干部现代远程教育平台及站点网络作用，设置“纪念建党92周年”党员教育节目展播专栏。组织开展“党员微故事”展评活动，采集全市各行业领域党员先进事迹400多例。健全全市困难党员信息库，实施困难党员固定生活补贴制度，组织市党员志愿服务队开展系列活动，2013年走访慰问党员250多名，发放慰问金、互助金40多万元。以“服务群众、转变作风”为主题，组织开好党员领导干部专题民主生活会，并实施重点问题立项整改。在灵秀镇试行镇党代会年会制，及时总结试点工作经验；依托“12345”便民服务热线，设立党代表服务专线；做好市六届三次党代会相关工作，推动党代表建言献策。

（蔡慰玲撰　蔡文博审）

【人才工作】　2013年，石狮市人才工作亮点纷呈，出台《石狮市集聚纺织服饰创意设计人才暂行办法》等6份专项人才文件，构建纺织服饰产业人才政策体系。出台《加强青商培养创业工作的若干措施》，提出扶持青年企业家队伍建设8项措施。实施人才住房奖励保障工程，首批投入6000万元奖励各类人才住房189套。设立每年500万元的青商创业贷款贴息基金。开展首届“狮城十大杰出青商”、首届纺织服饰产业“十佳职业经理人”“十佳新锐设计师”评选、第二届“石狮杯”全国高校毕业生服装设计大赛、海西(石狮)国际时装周。作为全省唯一一个县级协办单位参与省第一届“人才项目与资本”对接会。依托海西(石狮)电商园建立石狮电子商务人才孵化中心。走访北京服装学院等13个全国服装高等院校，签订产、学、研对接合作框架协议。成立石狮市回归创业人才工作服务中心北京站。设立在石高校毕业生生活补助金，为来石狮的研究生提供每人2000元／月，本科生每人1000元／月生活补助。

海西时装周　（图／摘自《石狮日报》）

（颜长品撰　蔡文博审）

行政管理体制改革

【推进政府机构改革】　2013年，石狮市编办以“建设人口人才人气聚集城市”为切入点，融入全域城市化发展改革大局，推进“大部制”改革，在全省率先调整卫生计生机构设置，将卫生部门的职责和计生部门的职责整合，组建市卫生和计划生育局，探索优化配置基层医疗卫生和计划生育服务资源，推动机构、职能、人员“三融合”；建立统一规范的公共资源交易平台，创新改革思路，推动公共资源交易机构规范化建设，整合建设工程招标、政府采购、产权交易、土地使用权出让、矿业权出让、海域使用权等交易职责，组建公共资源交易中心；在全省第一个探索与行政服务中心管理处合署、一体化办公，实现公共资源交易职能与监管职能的完全分离，又提高行政效能、优化发展环境、加强政府监管；调整设立市委市政府发展改革研究中心，整合市委市政府政策研究和发展改革研究职责，设立“中共石狮市委石狮市人民政府发展改革研究中心”，加挂“中共石狮市委政策研究室”，加强研究团队建设，提升研究力量，为社会经济发展、城市建设等提供决策智囊支持。

【推动政府职能转变】 立足全域城市化发展改革大局，优化职责配置，理顺部门职责关系，加快推动政府职能向创造良好发展环境、提供优质公共服务、维护社会公平正义转变，重点强化和提升政府在公共服务、社会管理、环境保护等方面的职责。设立“石狮市残疾人就业服务中心”，加挂“石狮市残疾人康复中心”牌子，逐步建立健全残疾人就业康复体系。将“市社会治安综合治理委员会办公室”更名为“市社会管理综合治理委员会办公室”，调整规范社会管理机构设置和职责配置。推进公安综合警务改革和刑侦专业化警务改革，加强公安派出所、刑侦大队领导力量建设。在“石狮市环境监察大队”加挂“石狮市环境应急与事故调查中心”牌子，明确环境应急与事故调查职责，建立健全环境安全应急体系，提升环境保护应急能力。

【政府管理体系建设】 在“石狮市金融服务中心”加挂“石狮市民间融资登记服务中心”牌子，成为全省第一家民间资本管理服务机构，促进民间融资阳光化规范化发展，推动金融生态环境建设。深入经济局、金融办调研，了解掌握市企业上市服务中心、市金融服务中心机构职责任务、人员配备等，提出整合金融服务中心和企业上市服务中心的方案。批准设立泉州首家镇街道审计中心，配齐配优配强镇街审计队伍，全面开展财政性资金运用跟踪审计工作，进一步完善审计监督长效机制。

【做好小城镇机构改革评价和申报工作】 2013 年，按照《福建省小城镇机构改革试点工作总体评价机制（试行）》有关规定，抓好小城镇评价和申报工作。除灵秀、蚶江 2 个小城镇外，向省委编办新申报宝盖、永宁、祥芝、鸿山 4 个镇为省级深化小城镇机构改革试点镇。

【事业单位分类改革】 加强和规范事业单位机构编制管理，市编办对事业单位清理工作进行再清理再规范。推进市公立医院综合改革试点工作，加强对公立医院法人治理结构建设试点工作的指导，制订出台《石狮市公立医院法人治理结构实施方案》。2013 年 1 月，全省卫生工作会议上，石狮介绍交流公立医院改革工作经验；2013 年 12 月，副市长庄宝玲获“2013 年医院服务改进服务推进人物奖”；泉州市政府工作报告中提到“石狮公立医院改革试点经验在全国推广”。

【加强机构编制管理】 在科学使用和有效利用“福建省机构编制管理信息系统”的基础上，在全省率先建立“机构编制文件电子档案库”，夯实机构编制管理基础，提升机构编制管理工作的信息化水平，做好新一轮政府机构改革和事业单位分类改革的基础工作。根据编制工作实际需要，按照年份、主管部门、单位类型等多种标准分类整理，及时查遗补失和滚动更新，确保全市所有机关事业单位都有一份完整的电子档案。

创新机构编制管理方式，一律不新设机构。对确需新设机构的，按照“撤一建一、总量不增”原则，通过调整优化解决。石狮市超编单位从年初的 35 个减少至 26 个，结构性超编现象得到有效改善。2013 年，在现有事业编制总量内，共调剂 25 名编制给新设事业单位，调剂 61 名编制给编制紧缺的事业单位，打造“阳光编制”。

【登记管理规范化】 坚持材料审核规范化，把好受理、审核、核准“三关”，做到材料真实、准确，审批程序规范，确保登记质量；坚持监督检查常态化，提高登记工作监管水平；坚持信息公开透明化，利用机构编制政务公开网、网络红页、QQ、微信等载体，公开事业单位登记工作流程，提升服务水平，并按阶段性工作任务和工作进展情况，及时发布年检通知、登记公告、年检公告和变更公告等事业单位登记信息，为事业单位提供及时的信息和便捷的服务；坚持动态管理制度化。全市事业单位年检率和年检合格率均为100%。

【全省首家实现中文域名“全覆盖”】 2013年，市编办全面开展“中文域名集中注册月”活动，以“一改二促三抓”为抓手，突破瓶颈，创新机制，在30天内全省首家实现全市机关事业单位政务与公益中文域名“全覆盖”，获得省委编办的通报表扬。全市共注册政务与公益中文域名486个，其中，机关事业单位359个，行政村（社区）127个，覆盖率100%，注册率超过100%，覆盖率、注册率均为全省第一。

（郑明芬撰　许志民审）

宣传思想文化工作

【概况】 2013年，石狮市宣传部通过“质量石狮大讲堂”“学习中共十八大精神培训班”等多种活动，自上而下带动领导干部政治理论水平和执政能力的提升。开展“月读一书”“每周一文推荐”活动，精选《天大的小事》《繁荣的求索》等热门理论书籍1200余册提供给市委中心组全体成员阅读。结合“增强忧患意识、推动长远发展”大讨论，借助“走基层”活动的人脉地气，推出“透视生态、文化维度引领永宁科学发展、跨越发展”“勇追东方米兰梦，建设幸福石狮城”等一批课题。开展“中国梦”主题巡回宣讲，推进理论进基层，业余讲师团配合基层党校、市民学校、电影小分队等宣传载体下基层授课100余次。

通过2013年度城市文明程度指数测评。将乡村（城市）学校少年宫建设列入2013年为民办实事项目，实现镇（街道）一级的全覆盖，初步筑起学校、家庭、社会“三位一体”教育网络。

在第16届石狮“海博会”和2013年石狮国际时装周期间，组织近300位记者到石狮采访，增设分众传媒和投放时装周专题片、访谈片，各级媒体刊载报道达2800余条（次）。第七届闽台对渡文化节暨蚶江海上泼水节期间，配合闽南文化节的宣传工作，组织34家媒体参与报道，刊出稿件1500多条（次），其中央视1套《新闻联播》播出对渡节新闻，展示闽台多元民俗文化魅力和非遗保护成果；巧借“东亚文化之都”之风，开展第二届永宁古卫城暨城隍文化节宣传工作，组织20家上级主流媒体参与活动，刊出稿件500多条（次）。做好世界石狮同乡联谊会第二届理事大会新闻宣传工作。

在人民网、新华网、《福建日报》等主流媒体上开设宣传专版专题，在《欧洲日报》、香港《大公报》等境外和港澳台媒体开设12个宣传版面，继续与《台湾商报》开展新闻供稿合作。加强《收藏快报》《东方收藏》杂志的对台输出，推动《石狮侨报》编辑出版工作，通过《神州瞭望》继续向北美地区播出20部石狮市专题宣传片。配合中央电视台《中国财经报道》《地理中国》《舌尖上的中国》等栏目专题片拍摄工作。与中国地市报研究会、泉州晚报社合作，推出为期一年的“东方米兰　质量石狮”大型品牌推广活动，并组织国内省会以上城市的主要地市报到石狮开展大型主题采风活动，向全国展示“东方米兰　质量石狮”新风采。

《舌尖上的中国》在石狮拍摄

（图／颜华杰）

【贯彻中共十八大精神】 中共石狮市委深化市委中心组学习、“质量石狮大讲堂”及“学习中共十八大精神培训班”等多种活动，借助“声、屏、报、刊、网”等媒介，推动中共最新理论创新成果进基层进社区，让中共声音走进千家万户；组织“中共十八大精神宣讲团”深入机关、镇（街道）、农村（社区）、学校、企业宣讲50余场；举行学习贯彻中共十八大精神演讲比赛、灯谜团体电控竞赛、知识竞赛等文化宣传活动；举行“红歌颂祖国　唱响新石狮”献礼十八大红歌会唱、欢乐泉州·走进石狮湖滨（专场）、文艺演出暨2013年“三下乡”活动—走进玉湖、“颂歌十八大”文艺巡演

第11届广场文化艺术节

（图/摘自《石狮日报》）

及第11届广场文化艺术节等系列活动，借助各种媒介资源，推动党的理论方针政策深入基层；新闻单位开设“学习贯彻中共十八大精神”专栏，报道各部门、单位以及社会各界学习贯彻“中共十八大”精神的情况，展现各领域、各单位在“质量石狮　二次创业”中新思路、新举措、新成效。

【党委中心组学习】　2013年，举办14次市委中心组专题学习会，邀请中央党校赵振华、清华大学蔡继明、综合开发研究院院长樊纲、中国城市规划设计研究院郑德高等多名国内知名专家教授围绕中共十八届三中全会、全域城市化发展、城镇化发展、城市规划等主题，到石狮传经送宝、解疑释惑，并多次将学习会参加范围扩大到副科级以上干部700余人，提高领导干部政治理论水平和执政能力。

【刊物出版印刷】　2013年，出版印刷《石狮文艺》《石狮好人——身边的道德榜样》《石狮年鉴》(2011卷)、《石狮市华侨志》《乡土石狮》《石狮建市二十五周年档案录》《石狮市机关党务工作手册》《2013石狮市统计年鉴》《妈妈，我终于把红旗升起来了》《石狮华侨》《石狮文史散论》《漫画石狮》《狮城雄风——全国校园灯谜文化交流研讨会》《点击台海》等刊物。

【专题调研】　2013年，市委下发《关于组织开展“增强忧患意识推动长远发展”大讨论重点专题研讨活动的通知》，从城市发展、社会建设、城乡规划、改革创新等30多个主题入手，对市领导乃至各党委负责人提出调研任务，课题成果定期编发于《石狮研究》。2013年，市委宣传部结合“增强忧患意识、推动长远发展”大讨论，借助“走基层”的人脉地气，撰写多篇调研报告，其中《“服务红利”激活和谐“正能量”》《勇追东方米兰梦，建设幸福石狮城》《以“精神、精品”做响石狮城市品牌》《石狮市紧扣“三个坚持”深化文明创建》刊登于《八闽快讯》《泉州调研》、省委宣传部《宣传信息》等省、市各级刊物。2013年8月，石狮市委宣传部被评为2012年度“福建省调研工作先进单位”。

【企业文化】　2013年，以送文化进企业为抓手，推出“活动”“阵地”“队伍”三张牌，使文化教育职工、引领职工和激励职工的作用得到展现。打造一批文体活动品牌。每月在市职工活动中心三楼举办一期“缘在工会”单身青年职工联谊会；除夕夜举办第12届“四海一家”迎春联欢晚会，邀请500多名外来工免费吃年夜饭、看贺岁大片、打长途电话等一系列活动；按照“每年一大项、四年一轮回”，举办第三届工人运动会，组建23个代表团发动3000多名运动员参加13个大项、51个小项的职工体育比赛以及举办第五届企业篮球联赛；先后举办“庆三八”联欢会、“五一”表彰大会暨职工文艺会演等大型文体活动；并下拨专项经费，支持湖滨街道总工会举办首届职工歌舞大赛，富贵鸟公司工会为9对外来职工举办集体婚礼；豪宇公司工会开展首届职工运动会和马拉松比赛等；建设一批职工活动阵地。按照工会场所补助和奖励措施，给予6家基层工会新建职工活动场所9.5万元补助；向富贵鸟公司等8家企业职工书屋开展“书香石狮•和谐社会”赠书活动，为广大职工文体活动提供较好的硬件设备；启动百家企业“道德讲堂”活动，在华联公司召开现场推进会，9个镇(街道)总工会开展辖区道德讲堂活动，邀请董再发、邵奇等劳模代表走进企业“道德讲堂”，现身说法，启发广大职工在劳动中发现和创造幸福；建立一支“知心姐姐”志愿者服务队。在大帝集团参照专业标准建立全市首家非公企业职工专业心理咨询室。

【新闻报道】　2013年《石狮日报》头版增设“民生新闻”、媒体曝光台等板块，石狮电视台重新整合9个栏目，开辟“民情日记”“记者蹲基层”等相关栏目20个，全年新闻媒体刊发播出《传递爱心的“阳光太太”》等民生稿件500多条，把笔触、镜头对准基层和人民大众。

【对外及港澳台宣传报道】　2013年，在《欧洲时报》、香港《大公报》等境外和港澳台媒体开设20多个宣传版面，继续与《台湾商报》开展新闻供稿合作。加强《收藏快报》《东方收藏》杂志的对台输出，推动《石狮侨报》编辑出版工作，通过《神州瞭望》继续向北美地区播出20部石狮市专题宣传片。

(王丽雅　孙文添　郭玉贝撰　林一峰审)

精神文明创建活动

【概况】 2013年，石狮市精神文明建设以践行社会主义核心价值观为根本，以巩固文明城市创建成果为主线，开展公民思想道德建设和各项文明创建活动，提高市民文明素质和城市文明程度，在2013年全省城市文明程度指数和未成年人思想道德建设工作测评中以总分96.714分的成绩排名全省县级市第一。

【精神文明创建规划】 石狮市精神文明建设指导委员会印发《2013年石狮市精神文明创建工作要点》，为全面开展各级各类精神文明创建工作提供指导。

【迎接文明城市评比】 2013年，石狮市推进文明城市创建工作。3月28日和4月27日，市委、市政府两次召开文明城市迎检协调工作会，研究并解决创城过程中遇到的问题和困难。5月15日，市委书记张永宁带领四套班子领导及有关单位负责人，深入部分各检点实地检查，并召开点评反馈会，就迎检工作做相关部署和要求，要求对各项创建工作进行责任分解，领导挂钩指导的工作组要定期指导督查，促进创建工作任务落实。7月中旬，石狮市取得96.714分的优异成绩，在全省城市文明程度指数和未成年人思想道德建设工作测评中再次蝉联全省县级市第一。

【开展移风易俗活动】 持续倡导开展"婚事新办、丧事短办、神事不办"等活动，通过电子政务网发送以"移风易俗"为主要内容的手机短信10万余条；联合市电视台每天继续滚动播出"移风易俗"公益广告，引导市民群众简办红白事捐资公益慈善，联合日报社深入基层开展调研，采编刊发50多篇简办婚丧捐资公益的先进典型报道。2013年，全市移风易俗投入公益事业的资金达5000万元，取得成效。

【开展文明交通活动】 市"夕阳红"公共文明引导志愿服务队在市区主要交通路口继续开展文明劝导活动，纠正不文明交通行为。按照市"交通质量提升三年计划"的要求，研究制定《2013年文明交通提升项目责任分解表目录》及《文明交通提升项目细化责任分解表》，配合有关单位围绕计划方案开展一系列宣教活动。2013年，在市区设置以"文明交通"为主题的宣传专栏110余幅；举办灯谜展猜5场次，专题讲座8场次；协办首届全年无违章车辆表彰抽奖活动，倡导鼓励文明出行。

【开展"我们的节日"主题活动】

春节、元宵期间，突出"文明健康、和谐向上"主题，联合有关单位举办"四海一家"联欢晚会、"龙腾狮跃闹元宵"——2013年全国龙狮大联动等大型活动，丰富广大群众的节日文化生活；清明期间，继续开展"传递亲情、传承文化、缅怀先烈"活动，引导人们在缅怀先辈的情怀中继承传统、弘扬传统；端午期间，突出"闽台交流、两岸亲情"主题，配合有关单位做好"第七届闽台对渡文化节暨蚶江海上泼水节"的相关工作，进一步加强闽台文化宣传，促进两岸文化交流；中秋期间，突出"团结、团圆"主题，联合有关单位开展关爱低保户送温暖活动、广场文化艺术节、中华经典诵读、"节日小报"创作等系列主题活动。

2013年龙腾狮跃闹元宵—全国舞龙舞狮大联动 (摘自《石狮日报》)

【推进道德讲堂建设】 2013年，全市253家单位举办讲堂活动800多场次，覆盖全部文明单位(学校、社区)。打造"百家企业道德讲堂联盟"品牌，弘扬诚实守信、爱岗敬业精神，119家企业参与，涵盖全市各镇(街道)、行业协会。9月17日，建设启用全市"道德讲堂"总堂，每月2期面向社会开讲，推进活动走向规范、深入。

【"讲文明树新风"公益广告宣传】

制订下发《石狮市深入开展"讲文明树新风"公益广告宣传实施方案》，成立由宣传部、文明办等10个单位组成的公益广告宣传专门工作小组。8月中旬，一批以"中国精神、中国形象、中国文化、中国表达"为主题的"中国梦•讲文明树新风"城市广场公益广告在市人民广场集中展示。全市广电媒体累计播出公益广告时长3200分钟，报刊媒体刊发版面56个，网络媒体刊登广告247幅，通讯平台发送彩信120万条，在广场公园、工地围挡、商场超市、公交站台、楼宇电视等刊登广告556幅，实现公益广告宣传阵地的规模化。11月下旬，石狮市被中央文明办确定为首批全国“讲文明树新风”公益广告宣传工作试点城市。

【评选表彰】 3月28日，召开全市精神文明建设表彰大会，表彰2010—2012年度石狮市级文明单位（学校、社区）、文明村镇及精神文明建设先进工作者213个。

【“中国好人”推荐评选】 2013年，继续发动各级各单位参与“我推荐、我评议身边好人”活动，报送身边好人、好事，组织干部群众对入围候选人进行投票。全年有刘彩洪、市海泳协会（集体）、许文典3人入选“中国好人榜”；王回原、金晟锴获评“福建好人”。

【志愿服务所获荣誉】 2013年，石狮市志愿者联合会、石狮市公安局被福建省委文明办授予“全省网络文明传播志愿服务工作先进单位”；石狮市青年志愿者分会被团省委授予“福建青年五四集体奖章标兵”；林丽娜、蔡海炳、王毓娜分别被省文明委授予“全省优秀志愿服务工作者”以及“省级优秀网络文明传播志愿者”；王东育分别被福建省委宣传部、泉州市委宣传部评为“福建省基层最美人物—最美志愿者”提名奖、“首届最美泉州人—最美志愿者”；3月，市文明委开展首届优秀志愿服务评选表彰活动，表彰10个志愿服务先进集体和100名先进个人。

【开展社会志愿服务活动】 春节期间，市委文明办和市志愿者联合会组织开展以“宣传十八大、亲情暖石狮—红红火火过大年”为主题的志愿服务活动，连续十天在客运中心站为返乡的乘客免费赠送15000多个爱心馒头、2400盒牛奶及1000副春联，并提供春运便民利民志愿服务活动，引起强烈反响；6月5日，举办以“美丽心灵美丽石狮”为主题的保护山川河流暨关爱台湾海峡海洋环保启动仪式，组织全市各志愿服务队开展“关爱石狮海域、绿满石狮”等关爱自然志愿服务系列主题活动，在宝盖山、灵秀山、红塔湾等山川海域周边，清理生活垃圾，排查污染源头，绿化美化环境，共同建设“美丽石狮”；开展文明劝导活动，纠正不文明交通行为，缓解交通压力，“夕阳红”公共文明引导员在市区主要交通路口持续进行文明引导；4月中旬和6月下旬，市志愿者联合会组织700多人次参与第16届石狮“海博会”暨海西时装周、第七届闽台对渡文化节暨蚶江海上泼水节、两岸青年端午歌舞会等志愿服务活动，为海内外客商及台湾同胞提供热情周到的服务；8月，举办第八届返乡大学生、高三毕业生暑期志愿服务体验营，有100位学子参与。

【文明传播志愿者队伍】 2013年，组建109支网络文明传播志愿服务队（小组），志愿者428名。开通志愿者QQ群，借助论坛、微博、微信等平台，组织网络文明传播志愿者参与“续写雷锋日记”“我推荐我评议身边好人”“我们的节日”“道德领域突出问题”等重点活动，推进网络文明传播志愿服务工作。2013年，全市网络文明传播志愿者在网站上发表博客1250篇，转发评论2.7万条，论坛发帖15.9万余篇。

【未成年人思想道德建设】 3月14日，召开全市“百万大手牵小手”关爱活动、“十大工程”联席会议，搭建未成年人思想道德教育平台。将乡村（城市）学校少年宫建设纳入2013年“为民办实事项目”，市财政投入140万元新建7所少年宫，在泉州地区率先实现镇（街道）一级全覆盖；组建全市心理健康辅导志愿服务队，建成石狮市未成年人心理健康辅导站，并在市区20个社区开设未成年人心理咨询室，推进40个青少年校外教育辅导站（点）项目建设；围绕“做一个有道德的人”主题，在全市中小学校开展“日行一善”“认星争优、做美德少年”“文明小博客”“童心向党”等活动。新湖中心小学《少年少年祖国的春天》《我们美丽的祖国》等作品在中央文明网进行展播；第三实验小学优秀作品《“畅想”童年》获得泉州市“童心向党”歌咏比赛二等奖；第二实验小学参赛作品《盼归》获得泉州市“我的梦、泉州梦、中国梦”中秋经典吟诵比赛三等奖。

【餐桌文明】 2013年，确定将德辉广场美食城、市公务大厦食堂等作为示范创建活动试点，培育一批践行“文明餐桌”礼仪、传播节约用餐理念的典型。8月，组织开展泉州市“文明餐桌”示范街、店（点）创建活动，推荐参评的绿岛国际酒店、石狮第一中学学生餐厅等12家餐饮企业、食堂（餐厅）获得泉州市“文明餐桌”行动示范店（点）称号；上半年，制作“文明餐桌行动”宣传标语15000条，在全市食堂（餐厅）、宾馆（酒楼）、餐饮企业等场所张贴，引导消费者树立“适量点餐、剩菜打包”的观念，自觉做到“不剩饭、不剩菜”。“文明餐桌行动”在全市217家机关（学校、企业）食堂（餐厅）、523家餐饮店（酒店）全面展开。

【基层精神文明创建】 6月6—8日，指导14个行业窗口示范点参加泉州市文明办开展的省级行业优质服务指数测评；9月23日—10月16日，组织人员对辖区内申报新一届（2012—2014年度）省级精神文明建设先进的16个村镇、33个单位、7所学校、6个社区进行届期初评并形成初评报告；10月24—25日，指导市公安局、市检察院、祥芝镇人民政府三家单位迎接全国文明村镇、文明单位复查考评，全市各级各类精神文明创建水平不断提高。

（陈　峰撰　黄子仁审）

统一战线

【概况】 2013年，统一战线坚持“大团结、大联合”主题，深入开展“同心”教育实践活动，围绕中心，服务大局。以“五联建”为载体支持民族村加快发展；宗教界以“教风年、学习月、慈善周”为载体，开展“和谐寺观教堂”创建活动；通过搭建平台、拓展联谊，凝聚海内外石狮人智慧和力量，形成推动石狮新一轮发展的合力。统战部“在2013年工作中表现突出”受省委统战部表彰，获“全省县级统战信息工作三等奖”“全省统战理论研究优秀成果三等奖”“泉州市统战信息工作先进单位”等称号。

【民主党派工作】 2013年，市政府增拨党派活动经费，为每个民主党派配备1名机关工作人员，在民主党派活动中心集中办公，负责党派日常工作和后勤服务；由统战部牵头，各民主党派举办纪念“五一口号”发布65周年系列活动。在《石狮日报》连载刊发民主党派人士纪念文章；4月26日—5月8日，在市博物馆举办以“多党合作、风雨同舟”为主题的纪念中共中央发布“五一口号”65周年暨多党合作成果展；市委、市政府调整新一轮党员领导与党外代表人士联系交友工作，畅通党外代表人士反映意见、建议的渠道，召开两场党外

市委、市政府召开党外人士情况通报暨征求意见会　(图/统战部)

人士情况通报暨征求意见会，通报政府工作和全市经济社会发展情况，就重大决策部署听取党外人士的意见。

统战部组织各民主党派参与“六思六创”大讨论活动，就制约石狮“质量提升”的深层次问题深入调查研究，撰写提（议）案和建议。八个各民主党派共9件提案被评为2012—2013年度优秀提案，占优秀提案总数的41%。

【非公经济领域统战工作】 5月9日，市工商联（总商会）第五届执委会第三次全体会议传达全国非公有制经济人士理想信念教育实践活动电视电话会议精神，部署教育实践活动，市委常委、统战部长林自育出席会议。

统战部、工商联在《石狮日报》开辟专栏，宣传企业创业创新、优秀文化和企业家履行社会责任的典型事例；以“石狮企业家与中国梦”“创新创造与二次创业”为专题，开展企业家访谈和征文活动。基层商会、行业协会采取各种形式，开展“同心·三自信”主题教育活动，帮助非公人士坚定中国特色社会主义信念、增强对党和政府的信任、提高发展企业的信心。

市领导分别带领民营企业家“石狮学习团”赴清华大学“深造”，赴美国、加拿大知名学府和企业修学考察，到北京、天津等地向“名企”取经，通过组织学习培训、参观考察，帮助企业家树立“标杆”意识，创新发展理念。

工商联（总商会）进一步健全融资、信息、培训等服务体系，依托

企业服务事务所，为企业提供信息、代办审批手续等服务，帮助企业解决实际困难。12 月 3 日，举行石狮总商会—搜狐焦点泉州站签约仪式暨《石狮商人》创刊仪式。邀请著名经济学家教授邱晓华作《解读十八届三中全会之后中国经济走向》主题讲座。各行业协会、基层商会组织会员企业参加国内外大型展会，帮助企业开拓市场、寻找商机，参与“十佳职业经理人”“十佳新锐设计师”“荣誉市民”评选活动，激发企业家和企业员工创新创业热情。

统战部、工商联积极引导非公人士投身“光彩事业”。雅安地震发生后，市工商联（总商会）向会员发出《为雅安地震灾区募捐倡议书》，电商协会发动会员企业捐献物资 600 多万元。4 月 23 日，石狮市安溪商会成立，发动会员为地震灾区募捐 10 多万元。第四届世界闽商大会于 6 月 17 日在福州召开，19 位石狮籍闽商分别获颁“闽商建设海西突出贡献奖”“福建省捐赠公益事业突出贡献奖”和“福建省非公有制经济人士捐赠公益事业突出贡献奖”。7 月 23 日，石狮市工商联被省光彩事业促进会授予“光彩事业组织工作先进集体”称号，非公经济人士林和平、姚志胜、郭东泽、蔡文革获得“2007—2013 年度福建省光彩事业贡献奖”。11 月 6 日，全国工商联副主席庄聪生到石狮调研非公有制经济人士理想信念教育实践活动情况，对石狮市工作给予肯定。

【海内外联谊工作】 2013 年，石狮成立泉州县级市首个台联工作机构。9 月 26 日，召开第一次台湾同胞代表大会，选举产生首届理事会；10 月 27 日，台北市石狮同乡总会成立。会长邱国泉捐资 300 万元给石狮慈善总会。市委书记张永宁率团赴台参加庆典，其间拜访石狮籍乡贤并参观恒安照护集团、旺旺集团、日盛金控、顺亿超低温冷冻、奕达船务等企业和高雄渔港建设，与企业负责人就两地产业合作进行座谈交流。

11 月 22 日，世界石狮同乡联谊会在石狮召开第二届理事大会，选举产生第二届理监事会，蔡友铁当选会长。会上举行《石狮市华侨志》首发式。来自港澳台和世界各地的侨领、异地石商齐聚石狮，联络乡谊，增进交流，为推动家乡新一轮发展建言献策。同时，菲律宾广场大厦举行落成典礼。

石狮市菲律宾广场大厦外景

（图／颜华杰）

澳门福建同乡总会、澳门福建体育总会、旅菲各校友联合会等社团换届，旅港龟湖铺锦同乡会等基层社团成立，市委、市政府都组团参加庆典活动或发贺电。统战部门协助旅外乡亲做好社团成立（换届）筹备工作，参与第 16 届石狮“海博会”、第七届闽台对渡文化节、第二届永宁古卫城暨城隍文化节的组织接待工作；接待参加世界闽南文化节、第二届世界泉州同乡恳亲大会、香港福建同乡会青年团福建省交流访问团等来访社团，为海内外工商界加强经贸合作交流、企业回归石狮创业牵线搭桥。组织开展海内外青商、青少年联谊交流活动，做好华裔新生代、新华侨华人工作，培育侨务资源的新增长点。

市财政将基层侨联工作经费、镇（街道）侨联主席和村（社区）侨联小组长工作补贴纳入预算；做好“三胞”服务工作，引导广大海外乡亲回乡投资创业、捐献公益事业。2013 年，“三胞”捐献公益 2500 多万元。

【异地商会联谊】 统战部、工商联推动筹建北京、上海、厦门等地异地商会。10 月 19 日，首个异地商会——北京市石狮商会在京成立，向石狮市慈善总会捐赠 100 万元；各镇（街道）建立异地企业家资料库，依托基层商会、行业协会加强与在外石商的联系和交流，引导回归创业。湖南福建商会、湖北省闽南商会、四川省闽南商会、淄博泉州商会、文登福建商会、绍兴福建商会等异地商会换届庆典，市委、市政府都组团参加庆典活动或发贺电。

【统一战线队伍建设】 特约人员

由统战部统一归口管理，公安局等13个部门共聘用43名党外特约人员，建立一支结构合理、近百人的特约人员储备队伍；5月9日，市工商联（总商会）召开第五届执委会第三次全体会议，增补部分新兴产业行业协会、基层商会会长、杰出青商和“创二代”企业家；统战部指导各镇（街道）商会、侨联做好换届工作，选好配强新一届领导班子，按照“五有”要求进一步加强自身建设；7月3日，泉州市委常委、秘书长、统战部部长翁祖根到石狮调研督查“贯彻落实中央4号文件、加强党外代表人士队伍建设”情况，对石狮有关工作给予肯定。

【宣传信息调研工作】 统战部调研课题组撰写的调研文章《整合资源，创新机制，深化扩大对台文化交流—石狮市对台文化交流工作初探》获省委统战部“全省统战理论研究优秀成果三等奖”，《石狮海外联谊工作的思考》《关于行业协会（商会）管理体制改革的思考》分别获泉州市统战理论研究优秀成果三等奖和优秀奖。

（张子健、李加勇撰　施剑峰审）

党校工作

【概况】 2013年，石狮市委党校发挥干部教育培训主阵地、主渠道作用，坚持党校姓党，坚持质量办校，围绕市委中心工作，开展干部教育培训，不断提升党校工作科学化水平，助推“质量石狮、二次创业”。获得“2010—2012年度石狮市文明单位”“2010—2012年度石狮市机关党建工作先进单位”“2013年度泉州市党校系统信息工作先进单位”“福建省一类党校”等称号。

【干部培训】 2013年，石狮市委党校举办科级干部培训班1期、“全市优秀村级党组织带头人培养对象进修班”1期、全市科级干部学习中共十八大精神轮训班3期；“改变作风，提速增效”股级干部研讨班2期；机关党务干部研讨班、社会组织党务干部研讨班、社区工作者岗位培训班各1期；承接湖北长阳土家族自治县中青班的异地培训；以“大讲堂”形式开展的全市科级以上干部的学习讲座8期，平均每期培训人数超过800人。

【高标准培训计划】 根据市委干训工作领导小组的要求，征求有关单位意见，收集干部培训需求信息，为相关部门策划、拟定不同班次的培训方案，高标准制订全年培训计划，通过市委办文件的形式印发全市年度干训计划，明确党校的干训工作目标和任务，确保干训计划按时、保质地落实完成。

【“精”设特色课程】 到市直各部门、镇（街道）进行走访和调研，根据所征集的意见建议和参训人员的业务特点、人员结构、培训主题等需求设置特色培训课程。针对全域城市化、产业转型升级、创新城市管理等热点难点问题，专门开设“快速城镇化进程中的地方政府、城市发展战略、产业结构转型升级、网格化管理及城市管理创新”等课程；“改变作风，提速增效”专题研讨班，培训对象均为从事公共服务、直面群众的政府机关股级干部，有针对性设置机关效能提升、公务礼仪、廉政知识等课程；机关党务干部研讨班、社会组织党务干部研讨班，设置廉政建设、保密知识、党务知识等课程；“全市优秀村级党组织带头人培养对象进修班”，设置平安村居、群众工作、“三资”监管、基层人口计生等实用性课程；湖北长阳土家族自治县中青班的异地培训，专门设置石狮服装城、海西电商城、国际轻纺城、纺织服装创新发展云、星期YI服饰创意产业园、海洋科技园、石湖港、中心渔港等现场教学，让学员边参观、边学习，领略改革开放前沿——石狮的“产业、城市、港口、民生”发展状况。

【“新”用教学形式】 根据干部需求增加教学互动环节，及时调整、增加、更新培训课程，增加课堂互动环节，扩大异地办学、现场教学的课时比重，组织学员到国内先进地区或先进单位学习培训，开展联合办学、现场观摩、实地考察，拓展学员视野；尝试专题课程外包。第八期科干班的课堂教学，由华侨大学公共管理学院来提供师资、设置相关课程，完成“公共管理专题系列课题”的课堂教学，并组织学员到珠海特区进行为期1周的异地培训学习。

【“实”做网络平台】 依托市委组织部“石狮市党员干部远程教育网”，开设“网上党校”，建立干部教育培训网上自主选学平台，将全市党课、讲座、报告课件、电教专题片上传到选学平台，供全市党员干部下载学习。在单位政务网页的“业务专栏”开设“在线学习”专区，定期更新上传学习内容，供党员干部自主学习。开辟移动互联网教育阵地，探索建立“移动微课堂”体系，开辟互联网教育阵地，每周向党校学员发送1至2条短信，传送决策部署、市情民意、精美短文、启迪故事等内容。

【服务基层培训】 发挥党校的理论宣传优势，常态化运行“流动党校”，聘请教师深入市直部门、镇(街道)、村居、企业、学校等单位授课，送党课下基层，把党课开设到业务部门，开设到基层一线。2013年，开展“流动党校”活动超过20课时，培训基层干部600多人次。

【教学科研成果】 2013年，市委党校课题组牵头组织部分基层干部召开“增强忧患意识、推动长远发展”务虚研讨会，深入探讨、研究干部成长规律和党校的办学规律，撰写形成《进一步加强党校建设，充分发挥服务基层党员教育作用》调研文章，为推进“十二五”时期市委党校发展提供理论指导；与华侨大学公共管理学院协作，深入有关部门、高校、企业，对石狮市创建“高端人才聚集创新园区”可行性进行调研，形成调研文章《石狮市创建“高端人才聚集创新园区”可行性分析报告》；市委党校陈世雄主笔撰写的《石狮市外经贸新增长点的调研报告》发表在《石狮研究》。

【改善办学条件】 2013年，市委从组织部、市委办选调两名青年干部分别任副校长、副科级组织员，充实党校领导班子，增加2个教师事业编制；拥有100多名兼职教师队伍；在石狮城北片区重要地段规划石狮党校建设用地，成立筹建工作领导小组。

【建设规范化党校】 坚持用制度管人，形成《中共石狮市委党校规章制度汇编》；结合学员在校学习情况，把个人党性分析和自我鉴定记入《学员鉴定表》，归入干部档案管理；建设学习型党校，坚持每周的政治理论学习制度；建设服务型党校，定期到挂钩的社区、村居(永宁镇第一社区、郭宅村、玉湖社区、西墩村、前廊村)走访，听取意见建议，帮助社区和群众解决实际问题，发放帮扶济困资金近30000元；到联系挂钩薄弱村——永宁镇郭宅村详细了解经济社会的发展情况，就如何发展村集体经济进行探讨，并支持帮扶建设资金10000元；选派干部到鸿山镇西墩村挂职锻炼，落实项目10个，争取帮扶资金达300多万元；建设“文明党校”，组织党校志愿者服务队开展“三关爱”，得到泉州市委文明办领导的肯定。

【建设“廉政党校”】 加强反腐倡廉教育，把党风廉政建设内容列入党校教学计划，在各个培训班次强化对参训人员的理想信念教育、党风党性教育、法制教育、廉政勤政教育。建立健全各项规章制度，实行“一岗双责”，强化责任意识和民主监督，在重大事项决策、大额资金使用、干部任免、发展党员、政府采购管理、评先评优等环节查找出6个方面47条的廉政风险点，制订防控措施47条，新增制度4个，严格财经管理制度，涉及项目建设资金、培训资金等的使用，均集体研究决定；采购物品按要求统一政府采购，从源头上防止腐败，形成廉洁从政的氛围。

(周东胜撰　叶泽旺审)

老干部工作

【概况】 2013年，全市共有离退休干部1857名。离休干部17名，其中本市离休干部9名，易地安置离休干部8名；“5•12”退休干部6名；厅级退休干部2名，处级退休干部34名，科级退休干部262名。石狮市老干部工作抓好离退休干部党支部建设和思想政治建设，组织老干部开展科学健康文明的文体活动，引导老干部为“质量石狮、二次创业”做出新贡献。

【为老干部办实事】 2013年，石狮市加大对老干部工作的财政支持力度，提供经费保障市老干部活动中心和市老年大学2辆17座专用中巴车的运行。做好老干部的生活保障，及时调整各项津贴补贴。组织全市离休干部、“5•12”退休干部、处级及以上退休干部、五老人员、本市离休干部遗孀进行全面的健康体检；邀请医疗专家作《老人颈椎病的康复知识》《骨关节病的防治与保健》《老年中医养生保健知识专题讲座》等医疗保健专题讲座；邀请福建中医药大学附属康复医院脊椎、颈椎病康复专家陈水金为石狮市离退休干部进行公益讲座和健康咨询；组织离休干部、“5·12”退休干部、处级及以上退休干部到鼓浪屿进行健康疗养。

【发挥老干部作用】 2013年，石狮市引导老干部发挥政治、资历、威望优势，围绕市委、市政府提出的质量提升战略，深入乡镇、企业、重点项目等进行实地调研，开展专业指导、技术服务、政策咨询、人才培训、科学研究，为全市社会经济贡献新的智慧和力量。以退休老领导和老同志为主体的市重点项目（片区建设）巡视组继续发挥作用，收集重点项目、片区建设中群众反映的热点难点问题，深入调查研究，向市委、市政府提出意见、建议。石狮市离退休干部积极响应“质量石狮、二次创业”号召，献力经济发展，服务城市建设，在社会治安、效能建设、移风易俗、干部考核等方面发挥监督作用，石狮市老干中心党委就有122名老干部党员分别担任党风廉政监督员、行风评议代表、各级涉老单位负责人、市业余讲师团成员等。

【社区老干部工作】 2013年，石狮市结合社区养老服务机制的构建，建立社区三大养老平台，实现老干部居家养老。在已建立“社区居家养老服务中心”的新湖、玉湖社区，加挂“社区老干部服务中心（点）”标识，建立老干部信息库，明确离退休干部社区服务项目、服务承诺、服务职责、服务程序等内容；将文化活动中心、老年活动中心、图书室、阅览室等社区公共活动场所进行有效整合，建立多功能的社区活动中心；组建一支能满足老干部居家养老服务需求的社会化服务队伍、一支社区志愿者服务队伍和一支（相对）低龄的退休干部组成的老干部服务队伍，结对帮扶，帮助解决“双高期”老干部的生活照料问题。

【老干部大型节日活动】 2013年9月26日—10月18日，以“同心共筑中国梦”为主题，举办石狮市第七届离退休干部文化艺术节，组织开幕式暨全市老年学校（大学）“春炎杯”南音调演、全市离退休干部集体祝寿仪式、全市老年可乐球表演赛，以及闭幕式暨“大手牵小手、同心共筑中国梦”老少同乐文艺会演；在元宵节、中秋节组织举办全市离退休干部大型游园活动，增设灯谜、投球、摸彩、文艺表演、书画展览、集体游戏竞赛等活动项目，丰富老干部节日生活，让老干部欢度传统佳节；10月13日，组织参加石狮市第11届广场文化艺术节老年大学革命历史舞台剧专场演出，将说、唱、舞与视频技术融为一体，把建立新中国的革命历程呈现给观众。

【创建省级示范性老干部活动中心】 2013年，石狮市按照省委老干部局关于创建活动的通知精神，围绕管理有序、服务高效、环境优美、安全文明的创建目标，立足提高老干部满意度，明确责任，依据创建评比标准，制定创建活动工作任务分解明细表，在完善硬件建设、提高服务质量、规范活动管理、加强制度建设等方面上下功夫，提高服务水平，丰富活动内容，把老干部活动中心打造成为老同志政治学习、文化娱乐和健身活动的良好平台。石狮市老干部活动中心在泉州市和省的检查验收中都获得一致好评，获得“省级示范性老干部活动中心”称号。

（温泽源撰　龚金镇审）

市直党工委工作

【概况】 2013年，市直机关中共建设坚持贯彻落实中共十八大精神及各级党代会精神，把握“服务中心、队伍建设”两大任务，围绕市委工作中心，转变作风，提升服务品质，提高党建科学化水平。

【深化学习型党组织建设】 邀请泉州市委党校教授作中共十八大精神专题讲座，将学习宣传贯彻中共十八大精神纳入创建机关党建工作先进单位考评体系；加强思想政治建设，开展中共优良传统和作风教育；抓好调查研究，撰写《创新服务型机关党组织建设的研究》调研文章，4篇调研文章获奖；建立党建季谈会制度，总结和交流各单位的典型经验和做法；加大培训力度。于6月19—21日举办为期三天的基层党组织书记或专（兼）职党务干部培训班，共有42名党务干部参加培训，组织第21期入党积极分子培训班，142 名入党积极分子参加培训；刊印《石狮市机关党务工作手册》，规范换届选举工作流程，加强分类指导。

【加强基层组织建设】 2013 年，开展“解放思想见行动，服务中心创一流”党建主题活动，推进“1263”机关党建工作机制，抓好典型带动；考评表彰，于 7 月 30 日召开石狮市直机关党建工作推进会暨先进单位表彰大会，对被石狮市委授予“2010—2012 年度机关党建工作先进单位”进行表彰。

实行“结对联创”，按照“业务相联、目标相联、措施相联、活动联办”的工作思路，把石狮市市政管理处党支部、中国电信石狮分公司第二党支部、电力公司配电部党支部、福建广电网络集团股份公司石狮分公司党支部、供水工程公司党支部等 5 家党支部进行结对，作为突破“三级联创”的示范点。以完善“管网建设、管网管理机制体制”为主线，通过左右结对联创，拓宽联创内涵，或通过项目建设，把相关支部“结对联创”，解决项目建设中遇到的难题，共同推动项目建设进程。

【搭建服务交流平台】 发挥石狮党建网平台作用，发挥机关党建网站的宣传和指导作用，打造“石狮市机关党建网”精品网站，推广支部党务信息网的建设，提升党务信息传递效率；加强市直机关党建信息报送工作，完善党建信息报送制度，收到各级党组织报送 50 多条信息，被各级党建网、报刊、简讯刊用 20 多次。

【精神文明建设】 开展纪念中国共产党成立 92 周年系列活动，宣传系统党委组织开展参观学习“颂廉台”党风廉政教育和环境保洁志愿活动，以及慰问病困党员活动；党群系统党委举办第二期“名家讲堂”带动学风建设和启动“流动书屋”活动。经济系统党委组织党员开展无偿献血活动和“庆七一”登山活动，并往驻军某部体验军营生活。市直党工委与市文体旅游新闻出版局联合举办石狮市庆祝“七一”市直机关趣味体育比赛及党建相关知识有奖竞答等活动。

深化机关精神文明建设，开展社会主义核心价值体系学习教育；持续开展“我推荐、我评议身边好人”和“道德讲堂”活动；加强中共优良传统和形势政治教育，宣传普及机关文明用语、勤俭节约、文明餐桌、文明交通等知识；参加市第三届工人运动会。

【推进机关廉政文化建设】 落实中共中央“八项规定”，深化作风建设，开展“廉政文化进机关”活动，做好党务公开工作。把党务公开工作纳入党建工作考评内容抓好落实；推行绩效评估，促进各市直单位抓好工作落实，抓出工作成效。

（许　春撰　卢祖明审）

石狮市人民代表大会

(图/摘自《石狮日报》)

综 述

2013年，石狮市人民代表大会及其常委会认真行使宪法和法律赋予的职权，为推进石狮经济社会发展发挥地方国家权力机关应有作用。全年召开常委会会议7次、主任会议12次，听取和审议“一府两院”专项工作报告17项，开展工作检查和执法检查14次，开展专题调研8次，做出决议决定和审议意见13项，备案审查规范性文件27件，依法任免地方国家机关工作人员15人(次)，全面完成市六届人大二次会议确定的常委会各项工作任务。

石狮市人大常委会主任陈贻萍作人大常委会工作报告　(图/叶忠惠)

重要会议

【市六届人大三次会议】　石狮市六届人大一次会议于2013年12月29日至2014年1月1日在石狮市公务大厦附楼大会议室召开，178名代表出席会议。会议的议程有：听取和审议石狮市人民政府工作报告。审议石狮市2013年国民经济和社会发展计划执行情况与2014年国民经济和社会发展计划(草案)的报告；审查、批准石狮市2013年国民经济和社会发展计划执行情况的报告与2014年国民经济和社会发展计划。审议石狮市2013年财政预算执行情况及2014年财政预算(草案)的报告；审查、批准石狮市2013年财政预算执行情况的报告与2014年财政预算。听取和审议石狮市人民代表大会常务委员会工作报告。听取和审议石狮市人民法院工作报告。听取和审议石狮市人民检察院工作报告。选举石狮市人民法院院长。选举石狮市第六届人民代表大会常务委员会个别委员。通过有关决议。

石狮市六届人大三次会议召开

(图/叶忠惠)

2013年人大常委会会议表

表 1

会次	时间	会议内容
第九次	3 月 19 日	1. 审议通过市人大常委会 2013 年工作要点(草案) 2. 审议通过《石狮市人民代表大会常务委员会关于授予地方荣誉称号的暂行规定(草案)》及《石狮市人民代表大会常务委员会关于授予石狮市荣誉市民称号的规定(草案)》
第十次	4 月 15 日	1. 听取和审议市人民政府关于提请审议石狮生态市建设"十二五"规划(草案)的议案,批准石狮生态市建设"十二五"规划(草案) 2. 听取和审议市人民政府关于校安工程及学前教育工作情况的报告和市人大常委会检查组的检查报告 3. 审议有关人事任免事项
第十一次	6 月 7 日	1. 听取和审议市人民政府关于市五届人大四次会议《关于全市自来水由市供水股份有限公司统一管理到户的议案的决定》执行情况的报告及市人大常委会视察组的视察报告 2. 审议石狮市第六届人民代表大会个别代表辞职事项 3. 补选泉州市第十五届人民代表大会代表 4. 审议有关人事任免事项
第十二次	7 月 29 日	1. 听取和审议市人民政府关于石狮市 2012 年财政收支决算草案的报告、关于石狮市 2012 年度财政预算执行和其他财政收支的审计工作报告,审查和批准石狮市 2012 年财政决算 2. 听取和审议市人民政府关于 2013 年上半年国民经济和社会发展计划、财政预算执行情况的报告及市人大常委会财经工委的调查报告 3. 听取和审议市人民政府关于《将环湾大道、水头外线项目的 BT 回购款列入财政预算的议案》 4. 听取和审议市人民政府关于石狮市危房改造的工作报告及市人大常委会调研组的调研报告 5. 听取和审议市人民政府关于市五届人大五次会议《关于开展全市小流域专项治理的议案的决定》执行情况的报告及市人大常委会视察组的视察报告 6. 审议有关人事事项
第十三次	9 月 17 日	1. 听取和审议市人民政府关于石狮市危房改造的工作报告 2. 听取和审议《石狮市国民经济和社会发展第十二个五年规划纲要》实施情况中期评估报告及市人大常委会调研组的调研报告 3. 审议有关人事任免事项
第十四次	11 月 20 日	1. 听取和审议市人民政府关于石狮市环境卫生管理工作情况的报告及市人大常委会视察组的视察报告 2. 听取和审议市人民法院、市人民检察院、市公安局关于刑事诉讼法(修改后)实施情况的报告及市人大常委会执法检查组的检查报告 3. 听取和审议市人民政府关于市六届人大二次会议代表建议办理情况的报告及市人大常委会视察组的视察报告 4. 审议《石狮市人民政府关于提请审议授予第一批石狮市荣誉市民称号人选的议案》 5. 审议有关人事事项 6. 审议市人民政府关于市五届人大五次会议《关于建设石狮国际轻纺城的议案的决定》执行情况的报告及市人大常委会视察组的视察报告(书面) 7. 审议市人民政府关于全市重点项目和为民办实事项目建设情况的报告及市人大常委会视察组的视察报告(书面)
第十五次	12 月 18 日	1. 听取和审议市人民政府关于提请审议《〈关于建设石狮国际轻纺城的议案的决定〉的实施方案》调整方案的议案及市人大常委会财经工委的审查报告 2. 听取和审议市人大常委会代表资格审查委员会关于个别代表的代表资格的审查报告 3. 审议通过石狮市人大常委会关于召开石狮市第六届人民代表大会第三次会议的决定(草案) 4. 审议通过市六届人大三次会议有关事项 5. 审议《石狮市人大常委会工作报告(征求意见稿)》

2013年人大常委会主任会议

表2

会次	时间	会议内容
第十七次	1月25日	1. 市纪委书记许锦聪通报市纪委2012年工作情况 2. 讨论市人大常委会2013年初步工作计划 3. 讨论有关年终工作安排 4. 其他事项(党组成员参加)
第十八次	2月25日	1. 讨论研究石狮市人大常委会2013年工作要点 2. 讨论确定市六届人大二次会议重点建议 3. 讨论确定市六届人大常委会第九次会议的召开时间和建议议题
第十九次	3月11日	1. 传达贯彻近期市委有关重要会议精神 2. 讨论《石狮市人民代表大会常务委员会关于授予地方荣誉称号的暂行规定(草案)》及《石狮市人民代表大会常务委员会关于授予石狮市荣誉市民称号的规定(草案)》
第二十次	4月25日	1. 听取市经济局关于石狮市生态市建设"十二五"规划(草案)的编制说明及市人大常委会的初审意见 2. 听取市人大常委会检查组关于全市校安工程及学前教育工作情况的检查报告 3. 有关人事任免事项 4. 研究确定市六届人大常委会第十次会议的召开时间和建议议题 5. 其他事项
第二十一次	6月7日	1. 听取市人大常委会调研组关于加快海洋经济发展情况的调研报告 2. 听取市人民政府关于石狮市殡葬管理工作情况的报告及市人大常委会视察组的视察报告 3. 听取市人大常委会视察组关于市五届人大四次会议《关于全市自来水由市供水服务有限公司统一管理到户的议案的决定》执行情况的视察报告 4. 研究关于补选泉州市第十五届人民代表大会代表的有关事项 5. 研究关于石狮市第六届人民代表大会个别代表辞职事项 6. 有关人事任免事项 7. 研究确定市六届人大常委会第十一次会议的召开时间和建议议题
第二十二次	7月24日	1. 听取市人大常委会调研组关于石狮市危房改造工作(市区旧城区部分)情况的调研报告 2. 听取市人民政府关于公共卫生工作情况的报告及市人大常委会调研组的调研报告 3. 听取市人民政府关于《将环湾大道、水头外线项目的BT回购款及投资回报资金列入财政预算的议案》的说明 4. 听取市人大常委会视察组关于市五届人大五次会议《关于开展全市小流域专项治理的议案的决定》执行情况的视察报告 5. 听取市人大常委会财经工委关于2012年财政决算(草案)的初步审查报告 6. 听取市人大常委会财经工委关于石狮市2013年上半年计划、预算执行情况的调查报告 7. 研究《石狮市人大常委会关于审议我市"十二五"规划纲要实施情况中期评估报告的工作方案(草案)》 8. 讨论修改《石狮市人大常委会议事规则》 9. 其他事项 10. 研究确定市六届人大常委会第十二次会议的召开时间和建议议题
第二十三次	9月16日	1. 听取市人民政府关于石狮市农村基层文化建设的报告及市人大常委会调研组的调研报告 2. 听取市人民政府关于加快旅游产业发展工作的报告及市人大常委会视察组的视察报告 3. 听取市公安局关于开展"三警合一"警务改革工作的报告及市人大常委会调研组的调研报告 4. 听取市人大常委会调研组关于"十二五"规划纲要实施情况中期评估的调研报告 5. 听取市人大常委会检查组关于"解放思想,转变作风"贯彻落实情况的检查报告 6. 研究有关人事任免事项 7. 研究确定市六届人大常委会第十三次会议的召开时间和建议议题
第二十四次	9月17日	讨论研究市人民法院副院长林明容代理市人民法院院长职务的有关事项

续表 2

会次	时间	会议内容
第二十五次	11 月 1 日	1. 听取市人民政府关于洋内亭安置房、城北片区安置房、梧园安置房、城北小学等项目采取 BT 方式进行开发建设的报告 2. 听取市人大常委会视察组关于石狮市环境卫生管理工作情况的视察报告 3. 讨论市人大常委会 2014 年工作计划 4. 研究市六届人大三次会议有关事项 5. 研究石狮市第六届人大代表补选事项
第二十六次	11 月 14 日	1. 研究市人民政府关于授予石狮市荣誉市民称号的议案 2. 研究个别代表寄选工作(颜莉莉)
第二十七次	11 月 19 日	1. 听取市人民政府关于市五届人大五次会议《关于建设石狮国际轻纺城的议案的决定》执行情况的报告及市人大常委会视察组的视察报告 2. 听取市人民政府关于全市重点项目和为民办实事项目建设情况的报告及市人大常委会视察组的视察报告 3. 听取市人大常委会执法检查组关于市法院、市检察院、市公安局实施《刑事诉讼法》(修改后)的检查报告 4. 听取市人大常委会视察组关于市六届人大二次会议代表建议办理情况的视察报告 5. 研究关于授予石狮市荣誉市民称号的有关事项 6. 研究有关人事事项 7. 研究确定市六届人大常委会第十四次会议的召开时间和建议议题
第二十八次	12 月 12 日	1. 听取市人民政府关于石狮市消防安全工作情况的报告及市人大常委会视察组的视察报告 2. 听取市人大常委会财经工委关于《〈关于建设石狮国际轻纺城的议案的决定〉的实施方案》调整方案的审查报告 3. 听取代表资格审查委员会关于个别代表的代表资格的审查报告 4. 讨论市六届人大三次会议的有关事项 5. 讨论修改石狮市人大常委会工作报告(征求意见稿)

重要活动

【监督工作】 2013 年，石狮市人大常委会从人大工作职责和工作特点出发，强化法律监督和工作监督，提高监督实效。组织视察检查两院工作，促进法院审判监督和检察院控告申诉检察工作，并分别对《中华人民共和国刑事诉讼法》等法律法规和相关工作开展检查；分别听取和审议《石狮市国民经济和社会发展第十二个五年规划纲要》《关于全市自来水由市供水股份有限公司统一管理到户的议案的决定》《关于开展全市小统域专项治理议案的决定》《关于建设石狮国际轻纺城的议案的决定》等 17 个专项工作报告；分别做出《石狮市人大常委会关于石狮市国民经济和社会发展第十二个五年规划纲要实施情况中期评估报告的审议意见》《石狮市人民代表大会常务委员会关于危房改造工作的审议意见》《石狮市人大常委会关于“石狮生态市建设‘十二五’规划”(草案)的审议意见》等 13 项决定决议和审议意见；围绕《危房改造情况》《开展支持和促进海洋经济发展措施落实情况》《公共卫生服务情况》《市公安局警务改革工作情况》等 8 个专题开展专项调研；分别围绕《校安工程及学前教育情况》《殡葬管理工作情况》《市五届人大四次、五次会议议案(自来水一户一表、小流域专项治理、建设石狮国际轻纺城)办理情况》《代表建议办理情况》《市行政执法局工作(关于加强环境卫生管理工作的情况)》《市消防安全工作情况》《农村基层文化建设检查情况》《市加快旅游产业发展情况》《市政府重点工程、为民办实事项目建设情况》《市人民政府政府有关部门“解放思想、转变作风”贯彻落实情况》等 14 项议题开展视察、检查；对市人民政府报送的 21 件规范性文件进行备案审查。

【信访工作】 2013 年，石狮市人大常委会按照全国人大关于人大信访工作有关要求，认真受理人民群众来信来访，并按规定及时登记、交办、督办和回复，综合分析信访件中反映较普遍的问题，跟踪突出信访件，促进部分老大难信访得以息访息诉。坚持常委会领导下基层接访和定期约访群众制度，加强跟踪督办热点、难点信访问题，有效调处和化解矛盾，维护人民群众合法权益。全年受理群众来信85件，接待群众来访207人次，承办上级人大批转的信访案件28件。

【代表工作】 2013年，石狮市人大常委会继续完善人大常委会组成人员联系代表制度，代表联系选民制度，制定重大事项向代表通报、代表列席人大常委会会议等制度，通过人大网站和媒体向代表通报常委会年度监督工作计划、专项工作报告和执法检查报告、审议意见及一府两院研究处理情况报告，通报常委会会议情况和重要活动情况，先后邀请代表列席常委会会议72人（次），邀请代表参加常委会执法检查、视察和专题调研193人（次），参加各种座谈会62人（次），采取多种方式分期分批培训代表，举办法制讲座4场。完善代表活动机制，为代表活动提供经费保障。督办代表议案、建议，采取领导督办重点建议、召开不满意件办理工作专题汇报会、“回头看”跟踪督办等形式，促进事关发展大局问题解决。支持法院邀请人大代表参与诉讼调解工作，全年共邀请各级人大代表参与814个案件的诉讼调解，调解成功741件，调解成功率91.3%，组织代表30人（次）旁听法院庭审。常委会加强代表议案、建议办理工作，及时联合市政府召开交办会，将141件建议分解成274件交由各有关单位承办，并组织对代表建议办理情况进行视察，促使代表意见、批评、建议得到有效办理。市政府及承办单位重视办理工作，办理答复率100%，已经解决或基本解决的比2012年提高10.72%；代表满意和基本满意率为100%，表示满意的比2012年提高12.6%，一些涉及群众切身利益的问题得到较好解决。

【自身建设】 2013年，石狮市人大常委会机关组织学习实践科学发展观，贯彻落实上级有关会议精神，召开民主生活会、党风廉政监督员座谈会、离退休老干部座谈会、人大工委委员座谈会，听取意见，查摆问题，逐步解决影响职能发挥作用相关问题，增强人大工作实效性。加强和改进代表工作，凝聚全面深化改革的正能量。加强常委会同人大代表的联系，进一步组织好闭会期间代表活动，发挥代表作用。拟设立人大代表联系选民活动平台，建立“人大代表活动日”制度，密切代表同选民联系，发挥桥梁纽带作用。从保障人民当家做主的高度，加强对人大代表的培训，组织好代表的视察、调研等活动，开展代表向选民述职活动，增强代表依法履职的责任感和使命感。改进代表建议、批评和意见督办方式，提高办理质量。开展群众路线教育实践活动，解决“四风”方面存在的突出问题，转变作风，提高服务群众的本领。围绕全面深化改革的总目标，以改革创新精神做好人大工作，探索形成“突出监督工作重点、增强监督工作实效”的机制，促进人大工作更加科学、更加民主、更加规范、更具实效。全年征集全市人大代表对市人大常委会工作意见建议80条。组织代表做好视察检查、工作评议、述职评议等各项工作，组织开展视察调研22项，作出决议和审议意见13项，机关工作人员积极撰写调研文章，为市委市政府决策提供有价值参考。22篇理论文章分别在全国、省、市人大网站和刊物杂志上发表并获奖。顺利完成《石狮市人民代表大会汇编》《石狮市人民代表大会会刊》以及《石狮年鉴》《石狮市志》中人大部分内容的编撰工作。

石狮市六届人大三次会议主席团会议听取各代表团汇报候选人酝酿情况，表决通过正式候选人名单 （图/叶忠惠）

【诉讼调解工作】 2013年，石狮

市人大常委会继续支持法院开展邀请人大代表参与经济纠纷、婚姻家庭纠纷、邻里纠纷、劳动争议等诉讼案件调解。2013年，人大代表参与814个涉法涉诉案件的调解工作，成功调解各类案件741件，调解成功率90.1%，培养一批具有较高法律和政策素养的调解员，为法院节约诉讼成本，和谐社会关系，为石狮稳定和发展做出积极贡献。部分代表接受法院邀请成为人民陪审员，参与案件审理工作，提高法院审判透明度。

【调研工作】 2013年，石狮市人大常委会组织召开《市六届人大二次会议代表建议交办会》，审议《石狮市城市总体规划(修编)》，组织人大代表旁听法院庭审，组织开展各季度代表活动及代表培训工作，检查指导各镇人大主席团、街道人大工委代表活动情况，组织召开人大工作座谈会，组织泉州市15届人大代表开展调研工作，配合上级人大开展执法检查、调研、视察等活动。

(叶忠惠撰　黄金山审)

重要会议

【市政府常务会议】 2013年，石狮市人民政府召开常务会议10次。分别传达学习总书记习近平重要指示及在中央政治局常委会上关于安全生产工作的重要讲话精神、中央纪委关于付晓光顶风违纪严重违反中央八项规定精神问题、省委九届十次全会精神、省纪委关于六起顶风违反中央八项规定精神和省委实施办法典型问题及泉州市纪委关于四起违反中央八项规定精神典型问题的通报；审议了《关于推进科技金融结合工作的若干意见》《石狮市集聚纺织服饰创意设计人才实施办法》《石狮市民营工业企业人才住房奖励保障办法》《石狮市“12345”便民服务系统运行管理暂行办法》《石狮市创建安全发展城市实施方案》《石狮市2013年造林绿化和“四绿”工程建设实施方案》《石狮市政府投资建设项目管理暂行规定》《石狮市生态市建设专项规划》《石狮市人民政府关于加快供销合作社改革发展实施意见》《石狮市加曾寨片区征地拆迁补偿安置实施方案》《贯彻落实〈福建省价格调节基金管理办法〉的实施意见》《石狮市“十二五”规划纲要实施情况中期评估报告》《关于促进染整企业兼并重组的若干意见》《教育卫生事业人才住房奖励保障办法》《石狮高新技术产业开发区产业发展规划（2012—2020）》《关于在全市重点培育科技小巨人企业的若干意见》《石狮市永宁镇黄金海岸海岸线整治项目房屋征收补偿方案》《永宁镇红塔湾旅游景观大道项目房屋征收补偿方案》《永宁镇城隍庙民俗文化园片区土地房屋征收补偿安置实施方案》《石狮市林地保护利用规划（2010—2020年）》《推进港口通关机制创新实施方案》《石狮市商务综合行政执法试点工作方案》《灵山灵峰片区征地拆迁补偿安置实施方案》等事关经济社会发展的重要措施和文件；研究组建市公共资源交易中心、启动“12345”便民服务中心、实施小微企业助保金贷款等重大事项。

【企业工作会议】 2013年2月22日，石狮市企业工作会议召开。张永宁、张贻山等市四套班子领导出席会议。会上出台《关于推进产业集群集聚发展的若干意见》《关于加强企业改制上市工作的若干意见》《关于加快推进电子商务发展的若干意见》等三份扶持企业发展的文件，表彰一批企业发展先进单位和个人，举行民营工业企业人才奖励保障住房交付钥匙仪式。市委书记张永宁强调，当今世界科学技术日新月异，全球化、信息化浪潮席卷而来，市场不断变化，竞争日趋激烈，石狮的企业家要注意跟踪标杆企业，找寻全球同行业最好的标杆企业，作为方向和努力的目标；要注意了解一线情况，挤出时间，多到车间、仓库走走，多到供应商、分销商和销售终端走走；要注意加强员工培训，进一步提高员工的职业精神、劳动技能和管理能力；要重视员工的人文关怀，让员工觉得跟企业在成长、受尊重、有盼头，增强员工的主人翁意识；要注意多挤点时间读书看报，了解掌握宏观走向、科技信息、产业政策、行业动态，分析把握经济发展和市场变化的周期性和规律性；要注意与政府保持沟通互动，对市委、市政府的工作多建言献策，多提建设性的意见建议，让市委、市政府的决策、政策更有针对性，对企业更有用、更有效。为了企业的发展，政府要像一座"航标"，为企业立标引航；要像一把"雨伞"，为企业遮风挡雨；要像一块"石子"，为企业铺路搭桥。同时，要围绕"服务型"政府的要求，更加注重"诚信"，坚持"言必信、行必果"，说到做到，有诺必践。更加注重"延续"，树立"功成不必在我任"的胸怀，一届为一届打基础，一年为一年添后劲，不急功近利，不朝令夕改。更加注重"效率"，增强"时间就是金钱，效率就是生命"的理念，只争朝夕，马上就办。市政府市长张贻山指出，企业发展离不开良好的环境，党委政府的责任就是为企业发展营造良好的环境，为企业提供便捷的交通、完备的服务、宜业的环境、方便的生活。各级各部门要把企业当亲人，把企业放心上，想企业之所想，急企业之所急，真心实意为企业服务，把石狮打造成民营经济的乐园。在硬环境上，要抓畅通对外交通，加强水电保障，撑开城市框架，加快产业发展平台建设；在软环境上，要重视人才，优化税收环境，创造良好金融环境，倡导"马上就办"精神，为企业发展提供良好的服务。面对日益激烈的市场竞争，为了赶超时代，企业要通过品牌打造、规模扩张、精益管理、市场开拓、改制上市、注重创新，进一步做大做强，才能立于不败之地。当前，全市上下正按照市委、市政府的部署安排，全面实施"质量石狮"战略，加快建设更加时尚、更加精美、更加幸福的现代化石狮，这为企业做大做强、民营经济繁荣发展提供了难得的机遇。各级各部门和广大企业要携手并肩，永葆创业的激情和胆识，增强责任感和使命感，自觉把企业的发展和全市大局紧密联系起来，把实现个人价值同彰显社会价值紧密结合起来，充分发挥企业家的聪明才智，凝心聚力投入"质量石狮"的实践中，在新的起点上推动科学发展跨越发展，再创石狮新辉煌。

政务纪要

【经济建设】 2013 年，石狮市人民政府落实"质量石狮、二次创业"发展战略，全年实现生产总值 570.9 亿元，同比增长 12.5%；公共财政总收入 57.4 亿元，同比增长 13.5%，其中公共财政预算收入 35.9 亿元，同比增长 17%；社会消费品零售总额 287.7 亿元，同比增长 14.8%；全社会固定资产投资 290.7 亿元，同比增长 25.3%；实际利用外资（历史可比口径）4.3 亿美元，同比增长 15.4%；出口商品总值 20.7 亿美元，同比增长 25.2%。经济综合实力位居全国中小城市科学发展百强第 21 位、保持全省第 2 位；全域城市化发展改革方案获省政府批准实施，成为全省首个试点。

才逢石狮 2013 年石狮纺织服饰行业"双十佳"评选活动成果发布会在石狮服装城艺术展览中心举行　（图／李荣鑫）

【工业发展】 2013 年，实现工业增加值 340.4 亿元，同比增长 13.5%，对 GDP 增长贡献率达 65.5%。制定出台推进产业集群集聚发展、电子商务、企业改制上市、促进染整企业兼并重组、集聚纺织服饰创意设计人才等政策措施，兑现惠企奖励资金 3 亿元，组织企业家参加清华大学高级研修班，评选十大杰出青商、纺织服饰行业十佳职业经理人和十佳新锐设计师，成立企业与企业家联合会；同时，安排 191 套住房奖励企业中高层管理人员和教育卫生人才，与 13 家国内著名纺织服装院校开展政校企合作对接，保障企业用工和人才需求。对接"三维"项目（中央企业、港澳台侨外资企业、民营企业的项目）22 个、总投资 473 亿元，实施技改项目 97 个、完成投资 45 亿元；新增卡宾、富贵鸟等 3 家上市企业，255 家企业开展增资扩股，新增注册资本 30 亿元，全年产值超亿元企业达 144 家，企业发展后劲和活力不断增强。

【第三产业提升】 2013 年，第三产业增加值 211 亿元，同比增长 11.8%，增幅居泉州市前列。入选全国首批信息消费试点城市。服装城新增入驻 636 家商户、1000 多个时尚品牌；海西（石狮）电子商务园一期建成投入使用，入驻近 300 家电商企业；甲骨文纺织服装创新发展云投入运营，入驻 100 多家企业；石狮辅料市场意向入驻 500 多个国内外辅料品牌；国际轻纺城市场主体结构、星期 YI 服饰创意博

星期 YI 服饰创意博览园　（图/李荣鑫）

览园基本完工；第 16 届石狮“海博会”实现成交额 115 亿元，同比增长 11.6%。“金改”创新取得显著成效，成立民生银行海洋产业金融中心，开发建行“善融商务”、小微企业“助保贷”、泉州银行“无间贷”等金融产品，创新集体建设用地抵押贷款、产业园区“批发贷”等金融模式，分别与厦门大学、中科招商集团建立金融战略合作关系；全市银行存款余额 654.4 亿元，贷款余额 493.6 亿元，同比分别增长 22.7% 和 21.4%。港口运输业迎难而进，石湖港实现货物吞吐量 2355.2 万吨、集装箱吞吐量 111.9 万标箱。

【现代农业扎实推进】 2013 年，农业总产值 38.7 亿元，同比增长 0.8%。新认证省级海洋产业龙头企业 3 家、泉州市级重点龙头企业 12 家，获农业部批准远洋渔船网具指标 15 个；新增农民专业合作社 31 家，推广种植（养殖）新品种 7 个。海洋经济加快发展，编制完成海洋产业发展规划，海洋生物科技园获评国家级农业高新技术园区，16 个省级海洋经济重大项目完成投资 33.2 亿元。

【自主创新持续增强】 2013 年，新增国家科技项目 12 个、省区域科技重大项目和星火科技重点项目 4 个、高新技术企业 2 家，3 个项目被列入省战略性新兴产业重点项目；扶持培育首批 50 家“科技小巨人”企业。连续 16 年荣获全国科技进步先进市称号，高新区跻身国家知识产权试点园区。

【城乡发展】 2013 年，石狮市人民政府按照全域城市化发展改革思路，优环境促统筹，城乡面貌显著变化。

城市发展规划不断深化。编制石狮 X 年发展战略规划，明确向湾面海的发展方向，统筹全市人口、产业、基础设施和公共服务布局。完成片区概念性总体规划和交通、景观提升等专项规划。围绕“时尚之都、活力多彩”的形象定位，开展城市营销推介。

【城乡建设】 城市建成区面积扩大到 35.3 平方千米，城镇化率达 75.9%，居全省县级市首位。片区改造全速推进，钞坑片区半年多时间完成征迁任务，世茂城市综合体项

石狮市城东　（图/摘自《石狮日报》）

目快速落地建设，建成展示区、样板区，城市新地标初具雏形；镇中路二期中骏商城、长福泰禾城市广场、城东幸福新城、梧园片区等项目进展顺利，安置房建设加速推进。永宁、蚶江小城镇建设超额完成年度投资任务。交通质量不断提升，完成中心城区“白改黑”工程 40.6 千米。福辉路建成通车，蚶江大道、宝盖山拥军路、石龙路基本完工，跨海大桥、环湾大道、濠江北路加快推进。启用公交 IC 卡，新增公交车 65 部，新建公共停车场 3 个、停车泊位 1819 个。引水二期工程建成通水，全市日供水能力达 64 万吨。城东 110 千伏输变电工程竣工投产。

【人居环境明显改善】 公共文明指数测评连续两年保持全省县市第一，获省级生态市命名。“点线面”综合整治项目持续推进，景观

“新型社区”郭坑文体中心（图／颜华杰）

提升成效凸显，完成门户廊道、市政道路、滨海岸线、口袋公园等工程，推进“借地绿化”、公园“拆墙透绿”，整个城市面貌焕然一新。下大力气整治水系环境，实施治理项目 26 个，与晋江市联手推进跨境流域水环境污染治理，取得阶段性成效。启动新型染整产业循环发展园建设，推进清洁能源替代导热油炉改造工程。新型社区“五清四化三

提升”取得良好成效，前埔、郭坑入选泉州市首批十大“美丽乡村”。

【民生社会事业】 2013年，石狮市人民政府办实事惠民生，民生保障持续改善，社会事业协调推进。群众生活水平不断提升。城镇居民人均可支配收入同比增长9.8%，达40002元；农民人均纯收入增长11.9%，达17952元，居全省县市首位；城镇居民家庭平均每百户拥有移动电话292部、家用电脑114台、家用汽车26辆。城乡居民低保标准提高到户月人均480元，居全省县级市第一，共发放低保金1781.8万元，1980户4768人受益；城乡居民社会养老保险续保率99.3%，居全省第一。就业服务继续优化，城镇新增就业1.85万人，农村劳动力转移就业3550人。出台沿海五镇石结构及危险房屋改造实施意见，完成450宗危房翻建审批；建成2690套保障性住房，进一步改善群众居住条件。

教育质量逐步提高。投入2.7亿元，实施60个校安工程和薄弱校改扩建项目。开办第六实验小学、蚶江中心幼儿园，完成第二实验幼儿园改扩建，凤里中学搬入新校区。“三名”工程和教育教学改革成效明显，高考本科上线率达65.4%，高于省、泉州市平均水平。顺利通过国家义务教育发展基本均衡市督导评估。1.9万人在石狮接受高等职业教育，有效改善全市人才结构。

文体事业加快发展。成功举办闽台对渡文化节暨蚶江海上泼水节、永宁古卫城暨城隍文化节、第三届全市工人运动会，承办国际龙狮争霸赛、全国象棋锦标赛、海峡两岸马拉松比赛等赛事，城市美誉度进一步提升。获全国民族传统推广优秀奖、全民健身先进单位称号，永宁老街入选第五届“中国十大历史文化名街”，市图书馆再次获得国家一级图书馆称号，市博物馆被授予“泉州市第一届社会科学普及基地”称号。

卫生计生工作稳步推进。公立医院改革试点经验得到卫生部医改办推广，继续推行药品零差率销售，减轻患者药品费用1886万元。投入1940万元，免费提供基本公共卫生服务11类41项。新农合财政人均补助330元，保持全省最高，28万人次报销医药费用1.2亿元。市医院新院主体工程封顶。计生工作顺利通过国家计生优质服务先进市检查验收，年度综合考评位居泉州市第三名。

平安建设成效明显。综治维稳工作力度进一步加大，群众对社会治安满意率达94.8%，创历史新高。安全生产事故四项指数全面下降。建立市、镇(街道)、村(社区)三级和谐社会促进会，推进镇(街道)网格化服务管理、流动人口居住证发放等工作。渣土车整治经验获得上级肯定和推广。全省首辆101米登高平台消防车投入使用。

此外，成功举办世界石狮同乡联谊会第二届理监事就职典礼，首次评选6位荣誉市民，成立石狮市台胞联谊会、台北市石狮同乡总会、北京石狮商会，海内外联谊更加密切，全市侨捐公益历年累计达14亿元。国防动员和民兵预备役工作有力推进，获得省级双拥模范城七连冠。开展志愿者服务行动32万人次，在泉州市率先成立老龄服务志愿者协会。市残疾人服务中心正式启用。完成高清电视播出系统改造。扎实做好全国第三次经济普查。人事、统计、人防、档案、气象、慈善、地方志、民族宗教、防震减灾、妇女儿童、老龄老干等工作均取得新成绩。

【政府自身建设】 2013年，石狮市人民政府转作风提效能，自身建设不断加强。自觉接受市人大及其常委会监督，依法执行人大决定决议。主动接受市政协民主监督，支持政协履行职能。办理人大代表建议141件、政协提案224件，办结率100%、满意和基本满意率100%。推行“一线工作法”“马上就办”，破解效能阻滞点，深入开展“下基层、解民忧、办实事、促发展”和领导干部“四下基层”活动。启动行政服务中心标准化建设，当场办结率达81%，位居泉州市前列。建成全省首个县级便民服务中心，开通“12345”热线和网站，设立社会服

市社会服务大厅 (图/摘自《石狮日报》)

务大厅，为群众提供一站式服务。开设石狮纠风论坛，解决网民反映的问题837件。成立市公共资源交易中心，促进公共资源市场化配置和规范化运作。出台落实中央八项

规定实施意见，推行国库支付、公务卡改革，开展公务接待专项审计，惩防体系建设取得新进展。

市政府办公室工作

【概况】 2013年，石狮市人民政府办公室围绕市委、市政府决策部署和中心工作，履行参谋助手、综合协调、督促检查、保障服务等各项职能，不断提高“三个服务”水平，各项工作有成效。被评为福建省第12届文明单位。

【提高以文辅政水平】 2013年，石狮市人民政府办公室紧扣市委、市政府工作重点和领导决策需求，做好信息收集、整理、报送，全年通过市政府电子政务网采集各类政务信息2556条，向省、泉州市报送信息282条，被采用88条。起草市《政府工作报告》、领导讲话稿、综合汇报材料和其他重要文字材料。执行公文处理程序，确保行文及时、准确、安全、保密，全年制发以市政府及办公室文件798份；及时办理各种来文来电，全年收办上级来文3287份，请示报告871件。

【增强综合协调能力】 2013年，石狮市人民政府办公室成功组织协调第16届石狮“海博会”、石狮国际时装周和闽台对渡文化节等大型活动，协助企业参展北京国际时装周、厦门“9•8”投洽会、广交会等大型展会，安排全市各种大型、重要会议。加强市政府总值班室制度建设，坚持24小时值班制度，完善《突发公共事件总体应急预案》，全年处置突发公共事件178起，按规定向泉州市级报送32件。把落实《政府信息公开条例》，作为建设廉洁、勤政、务实、高效政府的一项重要内容，推进、指导、协调、督促全市政府信息公开工作，改版市政府门户网站，更新公开目录，全年累计发布信息3234份，办理依申请公开31件。承接海防执勤道路建设。发挥市政府驻外办事处沟通联络、接待服务作用，做好对外宣传、信息收集、联谊、招商工作，做好越级上访人员劝返工作。做好市便民服务中心的筹建、运行各项工作，开通“12345”热线和网站，设立社会服务大厅，全年受理各类群众诉求件10842件，办结率达99.2%。推动电子政务建设，维护政务网交换机和网络安全，及时解决系统故障；进一步做好“百件实事网上办”工作，提高政府门户网站服务公众能力。

【履行参谋助手职责】 2013年，石狮市人民政府办公室围绕市委市政府中心工作，有针对性地开展督促、督查和专项调研工作，履行市政府参谋助手职责。及时将《政府工作报告》、企业工作会、市政府常务会、市长办公会、专题会等会议议定事项任务分解下达，定期跟踪，及时向挂钩市领导汇报，力促各项工作顺利推进。征集、筛选2014年重点建设项目和为民办实事项目，并进行细化分解，立项跟踪。全年组织100多次实地检查，编辑多期督查简报，较好地督促项目保质保量、按计划进行。做好领导批示件和交办事项的催办、检查及反馈工作；主动介入，做好事前、事中和事后的督查，全面提高督办件的办理质量。做好人大议案、代表建议和政协提案交办、督促工作。

【推进依法行政工作】 2013年，石狮市人民政府办公室贯彻落实国务院《全面推进依法行政实施纲要》，制定全市年度依法行政工作要点，落实依法治市和法治政府建设要求。开展行政执法人员资格确认和行政执法证件换证工作，组织未取得行政执法证的人员参加年度全省行政执法资格考试。把行政复议制度作为政府履行层级监督责任、自我纠错的重要法律制度和妥善解决行政争议、化解人民内部矛盾、维护社会稳定的有效途径，依法加强对行政机关具体行政行为的监督，开展行政复议工作，全年收到行政复议案件3起，依法立案办理2件，维持2件。加强规范性文件审查、备案、清理工作，全年报备规范性文件27件。继续深化行政审批制度改革，开展规范行政自由裁量权工作，启动“两法衔接”工作信息共享平台建设，推进行政执法与刑事司法衔接。

【加强机关自身建设】 2013年，石狮市人民政府办公室围绕创建省级文明单位目标，加强思想道德和机关作风建设，建立健全民主管理，优化美化工作环境，全面提高业务素质和服务水平，营造团结协作工作氛围。落实党风廉政建设责任制，推进机关党建工作。针对人事变动，适时调整办公室各项工作领导小组，明确责任，理顺机制。完善年度工作日程表，制定严格的办事、办文、办会操作程序，提高工作规范性，使各项规则更加科学合理高效。成建制进驻钞坑、永宁片区开展征迁工作，完成工作任务。开展“下基层、办实事、解民忧”活动，深化“联一帮二带三”活动内涵，帮助挂钩联系村群众解决生产生活实际困难。深入蚶江镇石农村、东垵村开展结对帮扶困难户共建活动，帮助贫困户重树生活信心。

（陈兴隆撰　洪建忠审）

行政服务

【概况】　2013年，石狮市行政服务中心围绕市委、市政府的工作大局，以创建全省开展“马上就办”示范点单位为契机，以推进行政服务标准化建设为抓手，加大改革创新力度，推进服务提速提质，为服务市“五大战役”项目快速落地，实现科学发展、跨越发展营造良好的软环境。2013年，中心受理各类审批件81385件，办结81160件，办结率99.7%，当场办结率80.9%，提前办结率98.17%，平均每天办结324件。

【深化审批改革】　进一步深化行政审批制度改革，对全市行政机关的行政许可、非行政许可审批及行政确认项目进行再梳理，优化审批程序、精简审批环节、清理审批前置、缩短审批时限。对全市39个部门、729项审批项目进行梳理，其中进驻中心办理的行政审批项目共466项（细化为780个子项目），绝大多数的项目实现一审一核办结，一审一核项目696项，占中心全部审批项目的89.23%，取消合并行政审批项目12项，削减审批环节33个，精简审批材料6项，压缩办事时限320个工作日，即办件项目总数达336项。

【启动标准化建设】　以开展行政服务标准化为契机，进一步优化审批流程。组织开展中心标准化现状分析和需求调研。2013年4月27日，召开行政服务标准化建设动员暨深化行政审批制度改革工作会议，与省标准化研究院签订框架合作协议，通过一年时间梳理各单位、窗口审批项目，研究编制标准化建设工作方案，实现“有人就有工作标准、有事就有质量标准、有物就有管理标准”，进一步提升行政服务的管理水平和服务水平。行政服务中心完成行政服务标准体系的建设和各项标准的编写工作。整套体系共有标准830项，涵盖通用基础标准、服务提供标准、管理标准、工作标准等方面内容，该体系正式发布、实施。

【建立统一交易平台】　石狮市公共资源交易中心于2013年5月16日正式挂牌成立，按照“政府引导市场、市场公开交易、交易规范运行、动作统一监管”的总体思路，努力抓好“运作机制、服务标准、监管机制”三个规范，全力打造“交易服务、场地服务、信息服务”三个服务平台。行政服务中心管理处完成交易项目274个，交易总额达76.98亿元，其中建设工程交易共102宗，控制价82094.7598万元，中标价75121.8661万元，节约6972.8937万元，下浮率8.4%。政府采购交易88批次，实际采购金额12062.11万元，为国家节约项目资金达737.2万元，节约率5.75%；产权交易固定资产使用权出让共31宗，年成交额583.74万元，年增收53.45万元，增值率10%；土地招拍挂成交53宗，其中商服29宗，工业用地24宗，土地面积约192.53公顷，总出让起始价款680246万元，成交额682106万元，溢价率0.27%。

【优化服务企业水平】　2013年，行政服务中心管理处推行项目代办服务。整合发挥市企业服务事务所功能，为公建项目、进园区项目、重大招商引资项目以及其他各类重点建设项目等所涉及的项目立项、开工、投产全过程代办各类审批手续，中心管理处指定专人负责项目审批代办服务的协调工作，为企业发展提供“一条龙、一站式”的优质服务。2013年，共代办项目197件。推行民营企业直通直达服务。建立民企直接反映、直接协调机制，将重点项目纳入“绿色通道”，审批时限缩减50%，推行容缺预审制，对享受直通直达服务的民营企业，实行专人跟踪，窗口即收即办、办完即转。2013年，为42家企业协调解决具体问题，如为恒大地产在石狮投资的金碧置业有限公司办理注册登记。深化并联审批服务机制。实施建筑工程施工许可阶段并联审批和企业设立联合审批机制。建筑工程施工许可阶段并联审批由住建局窗口牵头组织实施，承诺时限由原来的19工作日缩短至7个工作日，申报材料由原来的45份梳理合并为22份，审批时限缩短 50%以上，2013 年受理 37 件。内资公司注册登记联合审批采取“工商受理，抄送相关，联合审批，限时办结”的审批方式，联合审批的事项包括：公司设立登记，印章刊刻审核，组织机构代码证申办，2013 年受理 16 件。

【打造“阳光政务”】 创新监管方式，建立“三监控一评价”的立体式监控网络。审批业务网络实时监控。自动实时采集每项行政审批办理过程的信息，全程实时监督进驻中心审批服务事项的受理情况、办理状态，对审批服务事项进行短信临界预警和超时警告，有效预防、监控办件超期现象。2013 年，发送短信 2160 条，未发生办件超期现象。视频音频监控。在中心大厅所有窗口设置视频监控点，通过网络技术进行远程视频图像监控，同步录音录像，实现对办事大厅所有窗口全覆盖、无死角的监控。现场巡查监控。中心管理处坚持每天对窗口工作情况进行现场巡视，重点检查工作纪律、服务态度、审批操作规范等方面内容，开展现场回访，及时掌握窗口办件质量和效率，协调解决大厅运行存在问题。2013 年，巡查 580 多次，纠正问题 69 次。服务质量评价系统。在每个窗口设置电子评价器，主动接受办事群众对窗口工作人员服务态度、工作时限、业务熟练程度等总体服务情况的评价。中心管理处针对服务评价中基本满意和不满意的办件以及重点窗口办件进行电话回访，发现问题及时纠正，并提出整改要求。

（李艳萍撰　曾少嵘审）

便民服务中心

【概况】 石狮市便民服务中心成立于 2012 年 9 月，是石狮市委市政府为加强社会管理创新、推进服务型政府建设的重要举措，被列为 2013 年市委、市政府为民办实事项目。便民服务中心负责建设管理“12345”便民服务热线、“12345”便民服务网站（www.ss12345.gov.cn）和社会服务大厅等三大便民服务平台，优化整合政府、社会、市场三方服务资源，为广大市民和外来人员提供政务咨询、生活求助、事务投诉、建言献策等方面的便捷服务，使石狮市的社会服务管理进入新的起点。

【便民热线】 “12345”便民服务热线于 2013 年 3 月 5 日正式开通，实行 12 小时服务制，节假日不休息。热线以“便民、利民、为民”为宗旨，以“聆听民声、服务民生”为工作理念，为广大市民和外来人员咨询、投诉、求助、建言提供“一号通”的便捷服务。“12345”便民服务热线定位为市政府非紧急服务热线，和“110”“120”等紧急热线互为补充。有 64 个联动单位加入，其中市直部门 38 个、垂直管理部门 6 个、镇（办）9 个、群团组织 7 个、民生服务企业 4 家。

【便民热线服务内容】 政务咨询：提供查询医保社保、户籍管理、出入境办证、就学政策、居家养老、停水停电等最新便民资讯以及办事流程、所需手续、服务电话等信息；事务投诉：市民可反映井盖缺失、路面坑洼、排污沟渠、噪声污染、空气污染、乱堆垃圾、餐饮卫生、违规占道等影响日常生活的民生问题；生活求助：提供华侨医院门诊预约、公交路线信息查询、中介信息查询等服务；民生建言：市民可对石狮市的城市建设、产业发展、公共管理、公共服务等方面提出自己的想法、批评和建议，便民服务中心收集上报给决策部门参考。

【便民服务网站（www.ss12345.gov.cn）】 便民服务网站于 2013 年 3 月 25 日正式上线，通过设置便民资讯、通知公告、热点专题、受理公示、便民查询、生活常识、家政推介等栏目，为公众提供便民利民的公共服务领域信息。网站还开辟网络受理群众诉求的便捷通道，市民可通过便民服务网站填写诉求单，并可上传相关图文信息，将诉求件提交到“12345”便民服务系统进行处理。

【社会服务大厅概况】 石狮市社会服务大厅位于市人力资源大厦二楼，建筑面积 1800 平方米，划分为社会保障服务区、新石狮人服务区、公证办理区以及和谐社会促进会展示厅，共设 30 个服务窗口。社

市委书记张永宁（图右）、市长张贻山（图左）参加“12345”便民服务热线开通仪式。（图/便民服务中心）

会服务大厅于2013年7月21日对外开放，便民中心、公证处、医保、社保、城居保、新农合、流管办、和促会等8个单位整体进驻，人才服务中心、劳动力服务中心等设立服务窗口。社会服务大厅通过将分散办公的社会服务机构集中到一个服务大厅进行办公，一站式解决问题，方便群众办事。

（高采华撰　吴雄聪审）

外事工作

【提高外事管理水平】　贯彻中央八项规定，执行上级外事部门有关因公出国（境）的管理的最新规定，做好全市因公出国（境）审核上报工作，2013年办理上报市领导带队的因公出国（境）团组16批55人次，实际成行12批34人次，无双跨团组。实际成行批次与2012年同期持平，人次较2012年同期下降19%。上报科级及科级以下干部因公出国（境）团组11批15人次。其中，双跨团组1批2人次，实际成行9批9人次。实际成行批次与2012年同期持平，人次较2012年同期下降40%。根据规定，压缩在外停留时间，由原来的1个国家6天，2个国家10天，3个国家12天，压缩为1个国家5天，2个国家8天，3个国家10天。

【简化审核手续】　处理好管理与服务的关系，落实服务承诺制，压缩办理时限，简化审核手续，助推民营企业“二次创业”，帮助企业人员更快捷地“走出去”开拓国际市场。在省、泉州和石狮市三级外办的共同推动下，为企业申办理APEC商务旅行卡的批次人次比2012年同期成倍增长，全年共为37家企业申办APEC商务旅行卡45批64人次，办理批次和人次均为2012年的5倍。继续简化因公出国（境）企业人员审核手续，全年为企业人员办理简化政审146人次，为2012年全年的2倍。

【对外交往】　8月21日，印度驻广州总领事高志远和商务领事贝圣迪到石狮市举办经贸推介会，向纺织服装企业介绍印度纺织业经济特区招商引资的优惠政策；9月9日，在厦门“9•8”投洽会“东盟馆”参展的菲律宾那牙市工商会代表团一行，由菲律宾石狮市同乡总会负责人陪同，参观考察；11月10日，毛里求斯副总统贝勒波到石狮市华宝明祥食品有限公司考察交流，寻求合作，共谋发展；12月11日，驻外使节到闽考察团一行在省外办副主任胡长春的陪同下到石狮市参观考察。

侨务·港澳

【加强侨务联谊】　2013年，接待旅外侨亲重要团组28团次450多人次。在第二届世界石狮同乡联谊会理监事就职典礼活动中，打好“经济牌”“亲情牌”，推进“侨资回归工程”和引资引智引才，加强与石狮旅外乡会、社团和科技精英、专业人才的联系；运用新春座谈会、清明节返乡侨亲座谈会，第16届石狮“海博会”、2013年世界闽南文化节、第二届世界泉州同乡恳亲会（含“海交会”“世青会”成立换届）、世界石狮同乡联谊会第二届理监事就职典礼、石狮港澳侨胞恳亲座谈会等机会宣传推介石狮经济社会发展情况和环境建设、投资项目情况，推动海外侨亲到石狮投资兴业，取得较好成效；加强与石狮旅外同乡会等社团的联络联谊工作，协助做好世界石狮同乡联谊会换届工作，落实旅菲锦尚镇同乡会、旅菲石狮东埔同乡会等15个石狮旅外同乡会社团成立换届活动的庆贺会务联络工作，致发贺电贺信，促进海内外关系更加密切和谐；做好涉侨婚丧喜庆祝贺慰问服务工作。春节期间组织并陪同省、泉州市、石狮市领导走访重点侨亲、侨资企业。

【强化为侨服务】　为涉侨事务做好保障，落实重点侨亲捐赠情况征集统计和捐赠公益超1000万元资料征集申报工作，蔡友铁、王永权、王正伟、施良侨、龚清海、卢章煌、蔡登练7位侨亲在第四届闽商大会上，获得福建省华侨捐赠公益事业突出贡献奖；落实表彰非公经济人士许明良、蔡友平、蔡佳定相关资料提供，较好地保护和激发捐赠者热情，健全侨捐项目资料库，推动石狮经济社会各项事业的进一步发展；协调落实石狮市与政和县山海协作侨捐项目，做好海外侨胞的捐赠服务工作，2013年华侨捐赠慈善公益事业金额达4000多万元。

【维护侨胞权益】　调查处理反馈涉侨来电来访来信9件，维护华侨、归侨及其眷属的合法权益；落实“侨法”宣传月活动，与湖滨街道办事处、市灯谜协会联合举办“侨法”宣传灯谜活动，以创新形式宣传《中华人民共和国归侨侨眷保护法》。做好侨务服务慰问走访工作，为归侨、侨眷、侨胞出具有关身份、“三侨子女”升学等证明材料14份；做好石狮籍旅外华侨到石狮市定居手续咨询、受理工作，有8人取得华侨回国定居证明；办理石狮市政协六届二次会议黄汉瑜等政协委员提出的《关于保护华侨故居祖墓等涉侨“摇篮血迹”的建议》、第49号提案和民盟石狮总支部提出的《关于做好石狮市新生代华侨、华人工作的建议》第109号提案，并落实提案相关建议事项；春节期间，陪同省、泉州市、石狮市领导深入村居慰问特困侨胞及眷属，走访慰问22户贫难归侨、侨眷，落实办理8户贫困归侨病灾补助兑现工作，发放低保贫困归侨困难户生活补助款，为两户去世贫困归侨家庭送去慰问金，给予更多的温暖关怀。2013年，计发放慰问、病灾、补助款5万多元。中秋节期间，组织医务人员走访慰问贫困归侨，为其开展体检义诊，建立健康档案。推进“归侨侨眷关爱工程”及“爱心惠侨”系列活动，开展贫困归侨侨眷居住房情况调查及修缮补助对象摸底，争取纳入全市危房修缮加固指标范围。

【延续侨务品牌】 涵养可持续发展侨务资源，重点加强华裔新生代、新华侨华人工作，开展海内外青商、青少年联谊交流活动，开展海内外学校教育交流活动，协同市教育局推选落实华文教育支教老师凤里中心幼儿园王圬媚赴菲律宾支教，推动海外华文教育。

【夯实侨情基础】 充实调整侨情普查资料库，召开重点侨情调查普查部署工作会，组织建立全市侨务工作网络制度，落实侨情资料收集整理上报制度，实行重大涉侨活动沟通上报制度，旅外乡会、校友会、社团庆贺原则等相关侨务工作制度，以完善充实涉侨信息资料并进一步加强侨务工作；开展归侨侨眷信息资料调查统计，加大与在石狮的侨港澳个体工商户的联系（2013年登记156户），落实完成国务院、省、泉州市侨办关于开展贫困归侨侨眷信息资料调查统计呈报工作事项并为相关贫侨争取纳入低保补助。配合泉州、石狮市委宣传部落实华侨革命历史文物资料征集事项。协同市方志办、侨联完成《石狮年鉴》《石狮华侨志》涉侨篇目修订编纂工作；围绕发展大局和发挥侨的优势，提升做好“三个服务”，落实泉州市外事侨务办和石狮市政府组织开展的“增强忧患意识、推动长远发展”大讨论活动和“发挥侨的优势、提升招商引资水平”专项调研系列活动，组织相关部门、侨资企业负责人20多人次参加四次调研座谈会，落实完成“增强忧患意识、推动长远发展”调研报告和侨务系统涉侨调研考察、检查指导、信息宣传报道、业务培训等工作。

【邀请境外侨商社团及港澳社团参加“海博会”】 4月17—22日，邀请组织菲律宾石狮市同乡总会22人，菲律宾纺织同业公会27人，菲律宾菲华商联总会、菲华成衣制定商会28人，石狮市旅港同乡公会10人、澳门石狮同总会25人，共5团112位重点港澳侨胞侨商参加第16届海博会，通过与石狮知名企业的交流，洽谈相互合作，菲律宾纺织同业公会代表团与石狮市纺织服装商会缔结友好商会。

【泉州市外事侨务办到石调研】

5月9日下午，泉州市外事侨务办一行到石狮，就如何发挥侨资优势、提升招商引资水平进行调研。指出要坚持为侨服务的理念，在服务好现有侨资企业的同时，做好以侨引资、以侨引智工作，为质量石狮建设做出应有的贡献。

【召开石狮籍侨胞恳亲会】

6月17日，邀请回乡参加“2013年世界闽南文化节”第二届世界泉州同乡恳亲大会的40多位石狮籍侨胞乡贤到石狮参观考察，市委、人大、政府、政协主要领导和各相关职能部门负责人与乡亲们座谈，增进乡谊宣传通报石狮经济社会发展情况和环境建设、投资项目情况，推动海外侨亲在石投资兴业。

【石狮籍乡贤受省政府表彰】

在6月17日举行的第四届世界闽商大会、第三届福建民营企业产业项目洽谈会、第11届中国·海峡项目成果交易会开幕式上，石狮乡贤获得省政府颁发“闽商建设海西突出贡献奖”的有蔡文革、许景期、郭东泽、姚志胜；获得“福建省捐赠公益事业突出贡献奖”的分别是蔡经阳林怀婉伉俪、王正伟、姚志胜、蔡建四、施良侨、蔡友铁、龚清海、卢章煌、蔡登练（已故）、蔡佳定、王永权；获得“福建省非公有制经济人士捐赠公益事业突出贡献奖”的分别是王亚南、许明良、林和平、蔡友平、邱季端、郭东泽。

【省侨办主任到石狮调研】 7月30日，福建省侨办主任杨辉一行到石狮开展走访群众路线教育实践调研活动，泉州外事侨务办副主任郑志强、石狮市政府副市长蔡天守陪同调研。调研组一行参观菲律宾石狮市同乡总会石狮会所，入户看望慰问贫困侨胞及侨居造福工程，并到侨资企业调研。

【获得荣誉】 2013年，石狮市侨台外事局侨务外事股获得泉州市侨务工作先进单位，石狮市高思明、高双双、洪奇树、陈文辉、施清苗、吴志远6位侨务干部获得泉州市侨务工作先进工作者。

港澳事务

【参加澳门福建体育会换届】

8月12日，市委常委、政法委书记李伯群带队前往澳门参加澳门福建体育会换届庆典，拜访澳门石狮同乡会，考察学习澳门先进的城市交通管理经验。2013年，共为企业申报多次往返港澳69批108人次。

【前往港澳参加相关活动】 9月26日，副市长陈元生带队前往香港参加香港晋江同乡总会换届庆典；10月27日，市长张贻山前往香港参加香港卡宾中国科技有限公司上市挂牌仪式，并与该公司洽谈总部回归石狮有关事宜，后前往澳门洽谈洋内亭片区城市综合体项目投资建设事宜；12月16日，市委书记张永宁前往香港参加香港富贵鸟集团有限公司上市挂牌仪式，并与该公司洽谈厂区搬迁改建、增资扩产、技改升级等有关事宜。

【石狮籍乡贤当选全国政协委员】

在2月2日公布的第12届全国政协委员名单中，共有八位石狮籍乡贤当选，分别是来自蚶江镇的许景期、王亚南、林积灿，来自永宁镇的李贤义、卢文端、卢温胜，来自凤里街道办事处的许荣茂、王明洋。反映当选人社会影响及石狮人参政议政的热情。

【石狮籍乡亲出席全国侨代会】

12月2日，李欲晞、吴新涛、许荣茂、卢文端、张志猛、施能响、姚志胜、邱天祝、许莉莉、佘德聪、施养谊11位石狮籍乡亲出席第九次全国归侨侨眷代表大会，展现石狮侨乡风采。

（叶文珍撰　蔡栋梁审）

台湾事务

【经贸交流合作有成效】 2013年，举办第16届海峡两岸纺织服装博览会，台湾参展团规模历届最大，展览面积达2200平方米，占主展区的22%，比第15届增长10%；举办海峡两岸纺织服装产业企业家活动日，5家台湾企业与大陆企业达成纺织科技成果合作意向。总投资近4亿元、建筑面积6万平方米的台湾纺织服装研发贸易大厦竣工。台商投资区入驻7家企业。全年共接待台轮104艘次，完成对台小额贸易额达1935.05万美元，同比增长68%。2013年，石狮市对台工作取得良好成效，在泉州市委对各县市区的对台工作绩效考评中取得并列第一的好成绩。

【文化双向交流持续活跃】 2013年，举办第七届闽台对渡文化节暨蚶江海上泼水节、第二届永宁古卫城暨城隍文化节，共接待台湾交流团组14团232人次，成为海峡两岸较具影响的文化品牌活动。永宁镇旅游开发有限公司与台湾彰化县鹿港镇文教基金会签订《海峡两岸（永宁—鹿港）文化旅游产业合作框架协议》，共同推动双方在旅游业、工业、农业、科技、教育等领域的多元化合作。

【对台联络联谊不断加强】 9月26日、11月26日，分别成立石狮市台胞联谊会、台北市石狮同乡总会，为两岸乡亲敦睦乡谊、交流合作搭建新平台。2013年，共组织办理赴台从事经贸文化交流等团组23团77人次，接待台胞到石狮经贸考察、文化交流、寻根谒祖1000多人次，台湾重点人士6人次。

【台胞台商权益得到保障】 关怀服务在石狮的高龄台胞和生活困难的台胞、台属，解决落实高龄、困难生活补助及本市配套补助资金22万元。加强台商在石狮从业的服务保障，协调解决台商子女在石就学问题，办理初考台籍学生加分手续9份，出具台籍子女升学身份证明2份。认真对待涉台投诉、信访，处理涉台突发事件2起、求助信访8件。

【营造良好宣传氛围】 组织开展涉台教育宣传月活动，开展《关于加强沿海渔船民管理和涉台教育》及贯彻《中华人民共和国台湾同胞投资保护法》和《福建省实施“中华人民共和国台湾同胞投资保护法”办法》的宣传活动，加强涉台教育进社区、渔村工作，分发涉台宣传教育材料；了解各船舶管理站对所管辖的渔船民日常涉台宣传教育情况与效果，维护台海安定稳定。2013年，石狮市侨台外事局获得“国台办涉台宣传工作先进单位”称号。

【做好台商捐资助学行动】 泉州台资企业协会石狮联谊会开展第八届“两岸情·同胞心”金秋助学活动，资助学生40人每人2000元，共8万元。该会自2006年起连续八年在石狮举办扶贫助学活动，获资助的贫困学生达372人次，资助金额74.4万元。

（王翠萌撰　蔡栋梁审）

民族宗教事务

【概况】 2013年，贯彻全省民族宗教工作会议精神，坚持民族平等、团结、互助和促进各民族共同繁荣的原则，保障少数民族的合法权益，推动宗教活动场所规范化管理，引导宗教与社会主义社会相适应，维护民族宗教界的安定稳定。

【民族村扶持工作】 2013年，全市少数民族人口7189人，约占全市总人口的2.3%，石狮市有4个回族行政村，回族人口6534人，分布在蚶江镇石农回族村、石渔回族村，宝盖镇前坑回族村，永宁镇郭坑回族村。其他少数民族成分23个，分散居住在125个村（社区）。统战部（民宗局）等部门联合开展省第六个“民族团结进步宣传月”活动，以“五联建”为载体，发动统一战线各界提供资金、资源和智力支持，扶持少数民族村发展、帮助贫困户解决生产生活困难。帮助前坑村筹集回族小学新校舍等公益事业建设资金30万元，争取上级民族村补助项目5个，落实申请补助资金87万元。本级列支少数民族村经费24万元。全市64名少数民族考生享受中考总分加5分的照顾；统一战线举办“海西春雨”助学活动，石狮市回促会春节开展助学活动，帮扶21名应届少数民族贫困大学生每人3000元助学金。郭坑回族村入围“全国少数民族特色村寨保护与发展试点村”“全国民族团结进步创建活动示范单位”及首批“省先进妇女之家示范村”，建成全省首个村级污水处理厂，并开始规划建设郭坑休闲农庄。石渔、石农回族村推进石狮市海丝遗址公园建设；前坑回族村加快回批地建设，改善群众居住条件，提高群众生活水平。市财政拨付100万元援助石狮市挂钩帮扶的宁德崇儒乡建设畲族文化特色村寨。

（施正极撰　陈丽娜审）

【依法管理宗教事务】 民宗局指导各宗教活动场所开展创建“和谐寺观教堂”活动，石狮城隍庙获得“第二届全国创建和谐寺观教堂先进集体”。市管宗教场所全部成立管委会，推行年度财务审计制度。各镇（办）推动未登记的宗教场所成立管委会，开展财务审计试点工作。7月，召开石狮市宗教活动场所安全生产大检查暨重点整治百日行动工作会议，市领导林自育、陈元生带队指导工作，组织开展宗教场所安全生产大检查，开展宗教活动场所安全达标验收，排查隐患、督促及时整改，防范和遏制安全事故。

市委市政府成立协调小组，妥善处置宗教活动场所收养弃婴问题。公安、民政、民宗、教育等部门和各镇（街道）各司其职，做好宗教活动场所收养弃婴摸底排查工作，统一由福利院进行集中安置，协调解决孤儿入户、就学和生活等问题。

【民族宗教界慈善活动情况】

1月22日，市佛教协会举办首届“法喜充满”公益活动，筹资27万元，慰问贫困家庭、孤儿院和支援新农村建设;9月18日,石狮市统一战线"海西春雨·五联建"暨第二届"宗教慈善周"项目捐资仪式分别在前坑小学、宽仁小学、新华基督教堂举行,市佛教协会、道教协会、基督教两会和部分宗教场所筹资65万元,捐助少数民族村新校舍建设、奖教助学、扶贫济困等公益事业。宗教界全年捐献公益事业达300多万元。

【民族宗教人士培训】 5月29日,民宗局联合市消防大队举办2013年宗教活动场所消防安全知识培训与演练活动,全市各宗教活动场所负责人及安全管理人员参加消防安全应急操作与火场逃生技巧培训;6月,举办"教风年"暨"宗教政策法规学习月"活动,开展教职人员思想道德教育;6月29日,邀请省民宗厅政法处郭耕作宗教政策法规专题讲座。

【少数民族、宗教界会议】 4月9日,召开2013年宗教工作暨创建安全发展行业部署动员会议,会议印发《石狮市民族与宗教事务局关于开展创建安全发展行业活动的实施意见》;5月29日,召开石狮市宗教活动场所创建安全发展行业工作培训会议,会议印发《石狮市民族与宗教事务局2013年创建安全发展行业活动工作计划》;7月29日,召开宗教活动场所安全生产大检查暨重点整治百日行动工作会议,部署下半年全市宗教活动场所安全生产检查工作。

【宗教团体换届】 12月17日,石狮市基督教第四次代表大会在石狮基督教堂召开,蔡自力当选为石狮市基督教三自爱国运动委员会主席,邓灵勇、许克万当选为石狮市基督教三自爱国运动委员会副主席;吕启明当选为石狮市基督教协会会长,蔡加灵、温怀标当选为石狮市基督教协会副会长。

(施正极撰　许新新审)

信访工作

【概况】 2013年,多次召开信访专题会议,研究部署当前社会稳定和矛盾纠纷排查化解工作,落实信访工作"四个到位",健全"五抓"的信访工作机制。2013年,市信访局受理群众来信来邮93件(含重复件),同比下降5.1%。受理群众来访514批次3210人(含重访),同比批次上升21.5%,人次上升17%,其中集体访157批次2602人(含重访),同比批次上升9.8%,人次上升11.8%。

【推进领导干部接访活动】 2013年,做好每季度领导干部接访活动安排计划和接访工作。市委、市政府主要领导分别于单、双月15日在市信访局接访群众;每周一由1名常委或副市长在市信访局接访群众。各级领导干部要定期到基层接访群众,市委、市政府领导每人每月安排1次到挂钩联系的镇(街道)接访群众。接访形式可以采取定点接访,也可以重点约访、专题接访、带案下访等。2013年,市、镇(街道)两级领导3037人次参加接访,接待群众来访905批次、4329人次,受理信访事项905件,当场解决信访事项512件,落实责任单位393件,落实领导包案393件。其中,市级领导接待群众来访218批次、559人次,受理信访事项218件,当场解决信访事项71件,落实责任单位147件,落实领导包案1447件,批示交办147件,按规定期限办结的147件,按期办结率100%;镇(街道)级领导接待群众来访687批次、3772人次,受理信访事项687件,当场解决信访事项441件,落实责任单位246件,落实领导包案246件,化解矛盾纠纷,解决一系列信访突出问题。

【完善信访工作考核机制】 2013年,研究制定全市各级各有关部门信访工作绩效考评标准规定,建立以党委政府重视、相关部门支持、信访部门履职为导向的信访绩效考评体系,由市信访局根据全年各级各有关部门信访工作情况,公平公正进行绩效评估,记入全市绩效考评成绩,促进信访工作落实。认真履行"三项建议权"的职责,按照市效能办下发《石狮市机关效能建设领导小组关于印发落实市委、市政府严肃效能纪律七项规定的督查方案的通知》,对重复访、越级访问题逐一开展检查,每周一上报排查情况,并根据市委市政府绩效管理察访核验的相关规定,扣除责任单位绩效分数及相关人员绩效工资,并对责任人进行效能告诫等行政处分。

【开展信访件办理回访】 2013年,对本级党政领导干部接访的信访事项及重点信访户，由信访人所在地的镇(街道)党政主要领导牵头组织回访，依法依规解决群众合理诉求，教育疏导、理顺情绪，做到“件件有着落，事事有回音”，用实际行动取信于民。

【做好复查复核工作】 2013 年，做好复查关口，引导复核程序，加强督促复查工作指导，市政府、各镇(街道)及各职能部门加强对信访事项处理、复查工作的领导，提升信访事项实体性的处理、复查质量，提高群众的“满意度”和息诉息访率。2013 年，接到 3 件复查申请，石狮市人民政府全部做出复查意见并答复信访人。

【开展重点信访人排查工作】 开展矛盾纠纷排查，及早发现信访苗头和倾向，排查出重点信访人，开展主动联系重点信访人活动，落实矛盾纠纷的大调解机制，把问题解决在基层，把矛盾化解在萌芽状态。2013 年，全市排查各类矛盾纠纷 4307 起，调处 3564 起，调解成功 3503 起，调解率为 82.7%，调解成功率为 98.3%。根据排查总结，发现拖欠工人工资问题较为突出，在《关于进一步健全解决企业工资拖欠问题工作机制的通知》文件的基础上，2013 年，研究制定《关于加强对拒不支付劳动报酬案件查处工作的通知》，进一步加大解决拖欠工资的工作力度，惩处企业恶意欠薪问题。

【及时化解信访突出问题】 主动介入参与、主动协调各级各部门做好信访产出问题和重点信访人的化解、稳控工作。相继及时妥善处理 2013 年永宁黄金海岸中骏房地产工人多次到石狮市政府集体上访，反映被拖欠工资，要求尽快解决的问题；1 月 31 日，江西省上饶市余干县汤某某等人集体来访，要求尽快妥善解决被宝盖镇科技园佳隆五金厂四楼的英博服装厂拖欠工资问题；3 月 4 日，鸿山镇洪某等人集体到市政府门口上访，要求尽快解决协盛协丰门口发生的交通事故赔偿和善后事宜；5 月 2 日，蚶江镇青莲村谢某某等人集体来访，要求尽快妥善解决谢某某死亡赔偿问题；7 月 4 日，李某等 90 人到市政府门口上访，反映被宝盖镇科技园航豹服装有限公司拖欠 4 个多月的工资约 200 万元，要求尽快解决等突出信访问题。

【推进全国信访信息系统应用】

2013 年，推进全国信访信息系统应用。先后组织市信访局相关业务人员分 4 批次，先后赴省参加全国信访信息系统应用、网络信访和统计工作、信访事项复查复核、办理群众来信、信访督查等专题培训班，组织市府办、信访局、有关镇(街道）党委综治副书记前往泉州市信访局参加省长信箱、泉州市长信箱、石狮市长信箱、人民网友留言、信访视频网络系统操作及日常来电、来信、来邮、来访和保密知识讲座等相关业务办理培训班，进一步熟悉和掌握全国信访信息系统，全面学习办信、接访、统计等方面知识，提高全市各级各部门依法依规处理信访问题的能力和水平。

【畅通群众信访渠道】 2013 年，落实信息公开要求，督促各级各有关部门在媒体和信访接待场所公布群众信访的通讯地址、电话、网站、电子信箱等信息，提高办信接访服务质量，为群众反映问题、查询办理情况提供便利。依托电子政务网、市长信箱、泉州市长信箱、省长信箱、国家投诉中心，完善“网上信访”工作机制，利用现代信息技术服务群众信访，为群众提供更加便捷的信访渠道。

【依法办事】 坚持“两手抓”，落实“双向追究”。依法及时处理信访问题，对每一件信访事项，按处理信访事项“路线图”，引导群众依法理性表达自己诉求；依法全力维护信访秩序，对经过批评、教育、训诫告知仍缠访、闹访、非正常上访的，公安机关依法加大处置力度。2013 年，违反《信访条例》缠访闹访、越级上访，经劝导无效，而被公安机关依法处以治安拘留的有 4 批 19 人次。

（蔡宗凯撰　吴宗顺审）

综 述

2013 年，政协石狮市委员会在中共石狮市委的正确领导和市政府的大力支持下，坚持以邓小平理论和“三个代表”重要思想为指导，以科学发展观为统领，全面贯彻中共十八大和十八届二中、三中全会精神，高举爱国主义、社会主义两面旗帜，把握团结、民主两大主题，履行政治协商、民主监督、参政议政三大职能，发挥协调关系、汇聚力量、建言献策、服务大局四大作用，各项工作取得新的成效，为助推“质量石狮、二次创业”做出贡献。

政协第六届石狮市委员会共有委员 247 名，共设置 30 个界别，主席 1 名、副主席 4 名、常委 49 名（含正副主席）；设置提案法制委员会、经济资源委员会、教科文卫委员会、文史学宣委员会、台港澳侨民宗委员会；根据石狮市各镇（街道）政协委员的分布情况分设 9 个活动组和香港、澳门 2 个活动组；市政协机关内设办公室、提案法制办公室、经济资源办公室、教科文卫史办公室和台港澳侨民宗办公室。本年度共召开两次全会，其中六届三次会议补选李丽月为政协第六届石狮市委员会主席；六届四次次会议召开期间，共收到委员提案 227 件，经审查后立案 224 件。2013 年，召开 5 次常委会，编发《政协信息》8 期，刊发本级政协工作信息 79 条，报送 1 件主席建议和 16 篇社情民意专报件，开展“美丽石狮”专题调研，发动专委会、活动组、民主党派抽调精干人员组成 22 个课题组，围绕群众关心的热点、难点问题，选准调研课题，深入调查研究，广泛集中民智，形成调研文章 21 篇，为党委政府提供有价值、有分量的决策参考。如提案法制委《加强外来人员普法教育的建议》，文史学宣委《石狮市农家书屋工程建设现状与建议》，台港澳侨民宗委《进一步推进石狮市居家养老服务工作的思考》，凤里委员活动组《关于加强我市公共厕所建设和管理的建议》等。

重要会议

【六届三次会议】 市政协六届三次会议于 2013 年 5 月 30 日在石狮市公务大厦附楼大会议室举行，来自 30 个界别的 213 名委员出席会议。

会议期间，全体委员认真听取中共石狮市委书记张永宁的重要讲话；会议顺利完成选举任务，选举李丽月为政协第六届石狮市委员会主席。会后举行政协委员培训会，邀请泉州市政协副主席骆沙鸣进行授课。

【六届四次会议】 市政协六届四次会议次会议于 2013 年 12 月 28 日在石狮市公务大厦附楼大会议室举行，来自 30 个界别的 227 名

市政协六届四次会议　（图/颜华杰）

委员出席会议。

会议期间，全体委员认真听取和审议主席李丽月代表市政协常委会所做的《政协第六届石狮市委员会常务委员会工作报告》；听取和审议政协第六届石狮市委员会第二次会议以来提案工作情况的报告；听取民革石狮支部，致公党石狮总支、市政协经济资源委员会、市政协湖滨委员会活动组、市政协灵秀委员活动组代表作的专题发言；表彰2012—2013年度优秀提案、提案办理工作先进单位、提案办理工作先进个人、政协信息工作先进个人；听取中共石狮市委书记张永宁的重要讲话；列席市人大六届三次会议，听取并讨论《石狮市人民政府工作报告》和法院、检察院工作报告等；听取石狮市政协六届四次会议提案初审情况的报告。

2013年常委会

表3

日期	次数	会议主要内容
2013.3.27	第6次	听取市纪委工作通报；协商通过2013年常委会工作计划；部署2013年专题调研工作；学习全国“两会”精神；针对“增强忧患意识、推动长远发展”主题讨论并建言献策；协商通过人事任命
2013.5.24	第7次	研究市政协六届三次会议相关事宜；通过解聘、增聘委员事宜；听取城市地下管网情况通报并建言献策
2013.9.18	第8次	视察重点项目、为民办实事项目；审议通过人事任免；市政府通报2013年重点建设项目、为民办实事项目进展情况；与会人员座谈交流，建言献策
2013.11.25	第9次	听取市政府关于政协六届二次会议以来提案办理情况通报；审议通过提案工作实施办法，审议通过表彰优秀提案、提案办理先进单位、先进个人；听取市文体旅游新闻出版局工作情况通报；协商通过解聘、增聘委员事宜；审议通过表彰政协信息工作先进个人；组织学习中共十八届三中全会精神；协商通过市政协六届四次会议有关事宜
2013.12.19	第10次	听取市纪委工作情况通报；审议通过政协第六届石狮市委员会常务委员会工作报告；审议通过市政协六届二次会议以来提案工作情况的报告；审议通过大会议程、日程安排及各种建议名单

重要工作

【概况】 2013年，市政协在中共石狮市委的正确领导和市政府的大力支持下，高举爱国主义、社会主义两面旗帜，把握团结、民主两大主题，履行政治协商、民主监督、参政议政三大职能，发挥协调关系、汇聚力量、建言献策、服务大局四大作用，各项工作取得新的成效，为助推“质量石狮、二次创业”做出贡献。

政协第六届石狮市委员会共有委员247名，共设置30个界别，主席1名、副主席4名、常委49名（含正副主席）；设置提案法制委员会、经济资源委员会、教科文卫委员会、文史学宣委员会、台港澳侨民宗委员会；根据石狮市各镇（街道）政协委员的分布情况分设9个活动组和香港、澳门2个活动组；市政协机关内设办公室、提案法制办公室、经济资源办公室、教科文卫史办公室和台港澳侨民宗办公室。六届四次次会议召开期间，共收到委员提案227件，经审查后立案224件，2013年共召开5次常委会，编发《政协信息》8期，刊发本级政协工作信息79条，报送1件主席建议和16篇社情民意专报件，开展“美丽石狮”专题调研，发动专委会、活动组、民主党派抽调精干人员组成22个课题组，围绕群众关心的热点、难点问题，选准调研课题，深入调查研究，广泛集中民智，形成调研文章21篇，为党委政府提供有价值、有分量的决策参考。

【开展调研视察】 转变调研定题方式，调研工作以市委意图定思路、与政府工作相配合，使调研成果更快得到采纳并转化为实际成效。推进殡葬改革工作成立调研组，多方听取政府部门、村居、老人会和群众的意见，提交主席建议案《关于进一步强化殡葬改革的建议》，市委市政府高度重视并采纳到殡葬改革实施方案中；开展全市教育均衡发展专题调研，广泛征求社会各界人士意见，提交主席建议案《关于石狮全域城市化进程中教育优先均衡发展的建议》；在“增强忧患意识，推动长远发展”大讨论活动中深入纺织服装产业各行业协会和企业调研，撰写调研报告《关于全力推进传统产业改造提升的对策和建议》，为推进产业转型升级提出建议；以城市地下管网建设、创新社会管理和发展文化旅游为题组织政协常委外出学习考察，提交三个考察报告得到市长批示并在《石狮政讯》全文转载；开展“美丽石狮”专题调研，共撰写21篇调研报告，为新型社区建设提供有益参考。教科文卫委员会撰写的《关于石狮全域城市化的思考》在泉州市政协常委会上交流发言，锦尚委员活动组撰写的《在城镇化建设中增加农民收入的思考》转报到泉州市政协。

【举办“中国梦·石狮情”活动】 成立石狮政协之友书画院，举办“中国梦·石狮情”书画展，编纂《政协之友》画册，丰富政协对外交流内容，以书画艺术为媒介团结海内外各界朋友，为讴歌石狮建设成就、促进文化事业发展做出贡献；与市文体旅游新闻出版局联合组织“美丽石狮你我游”活动，推动“蚶江海上泼水”“永宁历史文化名街游”常态化开展；祥芝委员活动组举行政协委员与企业共话“中国梦”主题实践活动，呼吁企业为实现中国梦贡献力量。

【特邀监督员监督情况】 市政协注重选派政治素质好、熟悉相关部门工作的委员担任特邀监督员，他们在行风评议、听证会、工作通报会和征求意见会等活动中认真履行职责，促进职能部门及其工作人员转变工作作风；尊重和依法保护委员的各项民主权利，让委员能放心地讲实话、讲真话，做到依法监督、勇于监督、善于监督，敢于提出批评和建议；组织委员观摩市法院庭审活动，参加市检察院“检察开放日”和市质量技术监督局“开门审案”等活动，委员们实地了解和亲身体验职能部门工作情况，既为职能部门推进工作献计献策，又向职能部门反映意见和建议，实现政协工作与部门工作的良性互动。

【参政议政】 市政协与党派团体合作共事，坚持广开言路、集思广益、求同存异、相互尊重原则，为党派团体和各族各界人士发表意见提供广阔的舞台和畅通的渠道，努力营造民主求实、团结鼓劲的和谐氛围；加强与民主党派、工商联、无党派和社会各界人士的联系，通过走访、座谈等形式，沟通情况，联络感情；注意安排民主党派委员参加政协会议、调研和视察等活动，反映民主党派的意见和建议；民主党派、工商联和人民团体结合各自特点，发挥界别作用，以党派名义提出集体提案124件(占提案总数的55.4%)，许多提案得到重视和采纳。

【反映社情民意】 政协拓展信息搜集渠道，引导委员深入基层一线和群众中间实地调查，了解真实情况，提出解决问题的意见和建议。2013年，报送17件《社情民意专报件》引起相关部门高度重视并采纳不少建议。提案法制委员会报送的《关于非正常息访基层政府负担过重的情况反映》，被泉州市政协采用并转报上级部门；文史学宣委员会报送的《关于在征迁片区大力保护古建筑的建议》，呼吁加强文物保护并提出具体措施，促成设立永宁片区改造文物保护小组和启动华山村古民居建筑群保护规划；凤里委员活动组报送的《关于加强我市公共厕所建设和管理的建议》，市长张贻山、副市长蔡天守批示由住房和城乡规划建设局、行政执法局办理。

专门委员会工作

【概况】 石狮市政协常委会下设5个专门委员会，各专委会根据年度工作计划，加强与对口部门的沟通联系，积极参与对口部门的重要会议和重大活动，就专业领域与对口部门开展协商活动。

提案法制委员会

【优秀提案评选】 2013年8月，市政协办公室印发“关于开展2012—2013年度优秀提案、提案办理工作先进单位、提案办理工作先进个人评选活动的通知”，拟定并实施《关于开展优秀提案、提案办理先进单位和先进个人评选活动的方案》。几经筛选，经市政协主席会议、市政协常委会通过，印发“关于表彰2012—2013年度优秀提案、提案办理工作先进单位、提案办理工作先进个人和政协信息工作先进个人的决定”，并在政协六届四次全会上表彰。

【提案工作情况】 市政协六届二次会议以来，收到委员提案227件，参加提案的人数316人次，其中团体提案135件，占59%。经审查立案224件，其中A经济建设领域的提案共78件，占35%；B科教文卫体领域的提案共72件，占32%；C政治法律、社会保障等领域的提案共74件，占33%。另有3件转为人民来信。

在办理过程中，市政府高度重视，市政府主要领导、分管领导多次过问并召开市长办公会议、专题会议进行研究部署，市政府督查室与市政协提案法制办及各承办单位沟通，做好各项工作，各承办单位也能按要求抓紧开展办理工作。各承办单位全部完成答复任务并报送提案书面答复函，答复率达100%。

【督办提案活动】 通报提案办理情况，跟踪督查重点提案办理情况，做好回访复查，做好评优工作；开展对口单位活动，市政协提案法制委组织委员与市法院、检察院、公安、司法、民政、人力资源和社会保障局等对口联系部门单位开展活动；开展调研活动，2013年，写出《关于非正常息访基层政府负担过重的情况反映》《关于大仑菜市场周边主干道临时停车的建议》《关于加强管理逐步取缔营运载客摩托车的建议》等具有针对性、前瞻性的社情民意专报，得到市领导的批示和有关部门的落实。

经济资源委员会

【调研视察工作】 通过深入调查研究，了解企业发展中遇到的实际困难，结合实际情况，撰写3篇调研文章；3月14日，经济资源委的全体委员及对口单位负责人察看多个交通基础设施等重点项目节点工程的施工情况，并召开座谈会听取交通局的工作通报，建议职能部门要在保证安全、确保质量的前提下，加快施工进度确保年底竣工通车。

【专项整治建议】 结合平时的工作，深入农村、社区了解群众关心的热点难点问题，向市有关部门反映社情民意。截至10月，已向有关部门反映3件社情民意：《关于提升共创文明和谐交通的建议》《关于确保电网安全运行的建议》《关于姑八七路等路段摩托车规则行驶专项整治的建议》。

教科文卫委员会

【调研视察】 开展“三馆提升工程”“海洋与旅游产业发展”等专题视察，2013年开展调研、视察工作4场次；结合市政协开展“美丽石狮”专题调研，撰写《关于农家书屋建设管理的建议》《关于教育优先均衡发展的建议》等调研报告。承担泉州市政协专题调研课题，形成《关于石狮全域城市化的思考》调研报告，在泉州市政协常委会作专题发言；针对个别征迁片区不注重保护古民居的情况，及时呈送《关于在征迁片区保护古建筑的建议》。针对闽台对渡文化节期间码头安全隐患问题，提出《关于尽快建设锦江渔业旅游码头的建议》。针对残疾人护理标准偏低问题，提出《关于调整残疾人阳光护理费标准的建议》。均得到市领导的批示和有关部门的落实。

【报送信息】 撰写、报送政协活动信息，其中报送省、泉州市政协刊物有3篇，被石狮日报等媒体采用有6篇，被《石狮政协简讯》采用10篇，为《石狮日报》的《政协之窗》专栏提供2篇专稿。

【志愿服务活动】 组织党支部、机关志愿服务队，开展交通督导、慰问低保户、关爱孤寡老人、植树等志愿活动，继续与杨厝村开展文明创建结对子活动。与市文体局党总支联合组织“志愿服务先锋行，美丽石狮你我游”活动，推动蚶江“海上泼水”活动常态化，推动永宁文化古街修缮工程启动；与有关部门联合举办石狮第五届中华灯谜艺术节，参与第七届闽台对渡文化节暨蚶江海上泼水节、第二届永宁古卫城暨城隍文化节活动。组织委员到石狮日报社观看“德南根书文化艺术展”。配合设立政协委员活动中心图书室。

文史学宣委员会

【组织政协委员培训】 在政协六届三次会议期间，举行委员培训会，邀请泉州市政协副主席骆沙鸣作《认真撰写提案，履行委员职责》

专题辅导讲座，副主席骆沙鸣结合亲身经历，畅谈提案工作体会，对于指导委员撰写提案起到重要辅导作用。利用政协全会分组讨论会、联欢会、活动组例会，宣传政协知识，提高政协形象。

【成立石狮政协之友书画院】 2013年11月19日，举行石狮政协之友书画院成立暨“中国梦石狮情”书画展揭幕仪式，市委书记张永宁、市长张贻山出席，共展出80幅作品。书画院由40名历届各级政协委员（含活动组成员）组成，邀请部分热心书画艺术的有关领导、政协委员、社会贤达担任荣誉职务。

【编撰《石台亲缘》等资料】 采集、整理、编写110多篇（包括几百张珍贵老照片）反映石狮与台湾“五缘关系”的文稿，出版《石台亲缘》专辑；李国宏、洪明芳等文史委成员应邀到菲律宾考察华侨史迹，向菲律宾石狮同乡总会赠送文史资料；配合有关部门编辑出版反映石狮籍残奥会冠军杨丽婉的夺冠历程——《妈妈，我终于看到国旗升起来了》，支持文史委成员李天锡出版《石狮文史散论》，编撰《政协书画集》。

【设立政协文史资料室】 设立政协文史资料室，已收集全国各地政协文史资料1000多册，收集石狮有关文史资料1000多册。《石狮侨影》一书被国家图书馆收藏。

台港澳侨民宗委员会

【走访活动】 2月，与泉州民宗委一道拜访道教、佛教和基督三个宗教协会，了解三个协会的工作情况和民间信仰活动的一些信息动态；4月，协助澳门活动组召开委员座谈会及慰问古浮慈爱老人福利院、永宁社会福利院，以带动更多热心公益的企业家多为石狮市的慈善事业奉献爱心；6月，走访一些社区、老人协会和相关部门，开展关于居家养老服务工作的调研，形成《关于进一步推进石狮市居家养老服务工作》的调研报告。

【社情民意建议】 完成三份社情民意件《关于改善曙光社区居住环境，提高居民生活质量的建议》《关于在子芳路附近（人民广场西侧出入中）设置U形护栏人行通道路的建议》《关于加大力度整治龟湖公园周边随意焚烧垃圾的建议》，参与民宗局对宗教场所安全隐患的检查，以及佛教协会各镇贫困户的活动；配合统战部和侨台外事局做好世联会换届的筹备工作。

（蔡晴芸撰　刘福全审）

中共石狮市纪律检查委员会

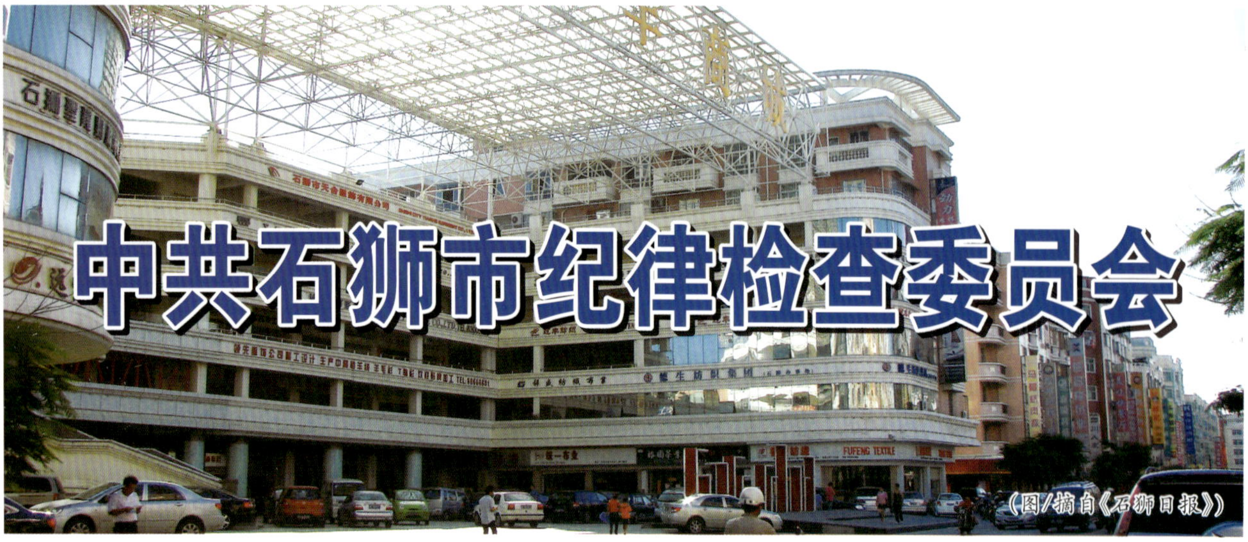

（图/摘自《石狮日报》）

综　述

2013年，在泉州市纪委和石狮市委的正确领导下，石狮市纪委、监察局贯彻落实中共十八大和中央纪委、省纪委、泉州市纪委全会精神，以科学发展观为指导，全面落实党风廉政建设责任制，不断加强惩治和预防腐败体系建设，围绕中心、服务大局，突出重点、整体推进，全市党风廉政建设和反腐败工作取得新的进展和成效。

重要会议

【六届三次会议】 2月25日，召开中共石狮市第六届纪律检查委员会第三次全体会议。张永宁、张贻山、梁炳辉、陈贻萍、李丽月、许锦聪、林自育、上官跃进、刘德旺、张桂森、李伯群、龚志阳、陈衍泽等市委、市人大、市政府、市政协领导出席会议。市纪委委员，各镇（街道）、石狮高新技术产业开发区党政主要负责人，市直各单位、上级驻石狮有关单位、部分国有企业主要负责人，各镇（街道）纪委（纪工委）书记，市直各系统（局）纪委书记，各派驻纪检组组长、监察室主任，市直各学校、教委办主要负责人，各村（社区）党支部书记、主任，市党风廉政监督员、机关效能建设监督员等参加会议。泉州市纪委案件审理室主任黄志强到会指导。会上，张永宁、张贻山代表市委、市政府向各镇（街道）党委（党工委）、政府（办事处）、市直各单位和党组织关系隶属石狮市的上级驻石狮单位、部分国有企业共79个单位颁发2013年党风廉政建设责任状。

【"转变职能、改进作风"专题会议】 12月26日，召开全市纪检监察系统"转变职能、改进作风"专题会议。会议传达贯彻中央、省、泉州市纪检监察系统"转变职能、改进作风"会议精神，学习领会"四转一强"精神，部署下一阶段石狮市纪检监察系统需要重点推进的工作。

督促落实"八项规定"

广泛宣传中央八项规定，反复重申厉行节约和领导干部廉洁自律各项纪律要求。制订《贯彻落实中央八项规定精神监督检查工作方案》，通过定期巡、重点查、随机访等形式，落实中央八项规定和市委《贯彻落实改进工作作风、密切联系群众八项规定的实施意见》。加强对重要时间节点、高档消费场所的监督检查，注重建立常态化检查的长效机制，促进八项规定落到实处。开展监督检查29次，督促取消节日聚餐活动40场次，及时制止违规大操大办庆典活动。建立全市公务用车档案，追回违规借用车辆，追究违规使用公务用车领导责任2人。组织全市68个行政事业单位、国有和国有控股企业开展会员卡清退活动，全部清退对象"零持有、零报告"。全市"三公"经费预算同比压减9.9%，实际支出同比下降29.5%。

党风廉政建设

【落实党风廉政建设责任制】 明确工作责任。在2013年召开的市纪委六届三次全会上，与全市9个镇(街道)、57个市直单位和13个党组织关系隶属石狮市的上级驻石狮单位签订党风廉政建设责任状，明确各级党政领导班子和领导干部在党风廉政建设中应负的责任，并督促各部门各单位层层签订责任状，做到责任主体、工作任务、具体要求、完成时限“四明确”；坚持定期报告。坚持半年一次的责任制报告制度，分别于1月和7月组织市党风廉政监督员对全市79个参评单位2012年下半年、2013年上半年落实党风廉政建设责任制工作情况进行测评，并将测评结果及征求到的2856条意见、建议以文件形式向各单位逐一进行反馈；开展专门考核。每月组织市党风廉政监督员对各单位落实党风廉政建设责任制工作情况进行专项督查，通过听取汇报、查阅资料、随机抽查工作人员和办事人员、组织开展测评等方式，对各单位责任分解、监督检查、落实整改等工作进行量化考评，并将考评情况计入责任制测评总分。2013年开展党风廉政建设责任制专项检查活动13次，检查单位55个；落实责任。对因责任制考核名次靠后而被列为下一次责任制报告重点单位，市纪委领导当面反馈考核结果并对其主要领导进行谈话，由落实责任制较好和较差的单位在市纪委六届三次全会上分别作典型发言和表态发言；召开全市落实党风廉政建设责任制工作情况重点单位汇报会，由各重点单位主要领导汇报落实工作情况，接受市党风廉政监督员质询，促进工作落实。

【推进廉政文化建设】 一是廉洁履职教育。市财政局、交通局等20个单位1352人次通过选题、点题等形式接受反腐倡廉教育，促进党员干部廉洁自律、忠诚履职；开展好定点教育，利用市警示教育基地(市看守所)实景展出石狮市腐败案件，强化正反典型教育，该警示教育基地共计接受295人次参观；推进“每月一文思勤廉”教育活动，鼓励各单位组织廉文研讨，提升勤廉教育的渗透力、影响力。二是挖掘廉政文化空间。筹划石湖海关、司法局、鸿山镇政府办公楼廉政主题楼层设计，通过廉洁主题壁画传递清正廉洁、勤政爱民的理念。汇聚市书画协会、书法协会力量，围绕“踏着伟人的足迹——纪念毛泽东诞辰120周年”主题，绘制优秀廉政书画作品14篇，其中书法作品11幅、国画作品3幅；以“廉政漫画征集”为契机，开展廉洁文化进学校活动，收到全市中小学教师、学生创作的反腐倡廉漫画作品150余件。三是拓宽宣传教育阵地。利用市公务大厦LED户外全彩显示屏、石狮市多媒体发布系统、市区主干道LED电子屏幕等电子媒介，滚动播放各类廉政图文。在《石狮日报》、石狮电视台等新闻媒体刊播廉洁自律规定和廉政公益广告12期。通过短信平台向全市公职人员发送廉政短信8600条，向廉政文化“六进”对象发送廉政彩信近1000条。组织举办廉政影视播放活动12场，127个农村(社区)办公楼张贴反腐倡廉楹联，各镇(街道)举办包含有反腐倡廉内容的群众性文化活动近20场。

【农村党风廉政建设】 深化农村集体“三资”监管，开展监管工作“回头看”。全市登记村集体“三资”18.98亿元，盘盈集体资产31项1877万元，追回历史遗留债权14笔225.5万元；强化监督检查，完善农村(社区)集体“三资”监管月巡查、季通报、半年考评工作机制，组织农村集体“三资”监管工作检查活动18场，下发检查通报7份，并对考评成绩后两名的镇(街道)的主要领导、分管领导进行当面约谈，督促落实整改；创先培优。督促各镇、街道积极培育典型，对新培育的18个典型村(社区)进行综合考评，针对监管工作中的薄弱环节下发考评通报，促进优化提升。2013年，全市各村(社区)共印发集体“三资”《公开手册》6.95万册，各村级财会委托代理服务中心清退不合理报销票据10张2.01万元，退回补办报销手续232笔93.9万元；村集体资产资源市场化配置项目299宗，增加村财收入2180.8万元；村集体建设项目实行委托招投标27宗，节约建设资金208.9万元。

建立石狮“八闽农村党风网”。全面建立“八闽农村党风网”市、镇(街道)、村(社区)三级137个站点，并加强对信息员的培训、管理，及时录入工作信息，坚持每月一更新，实行动态管理。制定《"八闽农村党风网"公开事项审批表》，严格执行信息审核、发布制度，确保网络平台安全、有序运行。

案件查处与源头治理

【查处违纪违法案件】 2013年，全市受理信访举报208件，立案51件，已办结51件，其中：涉案党员51人、监察对象19人、科级干部4人，给予党纪处分49人、政纪处分11人、党政纪双重处分9人、移送司法机关处理8人，为国家挽回经济损失45.84万元。严肃查处市公安局宝盖派出所原政治教导员卢某某妨害社会管理秩序、市法院民事审判第二庭助理审判员王某某利用职便收受贿赂、永宁镇金埭村两委会违反财经纪律、市牲畜屠宰贸易有限公司中心场私设"小金库"等案件。发挥市委反腐败协调小组作用，协调查办福辉路改造工程串通投标案件。加强办案过程的监督管理，确保安全文明办案。加强对基层办案工作的指导，实现各镇(街道)均有自办案件。注重抓好案后整改，督促发案单位健全制度、完善管理。规范处分决定送达程序，对职务调整、工资变动等关键环节实行动态管理，确保党政纪处分决定执行到位。落实上级纪委审理工作程序相关规定，开展案件交叉互审、协审，促进基层案件审理工作制度化、科学化。

【预防腐败工作】 开展廉政风险防控。制定《关于进一步推进廉政风险防控的工作意见》，将防控对象延伸到全市各村(社区)、国有企业、学校、医院等基层单位，实现廉政风险防控管理全覆盖。市四套领导班子成员从自身岗位职权和挂钩联系的重点工程、重点项目等方面着手，率先深入排查廉政风险点，发挥带头示范作用。全市各单位以"三重一大"为重点，结合征求意见反映的问题，从单位、科室、岗位三个层次，共排查廉政风险点19762个。加强重点单位防控，根据行政部门权力集中度、发案和信访投诉情况等综合分析排查，确定市公安局、教育局等12个单位为高风险等级单位，由市纪委监察局领导班子成员分别挂钩联系，督促推进防控工作。加强制度防控，开展制度廉洁性评估，对全市规范性文件进行清理审查，其中清理以市政府及市政府办公室名义发布的规范性文件135件，废止25件。制定廉政风险防控绩效管理制度，组织市党风廉政监督员对全市各单位廉政风险防控情况进行集中评估，将考评情况纳入各单位绩效管理指标。推进国有资产清理监管。加强市直机关宿舍区、安居工程、服装城等大宗国有资产监管，督促解决国有资产历史遗留问题。加强国有资产动态监管平台建设，督促更新2012年度各单位国有资产数据，健全国有资产动态管理机制。协调出台《石狮市预算单位公务卡改革实施方案》，全面启动公务卡改革。制定预算单位公务卡管理暂行规定等有关制度，加强预算单位现金支付管理。督促出台《石狮市政府投资项目管理暂行规定》，开展政府投资项目资金资产管理专项检查，促进重点项目建设高效、廉洁。推进中介组织服务提速。组织对中介组织的执业和监管等情况开展调研，摸清行业底数。协调制订《石狮市市场中介服务提速工作方案》，规范中介组织经营秩序，加强中介组织监管。开展重点行业突出问题专项治理行动，督促相关行业主管部门建立健全财政投资类项目公开选择中介服务制度，避免个别中介机构垄断市场。开展办事公开标准化建设。全面开展办事公开标准化建设，推动各公开单位实现组织机构、公开内容、公开形式、公开时间、公开程序、监督保障六方面标准化。会同各专项公开办、市政府信息公开办，组织开展网上公开工作检查，完善提升网上公开综合平台。

政风行风建设

【加强机关工作作风建设】 强化督查督办。出台《2013年石狮市"质量石狮、二次创业"督促督查工作方案》。由3位市委常委分别担任市督促督查组正、副组长，坚持每周轮流带队开展督查。2013年，组织项目督查68次，督查项目948个次，形成督查通报68期，督促38个项目单位对发现的189个问题进行整改，解决问题141个，占问题总数的74.6%。出台《石狮市效能督查责任追究规定（试行)》，给予重点项目责任领导诫勉教育20人次、通报批评1人次、黄牌警告6人次，予以重点项目责任单位通报批评2个次、黄牌警告4个次。推行绩效管理。制订《2013

年度石狮市绩效评估工作方案》，在党群机关、政府工作部门、镇（街道）三个系列单位推行绩效管理。改进绩效评估办法，创造性设置重点工作指标、专项工作指标，调整绩效评估等次分布，突出重点单位公众评议，注重考核日常工作表现。充分发挥绩效管理激励干部、推动工作的作用。常态开展勤政督查。每月确定不同重点开展勤政督查，深入治理机关工作人员庸、懒、散等突出问题。2013 年，组织市机关效能建设监督员开展明察暗访 17 次，督查全市各机关事业单位 803 个（次），发现 5 类 142 个存在问题，向 46 个责任单位发出《机关效能建设整改通知书》100 份，责令诫勉教育 69 人（次）、通报批评 8 人（次）、效能告诫 30 人（次）。推动行政大提速。印发《石狮市进一步破解效能阻滞点推进行政大提速若干意见》，着力治理行政审批难、决策效率低、公文流转慢等 8 方面机关效能突出问题。由委局领导分别挂钩联系、督促 1—2 个方面工作，每 2 个月组织一次考评。通过督促，全市取消审批项目 12 项，“一审一核”项目达到 83.08%，办结时限在法定时限基础上压缩 83.97%，当场办结率提高至 81.2%，主要审改指标居全省前列；多年布置未能落实的“办件预登记”“容缺预审”“投资项目代办”“网上预审”等项目均已进入实际运行阶段；建立工程报建和企业设立并联审批机制，施工许可承诺时限由 19 个工作日缩短至 7 个工作日、申报材料由 45 份减少为 22 份；土地登记交易中心和房产登记交易中心实现一个窗口对外、并联办证。

【纠风专项治理工作】 纠正保障性住房工作中的不正之风。推行阳光配售，转发关于进一步规范保障性住房分配信息公开工作的通知，督促市住房和城乡规划局持续完善保障性住房长效监管机制，加强对保障性住房配售工作情况的监督检查，推动建设、配置工作任务落实；纠正医药购销和医疗服务中的不正之风。开展“三好一满意”和“三改二推一评议”活动，提升服务水平。2013 年，市医院、妇幼保健院两家市级医院平均满意率 90.53%，基层医疗卫生单位综合满意率 94.27%。加强医务人员收受红包治理，有 289 人次主动退还红包或把“红包”冲入患者预缴金中，总金额达 95400 元。开展医改、新农合、城镇医保等资金投入和使用情况的监督检查，查处一起套用新农合资金案件，对两名相关责任人给予严肃处理。强化企业减负和企业权益保护工作。会同市经济局深入开展企业减负“九条禁令”和惠企政策落实情况的专项检查。督促市经济局牵头做好进一步落实收费公示制度实行阳光收费的有关工作，并对落实情况进行专项检查。治理教育乱收费问题。组织开展治理教育乱收费规范教育收费专项检查，对全市 33 所市直学校的收费进行检查。对 2 起教育乱收费案件进行查处，清退违规收费 1310 元。开展清理和规范节庆活动、展会、论坛活动工作。组织全市各单位对节庆活动、展会、论坛活动情况自查，全市清理上报 5 项，其中节庆活动 3 项、展会活动 1 项、论坛活动 1 项，上报省清理办审核。

【纠风行评工作】 纠风论坛建设。开设“石狮纠风论坛”，为群众表达诉求、维护民生民利搭建了一个新的平台，各项工作取得预期效果。群众共通过论坛发帖 598 条反映问题 680 个，其中已整改或答复完成 586 条，占 98%；深入推进行评工作。2013 年，行评工作首次进行网络问卷调查测评，并将纠风论坛工作纳入民主评议政风行风工作考评，将群众反映具体问题的解决情况作为行评的重要依据，有效推动各部门和行业进一步转变作风，提高服务水平，维护群众的合法利益。

【服务企业发展工作】 建立市纪委监察局领导挂钩联系制度，由 7 名委局领导分别挂钩联系“工作方案”中的 7 个方面工作，督促各责任单位按时序进度推进，并于月底向市纪委常委会汇报挂钩联系工作进展情况。市服务企业发展工作领导小组办公室根据各项工作进展，适时开展专项督查，确保各项工作扎实推进。2013 年，实际开展考评 47 项，涉及 26 个牵头单位。绝大多数工作能按时序进度推进，部分工作取得阶段性成效；解决小微企业贷款难方面，市经济局构建“金融服务 + 实体经济 + 电子商务”三位一体合作模式，对电商商户及买家个人融资 13 亿元。

自身队伍建设

【机关班子和队伍建设】 健全市纪委常委会议事规则和重大事项决策程序，坚持重大事项及时向市委和上级纪委请示报告，坚持常委会集体领导体制，明确职责分工，强化沟通协作，形成工作合力。举办全市纪检监察干部业务培训班，促进新任纪检监察干部适应角色、较好履行职责。组织保密工作培训，增强纪检监察干部保密意识。深入开展“千人百日”岗位学习活动，全市纪检监察干部队伍素质进一步提升。制定《2013年石狮市镇（街道）、市直系统（局）、派驻纪检组纪检监察工作绩效考评办法》，创新基层纪检监察工作绩效考评方式，采取平时掌握和半年考评相结合的方式实行千分制考评，考评结果作为市委评价使用干部的依据，强化基层纪检监察组织的责任意识。

（陈振达撰　陈章彬审）

（图/摘自《石狮日报》）

民主党派

中国国民党革命委员会石狮市总支部

【概况】　2013 年，中国国民党革命委员会石狮市总支部发展党员 1 人，现有党员 99 人，其中女党员 18 人。党员中，本科及以上学历 42 人，大专 26 人，高中（中专）30 人；高级职称 8 人，中级职称 37 人；副处级干部 1 名，副科级干部 4 名。民革中央参照石狮的经验，促成在全国开展“伸出博爱之手—民革基层组织牵手困难群众活动”。陈冬凝连任福建省第 12 届人大代表，蔡清淳在石狮人大六届三次会议上增选为石狮人大常委。

【自身建设】　多次召开总支委员会议、总支委员扩大会议、全体党员大会，每季度组织 1 次集中学习。4 月 21 日，民革中央组织部到石狮调研，民革石狮总支部召开工作情况汇报暨总支部扩大会。民革中央组织部副部长但昭颖、民革省委专职副主委柳红等各级领导莅临大会指导，对民革石狮总支部几年的工作给予肯定。民革石狮总支部被民革福建省委列为纪念“五一口号”65 周年三个试点基层组织之一，所做的工作受到民革省委肯定。

【参政议政、民主监督】　2013 年各级两会上，有 37 件提案提交，《关于在市区规划建设停车场的建议》被列为石狮市 2013 年重点提案，《关于在市区八七路等主要干道设置中间隔离带（栏）的提案》及《关于加强中小学生健康体检的建议》两件提案被石狮市政协评为 2011—2012 年度优秀提案；完成两个调研课题，其中《完善环卫管理机制，努力建设美丽石狮》由副主委许雄飞在政协石狮六届四次大会上第一位做专题发言，《大力发展我市服装电子商务》作为石狮政协在政协泉州第 11 届三次会议的发言材料。

加强信息的报送，有 6 件被省民革采用，20 件被民革泉州市委会采用，7 件在《石狮日报》上报道，社情民意《关于房地产调控》被《泉州民革》刊登，同时发动党员对社会热点难点等问题提建议，其中《石狮市全域城市化改革存在的问题及对策》被省委统战部采用，并推荐给省委办公厅做专报件。

蔡清淳、蔡慰问等受聘为石狮市党风廉政、机关效能监督员，许雄飞被聘为石狮市司法局、石狮市人事社会保障局民主评议政风行风监督员，6 人被聘为各职能部门特约人员。

【主要活动】　民革石狮第三支部为纪念中国共产党成立 92 周年，于 7 月 7 日组织党员前往德化石牛山风景区开展亲近大自然—健身一日游活动；第二支部为庆祝全国第 29 个教师节，组织党员召开座谈会；10 月 19 日，为纪念中共中央发布“五一口号”65 周年，民革石狮总支部组织党员到上杭县才溪乡毛泽东调查纪念馆进行考察学习；10 月 26 日，民革石狮总支部委员及下属支部委员一行十儿人利用周末时间前往永宁古卫城文化驿馆参观调研;11月8日,民革石狮总支部一行十几人到民革丰泽工委会进行交流座谈,加强兄弟支部横向之间的交流;参与石狮市委统战部举办“多党合作成果展”,提供石狮民革很多有意义的图文资料,王济民、粘国民、董伦溪、洪亚怀的书法作品参展;副主委许雄飞在4月1日《石狮日报》上发表题为《发扬传统、再谱新篇》的主题感言;组织党员参与民革泉州市委会组织纪念“五一口号”65周年征文活动,活动中民革石狮总支部获组织奖,蔡世仰、粘国民获二等奖,王秋鸿获三等奖,许雄飞、洪亚怀、傅美婵、杨帆获优秀奖;9月14日,邀请华侨大学教授肖北婴为全体党员作“多党合作与民革”专题讲座。

【祖国统一工作】 蔡清淳、林清阔、张庆玉等先后到台湾,带着组织的愿望,为身边的台湾亲友宣传祖国的大好形势;林清阔为一年一度的闽台对渡文化节暨蚶江的海上泼水节继续捐资出力;老主委王济民以王审知学术研究会秘书长的身份,参加香港晋江沙塘同乡会换届及金门世界王氏恳亲联谊大会,做好对外、对台联谊工作;董发达利用永宁古卫城文化驿馆这个平台,邀请海峡两岸书画艺术家进行交流。

【立足本职 回报社会】 民革石狮总支部党员发挥自身优势,促进经济社会进一步发展。黄其博获“全国归侨侨眷先进个人”称号;在泉州民革成立60周年纪念活动中,王传三、王明志、叶华江、纪荣海、许雄飞、李新强、邱新生、林清阔、高建群、郭舒涵、蔡世煌、蔡清淳等被评为优秀党员,王济民、蔡美金被评为优秀党务工作者;颜胜利当选为石狮市汽车修理行业公会第二届会长,吴清专当选为石狮市青年联合会第四届委员会常委,蔡清淳当选2013年选为石狮市石光中学教育促进会理事长及北京石狮商会名誉会长兼监事长、第二届世界石狮同乡联谊会副监事长;龚清海当选第二届世界石狮同乡联谊会常务理事;王传三被评为石狮市2010—2012年度精神文明建设先进工作者;陈工在第三届工人运动会市直系统象棋比赛中荣获团体第一、个人第五名;吴忠勇被石狮市关工委评为先进工作者。

民革石狮总支部践行社会主义核心价值体系,服务社会、热心公益。4月21日,组织医疗界党员到石狮市古浮慈爱福利老人院进行义诊活动,并献上爱心款5000元;连续第五次举行“牵手困难群众、开展金秋助学”活动,资助10位品学兼优、家庭困难、愿意接受资助的高一学生三年学费;10月26日,民革石狮总支部十几个党员到石狮婷婷孤儿院慰问,送上5000元爱心款;蔡清淳连续第十年为灵峰全体村民支付农保,在2013年成立北京石狮商会上倡议捐献100万元给石狮慈善总会,在各种公益事业捐款达250万元,并捐资50万元作为石狮灵峰村孝道基金会的启动资金,全年为各项公益事业捐资超350万元;林清阔捐资市关工委、老人会、台北石狮同乡会及筹闽台对渡馆共50万元;林旭日捐资闽台对渡节、福利会、学校等共计52万元;黄其博以其父之名的黄淑再家族教育基金会,连续第六年捐资奖学,2013年捐助各项公益累计达50万元;龚清海2013年被福建省人民政府授予“福建省华侨捐赠公益事业突出贡献奖”。花伟磊连续十年组织法律界党员,运用律师事务所平台免费为困难群众提供法律援助,挽回近十万元的经济损失。

(许雄飞撰稿 施汉杰审稿)

中国民主同盟石狮市总支部

【概况】 2013年,中国民主同盟石狮市总支部盟员总数为126人,其中女盟员49人。盟员中,本科及以上学历56人,大专49人,高中(中专)15人;高级职称51人,中级职称34人,担任泉州市人大代表1人,石狮市人大代表1人,石狮市政协常委1人,政协委员7人。

【加强学习提高素质】 春节期间,慰问离、退老同志和病困盟员。3月3日,总支举办学习中共十八大精神专题讲座,邀请民盟泉州市委员会主委陈建通授课;3月31日,召开支委扩大会,传达市委统战部关于开展纪念“五一口号”发布65周年系列活动的通知,研究2013年度调研工作;总支分别在《石狮日报》《泉州民盟》发表纪念文章;4月4日,组织主委、副主委参加市委统战部举办的学习中共十八大精神专题讲座；4月26日，石狮市纪念中共中央发布“五一口号”65周年暨多党合作成果展在市博物馆揭幕，总支支委参加开幕式；4月28日，组织主委、副主委参加石狮市纪念中共中央发布“五一口号”65周年座谈会，主委王瑛代表总支作“传承‘五一口号’精神”，增加忧患意识、推动长远发展”的主题发言；5月5日，组织盟员参观成果展；7月29日，市委、市政府召开党外人士情况通报会暨征求意见会，主委王瑛就石狮城市建设、学前、小学教育等民众关心的社会热点提出意见和建议；10月13日，总支召开重阳节老盟员座谈会为老盟员祝寿；11月17日，总支与福建省医科大学泉州附属二院联合到鸿山镇东三村举行义诊活动，为村民提供义诊、咨询400多人次。2013年，盟总支召开盟员大会、组织生活会、支委会、扩大会，开展调研及组织其他活动共15次。

【发挥盟员优势参政议政】 总支在市政协六届四次会议上提交提案20件，提交泉州市人大建议案3件。蔡鸿鹏执笔的《关于办好城区初中，留住外来另工人员服务我市企业，推动我市经济发展特的建议》，获市政协2013年度优秀提案，《做好石狮市新生代华侨华人工作的思考》被列为市政协大会发言提案。

盟员受聘泉州市地税局党风廉政监督员1人，石狮市效能建设监督员2人，市地税局、民宗局、文体旅游新闻出版局党风廉政监督员各1人。任各级人大代表、政协委员、监督员的盟员，参加各活动组、专委会的政治学习，深入调研，建言献策，履行参政议政职能。

【盟员风采】 1月8日，盟员洪少培创办的福建省金苑服饰有限公司联合泉州市中心血站、石狮市红十字会，组织发动100多名员工无偿献血，献血量达15000毫升；1月18日，洪少培获市委市政府颁发“狮城十大杰出青商”称号；7月12日，在中国服装协会发布的2012年度服装行业百强企业名单中，金苑服饰有限公司名列第8位；8月，盟员郑学忠编写的《初高中英语衔接》ABC，校本课程一书印刷发行；盟员许天增的《许天增作品选》出版，选刊山水国画精品43幅；盟员郭天纵主编的《老三届》画册出版；9月，盟员谷晋青被聘为石狮市石光教育促进会第四届理事会副监事长；石狮市美术家协会换届，盟员林天生当选副会长，盟员蔡智祥当选副秘书长，盟员李碧珍当选为常务理事；11月12日，盟员洪少培在清华大学美术学院举办“金苑杯”首届中国时装画大展；11月18日，石狮市宝盖商会换届，洪少培当选为常务副会长。

（谷晋青撰稿　王瑛审稿）

2013年11月17日，民盟石狮总支与民盟福建医科大学附属二院支部在鸿山镇东三村联合开展义诊活动　　（图/民盟）

2013年3月3日，民盟石狮总支举办学习中共十八大精神专题讲座　　（图/民盟）

中国民主建国会石狮市总支部

【概况】 2013年，发展会员6人，现有会员108人，其中女会员28人。会员中，大专以上学历72人，平均年龄41.5岁，会员中担任各级人大代表4人、政协委员10人。

【思想建设】 通过座谈会、组织生活会、参加专题活动和学习培训等多种形式，推动会员理论学习的深入开展。重点学习中共十八大及十八届三中全会精神，传达贯彻中共各级党代会和民建各级会议精神，贯彻统战部提出的同心工程，抓好会员对民建会章、会史的学习，把践行社会主义核心价值体系学习活动引向深入，为更好地履行参政党职能奠定思想政治基础。

【组织建设】 总支下设的5个支部，都能按照总支要求进行正常的组织生活，总支每年召开4次会员大会，每月召集1次支委组织生活，每年举办1次集体考察活动及不定期与周边县（市、区）民建地方组织往来交流，通过活动提高会员参政议政能力和组织凝聚力。

【参政议政、民主监督】 2013年，会员受聘各类特约监督员7人。在市政协六届三次会议上，总支提交提案22件，内容涉及经济、教育、城建、交通、环保、文化、体育等领域。多件提案已转化为成果，获得了政府相关部门及社会各界的普遍好评。

【开展社会服务】 总支把服务社会作为一项重要工作和优良传统，鼓励会员主动承担社会责任，参与公益事业。2013年，会员捐资赈灾及捐献教育、卫生、体育、文化等各种社会事业善款达100多万元。会员企业参与各种光彩事业，支持特教学校办学设备，帮扶贫困大学生，参与“爱心家园”爱的传递活动。

（洪克明撰稿　吕培榕审稿）

中国民主促进会石狮市总支部

【概况】 2013年，发展会员3人，会员总数为138人，其中女会员33人。会员中本科以上学历57人，大专39人，高中（中专）10人。其中高级职称70人，中级职称65人。担任各级人大代表、政协委员人、行评代表、人民陪审员5人。

【参政议政】 2013年，总支提交市政协提案17件、调研报告1篇。《关于整治龟湖溪、塘园溪的建议》被评为2012—2013年度优秀提案，总支被市政协评为“优秀提案单位”。会员林清从撰写的《关于石狮市民间借贷市场的现状和建议》、蔡清波撰写的《关于加强和创新社会管理的建议》两件提案被收录在石狮市政协六届四次会议《发言材料汇编》中。

【服务社会】 4月25日，总支前往永宁中学开展“捐资助学”活动，捐资1万元资助10名高三年家庭贫困的优秀毕业生。总支文化界会员充分发挥文学艺术的特点和优势，创作出许多群众喜闻乐见和讴歌时代精神的好作品，吴永雄的随笔、高寒的小说、蔡白萍的诗歌、郑养正的散文、汪天河的国画、林为挺的书法、邱建平和蔡清波的收藏为精神文明建设做出贡献。原主委吴永雄笔耕不辍，游记《石狮有个九十九间》发表在于中国作家协会主办的《文艺报》；《我们需要真话的时代》《也读今世贪官诗》《还必须提倡厚养薄葬》3篇时评在中国《杂文报》发表；随笔《矫然自拔污世—趣谈古代寿终无力下葬的官员》《常使灵魂起波澜—读书札记之二：巴金落泪》《不可赦免的大罪—延水河畔沉思之二》在《福建日报》发表；游记《李杜而下见诗豪—访龙门白园有感》在省级文学月刊《福建文学》发表。《石狮书记党派情—来自基层的统战工作的报告》获2013年民进福建省委“纪念中共中央发布‘五一口号’65周年”征文活动三等奖。吴永雄、高晶炯（笔名高寒）于6月加入中国作家协会。主委林晓晖获科技部“2013年度全国科技进步先进县市考核先进工作者”称号。支委郑养正作品《选择》获2013年民进福建省委“纪念中共中央发布‘五一口号’65周年”征文二等奖。郑养正多年来致力于科普志愿者服务事业，获“全国五星志愿者”称号，受邀到市人大、政府办联合举办的道德讲堂做报告，《泉州民进》2013年第2期刊登《石狮有个郑养正—记“全国五星志愿者”获得者、民进会员郑养正》专题报道，《石狮电视台》于2013年3月作专题报道。总支委员彭玉琪撰写的论文《培养学生能力—创造个性作文》《浅谈语文教学中学生个性化的培养》分别发表于《作文成功之路》（国内统一刊号CN23—1304、第二期和第五期），班级管理教学论文《“逆向思维”在班级管理中的运用》获《中国教育学刊》举办的“中国教育实践与研究论坛”征文评比大赛一等奖。总支委员林清从获民进福建省委“社会服务工作先进个人”称号。会员绳勇、吴晓慧、张心卉、陈莉玲、余东焱、严祥平、李兴斌、张荣国、施建立、文二牛等受到市镇两级表彰。

【自身建设】 总支重视思想建设、组织建设和制度建设，多举办培训班，组织新会员学习会章会史。组织会员学习中共十八大精神、石狮市委和民进泉州市委会有关会议精神。开展“增强忧患意识，推动长远发展”大讨论。组织会员参观石狮市纪念“五一口号”发表65周年多党合作成果展，开展学习践行社会主义核心价值体系活动。

（彭玉琪撰稿　林晓晖审稿）

中国农工党石狮市总支部

【概况】 2013年，发展党员5人，现有党员92人，其中女党员37人。党员中，本科及以上学历64人，大专17人，高中（中专）10人；正高职称4人，副高职称26人；担任石狮市人大代表2人，石狮市政协常委1人，政协委员5人。

【参政议政、民主监督】 总支组织党员参政议政，在市六届四次政协会议上提交18篇提案，内容涉及环境保护、综合治理治安、卫生医药、土地、教育、城乡建设、公共交通等。总支的团体提案《关于重视和加大对工业园区公共服务和群众性文体设施投入的建议》被评为市政协优秀提案，李灿新《关于严厉打击医托，建设平安石狮的建议》的提案被评为市政协优秀个人提案，林秀钦获提案办理工作先进个人。李灿新、林其波、邱清雄、林秀钦、李秉隽、洪志向、王荣柏等分别被市国土局、市政府办公室、财政局、教育局、人力资源和社会保障局等单位聘为党风廉政监督员、机关效能监督员、行风评议员等。

【社会服务】 11月17日，总支与中共石狮市委统战部、农工党丰泽区工委、宝盖镇政府在宝盖科技园联合开展“第25届国际科学与和平周”活动，为外来工提供免费体检、义诊和健康咨询服务。总支利用传统节日组织党员走访慰问高龄病困党员，增强总支的凝聚力、亲和力。

【提高自身素质】 开展“同心”实践活动，定期举办座谈、交流学习体会。8月，组织党员到漳州考察接受革命教育，激发党员们的爱国热情。总支党员立足工作岗位奉献社会，蔡美瑜撰写的论文《温馨提示卡在心血管内科中应用及效果评价》获2013年泉州市护理学会、泉州市护理管理与优质护理学术交流会优秀论文；蔡建通撰写的论文《改良进水方式经电切镜鞘气压弹道碎石治疗31例膀胱结石》发表在《中华腔镜泌尿外科杂志》2013年2月刊；王东育获福建省委宣传部首届福建基层最美人物“最美志愿者”提名奖，泉州市总工会授予的“最美泉州人”之“最美志愿者”称号。

（邱清雄撰稿　林介平审稿）

中国致公党石狮市总支部

【概况】 2013年，发展党员2人，现有党员总数74人，其中女党员36人。党员中本科学历43人，大专12人，高级职称15人，中级职称22人。担任泉州市政协委员1人、石狮市政协委员3人（其中常委1人），受聘各级党风廉政监督员、效能监督员6人，任市侨联副主席1人，镇（街道）侨联主席2人。

【主要活动】 9月8日，总支组织学习《习近平在党的群众路线教育实践活动工作会议上的讲话》，传达致公党泉州市委会十届四次常委会精神，总结上半年工作，研究部署下半年工作，通过党员撰写提案评奖办法，部署调研工作。

（图/致公党）

【参政议政】 2013年，完成《关于政府投资项目实施“代建制”的建议》的课题调研。在市政协六届三次会议上提交12件提案。其中《关于进一步提高城市管理水平建设美丽石狮的建议》被市政协列为重点提案，《关于政府投资项目实施“代建制”的建议》在市政协六届三次会议上发言。

【海外联谊】 5月22日，菲律宾洪门致公党赴闽考察团一行15人在永远荣誉理事长、团长吕季松的率领下，拜访致公党石狮市总支并举行会谈会。双方表示，要进一步加强沟通与联系，增进友谊，共同为祖国的繁荣发展做贡献。

（施文坛撰、审）

九三学社石狮市基层委员会

【概况】 2013年，发展新社员1人，现有社员47人。其中，女社员12人；正高职称6人，副高职称17人，中级职称24人；主要分布在医学卫生、工程技术、电子技术，天文、教育、艺术、经济等领域。社员任泉州市人大代表1人，受聘泉州市政协委员1人，石狮市政协常委1人，政协委员3人，受聘泉州市人民检察院特约人员、党风廉政监督员1人，泉州市农经委咨询委员1人，石狮市法院、检察院、环保局、住房和城乡规划建设局特约人员各1人，统战部党风廉政监督员1人，效能建设监督员1人，石狮市监察局特约监察员1人。

【思想建设】 组织社员学习贯彻

中共十八大、中共十八届三中全会精神，学习九三学社中央、省和泉州市会议精神，选派社员参加省社会主义学院2013年春季社员骨干培训班，举办参政议政工作研讨会，组织社员开展“增强忧患意识，推动长远发展”大讨论，通过学习讨论，进一步统一思想、提高认识，增强政治意识、责任意识和大局意识，为履行职能奠定基础。

【参政议政】“两会”期间提交市政协调研报告1篇份、提案20件、泉州市人大议案1件。副主委郑海滨撰写的《关于建立基于地理信息系统的地下管网数字化管理平台的建议》被评为石狮市政协2013年度优秀提案，邱筑江撰写的《关于进一步落实科技强市的几点建议》入选大会发言汇编，罗红玲撰写的《对基本公共卫生服务工作的几点建议》被列为石狮市政协2013年度重点提案。在2013年九三学社泉州市五届四次全体（扩大）会上，郑海滨被评为2012—1013年度“参政议政先进个人”称号。

【服务社会】立足本职工作做贡献，郑海滨获泉州市电业局科技智能工作先进个人，他发明的“一体式SF6气体密度、微水、温度变送器”及社员陈立的“一种光伏发电控制箱”等两个专利获国家专利局实用新型专利授权。郑海滨、李庆洪、佘永红、蔡跃群的“一种低压作业接地方法”“低压作业专用接地线装置的螺帽式接地柱”“低压作业专用接地线装置的专用绝缘操作棒”三个专利申请获国家专利局

九三学社石狮市基层委员会在民主党派服务中心会议厅召开纪念九三学社成立68周年座谈会暨参政议政工作研讨会。

（图/九三学社）

受理。社员罗红玲的科技论文《县域中低压配电通信组网方式探讨》，获泉州市“亿兴电力杯”电气工程论文比赛二等奖。社员黄文龙与同事王双树发明“应用液体静力理论的污水处理循环回用于生产用水工艺”项目，被中国老科协技术工作者协会授予“中国老年创新发明推介交流会”优秀项目奖。“套管式布水器和污水导流槽吸滤装置在废水固液分离处理中的应用”经省专家组评审，建议作为省先进环保实用技术予以推广，2013年11月获国家知识产权局实用新型专利证书；“平流去渣沉砂降泥机构”获国家知识产权局实用新型专利证书；“废水深度处理工艺和装置”“废水深度处理装置”“污水预处理分流工艺”“污水导流槽吸滤系统”“平流去渣沉砂降泥机构”“平流去渣沉砂降泥系统”六项污水回用处理装置专利申请，获国家知识产权局受理。社员何闽获石狮市医院2013年度优秀科主任奖。社员林建华的论文《创新城市公交驾驶员节能降耗教育培训》，入选由中国汽车工程学会主编的“2013年全国汽车职业教育年会论文集”，并获省人力资源保障厅“福建省技术能手”称号。在九三学社泉州市第五届四次全体（扩大）会上，王克锰、邱筑江被评为2012—1013年度“热心社务先进个人”称号。

（王克锰撰稿　黄刚审稿）

台湾民主自治同盟石狮市支部

【概况】2013年，台湾民主自治同盟石狮市支部盟员总数15人，其中女盟员6人。盟员中具有高级职称3人，中级职称9人，主要由从事医药、卫生、教育等行业人员组成。担任泉州市政协常委1人，石狮市政协委员2人（其中常委1人），1人被聘为市机关效能建设监督员。支部围绕“质量石狮、二次创业”和群众关注的热点、难点问题，围绕发展两岸关系与促进祖国和平统一进程，深入调查研究，建言献策。

【参政议政与民主监督】2013年，支部围绕金改试验区建设、全域城市化改革，对台交流等重点工作确定调研课题，提交《发挥金融系统统战人士作用，推进金改试验区建设》《关于进一步完善我市城乡社会保障体系的思考与建议》《发挥闽南“五缘”优势，深化对台南部经贸交流》等三篇调研报告；向泉州、石狮两级政协提交提案31件，政协大会发言1件，内容涉及经济发展、文教卫生、交通治安、民主法制、“三农”问题、市政建设、环境保护、安全生产、对台工作等方面，其中《关于整治公交车交通违法的几点建议》被评为市政协优秀提案；向相关部门报送社情民意信息29条，其中被省政协采用4条，被泉

州市政协采用19条。支部盟员积极参加各类民主协商会、情况通报会、民主生活会、征求意见会及各类视察、检查、提案办理督查等活动，每次参与都能提出中肯的意见和建设性的建议。担任特约监督员的盟员参加各项监督工作。

【加强组织建设】 2013年，支部坚持每月组织一次学习活动制度，先后召开“中共十八届三中全会精神学习会”“习近平总书记系列重要讲话精神学习会”“中共石狮市委六届八次会议精神学习会”“学习贯彻全国两会精神专题会”。组织盟员参加泉州、石狮二级台盟组织开展的“增强忧患意识，推动长远发展”大讨论活动，组织骨干盟员到南安参加“依托祖地文化，拓展两岸民间交流”为主题的台情研讨会、台盟泉州市委主办的“美丽乡村建设论坛”，参观由台盟中央与台湾工党中央联合举办的“海峡两岸纪念毛泽东同志诞辰120周年书画巡展”。参加石狮市纪念中共中央发布“五一口号”65周年暨多党合作成果展，通过组织盟员参观展览，撰写文章参加征文比赛等活动，使盟员接受一次较好的多党合作教育。支部组织盟员参加读书活动并撰写心得体会，主委叶心凤在台盟泉州市委举办的读书报告会上作了“人生的启示”的专题发言，与盟员共同分享学习的心得。盟员叶铿铿被台盟泉州市委选派参加台盟中央在大连市委党校举办的“台盟中央社情民意(台情)信息研讨班”。支部组织骨干盟员参加台盟泉州市委举办的盟员暑期培训班，听取泉州市委党校，专家学者的专题报告。通过形式多样的学习和活动，有效提升盟员的整体素质。2013年，盟员林宏楠被评为省劳动模范，并当选石狮青商会第二届会长，叶心凤当选为市台联会常务理事兼秘书长，叶雅致被推选为石狮青年联合会委员。

【社会服务】 2013年，支部组织医务界盟员参加由市老促会、老科协联合开展的到革命基点村义诊活动，深入石狮市永宁镇前埔村开展义诊，免费为群众检查身体、诊疗疾病，以实际行动为社会做贡献。盟员王晓艺参加由中共泉州市委统战部、台盟泉州市委组织的“四联建”送教下乡活动，到德化宝美村龙浔中心幼儿园，为老师们作“开展表演游戏的经验分享”和“幼儿园区角活动的设置”的专题讲座。

(叶铿铿撰 叶心凤审)

市工商联(总商会)

【概况】 2013年，石狮市工商联围绕“质量石狮，二次创业”的工作主线，紧扣“两个健康”主题，理清发展思路，服务民营经济发展大局，服务会员，履行工商联职责，取得一定成效，7月被福建省工商联评为“福建省县级工商联建设示范点”。

【加强商会组织建设】 2013年5月9日，召开第五届执委会第三次全体会议，会议增补副主席(副会长)2名，副会长5名，常委12名，执委8名，此次增选重点吸收年轻企业家入会，着力推动执委会成员年轻化。

加强商会组织建设 (图/总商会)

【参政议政与调查研究】 加大对非公有制经济代表人士的政治推荐力度。推荐思想品质优、社会贡献大、公众形象好、参政议政能力强的非公有制经济人士担任党风廉政监督员2人、效能建设监督员2人、特约人员7人，引导非公有制经济人士实现有序政治参与。深入调研走访，了解企业生产经验情况及面临的困难，征求企业家对政府工作的意见建议，帮企业解决实际问题，2013年向市政府报送《石狮市染整行业亟须确保生产供水的报告》《关于协助我市部分服装纺织企业追讨欠款的报告》2篇呈阅件。

【服务会员】 宣传平台建设，与《石狮日报》、石狮电视台等石狮本地媒体保持联系，及时报道商会动态。与中新社及《闽商报》《大公报》等国内主流媒体保持联系，邀请媒体参与跟踪报道，及时宣传石狮非公经济发展状况。向上级工商联报送信息，1月被评为“2012年度泉州市工商联系统宣传信息工作先进单位”；支持配合商会、协会的组建和换届，4月22日正式成立石狮市安溪商会，团结在石狮的安溪企业家；指导协助家居建材商会做好换届工作，与镇党委联系，配合做好祥芝、宝盖、灵秀三镇商会的选举换届；深化企业服务事务所工作，到中小企业提供从注册登记到开业等全程免费代办服务，为33家企业办妥相关手续；办理重点项目4家；为125家企业办理设立登记手续，69家企业办理变更公司业务手续，为200多家企业提供咨询服务；为不方便来签字盖章的企业投资者提供上门服务；为富贵鸟、卡宾、盖奇、爱登堡、联邦三禾、鑫盛达、野豹、小顽皮、狼道等多家企业上门服务，进一步深化全程跟踪；组织企业培训，9月20日邀请著名经济学家郎咸平到石狮演讲，与市总商会、纺织服装商会、青商会等数百位石狮企业家一起，分析经济形势，交流投资心得，为石狮民营企业下一步发展出谋划策；9月下旬，带领部分会员前往加拿大、美国，进行“创新领导力修学考察之旅”主题修学考察，拜访北美总商会，考察加拿大健健集团、美国联邦快递大型企业，以及谷歌等高新企业，并与相关企业、中介机构进行座谈交流，开阔视野，探讨借鉴经验及合作的可能性；12月3日，邀请民生证券首席经济学家、新华都商学院教授邱晓华作《解读十八届三中全会之后中国经济走向》专题演讲，为石狮企业家讲解

拜访北美华商联合总会和加拿大同乡会（图/总商会）

宏观经济走势，指明转型升级方向，并与现场企业家互动交流。

【光彩事业活动】 以商会成立为契机，引导企业热心公益，回报社会，石狮安溪商会在成立大会上发出“为雅安地震灾区募捐”的倡议，现场募集善款101759元；北京石狮商会在庆典大会上向石狮慈善总会捐赠慈善资金100万元；4月20日，雅安地震后，号召会员企业踊跃捐款，支援灾区。市总商会副会长、石狮市电子商务协会会长、拍鞋网总裁汪建聪带头捐赠价值100万元的鞋子，协会会员企业捐赠大量鞋子、衣服等日常生活必需品，物资价值总额超过500万元；市鸿泰漂染开展捐款活动，收到捐款4000余元；在7月23日举行的福建省光彩事业促进会第四次会员代表大会上，市工商联被授予“光彩事业组织工作先进集体”称号，为唯一受表彰的泉州县级单位，全省共38个单位获此殊荣。石狮市四名乡贤获“光彩事业贡献奖”，分别为福建胜骏集团姚志胜、泉州安盛船务有限公司郭东泽、富贵鸟集团有限公司林和平、裕通集团有限公司蔡文革。

【开展理想信念教育活动】 召开2次以“石狮企业家与中国梦”为主题的座谈会，深入了解企业家和各行业理想信念情况。8月中旬，开始在《石狮日报》开辟《民营企业家与中国梦》专栏，分创业创新篇、企业文化篇和社会责任篇介绍这三个方面有突出成就的企业和企业家。出版16期，分别介绍富贵鸟、鑫盛达、盖奇、通达等16家企业先进事迹，营造学习先进、崇尚先进、争当先进的良好风气。以乡镇为基点，推进活动迅速深入基层。祥芝、灵秀等镇通过召开非公有制经济人士理想信念座谈会等方式积极开展理想信念教育。

【成立首个异地商会】 10月19日，正式成立首个异地商会——北京石狮商会，为在京石狮籍企业家交流合作搭建一个资源共享、抱团发展、共同进步的平台。商会有会员企业单位二百多家，涉及服装、金融、贸易、房地产、茶叶、餐饮、五金、陶瓷、物流、建材、文化、艺术品等行业。洲海集团董事长吴海龙任

北京石狮商会（图/总商会）

首任会长。

（谢鸿波撰 施剑峰审）

工 会

【概况】 2013年，石狮市总工会学习贯彻中共十八届三中全会和中国工会十六大精神，以打造“质量工会”为总目标，以“增强忧患意识 推动长远发展”大讨论为契机，建立健全“面对面、心贴心、实打实服务职工在基层”活动长效机制，参与社会管理创新，发挥工会组织在助推外来人口市民化、建设“人才、人口、人气”集聚城市中的重要作

用。2013年，石狮被定为全国区域性“安康杯”竞赛活动试点城市，石狮市总工会职工培训中心被授予“全国职工教育培训优秀示范点”，石狮市总工会被评为“福建省厂务公开民主管理先进单位”等称号。

【镇(街道)工会规范化建设】

2013年，石狮市总工会在夯实镇(街道)总工会规范化建设的同时发挥其服务区域经济发展的作用。结合“一镇一品”产业集聚特点，以镇(街道)为单位成立行业工会联合会，建成凤里街道布料同业公会、湖滨街道环卫工人、宝盖镇服饰辅料、灵秀镇电子商务园区、蚶江镇休闲裤5个行业工会联合会，通过这些行业工会联合会大力开展工资集体协商，职工医疗互助和职工维权帮扶等各项工会工作。在全市9个镇(街道)建立健全职工服务中心，主要设在各镇(街道)工业园区或公共管理服务中心内，与工业园区（公共管理服务中心）为辖区企业服务、服务职工需求紧密结合；在人流密集的服装城，企业、职工较多的前埔村、玉湖社区和富贵鸟公司分别建立职工服务站示范点。按照“六好”乡镇(街道)工会建设标准，逐步形成一套适合自身镇级工会发展的工会工作机制，全面落实经费保障机制，设立镇总工会独立银行账户，实行工会主席“一支笔”审批制度；建立党政工联席会议制度和基层工会主席、职工代表列席旁听镇人大会议制度，构建“党委领导、政府支持、各方配合、工会运作、职工参与”的工作格局。

【全省工会在石狮研讨】 2013年8月27—28日，全省帮扶中心工作研讨会在石狮市召开，省总工会副主席、纪检组长高榕，省内各市、区总工会分管领导等出席会议。市政协副主席、总工会主席黄章煌参加会议。

与会人员参观石狮市、宝盖镇职工服务中心，交流各地帮扶中心工作的做法和经验，对当前全省帮扶中心工作的难点、重点问题进行讨论。省总工会副主席、纪检组长高榕就推进工会帮扶中心工作强调，要认清当前形势，增强做好工会帮扶中心工作的责任感、使命感和紧迫感；总结先进经验，进一步明确工会帮扶中心工作思路；适应新形势新任务的需要，推动工会帮扶中心工作的创新发展。

【建设温馨职工之家】 2013年，本着“职工的需求，就是我们服务的内容”，进一步提升市、镇(街道)两级职工服务中心规范化建设，力争将职工服务中心建成聚人才、笼人心、集人气的“职工之家”。在保证每个镇(街道)总工会(职工服务中心）至少都有1—2名职业工作者的基础上，鸿山镇职工服务中心尝试实施“企业工会主席轮值主任制度”，由辖区28家规模以上企业工会主席依次轮流担任职工服务中心主任，实现职工服务中心的良性运转。将镇总工会办公场所放在职工服务中心内，并实施“六进”服务中心活动，在发挥好困难救助、法律援助、就业指导、医疗互助和信访调处的“4+1”基本功能的同时，将服务领域不断扩展到解决子女入学、教育培训和关爱环卫工等多元化、个性化的综合服务。

【为民办实事项目】 2013年，市委、市政府将职工服务卡、医疗互助活动列为为民办实事项目加以实施，市委办、市府办联合印发《石狮市职工服务卡项目实施方案》，实施基层工会和工会会员信息采集工作，将“职工服务卡”打造成为党政惠民利民政策落地、职工群众使用的平台。

【集体协商机制建设】 在蚶江镇职工服务中心举行2013年重点工作宣传月活动，各镇(街道)总工会分别及时开展集体劳动合同、工资集体协商“宣传月”“要约行动月”，按照“企业谈增长、区域谈底线、行业谈标准”模式，推进规模以上企业普遍开展协商；9个镇（街道)总工会以及布料、休闲裤、服饰辅料等行业工会联合会代表职工方分别与辖区商会、行业协会代表企业方开展协商，形成企业独立签约、区域性签约和行业性签约“三驾齐驱”的工作局面。

【职工志愿服务】 2013年，市总工会成立职工志愿服务队，9个镇(街道)分别成立职工志愿服务分队，探索义工化的职工志愿服务形式和常态化的职工志愿服务主题。市总工会职工志愿服务队与社会福利院孤儿开展一对一情感帮扶活动，在“五一”为孤儿庆生，为聋哑儿童募集人工耳蜗手术费，并先后组织参观南安香草世界、永宁镇沙雕和风筝展等活动；祥芝镇职工志愿服务分队到古浮老人院关怀和慰问老人；飞鸿五金公司志愿者利用专业技术，定期给老人福利院开展水电检修和维修电器。由市女职工联谊会牵头成立“知心姐姐”志愿者服务队，首期培训30名具有资质的知心姐姐心理辅导师，在大帝集团参照专业标准建立全市首家非公企业职工专业心理咨询室。

【区域性“安康杯竞赛”活动】 市委、市政府联合印发《石狮市区域性“安康杯”竞赛活动实施方案》，以企业工会、镇(街道)总工会和行业工会联合会为主体进行全覆盖，广泛开展比安全文化建设、比安全知识教育、比班组安全管理、比“一法三卡”应用、比安全生产技能等五项内容，提升职工安全生产知识水平和自我防护能力，参赛企业实现无一般以上(含一般)安全生产事故发生。试点工作成效在全国“安康杯”竞赛试点工作情况总结交流会上得到肯定。

【职工素质提升工程】 2013年，市总工会实施职工素质提升工程，制订并实施全年职工培训计划，开通在线网络学院，组织工会干部、企业职工根据不同层次和需求，登录点击选择学习课程；建设职工书屋数字报刊阅览室，可随时登录在线浏览学习工会职工书屋的电子书籍；开展全省非公企业班组长培训试点活动，组织160名企业一线班组长参加省总工会举办的非公企业班组长管理通用能力培训远程教育。组织企业开展“名师带高徒”活动，在“五一”前夕举办100对“名师带高徒”集体签约仪式，以签订帮带合同、一对一帮带的方式，由导师分步骤、有重点地对徒弟进行传经验、帮业务、带作风，开展评选表彰“十佳名师带高徒”奖。开设职工专业学历教育，与闽南理工学院联合办学，以职工岗位需求为导向，组织在职职工参加“专业学历班”。

【弘扬劳模精神】 2013年，在纺织服装、农业生产流通、机械织造等多领域建立10家劳模创新工作室，发挥劳模的引领示范作用，带动和培养更多的企业技术人才，开展企业科技攻关、技术改造、技术发明等一系列科技创新活动。出版劳模创新工作室纪实画册《榜样》，记录一批全国、省级劳模领衔的劳模创新工作室创建历程。全市10家劳模创新工作室累计研发创新46项，获得“6•18”海峡两岸职工创新成果展2金1银3铜的6个项目中就有2个是劳模创新工作室研发成果。

【产业职工技能大赛】 石狮市总工会举办第四届产业职工技能大赛，与“一镇一行业、一镇一品牌”相结合，精心组织十大特色行业职工技能比赛，评选产生“十大金牌工人”，并争取与石狮市积分管理、人才政策挂钩，赋予市优秀人才可享受的廉租房、限价房等优惠政策和待遇。

【第三届工人运动会】 2013年8月上旬—11月下旬，石狮市举办第三届工人运动会，设气排球、乒乓球、羽毛球、围棋、足球、拔河、广播体操、游泳、篮球、钓鱼、门球、中国象棋、田径等13个大项52个小项的比赛，来自全市各行业23个代表团3000多名运动员参加。最终蚶江镇代表团以12金14银11铜以及401分的积分获得镇办组总分的第一名；教育代表团以21金16银8铜以及421分的积分位列系统组总分的第一名。

【职工文化建设】 石狮市总工会每月在市职工活动中心三楼举办一期“缘在工会”单身青年职工联谊会；除夕夜举办第12届“四海一家”迎春联欢晚会，邀请500多名外来工免费吃年夜饭、看贺岁大片、打长途电话等一系列活动。先后举办“庆三八”联欢会、“五一”表彰大会暨职工文艺会演、庆元宵南音交响音乐会等大型文体活动，并下拨专项经费，支持湖滨街道总工会举办首届职工歌舞大赛，富贵鸟公司工会为9对外来职工举办集体婚礼；豪宇公司工会开展首届职工运动会和马拉松比赛等。

【工会干部队伍建设】 11月中旬，市总工会机关党组、党支部召开以“转变作风服务群众”为主题的专题民主生活会，党组书记、党组成员及支部书记、支部委员围绕会议主题，结合工会工作实际，对照自身思想和工作情况，查找存在的不足和问题，开展批评与自我批评，提出整改措施，明确今后的努力方向。

【工会维权帮扶】 2013年，市职工服务中心调处职工信访9起，涉及金额150万余元；帮扶243名病困职工，金额达44.7万元；发放助学金17.55万元，资助77名困难职工子女就学。凤里、湖滨、宝盖等镇(街道)职工服务中心与辖区学校联系、沟通，帮助辖区企业外来工解决子女入学问题。蚶江镇职工服务中心联合边防所、闽南理工学院举办暑期义务助教活动；联合昇邦电子公司工会开展周末“勤工俭学”活动，每周末为泰山航海学院学生提供30个勤工俭学岗位。在全市9个镇级职工服务中心全部设立环卫工人爱心服务点，无偿为环卫工人提供工间休息、卫生保健等服务；玉湖社区环卫工人爱心服务站试点每天为环卫工人提供免费早餐。全市438个单位66340人次参加第七期职工医疗互助活动，完成泉州下达任务数(5.8万名)，其间共有662人次职工住院受益，累计发放补助金123.9418万元。

【农民工培训】 石狮市总工会实施职工素质提升工程，建立健全技能培训、技能竞赛、技能帮带、技能晋升“四位一体”的职工成长成才机制，培育造就一支符合产业发展所急的人才队伍。2013年，先后举办女职工心理援助技能业务、厂务公开民主管理、工会劳动保护监督检查员等多场培训班。2013年7月中旬—12月中旬，与人社局联合举办第三届产业职工技能大赛，重点办好服装制作工、叉车司机、中式烹调师、护士、彩妆师等五项职业技能比赛，竞赛产生15名石狮市技术能手、10名金牌工人、50多名行业能手，有150人晋升到更高的职业技术等级。

【就业援助工作】 市总工会与中国移动石狮分公司联合开展“春风行动”送温暖助力企业招工活动；联合人社、计生、教育等部门在鹏山工贸学校建立流动人口就业技能免费培训基地，3000多平方米，设置7间专业教室、3间实训教室，为农民工提供初级财会、初级服装制作与设计等7个“菜单式”劳动技能就业培训项目，培训合格后颁发证书并协助联系就业，以实际行动全力支持和帮助企业解决招工难问题。

(余盛加撰　黄章煌审)

共青团

【概况】 2013年，团石狮市委贯彻落实市委和上级团委的重要精神和工作部署，围绕党政中心开展工作，学习贯彻中共十八大和团十七大精神，围绕“思忧患·强责任·促发展”主题，推进“六大青春战役”，不断提升共青团工作和建设的科学化水平，为建设“质量石狮”汇聚青春正能量。

【开展送温暖活动】 2013年9月4日，开展“青心同行”统一行动慰问一线工人。时值中秋佳节，慰问团前往市重点工程环湾大道慰问一线工人，送上价值2000多元的防暑药品；2013年3月27日，在农民工子弟占90%以上的灵秀镇港塘小学建设“福建省关爱农民工子女志愿服务行动示范基地”。团市委不定期组织志愿服务团队到结对共建学校开展“七彩课堂”系列行动，亲情陪伴服务32次，时长64个小时；学业辅导56次，时长112个小时；感受城市服务次数14次，时长28个小时；自护教育服务13次，时长26个小时，向品学兼优的农民工子女赠送学习用品及免费购书卡，争取2万元经费用于帮助贫困农民工子女，帮助部分外来工子女实现生活上、学习上的愿望。

2013年4月9日，开展“美好微心愿　你我来实现”微心愿活动。从港塘小学征集100名孩子的微心愿，通过《石狮日报》宣传，让社会各界爱心人士认领心愿，并根据认领的心愿卡情况，由活动发起方、认捐的爱心人士等共同开展圆梦行动。

2013年6月1日，捐建爱心图书馆活动。“六一”儿童节，琼山小学的同学们收到一份特别的礼物——爱心图书馆。团市委以石狮青商会“爱心女商”为推手，号召青商会的女商捐建爱心图书馆。仅一天时间，筹集善款高达21万元。用28天时间就将藏书2万册的图书馆落地石狮琼山中心小学。

2013年7月，团市委指导青商会特别党委、团工委启动“米兰计划·育苗工程”助学活动。动员高三贫优毕业生填报石狮当前产

琼山小学的爱心图书馆　(图／李荣鑫)

业发展急需的相关专业，由青商会党、团员采取“一对一”或“一对多”的形式与受助学生进行结对帮扶。资助标准为每位学生每学年给予5000元的学费补贴。受助对象可于每年寒暑期到结对青商的企业中实习锻炼，毕业后优先选择在结对青商的企业中就业。此次助学活动共资助23名学生，发放助学金15万元；2013年9月，团市委开展“大手拉小手”一对一结对助学活动。已发放助学款258万元，资助贫困中小学生5385人。

【学雷锋】 2013年3月2日，组织高校志愿者到古浮敬老院献爱心。高校志愿者20余人到敬老院，打扫卫生，美化敬老院。陪伴老人，共进午餐，吟唱南音，为老人带去欢声笑语。

2013年3月3日，团市委组织石狮青会特别党委慰问组开展“关爱老党员”活动。石狮青商会特别党委慰问组一行先后实地走访郑厝村、山雅村、灵狮村、永宁第三社区、港边村、钞坑村、加曾寨等薄弱村和改造片区的7位困难老党员。为7位贫困老党员送去慰问品与慰问金，并与老党员促膝长谈。

2013年3月3—9日，开展家园清洁行动，推动“美丽乡村”建设。开展“家园清洁”和“清除城市牛皮癣”活动。动员青年志愿者、青联委员近100人参与清理整治城市牛皮癣的活动员；组织212名基层团干认植永宁镇后双髻山等林地树木300多株；动员青商捐款31万元在学校认植树木，为校园增绿。

【纪念五四运动主题活动】 围绕“青春活力、青春建功、青春领航、青春和谐、青春家园、青春创业”六大青春战役，开展活动纪念“五四”运动94周年，为“质量石狮”增添青春光彩。2013年4月18—21日，担纲“石狮国际时装周”，助力城市品牌建设。石狮国际时装周已成为“闽派时尚”服饰产业繁荣发展的重要的推手。团市委整合动员青商会、青年志愿者协会等各方面力量，完成时装周任务，打响“东方米兰”战役；引入全球三大时尚卫视之一的法国 Fashion TV、台湾东森卫视、香港凤凰卫视、澳门中华卫视等境外媒体参与报道，撰写《产业提升推手•城市营销平台——提升石狮国际时装周影响力的若干思考》调研文章刊登在《石狮研究》；2013年4月23日，举办“创意引领未来•第五届海峡两岸青年辩论赛”，本次活动促进两岸青年的交流互动，展现青年风采。台湾代表队取得本次比赛的胜利。

2013年5月4日，开展“五四”表彰活动，石狮团市委书记卢荣斌获2012年度“全国优秀共青团干部”，1人荣获全国表彰，9个集体和个人获得省级表彰，24个集体和个人获得泉州级表彰；2013年5月25日，团市委指导石狮青商会持续开展“文明出行、利家宜业”倡导活动；百日行动，青商会有445名青商签署《文明出行承诺书》，394名青商配挂文明出行车标，接受公众监督。集资40万元开展“全年无交通违法行为表彰奖励行动”有成效，全年无交通违法车辆从占全市

石狮市首届全年无违章车辆表彰奖励活动在石狮市人民广场举行（摘自《石狮日报》）

汽车总数不足5%上升到23%，全年无违法公交车数量从不足1%上升到60%，鼓励市民文明出行。

【开展大学生暑期实践活动】

2013年7月15日，开展为期一个月的石狮市第八届“返乡大学生、高三毕业生暑期志愿服务体验营”活动，100名志愿者参加。暑期体验营开展华桥医院爱心天使便民利民志愿服务、文明交通出行引导、关爱孤儿爱幼志愿服务行动、应急救护科普培训等14个方面的活动项目，在训练中提升自我。

【青年交友联谊活动】 2013年11月11日，团市委开展结对联谊活动。帮助解决青年男女婚恋问题，增强团组织的凝聚力与向心力，团市委组织16个基层团组织参与结对联谊活动。来自全市各行各业优秀单身青年近200人参加青年交友联谊活动，依托新媒体手段，打造线上线下双互动平台。建立狮城青年单身青年信息库以及“狮城单身青年交流”QQ群，通过发布青年动态及活动动态，扩宽青年交流广度维度，活跃青年联谊活动。

【青年联合会换届】 2013年12月21日，石狮市青年联合会第四届委员会全体会议于市政府附属

楼三楼举行，市委常委、组织部部长上官跃进，泉州团市委副书记李毓文出席会议。会上选举产生主席卢荣斌，黄哲、龚一士等副主席以及69名常务委员。

【青商会换届】 2013年12月21日，石狮市青年商会第二届理事会就职典礼在市政府大楼附属楼三楼举行。会上，共青团福建省委副书记宿利南，泉州市委副书记周银芳为青商会“文明出行·利家宜业”百日行动前五名的工作部门部长授锦旗；石狮市委书记张永宁作讲话；石狮市委副书记、市长张贻山，共青团泉州市委书记林培新为青商会新任会长、创会会长授牌；会上产生新一届理事会，林宏楠任石狮青商会第二届理事会会长，洪建树任石狮青商会第二届理事会常务副会长兼秘书长。会上通过《青商会章程(2013修正案)》和《青商会组织工作管理办法》等规章制度。

(李红瑜撰 邱雪亮审)

妇女联合会

【概况】 2013年，全市各级妇联组织团结凝聚全市妇女为推进“质量石狮 二次创业”贡献半边天的智慧和力量。石狮市被确定为全国5个流动儿童关爱服务体系试点之一。市妇联获福建省“平安家庭”创建活动先进集体、泉州市维护妇女儿童合法权益工作先进集体，市巾帼志愿者服务总队获得石狮市首届志愿服务优秀组织称号。

【纪念“三八”妇女节系列活动】

开展普法宣传、法律咨询、妇女维权知识讲座、巾帼灯谜邀请赛等形式多样的“三八妇女维权周”活动，组织“流动妇女平安之家”“流动儿童之家示范点”授牌暨现场观摩活动，举办“美丽家庭·幸福家园·从我做起”宣传活动等系列特色鲜明的纪念和宣传教育活动。各基层妇女组织举办表彰大会、文艺表演、联欢座谈、法律下乡、慰问等各种纪念活动，营造良好的节日氛围。凤里街道组织开展“创建‘新型社区’主妇才艺大比拼”活动；蚶江镇、祥芝镇开展“巾帼力展风采·共建美丽家庭”健身舞表演、“奉献爱心·共享和谐”巾帼志愿者主题活动；锦尚镇开展“关爱女性健康”妇科病义诊咨询、计生灯谜有奖竞猜等活动”。

【推进妇女创业就业】 发挥“双学双比”“巾帼建功”竞赛活动领导小组各成员单位的职能作用，有针对性地组织开展技能培训，依托市就业培训机构共培训计算机、服装技工226人。组织举办“春风行动”“就业援助月”活动。促进城镇新增妇女就业5405人，农村妇女劳动力转移就业1067人。推进妇女创业小额贷款工作，宣传介绍妇女创业就业小额贷款财政贴息优惠政策，鼓励符合条件的城乡妇女申请贷款。加强与财政局、人力资源和社会保障局、农村商业银行、邮政储蓄银行等相关部门沟通和协调，从方便贷款、应贷尽贷出发，落实妇女创业小额贷款财政贴息政策。发放小额贷款贴息9人计6.48万元。

【巾帼文明岗创建】 加强“巾帼文明岗”活动的标准化、规范化、科学化、品牌化管理，拓展“巾帼文明岗”创建活动，对石狮市获得国家和省级、泉州市级“巾帼文明岗”称号的32家单位和窗口进行检查走访。通过泉州市妇联对“巾帼文明岗”进行复查考核。市法院刑二庭、国税局纳税服务科等8个岗位分别获得省、泉州巾帼文明(标兵)岗称号。

【维护妇女合法权益】 开展《中华人民共和国妇女权益保障法》《中华人民共和国未成年人保护法》等法律法规和“不让毒品进我家”“不让艾滋病进我家”“不让家庭暴力进我家”等宣传教育活动。以“妇女卫生健康行”“狮城女性讲坛”进校园为主题，开展维权周法律宣传咨询活动，开展妇女法律宣传活动12场次，发放宣传资料2万余份。在市、镇(街道)、村(社区)三级妇女组织中建设妇女维权服务站，健全完善维权“三制”。市妇联全年接待妇女来信来访来电37件次。村、社区累计建立基层妇女议事组织127个，召开妇女议事会185次，参加议事妇女总数1215人，为妇女解决问题339件；村级妇女互助组数328个，参与互助妇女16921人，受益妇女达22478人。逐步形成上下贯通的妇女维权工作网络。市妇联被纳入“12345”便民服务系统第二批联动单位。

【关爱弱势群体】 开展送温暖慰

问活动，慰问困难妇女儿童135人，发放慰问金67000元；开展“母亲健康1+1”募捐活动，募集爱心款21406.90元，省妇联根据捐款数额下拨“两癌”贫困妇女患者救助金33000元，资助11人；应对“4•20”四川省雅安地震，与市经济局、市童装行业协会等单位联合开展“童装义卖爱心募捐”活动，进行为期一周义卖，所得款8万元；组织巾帼志愿者开展“宣传十八大、亲情暖石狮—红红火火过大年”志愿服务、“下基层、解民忧、办实事、促发展”暨慰问西墩村结对留守流动儿童、“情系红丝带•妇女健康行”义诊暨宣传教育进企业、“关爱准妈妈孕期教育等公益服务活动。

【推进“新两纲”实施】 履行妇儿工委办公室工作职责，完成2010—2012年“两纲”监测统计数据的收集、汇总、上报工作。持续推进农村妇女“两癌”检查和城乡低保妇女免费妇科病检查活动，提前完成任务；承办人大六届二次会议代表建议，做好泉州市人大常委会检查组对石狮市开展《中华人民共和国妇女权益保障法》及《福建省实施〈中华人民共和国妇女权益保障法〉办法》执法检查的迎检工作，市妇女维权工作得到上级的肯定。

【创建“美丽家庭”】 启动“美丽家庭”创建活动，发放近2万个印有创建“美丽家庭”宣传标语的围裙、环保袋。开展“寻找身边的美丽家庭”摄影选拔赛，选送优秀作品到泉州参评。开展“美丽家庭”示点村（社区）、“美丽工厂”和“美丽家庭”示范户推荐评选活动，动员全市妇女和家庭参与到“美丽家庭”创建。“三八”节期间，市妇联在永宁镇郭坑村举办“美丽家庭•幸福家园•从我做起”宣传活动，发出“美丽家庭•幸福家园•从我做起”的倡议，组织家庭代表签署创建承诺，为花园城社区、郭坑村等14个“美丽家庭”示范村（社区）授牌，举行文艺表演，并组织对郭坑村进行现场观摩学习。

【加强未成年人思想道德建设】

开展石狮市家庭教育理论研讨暨优秀论文、优秀案例征集评选活动，评选出优秀论文14篇、优秀案例29篇；与关工委合编《家庭教育剪报》12期，推广家庭教育工作经验；实施小公民道德建设，举办“欢乐童心•美丽石狮”儿童书法、绘画作品评选活动；与文明办联合开展童谣征集评选活动；举办“共享蓝天•共建和谐”暑期儿童灯谜公益培训暨“童心向党”歌咏活动；深化“双合格”活动，开展家庭教育宣传实践活动，举办家庭教育知识讲座23次，参与人数10000多人。

【流动儿童服务体系试点工作】

探索关爱流动儿童的工作机制和模式，开展流动儿童工作专题调研，提出推进流动儿童关爱服务工作的对策建议。石狮市被确定为全国5个流动儿童关爱服务体系试点之一。市妇联负责起草，市政府发文出台《石狮市流动儿童关爱服务体系试点工作实施方案》，全市建立“流动儿童之家”示范点21家，梦想学堂15家，建立“留守流动儿童之家”图书角、爱心书屋8个。打造关爱流动儿童活动品牌，举办“我们和流动儿童在一起”关爱活动暨2013年“温暖•牵手”结对仪式，招募100名“爱心妈妈”与大仑中心小学流动儿童结成爱心对子。

【开展“争六好、创特色”主题活动】

加强妇联组织班子、队伍、作风、机制和阵地建设，开展“下基层、访妇情、办实事”活动，深入村、社区了解妇女生产生活中存在的困难问题，入户慰问帮扶挂钩联系困难户，签订《结对帮扶协议书》。开设狮城女性讲坛、道德讲堂，提升基层妇联干部的整体素质。抓试点，推出创建流动妇女平安之家等5项特色工作项目。全市创建“流动妇女平安之家”25家，开设健身房、乒乓球室、姐妹谈心室、心理咨询室、图书阅览室以及多功能培训教室，提供维权、保健、家教、帮困等服务，并通过开展创业就业培训指导、法律维权服务，举行歌咏比赛、联欢晚会等，搭建流动妇女学习、活动、维权服务平台。大帝集团流动妇女之家获得第二批福建省先进妇女之家示范点称号。

【妇联基层组织建设】 持续推进“强基固本”工程，全市9个镇（街道）、127个村（社区），100%建立妇女组织，新建村级妇联51个。推进村（社区）“妇女之家”建设，开展先进和示范“妇女之家”创评活动，健全“妇女之家”各项制度，建立完善“五薄五册”。全市创建“先进妇女之家”41家。凤里街道大仑社区、湖滨街道新湖社区、永宁镇郭坑村、蚶江镇石渔村 4 个妇女之家获得泉州市先进妇女之家示范点；永宁镇郭坑村、蚶江镇石渔村还分别获得第一批、第二批福建省先进妇女之家示范点称号。

【发挥妇女儿童活动中心阵地作用】 发挥妇女儿童活动中心作为市妇女儿童文艺活动、学习教育、技能培训基地的作用，先后举办维权知识、关爱女性健康、孕期妈妈公益讲座，开设道德讲堂、狮城女性讲坛，开办交谊舞、瑜伽、有氧健身操等公益舞蹈培训班，举办巾帼灯谜邀请赛、“亲子猜谜乐”公益培训班、狮城女性讲坛进校园等系列活动。2013 年，中心举办各类公益活动 20 场次，参加人数 3000 多人次，进一步促进妇女儿童事业的全面发展。

（许劲楠撰　李灵燕审）

侨　联

【编纂华侨志】 《石狮市华侨志》的编纂工作由石狮市侨联牵头编纂，经过近两年的资料收集、整理、审核和编纂工作，《石狮市华侨志》于 2013 年 11 月印刷出版。《石狮市华侨志》共设“出国概况”“在侨居地”“参与祖国革命”“参加家乡建设”“侨乡概貌”“侨务工作”“侨务机构”“人物”八大章节以及“大事记”“序”“凡例”“概述”“后记”等，并增加“香港”“澳门”二个附录，总字数约 40 万字。在世界石狮同乡联谊会换届典礼上，《石狮市华侨志》举行首发式，获得各级领导的肯定和海内外侨亲的赞许。

【参加全国侨代会】 12 月 2—5 日，第九次全国归侨侨眷代表大会在北京召开，石狮市侨联主席施养谊赴京参会。会上，石狮籍乡贤许荣茂当选中国侨联副主席，邱天祝、姚志胜当选常委，张志猛、施能响、佘德聪、施养谊当选中国侨联委员。石狮市侨联被中国侨联授予“全国侨联系统先进组织”称号；祖籍石狮玉湖的中科院福建物质结构研究所学术委员会主任吴新涛被中国侨联、国务院侨办授予“中国侨界杰出人物”称号，市侨联副主席、宝盖镇侨联主席黄其博被中国侨联、国务院侨办授予“全国归侨侨眷先进个人”称号。

【加强组织建设】 石狮市侨联指导镇办侨联、村级侨联小组做好换届工作，吸收一批年轻优秀的侨界精英人才加入到侨联组织，充实侨联队伍的力量，增强侨联队伍的活力。4 月，凤里街道侨联换届；7 月，灵秀镇侨联换届；10 月，锦尚镇侨联换届。

市侨联发文要求村（社区）侨联小组进行换届，至 7 月全市各村（社区）侨联小组完成人员调整。调整后的村级侨联组织主要人选由熟悉侨情、热心侨联工作、在侨界有一定影响力、号召力的社会知名人士担任，使基层侨联组织今后能更好发挥作用。

【全省侨联现场会在石狮举行】

4 月 17 日，全省侨联系统组织建设现场会在石狮举行。福建省侨联副主席谢小建、翁小杰，副巡视员杨石，省委办公厅、省委组织部有关人员，各设区市侨联主席、分管副主席和部分市（县、区）侨联同仁共 80 余人参加会议。与会人员实地参观考察石狮市大仑社区侨联，听取市侨联、大仑社区侨联负责人的工作汇报，对石狮市侨联基层组织建设工作给予肯定。

【开展百侨助百村活动】 石狮市侨联响应福建省侨联“百侨助百村·共建美丽乡村”活动，确定 10 个侨捐项目，其中华山小学仕招教学楼、永宁文化广场、港边文体中心、琼山小学校舍修缮等项目落成并投入使用，蚶江文化公园扩建修葺、永宁中学校友文化广场、灵狮村老人会、永宁古卫城在建，琼山小学教育基金会楼、下宅村便民服务中心规划筹建。

【为侨及港澳排忧解难】 面对华侨、港澳同胞的来信来访，市镇侨联都认真对待，给予协调处理妥善解决。永宁镇旅菲华侨李某某由于在北京的房屋遇到拆迁，市、永宁镇侨联赴北京协助李某某处理相关事宜，并找到中国侨联法顾委协调，为其解决问题；市、永宁镇侨联继续帮助旅菲侨胞李某某房屋办理两证问题，与有关部门反映协调；市、锦尚镇侨联为港胞邱某某在家乡的房屋翻建手续奔走相关部门协调处理。2013 年，全市侨联接到来信来访 52 件，为侨排忧解难 12 件。

【帮扶贫困归侨】 春节期间，市镇侨联开展慰问贫侨活动，深入蚶江镇慰问贫困归侨纪志源家属，深入祥芝镇慰问贫困归侨邱乌算，深入古浮村慰问贫困归侨蔡建设，送去慰问品大米、食用油以及慰问金，送去侨联组织的温暖以及对他们节日的问候。

贫困归侨王和庭、高毓华去世后，市、镇侨联深入其家中进行慰问，并协助其亲属料理丧事。2013年，市镇侨联慰问贫困归侨32人次25600元。

【拓展海内外交流】 市侨联加强与海外乡亲和社团的联系，7月，市侨联参与世界石狮同乡联谊会换届筹备工作，多次参加筹备会。11月22日，世界石狮同乡联谊会第二届理监会就职典礼举行，石狮旅菲侨领蔡友铁任第二届理事会会长。市侨联负责接待菲律宾庆贺团163人，完成接待任务。

【服务经济建设】 引进港澳及外资，市侨联陪同市主要领导、分管领导赴香港拜访许荣茂、许莉莉、杨孙西、王亚南、黄朝阳、蔡炯明等乡贤，引导海外乡亲、港澳同胞回乡投资置业，世茂集团、中骏集团等在石狮市投资；引导阿联酋侨亲林友艺，投资2000万元建设闽南文化美食城；引导侨捐公益，2013年，全市侨联组织穿针引线，发动海外侨亲捐资兴办家乡公益事业6791.4万元。

侨捐教育工程在石狮市遍地开花

（图/郭雅霞）

【参与片区改造】 市侨联响应市委、市政府决定，参与钞坑片区征迁工作，做好海外侨亲思想工作。1月，市侨联主席施养谊参与赴菲工作组一行，前往菲律宾走访钞坑旅外乡亲，宣传解释，沟通答复，取得乡亲的理解和支持。工作组召开座谈会3场，涉及侨亲，共签订协议、委托书或回乡办理相关手续43户，取得预期的工作成效，为加快推进片区改造打下基础，征迁工作取得成效。

（黄梅前撰　施养谊审）

文　联

【开展文艺活动】 2013年，石狮市文联在“两会”期间举办“质量石狮”书画展，围绕“质量石狮　二次创业”，以书画言志，以翰墨寄情，讴歌石狮市经济、文化、社会各项事业发展的成就；围绕重大节庆及重点工作，举办曾成聪关帝人物作品展等文艺活动，支持刘以通在戛纳电影节举办“水墨幻象”个人画展，呈现石狮市各艺术门类的创作水平；举行庆祝中国共产党成立92周年暨石狮市首届“村官杯”征文比赛暨颁奖大会；与市委文明办共同承办泉州市“道德模范故事汇”基层巡演石狮专场活动，营造文明和谐的社会氛围；举办第三届“文学新人杯”中学生现场作文比赛、第十届中小学南音演唱(奏)比赛等赛事，挖掘文艺人才，培养文艺新人。

【组织文艺采风】 2013年，举办“中国作家看石狮暨巡礼新型社区”大型文艺采风，邀请20多名全国知名作家和泉州籍旅外作家“看石狮、品石狮、写石狮”，创作一批反映石狮人文历史、自然景观、民风民情和经济社会发展状况的文学作品，并通过《文艺报》《福建日报》《泉州晚报》等权威媒体进行宣传，打造石狮文学活动品牌，争取形成一年一度的运行模式，逐年分批邀请海内外著名作家、石狮籍旅外作家到石狮考察、采风，提升石狮文化发展的美誉度和影响力。

【促进文艺事业发展】 市文联发挥文化活动的主体作用，致力于繁荣石狮文艺事业，在石狮三中成立小作家协会及全市首个校园文学创作实践基地，先后邀请原泉州市文联副主席、作家协会主席陈志泽及石狮作协会员开设校园文学专题讲座，提高校园文学小作家的文学素养与写作能力；邱尚坤、蔡东红作品入选由全国公安文联主办的“翰墨迎春警察书画作品展”；吴永雄的《石狮有个九十九间》《我们需要真话的时代》《常使灵魂起波澜—读书札记之三：巴金落泪》等文章刊登于《文艺报》《杂文报》《福建日报》等报纸杂志上；蔡东红花鸟国画《荷塘趣事》入展由第十届中国艺术节组委会、全国公安文联联合举办的全国公安系统书画名家精品展；王东晓、苏金火作品入展由福建省文联、省书法家协会主办的“八闽丹青奖—首届福建书法双年展”；福建省美术家协会、福建省水彩画艺委会、福建省画院等主办的“凤山杯”福建省第二届水彩画展中，张晓峰作品《乡村庙会》获优秀奖，魏道发作品《土楼》入展；在中国诗书画协会、福建省书法家协会、福建省美术家协会等主办的第二届“海峡杯”全国书画作品展中，沈国影作品获三等奖，沈汉波作品入展；胡连荣作品入展由中国书法家协会、江西省文联主办的全国“王安石奖”书法作品展。

【开展文化交流】　立足石狮独特的民间文化，组织参加泉州市迎新春庆元宵书法展、闽南文化书法展、2013年世界闽南文化节暨第十届中国泉州国际南音大会唱、“古城新韵”2013年泉州闹元宵南音会唱、福建省第八个“世遗日”南音演唱活动及菲律宾国风郎君舍70周年庆典活动暨78、79届理监事就职典礼等文化交流活动，多渠道多形式丰富石狮文化内涵，发扬创新石狮优秀传统文化。

【下基层活动】　以满足侨乡人民精神文化需求为出发点和落脚点，鼓励和支持各文艺协会开展形式多样的文化下乡与文化志愿活动，引导广大文艺工作者深入基层、服务群众，帮助有条件的学校、企业、社区举办群众性文艺创作活动，为群众送艺术、送文化、送欢乐。成立莲埭合兴南音社，定期举办南音表演学习活动，创设南音爱好者的交流学习平台；组织进乡镇、入企业、到服装城义务书写春联，为人民群众送去新春祝福；到深埕边防派出所开展“南音进警营，传承悠久闽南文化”活动，激发人民群众的文艺热情，满足基层群众的文艺需求，为基层文化建设拓展新的领域，给基层文化发展带来生机。

【规范协会建设】　加强对各文艺协会的领导，规范文艺协会组织建设，按照有关规定筹备推进换届改选工作。召开美术家协会第三次会员代表大会，选举产生新一届理事会班子，增强队伍凝聚力。举办座谈会、创作交流会等各类文艺创作研讨活动，发展吸纳新会员，发现培养文艺新人，发挥协会作用，增强活力、培育能力，营造团结和谐氛围和环境，打造一支结构稳定的、德艺双馨的文艺人才队伍。

（肖莺莺撰　李繁红审）

计划生育协会

【概况】　石狮市各级计生协会发扬“心系国策、真情服务”的协会精神，围绕全市人口计生工作总体部署，以稳定低生育水平为目标，以“四联创”活动为主线，以生育关怀行动为抓手，以计生特殊家庭帮扶活动为重点，不断拓宽宣传服务领域，发挥协会生力军作用，为推动石狮市人口计生事业发展做出贡献。

【强化组织建设】　石狮市各级协会把“四联创”活动作为夯实基层、提升水平的重要举措。2013年，石狮市全市创建先进镇（街道）计生协会5个，占镇（街道）总数的56%；一流村（社区）计生协会69个，合格村（社区）计生协会54个，两类达标比为96.8%；五好协会小组408个，五好小组达标率为74.4%，建立人口计生村（居）民自治示范点58个。全市建立村级流动人口计生协会127个，企业计生协会267个（其中独立型137个，联合型3个），覆盖用工企业4424家，覆盖率为90.5%，规模企业计生协会139个，创建率为100%，创建规模企业计生协会示范点27个。

【强化生育关怀行动】　2013年，新筹集生育关怀基金1505.78万元，全市生育关怀基金达6610万元，另有冠名基金5170万元。拓宽筹资渠道，成立和促会生育关怀基金，凤里街道和促会向街道生育关怀基金捐赠100万元，引导人们自觉主动地实行计划生育，促进社会文明和谐。成立村级生育关怀基金会65个，建立村级生育关怀示范点和“规模企业生育关怀行动”示范点27个。通过整合各类资源，依托各种平台，创建早期教育、独生子女教育、生殖保健、技术培训等42个生育关怀基地。2013年，市镇村三级共投入142.61万元实施紧急救助项目，救助219户近期遭受重大病灾、事故的计生困难家庭和基层计生管理人员；加强人口早期教育，在镇（街道）中心幼儿园推广婴幼儿早期教育，开办“优生、优育、优教”等各类培训和知识讲座12场；生殖保健项目，邀请泉州市生育关怀医疗志愿者宣传服务队到石狮市开展“关爱女性健康百村行”义诊、咨询活动1场，服务群众300多人次；开展“生育关怀·育龄妇女生殖健康知识”巡回讲座4场，受益群众300多人次；举办“青春健康知识教育进校园”知识讲座

2场，受益群众600多人；开展不孕症治疗，帮助13名群众进行不孕症治疗，补助2.6万元；关爱学子项目，投入373.9万元资助8633名计生户子女就学，给予351名农村纯女户女儿中考加分照顾；发展生产项目，实施计生家庭小额贴息贷款50户，发放贷款100万元；投入25万元实施第三期幸福工程，帮扶救助50位贫困母亲脱贫致富；关怀困难计生家庭项目，安居工程投入92万元为24户二女结扎户解决住房问题。保障工程投入59.3万元提升2041名计生低保户成员低保金；投入482.83万元为57807名计生“三户”缴纳医保金；投入141.67万元为16844名计生“三户”缴纳“新农保”个人承担部分。计生家庭意外伤害保险，投入22.34万元为2234户计生家庭办理意外伤害保险；春节期间，石狮市投入137.07万元走访慰问2846户计生困难家庭和基层计生工作人员；母亲节期间，全市慰问贫困母亲176人次，发送慰问金22.15万元。

【加强宣传教育】 石狮市各级协会坚持把五月作为集中开展宣传服务“活动月”，围绕生育关怀行动、实施“生育文明、幸福家庭”促进计划这一主线，组织开展集中宣传服务活动。5月29日，石狮市计生协会联合凤里街道举办“5·29”会员活动日大型计生谜语竞猜、咨询义诊活动，联合计生局、湖滨街道等单位举办“关爱母亲·感恩母爱”才艺会演活动。联合宝盖镇、锦尚镇在工业园区开展“5·29”会员活动日宣传及义诊活动；联合蚶江镇计生协会组织300多名外来员工进行免费体检。“红五月”期间，全市开展大型义诊咨询宣传服务活动10场，参加活动人数超过3000人次，现场分发宣传资料5000多份，发放避孕药具3万多只。

【关爱计生特殊家庭】 石狮市先后出台《关于开展对失独家庭帮扶救助的实施意见》《关于进一步加强计划生育特殊家庭帮扶救助的通知》《关于安排市人口计生领导小组成员单位挂钩帮扶计生特殊家庭的通知》等政策性文件，制订和落实帮扶措施。家庭经济补助方面，给予全市所有失独家庭每户一次性慰问3万元，投入36万元慰问失独家庭12户；提高特别扶助标准，对年龄在49周岁以上的计生特殊家庭夫妇，从原有的每人每月补助400元提高到每人每月1500元，2013年共发放特扶金10.8万元；建立心理辅导队伍，由市、镇组建专业的心理辅导队伍，举办关爱计生特殊家庭志愿者及骨干培训班，面对面对特殊计生家庭成员进行心理干预和疏导，帮助他们排除心理阴影。建立慰问制度，春节、母亲节、重阳节期间，对计生特殊家庭走访慰问；对具备再生育条件的特殊计生家庭，鼓励其再生育，上门为其办理再生育服务证，并为其做好再生育的各项服务，全市有6户失独家庭办理二胎准生证，准备再生育，协助1户失独家庭办理收养手续；建立挂钩制度，建立市、镇两级挂钩帮扶制度，将特殊计生家庭纳入市人口计生领导小组成员单位进行挂钩帮扶，各镇（街道）下片、下村干部相应实施挂钩帮扶制度；安排医生挂钩，为每户计生特殊家庭安排1—2名乡村（社区）医生挂钩，方便就医或上门急诊，为全市46户计生特殊家庭交纳意外伤害保险。

（吴瑞文撰　卢丽雅审）

石狮市国际贸易促进委员会（国际商会）

【概况】 2013年，石狮市贸促会发挥自身优势和资源，为企业牵线搭桥，帮助企业用好国际、国内“两种资源”，全方位服务骨干企业，面向加工制造企业和外贸物流提供经贸纠纷调解、原产地认证出证、组织企业参加国内、外热门展会和经贸活动，开拓国际、国内“两个市场”，获得2013年全国贸促工作先进单位的称号。

【推动贸促法律业务】 2013年，市贸促会原产地证签证工作实现稳步增长，出口商品总值64507万美元，同比增长7.3%，办理3046份原产地证，比2012年同比增长15.95%，其中免收费证数占93.6%。新增8家企业申请注册办理原产地证。

【推动贸促展览资源积累】 2013年1月，市贸促会组织企业赴惠安参加第一届中国国际雕刻艺术品博览会，参观考察惠安雕艺业的相关产业链，为助推企业发展壮大提供借鉴；5月，市贸促会组织大帝、秀冬、力源、鸿泰、婉达五家企业参加“5·18”交易会，推动企业品牌推广；6 月，市贸促会组织金苑服饰、新宏兴纺织、狼道服饰、传承服饰、喜盈盈服饰等多家企业赴意大利佛罗伦萨、米兰、匈牙利布达佩斯、西班牙巴塞罗那等 8 个城市，参观佛罗伦萨国际男装展并参加匈牙利“福建品牌商品展览会”。石狮企业欧洲参展达成多项合作意向。

【贸促联络工作】 2013 年 1 月 13 日—18 日，与泉州市贸促会联合组织古骑服饰、永信电脑设备、威斯登服饰、皇宝服装织造、达远服装、威兰西服饰等企业和各镇办企业办主任共 21 人赴香港贸发局与香港理工大学参加培训；2 月，香港贸发局驻福建代表处代表罗焕

石狮企业高管赴港培训　（图/国际商会）

钊一行来市贸促会访问，市贸促会深化与香港贸发局在金融、投资等方面的交流，扩展对外联络渠道、推介石狮品牌、培育知名国际展会等方面加强合作；4 月，市贸促会赴多地邀请中国国际贸易促进委员会会务部副巡视员周侗，中国国际贸易促进委员会综合处处长杨晓征，福建省贸促会秘书长彭华民，泉州贸促会副会长胡丽珍，泉州贸促会法律部部长刘超峰，香港贸发局福建代表罗焕钊，意大利安科纳商会国际经济促进处经理曾艳，意大利安科纳商会国际经济促进处代表 Umberto Mancini，新加坡驻厦门总领事馆总领事罗德杰，台湾贸易中心厦门办事处代表陈彦廷、秘书长蔡雅琳，柬埔寨西哈努克港经济特区（SSEZ）经理马金林等人参加第 16 届海博会。

【贸促信息服务提升】 市贸促会定期编印《贸促简讯》并发送到会

匈牙利（福建）品牌商品博览会开幕仪式（图/国际商会）

员企业和相关部门，通报贸促工作动态和重要国内外经贸政策、商情信息，为会员企业应对各种贸易壁垒提供参考。累计编发《贸促简讯》67 期，每期 250 份，向会员企业和市党风廉政监督员发放 16650 份《贸促简讯》。

（王晓珠撰　蔡绵绵审）

慈善总会

【概况】 石狮市慈善总会是福建省最先成立的县级市慈善总会。石狮市慈善总会提出：“要让每个孩子读起书，让每个残疾人站起来，让每个老人老有所养。”在会长蔡志从的带领下，石狮市慈善总会先后推出“慈爱学子工程”“慈爱助残工程”“慈爱老人工程”“慈爱扶贫（特困重病灾救助）工程”和“司法救助工程”五大慈善工程，惠及面广、影响深远，为石狮经济困难群体及来石狮生活的人撑起一片爱的天空，推动石狮和谐社会的建设。

【召开常务理事会】 5 月 9 日，慈善总会在石狮市工商局 8 楼会议室召开常务理事（扩大）会议。全体常务理事、理事、监事、民政局老龄办副主任陈世武、关工委蔡文沛等出席会议。会议议程：一、听取 2012 年开展慈善工作回顾；二、听取 2012 年财务情况审计报告；三、研究 2013 年慈善工作计划的要点。会长蔡志从主持会议。

【财务审计】 6 月，省民政厅、政财厅、国税局、地税局联合对慈善总会财务活动进行审计。认为一切慈善活动财务管理比较规范，运行严密，公开透明。并确定慈善总会为国家规定的具有公益性捐赠税前扣除资格公益性单位。即企业捐资慈善可凭慈善总会开具的捐资发票进行部分退税抵税。

【慈善资金使用与管理】 运作方式：石狮市慈善总会各项工作都坚持透明、公开、公正原则，特别是慈善资金收支运作，设有专职财务人员，对于基金和社会善款实行严格管理。年度财务报告都由会计师事务所进行审计，并于公布。在资金使用方面坚持量入为出、节俭为公的原则，对慈善人士所捐献的每一分资金都倍加珍惜，并通过公开透明的渠道开支。除捐资者指定用途的捐资专款专用外，所有捐款统一纳入专户，其支出项目由总会常务理事会研究决定，而具体受助对象则由相应项目的有关政府部门、机

构来确定，这种捐款方式和资助方式分离在全省同行的做法上属于比较先进的。“慈爱学子工程”的助学金发放对象是由教育局、监察局、民政局、残联和关工委等单位联合评定，具体程序公开透明，学校收集申请报告并初步审查报送助学对象名单—各镇（街道）汇总助学对象名单—召开评审工作会议—进村入户调查核实—集中评审、确定助学对象初步方案—在日报及有关村、镇进行公示—审定助学对象名单、有关领导会签。助学金发放的整个过程慈善总会不负责确定具体资助对象，只负责支付助学金；扶贫对象确定由民政局、镇（街道）、村（居）负责审查。助残对象是由残联负责审查确定，司法救助对象确定则由法院负责审查等。以此确保捐资者所捐献的每一分钱都公平、公开、公正地支出，并用在真正需要资助者的身上，提高慈善总会的透明度、公信度，因此慈善总会的工作能够得到捐资者和广大群众的认可，从而提高海内外社会人士参与的积极性。

【捐赠慈善资金】 2013 年 3 月 22 日，省政协委员蔡建四与其兄弟为母曾安治庆 70 岁大寿，寿事简办节省下来的钱用于支持石狮慈善事业，向慈善总会捐款 200 万元，得到市领导的高度评价；5 月 2 日，爱心人士蔡明月向慈善总会捐款 50 万元，帮助贫困学子圆读书梦。蔡明月一直以来十分关心慈善事业，曾先后两次共向慈爱老人福利院捐款 20 万元；10 月 19 日，北京石狮商会成立大会暨慈善捐赠仪式在北京举行。全国政协原副主席张克辉，全国工商联专职副主席庄聪生，中国侨联原主席林兆枢，中国纺织工业联合会副会长孙瑞哲，福建省工商联主席王光远，石狮市领导张永宁、林自育、许赞成、陈元生、张永安、施心新，由菲律宾石狮市同乡总会理事长林金山带领的菲律宾庆贺团一行，由石狮旅港同乡会会长吴为贡带领的香港庆贺团一行，由澳门庆贺团一行，以及有关领导、嘉宾等参加了仪式。吴海龙任北京石狮商会会长。创会会长蔡志从应邀参加成立捐赠仪式。并接受北京石狮商会向石狮市慈善总会捐赠慈善资金 100 万元；10 月 27 日，台北市石狮同乡总会首届会长邱国泉热心桑梓，捐资 300 万元给石狮市慈善总会，以进一步充实本会慈善资金，帮助家乡发展慈善事业，受到石狮海内外乡亲的广泛赞誉。

【慈善之星】 3 月 25 日，第五届全国敬老爱老助学主题教育活动评选结果揭晓，本会秘书长、慈爱老人福利院院长龚显勤被评为“全国孝亲敬老之星”；5 月 6 日，省慈善总会第三次会员代表暨表彰大会在福州召开。石狮市蔡天真、姚志胜、蔡友平 3 人被授予福建省“八闽慈善之星”称号，许荣茂、王清照夫妇，李贤义、蔡建四、吴金煌、林和平、李锦仪、龚清海 8 人被授予福建省“慈善贡献奖”，石狮市供水股份有限公司、富贵鸟股份有限公司、石狮市电力有限责任公司、福建协盛协丰印染实业有限公司 4 个单位获得福建省贡献奖。

【慈爱学子工程】 8 月 10 日，石狮慈善总会通过对 2013 年“慈爱学子工程”103 名申报对象进行审查，并由教育局、监察局、民政局、残联、关工委等单位组织进村入户后初步拟定的 64 名助学对象在石狮日报及各镇（办）公示栏、各有关村（居）村务公开栏、教育局公示栏进行为期七天的公示。8 月 28 日，石狮市慈善总会举行“2013 年度慈爱学子工程助学金”颁发仪式。市委副书记、市长张贻山作讲话。市委常委、教育工委书记、党校校长龚志阳，市政府副市长陈元生、市慈善总会创会会长蔡志从，以及市有关单位负责人，资助该工程的社会慈善人士代表、受资助学生和家长共 200 多人参加仪式。为 67 名学子颁发助学金，共发放助学金 31.6 万元。2013 年，共计发放 2545 人次、11215000 元。

【新疆昌吉残联到石狮调研】 8 月 18 日，新疆昌吉自治州残联理事长韩玺民一行在泉州市残联办公室主任吴旸、石狮市残联理事长卢瑞敦陪同下，到本会创办的“石狮市慈爱老人福利院”参观调研，了解福利院为 47 位残疾老人集中供养、集中护理、让他们安度晚年提供各种服务的情况后，一致对福利院的各项工作给予肯定。

（邱　雪撰　蔡志从审）

（图/摘自《石狮日报》）

综　治

【概况】　2013 年，石狮市委政法委、综治办以中共十八大精神为引领，以争创全省社会治安最好的县（市）为目标，实施政法综治服务经济发展、服务群众需求，深化新一轮“平安石狮”建设，加强和创新社会管理，营造和谐稳定、安全有序的社会环境。

【维护社会稳定】　2013 年，处置“死刑犯亲属报复社会”“石狮 H9N7 事件”等重大网络舆情，收集各类涉稳涉警信息 178 条，落地核查相关网民 509 人次，其中行政拘留 4 人；编制 12 期《石狮市社会稳定工作月报》，收集、汇总全市各类涉稳信息，对社会面情况进行预测预判，为有针对性地采取防范、化解措施提供支撑。出台制定《关于建立健全敏感、重大案（事）件舆论引导工作制度的实施意见》《石狮市突发公共事件新闻应急反应预案》《石狮市舆情防控处置机制》等工作措施，形成上下联动、内外配合的快速反应机制。对钞坑片区、“幸福新城”等一批重点项目和海峡两岸马拉松赛、“4•18”海博会、闽台对渡文化节等一系列重大节庆活动，组织专门力量开展事前评估，有效防范风险。

【社会治安防控工作】　三年投入近 3000 万元，推进城市安全信息系统和村（社区）级社会治安视频网络工程（三期）建设，新建 1359 个视频监控探头和 48 个视频监控中心建设，全市视频监控探头增加至 5137 个，市区每平方千米视频探头数达 46 个以上。建成全省首家刑侦部门的专业图侦室，协助破获各类刑事案件 105 起；完成九大主要进出城路口治安卡口建设，并安排专人 24 小时轮岗值班，对过往可疑车辆人员进行拦截检查；开展“警灯闪烁巡逻工程”“全警上街”活动，每天分四个时段在全市范围内组织开展武装巡逻，提升全市治安布控堵截水平和能力。1—10 月，全市立刑事案件 9199 起，同比下降 31.7%；破获刑事案件 4800 起，同比上升 16.1%。摧毁具有黑社会性质的犯罪团伙 1 个、恶势力犯罪团伙 6 个；发生命案 10 起，全部破获，并破获命案积案 4 起。“反诈骗、打盗抢、压发案”专项行动期间，打掉“盗抢骗”犯罪团伙 60 个，同比上升 233.3%；破获现行盗抢骗案件 701 起。“110”接报的有效警情中，刑事案件占 6764 起，比 2012 年同期 8752 起下降 22.71%。

【化解社会矛盾】　健全“大调解”工作体系，在矛盾纠纷较多的地方、行业、部门推动成立专门多元调解中心，如法院的“人民调解工作室”、交通管理大队的“交通事故多元化调解中心”、凤里派出所的“治安案件联合调解室”、卫生局的“医患纠纷调委会”、工商局的“消费纠纷调解工作室”、食品流通协会的“会员经营纠纷调解委员会”；在重点行业、重点地区搭建联动化解矛盾的有效机制；完善“公调对接、民调进所”工作机制，14 个公安(边防)派出所的“人民调解工作室”挂牌成立;开展“矛盾纠纷大排查大调处”专项行动,坚持市每半月、镇(街道)每周一次的矛盾纠纷排查工作机制。全市排查各类矛盾纠纷3589起,调处2969起,调解成功2913起,调解率为82.7%,调解成功率为98.1%,维护社会和谐稳定;继续开展领导干部“下基层、解民忧、办实事、促发展”活动,落实领导干部“四访一包”制度,市、镇(街道)两级领导2568人次参加接访,接待群众来访795批次、3710人次,受理信访事项795件,当场解决信访事项450件,落实责任单位345件,落实领导包案345件。化解大批矛盾纠纷,实现全国“两会”和“十八届三中全会”期间零进京非正常访的预期目标。

【落实综治责任】 2013年,坚持市与各镇(街道)、市直单位签订(下发)责任书和镇(街道)与各村(社区)、镇直单位签订(下发)责任书的工作制度,形成立体联动的责任体系。不断改进综治工作考评及奖惩办法,制定下发《石狮市2013年度镇(街道)社会管理综合治理工作考评办法》,分十大项90小项,上半年及年底各考评一次。两次考评合计为全年总分,考评第一、二、三名的镇(街道)分别给予5万元、2万元、1万元奖励,对考评排名末位的镇(街道),上报泉州市综治委列为2014年度重点整治单位,并减少其综治方面的评优评先名额。优化公众安全感测评方式,实行沿海五镇内陆所辖区与边防所辖区分开测评和全市127个村(社区)分开测评的机制,测评内容由过去的“三率”增加到“五率”,创新性地引入“综合比值”,按照功效系数法计算出各项数据的对比得分,使得对综治“四率”的考评更为科学、全面。

【开展平安建设工作】 开展“电话平安联防”“警铃入户”“机动车隐形防盗装置”“摩托车GPS防盗锁”等家庭技防工程,全市盗窃摩托车案件同比下降71%;全面推广“社会治安财产综合保险”,由市、镇(街道)、村(社区)财政按照一定比例出资,投入340多万元,为全市8万多本地户籍家庭投保,实现总保额25亿元,做到花小钱办大事,让群众在平安建设中得到实惠。

深化“十厂(店)联防”机制,整合民间零散、分散的安保资源,形式区域一体化联防网络。鼓励民间“110”义务巡逻,按每人90元的标准为全市600多名村(社区)联防队员购买综治保险,发动社会各界参与群防群治,“邻里守望队”“夕阳红巡防队”和“护蕾巡防队”等群防群治组织遍地开花。以“爱民固边模范市”创建活动为载体,先后投入经费1200余万元,创立“派出所+村委会+企事业单位+村民小组”的“四位一体”警民联防机制。

调整市综治委学校及周边治安综合治理工作领导小组和中、小学校法制副校长,组织开展为期一个月的学校及周边治安秩序专项整治活动,对45所中小学校100多个安全隐患进行集中整治,巩固提升“平安校园”建设成果;开展全国流动儿童关爱服务体系试点工作,保障外来务工人员随迁子女入学,五年内投入2000余万元,新建校舍17.58万平方米,增聘、引进教师870名,创办两个青少年社会教育活动中心和40个校外教育辅导站,外来生占全市在校生的55%。

坚持每年3月的“综治及平安建设宣传月”、每季度第三个月21号的“综治宣传日”,定制、分发一批平安钟、平安杯、平安伞、平安挂历等,制作12块大型户外广告牌和120块宣传口号牌,组织踩街、现场法律咨询活动十余场次,创新性地引入“平安石狮动漫小品”“平安建设闽南四句”“平安彩铃、彩印”等新型宣传模式,投入60余万元开通《平安石狮》电视栏目(每周一期),全景式、多角度地展现综治及平安建设工作成效。

【社会管理创新工作】 发挥非公企业党组织全覆盖的优势,打造综治工作服务非公企业发展的“石狮模式”,搭建“党企共建、合作双赢”的工作平台。在全市的两新组织内成立综治工作室,并在其党组织内增设综治委员一职从事综治工作,引导社会组织积极发挥桥梁作用,增强组织的社会服务功能。2013年,在318个新经济组织党组织和33个新社会党组织内增设综治委员并成立综治工作室,辐射“两新组织”1571家;市一级、9个镇(街道)级和促会全部成立。

在全国首创边防、海警、边检“三警”联勤警务机制,探索建立以联勤警务室为中心、港口巡防队和海上巡查船相互配合的陆海治安联防格局，搭建无线电系统、AIS系统、船舶渔船民动态管理系统、雷达监控系统、港区高清监控系统等“五大系统”，规范配备了海上治安巡查船、义务消防船等海上安防设备，防范海上各类违法犯罪的发生。在祥芝镇国家中心渔港大楼建设综合性服务大厅，边防、海警二支队、海洋与渔业局、祥芝渔业协会等相关涉海职能部门合署办公，推行窗口“预约上门服务”及“绿色通道”“错时延时服务”“短信提醒服务”等便民举措，为渔民提供“一条龙”“一站式”的涉渔行政审批性服务。实现渔业协会全覆盖，化解各类涉渔矛盾纠纷。

以全域城市化改革为契机，结合新型社区建设，结合湖滨街道、凤里街道率先开展的社区网格化服务管理试点工作经验，研究制订全市工作方案并召开现场推进会，创新性地提出“1+1+N”网格化服务管理新模式，将全市所有城乡社会划分村(社区)网格、单元网格“二级网格”，规范配备网格督导员、网格负责人、专职网格员、网格协管员，组建网格服务团队，实行定网格、定人员、定职责。2013年，全市所有社区均完成网格划分及人员入格工作。

【道路交通提升工作】 举办以“文明出行、利家宜业”为主题的全省首届全年无违章车辆表彰抽奖活动，改变广大市民群众对交通执法“只罚不奖”的观念，通过表彰奖励活动来提高广大市民的交通安全意识，倡导文明交通，推动交通质量提升工作；组织全市政法干警组建学雷锋公共文明引导志愿服务队，不定期开展活动，对路面上闯红灯、跨栏等一些不文明交通行为进行劝导。

【政法队伍建设工作】 履行协管政法干部的职责，协助市委做好政法干部的提拔和调整工作，改善政法干部队伍的年龄结构，树立“凭实绩用人、在竞争中选人”的用人导向。调配效果得到全市上下一致认可。法院、检察院、公安局各有一名领导干部被列入泉州市副处后备干部；政法各单位21名干警提拔正科级干部，47名干警提拔为副科级干部。2013年，组织对法院26名中层正职、副职和审判员后备干部人选进行考察；对检察院37名中层领导干部进行调配；对公安局218名股级干部进行调配。

【加强执法监督工作】 制定《石狮市关于石狮市委政法委员会对政法部门执法活动进行监督的实施意见(试行)》，选聘45名“政法系统执法监督员”，组织开展执法监督活动，对26个基层执法单位进行专项督查。加强案件督办，2013年，督办上级机关交办件3起，领导交办件33起。开展醉驾案件评查活动，评查案件30件，其中优秀卷宗11卷，合格卷宗18卷，不合格卷宗1卷；进一步强化信访投诉办理工作和规范涉法涉诉信访人困难救助工作，救助吴某某等四名生活困难的信访人，共计33476元。

（李佳兴撰　陈殿魁审）

法　院

【概况】 2013年，石狮法院围绕“努力让人民群众在每一个司法案件中都感受到公平正义”这个目标，把握司法为民公正司法这条主线，履行审判职责，加强自身建设，做好法院各项工作，为“质量石狮、二次创业”提供司法保障。2013年，受理各类案件9832件，结案9055件，同比分别增长5.7%和0.85%，审限内结案率100%，祥芝人民法庭获评第四批“省级优秀人民法庭”，刑事审判第二庭获评“省级巾帼文明标兵岗”。

【刑事案件受理情况】 2013年，石狮法院受理刑事案件2487件3115人，审结2396件2994人。执行修改后的刑事诉讼法，贯彻保障人权的司法理念，建立健全司法工作联席会议、简易程序配套衔接、非法证据排除、庭前准备会议、特别程序审理、未成年人犯罪记录封存及证人、鉴定人出庭7项制度，全面提高刑事审判工作水平。创新“远程视频”审理简易刑事案件模式，提高审判效率，保障押解安全，节约司法资源；参与“平安石狮”建设，审结“两抢一盗”多发性侵财犯罪案件437件671人，提升群众安全感；配合交通质量提升三年计划，审结“醉驾”案件1177件1177人；审结“黄赌毒”案件277件466人，净化社会风气，助力石狮市争创全国文明城市；审结破坏市场经济秩序犯罪案件120件154人，促进市场有序竞争和经济发展；审结贪污、贿赂等职务犯罪案件16件23人，促进反腐败斗争深入开展；坚持宽严相济的刑事政策，依法对符合缓刑条件的罪犯适用缓刑285人。

【民、商事案件受理情况】 2013年，石狮法院受理各类民商事案件4430件，审结4069件，标的额5.1亿元。及时妥善调节经济社会关系，推行“一二三四”工作法，及时化解中小微企业生产经营中的纠纷案件474件，有效保障民营企业二次创业，该工作法在全省法院商事审判工作会议上作典型经验交流；注重依法保障和改善民生，妥善审理与群众生产生活密切相关的案件，审结劳动争议209件、人身权益保护案件409件；以审判活动引导公序良俗，促进家庭和睦、邻里和谐，审结婚姻家庭、继承及邻里纠纷案件399件。

【行政案件受理情况】 2013年，石狮法院受理行政案件30件，审结19件。制定《关于加强和规范司法建议工作的若干规定》，对司法建议工作进行归口管理，向行政机关发出司法建议5份，促进依法行政和法治建设。成立人口和计划生育巡回法庭，审查准予计生非诉执行案件83件，征收社会抚养费196万元，优化人口和计划生育环境。运用司法手段修复受损生态环境资源，审结涉生态资源刑事案件3件，判决补植补种树苗500余株，审执环保类非诉执行案件42件，助推创建省级生态市。

【执行案件受理情况】 2013年，石狮法院受理执行案件2646件，执结2333件。推进执行司法查控系统建设，初步实现“点对点”网络财产查控工作信息化、数字化，提高执行质量和效率，共查询被执行人户籍、车辆、房产及银行存款信息7207人次；依托微博、短信及媒体三大阳光执行平台曝光“老赖”，向全市14万电信用户发送“失信被执行人名单”公益短信，增强执行工作透明度，强化执行威慑力；开展百日清理执行积案和“反规避执行”活动，采用各种执行措施，查封、扣押323批次，冻结280户，划拨153户1192万元，委托拍卖执行标的物12期39件次，实际成交16件3364.36万元，裁定变卖、以物抵债3批次141.74万元，采取拘留、限制出境、边控、查控等措施491人次。加强执行和解工作，促成自觉履行326件，金额3105.8万元。

【设立纪检监察接待日】 坚持每月15日的院长接待日和院长约访制度，做好释法答疑取信工作，及时解决合理诉求。2013年，办理院领导约访64件，当事人来信来访111件，有关机关转办件44件。

【民商事纠纷速裁处理】

2013年，石狮法院把握修订后的民事诉讼法关于小额诉讼的有关规定，制定《关于开展小额诉讼审判工作暂行规定》，规范小额诉讼审判工作，受理小额诉讼案件161件，全部审结，平均审理天数1.7天，服判息诉率100%，实现公正高效司法。

【案件检查情况】 坚持开展案件质量评查、庭审评查和法律文书评比活动，观摩庭审12场，评选优秀法律文书14篇，评查各类案件267件。邀请人大代表、政协委员、市纪委党风廉政监督员、法院执法监督员、人民陪审员和部队官兵等社会各界人士120余人共同参与庭审观摩，进一步强化执法监督，确保司法公正、廉洁，增强司法透明度和公信力。

【化解涉诉信访积案】 建立动态分析制度，立案时随卷附带《案件矛盾化解与涉诉信访源头治理工作流程表》，加强信访源头治理，避免矛盾激化；执行信访包案责任制度，按照“谁承办谁化解”的原则确定化解责任人、责任单位和领导，改涉诉信访季度通报为月度通报，对符合救助条件的信访人实施救助8.05万元，化解省法院交办的信访积案13件，化解率92.9%。

【法律服务】 在湖滨街道玉湖社区成立首个社区法官工作室，派出两名法官定期驻点工作，开展“零距离”法律服务，得到福建省综治

石狮法院首个社区法官工作室在玉湖社区挂牌成立
（图/摘自《石狮日报》）

考评督导组的充分肯定；开展“司法走转改”活动和“四下基层”活动，走访各界人士365名，走访村居、企业、学校35个，开展法律咨询活动7场，发放法制宣传材料1200余份；回应群众需求，畅通诉讼渠道，开展“整治‘四难’问题”专项活动，落实值班导诉、诉讼指导、开庭指引等便民措施，方便群众诉讼；落实司法救助工作，为经济确有困难的83名当事人减免缓交诉讼费34.1万元。

【达标创优活动】 开展“解放思想见行动、服务中心创一流”党建主题活动，全面实施“1263”机关党建工作机制，获评“机关党建工作先进单位”；深化文明行业创建，树立良好的司法精神面貌，提升群众对司法工作的满意度，湖滨人民法庭获评“创建文明行业工作先进单位”；依托青年工作委员会，开展道德讲堂、“我的中国梦”主题教育、“党员微故事”、“1元微公益”和天平志愿服务活动，为机关党建创先争优增添活力。

【服务发展改革大局】 按照市全域城市化发展改革的总体部署，提升司法服务水平，成立金融审判合议庭，统一审理、执行涉金融类案件，审结商事案件81件、标的额1275.1万元，审结金融诈骗案件42件，执结103件、标的额1161.5万元，保障金融秩序和实体经济健康发展，助推市“金改先行区”改革；主动跟进、及时服务“五片区二小镇”规划建设，审结涉拆迁纠纷案件49件，保障市重点项目有序推进；完善税款代征联动机制，加强与税务、房地产管理等部门的联系，防范司法拍卖过程中出现税款流失，优先代征税款387万元。

（洪彦伟撰 王全炳审）

检 察

【概况】 2013年，市检察院以促进社会公平正义、增进人民福祉为出发点和落脚点，以强化法律监督、强化自身监督、强化队伍建设为总要求，打造政治过硬、业务过硬、作风过硬的检察队伍，各项检察工作扎实有效开展，执法亲和力和公信力不断提升。连续三届获得全国文明单位、全国先进基层检察院等称号，控告申诉举报窗口连续五届蝉联“全国文明接待示范窗口”称号。被省检察院、省公务员局推荐参评全国模范检察院。

【落实宽严相济刑事政策】 2013年，市检察院批准逮捕各类刑事犯罪嫌疑人1429人，同比下降10.9%，提起公诉2907人，同比上升27.3%，呈报泉州市检察院审查起诉45人。配合有关部门开展重点打击整治活动，依法快捕快诉故意杀人和强奸等严重暴力犯罪嫌疑人394人、“两抢一盗”犯罪嫌疑人632人，维护公共安全。落实羁押必要性审查、不捕直诉、附条件不起诉等工作机制，依法不批准逮捕131人，不捕直诉62人，相对不起诉193人，增进社会和谐。全面推行未成年人刑事检察“捕、诉、监、防”一体化工作模式，完善未成年人帮教制度、犯罪记录封存制度、合适成年人参与诉讼制度等，实现对未成年人司法保护的全程化、全面化。相继在湖滨玉湖社区、鸿山镇东山村、锦尚镇卢厝村、宝盖镇铺锦村、永宁镇沙美村设立帮教基地，先后有42名涉罪未成年人在基地接受帮教，取得较好的社会效果。相关做法在全省未检工作现场观摩座谈会上作为典型发言，被省检察院推荐参评新一届“全国优秀青少年维权岗”。

【查办职务犯罪】 开展“查办和预防发生在群众身边、损害群众利益职务犯罪”专项活动，受理职务犯罪举报线索34件，初查18件25人。立案查处石狮市第一中学原校长李某某受贿案、石狮市银江华侨学校书记王某某受贿案、石狮市人民法院执行庭审判员廖某某受贿案、福建义全律师事务所执业律师苏某某行贿案、泉州市丰泽区人民法院执行庭副庭长林某某受贿案、泉州农电服务有限公司石狮分公司蚶江供电所张某某等五人贪污案、石狮市行政执法局祥芝中队原负责人李某某等一批有影响的特大案件，共计14件18人。涉及科级干部1件1人，涉案总金额450余万元，为国家挽回经济损失240余万元。

加大力度查办渎职侵权犯罪案件，受理各类渎职侵权案件线索18件，开展初查12件。深挖“10•8”重大火灾事故背后的渎职犯罪，立案查办石狮市行政执法局灵秀执法中队原中队长陶某某、石狮市灵秀镇彭田村党支部原书记蔡某某、石狮市灵秀镇安办原主任蔡某某、石狮市公安局灵秀派出所彭田村责任片区原民警黄某某等人玩忽职守案。

【预防职务犯罪】 以促进惩防腐败体系建设、加强和创新社会管理为目标，不断加大预防工作力度，

利用检察开放日开展职务犯罪预防 (图/ 检察院)

提高预防工作水平。先后深入海关、国税、工商、质监等重点行业和领域开展系统预防，召开联席会议，形成多部门协调配合、齐抓共管的预防工作格局。开展预防调查5件次、犯罪分析18件次，提供预防咨询108件次，举办预防讲座28场，受教育人数达1500多人，发出预防检察建议11件，受理行贿犯罪档案查询391件次。

【强化诉讼监督】 强化侦查活动监督。提前介入引导侦查重特大案件30件次，启动非法证据排除程序7件次、要求公安机关做出合理解释9件次、补正19件次，发出侦查瑕疵通知书86份；经捕后羁押必要性继续审查，变更强制措施35人；监督公安机关立案6件6人、撤案21件22人；纠正漏捕30人，追捕到案18人；追诉漏罪18个，追诉漏犯22人；改变定性25件。强化审判活动监督。适用简易程序案件出庭2057件，同比上升91.7%，经验做法被最高人民检察院工作简报刊发；对刑事审判活动中的违法情况提出纠正意见16件次；向法院发出量刑建议806件，采纳率93.3%；办理精神病强制医疗申请案件1件。强化刑罚执行和监管活动监督。深化“在押人员羁押期间表现纳入量刑建议”试点，落实“在押人员约见驻所检察官”制度，发出检察建议3份、纠正违法通知书7份、口头纠正意见及口头建议17件次，促进监管场所依法文明管理。加强刑罚变更执行监督，纠正呈报暂予监外执行不当5件5人。针对个别司法所监管不到位的问题发出纠正违法通知书2份、检察建议1份、口头纠正意见11件次。驻所检察室连续两届蝉联“全国派驻监管场所一级规范化检察室”。加强民事行政检察工作。办理再审检察建议案件1件，抗诉、再审检察建议案件经法院再审改判3件。办理民事执行监督案件16件，促成当事人达成执行和解10件，向法院发出执行检察建议6份；办理行政非诉执行监督案件9件，发出检察建议9份；办理诉讼违法行为监督案件11件，发出检察建议11份；办理行政执法监督案件38件，向有关行政执法机关发出检察建议38份；所有检察建议均得到反馈采纳。办理督促起诉财政周转金借贷案件30件456.2万元，法院已判决26件365.2万元；办理支持起诉案件15件，支持弱势群体追索劳动报酬及工伤赔偿18万元。

【化解社会矛盾】 妥善办理群众诉求事项。健全依法处理信访事项“路线图”，落实检调对接、法律文书说理、刑事申诉案件公开审查等制度。共受理群众来信来访160件次、群众举报35条，检察长亲自接待来访42人次，办结各类控告申诉案件141件，开展刑事被害人司法救助5件5人。开展刑事和解工作。将矛盾化解工作贯穿执法办案的始终，重点对故意伤害、寻衅滋事、交通肇事等案件进行排查，全面了解矛盾起因、嫌疑人表现、被害人损失等情况，有针对性地进行引导，提高和解成功率。2013年，促成刑事和解案件15件23人，其中对11人做出不起诉决定，建议法院从轻处理10人，促进法律效果与社会效果的统一。

【社会管理创新】 健全巡回检察工作机制。增聘“镇街—村社”两级联络员，召开巡回检察工作推进会，构建“全覆盖”“常态化”的法律监督服务基层体系，切实增进与镇办、村居、派出法庭、派出所、司法所等基层单位的联系沟通，跟踪监督和解决执法中存在的问题160个；走访村居社区50个、家庭300余户，及时排查化解矛盾纠纷和苗头性问题53个，为民办实事38件。深化行政执法与刑事司法衔接工作。召开“全市两法衔接工作推进会”，完善执法信息共享平

牵头召开石狮市“两法衔接”推进会
（图/ 检察院）

台，全面落实《关于完善我市行政执法与刑事司法衔接工作机制的意见》，推动将行政执法机关开展两法衔接工作列为全市绩效考评指标，促进依法行政、勤政廉政。通过衔接平台审查涉及“两法衔接”案件 853 件，督促行政执法机关及时向法院申请强制执行行政处罚案件 28 件，抽查和纠正公安机关超期未做出决定的“两法衔接”案件 8 件。经验做法在 2013 年高检院“两法衔接”现场推进会上推介，受到以高检院专职检委张德利为组长、多位民主党派人士参与的联合调研组的肯定。

【内部监督制约】　强化案件集中管理。完善“五集中”案管模式，开展案件质量评查 295 件、案件督察 243 件，实现执法办案的动态管理、全程监督，相关做法被《检察日报》专题报道。严格落实办案安全管理。实行职务犯罪案件“全面全部全程”同步录音录像、纪检监察同步介入监督、“看审录”严格分离、“侦捕诉”高效衔接，切实提高办案质量和办案安全。完善廉政风险防控机制。汇总 15 篇 74 项规范执法的规章制度，找准廉政风险点 422 个，制定防范措施 422 条，强化“四风”的防范和整治，加强《检察官职业道德基本准则》《检察人员八小时外行为禁令》等规定的学习教育和监督检查，运用廉洁执法档案系统记录干警廉洁执法情况 3600 多条，作为检察干警奖惩、任免的重要依据，切实做到“以岗定责、以责排险、以险建制、以制保廉”，检察队伍保持“零违纪”。

【检务公开】　完善“阳光检察”一站式咨询服务平台，健全 LED 显示屏、电子触摸屏、服务监督台、检务公开栏等便民设施；开展“检察开放日”活动，让社会各界参与检察、了解检察、监督检察；设立人大代表联络办公室，开通专用电话、专用邮箱和网上“人大代表联络窗”，确保与代表联络渠道畅通；选聘党风廉政监督员，向人大代表和廉政监督员赠阅《检察日报》《石狮检察》内刊，邀请人大代表、廉政监督员视察和评议检察工作、参加“检察开放日”活动、观摩评议公诉庭；逐 ·上门走访人大代表，向人大代表介绍近期检察工作情况，听取人大代表对检察工作的意见和建议。

【检察队伍建设】　打造政治过硬队伍。创新“1263”党建规范化管理机制，强化党的群众路线教育，推进基层党组织建设，在全市机关“1263”党建工作机制推进会上作经验介绍，被评为全省先进基层党组织。开展“书香八闽检察风”系列活动，完善院史室、图书室等教育设施，开设“道德讲堂”，举办“我们的梦·中国梦”主题座谈会和读书交流会，进一步强化职业道德教育，端正价值取向。打造业务过硬队伍。参与 2 个国家级实证课题研究并实现成果转化，“行政执法与刑事司法衔接工作机制研究”课题被确定为省法学会 2013 年度法学研究课题，系全省检察系统唯一立项课题。调研文章被各级采用 56 篇次，其中国家级 29 篇次，采用率同比上升 209%。选派业务骨干参加各类培训 58 人次、各类竞赛 17 场次，加大力度培养专家型、复合型的办案能手和行家里手，涌现出全省检察机关“忠诚履职”典型、全省侦查监督业务办案能手等一批先进人物，干警受各级表彰 66 人次。改进优秀年轻干部培养选拔机制，安排青年干警轮流参与接访、协助公诉侦监办案、组队参加两岸青年辩论赛等，一批优秀年轻干部快速成长，走上中层领导岗位。打造作风过硬队伍。严格落实中央八项规定，开展“讲纪律、正作风、树形象”专项检务督察，严格控制各项经费开支，公务接待支出同比下降 55%。班子成员带头贯彻执行省委“马上就办、办就办好”活动要求，坚持检察长即时接访制度，完善和落实党组工作制度、检委会议事规则和一岗双责制，增强领导班子执行力和约束力。推广检察机关统一业务应用系统，实现信息化办案，改进文风会风，提高办事效率。

（陈长沙撰　吴美满审）

公　安

【概况】　2013 年，石狮市公安局组织开展“压发案、打盗抢、创满意”“打盗抢、保民安”“打盗窃、反两抢”春季攻势、“反诈骗、打盗抢、压发案”“扫毒害、保民安”、打假等专项行动,“冬季行动”“打四黑除四害”及打击假烟、假药和食品、肉制品犯罪等系列治安打击专项行动,道路交通安全综合整治“三年行动”及渣土车等各项整治行动,维护全市社会和谐稳定,服务保障经济社会科学发展、跨越发展。2013年,以全省最高分通过全国文明单位的复检;连续11年被省公安厅评为执法质量优秀单位,连续17年没有发生行政诉讼败诉案件和国家赔偿案件,2013年以全省执法规范化建设综合排名第一代表省厅通过公安部的检查验收;代表泉州在全省公安机关民警教育训练集中综合对抗考核中夺得第一名。

【侦破现行大案要案】 2013年,摧毁以蔡某音为首的具有黑社会性质的犯罪团伙1个和恶势力犯罪团伙17个;共发生命案14起,全部破获,并破获命案积案4起,一些有社会影响的大要案全部告破。破获“11•16”绑架勒索、“08•07”拐骗儿童案、涉案20万美元的特大敲诈勒索案、2013年“12•10”边防士官被故意伤害致死案;打破界限,鼓励派出所参与打击走私成品油联合行动,2013年,公安局查处走私成品油案件234起,查获走私成品油2284.695吨。

成功解救被拐骗儿童李某妍

(图/公安局)

【打击各类侵财犯罪】 2013年,开展“打盗抢、保民安”“打盗窃、反两抢”春季攻势和“反诈骗、打盗抢、压发案”专项行动,全市打掉“盗抢骗”犯罪团伙60个,同比上升233.3%;破获现行盗抢骗案件701起(其中破获现行盗窃案件562起,现行抢劫案件35起,现行抢夺案件57起,破获现行诈骗案件47起);破获现行盗、抢、骗案件同比上升26.96%、27.6%和327.2%。提请批准逮捕213人,同比上升28.31%;移送起诉263人,同比上升25.64%,追赃总价值300.4万元,同比上升144.4%,综合绩效排名泉州第二。

【社会管理综合治理】 2013年,市公安局深化“打四黑除四害”、打击食品药品犯罪、打击“六合彩”等赌博及“雷霆治爆”“扫黄打非”等一系列治安专项行动,2013年发现受理治安案件18366起,查处18291起,查处违法人员13612人,行政拘留2483人,破获案值1100多万元的省督“蔡某溪、施某意等人销售假烟案”、案值20多万元的“施某川销售假药案”等大要案件。坚持抽调局机关民警配合市区四个派出所对治安复杂区域开展集中巡逻、清查工作以及出城九个治安卡点24小时民警带班值守和每天三个时间段的武装设卡统一行动,强化街路面治安防控,2013年投入警力11000余人次,出动车辆2800余辆次,检查嫌疑车辆8100余辆次,盘查可疑人员16300余人次,震慑各类违法犯罪分子,治安、刑事发案明显下降,“110”接报的有效警情中刑事案件占8343起,比2012年同期10533起下降20.79%;加强治安整治和安全管控工作,组织开展“雷霆治爆”“扫黄打非”等一系列治安专项行动,查获枪爆案件97起,非法燃放烟花爆竹案件82起,取缔非法经营企业92家,刑事拘留23人,治安行政拘留180人;收缴枪支17把、子弹254发、炸药480公斤、雷管394发、管制刀具256把、烟花爆竹2300余箱;查获“黄赌”刑事案件129起,刑拘256人;查处“黄赌”治安案件3648起,治安处罚5281人。推进户籍制度改革,2013年出台《中共石狮市委石狮市人民政府关于实施流动人口居住证制度的意见(试行)》,明确流动人口申领居住证后可凭证依法享有24项权益和公共服务,享有同城化待遇的保障。全市发放居住证121535本。做好放宽直系亲属投靠户口登记迁移工作,2013年办理直系亲属户口迁移2543人,其中户口迁入城区526人、迁入镇区2017人;开展清理整顿户口登记管理专项行动,从2013年2月15日—2013年年底开展清理整顿工作,发现重复户口18人,其中迁出未销户口4人,重复申报户口13人,外省重复迁入1人,及时办理注销手续。开展居民身份证登记指纹信息工作,2013年,全市办理居民身份证15606张,临时身份证2327张。

在全市推行警务区民警兼任

村干部的模式，创新石狮市社会管理综合治理新模式，和在公安派出所推行“社区民警包片”责任制；不断健全完善治安防控网络，2013年全市安装939个监控探头，上线运行785个，上线率达83.6%。并建成全省首家刑侦部门的专业图侦室，协破各类刑事案件105起，其中协破命案4起，协破扒窃、“两抢”、盗窃电动车等路面现行犯罪65起；强化社会面巡逻防控工作，最大化屯警街面，开展全天候巡逻防控，全面掌握巡区社会治安动态，并为所有警车安装GPS，派出所民警配发单兵定位仪、集群对讲机、执法记录仪等单警装备，实现对路面勤务力量的精确定位，缩短接处警的时间。2013年，“110”报警服务台接报警291259起，其中有效警情74055起，均得到及时有效的处置。

2013年，构筑校园安全坚固防线，先后开展校车专项整治、校园安全交叉检查行动、法制宣传教育等活动，出动警力4532人次，警车1065辆次，入校开展督导检查40次、法制教育352次、消防演练70次，排查化解校园内部安全隐患63处，排查整治校园周边治安乱点85处。

公安局联合市综治委、司法局出台“公调对接、民调进所”相关规范性文件，并依托乡镇、村（居）委会、治保会和企事业单位保卫组织开展矛盾纠纷排查。2013年，受理调解案件1304起，调解1271起。强化走访帮扶，创新“三步走”模式，开展领导干部“驻所进社区当基层民警”深化“四下基层”活动，落实挂钩联系、走访解难、结对帮扶等下基层长效机制，把公安机关打击、管理和服务职能融入为群众办实事、解难事中。积极开展“微公益”“警嫂粉丝进警营，警民团结一家亲”等活动，进一步密切警民关系，促进社会和谐稳定。

【命案侦破与追逃破案】 2013年，全市破获各类刑事案件5968起，破案同比上升14.1%。其间，发生现行命案14起，全部破获，并侦破命案积案4起，抓获命案逃犯15名。摧毁黑社会性质犯罪团伙1个、涉恶势力犯罪团伙17个，抓获各类逃犯658名，追缴赃款赃物约1200万元。全年批捕1383人，同比下降5.9%，移送起诉3016人，同比上升36.2%。破获“1·7”灵秀塔前中街伤害致死案、14年前（1999年10·30中国旅行社华侨大厦抢劫杀人案件）的命案积案、“8·28”抢劫杀人案、石狮2013年“12·10”边防士官被故意伤害致死案；以蔡某音为首的黑社会性质犯罪团伙案、代号为“部目标—2013—397”的公安部列督贩毒案件、涉案总金额高达1100万元的陈某海特大诈骗案。

2013年“8·28”抢劫杀人案犯辨认现场
（图 /公安局）

【行政管理】 2013年，石狮市公安局严密旅馆业日常监管工作。实现全市159家旅馆100%纳入旅馆业信息管理系统，督促旅馆业落实住宿登记制度，利用旅馆业系统报警抓获各类网上逃犯31人。开展旅馆业专项整治行动，对检查发现的违规违法旅馆进行处罚，整顿旅馆、酒店场所经营秩序，营造良好的旅馆业场所环境。开展娱乐场所秩序整顿行动。该局制订多个娱乐场所整治方案，按照“保护合法，取缔非法”的原则，通过高频率清查整治，促进娱乐场所治安秩序稳定，全市63家歌舞娱乐场所全部按照要求进行娱乐场所登记备案工作，登记备案率100%，都按有关规定设置安装远程视频监控设备和系统，安全设施整改达标率100%。加强对娱乐场所的分类管理，强化分类监管，对娱乐场所实行A、B、C三个等级分级评定，要求各娱乐场所挂牌经营，规范秩序。

【惩罚经济犯罪】 2013年，全市受理各类经济犯罪案件178起，破获各类经济案件117起，抓获经济犯罪嫌疑人110人，缴获赃款赃物折合人民币3000多万元，挽回经济损失6635多万元；立信用卡诈骗案82起，破获案件27起；立职务侵占案件24起，破案12起；合同诈骗案14起，破案8起；立破商贸领域非法经营案件多起；“打私办”牵头各缉私部门查处走贩私活动305起，其中，刑事案件14起，涉案总价值2.5亿元，查获涉案成品油3980吨，查扣涉案车辆191部、船舶3艘，取缔地下油罐34个，捣毁经伪装、掩埋的走私输油管道14条；查处非法走私卷烟350条。

【惩罚毒品犯罪】 2013年，全市破获毒品犯罪案件236起，抓获贩毒犯罪嫌疑人279名，犯罪嫌疑人279名，破获部督目标案件5起，省督目标案件3起，摧毁贩毒团伙8个；缴获毒品海洛因63.3克、可卡因126.64克、氯胺酮30195.73克、摇头丸220.45克、冰毒14229.52克、大麻19.34克、麻古124.72克；查获吸毒人员754名。破获部督“2•27”案件、省督2012年“12•5”案件，摧毁1条横跨闽粤两省的地下贩毒通道及盘踞在石狮的3个贩毒网络；破获“7•11”部督目标特大贩毒案件，在广东珠海、石狮等地抓获12名涉案嫌疑人，摧毁一个源头来自广东的贩毒团伙。2013年，石狮市公安局整治娱乐服务场所，1200余人次联合对歌舞娱乐场所、酒店KTV进行集中统一清查和突击检查行动。创建社区戒毒社区康复工作站。12月16日，凤里街道办事处、湖滨街道办事处、灵秀镇和宝盖镇先后举行社区戒毒社区康复工作站揭牌仪式，给予提供戒毒知识辅导和法律援助，将禁毒工作职能前移到辖区政府以及社区医疗门诊部，净化社区环境。

泉州市禁毒委副主任、市公安局副调研员周和平，石狮市禁毒委主任、副市长杜举胜，市禁毒委副主任、公安局副局长邹毅斌等参加社区戒毒康复工作站揭牌仪式 (图/公安局)

【法制工作】 2013年，石狮市公安局打造具有石狮公安特色的执法品牌，连续11年被省公安厅评为执法质量优秀单位，连续17年没有发生行政诉讼败诉案件和国家赔偿案件。并于12月代表全省公安机关完成公安部执法规范化建设阶段成效检查验收，获得高度评价。深化案件回访、初信初访制度，化解社会矛盾，回访案件当事人20872人次，当事人满意率达93%。推出便民利民措施，在治安、出入境、交通、消防等与群众生产生活密切相关的公安行政管理方面推出网上申请、网上办证、自动受理、现场处罚等一系列新举措；各派出所推出互联网采集办证、印发“亲民服务卡”、创建“平安互动”短信平台等。运用“公安法制半月夜谈”这一平台，采取举办法制讲座、办案经验交流、以案释法、法庭旁听、法律业务知识竞赛、沙龙论坛等多种形式开展执法培训，落实执法资格制度，2013年开展“公安法制半月夜谈”活动28期，参加民警达2800多人次。建设法治文化活动、媒体、网络、刊物“四大”阵地，涌现出凤里派出所“文化沙龙”、看守所“监所文化”、法制大队“法治长廊”、刑侦大队“侦探沙龙”、经侦大队“文化沙龙”等典型。开展每月“最优最差卷宗”和每季度“最优最差执法”“亮剑台”活动，“亮剑台”专项活动开展11期，评阅案件446起，其中刑事案件264起、行政案件182起，评出最优最差刑事、行政案件共43起；从中发现执法问题1151个，落实奖惩措施达82人次。《人民公安报》、中国警察网、福建新闻网等媒体报道石狮局推行“亮剑台”活动的经验做法和工作成效。规范办案场所建设管理，扩容改造看守所讯问室、律师会见室，增设专门的未成年人讯问室，安装全程同步录音录像系统等配套设施，建设了视频监控室；并规范涉案财物管理，建立涉案财物两级管理制度和引入涉案财物条形码管理模式，建立以案找物、以物找案、办案与保管分离新机制。明确法制员履行执法监督质检员、执法培训小教员、公共关系代言员、执法制度管理员、警民关系辅导员、警情研判参谋员、执法档案监督员、化解矛盾调解员“八员”职责；推广现场执法记录仪使用，做到执法记录仪管理使用一线必配、处警必带、执勤必用、过程必录、信息必存、有责必查的“六必”制度，并将执法记录仪音频视频资料及时报送指挥中心存储备查；进一步强化网上执法考评、网上执法监督、网上执法巡查，实现执法民警在网上执法办案系统操作办案，法制员利用平台一案一考评，法制部门在网上执法监督平台巡查监督。2013年，公安局案件材料录入率、网上考评率、执法问题发现率和整改率均保持100%，位居全省前列。

【出入境及往来港澳台管理】

2013年，公安局出入境管理部门处理各类涉外案(事)件34起34人，未发生因处置不当或未及时通报而引起外交纠纷的涉外案(事)件;强化外国人实有人口管理工作,对到石狮的境外人员37000余人次实施管理。

开展外国人管理基层基础工作。2013年,公安局出入境管理部门通过业务指导、检查督促等方式培训基层民警80余人次,并组织全市各宾旅馆前台服务员和外事联络员培训210余人次;在工作中实行联络员制度,不定期对外商常驻代表机构进行经常性的检查,随时掌握有关常住境外人员变更、企业机构运作的情况。设立外国人管理服务中心,为在市外国人提供咨询服务890余次、办理联络员证申请(延期)129件、为163家宾旅馆进行业务指导与培训、约谈外国企业常驻代表270余人次、接受“三非”案件报警(投案)34件;为来访的在市居民、台湾居民提供出入境咨询480余人次,办理台湾居民注销户口申请16件;5月7日,开通的“外国人之家”微信公众账号(系全国首例官方公众账号)提供英语、日语语音咨询等服务,解答外国人咨询900余人次,提供预约服务120人次。

公民因私出入境管理。2013年,公安出入境管理部门落实首问责任制和一次告知制,群众满意评价率始终保持在100%。2013年,公安出入境管理部门接待来访群众10万余人次,受理公民因私出国境申请75672人次,同比上升7.5%;受理前往港澳地区定居472人,比2012年904人下降47.8%;受理公民赴台申请4342人次,比2012年2067人次上升110%;受理原闽籍居民短期出国恢复常住户口80人;受理港澳居民注销国内户口申请128人;为台湾居民办理各类签注313人次;加强国家工作人员登记备案库和法定不准出境人员数据库存信息的日常维护工作和报备工作通报制度,2013年,对全市68个报备的国家工作单位3071名国家工作人员进行逐一比对、检查,并将64条人口信息与人事档案信息不一致的数据及时更正;接收国家工作人员报备2006人次;报备不准出境人员656人次、撤销46人次。优化便民利民措施,2013年国务院批准泉州市于8月28日起开展居民赴台湾个人旅游业务,石狮市公安局当日首发团游客出行。赴台个人游业务启动以来,全市受理赴台个人游业务949人次;部署暂住人员就近办理因私出入境证件工作,2013年全市受理暂住人员出国境业务87人次;推进港澳个人游签注审批工作,自公安部出入境管理局授权石狮局赴港澳个人游再次签注审批业务权限以来,出入境管理部门自我加压,将港澳个人游再次签注10个工作日缩短为5个工作日。全年全市受理港澳个人旅游签注申请40056人次,较2012年同期的39944人次上升0.3%,制作港澳签注31128枚,未发生审批、制证不符合规范的情况。

【监所管理】 2013年,石狮市看守所属特大型看守所,下设五个中队,月均羁押各类违法犯罪嫌疑人、被告人和罪犯1200人。2013年,石狮市看守所全面开展“法治文明窗口建设年”“监所基础设施建设年”“整治秩序、强化管理、保障安全”等专项活动,在全国首创“将在押人员羁押期间表现纳入法院酌定量刑情节”。2013年,产生酌情从轻判决案例21起,酌情从重判决案例8起;在全省首创在押人员一日生活制度语音播报系统,在全省首创“四位一体”监管文化机制,率先在全省建立起心理观察室、心理咨询室、心理治疗室、心理舒缓室、心理测评室等一系列心理危机干预功能用室;坚持每月开展“公安局长当一天所长”活动;推行监地“所院协作”医疗保障;并开通视频会见,建设完善讯问室、律师会见室、未成年室等功能用室建设,同步配备录音录像、吸音防撞、讯问人与被讯问人物理隔离、应急报警等功能,增建检察专用讯问室、法院远程视频讯问室;并购大型警用囚车一辆,确保罪犯投送监狱和刑事诉讼工作顺利进行。该所2013年度被公安部评为“全国一级所”,并被授予集体一等功。

2013年,石狮市拘留所新收行政拘留人员2860人,拘留审查6人,司法拘留人员106人,合计关押被拘留人员2972人,释放被拘留人员2963人。2013年,所情动态正常,未发生任何责任事故。2013年,石狮市拘留所再次被公安部评为一级所。

【保安辅警工作】 2013年,市公安局保安服务公司进行保安企业脱钩改制,完成民警归建和法人更换工作;加强科技投入,根据银行联网报警设备需与上级行监控中心进行二次联网的需求，在局指挥中心新增一套接警平台，电脑联网用户容量达到1000余户；新增益安再生资源公司和银行自助夜间保安巡逻业务，主要增对无主、废旧摩托车的回收以及对银行ATM自助取款机的巡逻；并对所有车辆的GPS管理系统进行升级；协助公安机关参加并完成清明节、“4·18”海博会、服装城品牌特卖会、蚶江文化节、永宁古城文化节、“万弘杯”大学生女子篮球赛、服装城奢华名品展、龟湖公园盆栽展、泰禾广场开盘、摩天城演唱会等多项安保任务，实现社会效益与经济效益双丰收。

【基础设施建设】 2013年，市公安局加快基础设施建设，永宁派出所基建项目（永宁镇人口服务管理中心）市政府下拨1800万元，进入内外装修；按标准完成公安信访接访场所建设、武警中队营房前道路工程和涉案物品管理中心新建营房工程并投入使用；投资约60万元，在市区四所和蚶江、永宁所辖区组织建设了八个出城治安岗亭，正式启用运行；投资1200万元进行公安局指挥中心更新改造；全市公安机关一线民警单警装备配备率达100%，指挥中心、刑侦等单位的装备建设处于全市前列。

【宣讲、咨询工作】 2013年，石狮市公安局加强教育培训，锻造执法精兵，运用“公安法制半月夜谈”这一平台，采取举办法制讲座、办案经验交流、以案释法、法庭旁听、法律业务知识竞赛、沙龙论坛等多种形式开展执法培训，组织民警参加公安部高、中、初级执法资格考试，落实执法资格制度，明确未通过公安部执法资格考试或未取得主办人资质的民警，不得主办案件，不得提拔到执法办案岗位上担任领导职务。2013年，组织13期民警集中培训，参训民警达800余人次；开展“公安法制半月夜谈”活动28期，参加民警达2800多人次。建设法治文化活动、媒体、网络、刊物“四大”阵地，涌现出凤里派出所“文化沙龙”、看守所“监所文化”、法制大队“法治长廊”、刑侦大队“侦探沙龙”、经侦大队“文化沙龙”等典型。开展每月“最优最差卷宗”、每季度“最优最差执法”和“亮剑台”活动，执法质量“亮剑台”专项活动共开展11期，评阅案件446起，评出最优最差刑事、行政案件共43起；从中发现执法问题1151个，落实奖惩措施达82人次。《人民公安报》、中国警察网、福建新闻网等媒体报道石狮局推行“亮剑台”活动的经验做法和工作成效。在公安部下发的《关于对福建省公安机关执法规范化建设阶段成效检查验收情况的通报》中，有9处介绍石狮局执法规范化建设方面的经验做法和成效，内容涵盖执法制度建设、执法能力建设、执法办案场所建设、执法监督管理、执法公开、信息化建设、法治文化建设七个方面，对石狮局创新模式规范涉案财物管理进行大篇幅推介，认为该局涉案财物管理几乎达到无可挑剔的程度。在治安、出入境、交通、消防等与群众生产生活密切相关的公安行政管理方面推出网上申请、网上办证、自动受理、现场处罚等一系列新举措，在便民利民的基础上更深入民心；各派出所推出互联网采集办证、印发“亲民服务卡”、创建“平安互动”短信平台等。该局各中小学校兼职法制副校长及法制民警深入机关、中小学校、企业等单位开展普法讲座、法律咨询，2013年入校园法制宣传教育352次，入校开展督导检查40次，净化校园周边环境，排查整治校园周边治安乱点85处。先后深入全市中小旅馆、歌舞娱乐等休闲场所，深入社区、学校、广场等开展禁毒宣传，组织禁毒宣传活动6场，印制发放各类宣传资料3000余份，受教育群众达2万余人。

永宁镇人口服务管理中心　　（图/公安局）

【社会秩序维稳】 市公安局以维护全市安全稳定为第一要务工作，先后组织研究制订《石狮市公安局社会风险防范应急预案》和《石狮市公安局处置突发性个人极端暴力犯罪案件工作预案》，并全面深入开展非正常访重点人员、极端暴力倾向重点人员和社会矛盾利益群体重点人员及肇事肇祸精神病人、刑释解教人员等重点人员排查管控工作，建立落实排查、管控、化解、处置长效工作机制；组织制订《300 人 500 人应急处置预案》等近 10 份具体工作预案，处置“2•26”交通事故、“3•26”华侨医院“医闹”“7•12”华侨医院“医闹”等突发情况引发群体性事件。

市公安局调整充实 500 人的储备警力和 300 人的应急处置队伍，并按原有的集结方案和训练方案加强演练，做好各类群体性事件和各类突发事件的处置工作。针对石狮市 2013 年度重大工程项目多，征地拆迁范围广所引发的群体性事件隐患和苗头上升的趋势，加强情报信息的搜集、分析研判工作，全面掌握了解辖区社情民意、社会治安动态，将治安隐患和不稳定因素消除在萌芽状态。2013 年，全局出动警力 8000 余人次，完成全国“两会”“3•23”海峡两岸马拉松赛、第 16 届石狮“海博会”、第七届闽台对渡文化节暨蚶江海上泼水节、中共十八届三中全会等一系列安保任务，实现各项安全保卫工作“零事故”“零发案”。

【抢险救灾】 市公安局作为石狮市政府抢险救灾指挥部成员单位之一，是应急处置工作主要力量之一，负责指导、组织、协调全市公安民警、公安现役部队和社会力量加强治安管理和安全保卫工作，预防和打击各种违法犯罪活动，维护社会治安和道路交通秩序，协同有关部门全力开展抢险救灾工作。先后制订《石狮市公安局社会风险防范应急预案》《石狮市公安局防范处置 H7N9 禽流感疫情可能引发的突发事件工作预案》《石狮市公安局地震应急预案》《石狮市公安局防洪防台风应急预案》等应急处置工作预案，有效控制和遏制各类灾害发生，保障群众生命财产安全。

（王丽明撰　郑平仕审）

交通安全管理

【概况】 2013 年，石狮市交通管理大队总接警数 15604 起，日均 42.7 起，死亡数 35 人，受伤 220 人，直接经济损失 164800 元。发生重大事故逃逸案件 11 起，侦破 11 起，侦破率 100%。

【交通管理】 2013 年，石狮市交通管理大队查处各类交通违法行为 110625 起。重点查处的严重交通违法行为有：酒后驾车 1698 起，醉酒驾车 1322 起，摩托车超员 8243 起，客车超员 156 起，货车超载 8386 起，疲劳驾驶 254 起，涉牌违法 9350 起，涉证违法 12715 起，渣土车违法 1361 起；车驾管业务办理：车管业务共办理新车注册登记 14929 辆次，核发检验合格标志 98319 辆，转移登记 57 辆，注销登记 94682 辆，变更登记 16129 辆，补牌、补证、补登记证书等其他业务 1618 辆；驾管业务方面：共办理补证换证 14259 人，年检 495 人，审验 550 人，满分学习 420 人，注销 434 人，新培训 24102 人，注销恢复 263 人，补录驾驶人数据 38301 人。

【交通安全宣传】 交管大队出动宣传警力约 3950 人次，“五进”宣传进入学校、村居、企业等个数 1580 个，印发宣传资料 20 万份，制作宣传展板 10 套、挂图 100 张，发送手机短信 70 万条，先后组织 2 万多名违法驾驶员参加学习教育。在各级媒体中共刊发宣传报道稿件 617 篇，《给力质量交通　助推长远发展》专栏刊登 48 期，省级以上媒体 114 篇。

【交通安全保卫勤务】 2013 年，石狮市交通管理大队完成各级警卫和开导 180 场次，出动警力 987 人次，出动勤务车 412 余辆次，先后完成海峡西岸（首届）马拉松比赛、第 16 届石狮“海博会”、省级文明城市考评、第七届闽台对渡文化节暨蚶江海上泼水节等重大活动交通安全保卫任务 28 场次；开展交通安全综合整治大会战，排查事故多发点段，确定 140 处事故多发点段和隐患点段，专题报市政府审批并进行整治。

【完善道路交通安全设施】 2013 年，石狮市交通管理大队建设改造道路 46 项，打通断头路 3 条，新增道路里程 31 千米，道路“白改黑”41 千米，配套设置更新红绿灯 45 个、设置电子警察 15 套、设置中央隔离护栏 25 千米，机非隔离护栏 36 千米，新建公共临时停车场 3 个，增加规划道路临时停车位1818个，打造城市绿波带，提升交通智能化水平。

【推进“文明交通行动计划”】 2013年，石狮市交通管理大队组织开展“大走访”开门评警、“四下基层”活动、案件回访和执法质量跟踪监督调查等工作，组织走访警力8045人次、走访1058个单位、走访家庭2000余户，召开社会各界代表座谈会28场次，社会各界参加座谈交流523人次、征求意见建议296条，提升全民交通安全素质。

（蔡良杰撰　许伟雄审）

公安消防工作

【概况】 2013年，石狮市消防工作贯彻“预防为主，防消结合”的方针，以贯彻落实国务院《关于加强和改进消防工作的意见》和《消防工作考核办法》为主线，以开展“清剿火患”战役和大排查大整治活动为核心，提升消防工作社会化水平和灭火救援战斗力，最大限度地减少火灾隐患和火灾带来的损失。全年发生火灾289起，死亡4人，受伤5人，直接财产损失258.13万元，未发生较大以上火灾事故，全市火灾形势总体平稳。2013年度，市消防工作被泉州市政府评为优秀。

【消防责任体系建设】 2013年，市政府召开3次全市消防工作联席会议，与各级各部门签订消防工作责任状，统筹推进火灾防控工作、网格化管理和“三合一”排查整治等工作。市政府调整充实“三合一”整治办人员；部门联动合力更强，市综治办将消防安全工作纳入市2013年度镇（街道）社会管理综合治理工作的考评范围。市公安局创新出台《石狮市公安派出所消防监督工作规定》，将消防工作纳入工作例会的重要议题，对派出所消防工作指标进行周排名、月通报；火灾防控基础建设更牢，市政府将消火栓建设工程纳入市政府2013年为民办实事项目抓落实，新增消火栓228支。在凤里街道宽仁社区、湖滨街道新湖社区等10支消防志愿队开展试点建设。

【消防工作社会化】 整治消防违法行为，持续开展“清剿火患”战役，组织集中清理违章搭建彩钢板临时建筑及人员密集场所门窗设置影响逃生灭火障碍物、“三合一”、出租屋等专项行动。2013年，市消防大队检查单位1545家，督改火灾隐患3509处，提请政府挂牌督办重大火灾隐患4家，临时查封47家，责令三停42家，行政拘留6人，罚款118.83万元，拆除违章彩钢板违章建筑895平方米，拆除门窗障碍物227平方米。全市整治“三合一”场所2167家；探索消防安全管理新思路，强化消防监督员挂点联系街道乡镇制度，加大指导力度，推动街道乡镇开展日常消防工作；通过社会单位消防安全户籍化管理系统建立一户一档，100%的消防安全重点单位实现信息化消防安全自我管理，每季度落实三项申报备案制度。联合新闻媒体不定期曝光火灾隐患；注重提高全民消防安全素质，消防大队自主拍摄《消防志愿者》微电影及3部消防公益广告。先后举办3场大型“生命安全通道体验活动”“认识火灾、学会逃生”“119”主题宣传活动，深入汽修、银行、移动等行业单位开展消防培训25场次。组织对全市派出所近百名社区民警、石狮消防志愿者、社区网格员进行集中业务培训，对1600名消防安全从业人员进行岗前培训。

石狮市湖滨街道新湖社区举行消防演练　（图/摘自《石狮日报》）

【加强消防装备建设】 加强消防营房装备建设，市政府在石狮市纺织服装产业发展基地内选址约3公顷用于建设石狮市综合应急救援大队和特勤消防站。2013年，采购1辆压缩空气泡沫车、1辆多功能抢险救援车及一批特种、常规器材装备。新到位一辆重型泡沫水罐车和101米登高平台车，加强实战演练，消防中队开展“六熟悉”、实战演练，完善台风、地震、化学危险品泄漏、群体性事件等17份综合应急联动预案。市政府组织开展多部门联合开展地震、液氨泄漏、大型化工等处置演练3次，跨区域联合演练2次，加强消防队伍建设，蚶江消防中队由政府专职消防队改为现役公安消防队，进一步提高队伍的整体战斗力。2013年，全市接警出动1159起，出动警力9218人次，抢救、疏散被困人员270余人，抢救财产价值5323万元，得到人民群众的赞誉。

（颜旦旦撰　黄志强审）

公安边防工作

【概况】 2013年，石狮边防大队开展打防管控、打假、追逃等专项行动，加大对影响群众安全感的抢劫、抢夺、盗窃等多发性侵财案件打击力度，以石湖三警联勤警务室、红塔湾旗舰警务室、祥渔联勤警务室建设为样板，做强做大警务室、船管站；依托蚶江、永宁两个出城卡口，构建全时段、全方位、全覆盖的治安管控模式，使辖区治安难点热点问题得到有效整治。2013年，立刑事案件703起，同比2012年1081起下降34.97%，破获刑事案件329起；发现受理治安（行政）案件1525起，查处治安案件1491起。抓获在逃人员59人，破获“许某某盗窃案”“4·24”系列吸贩毒案等重大案件。部署开展“净海”系列、清查取缔沿海非法油管等专项行动，先后开展集中统一行动28次，查获成品油案件159起1200多吨；清查沿海私设油管11处500多米，联合捣毁地下油罐41处43个、非法储油桶2处10个，查处“三无”（无船名船号、无船籍港、无船舶证书）船舶3艘、车辆118台。

石狮市祥芝边防派出所及时启动防台风预案，全力应对强热带风暴“康妮”来袭

（图/摘自《石狮日报》）

【互动警务模式】 2013年，石狮边防大队推广“1+2+3”矛盾纠纷联合排查调处机制、“阳光茶艺调解室”、《村情档案》、“车队服务中心”“警务订单”等创新举措等工作经验，探索建立以民意为导向的“互动警务模式”，组织开展“微博互动”“在线恳谈”等活动，不断提高警民双向熟悉率，辖区群众对边防工作满意率明显提升；联合共青团市委部署“关爱青少年‘一对一’结对帮扶”行动，建立结对帮扶长效机制，推动纳入社会救助体系。在“三访四见”大走访活动中，先后走访群众26682户136404人次，开通“便民服务热线”、设立“QQ警务室”、设立“爱民气象服务平台”等便民利民措施48项，协调争取医保、低保153个，共为群众做好事解难事办实事291件。

【闽、藏联创联建】 蚶江所创新推出闽藏党组织联创联建模式，援助巴嘎乡打两口闽藏“爱心水井”，带队赴藏参加竣工仪式和实地交流，创联建经验做法获评全省边防部队创建活动“优秀案例”一等奖，藏援建工作受到部局政委李乐民、总队领导的批示肯定，援藏干部刘彩洪获评全国公安机关学雷锋活动成绩突出个人，并作为边防部队唯一代表赴京受奖，受到国务委员、公安部部长郭声琨接见。

闽藏爱心水井竣工仪式在西藏阿里普兰县巴嘎乡美丽的狮泉河畔举行

（图/张军璞）

（郑健飞撰　李　杰审）

司法行政

【概况】 2013年，石狮市司法行政工作以服务发展为中心，以化解社会矛盾为主线，以强化基层基础建设为重点，发挥法律保障、法律服务、法律宣传职能作用，基层基础工作取得新成效，普法依法治理工作扎实推进，公证律师和法律援助、法律服务工作取得新进展，发挥新闻媒体的宣传主阵地作用，以石狮电视台“平安石狮”栏目为平台，录制播出“高墙之外的改造”“普法进行时”“法律援助——撑起一把公平伞”“暖心的公证”四

期司法行政专题宣传片，收到良好的宣传效果和社会反响。8月底，省司法厅副厅长赵闽阳到石狮市调研司法行政工作，对石狮市司法行政各项工作给予高度评价，称赞石狮是“泉州司法行政工作的缩影”。

【创新社会管理】 5月，市综治办、公安局、司法局联合印发《关于进一步加强人民调解与治安行政调解对接工作若干问题的实施意见的通知》，在全市各公安派出所（边防所）建立14个镇（街道）人民调解委员会驻派出所（边防所）调解工作室，搭建人民调解与治安行政调解的衔接平台，融入“大调解”工作格局。8月，启动社区矫正中心建设，探索创建集监管矫正、信息处理、应急指挥以及政法各部门协作配合等多功能于一体的新型工作平台。中心选址石狮市司法局办公楼附楼三楼，规划使用面积400平方米。

【矛盾纠纷排查与人民调解】

2013年，加强人民调解组织规范化建设。开展调解卷宗质量评查活动，并采取“一案一补”“以奖代补”“以案定补”的方式，对各镇（街道办事处）、各村居（社区）依法选聘并报司法行政机关登记在册的所有非公（专）职人民调解员发放误工补贴；开展石狮市首届十佳人民调解员评选表彰活动，配合市法院从人民调解员队伍中推荐、选任人民陪审员，做好预选对象的审查考核工作，培育和树立一批调解工作中的先进典型，利用广播、电视、报纸等主流媒体，加强宣传和推广，加强品牌效应，发挥先进典型的示范带动作用，扩大调解工作的社会影响，引导群众通过选择调解的方式解决矛盾纠纷；中秋、国庆“两节”期间，开展矛盾纠纷集中排查调处和对重点人员排查管控专项活动。2013年，全市排查各类矛盾纠纷4381起，调处3667起，调处成功3593起。其中，基层人民调解委员会排查民间纠纷775起，调处775起，调处率100%，调解成功763起，成功率达98.5%，为全市经济社会建设稳定大局做出贡献。

【社区矫正工作】 2013年，根据《社区矫正实施办法》《福建省社区矫正实施细则（试行）》具体要求，出台《石狮市社区矫正工作考核办法》，印发《2013年度石狮市社区矫正学习教育参考内容》，统一印制《石狮市社区矫正人员卷宗》。在泉州市司法局组织下，5月，市司法局考察组赴江苏省苏州市参观学习社区矫正工作经验，并通过每月基层司法行政工作例会、开展专项执法检查等方式，从调查评估、报到、接收、衔接、管理、考核、奖惩、档案等方面加强对司法所工作人员的指导、培训和监督，提升社区矫正工作队伍业务素质和执法水平，做到操作可行、风险可控，推进社区矫正工作规范化管理；8月，启动社区矫正中心建设，探索创建集监管矫正、信息处理、应急指挥以及政法各部门协作配合等多功能于一体的新型工作平台；8月30日，泉州市社区矫正工作现场推进会在石狮市宝盖司法所召开，省司法厅副厅长赵闽阳，社区矫正工作处处长肖仁辉到会指导，泉州各县（市、区）司法局分管领导及社区矫正科（股）长等近40人参加会议；2013年，全市接收社区矫正人员920人，解除543人，在册社区矫正人员377人；全年接受各地各级法院、监狱社会调查委托函219份，出具评估意见书219份，对207名社区矫正人员进行限制出境报备，并根据社区矫正人员违法违规违纪行为，做出警告决定书22份，提请行政拘留2人，提请撤销缓刑1人。

【安置帮教工作】 开展刑释解教人员排查走访专项活动。11月12日，石狮市委政法委等石狮市安置帮教领导小组成员单位组成慰问帮教团赴福建省未成年犯管教所对12名石狮籍未成年罪犯开展面对面帮教活动。2013年，全市接茬刑释解教人员519名，安置519名，安置率、帮教率均达100%，在册安置帮教对象1616人，纳入信息管理。

【普法依法治市工作】 加大“平安石狮”法制宣传力度。3月，市依法治市办在全市范围内开展综治平安建设法制宣传月活动；5月，结合第二届“关爱明天·普法先行”青少年普法教育活动，举办“电力杯”中学生法律知识竞赛活动，并选派人员参加泉州市青少年法律知识竞赛，获三等奖；12月4日，创新普法方式方法，在德辉广场以法律宣传和文艺演出、法律知识问答与互动等形式举办“12·4”全国法制宣传日活动;2013年,全市依法治市各成员单位积极开展“法律六进”活动,举办各种形式的法律咨询和服务活动140余场,印发各种宣传材料13万余份,到学校上法制课348课时。

【律师工作】 加强对律师队伍的监督管理,引导广大律师参与主要领导信访接待日活动和信访听证会,做好涉访涉诉纠纷化解;组建法律顾问团为市委、市政府制订政策法规建言献策,与百家企业“结对子”开展“法律义诊”,服务“质量石狮,二次创业”。2013年,全市律师事务所办理各类案件2511件,业务收费1152.4万元。

【公证工作】 石狮市公证处于2013年7月25日迁入石狮市便民服务中心,按照“福建省第七届(2012—2014年度)文明行业创建工作示范点”的要求,抓服务环境、服务状态、服务管理,规范上墙材料,更新办公设备,开通“12345便民服务热线”,进一步加强窗口建设和管理。派遣公证员参与全省公证业务学习研讨,提升公证员业务水平;10月22日,公证处公证员黄红丽被福建省律师、公证员高级专业技术职务任职资格评审委员会评为一级公证员,实现泉州市高级公证员职务任职资格零突破。2013年,公证处办理各类公证事项4355件,收取公证服务费2150821元。

【法律援助工作】 开展“法律服务到一线、司法行政促发展”主题实践和“法律援助为民服务创先争优年”等活动,兑现“三必”承诺,做到应援尽援,开展弱势群体各类维权工作。8月,以法律援助条例颁布实施十周年为契机,开展法律援助宣传活动,不断提高法律援助制度社会知晓率。注重理论研讨工作,福建醒狮律师事务所律师陈奕健撰写的《新刑事诉讼法下法律援助律师的新思考》一文,获司法部“2012—2013年度法律援助理论研究征文活动”优秀奖,系泉州市唯一获奖作品。贯彻落实新修订的《中华人民共和国刑事诉讼法》,与公、检、法部门加强协作,开创石狮市刑事法律援助工作新局面,成效凸显:2013年市法律援助中心办理刑事法律援助案件288件,占全年案件总数70.3%,同比增长300%。全年市法律援助中心共办理法律援助案件410件,同比增长22.4%,为受援人挽回损失567.3万元。“12348”法律服务专用电话接受法律咨询电话1680次,接待来访群众329人次。

【基层法律服务】 开展全市基层法律服务所专项检查活动。做好2013年度法律服务所、法律服务工作者年检初审工作,全市共有中心法律服务所、凤里法律服务所、祥芝法律服务所等3家基层法律服务所,基层法律服务工作者18人通过福建省司法厅年检注册。全年代理诉讼事务100件,非诉讼事务40件,业务收费30.22万元。

【司法所规范化建设】 作为泉州市首批必须于2013年实现辖区内全部司法所达到福建省司法所规范化标准的县(市、区),3月,在全市范围内开展规范化司法所创建活动;8月,市司法局组织机关各业务股室人员,对全市各司法所进行规范化司法所创建检查。2013年,基本实现全市规范化司法所全覆盖;9月,泉州市司法局举办全市司法所长培训班,其间组织泉州市160余名司法所长分两期到石狮市宝盖司法所现场观摩司法所规范化建设。

(吴棉棉撰 李毓熙审)

（图/摘自《石狮日报》）

人民武装

【概况】 2013年，石狮市人民武装部以强军目标为统领，从严治军转作风，加强思想政治建设、拓展军事斗争准备、融合军地发展、依法科学管理、推进现代后勤建设。武装部基础建设稳固，部队管理安全稳定，作风建设扎实稳健，发展态势稳步提升。被省军区表彰为“规范化建设先进单位”，被省军区政治部表彰为“新闻报道先进单位”。

【铸牢强军之魂】 2013年，石狮市人民武装部领会中共十八大精神，按照“六有”的要求，全程监督教育，确保“四落实”，通过“坚定信念、铸牢军魂”教育，干部职工进一步坚定听党话、跟党走的信心决心；通过“学习贯彻党章、弘扬优良传统”教育，党委班子更加坚强，部队更加绝对忠诚、纯洁、可靠。

【抓好民兵政治教育】 2月，抽调《石狮日报》、电视台及部分优秀新闻报道骨干12人，成立新闻宣传报道小组，通过运用鲜活的新闻媒体素材教育官兵，进一步强化各级民兵党组织坚决听中国共产党指挥的最高政治要求。

【开展“读经典、学哲学”活动】

2013年，石狮市人民武装部制订读书学习计划，规定每人每月读书不少于1本，要求读书有体会，书本有眉批；为保证读书读经典，投入1万多，为每名干部职工统一购买经典哲学书箱20本。

【战备工作常态化】 2013年，石狮市人民武装部从严落实战备值班、请示报告、战备演练和战备物资管理等制度。投入10余万元为灵秀镇森林灭火分队配备灭火器材，投入20余万元购置液压扩张器、撑顶器、升降照明灯、担架等抗震器材，充实完善指挥器材和战备物资。

【规范化建设】 2013年，落实各项规章制度，正规“四个秩序”。定期召开部党委会、办公会，严格落实组织生活制度；抓好新条令的学习贯彻，不断强化干部职工的条令意识、法规意识，落实每日交班点名，集体活动考勤，每周考勤讲评，形成靠制度抓管理、用制度管人管事的良好风气。人武部“四个秩序”比较正规，没有明显违规违纪的人和事；先后投入80多万元，完善值班室、武器库、保密室、财务室和营院的安防设施和监控系统，武装部内部形成全方位、立体式的安全防护网络，保证营院的安全；注重抓基层规范化建设，全市9个镇（街道）基层武装部，8个实现全面达标；N个民兵营，除15个村（居）办公场所因拆迁改造不具备条件外，全部实现新“五有”要求。被省军区评为规范化建设先进单位。

【信息化建设】 2013年，投入200余万元，建立光纤传输、视频会议、国防动员网、民兵短信平台、数字电台、有线电话等通信手段，为完成大规模作战指挥提供有力支撑，通过组织人员参加演习、参加各类专业集训，不断增强作战指挥信息化水平。完成本部通信机房迁移改造，为每个办公室建立2条网络，购置7台计算机用于训练和无纸化办公；建立民兵信息查询平台，提高对民兵预备役人员的管理水平；购置移动和固定相结合的超短波数字电台，信号在辖区内全域覆盖，构建市、镇、分队三级指挥网，实现指挥实时化、数据保密化。

【加大军事训练力度】 2013年，围绕使命课题作战筹划、组织指挥、协同控制和本级本岗位应知应会知识与技能，组织本部干部参加军分区首长机关训练，提高干部军事理论知识和军事技能水平；组织全市专武部长参加军分区组织的集训，对新任职的专武部长制订详细的培训计划，实行脱岗训练、考核。组织优秀骨干参加通信、观察等专业集训，提高民兵骨干组训能力。制订民兵年度训练计划，围绕提高应急应战能力，以防空作战、目标协防、保交护路、应急维稳、物资供应、战场管制等为重点内容，狠抓专业技能、组训任教、分队行动、指挥协同和作战支援使命课题训练，完成民兵信息员（145人1天）、民兵哨所（10人10天）、防汛分队（30人5天）、对空观察哨（10人5天）、医疗救护分队（25人5天）、船运分队（100人5天）等的民兵训练任务，提高后备力量遂行多样化任务的能力。

【完成民兵调整改革任务】 2013年，从严规范编兵秩序，走实整组每个步骤，申请在泉州海洋学院和石狮富贵鸟集团公司成立高校、企业武装部，走出由区域编组向行业部门拓展的路子；率先走开无纸化整组的路子，投入3万余元，专业聘请部队转业干部开发软件，建立石狮市基干民兵信息化平台，采集个人信息表2400份，录制视频资料20余段，制作页面2800多页、动画300多幅，实现民兵信息全部入网、点击查询。

【完成征兵任务】 针对征兵时间由冬季调整到夏秋季，可能出现“当兵冷、征兵难”的问题，坚持深入人才市场、深入社区家庭、深入大学生心里，宣传系列优惠政策，保持适龄青年应征热情，新兵整体素质比往年有较大幅度提高，征集的新兵中有大专以上文化，占任务数的45%（福建省为32%、泉州市为38%）。

【推进军民融合式发展】 2013年，注重规划计划的顶层融合，研究制定《关于深入推进国防后备力量建设的意见（2013—2015年）》，明确后备力量三年建设的基本思路和目标要求；注重基本设施的集约融合，整合教育培训功能，与石狮市党校、教育培训机构一起筹建民兵教育训练中心，力争2014年完成立项、2015年动工建设。

【组织党管武装工作绩效考评】

2013年，按照泉州军分区党管武装绩效考评的标准，组织对基层进行绩效考评，将考评结果以图表的形式进行通报公布。这项工作推动成效明显，基层单位重视，推动党管武装工作的落实。

【双拥共建活动】 2013，发挥联系军地的桥梁纽带作用，协调驻军和民兵预备役人员参与地方急难险重任务、小城镇建设、精神文明建设和新农村建设，在省双拥模范城“六连冠”考评中，主动协调、积极配合、全程参与、大力支持，得到军地领导的一致好评。

【开展“办实事”活动】 2013年，开展“解难题、办实事、见成效”活动，先后受理17件官兵所在部队的调处函，受理8起官兵家庭涉法问题，及时协调地方政府和市法院军人维权庭，最大限度保障军人军属合法权益，做到件件有落实、事事有回音；以推进现代后勤建设为契机，投入30余万元给21套公寓房开通天然气，完善家属楼的安防设施和晒衣场，改善武器库值班人员住宿条件，重新整修3个公共卫生间，干部职工的生活条件有新的改善。

【对石狮籍营连主官慰问】 2013年，对军区部队4名石狮籍基层营连主官进行慰问，在上级规定的标准的基础上，每人提高1000元慰问金。

【道德模范评选活动】 8月，采取召开任务部署会，传达分解任务，组织第四届全国道德模范评选活动，网络投票16000人次，纸质投票45000张。

【秩序正规】 2013年，严制度正规部队秩序，坚持落实“每月一教育、每季一排查一分析、半年一警示一总结”的工作机制，落实层层签订“三防四反”责任书。并根据任务变化和季节转变，及时组织召开安全形势分析会，查找安全隐患漏洞，消除不稳定因素。确保安全管理有法可依、有章可循、责任到人、秩序正规。

【保密工作】 2013年，开展“四个一”活动，及时掌握干部职工思想、行为动态，确保干部职工思想稳定。开展保密隐患“大扫除”活动，对机房、值班室和办公室进行拦网式检查，对存在问题限时、专人整改，消除保密安全隐患。组织开展“学法规、明职责、严纪律、正秩序”活动，干部职工条令意识和纪律观念得到加强。组织“百日安全竞赛”活动，并将其作为年终个人评功评奖的重要依据，推进安全工作有效落实。

【安全教育】 2013年，坚持季节变换、任务变动、重大活动及时组织安全教育；结合上级安全通报，及时组织干部职工学习剖析事故案件，查找安全隐患，确保警钟长鸣。组织对本单位重要岗位人员和10名民兵哨员政审，确保人员政治纯洁可靠。

（陈犬华撰　齐建伟审）

人民防空

【概况】 2013年，石狮市人民防空坚持“长期准备、重点建设、平战结合”的方针，贯彻与经济建设协调发展、与城市建设相结合的原则，落实《中华人民共和国人民防空法》《福建省人民防空条例》的要求，实现人防建设的新发展，被评为全省人防工程建设和管理先进单位。

【城市防空袭预案】 2013年，根据人民防空性质、任务，进一步规划修编石狮市人民防空袭预案，加强防空防灾一体化建设进程。遴选上报全市人防重要经济目标的调查摸底，完成全市33个重要经济目标防护单位的确认工作，并下发重要经济目标建设管理相关规定，根据目标单位性质、等级要求编制各自防护方案、成立领导机构、组建对口专业队伍，实施组织演练，不断增强自身防空防灾、突发事件应急处置力。全面提升城市整体防护及抗毁能力。在人口疏散地域建设上，人防办重点规划和设计可容纳1万人以上的地域；建立疏散基地指挥部，协调有关部门拟制战时应急方案，完善电力供给、供水管道、有、无线通信建设以及简易住处搭盖，物质供应，卫生防疫，食品供给等，对疏散接收地域的道路、环境卫生进行整治，完善相关的文件资料档案，拟订疏散接收方案，拟确定疏散接收户数并开展试点工作。

【信息化建设】 石狮人防办坚持“以战为主”的理念，加强人防通信及信息化建设工作。2013年，重点加强人防应急指挥通信平台的建设工作。与石狮市人武部配合建成石狮市防空防灾一体化无线应急指挥通信系统。在石狮境内独立设置超短波中转台2处，在9个镇（办）人防工作站及人防专业队伍分别配置无线对讲机5部、固定值班台1台、移动车载台1台，并全部配上备用电源，在石狮市境内有、无线通信，电力全部中断的情况下发挥作用，形成平时固定台值班，移动车载台机动指挥，一线应急抢险抢修分队持手持机的格局。率先在全省实现区域内防空防灾应急通信的全覆盖，为防空防灾应急救援工作提供可靠的指挥通信平台。

【防空警报】 2013年，新增防空防灾警报器4台，其中7500瓦大功率电动警报器2台，4500瓦1台，2000瓦1台，分别安装在宝盖山103高地、服装城、宝盖鞋城、人力资源大厦等地。对全市无线警报控制中心及终端控制设备进行硬件升级换代，并率先在全省新安装多媒体防空防灾警报报知系统，防空警报音响覆盖率和空情报知能力都有很大的提高。石狮市防空警报鸣试日为每年9月1日。安装电动、电声及机动警报器28台，覆盖市区及沿海各镇，全市警报声响覆盖率达95%，通过12次警报试鸣，均取得成功。为确保防空警报系统拉得响、听得见，全天候处于良好的战备状况，人防办在加强防空警报设施建设的同时，不断完善各项警报设施的维护管理制度，先后制定下发《石狮市防空警报设施设备维护管理标准》《防空警报设施设备管理人员职责》《鸣响警报故障登记制度》等一系列管理制度，并配合警报器厂家每年对全市警报点进行逐一排查和故障维修，在每年9月1日警报试鸣日之前都组织一次警报点管理人员集中培训并制订一套在无线控制失效情况下保障人工应急处置办法，确保防空警报鸣响设施设备万无一失。

【行政审批】 2013年，人防办服务窗口受理防空地下室易地建设项目69件，受理防空地下室就地建设项目24件，应建人防地下室面积118625.73平方米，竣工验收2件，面积4415.66平方米。收缴易地建设费516万元。

【人防工程建设】 2013年，人防工程建设做好规划与城市总体规划的同步相衔接共发展，科学布局合理开发利用城市地下空间，推进公用人防工程建设，出台2013年人防工程建设蓝图，并把城市人防工程网格化管理和建设纳入人防工程建设蓝图中。对重点区域实行重点规划，重点监督，重点管理，确保人防工程分布合理，质量到位；严把人防地下工程质量关，在2013年24件人防工程图纸审核过程中，严格图纸会审，精准计算应建“结建”面积，合理布局防护单元，功能用房，并要求设计、监理施工单位要按时间节点报送工程进度情况；把好质量关，2013年下工地检查监督人防工程建设工地102人次，验查发现问题385个，勒令整改项目38项，直至完全符合标准方可验收通过；建立档案制度，对验收工程做好资料数据的收集整理，做到一室一档，随时查阅。全市人防地下工程99个，面积41万平方米，其中市区35万平方米，沿海五镇5.3万平方米，普通地下室50个，面积20万平方米，城区人均拥有掩蔽面积达到1.48平方米。

【依法行政】 2013年，继续对人防易地收费标准、“结建”工程和人防各种设施设备管理工作进行执法检查。从内部管理着手主动与住建部门协调，与审计部门配合，核对应建人防工程项目，现场走访建设单位，对建市初期因个别种种原因存在易地建设费减、免、缓的工程责令限时补缴；对“结建”工程不按规范建设地下室责令进行重新整改和按标准规定补交易地建设费。在执法中坚持做到“五个不”和把好“五个关”，规范行政审批和行政执法行为。

【组织机构】 成立石狮市人防工作领导小组，组长由市政府分管人防的副市长担任；下设办公室和8个职能组，分别由市武装部、人防办和市直单位职能部门组成。沿海5个重点设防镇及市区两镇两办（宝盖、灵秀、凤里、湖滨）全部成立人防工作站，站长由各镇（街道）武装部长兼任，配置1—3名相对固定人员负责日常辖区人防事务管理工作；2013年，健全全市33个重要经济目标的联络员机制；给每镇办人防工作站配备应急无线指挥通信系统，应急逃生救援设备、人防统一服装等。

【准军事化】 2013年，人防办建设准军事化机关，建立健全人防日常管理规章和战备值班制度，加强政治理论学习和作风纪律建设。在福建省和泉州市组织的人防知识竞赛和办公自动化比赛活动中，多次获得好名次。

【结对扶贫】 2013年，市人防办深入锦尚镇深埕村、凤里后花村进行实地考察，了解扶贫结对村（对象）的基本情况，并送去深埕村扶贫资金2万元，后花社区结对帮扶对象许木通3000元。

【人防法规宣传】 2013年，先后在人防报纸杂志及网站刊登39篇人防宣传报道文章，在《石狮日报》专刊连载人防有关常识98期。多次进社区、学校、进行图版巡回展览活动；开设学校初中部军训日和人防知识教育课程日；邀请市4套班子领导、人大代表、政协委员及机关工作人员等，到指挥所管理中心参观石狮市人防地下工程。

【人防教育基地】 2013年，人防宣传教育基地接待离退休老同志8批次，接待人数365人；接待中小学生12批次，接待人数1650人；接待党、政、军机关团体共45批次，接待人数168人；展厅展示人民防空发展历程、人防法律法规、各导弹装备实物、人体类模型（防化、防毒、防辐射服、防毒面具）。人防宣传教育基地成为石狮市开展国防教育和爱国主义教育的阵地。

（王保卫撰　张英勇审）

支前　双拥

【做好拥军支前工作】 2013年，开展节日慰问活动，市委、市政府领导带队走访慰问驻石狮各部队及其上级机关，向部队官兵赠送156.6万元的慰问金、慰问品；举办军民联谊活动，春节期间举办石狮市第六届“双拥日”大型双拥文艺晚会和第七届“双拥杯”军警民心连心乒乓球邀请赛等军民共建联谊活动；赠送部队精神礼物。为驻石各部队订阅110份《石狮日报》。订制2000张新年双拥贺卡，向军地各界人士邮寄贺年；支持部队建设，2013年，市委、市政府各拨款100万元支持驻地（石狮）部队、驻地（石狮）部队基础设施建设，拨款50万元支持驻地（石狮）部队摩步营建设“科技练兵综合训练场”，拨款50万元支持驻军部队建设“四个一好”建设项目，拨款107万元支持驻石狮部队改善基础、文化、后勤设施建设；获新一届省级双拥模范城称号。

【落实各项优抚安置政策】 2013年，发放重点优抚对象抚恤定补款406.05万元。为优抚对象排忧解难，全年为优抚对象解决“三难”10余万元；完善义务兵家属优待金纳入财政预算工作，发放优待金459.03万元；做好退役士兵的安置工作，市民政局举办退役士兵创业培训班，组织开展退伍军人就业推介活动，为退伍士兵就业牵线搭桥，帮助他们与企业用工单位建立联系；做好军转干部和退役士兵重点安置对象安置工作，2013年接收部队军转干部按政策规定采取考试和考核相结合的办法，按比例分别妥善安排到相关岗位；接收的3名转业士官全部按政策规定给予安排工作；军休干部服务进一步规范化，春节、“八一”期间组织开展座谈及慰问活动，组织军休干部到华东旅游。

（林涌涌撰　王少勇审）

（图/摘自《石狮日报》）

综　述

石狮市是中国纺织工业联合会首批命名的中国休闲服装名城，获得“全国纺织产业模范集群”和“中国服装示范产业集群”称号、成为中国首批纺织产业先进集群。2013年获得“中国休闲面料商贸名城”和“中国纺织服装行业社会责任信息披露实践示范产业集群”称号。石狮所辖的灵秀镇、蚶江镇、宝盖镇、鸿山镇和凤里街道分别获得“中国运动休闲服装名镇”“中国西裤名镇”“中国服装服饰辅料名镇”“中国休闲面料名镇”和“中国童装名镇”称号。石狮市形成全国性的服装市场，是中国纺织服装最早的发源地和集散地之一。经过30多年的推动发展，石狮成为中国三大服装板块之一——闽派板块的中心城市，全市共有纺织服装企业3600多家、市场经营户超过20000户。2013年，纺织服装行业工业产值达700亿元，占全市的工业产值比重超过60%，市场经营额500多亿元，行业对城市GDP的贡献率超过65%。

工业企业运行

【概况】 2013年，全市完成工业增加值311亿元，同比增长13.5%，对GDP增长贡献率为60.2%，拉动经济增长7.5个百分点。规模以上工业销售产值768.7亿元，同比增长14%，产销率97.5%；其中纺织服装业完成销售产值394.1亿元，同比增长14.2%，占规模以上工业销售产值51.3%。全市规模以上企业共364家，工业产值788.7亿元，产值亿元以上企业155家，工业产值685.2亿元，占规上企业工业产值86.8%。

石狮工业形成以完备的纺织服装产业链为主导，以鞋业鞋材、印刷包装、五金机械、体育用品、食品饮料、电子信息为支柱的产业集群。2013年，第二产业增加值340.4亿元，占GDP 59.6%。全市规模以上工业总产值788.7亿元。

【纺织服装】 纺织服装产业一直是石狮最重要的优势传统产业。2013年，全市规上工业产值完成788.7亿元，纺织服装产业完成产值399.8亿元，占规上工业产值50.72%，继续主导工业支柱。以石狮为中心的、拥有国内最完整产业链条的纺织服装产业基地。产业集聚力强，包括服装企业7000多家、纺织企业1000多家、漂染后整理企业100多家、辅料企业1000多家。各行业特色鲜明，尤其是纺织和鞋服配件行业具有较强的竞争力。

石狮市纺织生产车间　　（图/周进文）

【鞋业鞋材】 仅次于纺织服装业的第二大产业。2013年，产值达到92.3亿，占工业总产值的11.7%。在国际市场具有一定竞争力，知名品牌包括富贵鸟、木林森、金迈王、豪迈、豪德盛、骆驼、公牛世家、富热、冠兴、金沙等企业。

【五金机械产业】 五金机械产业作为不断扩大发展的支柱产业，2013年，五金机械产业产值为30.9亿元，占工业总产值的比重为3.9%，较2012年上升1.7个百分点；华联服装配件企业有限公司等一批骨干企业的品牌知名度和竞争力进一步提升，为纺织服装及配件产业提供支持。

【电子信息产业】 电子通信产品具有国际市场竞争力，有1/3产品出口国外。近年来电子信息产业不断进行科学技术方面的学习和创新，并且引进和培育许多科学技术人员及队伍。2013年，电子信息产业产值为11.7亿元，通达集团、飞通通讯、鑫达工业有限公司等骨干企业的品牌知名度和竞争力进一步提升。

【食品产业】 食品产业是发展最为迅速的新兴产业之一。其中海产品加工业是石狮食品产业中最为重要的一环。立足于石狮靠海的地理优势，发展海产品加工业。2013年，食品产业产值为29.5亿元，占工业总产值的比重为3.7%；福建加多宝饮料有限公司、石狮海宝海洋生物化工有限公司、石狮市华宝明祥食品有限公司等100多家食品企业成为食品产业发展的支撑。

【体育用品产业】 2013年，石狮体育用品产业产值为14.2亿元，占工业总产值的比重为1.8%；以李宁(福建)羽毛球科技发展有限公司为首的一批骨干企业发展稳定。

【印刷包装业】 为石狮最近两年发展较快的产业，以高科技、智能型、现代化为目标，不断发展壮大，

锦尚镇企业生产车间(图/摘自《石狮日报》)

辅助石狮其他产业。2013年，印刷包装业产值为8.29亿元，占工业总产值的比重为1.3%；印刷包装龙头企业有石狮市富兴包装材料有限公司、石狮市锦辉纸品包装有限公司。

工业技术进步

【概况】 石狮市步入工业化中后期，转变经济发展方式、促进产业转型升级，时间紧迫、任务繁重、意义重大。坚持“稳一优二强三”的总体战略，重点突出发展第三产业，巩固和提升传统产业，加快企业技术创新和推进战略性新兴产业发展，是产业调整振兴的总体方向。

【固定资产投资】 2013年，完成全社会固定资产投资290.7亿元，同比增长25.3%，其中工业投资138.2亿元，同比增长30.8%。全市技术改造投资稳步增长。全年实施技术改造项目101个，完成投资45.2亿元。组织福建省石狮市通达电器有限公司等14家企业申报2013年省级企业技术改造专项资金项目，其中福建省石狮市通达电器有限公司获得500万元省级财政奖励；组织福建汇龙化纤纺织实业有限公司等21家企业申报市级技术改造，其中福建汇龙化纤纺织实业有限公司1家企业获得110万元市级财政奖励。2013年，新增市级企业技术中心3个。

【财政扶持】 获泉州市级以上其他财政扶持情况：组织富华纺织、特斯无纺布2家企业申报2013年中央财政地方特色产业发展专项项目，获得奖励资金150万元；组织裕通集团申报2013年省级电子商务专项项目，获得奖励资金300万元；组织泰鑫化纤、宏利染织、亨达利织造5家企业申报2013年省级节能与循环经济项目，获得奖励资金117万元；组织龙兴隆、三益、鼎盛等8家申报企业2013年市级节能与循环经济项目，获得奖励资金115万元；组织华韩(泉州)申报2013年市级工业设计中心项目，获得奖励资金10万元。组织多家企业申报扩大生产能力用电奖励项目，2013年共获得112.61万元奖励。

获本级财政扶持情况：落实2012年出台的惠企政策，共兑现奖励资金1193.5万元。

(高德森撰　林金场审)

建筑业

【概况】 2013年，办理施工许可项目206项，建筑面积517.171万

平方米，工程造价89.79亿元，其中房地产项目26项，建筑面积247.7232万平方米，造价45.16亿元；办理竣工验收备案项目78项，建筑面积132.297万平方米，工程造价15.34亿元，其中房地产项目9宗、建筑面积57.18万平方米，造价9.96亿元。

全市共完成公开招标项目130个，工程最高控制价35.4827亿元，中标价32.6065亿元，节约资金1.4370亿元，工程应招标率达100%。

【工程安全质量管理】 2013年，受理质量监督工程182项，其中房建工程141项，建筑面积388多万平方米，工程造价约700702万元，市政工程41项，工程造价约50965万元；工程安全监督申报182项，未发生重大质量安全事故；依托省厅"三网"系统，强化监管，规范各方责任主体行为，加强施工现场质量安全客体及质量安全责任主体、质量安全行为进行抽查，开展专项检查10次。

【建筑企业资质资格管理】 全市建筑业企业35家，其中总承包企业12家，专项承包资质11家，设计与施工一体化企业2家，预拌商品砼企业3家，劳务分包企业5家，造价咨询招标代理企业2家，检测机构3家，机械租赁企业3家。

2013年，新增总承包企业1家：石狮万弘工程有限公司；企业主项资质：市政公用工程施工总承包三级；总承包资质二级升一级2家：福建省泉发建设工程有限公司、福建省石狮市协和建筑工程有限公司。

加强建筑市场管理

【工程招投标监管】 2013年，全市共完成公开招标项目130个，工程最高控制价35.4827亿元，中标价32.6065亿元，节约资金1.4370亿元，工程应招标率达100%。

【查处违规建设行为】 2013年，按照法律法规规定，制止和打击未办理"建筑施工许可证"的违法建设行为。及时下发《催办通知书》及《停工通知书》，并约谈相关负责人。共受理未办理建筑工程施工许可证擅自施工案件4件(总计罚款42.94万元)。

【建筑节能工作】 2013年，贯彻落实推行新墙材工作，全市共征收新型墙体材料专项基金共111个工程项目，总计2469.5万元，退还新型墙体材料专项基金共8个工程项目，总计113.1万元；2013年，全市共征收散装水泥专项基金共113个项目，总计639.4万元，退还散装水泥0个工程项目，总计0元。

【大型居住社区施工管理】 加强项目建设期间的监督检查，大型居住社区建设单位严格执行施工图审查、工程质量监督、安全监督、竣工验收备案等管理制度。按照批准的初步设计文件和经审查合格的施工图设计文件实施，执行有关法律法规规定和工程建设强制性标准，保证建设施工质量安全；加强项目建设期间的监督检查，建设行政主管部门要会同其他有关部门定期对大型公共建筑工程建设情况进行检查，对存在的违反管理制度和工程建设强制性标准等问题，要追究责任，依法处理。

【建材行业管理】 石狮市新型建材协会由石狮市博士达新型建材有限公司董事长黄应朴任会长，协会共有会员16家新材企业。协会制定《行业自律公约》，实行新型墙材产品统一购销合同、购销合同报备制度，搞好行业自律管理，提高产品质量、进一步规范新材市场。

【建设工程获奖情况】 加强对创优工程、文明工地的引导。邀请泉州市工程建设质量管理协会专家到石狮市进行创优专门指导，并就加气混凝土砌块砌体的组砌及粉刷的施工方法进行论证；推动和扶持施工企业争创各级各类优良工程热情，利用节假日到施工现场指导，促进工程质量、安全文明施工水平提高，推动建筑市场的规范和健康发展。全市有7个工地获得福建省建筑施工安全文明标准化示范工地，10个工地获得泉州市建设工程安全文明标准化示范工地。

石狮市城北片区玉浦村安置(图/李荣鑫)

(傅森源撰　王春艺审)

2013年度福建省建筑施工安全文明标准化示范工地名单

表4

序号	工程项目名称	建筑规模（万m²）	施工单位	监理单位
1	石狮市长福社区改造工程	493485	中建三局第一建设工程有限责任公司	福建省建福工程建设监理有限公司
2	石狮国际轻纺物流交易中心一期第一阶段第一标段主体工程	318330	福建省闽南建筑工程有限公司	福建和盛工程管理有限责任公司
3	石狮国际轻纺物流交易中心一期第一阶段第三标段主体工程	154276	福建省第五建筑工程公司	北京中城建建设监理有限公司
4	石狮市医院新院工程(住院部、医技楼、门诊楼)	142854	福建省九龙建设集团有限公司	福州成建工程监理有限公司
5	石狮市湖光小区1#—4#、幼儿园、大堂入口、地下室	171457	福建省第一建筑工程公司	福建阳胜工程项目管理有限公司
6	石狮城北片区玉浦社区G地块安置房	137619	福建省第五建筑工程公司	福州弘信工程监理有限公司
7	石狮市平辉彩印有限公司1#、2#厂房，1#、2#仓库及宿舍楼、办公楼工程	28333	福建泉鑫建工有限公司	厦门兴鼎成工程监理有限公司

2013年度泉州市建设工程安全文明标准化示范工地名单

表5

序号	工程项目名称	建筑规模（万m²）	施工单位	监理单位
1	石狮市九二路长福社区改造建设工程	493485	中建三局第一建设工程有限责任公司	福建省建福工程建设监理有限公司
2	石狮国际轻纺物流交易中心一期第一阶段第一标段主体工程	318330	福建省闽南建筑工程有限公司	福建和盛工程管理有限责任公司
3	石狮国际轻纺物流交易中心(石狮国际轻纺城)	27582	福建省第五建筑工程公司	北京中城建建设监理有限公司
4	石狮市医院新院工程(住院部、医技楼、门诊楼)	142854	福建省九龙建设集团有限公司	福州成建工程监理有限公司
5	石狮市湖光小区	171457	福建省第一建筑工程公司	福建阳胜工程项目管理有限公司
6	石狮市平辉彩印有限公司1#、2#厂房，1#、2#仓库及宿舍楼、办公楼工程	28333	福建泉鑫建工有限公司	厦门兴鼎成工程监理有限公司
7	建德·南洋国际H地块工程	58934	福建省高德工程建设有限公司	漳州锦泰建设监理有限公司
8	建德·南洋国际G地块工程	149824	福建省高德工程建设有限公司	漳州锦泰建设监理有限公司
9	石狮市纺织服装产业发展基地一期A地块%#—9#宿舍楼工程	85064	泉州市亿民建设发展有限公司	福建省泉州建研工程建设监理有限公司
10	石狮市统筹织服装产业发展基地一期A地块1#—4#宿舍	102648	恒晟集团有限公司	厦门长实工程监理有限公司

（傅森源撰　王春艺审）

2009年投产的220千伏香山变电站(图/电力公司)

综　述

2013年，石狮市农业农村工作围绕“保供增收惠民生、改革创新添活力”目标，抓好农业结构调整，加强农业基础设施建设，推进农业科技创新，保持农业农村经济良好发展态势。2013年农村经济指标完成情况：农业总产值38.7亿元，同比增长0.8%；农民人均纯收入17952元，同比增长11.9%；粮食播种面积1439公顷，同比减少26.7%；肉蛋奶总产量2041吨，同比减少6.7%；水产品累计产量382953吨，同比增长1.1%（其中：海洋捕捞349533吨，同比增长1.0%；海水养殖33120吨，同比增长2.3%）。

种植业

【概况】 2013年，全市粮经比例由2012年的46.1：53.9调整为40.2：59.8；各种农作物播种总面积3579公顷，同比减少6770公顷。其中，粮食总产0.6361万吨；油料作物总产0.1130万吨；蔬菜瓜果类（含果用瓜）总产3.5649万吨；水果总产0.0761万吨，其中龙眼总产0.0303万吨。

【粮油作物种植】 2013年，全市粮食播种面积1439公顷，较2012年减少26.68%；总产0.6361万吨，同比减少33.75%。在粮食作物中水稻产量2536吨，甘薯产量3226吨，大豆（含杂豆）产量385吨，油料作物总产1130吨。

【新技术新品种推广】 2013年，石狮市加大农业“五新”推广工程力度，加快农业科技成果的推广应用，提高农业科技种植水平。2013年，建立12个农作物新品种试验、示范、繁育攻关基地，面积共58公顷，引进水稻、甘薯、玉米、大豆及蔬菜瓜果等农作物新品种51个；示范推广测土配方施肥、地膜覆盖栽培、微喷灌、大棚蔬菜栽培等实用新技术，其中完成测土配方项目第三次50个土样采集，1个田间“3414”试验、3个“2+X”肥效田间试验、1个微量元素（硼肥）单因子肥效试验，3个示范简比试验，技术示范片4个；提倡使用“超大”“农家阳光”等生物有机肥和“鸿盈”配方肥料，推广示范200多公顷；示范和推广百泰（唑醚•代森联）、除尽（虫螨腈）、阿克白（烯酰吗啉）、艾绿士（乙基多杀菌素）等“高效、低毒、低残留”新农药品种，建立示范134多公顷；推介新购置农机具32台套、节水喷灌设备36公顷。

市农办把优质甘薯良种苗免费赠送给农民　　(图/农办)

【有害生物疫情监测和防治】

2013年，石狮市开展病虫发生预警与监测、重大植物检疫对象防控、专业化统防统治和绿色防控等工作，有效控制农作物病害发生，保证全市农业生产安全。全市常设农业有害生物疫情监测点4个，组建植保专业应急服务队2支(2013年度新组建1支)，实行综合防控，重点抓好红火蚁、番石榴实蝇、扶桑绵粉蚧、木层孔褐根腐病等农作业有害生物疫情的调查、监测工作。全年免费配送1吨新型灭鼠剂，印发植保技术资料5000多份，培训指导人数140多人次，组织统防统治面积487公顷，未发生重大农业病虫害。

【专项检测】 2013年，石狮市农业主管部门检测“瘦肉精”2935份，其中：盐酸克伦特罗1054份，莱克多巴胺988份，沙丁胺醇893份，检测结果全部为阴性，继续保持瘦肉精检出率为零的纪录；抽检禽类血清1158羽份，家畜血清50份，合格率达到要求；抽检生鲜奶抗生素26份，三聚氰胺26份，检出率均为零；送检禽类磺胺类1份。“农残”例行抽检82批次、840个样本（其中水果抽检35批次，249个样本)，未发现不合格产品。检测水产品43批次，检测样品160个，未发现水产品中含有甲醛。

【蔬菜新技术种植】

2013年，石狮市加大优良蔬菜品种引进和推广，推行无公害栽培、大棚温室栽培、无土基质栽培等先进适用技术，发展反季节蔬菜生产，不断提高农产品的质量和效益。2013年，蔬菜瓜果类(含果用瓜)种植面积1650公顷，占总播种面积的46.11%。在种植过程中，试验推广根菜类、叶菜类、甘蓝类及瓜果类、葱蒜类等蔬菜新品种和测土配方、无土栽培、物联网应用等农业“五新”技术的应用，无公害栽培全面普及。如正源、海狮专业合作社各有雾培、基质栽培钢架大棚1公顷投入生产，建立无土栽培、气雾栽培等新技术示范，正源合作社列为省级农业物联网示范(实验)点；萌芽专业合作社2公顷简易钢架大棚投入生产；朗坤现代农业有限公司萝卜、炜业及萌芽等专业合作社的胡萝卜(sk4—316)大面积无公害栽培示范；扶持和发展旱作农业，全面运用测土配方施肥项目和推广节水节能技术，加快中低产田改造，提高水资源和旱地利用率。2013年，建立测土配方施肥示范片4个，建立冬种蔬菜示范片5个。

台湾名优特色水果莲雾在永宁镇新沙堤种植

(图/摘自《石狮日报》)

畜牧业

【概况】 根据规划，石狮市辖范围全部划定为禁养、禁建区，全市实施畜禽养殖污染整治，规模化畜禽养殖场已全部关闭。2013年，石狮市相关职能部门组织执法人员开展日常巡查和关闭畜禽养殖场的后督查工作，防止养殖回潮，对养殖场(户)进行动员，发放限期关闭通知，与业主签订自行拆除协议书，明确具体关闭日期，对列入整治范围的养殖户有计划地进行关闭。

【重大动物疫病免疫】 2013年，石狮市免疫家禽17.8万羽，家畜770头，应免畜禽的免疫率均达到100%。抽检禽类血清1158羽份，家畜血清50份，合格率均达到国家规定要求。

2013 年石狮市畜牧业生产情况表

表 6

指标名称	代码	期末存栏数	其中		当年出栏数	肉产量	指标名称	代码	数量
			能繁殖母畜	当年生仔畜					
一、大牲畜	1	100	80	20	82	8	肉类总产量	32	190
1. 牛	2	100	80	20	82	8	其中:牛肉	33	8
(1)黄牛	3	100	80	20	82	8	猪肉	34	18
(2)奶牛	4	—	—	—	—	—	羊肉	35	1
(3)水牛	5	—	—	—	—	—	禽肉	36	163
其中:奶水牛	6	—	—	—	—	—	兔肉	37	—
(4)牦牛	7	—	—	—	—	—	奶类产量	38	240
2. 马	8	—	—	—	—	—	1. 牛奶产量	39	170
3. 驴	9	—	—	—	—	—	其中:水牛奶产量	40	170
4. 骡	10	—	—	—	—	—	牦牛奶产量	41	—
5. 骆驼	11	—	—	—	—	—	2. 羊奶产量	42	70
二、猪	12	—	—	—	—	18	3. 其他奶	43	—
三、羊	13	120	120	—	60	1	山羊绒产量	44	—
1. 山羊	14	120	120	—	60	1	山羊毛产量	45	—
其中:绒山羊	15	—	—	—	—	—	绵羊毛产量	46	—
奶山羊	16	—	—	—	—	—	其中:细羊毛产量	47	—
2. 绵羊	17	—	—	—	—	—	半细羊毛产量	48	—
其中:细毛羊	18	—	—	—	—	—	兔毛产量	49	—
半细毛羊	19	—	—	—	—	—	蜂蜜产量	50	—
四、家禽	20	73000	—	—	130000	163	禽蛋产量	51	134
1. 鸡	21	22000	—	—	39000	48	其中:鸡蛋产量	52	45
(1)专用型蛋鸡	22	15000	—	—	26000	34	鸭蛋产量	53	89
(2)专用型肉鸡	23	7000	—	—	13000	14	鹅蛋产量	54	—
其中:黄羽肉鸡	24	—	—	—	—	—	蚕茧产量	55	—
(3)兼用型鸡	25	—	—	—	—	—	其中:桑蚕茧	56	—
2. 鸭	26	51000	—	—	91000	115	柞蚕茧	57	—
其中:蛋鸭	27	36000	—	—	60000	79	—	—	—
肉鸭	28	15000	—	—	31000	36	—	—	—
3. 鹅	29	—	—	—	—	—	—	—	—
五、兔	30	—	—	—	—	—	—	—	—
六、蜜蜂	31	—	—	—	—	—	—	—	—

海洋与渔业

【概况】 全市沿海10米等深线以内的浅海海域面积6107公顷，滩涂面积2078公顷，其中宜养浅海面积3053公顷，滩涂养殖面积769公顷，淡水面积295公顷，已养面积48公顷。2013年，全市水产品产量保持平稳增长，与2012年同期相比略有增。水产品产量382953吨，同比增长1.1%。其中，海洋捕捞产量349533吨，同比增加1.0%；海水养殖产量33120吨，同比增长2.3%；淡水产品产量300吨，同比增长2.0%。

【海洋捕捞业】 2013年，全市海洋捕捞349533吨，其中，鱼类30619吨，虾蟹类13885吨，贝类5766吨，藻类70吨，其他类23621吨。2013年，石狮市加大对钢质船修造补贴扶持力度，鼓励发展"高精深"水产品加工业。水产品出口价格明显回升，出口创汇增长迅速，调动渔民群众海洋捕捞生产的积极性。

【海水养殖业】 2013年，养殖水产品产量实现增长。全年海水养殖33120吨，其中鱼类31吨，虾蟹类372吨，贝类31646吨，藻类1071吨，其他类14吨。海水养殖业分别在深沪湾和泉州湾海域，养殖方式以浅海养殖、滩涂养殖、池塘养殖、工厂化养殖为主。

【水产品加工业】 2013年，水产加工品总量180429吨，产值316783万元，其中水产品冷冻品155452吨，产值178497万元，鱼糜制品及干腌制品20109吨，产值90299万元，藻类加工品619吨，产值9692万元，水产饲料(鱼粉)362吨，产值292万元。2013年，石狮水产品加工厂84家，水产品加工厂推广先进生产技术和新产品开发，创造新的经济增长点。

【水产苗种质量安全】 2013年，石狮市坚持"标本兼治、打防结合、属地管理"原则，多次开展水产苗种质量安全生产专项整治行动，打击在水产苗种繁育中违法使用硝基呋喃类药物、孔雀石绿、氯霉素等违禁物质的行为。

【海水鱼类苗种繁育】 石狮市的水产苗种场育苗品种以紫菜和鲍鱼为主，没有从事海水鱼类苗种繁育。石狮的海水鱼类养殖苗种来源途径为外地购买和海上捕捞。

【海洋渔业科技化】 2013年，石狮市通过"四化"(海水养殖生态化、海洋捕捞远洋化、水产品加工精细化、海洋渔业品牌化)提升海洋渔业。石狮市正源水产科技开发有限公司获"2013年度泉州市品牌农业金奖企业"称号；港顺和领航2家远洋渔业有限公司获批农业部渔业船网工具指标15个，有7艘下水，4艘船体合拢，实现远洋渔业零的突破。

现代农业建设

【概况】 2013年，石狮市农业部门用现代科学技术改造农业，引进和推广优质杂交水稻及其他农作物新品种，实施一批科技兴农实施项目，提高农业的科技水平；转变农业增长方式，以发展观光农业、休闲农业为突破口，利用城郊优势，将现代农业与旅游业结合起来，引导城市消费进入农村；推进无公害产地认定和产品认证，申请国家地理标志保护产品，优化农业发展环节，发展农民专业合作社，提升农民参与市场竞争能力。

【农民创业示范基地建设】 2013年7月，石狮市纳入第二批福建省级农民创业示范基地，遴选永宁镇作为基地创建区域，蔬菜作为示范基地主导产业。逐步发展都市特色蔬菜产业，建设都市休闲农业示范区。重点在协调用地、土地租金、基础设施建设、税收、农业产业化发展等方面给予基地政策支持与资金投入。通过开展农业招商、吸引社会资金投资参与基地内特色农业建设项目，推进农业产业化和农业综合开发，发挥其创业基地示范带动效应。2013年9月，基地内朗坤现代农业有限公司温控钢架大棚建设项目及海阔天空休闲农业有限公司设施水果温室大棚建设项目施工建设，整体示范基地主体创建区域发展态势逐步推进。

【无公害认证产品】 2013年，全市种植业无公害产地认定有3个(炜业、萌芽、朗坤)，认证规模84公顷；无公害产品认证3个(炜业胡萝卜、萌芽胡萝卜、朗坤萝卜)；福建省名牌农产品1个(正源"尚益源”胡萝卜)。其中,2013 年朗坤现代农业有限公司 21 公顷蔬菜基地获得福建省无公害农产品蔬菜基地的认定,萝卜产品获得无公害农产品的认证。正源果蔬种植专业合作社“尚益源”胡萝卜获得福建省名牌农产品。

【农民专业合作社】 2013 年,全市经工商注册的农民专业合作社 132 户,出资总额 7.87 亿元。社员总数 1752 人,其中农民成员 1673 人,带动非成员农户 3906 户,联结基地 1867 公顷。其中,全市新登记农民专业合作社 32 户,出资总额 4.10 亿元,比 2012 年分别增长 60%、203%。出资规模进一步扩大,出资总额在 100 万元以上的有 30 户,占新登记总户数的 93.75%。

农业综合管理

【概况】 2013 年,石狮市农业部门坚持以农业增效、农民增收为主题,进一步落实各项强农惠农政策;推进富余劳动力转移培训,强化农民技术培训;加强农产品质量安全监管,保障人民群众农产品消费安全;加强动监、农机、种子等方面管理,查处各类违法案件,保障农业的有序运行;加强农业经营管理,做好农经统计工作。

【落实惠农政策】 2013 年,石狮市农业部门下拨农业“四补贴”资金 242.78 万元;修复水利排洪设施和溪流疏浚资金 234.7 万元;渔业发展补助资金 58 万元;全市农业产业化、龙头企业、示范合作社及无公害认证扶持资金 186 万元;农业受灾补助资金 55.5 万元;发放渔船燃油补贴资金 4.33 亿元。

【农产品安全监管】 2013 年,石狮市加大农产品产地监管力度,强化质量安全宣传、蔬菜产地管理、生产环节监管、农业投入品监管、质量安全例行监测和监督抽查等工作,攻坚农产品质量安全目标,从源头把好农产品质量安全关。进行田间生产环节专项巡查 171 人次,加大对农药科学使用知识和病虫害绿色防控技术示范指导力度;组织与 25 家规模种植基地签订农产品质量安全承诺书,建立和规范安全生产管理制,提高产品基地化、规模化、专业化生产水平;组织果蔬“农残”随机抽样检测 78 批次、799 个样本、未发现农药超标现象;加强农资市场监管,全年出动人员 120 人次,开展“放心农资下乡进村宣传周”、春季农资打假保春耕专项行动、夏季百日及秋冬季农资打假等专项活动,打击非法添加、制售假劣农药和非法经营违禁农业投入品的行为。全年印制《石狮市农业投入品使用规程》户外广告 20 块,发放《农药科学选购与合理使用》《农产品安全生产基本知识》等宣传材料 5000 多份,举办农产品质量安全知识培训 1 次,无公害农产品认证培训 1 次。

加强畜产品安全监管工作,2013 年,全市未发生畜产品安全事件。针对活禽交易市场、屠宰场、养殖场、农贸市场等重点场所、重点环节开展监督检查、重点监控。2013 年,石狮市动物卫生监督所出动执法车辆 199 辆次,执法人员 648 人次,查处违反“动物防疫法”案件 1 起。2013 年,全市各定点屠宰场检疫生猪 403169 头,检出病死猪 60 头,均作无害化处理。

【农民培训】 2013 年,全市举办农产品质量安全知识培训 1 次,农技推广设备仪器使用培训 1 次,无公害农产品认证培训 1 次,农产品质量安全宣传月现场咨询活动 1 次,放心农资下乡现场咨询活动 1 次,组织参加全省性农村实用技术远程培训 12 次。

(洪晓微撰　杜越成审)

贸易·旅游

（图／颜华新）

招商引资

【概况】 2013年，石狮市招商引资项目56个，总投资金额470亿元，超额完成任务。其中，生产性项目41个，投资150亿元，主要集中在纺织服装上下游、海洋生物、节能环保、电子信息等领域；商贸服务类项目15个，总投资320亿元，占总投资68.1%，包括石狮世茂城市综合体项目、幸福新城等。提升石狮城市整体功能和品位，优化石狮产业结构；在第三届民营企业产业项目洽谈会上，石狮市上省台签约项目2个，投资总额140亿元；上市台签约项目4个，投资总额30亿元；在第17届中国国际投资贸易洽谈会暨首届福建省侨洽会泉州市分团项目洽谈对接活动上，石狮市2个项目签约，总投资额达3.5亿美元。

世茂摩天城 （图／颜华杰）

【宣传推介】 汇总更新2013年版《促进经济发展政策汇编》，重编《石狮投资手册》，以图文并茂的形式，展示石狮概况、投资环境、产业导向及重点园区，在各类展会、节会、推介会累计发放近5000册；先后组织参加泉州•深圳侨商投资项目推介会、2013年世界闽南文化节、第三届民营企业产业项目洽谈会、第四届世界闽商大会、第17届中国国际投资贸易洽谈会及国内外各类展会20余场；市领导带队，先后登门拜访中国旺旺控股有限公司、中国节能环保集团有限公司、新兴际华集团有限公司、科创控股集团等知名企业，开展政策宣传和招商推介。

【招商网站】 建立石狮首个专业招商网站——"投资石狮"，网站开设财经新闻、招商动态、走进石狮、产业招商、重点园区、政策法规等多个栏目，吸引近8000人次访问。设置招商洽谈室，全方位展示石狮的规划布局、交通路网和重点园区，为接洽来访客商、宣传石狮城市发展蓝图提供展示窗口。

【招商模式创新】 2013年，石狮市与中国最大的创业投资基金专业管理机构中科招商投资管理集团签订战略合作协议，服务于石狮市招商引资和产业提升发展，开启与国际一流创投公司合作的招商新模式。

（施滨滨撰　杨思恩审）

对外经济

【概况】 2013年，石狮市新批外资项目9个，完成外商实际到资（报表口径）43000万美元，同比增长15.4%，完成年计划108.9%；外商实际到资（验资口径）15098万美元，同比增长33.9%，完成年计划100.7%。全市自营出口总值20.68亿美元，完成年计划

115.89%，同比增长 25.18%，进口 36830 万美元，同比增长 44.53%。

【外经贸审批】 2013 年，石狮市受理外商投资设立变更事项 180 件，办理加工贸易审批批准证 91 件，办理对外贸易经营权登记（含变更）168 件。

【对外及港澳台贸易】 依托展会平台，鼓励企业走出国门，扩大自营出口，直接参与国际市场竞争。2013 年，宣传、引导并组织 10 家企业 20 个展位赴香港参加第四届“品牌泉州香江行”；组织全市 8 家企业 13 个展位参加 2 月美国拉斯维加斯服装展；8 家企业 15 个展位参加德国亚洲服装博览会；6 家企业 9 个展位参加 8 月美国拉斯维加斯服装展；17 家企业 21 个展位参加俄罗斯纺织服装展；3 家企业 4 个展位参加台北纺织展；11 家企业 21 个展位参加华交会；48 家企业 142 个展位参加广交会。扩大石狮品牌知名度，帮助企业开拓国际市场。

（施滨滨撰　杨思恩审）

烟草专卖

【概况】 2013 年，石狮辖区有卷烟零售客户 3300 多户，销售卷烟 3.56 万箱，实现税利 2.03 亿元。石狮烟草局党支部获“石狮市市直社会保障系统 2012—2013 年度系统先进基层党组织”称号；西区所部获评“先进职工小家”称号；辩论队获海峡两岸青年辩论赛团体“二等奖”、专卖队伍获泉州市烟草专卖局 2013 年度专卖管理人员岗位技能竞赛团体“三等奖”；员工获得“优秀工会工作者”“最佳辩手”“百佳企业员工”“泉州市烟草商业系统专卖管理技术能手”等个人表彰。

【烟草专卖网络建设】 2013 年，全面运用“四网合一”现代化经营手段，加强网络建设工作开展。持续开展网上订货服务，进一步提升网上订货质量；推进需求满足率课题实践，探索针对性的零售户服务模式；紧密客我关系，借助短信平台、QQ 群、微信群等载体，与零售客户进行实时互动交流，提高客户服务水平。

【烟草专卖零售许可证发放】

2013 年，受理新办许可证 345 户，办理停歇业 658 户，办理恢复营业 66 户，注销并公示各类失效零售户许可证 3480 本，取缔无证经营户 5 户、责令整改 27 户。对烟草专卖零售许可证的监管更加严谨，提升烟草专卖零售许可证的“含金量”。

【假冒卷烟查获】 2013 年，通过加强重点区域监控、加强联合打假管理、加强市场情报搜集三方面措施，开展卷烟案件经营工作。全年查获各类涉烟案件共计 157 起，包含简易案件 18 起、移送案件 7 起，案值计 1395 万余元；查获各类违法违规卷烟约 2429 件，查获制假烟机 1 台套，制假烟丝 1680 公斤。

查获一非法卷烟生产窝点
（图/石狮烟草局）

【涉烟违法案件处罚】 2013 年，查处各类涉烟案件 142 起，其中简易案件 17 起、移送案件 7 起。深挖网络案件，对辖区“烟酒行”“名烟名酒店”和“礼品回收店”销售假冒伪劣卷烟违法行为进行重点经营，查处特大跨国落地销售假烟网络案件 2 起，刑拘 11 人；强化综合治理，加强无证经营、合理供货管理，堵住大户向无证户供货的渠道，累计查处 2 名大户违法违规案件 6 起，打击大户违规卷烟仓库 2 个，查获各类卷烟 1100 余条，罚款 5 万余元；加强“一案双查”制度落实，处理相关案 12 起，对涉及的 56 户零售客户予以降量处理。

【企业文化】 2013 年，开展“德”文化新内涵的宣贯践行工作，促进企业文化落地生根。通过征集企业文化故事、开展“德”文化故事演讲比赛、举办“爱岗敬业”道德讲堂活动，传播文化正能量，树立典型，弘扬正气。创新活动载体，组织岗位人员培训，深化行为规范建设。加强企业文化阵地建设，扩大志愿服

树木绿地认养认植现场（图/石狮烟草局）

务队伍，参与义务植树、无偿献血、节能宣传等活动，开展结对帮扶活动，捐赠资金 3.47 万元。

【队伍建设】 加强“四能”队伍建设，开展内训师授课活动，提升内训师素质；通过组建卷烟鉴别兴趣小组、开展驻店助销经验分享等方式，提升员工的专项技能。2013 年，石狮烟草局有 16 名员工通过专卖、营销等岗位技能鉴定，1 人获得职业资格证。

（董弘毅撰 陈绵绵审）

粮油购销

【订单直补和收购工作】 石狮市根据《2013 年度泉州市对种粮农民实行直接补贴实施意见》文件精神，确定本地区粮食收购价格，挂牌收购，做到依质论价，与产粮户签订交粮合同；配合有关部门及时发放农民种粮补贴，做好收购创优服务，全面完成订单收购任务。2013 年，两季收购早晚籼谷 151 吨，比 2012 年增加 5 吨。

【粮食轮换】 2013 年，经市政府批准，轮换 2010 年稻谷 6237 吨，小麦 3162 吨，共计 9399 吨。该批粮食储存时间已达三年，品质储存控制指标已基本不符合国家质量标准，为有利于推陈储新，按照有关规定适时进行公开拍卖轮换，并在轮空期内及时购进稻谷 9396 吨。按时足额完成市政府下达的储备粮轮换任务及新增任务，做到轮出轮入及时、适时，减少财政支出。

【仓储保管】 实施“一符三专四落实”的保粮措施，粮食保管工作年年实现“双百”四无粮仓。通过大普查和几次自查，从粮食的质量、数量、品种等方面都属宜存粮。现存粮全部符合国家的储存标准，具有食用价值。对应急大米和应急食用油，每月定期检查，库存数量落实，质量良好。

【粮食仓储设施建设】 2010 年启动的石狮中心粮库项目，2013 年 4 月竣工验收。

【安保工作】 提高对安全生产的认识，粮食熏蒸作业做到按规范操作及做好安全区的隔离和巡查工作，保证每次熏蒸都不出任何事故。各基层单位进行自查坚持每月两次，仓库保管员实行“三天一小查，五天一中查，风雨及时查”的粮食保管查仓制度，发现隐患及时上报及时处理。2013 年，组织安保检查 15 次，通过泉州市粮食局组织“三年行动”考核验收工作，全系统五站一库一购销公司一加工厂均达到中等水平。

【加强粮食购销协作关系】 抓好常备粮食周转库存政策的落实，确保市场供应充足、秩序稳定。为稳定长期粮食供应体系，由领导带队组织储备粮轮换人员到江西、安徽进行早稻、小麦粮食产量、收购、价格等情况综合调研，了解粮食主产区粮食购销情况，为制定储备粮轮换政策提供翔实的资料，组织各类粮食经营企业参加各种粮食产购销贸易洽谈会。

【开展粮食供需平衡调查】 2013 年，采取抽样调查的方法，深入居民、农户家中进行粮食消费调查，到粮食经营企业进行粮食购销调查，到粮食转化企业进行粮食使用转化调查，为石狮的粮食供需平衡摸清底子，为政府制定政策提供依据；开展粮食收购市场、粮食流通统计、粮食仓储设施、粮食加工、粮油质量检测等监督检查工作，确保粮食市场供应稳定，粮油品质优良。

【做好军粮供应工作】 实行军粮供应工作“军供站长第一责任人”及“一批一检一报告”制度，为共建联队提供优质服务，全过程、全方位监督，杜绝一切不合格产品流入军供仓库，做到让各级领导放心，部队吃得安心；坚持送货上门，保证军粮供应及时，2013 年全年送货车次 100 多次。

【执行粮食质量新标准】 2013 年，石狮市对粮食系统，粮食骨干加工企业，骨干销售企业，执行国务院颁发的粮食质量新标准，开展粮食系统治理“餐桌污染”专项检查，重点检查大米加工企业 2 家，小麦粉加工企业 2 家，大米批发企业 6 家，食用油批发企业 3 家，军供网点 1 个，销售企业 6 家。所有粮食、粮食制品、食用植物油基本符合国家质量卫生标准，未发现假冒的放心粮油。

【实施粮食市场管理】 2013 年，提高粮食保管水平，根据“粮食流通管理条例”规定，帮助 13 家非国有企业做好台账报送工作，并敦促这些企业积极配合，按月按时报送月报表。

【应急系统健全】 形成应对突发事件粮食应急供应系统，有骨干粮食加工企业5家，日处理原粮480吨；骨干粮店33家；国有粮食企业7家；合理安排收支预算，严格预算管理，做好对应收账款的清理工作，重视日常财务收支管理，加强对全系统财务工作的监督。

【精神文明建设】 2013年，加强党风廉政建设，落实各项工作制度，奉献爱心，组织参与公益活动。走访慰问生活困难的职工5人、困难党员2人次，捐助3500元。对特别病号探望达3人次，慰问金3000元，并协助解决相关医疗问题。为8个在职人员遗属发放抚恤金30720元。为离退休协会提供活动经费3.8万元。

（邱清波撰　叶赛玉审）

旅游业

【概况】 2013年全市接待游客272.35万人次，同比增长13.6%；实现旅游总收入46.72亿元，同比增长14.6%。

永宁镇加快文化旅游名镇建设，启动永宁古卫城景区建设，先期启动永宁城隍庙闽台民俗文化街区、永宁古卫城部分城门城墙修复工程和永宁老街一期修缮整治3个项目，计划总投资1.86亿元。永宁城隍庙闽台民俗文化街区完成部分房屋征迁任务；永宁古卫城部分城门城墙修复工程完成部分城墙基础工程；永宁老街入选第五届“中国历史文化名街”，完成重要建筑普查登记。黄金海岸度假村加快改造建设力度，2013年，投入7500万元建设海语公园、滨海景观及其他旅游配套工程，举办沙雕艺术展吸引40多万人参观，旅游带动经济发展效应初步显现。祥芝镇推进宜业宜居渔港风情名镇规划建设，先期计划投资2亿元，启动古浮码头至龙海寺段海边栈道、美食观光街区、龙海寺至大山屿间度假休闲项目建设。2013年，完成可行性研究、环评、方案设计等；注册成立祥芝旅游开发建设有限公司。推动星•期•YI服饰创意博览园建设，首期改造建筑面积约12万平方米，总投资约3.5亿元，完成园区星光大道、美食街等街道及房屋改造，拟申报国家AAA级景区；推动工业旅游创建，石狮服装城、大帝集团、富贵鸟集团等单位加强参观路线规划、讲解员培训以及完善基础设施建设，2013年接待多批次的旅游团队参观购物；石狮市大帝集团有限公司与厦门建发集团泉州建发旅行社有限公司签署合作协议，双方同意在拓展石狮服装工业旅游方面进行合作；石狮市大帝集团有限公司、石狮市海百皇水产食品有限公司、石狮市华颐五金工艺有限公司、石狮市信德宏工艺品有限公司签署联合创建石狮市伴手礼旅游商品展销中心协议；扶持旅游企业，成立福建五洲佳豪酒店管理集团，旗下控股3家子公司。石狮荣誉大酒店“荣誉”品牌被认定为中国驰名商标，全国有20多家荣誉酒店(楼)连锁店。

永宁古卫城　（图／李荣鑫）

【旅游宣传推介】 贯彻“一县一节庆”模式，连续第七年举办闽台对渡文化节暨蚶江海上泼水节，台湾戏曲学院、台湾鹿港文教基金会100多人参访，闽台文化旅游交流进一步深化，蚶江对渡文化旅游圈逐渐成熟，吸引游客10多万人。海上泼水常态化迈出第一步，蚶江镇锦江村成立公司进行规范化运营，海边冲凉板房、休息区等基础设施初步建成，救生员、救生衣等安全措施到位。开展“美丽石狮你我游”系列活动，海上泼水项目常态化开始试水，接待多批次游客，策划两天一夜、精品一日游、海上泼水游、狮文化游、宗教文化游、自驾购物游等多种特色旅游线路，发展地接旅游；组织参加中国国内旅游交易会、泉州特色“伴手礼”展销会、闽南文化节台湾特色庙会、泉州“乡村旅游”厦门推介会等活动，推介石狮旅游资源，拓展旅游客源市场；北记食品、五叔公土笋冻、古浮紫菜和海百皇食品等多种特色小吃、土特产品入选特色伴手礼正式名录；指导旅行社组织游客参加2013年泉州品牌鞋服特卖会，推进服装城购物游；编印《石狮旅游手绘地图》《漫画石狮》《时尚石狮》等宣传资料(片)，分发到星级酒店、旅行社、长途汽车站等场所供游客免费索取；在《石狮日报》上设

《时尚石狮》宣传片(图/摘自《石狮日报》)

立“石狮旅游之窗”专栏，长期宣传旅游法、旅游安全知识、旅游景点等信息。

【A 级旅行社评定】 假日国际旅行社通过旅行社质量服务信用等级 AAAAA 级复评，获得国家第五批对台游组团社资格；环球旅行社获评 AAAA 级旅行社。

【旅游星级饭店评选】 全市星级酒店 14 家，其中五星级 3 家，四星级 5 家，三星级 6 家，新评 2 家五星级旅游饭店—爱乐皇冠假日酒店、绿岛国际酒店。

【旅游文化节】 第七届闽台对渡文化节暨蚶江海上泼水节 6 月 11—13 日在蚶江镇后垵澳古渡口举办。两岸对渡文化节精彩纷呈，海上陆地交相辉映。海上民俗活动有王爷船巡海、海上泼水、海上捉鸭、两岸龙舟赛等；陆上活动有石狮第五届中华灯谜艺术节、妈祖文化交流、闽台狮文化精品展、两岸青年歌舞晚会以及民俗表演、攻炮城、包粽子比赛等民俗活动；摄影采风大赛、刘以通水墨幻象艺术亮相法国戛纳成果展、曾成聪关帝人物画展等配套项目。

第二届永宁古卫城暨城隍文化节于 9 月 12—14 日在石狮市永宁镇举行，举办黄金海岸沙雕艺术展、“黄金海岸·永宁印象”导游之星电视大赛活动，游客们在“祈福同祥”两岸城隍会香祭典礼上感受城隍文化的魅力，观看“放飞梦想·多彩永宁”花样风筝表演及“乡音乡情”闽台地方戏曲展演；永宁举行两岸文化旅游战略合作签字仪式、永宁老街“中国历史文化名街”揭牌仪式、“黄金海岸·永宁印象”导游之星电视大赛颁奖仪式、老街邮册和《永宁民宅》发行仪式、中国领导干部书画研究院石狮分院和文化创意产业基地揭牌仪式、永宁文化旅游创意产业发展论坛等系列活动。

永宁故事会馆 (图/李少钧)

2013 年石狮市星级饭店基本情况表

表 7

星级	酒店名称	详细地址	镇办	联系电话
五星	建明国际酒店	金盛路东段	凤里	83879999
五星	爱乐皇冠假日酒店	东港路电信大厦	湖滨	83099999
五星	绿岛国际酒店	八七路 1247 号	湖滨	83899999
四星	五洲大酒店	振兴路 6 号	凤里	88566666
四星	建联大酒店	振兴路 133 号	凤里	88885199
四星	荣誉大酒店	八七路 858 号	湖滨	88885555
四星	豪富华大酒店	子芳路与九二路交汇处	湖滨	83958888
四星	泉冠酒店	金林路 25 号	湖滨	68881111
三星	新国泰大酒店	子芳路狮城帝苑对面	湖滨	88618000
三星	绿晶大酒店	九二路电力大厦	凤里	88552222
三星	星都大酒店	八七路 98 号	凤里	88586856
三星	东雅商务酒店	九二路 57 号	凤里	88667777
三星	东方巴黎商务酒店	市南洋路与八七路交汇处	凤里	83036666
三星	万佳东方酒店	市九二路东段 8 号	湖滨	36886666

2013年石狮市旅行社基本情况表

表8

等级	旅行社名称	详细地址	镇办	联系电话
AAAAA	假日国际旅行社	濠江路假日大厦	湖滨	88889209
AAAA	环球旅行社	八七路星都大厦	凤里	83012222
—	南方旅行社	富贵路11-19号	湖滨	88873666
—	阳光旅行社	八七路1899-1901号	湖滨	88588505
—	华侨旅行社	民生路236号	湖滨	88882859
—	石狮中旅社	九二路437号	湖滨	88889520
—	联亨旅行社	服装城南A幢1111号	灵秀	88784666
—	中旅旅游集散中心	市九二路437-479号	湖滨	83288198

（陈清良撰　黄明瑄审）

（图/摘自《石狮日报》）

综 述

2013年，石狮市辖内金融机构把握好稳中求进的工作总基调，贯彻实施稳健的货币政策，全面贯彻落实泉州市金融服务实体经济综合改革试验区总体方案，促进地方经济持续健康发展。

银行机构存贷款业务稳步增长，信贷资金运用充分。2013年，全市金融机构本外币各项存款余额654.35亿元，比2012年增长22.70%。本外币各项贷款余额493.56亿元，比2013年年初增加84.76亿元，比2012年同期多增16.93亿元，同比增长21.40%。本外币存贷比75.43%，同比降低0.8个百分点。1—12月，全市银行累计结汇256389万美元，同比增长40.84%，累计售汇54427万美元，同比增长20.14%，累计净结汇201962万美元，同比增幅47.69%。

保险保费收入增长较快。2013年，全市保费收入5.53亿元，同比增长31.35%。其中：寿险保费收入2.86亿元，同比增长28.91%；财险保费收入2.67亿元，同比增长34.17%。

证券交易企稳回升，新开户数、股票成交额同比略有增长。2013年，辖区证券公司开户总数5.65万户，同比增长10.78%；累计交易额1145.04亿元，同比上涨2.69%，其中股票成交额910.61亿元，同比仅增长0.01%，基本持平。

银行业宣传活动　　（图摘自《石狮日报》）

期货交易趋于低迷，成交量大幅萎缩。2013年，期货累计成交金额543.43亿元，同比下降52.88%，成交55.88万手，同比下降38.75%。其中：商品期货成交424.10亿元，同比下降50.28%，股指期货成交119.42亿元，同比下降60.23%。

小额贷款公司贷款业务稳步发展。2013年，辖内两家小额贷款公司累计发放贷款27.09亿元，贷款余额8.34亿元，服务120家中小企业，实现利润0.49亿元。

融资性担保公司、典当行经营稳定。石狮融资性担保公司3家、典当行6家。2013年，3家融资性公司担保余额12.5亿元，同比增长155.10%。

金融机构数量稳步增长。2013年，监管办上报行政许可事项初审意见表44份，其中，初审银行业金融机构筹建4家、开业4家、迁址2家、更名1家，全市金融机构总数达到125家，其中法人机构1家。

石狮“金改”

【推动金融产品和服务模式创新】 引进以服务中小微企业为核心的金融机构。2013年，新增海峡银行、泉州银行、民生银行小微支行、平安银行网络金融中心、民生银行海洋渔业事业部泉州海洋产业金融中心等入驻石狮市，为中小微企业提供更加专业、更多选择的金融服务。获批增设2家分支机构；搭建各类由金融助力中小微企业成长的支撑平台。促进中科招商集团等在石狮设立创新创业基金，该项目9月1日签约，种子基金加招商银行10年共40亿元资金支持的石狮市创新创业基地（石狮市高新区）项目落地；引进支持海洋产业发展的金融专业服务机构，10月24日，民生银行海洋渔业事业部泉州海洋产业金融中心等入驻石狮市；兴业银行近2亿元批发贷支持的纺织服装产业基地（中心企业创业园），时尚产业基金正与七匹狼投资磋商，石狮金融机构门类进一步健全，服务能力得到提升。

【扶持中小微企业发展】 与辖内民生银行合作，促成多个小微合作社，以合作社形式支持经济发展。2013年，启动信用社5个，发放贷款2.6亿元，受益农户130户。推出“基于石狮小微渔业企业和渔户融资难”而量身定做的创新担保贷款模式，典型的创新产品包括“亲情贷”和“流水贷”等。“亲情贷”完成放款100户，金额4500万元。流水贷余额3.64亿元，受益渔户数达到462户。推进法人机构创造差异化服务模式，石狮农商银行推行“金融便利店”进行弹性错时服务，推广标准厂房贷款，破解小微企业中长期融资难题，相继为89家小微企业发放1.8亿元的中长期标准厂房贷款，发放“小微贷”贷款余额6580万元；建行石狮分行作为总行“善融贷”首批试点行之一，结合石狮小微企业众多的特点结合实际，推出“善融贷”金融新产品，缓解小微企业资金压力，实现放款45户，金额5555万元；创新“公司+商户”联保贷款模式，农行小微商户贷款余额1.3亿元，受益商户38户；创新“无间贷”模式，辖内泉州银行累计办理无间贷129笔，金额达2.55亿元。

【推动石狮“金改”】 石狮法院率先成立金融审判合议庭，保障金融类债权；促“回批地”抵押贷款模式创新，增加可抵押物，提高银行融资额度，“回批地”抵押贷款余额为30112万元；促银协合作，发挥行业协会的作用，增加有效担保增加有效担保。由各类行业协会牵线搭桥达成的银行融资额超过100亿元；促政府直接投入，建立合理的中小微企业贷款风险分担机制。由政府投入1000万元与建行石狮分行合作的“助保贷”业务，发放“助保贷”17笔，合计金额6770万元；促电融平台搭建，介入新型“电子商务+融资”平台，与建行总行“善融商务”合作的“石狮商品汇”实现商户接入近809户，实现交易2.36亿元，发布商品8000多件，对电商商户及买家个人融资13.65亿元，并已完成10笔善融商城小企业在线融资，金额5500万元；促动产抵押登记业务激活，解决中小微企业融资问题。石狮市工商局为中小微企业办理动产抵押物登记6件，为企业解决融资3850万元；促石狮开辟投融资信息频道助力小微企业融资。《石狮日报》主办的《投融资信息频道》是石狮市政府创建金融服务实体经济综合改革先行区的一项重要举措，20多家中小微企业获得银行贷款3000万元。

【提升金融服务水平】 2013年，石狮市17家银行机构发行金融IC卡38.44万张，占新增银行卡总量82.43%。改善支付环境建设，推动公务卡应用，石狮市17家银行卡发卡机构均已开办手机远程支付业务，开通手机银行客户58万户，交易123万笔，交易金额150亿元；畅通小面额人民币投放回收管理，全市设立主办银行17家，主办网30个；推进社会信用体系建设，开展农户信用档案建设的网点机构43个，其中农村商业银行42个，邮政储蓄银行1个，建立信用档案农户数59005户，评定信用农户数8295户；批准农业银行、农商行、邮政储蓄银行等3家机构69家服务网点开展助农取款服务，小额便民支付点覆盖全市104个行政村，实现支付结算服务“足不出村”目标。

（陈秀莉撰　吴周雄审）

银行业

【工商银行石狮市支行】 2013年，

中国工商银行股份有限公司石狮支行（以下简称工行石狮支行）各项贷款余额60.94亿元，年增长10.04%；本外币各项存款53.87亿元，年增长13.40%；实现中间业务收入1.07亿元，年增长26.96%，中间业务收入占营业净收入的比重为34.95%，同比提升4.59个百分点；不良贷款余额5,474万元，比2013年年初上升922万元，不良占比为0.9%，比2013年年初升0.08个百分点；实现拨备前利润2.4亿元，比2012年增长10.59%，实现拨备后利润17740万元，同比减少2212万元。

2013年，工行石狮支行完成保管箱装修并正式对广大市民开放。保管箱全部箱体8000多个，库房采用与“110”报警中心直联、本地远程均双人7×24小时值守的保安模式，保障广大市民财产安全，满足广大市民存放贵重物品的需要。

2013年，工行石狮支行营业部获得“2012—2013年度总行级青年文明号”称号以及中国银行业文明规范服务“千佳示范单位”称号；支行获得2011—2013年度泉州市级“文明单位”称号；2013年，支行信用卡、公司金融业务、结算与现金管理业务、国际业务、电子银行业务、风险管理工作、保卫工作等综合考评均排名全市前三名。

（陈明生撰　王　卓审）

【农业银行石狮市支行】　2013年，中国农业银行股份有限公司石狮市支行各项存款余额109.58亿元，同比增加26.28亿元，其中储蓄存款余额68.17亿元，同比增加4.29亿元；各项贷款余额83.32亿元，同比增加22.03亿元，增量同业第一；当年实现拨备前利润30559万元，人均利润103.59万元。

2013年，服务“三农”，转变业务增长方式，农户贷款25.95亿元，同比增加1.44亿元，农村企业及各类组织贷款53.42亿元，同比增加16.65亿元，实现“增量不低于上年，增速不低于各项贷款平均增速”的支农目标；主动对接“全域城市化”，与中骏、泰禾、阳光城、世贸等一批高端房地产开展合作，新拓展法人客户8户，授信金额3.04亿元，本外币法人贷款53.41亿元，同比增加16.67亿元；创新县域专业市场“三农”信贷产品，突破担保方式、贷款额度、贷款期限等制度限制，向石狮国际纺织展贸中心股东授信1.65亿元，支持石狮特色布料集群发展；重点营销核心客户产业链上下游的优质小微企业，新增小微企业客户32户，小企业贷款余额30.9亿元，同比增加16.46亿元；助推海洋“蓝色产业”发展，创新海域使用权贷款，向某码头项目发放开发贷款2亿元，促进港口资源的综合开发利用；创新“短期流动资金贷款+船舶按揭贷款”产品组合，发放船舶按揭贷款4000万元，力推航运企业发展壮大；给予2家省市级农业产业化龙头企业新增授信1.6亿元，支持石狮海产品加工能力提升。

推进网点硬软转型，网点硬转率87.5%，拓宽电子化建设渠道，2013年自助设备正常运行率97%，台日均笔数365笔，电子银行个人客户13.82万户、企业客户827户，非柜台交易占比86.67%，电子银行业务获泉州农行综合考评第一名。

2013年，新开立对公外汇账户37户，新增国际结算活动户29户，国际结算量125329万美元，跨境人民币结算量2.4亿元，结售汇总量59842万美元，办理人民币对外汇货币掉期1573万美元、人民币外汇掉期13000万美元，国内信用证开证1.13亿元，办理国内信用证贸易融资9.26亿元，开立涉外融资性保函4.35亿元。

风险防范化解有新成效，2013年清收自营不良贷款1947.5万元、委托资产503万元；连续17年实现安全无事故；连续四届被评为省级“文明单位”，被农总行评为“文明单位”。

（郭劲松撰　颜志团审）

【中国银行石狮支行】　2013年，中国银行股份有限公司石狮支行（以下简称中国银行石狮支行）营业利润9931.81万元，较2012年增加1025万元，增幅10.32%；净利润6420.47万元，较2012年增加16万元，增幅0.2%。石狮支行本外币客户存款余额39.34亿元。2013年，石狮支行被泉州市政府授予“泉州市2011—2013年度文明单位”。

2013年，中国银行石狮支行取得优质房企石狮世茂批复开发贷4亿元、3亿元个人按揭贷款额度，石狮土储、黄金海岸、海兴投融通业务合计3.60亿元，实现投行中收2257万元；公司板块实现中间业务收入超4000万元，完成时序进度的112.05%；做3300万美元的“外汇专项贷款+公司大额外币存单”业务，并于9月25日成功落地3300万美元（折人民币2亿元）的一年期外汇公司存款，为核心存款增长奠定基础；中小企业特色授信产品稳步增长。中小企业贷款新增8900万元。推出“中银布料通宝”等特色信贷产品；拓展电商业务。拓展第一户电商，并与石狮市电子商务协会达成初步合作意向，为未来电商业务发展做铺垫；完成泉州分行下达的对私资金业务年度净收入任务指标的126.6%，排名全辖第二；人民币表外理财业务余额及交易额分别为56996万元、32.1亿元，日积月累产品日均余额达到4980万元，实现中间业务收益102万元，对全辖贡献度达18%；结算宝存量有效户数1184个，居分行全辖第二，沉淀日均存款超3亿元；第三方存管新增969户，新增数居分行全辖一级支行首位；私人银行签约完成率100%；话费代管42户，完成数及完成率均居分行全辖首位；中银保险卡销售完成率居分行全辖第二位；几只主要首发基金销售如中银理财基金30天、嘉实丰益纯债等方面均列分行全辖前茅。

（吴建玲撰　王志平审）

【中国建设银行石狮分行】 2013年，中国建设银行石狮分行（以下简称石狮建行）存款余额118.22亿元，新增18.34亿元。各项贷款余额91.28亿元，比2013年年初新增12.70亿元。在贷款产品上推出“助保贷”“善融贷”等新产品，支持当地经济和企业发展。实现账面利润34146万元，四行占比36.88%，居四行第一位；在文明创建上取得新的荣誉，分行储蓄专柜及宝岛支行通过福建省级巾帼文明岗的复检，滨海支行通过泉州市级巾帼文明岗的复检；在福建省第12届（2012—2014年度）文明单位初评中，取得全市金融系统最高分；石狮建行团总支被评为福建省五四红旗团总支。

2013年，石狮建行以“守住系统性、区域性风险底线，巩固资产质量稳定态势”为首要任务，以提升“客户选择、风险控制、精细管理”三大能力为工作重点，以合规经营为抓手，通过夯实管理基础，强化操作风险管理，有效防控各类风险，提升风险管控水平和风险价值创造力，促进全行信贷业务健康、稳健发展。在服务提升方面，石狮建行加大服务硬件及服务软件的双提升。在强化营业网点的环境建设力度的同时，配备公安便民龙卡自助终端、自动填卡机、“95533”可视服务系统、设置电子银行体验区、实物黄金产品展柜，多维度提升客户体验；通过出台员工弹性排班制度，优化系统资源配置，减少内部环节，提高办事效率，提高客户满意度；通过强化客户接待日建设、诚信建设，在全行形成“时时想服务、事事讲服务”的良好氛围；石狮建行通过深入开展“深化服务，关爱员工”系列主题活动、主动关心员工的住宿条件、完善职代会制度强化员工民主监督、举办第四届企业文化节、道德讲堂活动及加强与企业、机关单位等丰富员工的业余文化生活。

（吴旱治撰　陈福奎审）

【兴业银行石狮支行】 2013年，兴业银行股份有限公司石狮支行（以下简称石狮兴行）本外币各项存款75.05亿元，比2013年年初新增10.11亿元，增长15.6%，各项存款余额市场占比11.1%，新增市场占比7.39%。其中，储蓄存款29.82亿元，比2013年年初增加5.77亿元，增长23.1%，余额市场占比7.95%，新增市场占比10.89%；对公存款余额45.23亿元，比2013年年初增加4.33亿元，增长10.87%，余额市场占比14.9%，新增市场占比5.74%；各项贷款余额54.9亿元，比2013年年初减少3.54亿元，增长-6%，余额市场占比10.91%，新增市场占比-3.7%；银行承兑汇票余额13.39亿元，比2013年年初增加1.61亿元，增长13.64%，银承余额市场占比12.6%；实现账面利润17672万元，同比减少5211万元。

2013年，石狮兴行支持实体经济、小微企业的各项措施，加大对实体经济、小微企业的信贷、结算等金融服务力度，科学引导信贷资源投向；参与各类金融机构的改制、资本充实、授信合作、债券发行、IPO上市，结算代理等环节，实现各类金融机构协同发展、共赢发展；深化银企、银政合作力度，全方位支持、服务泉州金融综合改革，以服务中小企业、促进地方经济发展为己任，从项目市场介入、信用贷前调查等环节加强信贷额度、行业结构和担保方式调整，压缩风险度高、综合效益差的项目，进一步优化项目担保方式，提高信用风险保障程度。

2013年，石狮兴行做好风险管理基础工作。内控情况纳入支行综合经营考评，风险内控和监督约束力度明显加大。按计划开展财务、会计、保卫等各类自检，促进员工自觉合规履职。

2013年，石狮兴行优化网点营业厅的人力资源配置，优化网点布置，推进优质服务。2013年6月完成灵秀支行迁址工作，12月增加设立小企业专营机构。

2013年，石狮兴行加强党的组织建设和精神文明建设。获得“省第十一届文明单位”(2009—2011年度)，申评“省第十二届文明单位”(2012—2014年度)，获得省第七届“创文明行业、促跨越发展”(2012—2014年度)“文明行业创建工作示范点”，获石狮市府市委颁发的“创建文明行业工作先进单位”(2012—2014年度)，获省工会颁发“工人先锋号”等称号。

(涂丽吟撰　刘曙寰审)

【泉州银行石狮支行】　2013年，泉州银行石狮支行各项存款余额106968万元，比2013年年初增加15659万元；储蓄存款余额18046万元，比2013年年初增加970万元；对公存款余额88924万元，比2013年年初增加14689万元；自营贷款94265万元，比2013年年初增加19833万元；存贷比88.12%。

泉州银行石狮支行助力石狮布料市场，解决小微企业“融资难”问题，泉州银行于2013年4月中旬，在福建省创新推出“无间贷”还款方式，进一步提升小微企业金融服务水平。缓解小微企业续贷资金筹措压力，减轻小微企业融资成本；资金周转不再受制于续贷，提高小微企业贷款资金使用率；减少企业续贷压力，增加银企互信，提高客户忠诚度；稳定金融秩序，在一定程度上遏制民间借贷不规范行为。

2013年9月，泉州银行石狮支行落实“回批地”抵押贷款方案。办理流程视同国有土地房产抵押贷款，材料简易、手续简便、审批快速。

泉州银行石狮支行提升金融服务质量，扎根本土，立足于小微企业，支持石狮地方经济建设。结合石狮当地的文化理念和企业特色，不断推陈出新，开发适合当地企业的金融产品，促进银企合作，互惠共赢。强化内控制度建设，防范操作风险。

(郑丰标撰　蔡瑞雯审)

【泉州银行凤里支行】　2013年，泉州银行股份有限公司石狮凤里支行拥有113户企业客户，存款余额3.79亿元，贷款余额约3.62亿元，资产总额4.10亿元，利润总额725.80万元。

泉州银行凤里支行秉承“服务市民、服务中小企业、促进地方经济发展”的经营理念，为客户推出各种贴心、实用的金融产品和服务，以市场为导向、以客户为中心，发挥体制新、机制活的优势，探索小企业信贷服务模式，解决小企业信贷难题，打造适合石狮本土特色的小企业信贷业务。

(杨才艺撰　陈焕毅审)

【石狮农商银行】　2013年，石狮农商银行服务“三农”、扶持小微企业，全行各项资产总额153.60亿元，各项存款余额125.71亿元，各项贷款余额66.50亿元。

作为农村金融主力军，石狮农商银行贯彻落实“泉州金改，石狮先行”工作要求，创新金融产品，满足实体经济金融需求；建立“农户建档示范村”试点，通过以点带面，进一步夯实农户建档数据质量。积极探索海洋经济金融服务营销模式，推出“渔业产业链”支农服务品牌，设立渔业特色支行，为产业链上下游企业及个体工商户提供全方位的金融服务；成立全市首家船舶抵押贷款中心，实行集咨询、保险、抵押、发放贷款等一站式的专业化服务，推动港口贸易发展。截至12月末，涉农贷款余额64.76亿元，占各项贷款的比重达97.38%。搭建银企对接平台，加强与石狮市个体劳动者协会、石狮市私营企业协会和布料、五金机电、家居建材等行业协会的全面战略合作，举办支商支小服务推介会，小微企业贷款余额33.55亿元。

石狮农商银行探索和推进跨区域经营发展，异地机构保持良好的发展势头，各项业务持续发展。福州支行台江、金山、晋安、马尾新城四家网点全部对外营业；漳州支行下设天宝、龙文两家分支机构也在积极筹建当中。福建永定、仙游、建阳三家村镇银行12

月下旬对外营业。

（邱珊迎撰　戴永南审）

【邮政储蓄银行石狮支行】 2013年，中国邮政储蓄银行股份有限公司石狮市支行（以下简称石狮邮储银行）本外币各项存款余额为119535万元，比2013年年初减少3087万元。本外币各项贷款发放110088.3万元，各项贷款结余为104759.46万元，本年净增34307.95万元。个人贷款结余74985.46万元，其中小额贷款结余6124万元，个人商务贷款（含渔船）结余65189万元，个人消费类贷款结余3672.45万元；小企业贷款结余29774万元。

2013年，石狮邮储银行实现金融业务收入7387万元，同比增长18.47%，其中自营收入4994万元，同比增长906万元，增长率为22.17%；实现自营利润1725万元，同比增长439万元，增长率为34.14%。收入规模在全省县市级支行中排名第8名。

石狮邮储银行把内控管理、案件防范工作放在首位，落实邮储各项风险管控制度，被泉州邮储银行授予“2013年度市级案件防控工作先进单位”称号。

（陈小芸撰　郑亮辉审）

【光大银行石狮支行】 2013年，中国光大银行股份有限公司泉州石狮支行（以下简称石狮光大银行）本外币各项存款余额5.16亿元，同比增长558.10%；本外币各项贷款余额2.71亿元，同比增长1255.3%；不良贷款率为0。

2013年，石狮光大银行继续落实总分行“一年奋力起步，三年改变面貌，五年形成自身特色，十年勇争同业前列”的指导思想，落实“更有内涵的发展”理念，推进各项业务经营。围绕“阳光理财”的各个优势产品开拓市场，努力打造“要理财　到光大”理财品牌建设；执行总分行将小微客户定义为“中高端客户”的发展理念，以“小微企业的成长历程”为出以点，为小微企业客户量身定制房抵快贷、加成贷、POS快贷、联保贷等品种，实现“光大助业与您成长”的服务使命；以“金改区”为契机，积极开展小微结算业务，推广“结算全免费”的机具（超级支付易），为小微企业主减轻负担，支持小微企业主、个体工商户发展；加强“阳光服务”管理，提高柜台服务水平。支行柜台多次获得全省技能测评团队前三名、单项前三名荣誉。

（林万福撰　庄铭贤审）

【交通银行石狮支行】 2013年，石狮交行人民币各项存款余额20.80亿元，其中人民币对公存款余额15.30亿元，储蓄存款余额5.50亿元，人民币各项贷款余额10.22亿元。

2013年，石狮交行通过“开门红”竞赛、“插旗清零”等活动，进一步挖掘新客户资源；石狮交行为加强对全行经营业绩考核、人员管理等工作的组织协调和综合指导，在原有考核基础上成立了综合考评委员会；对客户经理实行“金字塔”形考核定级制度，对干部和中后台员工进行民主选聘，一批业务能力较强、综合素质较高、在各个岗位中表现较为突出的员工得到提拔任用，重点业务骨干选拔工作深入推进，激励晋升与淘汰机制并进，确保干部能上能下、员工能进能出。

2013年，石狮交行加强管理。会计条线以“业务技能季度大比拼”及“2013年会计条线劳动竞赛”活动为抓手，逐步提升网点的核算与操作水平，会计主管现场管理、服务督导和内控管理等方面的履职能力增强。每季度一次全面风险管理委员会、重点风险排查会等条线风险管理工作能够有效推进，提高石狮交行的风险防范能力。安全保卫工作常抓不懈，为各项业务的稳步发展保驾护航。

石狮交行加强员工队伍素质建设，坚持党工团“月月有活动”，开展文体活动、公益活动，增强队伍凝聚力，保持员工精神风貌，为发展提供动力。

（谢绵绵撰　黄泉民审）

【福建海峡银行石狮支行】 福建海峡银行股份有限公司石狮支行（以下简称海峡银行石狮支行）成立于2013年11月9日。作为一家根植于海峡西岸经济区的中小银行，海峡银行石狮支行坚持以“服务海西经济、服务中小企业、服务百姓民生”为市场定位，打造“财富动力”公司金融、“企明星”小企业金融，“优悦人生”“海蕴理财”个人金融和“海峡e点通”电子银行等系列业务品牌。

2013年，海峡银行石狮支行资产总额33309.98万元；一般性存款32145.34万元，其中对公存款25809.29万元，储蓄存款6336.05万元；本外币各项贷款11190万元，无不良贷款。

2013年，海峡银行石狮支行小微型企业贷款11户，贷款余额9690万元。海峡银行石狮支行探索解决适合本市区域市场金融服务方案，加强小微金融服务和产品创新。根据市场和客户需求推出"企明星"小企业"打分卡"信贷技术，降低小企业融资准入门槛，通过快速便捷的业务办理流程，满足各类小企业的融资需求；推出"续贷通"小微企业流动资金贷款还款方式，为小微企业解决融资及还款难题，减轻小微客户财务负担。在参与并融入石狮市"金改"工作"洪潮"中，海峡银行石狮支行加强与泉州分行的沟通，并向总分行申请配套小微企业专项额度，有效地改善或满足小微企业的融资需求。为支持石狮市全域城市化建设，为"石狮市新市民"提供优质便捷的金融服务；海峡银行石狮支行为"石狮市新市民"务工人员较集中的企业，提供准确、便捷及科学的工资代发业务，为其申请银行卡费用部分减免或全免，节省外来务工人员的成本支出，为符合准入的"助业贷款"乃至个人贷款业务的"石狮市新市民"提供消费及创业的融资需求。抵质押类贷款占比达55.45%，提高信用风险保障程度。

（黄飞舟撰　林桥楼审）

【民生银行石狮支行】　2013年，民生银行石狮支行存款余额332434.33万元，其中对私存款221021.62万元，对公存款111412.73万元；贷款余额达209432.99万元，其中对私贷款133000.81万元，对公贷款76432.18万元。石狮支行获得石狮市"文明单位"称号。

2013年，民生银行石狮支行在对公业务上不断推陈出新，结合本地特色，研发出对公流水贷，由企业金账户和民生商户卡组成，秉承一加一大于二的产品理念，联动使用，让民生银行的金融产品在企业金融管理的运用中，发挥最大的效益。将企业金账户与民生商户卡共同纳入一个流水贷体系，提升流水贷的授信标准，授信额度最高可达500万元，将免抵押贷款推向一个全新的高度。

在零售方面，民生银行石狮支行探索小微贷款新模式，推出村富贷、装修贷、租金贷等微贷产品。微贷放款采取批量开发战略，实行流水化、标准化、智能化审批，流程操作方便快捷高效，符合小微企业"短、小、频、急"的资金需求特点，为小微企业季节性采购提供快速资金支持，满足居民快捷便利的消费信贷需求。微贷产品上报71笔材料，放款2429万元。

经过调研和考查，民生银行石狮支行在2013年10月24日成立海洋产业金融中心。石狮在海洋产业方面有优势，海洋经济总产值超百亿元，水产品加工业年产值、海产品捕捞量均占泉州市的50%以上。石狮支行在祥芝、东埔重点推广针对渔民的"亲情贷"，免抵押，免担保，放款快的优点吸引不少渔民，亲情贷共审批95笔，放款3300万元，为接下来产业链的规模开发打下基础。

（李晓叶撰　张毅斌审）

【平安银行石狮支行】　2013年，平安银行股份有限公司泉州石狮支行（以下简称石狮平安银行）各项存款余额126629万元，比2013年年初增长161.11%，其中储蓄存款34543万元，比2013年年初增长43.80%；各项贷款余额150198万元，比2013年年初增长934.42%；存贷比118.61%，无不良贷款。

石狮平安银行重点解决小微企业的融资难问题，加大对小微企业的金融支持力度。将小额信用循环贷款与借记卡功能及权益相结合，和电商平台对接，构建一种全新的小企业金融商业模式。

石狮平安银行持续推进小企业线上融资，启动小企业线上融资平台规划，探索小企业线上金融服务模式；建成创新的"移动展业"平台、公司业务微信银行、小企业网上银行等众多互联网金融平台，为小微企业主提供更加高效、便捷的金融服务。石狮平安银行小微金融将吸引科技基因，探索掌上销售、线上作业、远程服务等模式，解决小微型企业金融服务所需要的高效率、流程透明化、节省成本等课题。

（刘剑锋撰　王延生审）

【浦发银行石狮支行】　2013年，上海浦东发展银行股份有限公司泉州石狮支行（以下简称浦发银行石狮支行）本外币一般性存款时点余额为23.45亿元，比2013年年初新增8.18亿元，其中，对公存款时点余额为15.96亿元，储蓄存款时点余额为7.49亿元。各项贷款时点余额为14.84亿元，比2013年年初新增10.19亿元。

2013年，浦发银行石狮支行累计完成国际结算51042万美元；累计发行信托计划达7.05亿元；累计办理银行承兑汇票贴现13.85亿元；全力推进中小企业信贷业务批量开发模式，有效推动中小企业业务发展，全年累计办理石狮布料专业市场小企业授信16户，金额达7700万元；完善设备融资租赁和固定资产贷款服务；推进投行业务、中票、区域集优票据等债务融资工具产品；争取当地优先发展"海洋经济"的政策红利，重点推进与进出口银行在"远洋捕捞船"项目的银团贷款合作；发展能控制物流、资金流和信息流并能拓展其上下游客户的"1+N"供应链融资、自偿性贸易融资等业务。

浦发银行石狮支行提供网上银行、手机银行等支付网络业务，2013年下半年，首个深入融和微信交互模式的微信银行正式面向客户推出。其中，微信银行内的微理财功能率先实现理财产品查询、购买、分享、理财经理互动等功能，共同构成完整的理财体验。全年累计调整优化ATM、CRS共计6台；浦发银行石狮支行首家辖属社区支行——花园城社区支行对外开业，强调与社区居民生活的融合，推出社区特色的错时服务、智能服务和便民服务，成为"家门口的银行""社区人的银行"。

（谢晶晶撰　王志雄审）

【招商银行石狮支行】 2013年，招商银行股份有限公司泉州石狮支行（简称石狮招行），全折人民币自营存款余额13.23亿元，比2013年年初增加2.14亿元。全折人民币自营贷款余额11.49亿元，比2013年年初增加1.25亿元。贷存比86.89%，比2013年年初下降5.56个百分点。实现中间业务收入871万元，税前利润6574万元，不良贷款率0%。石狮招行获得"石狮市非现金结算比例先进单位"。

2013年9月，石狮招行引入中科招商基金公司与石狮市政府对接，成立石狮市种子基金，计划总投资规模人民币18亿元，该平台项目储备7家法人项目。石狮招行携手石狮市国税局，将招行的个人贷款、信用卡、水电费代缴代扣等金融产品与服务带到石狮国税局进行现场办公，践行金融便民服务；牵头组织与石狮市工商局、石狮灵秀纺织城在石狮运营总部中心进行小企业开户验资等金融服务；石狮招行在各类媒体上刊登小微企业金融服务相关报道10篇次。

2013年，石狮招行加大小微企业的扶持力度，探索小微企业金融服务模式，发挥招商银行总行"二次转型，打造轻型银行"的战略优势，从市场、机制、产品、人员培训等四个方面，不断优化小微企业服务环境，提高金融服务小微企业的针对性和有效性，加大小微企业信贷投放力度。2013年，开展"福建鸳鸯池纺织股份有限公司""石狮市辅料市场股份有限公司""佐岸服饰1+N供应链"批量授信项目，总授信额度人民币达6亿元。批量授信是2013年招商银行总行"促小微"总体信贷策略下对小企业营销方式的根本变革，通过明确具有共同风险特征的集群客户进行精准营销，在目前传统"点对点"获客方式上开辟出具有特色的小企业集约化经营模式，以解决小企业融资难的困境，进一步完善小企业金融服务。石狮招行小微企业贷款余额12821亿元，比2013年年初新增4091万元；个体工商小微企业贷款余额2664万元，比2013年年初增加2555万元；小微企业主经营性贷款余额34294万元，比年初新增18471万元。招商银行基于大数法则打造决策引擎系统，运用风险识别和量化技术，对小微企业客户实现批量化风险管理策略。2013年11月，招商银行推出"小企业E家投融资平台"，实现小企业在线融资、结算及资金集中管理的互联网金融；在国内率先推出微信银行，在金融互联网的发展趋势下不断求新求变。在个人贷款方面，石狮招行新增个人小额信用贷、POS机流量贷、个人AUM贷款等专项服务小微企业的金融产品，惠及30多家个体工商户与小微企业主。

（周文英撰，王智雄审）

【中信银行石狮支行】 2013年，中信银行股份有限公司石狮支行各项存款16.97亿元，比2012年增加4.13亿元；各项贷款15.32亿元，增加3.73亿元。2013年，完成拨备前利润突破0.6亿元，达0.6023亿元，人均创利250万元。中间业务收入0.1216亿元。

2013年，中信银行石狮支行发挥小企业金融中心的各种优势，推出小企业标准化产品，针对石狮的四大专业市场：服装市场、建材市场、辅料市场、布料市场，开展种子贷、租金贷、标准房产抵押贷、POS流水信用贷。小企业贷款余额3.19亿元，不良贷款率为零。深化网点零售转型，成功申请为分行第一批网点转型试点单位；立足石狮市当地实际，开展市场调研，拟创新推出以集体土地使用权（回批地）抵押的贷款业务，并以正式文件请示分行相关部门；回批地有市场价值280亿元，约50亿元的授信需求，整理上报，呈分行风险委审批。

2013年，组织外拓联谊活动。全行深入开展合规风险文化教育，建章建制，规范员工行为，在业务操作上合规、在业务拓展上把控风险。获得总行级表彰"2013年合规先进支行"等荣誉。

（洪莉莉撰　张荣辉审）

证券业

【概况】 2013年，石狮市证券公司全行业总资产1.62亿元，净资产679.31万元，净资本944.8万元。全年证券业实现营业收入2250.31万元，同比增长44%；净利润1032.15万元，同比增长1.11%；纳税金额205.91万元，同比增长52%；经纪业务收入3721.52万元。石狮市证券行业实现稳步发展。

2011—2013年石狮市证券业资产、收入、净利润同比情况

表9　单位：万元

项目	2011年	2012年	2013年	2013年同比2012年增(%)
总资产	25570.03	13789.97	16230.42	18
净资产	952.02	728.23	679.31	7
净资本	727.86	679.13	944.80	39
营业收入	2238.27	1567.72	2250.31	44
净利润	858.17	489.98	1032.15	111
纳税金额	179.76	135.54	205.91	52

【东兴证券】 东兴证券石狮营业部总资产15154.08万元，净资产6527.61万元，净资本6514.71万元。2013年，东兴证券石狮公司实现营业收入2528.97万元，同比增长78.78%；净利润1753.03万元，同比增长141.46%；纳税金额209.14万元，同比增长51.53%。经纪业务收入1891.33万元。

【华福证券】 华福证券石狮营业部总资产5102.68万元，净资产500万元，净资本500万元。2013年，华福证券石狮公司实现营业收入929.15万元，同比增长48.36%；净利润587.83万元，同比增长88.86%；纳税金额90.47万元，同比增长64.75%。经纪业务收入884.09万元。

【兴业证券】 兴业证券石狮营业部总资产1.1亿元，净资产178.66万元，净资本444.15万元。2013年，公司实现营业收入1320.9万元，同比增长40%；净利润444.15万元，同比增长148%；纳税金额115.41万元，同比增长43%。经纪业务收入946.1万元。

【证券经纪业务】 2013年，石狮市证券公司的经纪业务总收入为37215088.75元，其中股票36787603.88元；债券10806.63元；基金416679.64元。

【证券业面临的机遇】 2013年，随着互联网金融的出现和发展，泉州获批成为金融改革试验区，石狮市证券业迎来新的机遇，石狮的民

间资本雄厚，民营企业数量众多，大量中小企业有很强的资金需求。证券公司可以为民间资本和中小企业提供 IPO 及上市后再融资、新三板挂牌及再融资、股票质押式回购、融资租赁、小额贷款等融资综合服务，更好地将民间资金服务于中小微企业、实体经济；互联网金融的快速发展，证券公司为投资者提供便利的开户平台，方便投资者开立证券账户；互联网金融带来的理财观念的深入，为证券业各种先进管理类、固定收益率类、定向集合类等理财产品提供广阔的市场。随着各种证券业务创新发展，推出各项新业务，有效促进证券行业多元化发展。如融资融券、期货 IB，股票质押式回购、个股期权等。

【证券业新的挑战】 互联网金融的发展，使得佣金水平不断下降，直接影响公司的业务收入。各项创新业务不断推出，人才储备不足，专业知识亟待提升。证券市场持续多年低迷，投资者对金融产品兴趣锐减，经营业务仍然比较单一，营业部需要进行转型升级；同质化竞争激烈，需打造营业部的核心竞争力。

（蔡冰铃撰　吴晓辉审）

保险业

【概况】 2013 年，石狮市保险公司全行业保费收入为 4.78 亿元，其中赔款支出 1.38 亿元，比 2012 年增加 1.13 亿元，增长率 30.96%。

2013 年石狮市保险公司各月总保费收入情况图

单位：万元

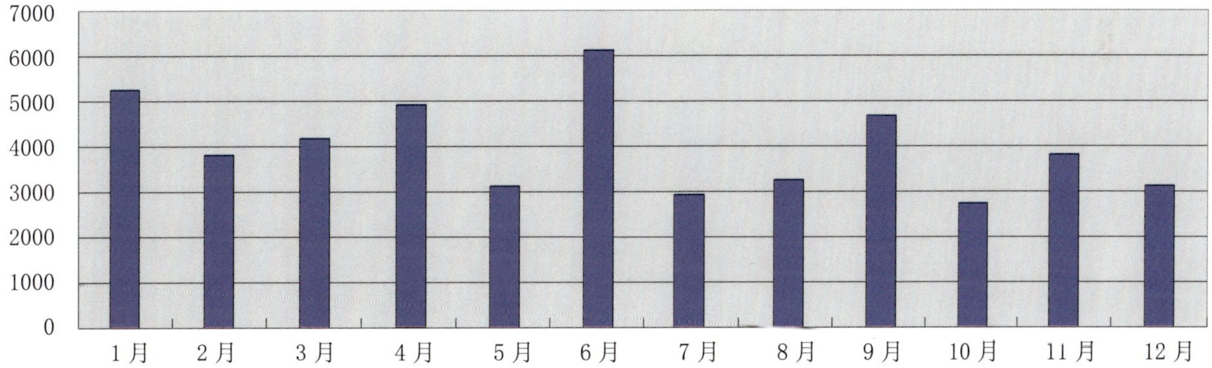

【各保险公司情况】 中国人民财产保险股份有限公司石狮支公司完成保费收入 1.08 亿元，其中赔款支出 0.49 亿元，同比 2012 年度保费收入 0.79 亿元，增长 0.29 亿元，增长率 36.71%；中国平安财产保险股份有限公司石狮支公司完成保费收入为 1.17 亿元，其中赔款支出 0.56 亿元，同比 2012 年度保费收入 0.98 亿元，增长 0.19 亿元，增长率 19.39%；中国人寿财产保险股份有限公司石狮支公司完成保费收入 1714.66 万元，其中赔款支出 672.28 万元，同比 2012 年度保费收入 1258.89 万元，增长 455.77 万元，增长率 36.2%；中国太平洋财产保险股份有限公司石狮支公司完成保费收入 2387.09 万元，其中赔款支出 1326.35 万元，同比 2012 年度保费收入 2492.52 万元，减少 105.43 万元，下降率 4.22%；中国大地财产保险股份有限公司石狮支公司完成保费收入 2054 万元，其中赔款支出 1244 万元，同比 2012 年度保费收入 1984 万元，增长 70 万元，增长率 3.53%；中国人寿保险股份有限公司石狮支公司总保费收入 1.9 亿元，同比增长 16.71%，新单保费收入 0.83 亿元，同比增长 13.66%，全年赔付支出 475.81 万元，全年退保金 313.3 万元；中国人民人寿保险股份有限公司石狮支公司总保费收入 6197.2 万元，同比增长 5.65%，新担保费收入 5197.21 万元，同比增长 -36.74%，全年退保金 3783.32 万元。

2012年、2013年石狮市产险公司各险种发展情况表

表10

险种	2013年保费收入	占比	2012保费收入	占比
车险	22094.99	77.27%	17953.06	76.62%
企财险	1974.66	6.91%	1955.95	8.35%
家财险	363.35	1.27%	164.14	0.70%
工程险	67.3	0.24%	79.07	0.34%
责任险	1092.28	3.82%	842.23	3.59%
信用险	0	0.00%	0	0
保证险	0	0.00%	0	0
船舶险	1663.47	5.82%	1614.08	6.88%
货运险	126.28	0.44%	111.75	0.48%
特殊风险	0	0.00%	0	0
农业险	2.64	0.01%	2.64	0.01%
健康险	476.58	1.67%	112.01	0.48%
意外险	725.5	2.54%	590.69	2.52%
其他险	6	0.02%	6	0.03%

【车险保费收入】 中国人民财产保险股份有限公司石狮支公司的车险保费收入0.70亿元，占64.59%，比2012年减少1.64%。其他非车险保费收入0.38亿元，同比2012年度非车险保费收入0.27亿元，增长0.11亿元，增长率40.74%；中国平安财产保险股份有限公司石狮支公司的车险保费收入为1.06亿元，占91.02%，比2012年增加了0.28%。其他非车险保费收入1046.8万元，同比2012年度非车险保费收入905万元，增长141.8万元，增长率15.67%；中国人寿财产保险股份有限公司石狮支公司的车险保费收入1527.53万元，占89%，比2012年增加了4%。其他非车险保费收入187.14万元，同等于2012年度非车险保费收入；中国太平洋财产保险股份有限公司石狮支公司的车险保费收入2032.74万元，占85.16%，比2012年增加了1.61%。其他非车险保费收入354.35万元，同比2012年度非车险保费收入409.97万元，减少55.62万元，减少率13.57%；

中国大地财产保险股份有限公司石狮支公司的车险保费收入961万元，占46.79%，比2012年增加了12.41%。其他非车险保费收入1093万元，同比2012年度非车险保费收入1302万元，减少209万元，减少率16.05%。

2013年石狮市寿险公司各险种发展情况表

表11 单位：万元

险种	保费收入	占比	占比同比变化(%)
1.寿险	12577.56	49.78%	-3.72%
其中：普通型产品	4033.23	32.07%	-4.32%
分红型产品	8494.01	67.53%	11.80%
投连产品	0	0	0.00%

续表 11

险种	保费收入	占比	占比同比变化(%)
万能产品	50.32	0.40%	-1.20%
2.意外伤害险	646.04	2.56%	4.20%
3.健康险	1239.9	4.91%	1.90%

2013 年石狮市寿险公司主要渠道发展情况表

表 12　　单位:万元

年度	公司直销业务			个人代理业务			银行邮政代理业务		
	保费收入	同比	占比	保费收入	同比	占比	保费收入	同比	占比
2013 年	481.30	37.08%	3.57%	2996.02	6.30%	22.25%	9986.18	0.90%	74.17%

2013 年石狮市寿险公司寿险退保金险种表

表 13

项目	累计退保金额(万元)
万能保险	457.99
分红寿险	3936.67
投连险	0.00
普通寿险	11.08
健康险	4.18

【保险业面临的机遇与挑战】　随着石狮经济的发展,保险行业的保费规模不断增长,经营业务范围扩张,客户群体逐渐多样化。同时,保险行业市场竞争愈发激烈,是挑战也是激励,保险公司寻求自身发展的突破,提高员工素质,强化内部管理,增强团队力量;加强考核,实行月、季、年三重考核,进行多渠道业务拓展,发展特色业务。

(蔡冰铃撰　吴晓辉审)

期货行业

【概况】　瑞达期货是石狮唯一期货行业。2013 年,瑞达期货公司的净入金完成情况相对较好,手续费收入 52 万元,全年开户数 142 户。

2013 年经营数据表

表 14

净入金	新开户数	有交易客户数	留存手续费	预计利润	年末权益	手续费转化率
7217.84 万元	142 个	356 个	403.78 万元	52 万	5702.36 万元	0.071

续表 14

年初居间人数	年末居间人数	人均产能	2013 业绩目标	实际业绩	业绩完成率	权益峰值
32 人	18 人	2.9 万	350 万	52 万	14.9%	9082.49 亿

【业务情况】 股指期货开股指户 27 户，客户总留存 143.66 万元，客户总权益 1450.42 万元；资管业务，开户资管客户数为 4 户，有交易客户数 3 户，有意向客户数为 4 户，客户初始权益 500 万元；产业开发客户 20 户，总权益 218.41 万元，总留存 40.96 万元。同比有较大幅度增长，产业客户主要以五金辅料加工、纺织等产业为主。

【夜盘交易】 夜盘黄金白银交易客户数 156 户，总权益 1641.32 万元。黄金白银夜盘实盘大赛在 10 月结束，公司共有 19 个客户参赛权益 98.39 万留存 143097.42 元。

【培训工作】 2013 年，举办大行报告会 2 场参加人数共计 310 人，培训班 2 场参与培训人数 28 人。举办投资沙龙、行情分析等活动 44 场，共有 568 人参加培训共开户 27 户。

【期货面临的机遇与挑战】 2013 年，交易所推出多个期货新品种及夜盘交易，证监会推出资产管理及现货子公司的新业务。从单一的经纪业务转向资产管理、现货贸易等以风险管理为主的多元化业务模式，这是机遇；期货行业也面临挑战，市场转淡。做好期货新品种、新业务的从业人员培训工作，加强客户服务建设，提高满足普通客户需求水平。

（蔡冰铃撰　吴晓辉审）

（图/摘自《石狮日报》）

高新技术产业开发区

【概况】　2013年，高新区增强大局意识和创新意识，按照国家级高新区建设发展和国家知识产权试点园区创建要求，以促进项目建设为重点，以全面提升科技创新能力为切入点，理清发展思路，强化工作落实，在项目建设、招商引资、科技创新等工作取得成效。

【经济发展】　2013年，高新区建成区实现工业产值139.85亿元，同比增长17.62%；上缴税收3.59亿元，同比增长19.67%；完成固定资产投资14.5亿元，同比增长36.15%。

【投资环境】　2013年，高新区全年基础设施累计完成投资9900万元。重点实施24个基础设施项目，竣工13个，在建项目4个，开展前期拟建项目7个，其中石湖港5#、6#泊位南侧及共富路填海工程完成项目工可评审；服装机械用海项目预申请已批复，现进行海域使用论证、海洋环评等前期工作；区内供水、供电、燃气等基础配套设施加快推进，建成五金印刷园电力开闭所2座；进一步完善教育、卫生、文化、住宅、商业等生活配套设施；建成区内有线电视主干线管道铺设至各厂区门口，覆盖面积7.5平方千米，电信光纤覆盖整个高新区，燃气管道埋设到石湖大道两侧、石狮大道两侧，进入五金印刷园，并设有一个加压站。规划范围内现有中小学素质教育基地1处、小学6所，幼儿园7所，可满足建成区随迁子女教育需求；已有9家卫生所（室）、1家医疗服务站，基本形成15分钟医疗服务圈；以现有村庄为依托，人口集聚区已建成5处文化活动中心、3处老年活动中心；区内还拥有5个市场，为周边居民及企业员工日常生活提供方便。依托蚶江、祥芝、鸿山、宝盖四镇，高新区周边2公里辐射圈内现拥有3所中学、6所小学、8所幼儿园、2个文化公园、1家卫生院，占地20公顷的石狮市医院新院区坐落在蚶江镇溪前村。

【招商引资】　2013年，创建高新区网站，在各大新闻媒体和高新区网站加大招商引资宣传力度，引进中科招商集团入驻，成立中国发明创新创业中心、石狮创新创业基地、中科集团石狮中心、石狮市创新创业种子基金，首开石狮市一流创投公司合作发展的先例，拟每年引进20个项目。2013年，进驻科技项目8个；加大招商融资力度，拓展招商融资领域，筹建科技金融服务中心，引进金融服务机构，解决企业融资问题，推动企业早落地，早建设、早投产。2013年下半年，新出让工业用地8宗、面积16公顷，投资7.5亿元，陆续动工建设；飞通通讯设备、森德妇幼用品等6个项目办理项目土地招拍挂手续。

【项目建设】　2013年，高新区按照“投产达效一批、开工建设一批、谋划储备一批”梯次推进、滚动发展的项目建设思路，对于入园企业认真抓好服务和督促，促使落地抓紧动工，加快建设。高新区 2013 年完成企业固定资产投资 14.5 亿元，累计主体开工项目 23 个。其中，五金印刷园第一批批准的 19 家企业主体全部动工建设，机械装备园 3 家企业 2013 年 9 月全部开工建设。科达电器项目已完成厂房、宿舍桩基础施工；卡宾服饰、通达变频电机、安通物流、大宏电子、豪安特机械、永隆 PBT 等 12 个项目开展平整、设计等前期工作。

与中科集团合作成立中国发明创新中心、石狮创新创业基地、中科集团石狮中心、石狮市创新创业种子基金

（图/高新技术产业开发区）

2013 年，园区配合项目所在地乡镇新征土地 47 公顷，新迁坟墓 800 多个。上报林地调整 5 宗 35 公顷，省林业厅已批 3 宗 18 公顷。

【港区建设】 2013 年，紧连高新区的国家一类口岸——石湖港已发展成为内外贸集装箱的重要枢纽港和对台直航港，拥有 5000 吨级至 10 万吨级泊位共五个，2013 年货物吞吐量 3355.2 万吨，其中集装箱吞吐量 111.9 万标箱，散杂货吞吐量 213.4 万吨。5#、6# 两个十万吨级泊位工程前期工作基本完成，即将动工建设，预计 2016 年建成投入使用，港口吞吐能力翻一番，可达 250 万标箱。园区已先后引进“航运业航母”中外运、中海集装箱运输公司、中远集团、安通物流、嘉顺物流等一批龙头物流企业，为泉州打造亿吨大港奠定坚实基础。

【科技创新】 2013 年 5 月，高新区被批准为国家知识产权试点园区，引进 1 家知识产权中介服务机构，制定《石狮高新区知识产权奖励扶持资金管理办法（暂行）》，2013 年累计专利申请量 141 件，专利授权量 104 件，累计有效发明专利 28 件，区内永信数控、华韩面料等企业实现发明专利清零。新增国家科技型中小企业技术创新基金立项项目 3 个，区内企业日冠公司获得首届福建创新

石狮国家高新区召开科技工作会议

（图/高新技术产业开发区）

创业二等奖。发展和培育一批创新主体，重点抓好科技小巨人培育工作，区内永信、通达、昇邦、华联、日冠、华韩等 14 家企业通过泉州市科技局认定。

【管理与服务】 2013 年，高新区党工委、管委会推行服务承诺，探索推行“一对一服务”模式，不断提高服务的档次和水平，打造“亲商、扶商、便商、富商、护商”的良好环境。加强与已投产企业的沟通联系，深入了解各企业的经营情况，及时协调和解决困难与问题，为企业健康发展提供保障。入园企业办理手续服务小组和项目落地促进小组，指定专人，指导协助业主办理项目审批手续。全面推行“一条龙服务”，主动靠前，建立重点项目每月检查制度，每月分别召开重点基础设施及企业项目建设协调会，千方百计帮助企业排除建设中的各种瓶颈制约，尤其是下力气协调解决征地迁墓等问题。全力帮助企业办理基建手续，落实用地、用电、用水等要素保障，确保企业早投产、早见效。

（卢吉砻撰　朱　贤审）

灵秀服装工业园

【区位概况】 石狮市灵秀服装工业园地处石狮市西部，是石狮市对外的主要通道，与晋江市龙湖、永和、新塘等 3 个镇办 15 个村相邻。工业园区交通便捷，距泉州晋江机场 10 千米，距离国家一类港口泉州石湖港区（10 万吨级）10 千米；与石狮市服装城客运中心仅一路之隔；石狮市纺织服装机械城、石狮市纺织面料配送中心坐落在园区中；中国最大的“石狮服装城”与园区相接，鸳鸯池布料市场（中国十大面料市场之一）、台湾纺织服

石狮市纺织机械城　（图/颜华杰）

装研发贸易大楼，石狮市国际轻纺城与园区比邻。

【规划与配套】　工业园区总体规划于 2006 年 9 月通过会审，规划面积 352 公顷，园区分为“一园五区”：即科技园通用标准厂房区、服装品牌区、中小型服装创业园区，仓储物流区、钞坑工业小区。工业园区配套：有一座专供的 110 千伏输变电站；有鹏山工贸学校（职校）、石狮八中、中英文学校及多所小学、幼儿园；有 4 个水库和 2 个公园（柯顺公园、奥体公园）。工业园区内基础设施完善、布局合理、配套功能齐全，是一个系统化、规模化的生态型服装工业园区。

【园区建设】　2006 年建园至今，科技园通用标准厂房区一期、服装品牌区、中小型服装创业园区一期，仓储物流区相继投入使用，总建筑面积近 150 万平方米，固定资产投资达 20 亿元，园区企业近 200 家。2013 年，园区内有 11 家服装企业获得中国驰名商标，4 家企业获得福建省著名商标，4 家企业获得省名牌，4 家企业获得福建省出口名牌，园区内企业纳税总额超过 2 亿元，是石狮最具潜力、最具活力的服装生产基地。

（何国雄撰　蔡世博审）

上市公司

【概况】　2013 年，石狮市做好上市资源培育工作，扩大企业直接融资。出台《石狮市人民政府关于加强企业改制上市工作的若干意见》（狮政综〔2013〕22 号），设立企业上市专项发展资金，安排 200 万元专项用于企业改制上市宣传推广、辅导引荐、协调服务，推动企业上市。

通过加强宣传培训对后备企业实行有针对性的分类指导和梯度培育，推动企业加快规范整改与自我完善。2013 年，上市后备企业 50 家，主要涉及服装、化工、卫生用品、机械设备、五金、面料、矿产等行业，其中鞋服和面料类企业占比 56%。引导企业股改、上市、挂牌融资或兼并重组，推动企业到国内各板块及境外资本市场较活跃的地区发行上市。2013 年，石狮市上市企业 11 家。

【富贵鸟股份有限公司】　2013 年 12 月 20 日，富贵鸟股份有限公司在香港联合交易所主板上市（股票代码 01819.HK），每股发行价 8.81 港元，此次发售 1.3334 亿股，可募资额 11.7 亿港元。

富贵鸟股份有限公司主要从事男女皮鞋、男士商务休闲装及皮具等相关配饰的研发、生产及销售。业务范围涵盖品牌运营、设计研发、采购、生产及销售多个环节。富贵鸟股份有限公司主要以著名的富贵鸟品牌制造及销售产品，打造多元化的产品组合。

富贵鸟股份有限公司创立于 1991 年，且在 1995 年开始生产男装皮鞋，1997 年将生产线扩张至女鞋。1998 年—2012 年期间，公司的皮鞋产品多次荣获“中国真皮鞋王”“中国驰名商标”以及“最具市场竞争力品牌”等多项称号及奖项。

在充分利用产品优势及品牌知名度的基础上，公司从 2011 年开始以富贵鸟品牌销售西装、裤子、夹克及衬衫等多种商务休闲男装以及皮带、皮包、行李箱及钱包等皮革配饰产品。多元化的产品组合使公司在中国鞋服市场上脱颖而出，占有优势地位。公司庞大的销售及分销网络遍布中国 30 多个省、自治区及直辖市。

随着市场对个性化产品需求的增加及中国电子商务业务的发展，公司通过大规模团购以及第三方网购平台销售部分产品。公司坚持“创新求发展、质量求生存、管理创效益”的经营宗旨，致力于提升产品质量和设计研发水平，维护品牌荣誉。

【卡宾服饰（中国）有限公司】

2013 年 10 月 28 日，卡宾服饰有限公司在香港联合交易所主板上市（股票代码：2030），每股发行价 2.53 港元，发行股票 1.75 亿股，共募集资金约 4.43 亿港元，成为首家在香港上市的中国服装设计师品牌。

卡宾服饰由中国时装设计界最高奖——“金顶奖”得主卡宾先生杨紫明于 1997 年创建，是一家集研究、设计、生产、销售于一体的时尚男装企业。企业坚持“舒适与原创”的设计理念，以中国原创设计结合国际流行元素，以中高档服饰定位。卡宾从面料到拉链都经过精心的挑选与搭配，每件产品都以限量方式出售，优质的售后服务，赢得市场的口碑，其“颠覆流行”的品牌理念，始终领先一步的个性时尚定位以及对原创设计的坚持与付出，使今日的Cabbeen成为中国规模最大的中国服装设计师品牌。

2007年2月，Cabbeen成为首个登上纽约时装周的中国设计师品牌，不仅在香港、意大利建立设计室，而且在中国大陆公司团队中也不乏香港、美国、意大利等地的国际精英分子。创建至今，卡宾服饰一直秉持“经营以提高品牌价值为纲，管理以建设人力资源为本”的经营理念，不断构建与完善国际化经营模式。

【西域骆驼服饰有限公司】 2013年10月11日，西域骆驼服饰有限公司在法兰克福证券交易所主板首次公开发行(股票代码为VC8)，每股发行价为2.1欧元，发行股份1500万股，市值为3150万欧元。

西域骆驼成立于2003年，是一家以服装、休闲鞋为龙头，集设计、销售、商贸为一体，综合性的现代化企业。公司奉行“与时俱进、勇于探索”的核心价值观，秉承“管理规范化、经营连锁化、品牌国际化、信息网络化”的“新四化”经营理念，形成包括夹克、T恤、衬衫、毛衫、牛仔、西服、休闲鞋、皮具及服饰配件等九大系列在内的完善的服饰产品系统，提供给消费者一条龙的服务体系。

西域骆驼产品风格以时尚、简约、舒适为主格调，辅以个性化的色彩、创意的细部设计、精致的裁剪缝制，全方位展现现代男性在都市的奋斗中勇于进取，敢于承担的完美气质。2013年，采用多种经营形态共存共进的模式，总代、省代、区代等，经营网络覆盖全国18个省的一、二、三线城市，店铺数量达2050余家。

西域骆驼不断优化渠道网络的经营，夯实品牌的根基，西域骆驼投入巨大的人力、物力和财力，在品牌推广、终端运营、客户服务方面进行不断地挖掘和创新，不仅组建专业的渠道推广建设团队，更在推广建设的过程中，获得丰富的经验，为之后品牌的升级奠下良好的渠道根基。上市后品牌在更加广阔的平台上获得展示机遇，发展迎来新契机，也为西域骆驼在中国高速崛起成长为又一个休闲男装品牌提供强大的助力。

(蔡冰铃撰　吴晓辉审)

港区管理

【石湖分局职责】 泉州市港口管理局石湖分局由泉州市委批准成立于2007年，主要负责石湖、祥芝、锦尚、梅林四个作业区的港口、港务、港政、航政管理工作。

【辖区港口企业及经营范围】 石湖分局辖区港口企业主要有16家。其中，码头企业5家：泉州太平洋集装箱码头有限公司、石狮盛远贸易有限公司、石狮华锦码头储运有限公司、福建省鸿山热电有限公司、福建省晨华港口经营有限公司；危化品装卸和仓储企业6家：福建中油油品仓储有限公司(汽、柴油)、石狮市中太实业有限公司(液碱)、石狮市中天油料有限公司(液碱)、石狮市猛华石油化工有限公司(液碱)、石狮市华亿石油化工发展(柴油)、石狮市中油通用石油销售有限公司(柴油、燃料油)；5家港口服务企业：石狮市海达港口服务有限公司、石狮市一轩船务货运有限公司、石狮远洋港口服务有限公司、石狮市港益船舶服务有限公司、泉州市泉顺燃料有限公司石狮分公司等。

石湖码头　(图/石湖分局)

【石湖作业区】 石湖太平洋集装箱码头建有0#—4#泊位。分别为0#泊位3000吨级通用件杂码头，1999年10月建成投产；1#泊位为万吨级集装箱码头，1998年10月建成投产；2#泊位为3万吨级集装箱码头，2002年9月建成投产；3#泊位5万吨级技改扩建集装箱码头，2005年10月建成投产；4#泊位的5万吨级多用途码头，于2009年建成投产，现为试运行阶段。在建的5#—6#2个10万吨级泊位已完成核准报批等前期工作。

石湖中油油品仓储有限公司专用码头有1#、2#、3#泊位分别为1000吨级，3000吨级和万吨级成品油码头，2002年11月建成投产。

【祥芝作业区】 祥芝现有2个500吨级过驳码头，于1990年12月建成投产，现为渔业专用码头。

【锦尚作业区】 石狮鸿山热电有

限责任公司现有1个10万吨级专用煤炭码头，于2010年8月建成投产。

石狮华锦码头现有2#、3#泊位2个5000吨级通用件杂码头，2011年12月建成投产，现为试运行阶段。

【梅林作业区】 梅林码头现有2个通用件杂码头，分别为1993年7月建成投产的500吨级通用件杂码头和1998年10月对台技改建成的5000吨级多用途码头。

【投资建设成效】 石湖作业区太平洋集装箱码头的4#泊位后方堆场工程累计完成投资1097万元，26.26万平方米堆场的陆域形成、地基处理、道路堆场及配套附属设施基本完工；5、6#泊位工程10万吨集装箱专用泊位2个及相应的生产配套辅助设施完成投资16763万元。总计完成港口基础建设投资17860万元。

锦尚作业区华锦码头35000吨级1#通用泊位及配套堆场及装卸设施基本完工，工程完成投资14700万元。

【港口生产成效】 石湖分局辖区2013年完成货物吞吐量3916.55万吨，较2012年增长4.34%。集装箱完成1134094 TEU，同比下降8.46%（其中外贸集装箱箱完成49128 TEU，同比下降14.6%，内贸集装箱完成1085166 TEU，同比下降8.33%）；外贸散杂货1826675吨，同比增长38.88%；荒料石完成174.34万吨，同比增长34.81%。

码头安全工作 （图/石湖分局）

【安全工作成效】 石湖分局围绕“增强忧患意识、推动泉州港长远发展”，紧抓安全工作不放松，确保辖区企业安全生产平稳发展，成效明显，被泉州市港口管理局表彰为2013年度安全管理先进单位，同时获石狮市2013年安全生产目标责任制考评优胜单位。

（苏婧雯撰 宋 慧 周宗淡审）

太平洋集装箱码头

【公司概况】 中远集团与泉州市人民政府建立战略合作关系后，2006年8月28日，中远太平洋有限公司与泉州港务集团有限公司合资成立泉州太平洋集装箱码头有限公司。公司在2012年经过增资扩股，总资产达19亿元，其中中远太平洋有限公司持有82.35%的股份，泉州港务集团持有17.65%的股份。

【港口市场】 太平洋集装箱码头有限公司主营集装箱业务，兼营以荒料石为主的散杂货业务（含保税仓储业务）。2013年，国内外知名集装箱班轮公司在石湖港区开辟20多条内贸集装箱航线，航线辐射国内各大主要港口，外贸近洋集装箱航线不断加密中。在推动多元化经营模式，发展外贸集装箱业务、对台小额贸易业务及粮食专用柜业务，取得成果，成为公司利润的有益补充，提高港口市场综合竞争力。2013年，在继续巩固以内贸为主的集装箱业务和以进口荒料石为主的散杂货业务的基础上，石湖港累计完成集装箱吞吐量110万TEU，同比增长-9.2%；累计完成散杂货吞吐量213万吨，同比增长29.7%，其中荒料石业务完成1743365吨，同比增长34.6%。

【港口设备】 公司所经营的石湖港区为国家一类口岸，最大水深理基-15.1米。现有5千吨级（0号泊位）、1万吨级（1号泊位）、3万吨级（2号泊位）、5万吨级（3号泊位）和5万吨级（4号泊位）泊位各1个，泊位总长度1325米，新报批的2个10万吨级集装箱泊位建成后，深水泊位长度将延伸至2000米以上，集装箱吞吐量达300万标，散杂货吞吐量达300万吨；堆场面积71.9万平方米；各类港口机械设备163台套，含桥吊11台，其中双箱吊具集装箱岸桥，起重量为65吨，大梁外伸距55米，可满足超巴拿马型集装箱船型的靠泊作业，门机5台，其最大起重量为50吨，最大作业幅度为35米，RTG30台，其他设备123台套。

【港口工程】 石湖港4号堆场工程于2009年11月开工建设。2013年，工程扫尾阶段，向省质监局申请质量核验；石湖港区5—6号泊位工程：项目为省重点建设项目之一，建设内容主要包括2个10万吨级集装箱泊位及相应的后方堆场。拟建泊位位于已建4号泊位的东侧，岸线总长度850.46米；后方陆域纵深约580米，填海形成陆域面积约49.5万平方米。工程设计吞吐能力90万TEU，项目总投资约15亿元。2013年，完成办理海域使用权证和施工图设计工作；石材物流园项目：项目位于泉州港石湖港区后方约2.5公里处，工程占地约20公顷，建设内容主要包括石材堆场、龙门吊轨道、办公楼、机修间及配置装卸设备等，根据需要投建一定规模的石材展示厅及交易厅或预留建设用地。项目总投资约1.73亿元，项目建设后，可以满足荒料石年集散量110万吨以上。

【港口治理】 公司整合工作，管理层对泉州太平洋集装箱码头公司和晋江太平洋港口发展有限公司两家公司所经营的石湖港、围头港和后渚港三个港区进行整合，成立中远泉州太平洋港口公司，先后对市场营销商务、财务融资平台、物资采购、港口基础建设、信息化建设、党政工一体化六个方面工作进行整合，成立相应工作部门和制订有关工作职责，完成三个港区的初步整合。促使两家公司发展目标得到统一，资源配置更加合理，资源使用效率和效益得到提高，运营成本降低，综合竞争能力得到显著提高，产生出1+1>2的合力。

【提升治理水平】 2013年，制定包括目标任务，专项提升、全面整改工作计划，各项保障措施等第二阶段工作方案，促使方案具体化、目标化、责任化，做到“四定四落实”，并针对规章制度、作业效率、精细管理、信息化管理四个方面问题，专项小组根据整改方案，结合日常工作，找出核心问题，边整改边诊断，以点带面，不留死角，全面推进，整改工作取得阶段性成果：活动期间，公司规章制度八大类近300条规定得到修订，集装箱作业效率由原来的24—25箱／小时逐步提升至26—27箱／小时，各项运营成本得到不同程度降低，基本解决“信息孤岛”现象，信息化管理得到进一步强化。

【增收节支】 2013年，公司加大力度开展增收节支工作，在原有的工属具钢丝绳小组、修旧利废小组、燃油小组、轮胎小组等四个小组的基础上，成立30个课题组，以“专项研究、注重实效”为指导思想，按照有统计分析、有工作目标、有行动措施、有总结提高、有奖惩激励机制的“五有”工作方法，认真研究，分析原因，制定措施，从材料消耗、燃油消耗、水电费和管理费用等方面进行管控。RTG“油改电”项目、跑冒滴漏专项、工属具钢丝绳课题、轮胎课题等方面工作均取得较大进展，获得良好经济效益。

【港口党建】 2013年，总支部坚持以科学发展观为统领，以推动经济效益、促进民生建设为宗旨，完善党组织机构和加快党员队伍建设，共有7名入党积极分子通过市委组织部预审，经交通运输党委表决，同意吸收为预备党员，并研究制订2014年度的党员发展计划，计划发展10名入党积极分子，并将人选报上级党委备案；公司召开全体党员大会，推荐两位党员为石狮市交通运输系统党代表；组员参加中共石狮市市直交通运输系统第一次代表大会，公司领导朱立水、李玉柱分别当选党委委员和纪律检查委员会委员。

【港口文化】 根据中国远洋“务实•协调”为核心内容的企业文化体系的战略部署，传承中远集团“求是创新•图强报国”的企业精神，汲取中远太平洋“赢”文化之精髓，融合闽南地方文化和“海丝”文化之内涵，打造以激情为特色的企业文化体系；制定“外宣为主，内宣为辅，双管齐下”的宣传路线，注重把握宣传舆论导向，将被动宣传转变为主动宣传；积极组织形式多样的各种文体活动：举办主题为“新起点，新征程”的晋江太平洋港口发展有限公司成立五周年庆典暨中远太平洋（泉州）有限公司尾牙晚宴；组织员工参加在厦门市举办的主题为中远海西建设者献礼的中远驻闽单位2013年职工文艺特长展演；举办主题为“编织海之梦•圆我中国梦”的中国第九届航海日暨中远泉太第二届“海之梦”晚会；举行主题为“激情拼搏，挑战极限”的第六届职工运动会。

【构建企业文化基地】 在公司领导的高度重视和员工的积极参与下，公司企业文化建设工作形势喜人、成效显著，新闻宣传的广度、深度和力度上实现突破性的进展，全面展示公司实力，提升公司的知名度与良好形象。先后获中国内刊协会授予公司内部报纸《泉州港讯》的“中国梦·优秀文化传播金号奖”称号，获中国文化管理协会授予的2013年中国企业形象管理“十佳单位”称号，《泉州港讯》被评为中国品牌内刊“好报纸”奖，《员工作品集》被评为中国品牌内刊“文化纽带奖”，并被泉州市档案局永久收藏；进一步丰富公司宣传媒介，继公司网站后，又成功开通企业微信平台，对公司重点新闻进行及时有效地跟踪报告，使公司新闻报道工作再上一台阶；成功打造公司优秀文化品牌，塑造出以公司装卸队为原型的小虎队先进班组；逐步培育出以激情为主要特色的企业文化体系，成功构建企业文化基地。

【港口民生】 关注员工身心健康，组织公司全体员工到市级医院进行全身健康体检；组织与员工身心健康为主要内容的专题讲座；针对夏季港口高温作业的实际情况，组织开展防暑降温慰问活动，将防暑降温用品送到生产一线员工的手中；在员工活动中心内部设置公共服务管理中心工作室，为公司员工排忧解难；对港区篮球运动场进行硅PU弹性面层铺装，改善员工户外健身环境；在石狮市总工会举行由蚶江镇总工会主办、公司承办的主题为“缘在工会、爱萌蚶江”鹊桥联谊活动，解决公司未婚青年员工个人婚姻问题；在妇女节、重阳节和母亲节等节日期间，组织相应活动，强化员工尊老爱妇的传统美德；按照国家劳动法规管理和使用员工，坚持为员工投足社会保险和相关商业保险及发放过节费，2013年未出现一起劳务纠纷，为促进当地社会经济的稳定发展做出积极贡献。

（高忠樟撰　李玉柱审）

（图/颜华新）

促进现代服务业发展

【概况】 2013年，开展“第三产业发展年”活动，制订具体活动方案，组织开展服务业重点产业梳理工作，出台《关于推进产业集群集聚发展的若干意见》《关于创建金融服务实体经济综合改革先行区的若干意见》《关于加快推进电子商务发展的若干意见》《石狮市集聚纺织服饰创意设计人才暂行办法》等一系列政策，从发展产业集群、金融业、专业市场、电子商务、创意设计等方面给予重点扶持。推进服务业综合改革试点，被省发改委确定为服务业综合改革重点联系区域。

【推进现代服务业建设】 2013年，落实重点项目“五个一”工作机制，做好总投资297.26亿元的23个泉州市级第三产业重点建设项目的跟踪服务；重点推进建设专业市场，发挥龙头项目的示范和带动作用。

【推动第三产业集聚发展】 2013年，优化“一城一港六区”第三产业布局，打造功能分区明确、特色鲜明、集聚力强的第三产业集聚区。加大石狮服装城、石狮国际轻纺城、石狮辅料城等六大专业市场的建设力度，提升海西(石狮)电子商务园区、石狮市星期YI服饰创意博览园、石狮市纺织服装产业创新发展云平台等产业平台。推动石狮总部大厦与华闽大厦、台昱大厦等形成石狮总部聚集区，2013年注册运营中心64家。星期YI服饰创意博览园获得“泉州市重点文化产业园区”称号；海西电商园入园企业超300家；甲骨文纺织服装创新发展云投入运营，入驻企业30家；辅料城意向入驻100多个国内外辅料品牌；服装城强化品牌联营，新引进120多个时尚品牌入驻；星期YI服饰创意博览园和石狮市纺织服装产业创新发展云平台共获得2013年国家服务业引导资金360万元扶持。

【第三产业招商工作】 开展“大招商、招大商”活动，加强第三产业项目招商力度。2013年，石狮市商贸服务类招商项目4个，总投资275亿元，有石狮世茂城市综合体项目、幸福新城恒大社区、幸福新城万科社区和石狮迎宾馆项目。

【全域城市化发展改革】 2013年，全域城市化发展改革方案获省政府批准实施，成为全省首个试点；民营经济综合配套改革全面推开；市医院作为全省首批公立医院改革试点取得新突破；“金改”稳步推进，创新集体建设用地使用权抵押贷款、小微企业“助保贷”等金融产品和服务，拓宽企业融资渠道；卡宾、富贵鸟等企业成功上市。

（朱永得撰　林启彬审）

物　价

【概况】 2013年，保持价格总水平基本稳定，推进价格服务、保障和改善民生。围绕市委、市政府的决策部署，稳妥推进价格服务，加强价格监管，保持价格稳定。

【对放开价格商品监测】 2013年，开展价格监测工作，对市场价格信息的采集做到每周一次；开展民生商品“价比八家”活动，坚持每周五在《石狮日报》上公布市区5个主要菜市场及3家大型超市的17种副食品价格，促使商家卖得规范，让消费者买得明白、得到实惠。

【开展价格调节基金征收】 2013年，联合开展价格调节基金征收工作，共征集基金1536万元，支出802万元，用于各项民生事业。

【开展价格调节基金知识宣传】

2013年4月，在全国税收宣传活动月期间依托地方主流媒体《石狮日报》开设价格调节基金知识宣传专栏，对价调基金征收的法律依据、目的、项目和标准、减缓免缴等规定进行详细的解读，通过加大宣传普及力度，以确保价格基金征收工作的展开。

【开展价格鉴证工作】 2013年，拓展价格认证服务领域，参与涉及拆迁补偿、矿产资源盗采等方面的价格鉴定；开展涉企价格争议调解，及时处理涉企价格纠纷。

【加强价格惠民服务工作】 为保障春节期间全市主副食品价格稳定，向以新华都、捷龙、乐天天、百旺4家超市为主体的8个运营店授予“平价商店销售点”牌匾。8个平价商店销售点分别位于灵秀镇、宝盖镇、蚶江镇、祥芝镇及市中心区域，确保整个市区范围内的市民及较偏远地区的乡镇居民都能享受到实惠的平价商品。

【执行教育收费政策】 2013年9月，市经济局牵头，联合市教育局、市纠风办发文通知，提醒市直各中小学校、幼儿园及各民办学历教育机构在新学期执行教育收费政策，实行“阳光收费”，在新学期营造良好的教育收费环境，维护广大学生和家长的利益。

【受理涉案鉴定评估】 配合公安部门做好涉案财物价格鉴定工作。2013年，共完成涉案财物价格鉴定500多件，标的额达1900万元，其中涉及假冒注册商标产品价格鉴定结论30多份，涉案金额高1200多万元；配合纪委做好涉纪财物价格认定工作；探索涉税财物价格认定等工作。

【启用收费动态监管系统】 2013年9月，按照国家发改委和省、市物价局的统一部署，组织全国收费动态监管系统信息录入工作，比要求时限提前8天完成4份本级收费文件、60家收费单位和60份收费许可证等信息的录入任务。为下阶段年审数据的录入和“阳光价费”工作的落实打下基础。

【推进公立医院改革】 在全省县级公立医院改革中率先推行药品零差率销售，实现医院收入由服务收费、药品加成收入和财政补助“三条腿走路”向服务收费和财政补助“两条腿走路”转变，至2013年2月10日，患者同比药费支出减少930多万元，石狮市医院同比增收480多万元，县级公立医院改革取得阶段性成效。

【医疗服务水平提高】 通过适当提高医务人员的服务收费，让医疗服务价格更能体现医务人员劳动价值，调动医务人员的积极性，“注重诊断”代替“注重开药”。医院采取处方抽查等多种方式监督医生是否合理用药，停用及减半采购十几种辅助用药，不合理用药情况逐渐消除。以抗菌药物的使用为例，该院Ⅰ类切口预防性使用抗菌药物从70%左右大幅下降40个百分点。

【就医人数增加】 石狮市医院实行改革后，患者纷纷回流。全年该院业务稳中有升，其中门急诊人数75.27万人次，同比增长22.9%；手术人数4209人次，同比增长1.81%；体检人数4.34万人次，同比增长4.3%。

（林柏楠撰　江　波审）

统　计

【概况】 2013年，石狮市统计局增强全市统计系统的大局意识、责任意识和服务意识，着力深化统计方法制度改革，不断提高全市统计工作水平，加强对经济社会的监测预警，满足各级党政领导决策和社会公众的需要。

【预警监测和调研分析】 2013年，石狮统计局以统计分析新路线为指导，围绕市委市政府中心工作，加强统计监测职能，积极撰稿，共向市委市政府和各类期刊杂志上报统计分析10篇，为市级领导决策部署提供统计风向标。

【第三次全国经济普查】 2013年，组建各级普查机构，保障普查经费，采购普查机器设备，选调普查“两员”，单位核查，“两员”培训，经普宣传，为经济普查登记工作顺利开展营造良好的舆论环境。

【联网直报】 2013年，纳入直报范围规模以上工业企业380家，限额以上批发零售和住宿餐饮企业470家，资质以上房地产和建筑业企业71家；通过直报系统平台、协同通信、QQ群发、发短信、打电话等方式，进行统计报表催报工作，确保应报对象不遗不漏；加强直报数据审核把关，确保直报数据的准确性。

【城乡住户调查一体化改革】

2013年石狮市全面推行城乡住户一体化改革。居民收支调查设置农村、城镇和全体居民可支配收入指标，统一城乡测算口径、指标编码、汇总程序。数据发布由月度数据改为季度数据，建立城乡可比的、以可支配收入指标为核心的居民收支指标调查体系。

【投入产出调查】 2013年，石狮统计局投入产出调查工作进入具体调查实施阶段，确保调查企业上报率达100%。

【提升统计服务水平】 2013年，石狮统计局以每月数据资料为基础，拓展统计宣传范围。平均每月向领导和各部门提供《统计月报》350份—400份、石狮市经济运行通报270份。2013年，为近100家企业提供申报评比服务，促进石狮市的品牌建设工作。扩大石狮统计信息网服务质量，日均点击数53人次；组织统计从业资格考试和统计职称考试考评。2013年，通过石狮统计信息网发布《关于2013年统计从业资格考试工作安排的通知》和《2013年统计专业高、中、初级技术资格考试报名工作安排的通知》，指定专人，明确责任，负责组织两项考试报名、培训，要求企业统计人员均需持证上岗。

【统计宣传】 2013年，石狮统计局利用统计信息网、电子政务网、报纸等媒介和日常的统计调查工作广泛开展统计法律法规普法宣传活动；坚持统计人员持证上岗。通过狠抓统计人员培训工作，基层统计员基本上做到持证上岗。

【统计执法】 2013年，石狮统计局做到发现一案，查处一案，使执法工作经常化。4月，正式启动石狮市2013年度房地产和建筑业统计执法检查活动，共确定6家房地产和3家建筑业企业作为稽查对象。6月，对一家重点服务业企业邮寄送达查询书，督促企业按时完成联网直报工作，确保统计执法的公开、公平、公正。

【完善工作管理制度】 2013年，石狮统计局执行“人脸识别”考勤、请销假制度和财务管理制度，落实岗位责任制、工作限时办结制、统计综合考评制、统计分析和政务信息报送制度，鼓励先进，鞭策落后。制订《进一步提高统计工作水平实施方案》，通过采用量化积分的方式，内容涉及考核内容、积分标准、奖惩办法等方面，考核结果作为个人职务任免、年度考核、评先评优、考察培训的重要依据，不断提高办事效率和服务水平。

【创建文明单位】 2013年，石狮统计局多次组织创建文明单位活动，包括开设道德讲堂、公共文明引导、保护山川河流、下基层慰问困难户、“母亲健康1+1”募捐、网络文明志愿活动等，全体干部职工参与率保证在95%以上。

【常规统计调查】 2013年，石狮统计局加强统筹安排，完成规模以下工业抽样调查、限额以下商业抽样调查、采购经理人调查、畜牧业调查、景气调查、CPI、PPI、基本单位名录库、部分服务业调查等一系列常规统计调查工作，配合完成组织工作满意度调查。

（林锦鑫撰　吴顺泰审）

工商行政管理

【概况】 2013年，市工商局以服务“二次创业”为抓手，促进服务发展，全面提升监管执法效能，持续强化干部队伍建设，在促进石狮发展进程中取得实效。

【注册登记】 加快审批提质增速。

石狮市委书记张永宁调研工商登记制度改革 (图/工商局)

在泉州工商系统范围内率先牵头内资公司设立登记联合审批工作，以市府办名义正式下发内资公司注册登记联合审批实施意见，将个人独资企业设立登记、变更登记审批时限由2个工作日改为即办件，即办件占比达88.14%，登记效率在泉州地区处于前列。注册窗口连续11个季度蝉联中心季度“红旗窗口”称号，被石狮团市委确定为2013年度青年文明号“勤廉示范岗”创建单位。试点工商登记制度改革。11月20—23日，市工商局与行政服务中心组成考察组，专程赴广东学习考察全程工商登记制度改革、全程电子化网上登记、电子营业执照、企业联络员QQ群等工作。细化完善预约服务、局所通办、直接登记等窗口服务举措，进一步优化重点企业服务机制，降低创业门槛，优化市场准入环境。登记内资企业1776家，外资企业23家，个体工商户6289家，农民专业合作社30家，与2012年同期相比，内资企业增长38.53%，个体工商户增长52.87%。2013年，有内资企业9757家，外资企业1094家，个体工商户23739家、农民专业合作社130户，全市各类经济户口总量达34720户。

【个体经济】 服务石狮创建“金改、综改先行区”建设，制定下发包括建立健全“金改、综改先行区”建设项目跟踪服务制度；支持个体工商户、个人独资企业及合伙企业转型升级；支持金融机构开展商标权质押融资；允许石狮试点开展民间融资登记管理；支持国内外知名中介机构进入石狮发展等七条意见。指导并开辟绿色通道为石狮市世源票据服务有限公司办理设立登记，促成石狮首个“金改”项目顺利落地。开展“增强忧患意识，推动长远发展”大讨论活动，围绕“充分发挥工商职能，扶持企业做大做强”主题，按照“六思六创”的要求，结合上级部门出台的优惠措施，从商标战略、动产抵押、贷款融资、协助做好企业用工培训、引导企业转型升级、打假维权、整治无照经营等方面积极探寻扶持企业发展的新路子。协助做好石狮市三家染整企业兼并重组，并使之成为泉州市第一家兼并重组、转型升级的染整示范企业，服务经济结构调整和企业转型升级。抓好非公企业党建工作，推进非公企业、社会组织党组织覆盖“百日攻坚行动”，成立石狮市私营企业协会党支部、石狮市广告协会党支部。9月11日，省工商局副局长、省个体私营企业协会会长黄培惠到石狮富贵鸟等企业调研时对市工商局指导企业非公党建工作表示肯定。

【商标战略】 组织兑现43家企业的2012年度驰、著、知名商标、国外注册商标表彰奖金201万元，进一步调动企业争创品牌积极性。建

工商局组织部分行业代表讲解新《消法》(图/工商局)

立“闲置商标企业”QQ群，指导企业发挥闲置商标的经济效益。运用多种形式广泛宣传新商标法，在《石狮日报》上开设专栏，分十一期对新商标法进行法条解读。全市共有驰名商标11件、著名商标108件、知名商标107件，位列品牌强市行列。

【行政指导】 在“海西(石狮)电子商务园区”开展诚信经营规范指导工作，举办电商协会70多个会员单位参与的“规范扶持网络商品交易行为、促进网络市场健康可持续发展”等专题讲座，实地走访指导

工商局指导电商园诚信经营(图/工商局)

三家重点网商企业，成立全省第一个网上维权站——“电商产业园12315维权站”，配备专职人员处理消费者网上投诉。电商产业园区被省工商局确定为“全省网络诚信交易试点”。全市共登记网络市场主体629家，其中公司571家，个体58家。

【流通环节食品安全监管】 督促经营者建立索票索证和进货台账制度，加强准入指导把关、督促主体强化责任、实现流向追溯可控和强化典型示范带动“四项机制”，持续推进流通环节食品质量可追溯体系示范点建设工作，创建食品质量可追溯体系示范点 14 个，食品安全示范店 124 个。开展各类食品安全专项整治，查处食品违法案件 252 件，罚没款 56 万元，查扣违法食品 1853 公斤，快速检测果蔬农残及水产品、水发产品 2021 批次，维护市场消费安全。针对消费者的投诉和食品热点问题，组织抽检皮蛋、大米、面粉等食品 43 批次，其中 1 个批次不合格，合格率 97.67%。开展“八闽红盾出击—春节食品市场专项整治大行动”，举行启动仪式，市政府分管领导出席并作重要讲话。做好 H7N9 禽流感防控工作，加强活禽市场巡查，督促市场业主认真履行索证索票等各项制度，严防疫区禽类及其产品流入市场，查处未经检验检疫不合格上市禽类及其产品的违法违规行为。8 月 9 日，省工商局副局长王应涛到石狮市检查万隆公司、捷龙超市。

【监管执法百日行动】 针对公用企业及房地产、医药等重点行业侵害消费者合法权益的违法行为开展专项整治，查处各类违法案件 610 起，案值 578.3 万元，发案数、入库数居泉州市前列。

工商人员开展商品质量检测（图/工商局）

【无照经营治理】 发挥无照经营联席会议作用，推行镇办、村居、工商所查处无照经营“三级联动”机制，查处无照经营案件 907 件，案值 1043 万元，罚没金额 398.3 万元。7 月 12 日，牵头召开 2013 年度石狮市黑网吧专项治理工作领导小组成员工作会议。牵头组织开展中介组织调研、行业协会筹备及行业协会组织工作。制订下发《石狮市市场中介组织服务提速工作方案》。

【商标广告监管】 开展商标印制企业、打击侵权假冒维护民生安全专项治理行动及虚假违法医疗医药广告专项整治工作，查处商标侵权案件 115 件，案值 136 万元，罚没款 82 万元，移送司法机关 2 件；广告违法案件 17 件，罚没款 7.3 万元。

【合同监管】 开展快递物流货运服务等行业不平等格式合同条款专项整治，规范行业企业合同使用行为，立案 8 起，罚没款 0.4 万元。以美容美发、健身瑜伽、洗浴按摩等商家作为合同示范文本推行试点，指导 15 家经营户使用《福建省预付式消费合同》。

【监管模式改革】 按照“三级联动对接、四项机制构建、五无监管目标”的思路，探索深化基层监管模式改革。按照“网格划分明确、监管资源下沉、联动对接协作”原则，网格员定岗定职定责，人力权力财力下沉，建立层级明晰、分工明确、分类监管的网格监管架构，实行工商所网格化监管，创建“五无监管区”，优化执法办案资源，调整执法办案模式。

【消费维权】 受理消费者咨询、申诉、举报 6056 件，其中咨询 4693 件，申（投）诉 1032 件，举报 331 件，为消费者挽回经济损失约 41.23 万元。举行系列活动隆重纪念“3·15”国际消费者权益保护日。及时融入石狮市政府“12345”便民服务体系，落实“12315 诉转案”工作机制，促进“12315”行政调解与行政处罚衔接，进一步提升消费维权和综合执法效能。

工商局、检察院工作人员进商场分发宣传材料（图/工商局）

【市场诚信建设】 建立健全市场业主责任制，加强商品交易市场规范管理，整治不文明经商，重点培育纺织布料市场（富丰商城）创建省级诚信市场示范点。

（廖文寿撰　苏思远审）

2013年石狮市驰名商标名单

表14

序号	商标名称	注册证号	注册人	地址	认定年度	认定商品(或服务)项目
1	富贵鸟	571204 517205 571206	富贵鸟(中国)有限公司	石狮市长福村	1999	鞋
2	彬伊奴	1180747 1180749	石狮市彬伊奴休闲服饰有限公司	石狮市振狮工业区彬伊奴工业大厦	2005	服装
3	帝	716882	石狮市大帝集团有限公司	石狮市宝盖科技园	2005	服装
4	斯得雅	1387251	福建石狮市斯得雅服饰有限公司	石狮市灵秀镇服装创业园	2005	服装
5	爱登堡	1545603	爱登堡国际投资集团有限公司	石狮市灵秀镇服装创业园	2005	休闲装
6	木林森	1300753 1525549	福建石狮市福盛鞋业有限公司	石狮市长福工业区	2006	皮鞋
7	KAM	338169	福建省石狮市华联服装配件企业有限公司	石狮市工业区(龟湖村)	2006	塑料扣、鞋扣
8	Cabbeen	1089172 1210777	卡宾服饰(中国)有限公司	石狮市宝盖镇高科技园区	2010	服装
9	QL图形强力	332973 623224	福建省强力体育用品有限公司	石狮市宝盖镇鞋业工业园	2010	羽毛球拍、网球拍、臂力器

2013年度著名商标

表15

序号	商标名称	注册证号	注册人	地址	认定商品(或服务)项目
1	鑫盛达及图	4219337	福建省鑫盛达工贸发展有限公司	石狮市灵秀镇彭田标准厂区B1、B2幢	松紧带;衣服装饰品;人造花
2	HONS	1210826	新宏兴(福建)纺织营运中心有限责任公司	石狮市八七路中银大厦十二楼	布;粗毛呢;毛料
3	海百皇及图	1615173	石狮市海百皇水产食品有限公司	石狮市祥芝镇祥农村	鱼制食品;水产罐头;豆腐制品
4	明顿+图形	3650806	石狮市明顿制衣有限公司	石狮市蚶江镇锦里东南区54号	服装;裤子;领带
5	古浮紫菜	8770533	石狮市古浮紫菜协会	福建省石狮市祥芝镇古浮村十八片区19号	紫菜
6	龙祥及图	4558815	石狮龙祥制革有限公司	石狮市祥芝工业区	仿皮革;兽皮
7	雪朗卡及图	5135663	石狮市雪朗卡服装贸易有限公司	石狮市宝盖镇鞋城工业区B06二号	鞋、帽、服装
8	彩帆	5541788	石狮市彩帆服装织造有限公司	石狮市蚶江镇古山村	服装
9	喜盈盈及图	3259423 3259424 3259422	福建省石狮市喜洋洋儿童服饰有限公司	石狮市灵秀镇服装创业园E6	服装;帽;袜子

续表 15

序号	商标名称	注册证号	注册人	地址	认定商品(或服务)项目
10	布丁娃	7677970	博大(福建)服装织造有限公司	石狮市灵秀镇服装创业园 B5 幢三楼	服装;婴儿全套衣;游泳衣
11	皇馨及图形	3004015	皇馨茶业(泉州)有限公司	石狮市南环路南侧曾坑段	茶;冰茶;茶饮料
12	WELL ABLE 及图形	3346048	石狮市华宝海洋生物化工有限公司	石狮市祥芝镇大堡开发区	婴儿食品;医用营养品
13	第 5007127 号图形	5007127	福诚(中国)有限公司	石狮市灵秀镇石泉路北侧	缝纫机;裁布机;缝合机
14	通达及图	3200454	福建省石狮市通达电器有限公司	石狮市蚶江水头工业区	工作操作遥控电器设备

2013 年度知名商标

表 16

序号	商标名称	注册证号	注册人	地址	认定类别	认定商品(或服务)项目
1	食为记、第 7100282 号图形	6814604、7100282	石狮市食为记餐厅(普通合伙)	石狮市步行街 C4 栋泉美豪苑二楼	43	备办宴席;餐厅;自助餐厅
2	狼人、第 3557951 号图形	5262230、3557951	石狮市狼人时装发展有限公司	石狮市石灵路 440 号	25	服装、鞋、帽
3	韦蓝琪及图形、WIN—LUCKY	3037002、1940817	石狮市韦蓝琪服装织造有限公司	石狮市蚶江镇蚶江村工业小区	25	服装
4	铁民	384514	福建铁民海洋生物股份有限公司	石狮市祥芝码头开发区	29	鱼制食品;鱼片
5	第 1298824 号图形	1298824	石狮市义兴甜果有限公司	石狮市宝盖镇塘头一区 34 号	30	糕点;年糕;元宵
6	鸿远	9317910	鸿远(福建)鞋底有限公司	石狮市宝盖鞋业工业园 B 区—4	25	鞋(脚上的穿着物);体操鞋
7	第 7450239 号图形	7450239	石狮市益明染织有限公司	石狮市鸿山镇伍堡工业控污区	23	纱;棉线和棉纱;绣花用纱和线
8	第 7827029 号图形	7827029	威尔斯顿(福建)服饰发展有限公司	石狮市宝盖科技园威斯登工业区 19 幢	25	服装;鞋;帽
9	泰王 TAIWANG	682940	王志雄(被许可企业:石狮市泰王服饰织造有限公司)	石狮市灵秀创业园 E—2 栋	25	服装
10	历记	3185860	石狮市历记名酒贸易有限公司	石狮市子芳路 347—349 号	35	推销(替他人)
11	第 8741553 号图形	8741553	石狮市绿岛国际酒店有限公司	石狮八七路南侧林边段	43	住所(旅馆、供膳寄宿处);餐厅;饭店
12	BANGBANGXIONG 棒棒熊	1756732	石狮市裕铭服饰织造有限公司	石狮市锦尚镇东店村新大街	25	服装;裤子;运动衫
13	LUTING.M 璐婷美	5531269	石狮市璐婷美内衣商行	石狮市德辉广场一楼 105—107 号	25	服装;内衣;睡衣

续表 16

序号	商标名称	注册证号	注册人	地址	认定类别	认定商品(或服务)项目
14	YOUSIDUN 犹斯顿	3314716	石狮市犹斯顿服饰有限公司	石狮市蚶江镇西裤基地	25	服装;T 恤衫;腰带
15	WELL ABLE 及图形	3346048	石狮市华宝海洋生物化工有限公司	石狮市祥芝镇大堡开发区	5	婴儿食品;医用营养品
16	顺盛 SHUNSHENG	7712887	石狮市顺盛水产养殖专业合作社	石狮市永宁镇港边村	31	活动物;牡蛎(活的);海参(活的)
17	第 5007127 号图形	5007127	福诚(中国)有限公司	石狮市灵秀镇石泉路北侧	7	缝纫机;裁布机;缝合机
18	华韩	8243114	石狮市七彩虹植绒印花有限公司	石狮市宝盖科技园区	24	布;无纺布;棉织品
19	通达及图	3200454	福建省石狮市通达电器有限公司	石狮市蚶江水头工业区	9	工作操作遥控电器设备
20	日久及图形	5563527	石狮市日久军警装备有限公司	石狮市八七路狮王工业楼 B 幢	18	背包;士兵装备用系带;皮带(非服饰用)
21	凤、凰族	9792252、9792237	中鞋网(福建)电子商务有限公司	石狮市振狮开发区 A 栋 4 楼	25	服装;鞋;运动鞋

2013 年个体工商户情况统计表

表 17

行业分类	期末实有 合计			其中:本期登记			本期注销
	户数	从业人员	资金数额	户数	从业人员	资金数额	合计
乙	1	2	3	7	8	9	10
	24232	61107	170431.96	7156	18426	58323.27	3542
农、林、牧、渔业	87	389	2145.70	13	42	278.20	3
农、林、牧、渔服务业	1	5	3.00	0	0	0.00	0
采矿业	0	0	0.00	0	0	0.00	1
开采辅助活动	0	0	0.00	0	0	0.00	0
制造业	1027	6140	12650.77	345	2252	3706.10	115
金属制品、机械和设备修理业	5	6	16.50	4	4	15.00	0
电力、热力、燃气及水生产和供应业	1	3	10.00	0	0	0.00	0
建筑业	50	158	340.20	17	44	121.00	6
批发和零售业	19684	43969	135183.12	5895	13218	48145.90	2729
交通运输、仓储和邮政业	74	198	361.20	21	46	85.00	9

续表 17

行业分类	期末实有 合计			其中:本期登记			本期注销
	户数	从业人员	资金数额	户数	从业人员	资金数额	合计
住宿和餐饮业	1014	3899	8196.31	351	1320	2770.90	163
信息传输、软件和信息技术服务业	63	160	289.10	24	65	184.00	29
金融业	0	0	0.00	0	0	0.00	0
房地产业	63	173	405.30	17	51	49.20	7
租赁和商务服务业	281	715	1685.98	108	273	614.20	53
科学研究和技术服务业	98	274	472.16	10	30	66.00	10
水利、环境和公共设施管理业	2	9	20.80	0	0	0.00	0
居民服务、修理和其他服务业	1376	4080	7379.12	337	1024	2143.77	274
教育	0	0	0.00	0	0	0.00	0
卫生和社会工作	39	113	277.50	12	41	112.00	1
文化、体育和娱乐业	373	827	1014.70	6	20	47.00	142
其他	0	0	0.00	0	0	0.00	0
补充资料	1. 本期吊销 696 户						
	2. 吊销后本期注销 9 户						
	3. 本期安置下岗失业人员 0 人，享受地方再就业优惠政策 0 人，落实国家和地方再就业优惠政策免收工商管理行政性收费 0.00 万元						
	4. 本期高校毕业生从事个体经济 0 人；免收工商管理行政性收费 0.00 万元						
	5. 查处违反登记管理法规0.00 万元						
	6. 移送司法机关 0 人						

私营企业登记管理情况统计表

表 18

行业分类	期末实有 合计				其中:本期登记				本期注销	
	户数	投资者人数	雇工人数	注册资本(出资金额)	户数	投资者人数	雇工人数	注册资本(出资金额)	户数	注册资本(出资金额)
乙	1	3	4	5	10	11	12	13	61	63
	9289	16335	119839	2452580.55	1871	3228	11150	243629.40	224	29400.80
农、林、牧、渔业	53	139	491	38268.80	4	11	31	4200.00	1	0.00

续表 18

行业分类	期末实有				其中:本期登记				本期注销	
	合　计									
	户数	投资者人数	雇工人数	注册资本(出资金额)	户数	投资者人数	雇工人数	注册资本(出资金额)	户数	注册资本(出资金额)
农、林、牧、渔服务业	10	23	47	13565.00	2	4	13	200.00	0	0.00
采矿业	1	1	8	3.00	0	0	0	0.00	1	50.00
开采辅助活动	0	0	0	0.00	0	0	0	0.00	0	0.00
制造业	3090	5617	70968	751383.70	357	599	3426	39130.90	34	2507.00
金属制品、机械和设备修理业	4	5	15	100.00	4	5	15	100.00	0	0.00
电力、热力、燃气及水生产和供应业	8	5	22	1510.00	3	2	5	500.00	0	0.00
建筑业	244	412	2635	93102.00	67	113	294	10769.00	8	163.00
批发和零售业	4093	6786	28298	667366.05	1039	1729	4955	90102.00	108	2576.00
交通运输、仓储和邮政业	245	438	2179	119985.80	34	46	167	2993.00	6	59.00
住宿和餐饮业	106	189	2345	20448.80	19	25	309	1149.00	5	62.80
信息传输、软件和信息技术服务业	127	202	802	19958.70	20	49	135	3333.00	1	20.00
金融业	67	70	166	92618.00	5	7	20	3500.00	3	20000.00
房地产业	149	296	1337	141646.90	23	30	193	3376.00	11	1147.00
租赁和商务服务业	650	1333	4323	390045.08	166	373	857	55215.50	23	1997.00
科学研究和技术服务业	203	385	3420	77152.80	91	165	527	26444.00	8	570.00
水利、环境和公共设施管理业	20	59	208	15112.00	5	7	23	1023.00	2	0.00
居民服务、修理和其他服务业	134	228	1552	13394.09	15	25	85	552.00	12	149.00
教育	7	14	50	464.00	0	0	0	0.00	0	0.00
卫生和社会工作	5	8	182	1570.00	0	0	0	0.00	0	0.00
文化、体育和娱乐业	87	153	853	8550.83	23	47	123	1342.00	1	100.00
其他	0	0	0	0.00	0	0	0	0.00	0	0.00
补充资料	1. 本期吊销 177 户									
	2. 吊销后本期注销 19 户									
	3. 本期安置下岗失业人员 0 人;到私营企业从业的 0 人									
	4. 本期高校毕业生从事私营经济 0 人;到私营企业从业的 0 人									
	5. 期末实有私营企业集团 17 户									
	6. 本期出口创汇私营企业 0.00 万元									
	7. 期末实有注册资本 100万—500 万元 2758 户									
	8. 1000 万—1 亿元 547 户									
	9. 查处违反登记管理法规 0 万元,没收非法所得 0.00 元									
	10. 移送司法机关 0 人									

(廖文寿撰　苏思远审)

质量技术监督

【概况】 2013年，石狮市质量监督局围绕“服务企业”主题，实施以质取胜战略、推进实施技术标准战略，加强食品质量安全监管、特种设备安全监管、打假治劣等维护公共安全工作力度，为促进全市经济发展做出贡献。

2013年石狮市企业和行业协会参与国际、国家、行业、地方标准发布和实施情况一览表

表19

序号	企业	标准名称	标准文号	标准类型
1	福建省昇邦电子科技有限公司	计时仪器用极限与配合尺寸至1mm孔、轴公差带与配合	QB/T2266—2012	行业标准
2	石狮市信佳电子有限公司	指针、液晶数字式石英手表	QB/T1909—2012	行业标准
3	石狮市飞轮线带织造有限公司	锦纶长丝邦迪缝纫线	FZ/T63016—2012	行业标准
4	福建金苑服饰有限公司	连衣裙、裙套	FZ/T 81004—2012	行业标准
5	福建石狮华联服装配件企业有限公司	纽扣通用技术要求和检测方法 锌合金类	GB/T 29291—2012	国家标准
6	福建石狮华联服装配件企业有限公司	纽扣通用技术要求和检测方法 不饱和聚酯树脂类	GB/T 29290—2012	国家标准
7	石狮市新永佳辅料服饰有限公司	纽扣通用技术要求和检测方法 锌合金类	GB/T 29291—2012	国家标准
8	石狮市观奇纽扣	纽扣通用技术要求和检测方法 锌合金类	GB/T 29291—2012	国家标准
9	福建台帆实业有限公司	纬编机 单面圆形纬编机	FZ/T 97003—2012	行业标准
10	福建台帆实业有限公司	纬编机 双面圆形纬编机	FZ/T 97004—2012	行业标准
11	石狮市飞通通讯设备有限公司	渔业仪器名词术语	SC/T 6054—2012	行业标准
12	石狮市飞通通讯设备有限公司	渔业船用调频无线电话机(27.5MHz—39.5 MHz)试验方法	SC/T 6053—2012	行业标准
以上标准为2012年发布，2013年实施				
13	联邦三禾(福建)股份有限公司	凉感机织面料	DB35/T1343—2013	地方标准
14	石狮市聚来宝网络技术有限公司	媒体购物经营要求	SB/T 10965—2013	行业标准
15	石狮协盈科技种养场	叶菜用甘薯栽培技术规范	DB35/T1383—2013	地方标准
以上标准为2013年发布，2013年实施				
16	石狮市天宏金属制品有限公司	耐火电缆槽盒	GB 29415—2013	行业标准
《耐火电缆槽盒》2013年发布，2014年实施				

【特种设备安全监管】 2013年，开展公共领域电梯安全整治，对全市54家使用单位的290台电梯实施100%现场检查。开展特种设备安全生产大检查和重点整治“百日行动”，2013年，75%检验合格、未办理注册登记特种设备已办理注册登记；查处6家企业非法使用4台土升降机和2台小型锅炉；开展“节日”特种设备安全检查，对42家使用单位的182台特种设备实施现场检查，下达安全监察指令书12份；每月两次定期对辖区2家液化石油气充装单位进行监督检查，检查液化石油气经营点18家，取缔无证无照瓶装液化气经营点1家；加强特种设备安全教育培训，2013年联合泉州特检分院共举办3期电梯操作证和电梯安全管理员培训；1期叉车操作证培训、1期压力容器操作证培训，共

培训248人次。

【打击假冒伪劣】 2013年，打击假冒伪劣酒类、化肥、室内装修材料、汽配、儿童玩具的为重点的"质检利剑"行动、开展酒类、化肥建材、儿童用品、建筑用砖和钢筋、汽车制动液为重点的"双打"行动，以及对辖区内农资经销单位进行大检查为重点的"农资打假行动"，共出动检查人员1055人次，检查各类企业318家次，立案查处质量、特种设备、计量、标准、无证生产、假冒伪造、条码等各类违法案件54起，涉案货值金额40.03万元。

【计量器具检查】 2013年，开展"诚信计量进市场"活动，为辖区4家较大集贸市场在用1499台电子秤进行免费检定，在用计量器具强检受检率达98%以上，公平秤强检受检率达100%；开展医疗卫生机构医用计量器具免费检定，为全市医疗卫生机构免费检定血压计(表)392台，人体秤、婴儿秤82台，确保了医疗卫生计量器具检定率和合格率达100%；开展计量风险大排查活动、重点领域安全用计量器具专项监督检查、金银制品专项计量监督检查、医疗机构计量管理情况检查和定量包装商品净含量监督抽检，抽查辖区各类计量器具销售企业、使用单位121家，发出处罚决定书8份，抽查定量包装食品6批次，责令停止销售不合格产品2批次。

【食品企业监管】 2013年，打击食品虚假标识标注等违法行为，开展大米生产企业质量排查、肉制品排查风险排查、PET桶排查、即食鱼干制品监督检查、打击违法添加非食用物质和滥用食品添加剂行为、严厉打击使用不合格原料肉生产加工食品和制售假冒牛(羊)肉、强化食品添加剂使用环节质量安全风险排查整治以及节日食品安全检查等一系列专项整治活动及日常巡查检查，共出动监管人员673人次，巡查250家次；监督抽查126批次，实物质量合格率96.83%；安全监测20批次，合格率100%；完成年审52家次；食品立案16起，查扣问题食品17.89吨，涉案货值5.81万元，发出责令整改通知书34份。

【食品宣传教育培训】 2013年，先后参与现场咨询活动5场次，召开动员会2场次，邀请消费者代表参观食品生产企业1场次，发放食品安全宣传材料970份，接受群众咨询200余人次；组织食品生产企业法人代表参加省局举办的《最高人民法院、最高人民检察院关于办理危害食品安全刑事案件适用法律若干问题的解释》视频培训会1场次，全市64家企业64人参加了培训；召开乡镇食品安全协管员座谈会2场次；组织7期食品关键岗位(企业质量管理员和添加剂配料员)和1期食品生产企业质量管理负责人持证上岗免费培训。

(方　长撰　林丽莹审)

安全生产监督管理

【完善监管体制】 2013年，科学制定《进一步健全完善安全生产"一岗双责"工作机制》《石狮市2013年安全生产工作意见》，推动各级各部门有效履行监管责任，致力通过创建国家安全发展示范城市、落实安全生产工作责任、推进安全生产文化建设、深化隐患排查治理、优化应急救援管理、夯实基层基础等措施，持续改善安全生产环境。

【实行差异化奖励】 市财政下拨240万元用于2013年度的责任制目标考评奖励，并实行差异化考核办法，将考评结果分为优胜、合格、不合格三个等次。9个镇(街道)评出3个优胜单位，各奖励30万元，合格单位各奖励20万元；市直部门评出6个优胜单位，各奖励5万元；不合格的单位实行安全生产"一票否决"，并向市委市政府书面说明原因。

【安全生产经费保障】 2013年，全年市财政共投入安全生产资金6948万元，其中，安全生产奖励经费240万元、中小学校校安工程2043万元、交通安全设施2245万元、渔业安全1116万元、消防设施1110万元、食品安全30万元、"三合一"整治经费62万元、安全生产月活动10万元、安全生产标准化建设三年行动宣传经费5万元、安全生产检查经费30万元、安全生产监管员经费57万元。

【推进企业主体责任落实】 进一步巩固企事业单位安全生产标准化建设三年行动成效，深入开展标准化建设“回头看”工作。2013年，石狮市有36家企业率先按照“国家标准”完成安全生产标准化提升工作。

【创建安全发展示范城市】 市政府下发《创建安全发展示范城市实施方案》(狮政综〔2013〕35号)，制订《创建活动推进工作计划》，成立“创建安全发展示范城市领导小组”，明确分工，落实责任。在统筹创建工作全面抓的基础上，打造一批园区、社区、企业作为本辖区内安全发展示范单位，以更加严格的标准衡量，以更加过硬的标杆引领全区域、全行业创建工作。

【推进隐患排查治理】 在泉州市范围内率先建立安全生产领域专家指导组工作制度，由各镇（街道）、各行业建立专家指导组，指导企业发现整改安全隐患。建立健全安全生产常态化检查督查工作机制，定期不定时组织督查组对危险化学品企业、道路交通、消防安全、建筑工地等重点行业（领域）安全生产工作开展情况进行检查督查。2013年，出动检查人员4228人次，检查企业4727家次，打击、治理非法违法行为3100起，责令限期整改3456起，警告108次，行政拘留45人，移送追究刑事责任118人。

【开展百日整治行动】 2013年，开展安全生产大检查和百日整治行动，进一步落实企业安全生产主体责任，彻底排查治理事故隐患，有效防范和坚决遏制各类事故的发生。

【加强液氨使用企业安全监管】

成立液氨使用企业联合专项检查组，对全市的液氨使用企业进行专项检查。全市共有液氨使用企业47家，主要集中在冷冻行业。组织市危险化学品专家组成员对每家液氨使用企业逐一“会诊开方”，全面排查各企业存在的问题，并提出整改建议。各镇（办）依据专家指导组的意见对辖区内的企事业发出整改通知书47份，责令企业按照专家组提出的整改方案按期整改。对整改不力、存在重大安全隐患、不具备安全生产基本条件的3家企业，由市政府安办提请市政府予以关闭。

【加强输油管道安全监管】 对全市的油气、城镇燃气、危险化学品管道进行全面调查摸底，摸清基本情况，建立基础台账，对查出的每一个隐患和问题，严格落实整改措施、责任、资金、时限、预案“五到位”，并跟踪落实整改，形成闭环。

【宣传教育工作】 2013年，市政府设立石狮市安全生产宣传教育中心，全面负责安全生产法律法规和方针政策的宣传，组织、指导、协调基层和企业开展安全生产宣传教育和培训工作。下发《2013年安全生产宣传教育工作要点》，坚持每季度召开安全生产宣传教育联席工作会议，开展有针对性的专题培训活动，着力提升各行业领域安全工作者的综合技能和素质，形成安全生产宣传教育工作长效机制。6月，围绕“强化安全基础、推动安全发展”为主题的“全国安全生产月”活动，深入开展全民安全生产宣传教育。

【应急救援演练】 推进应急体系救援建设，开展一系列安全生产应急救援演练，如佳龙石化纺纤有限公司危险化学品事故应急救援演练、石狮市利成水产食品有限公司液氨使用安全管理与应急处置培训暨液氨泄漏应急处置演练等。

（王丹蓉撰　蔡建国审）

食品药品监管

【概况】 2013年，强化安全风险防控，加快监管方式转变，提升综合监管能力，以更高标准保障人民群众使用“三品一械”（药品、保健食品、化妆品、医疗器械）安全，以更好地服务促进“三品一械”产业发展，推动海西食品药品安全先行区建设再上新台阶。

【食品药品监管体制改革】 2013年，启动食品药品监管体制改革。开展机构改革前期调研，对全市食品安全监管、检验机构、人员编制以及辖区食品生产、流通、餐饮服务等企业经济总量、监管数量多少等进行摸底调查，市食品药品监督管理局与组织部、编办等相关部门沟通，进行食品药品监管体制改革。

【开展药械市场治理】 2013年，开展保化产品专项整治、打击非法经营进口药品专项整治、打击侵犯知识产权和制售假冒伪劣药品及节前等各项专项整治，重点开展打击保健食品“四非”和“两打两建”

开展打击保健食品“四非”专项行动工作会　（图／药监局）

两大专项行动，持续保持打假治劣的高压态势，共查处案件53件，处罚款31.8万元，监督抽验药品83批次，不合格7批次。

【打假维权】 2013年，市药监局与公安部门建立联合协作机制、信息共享机制、联合执法机制、案件“双向”移送机制、信息发布机制五种机制强化打假维权合作。查处经营非法进口药品案件5起，涉案金额28余万元。市药监局推进“两法衔接”，参与“石狮市行政执法与刑事司法信息共享平台”建设，定期与检察院沟通案件办结及移送情况，及时对移送案件进行备案，主动接受市检察院对案件办理情况的监督。

【协管网络有效运作】 2013年，完成全市新一届食品药品质量安全协管员聘任工作，全市共聘用协管员134名，9个镇办均成立以主管领导或分管领导为组长的领导小组，并成立相应的协管办。组织全市协管员培训2轮并进行现场测试。组织协管员开展日常协查、案件举报、群众日常用药情况察访、收集报告食品药品市场动态信息等各项工作，收到协管巡查表100余份。

【推进电子监管】 推行药品零售企业远程药品电子监管网络建设，督促药品经营企业升级更新视频设备110家。开展药师在岗视频巡查，通过远程视频系统定期巡查药师在岗情况330家次，开展药品经营企业温湿度远程监控60余家次，消除温湿度预警20次。

【开展GSP认证】 2013年，开展GSP认证（复查）41家次，GSP认证跟踪30家，通过认证（跟踪）45家，警告16家。强化基本药物监管，督促药品经营企业根据所经营品种的数量及业务开展情况，配备相应数量监管码采集设备及人员，并通过药品电子监管网做好核注核销及预警处理，监测20余人次。

【形成药械安全监测机制】 市药监局联合卫生部门，督促镇级以上医疗机构建立相应的药品安全预警和应急处置机制，设立机构并配备专兼职人员并落实责任追究制，确保药械不良反应监测有效开展。全市共上报录用药品不良反应926例，上报录用医疗器械不良事件133例，严重的3例，网上直报率100%，按每百万人口计算继续保持在泉州地区前列。

【治理药械违法广告】 2013年，加强药店内药品广告检查，查出违法广告牌11个，不按要求在店堂内张贴、摆放广告41个。

【强化使用环节监管】 结合“两打两建”专项整治，督促全市卫生所（室）和个体诊所开展自查，执行“一标准、三统一、五提升”推进规范医疗机构药房建设工作，提升医疗机构药房管理水平，现场检查医疗机构110家次，书面检查200余家，监管覆盖面达100%。开展医疗机构疫苗使用环节专项检查，重点对社区卫生服务中心以及部分基层卫生院的疫苗采购、储存、使用情况进行现场抽查。

【推进保健食品安全监管】 2013年，运用电子监管平台，实现保健食品电子监管工作“三个目标”。实现企业档案信息化，建立健全企业基本信息库，全市所有保健食品经营企业的基本信息已录入完备，为监管工作提供翔实的基础资料。实现品种监控动态化，全市保健食品批发企业都安装电子监管数据采集端，实现经营品种进销存的实时动态监控，保健食品零售企业实现经营品种在线备案。

【监管科学化】 结合日常监督检查，对保健食品经营企业开展信用等级分类管理，对信用等级较低企业增加监督检查频次，对信用等级较高企业适当减少监督检查频次。共受理申办并通过现场验收发放保健食品经营企业卫生条件审核证明73家，变更5家。加强保健食品生产经营日常监督检查，以贯彻落实《国家局保健食品生产经营企业索证索票和台账管理规定》专项检查、中高考期间保健食品安全专项检查、保健食品委托生产专项检查、打击保健食品“四非”专项检查、保健食品批发企业安全生产大检查“五大专项”为重点，加强保健食品执法力度，共出动人员183人次，出动车辆63车次，检查保健食品企业276家次，责令整改206家次。开展保健食品广告监测44次，约谈发布严重违法广告企业1家。

【创新化妆品安全监管】 采取“采取社会监督、宣传教育、星级管理、监督检查、典型培育”相结合的监管手段，加强与企业沟通交流，促使企业提升诚信经营意识，提高化妆品市场监管效率。

【社会监督】 向化妆品美容美发单位发放化妆品经营须知，要求张贴于经营场所显著位置，明确指出经营使用单位禁止行为，公布举报投诉电话，引导消费者进行监督。

【宣传教育】 结合日常监管，向企业宣讲化妆品法律法规，指导建立管理制度。建立约谈制度，帮助企业分析存在问题、查找管理缺陷，提出具体规范要求，促使企业进一步提高责任意识，完善并执行质量管理制度，约谈企业2家次。

【强化监督检查】 在化妆品经营使用单位中评定并公示星级，既给消费者明白消费提醒，也给经营者施加监管压力。强化监督检查，开展化妆品生产企业专项检查，对存在问题屡次未整改的，责令暂停生产并给予警告处理。强化对化妆品经营使用单位的监督检查，要求企业建立“七个一”档案，完善化妆品经营管理制度。共出动执法人员82人次，出动车辆44车次，检查化妆品经营使用单位164家次，责令整改114家次。

【培育典型】 选取百德康桥周边的化妆品经营使用单位作为典型培育示范单位，创建化妆品示范一条街。通过检查指导、示范讲解、整改督促、法规宣传“四帮”为抓手，对该示范街美容院、美发店、专卖店等3类7家化妆品经营使用单位进行有效帮促，落实“七个一”规范，以点带面推进化妆品监管，对化妆品销售市场进行规范。创建化妆品示范街工作在泉州市保健食品化妆品安全监管人员能力建设培训会上受到肯定。

（图／药监局）

【开展宣传培训活动】 2013年，开展现场宣传活动9场次，开设“食品药品安全知识大讲堂”2场次，接受群众咨询1650人次，发送食品药品安全手机短信5000多条。开展药学人员教育培训，药学专业初中级技术人员网络继续教育培训300多人。药品从业人员岗位证书换证39人。举办GSP认证、药械不良事件监测、保健食品等各类业务培训10余场，培训从业人员达700多人次，为企业发展提供人才支撑、智力支持。

（蔡冰冰撰　余文革审）

海　关

【概况】 2013年，泉州海关驻石狮办事处在厦门海关、泉州海关两级党组的领导下，依靠地方党委政府，学习贯彻中共十八大及全国海关关长会议、厦门关区工作会议精神，优化海关监管模式，提升服务水平，做到把好国门、做好服务、防好风险、带好队伍。

【海关税收】 2013年，开征税款58635万元、入库税款57841万元。

【进出口业务量】 审核报关单21150余票，监管货运总量227万吨，金额为16.87亿美元；监管进出口集装箱56447标箱，监管货物43.68亿吨。

【特色窗口服务】 提高网上支付比例，提高通关效率，2013年网上支付税款5.68亿元，占征收税款总数的97%；向企业宣传海关最新政策，帮助企业用好、用对海关优惠。2013年，石狮关区享受原产地优惠货物8.84万吨，货值

6549.85 万美元，实征税款6888.59万元，原产地优惠减免税款3429.74万元；强化通关、布控派查、放行、查验等部门的工作衔接，努力实现各环节无缝对接，以缩短海关平均作业时间，实行全天候预约加班确保通关顺畅。现场货物24小时进口放行率99.75%、出口放行率100%，收到企业感谢锦旗5面、地方政府锦旗1面；以普法、禁毒、廉政规定等宣传为契机，加大合法便利、违法惩戒服务理念的宣传力度，净化外部执法环境。在2013年度石狮市民主评议政风行风工作考评中，以90.6分的成绩在16个行政执法单位中位列第五名。

【海关服务水平提升】 驻石狮办事处对接重点项目，全程服务地方建设。扶持保税物流中心(B型)的建设，实地下场调研，帮助石狮市龙整进出口贸易有限公司在服装生产企业集中地设立以存储进口服装原材料为主要业务的保税物流中心(B型)，为纺织服装产业集群提供配套物流服务。开展跨境电子商务调研工作，深入海西(石狮)电子商务区，就电商运营情况走访石狮市电子商务协会、淘宝(石狮)男装运营中心及园区部分企业，对企业在跨境电商业务开展中对所需的海关服务进行了解，根据企业情况为企业做好服务。

【通关监管】 以"绿篱行动"、通关指挥中心视频监控联网改造工程、对台小额贸易监管自查整改等专项工作开展为出发点，推动石湖码头按海关监管场所标准建成2.7万平方米废塑专用查验区，设置隔离围网，卡口通道增配一台废塑查验专用电子地磅；推动中外运堆场将老旧的模拟视屏监控系统改造为高清数字视屏监控系统。

【加工贸易监管】 继续优化保税监管模式，对受国际需求变化而影响生产节奏的企业，简化手册变更、延期、余料结转等手续；简化加贸企业内销手续，对重点传统加工贸易企业采取内销征税预归类、预审价措施，缩短企业办理内销征税手续时间。

2013年，辖区内实际开展加工贸易业务企业20家，累计办理备案合同30份，合同备案金额11700万美元，报核及时率和结案及时均达100%。

【风险管理】 加大对风险程度较高的行业、企业、商品的风险分析，对石狮开展加工贸易业务的企业开展核查和一般性巡查作。

【对台经贸监管】 形成规范监管的长效机制，起到支持地方涉台经贸长远有序发展的作用，企业自律意识明显增强，辖区对台小额贸易开始步入良性运作规范轨道。2013年11月，通过泉州关区对台小额贸易管理专项检查，并得到检查组的肯定和好评。

2013年，监管对台小额贸易货物1.6万吨，货值2996万美元，征收税款4753万元。

【查缉走私】 根据总署、总关部署开展"绿篱"专项行动，重拳打击辖区内走私进口"洋垃圾"的犯罪行为。1月24日，成功查发姚某某走私固体废物案件，该案被总署缉私局列为一级挂牌督办案件，中央、地方各级媒体该案做大量报道，取得良好的社会效果。

(叶华丽撰　卓　玉审)

检验检疫

【概况】 泉州出入境检验检疫局石狮办事处，系泉州出入境检验检疫局派出机构，机构级别正处级，2013年内设4个科室。

2013年，完成检验检疫出入境货物21898批、11.64亿美元，同比分别增长-23.08%和-21.09%；其中出境货物21847批、11.60亿美元，同比分别增长-23.08%和-21.09%；入境货物51批、0.04亿美元，分别同比增长41.66%和-20.00%。2013年，检验检疫不合格商品25批、84万美元，同比分别增长525%和197%。

签发原产地证书3196份，货值15556.87万美元，分别同比增长3.8%、30.9%。其中，普惠制原产地证书1719份，货值9417.62万美元，分别同比增长-1.3%、25.9%；一般原产地证书714份，货值3058.49万美元，分别同比增长19.7%、24.9%；区域优惠原产地证书763份，货值3080.76万美元，分别同比增长2.8%、57.5%。普惠证和区域优惠原产地证书共计为企业减免国外关税约625万美元。

2013年石狮市检验检疫主要指标情况表

表20

	批次	同比增长(%)	货值(亿美元)	同比增长(%)
出境	21847	-23.08%	11.60	-21.09%
入境	51	41.66%	0.04	-20.00%
出入境合计	21898	-23.08%	11.64	-21.09%
检出不合格	25	525%	0.01	197%

【敏感商品检验监管】 2013年，开展电子电气产品专项检测工作。分别对照明电器、电气产品和电玩具开展安全、ROHS和EMC检测。

6月，组织辖区6家出口玩具企业参加总局网络在线视频培训"欧盟新玩具安全指令培训班"，共28人参加，掌握国内外有关玩具法规标准，提升企业质量意识和自控水平。

【加强装运前检验工作】 2013年，加强检验员关于输非装运前检验知识的学习培训；强化与中检公司的协作配合，确保装运前检验工作的时效；加强产品质量的检验和产品的核价，保证输非装运前检验证书的有效性和准确性，确保输非货物符合要求。

【业务监督管理】 日常检验与监管有机结合，指导帮促出口企业健全质量管理体系，督促企业加大原材料等自检自控力度，增强企业的质量主体意识，组织辖区出口一次性卫生用品企业参加泉州局举办的泉州地区出口一次性卫生用品检验监管知识讲座。

开展表外商品监督抽查检测工作，按时完成50个样品的抽样送检。执行进出口商品抽查检验管理办法，完善表外监督抽查工作档案。

结合目录调减后辖区出口法检业务情况、2013年退运调查情况、工作质量检查情况等，重新开展业务风险分析，动态调整风险点及防控措施。

【重点产品质量安全专项整治】 开展出口儿童用品质量安全专项监督检查，制订《出口童装企业质量安全监督检查计划》，对辖区36家出口童装企业开展质量安全督查，重点检查企业对绳索长度、小附件拉力等质量安全的控制情况，向企业宣传欧盟、美国等国家对童装的最新的技术性贸易措施。对相关企业完成一次产品检测，检测结果发现2批童鞋不合格。

【出口鞋类和服装质量监测】 对10家鞋企和34家服装企业开展监测抽查，对抽检不合格的企业，责令其进行原因分析和采取纠正预防措施，并实施后续跟踪。

【服务重点项目建设】 增强部门联动，靠前形成合力。促成泉州局与龙峰公司签订进口设备检验检疫工作协议，实现泉州首家纺企享受大型项目立项管理；拓宽调查渠道，靠前掌握动态。联合石狮外经局对年出口量达到1000万美元的重点企业开展调研，与首家列入大型项目立项管理的福建龙峰纺织科技实业有限公司签订进口设备检验检疫工作协议。

【为企业提供精细化服务】 贯彻落实新出入境检验检疫收标准、"免收出口商品法检费用"等降、免费政策，进一步减轻企业负担。2013年，石狮办共为企业减免费用538万元。推进便民快捷措施，企业得便利。推行各类通关便利化措施，新增无纸化报检企业4家，绿色通道企业6家。绿色通道、直通放行和无纸化报检累计为企业节省通关时间约2.2万个小时、通关成本约220万元。6月17日起，对5260批、2.77亿美元的出口货物实施通关单无纸化放行模式，约为企业节省通关时间1万个小时、通关费用100万元。

【优化窗口建设】 2013年，营造高效的检验检疫窗口形象，检务窗口先后获全国检验检疫示范窗口和省"三八"红旗集体；窗口服务人员蔡颖因爱岗敬业突出获得“福建检验检疫系统身边好人”奖。

【进出口企业信用管理】 2013年,系统评定后A类企业114家,B类企业330家,C类企业0家,D类企业1家,评级率100%。开展产地证注册企业信用系统录入工作,对2家原产地签证企业开展信用评价指标体系相关调查。

【加强执法查处力度】 2013年,开展报检数据稽查,对业务量达到100批以上的企业实施数据稽查,对于发货人数量异常的17家生产企业进行重点核查。

(陈自猷撰　余永成审)

口岸与海防治理

【概况】 2013年,石狮市各口岸管理单位围绕海西建设和环泉州湾发展大局,贯彻落实《福建省人民政府办公厅转发省外经贸厅省口岸办关于进一步促进通关便利化措施的通知》,加强协调,不断推进口岸大通关建设。

【口岸建设与治理】 2013年,石狮市人民政府办公室口岸与海防管理股推进部门联合协作,建立健全“大通关”机制,协调推进石湖对台小额贸易业务的稳定开展,推动各查验部门贯彻落实省政府、泉州市政府出台的贸易通关便利化措施,取得初步成效。对石狮口岸发展现状及如何提高竞争力进行调研,出台《关于推进港口通关机制创新实施方案》。2013年,石湖港完成集装箱吞吐量108万标箱;完成散杂货吞吐量188万吨,对台小额贸易货物1万吨,货值2080万美元,征收税款3300万元。泉州海关石狮办事处24小时进口放行率、出口放行率均高于全国海关及厦门海关平均水平。6月17日,福建省内口岸无纸化通关实施后,石狮检验检疫办事处对5137批、2.7亿美元出口货物实施通关单无纸化放行模式,通关效率进一步提高,为企业节省通关时间1万个小时、通关费用100万元。

【海防治理】 2013年,石狮市海防管理工作以“平安海域”创建为主线,狠抓《关于建设“平安海域”的工作意见》落实,在年度工作检查中获得高度评价,口岸管理水平进一步提高。持续跟踪管理海防基础设施,每月按时报送海防基础设施数据,及时发现、整理上报存在问题,组织协调维护。组织参加省级海防基础设施业务培训,提高海防基础设施管理能力。做好“十三五”海防基础设施规划,开展锦尚海防执勤道路和东埔海防执勤房的验收工作。健全联勤保障机制,开展海域巡航工作,强化海上搜救能力,确保航道通航安全有序。

(尤巧娜撰　洪建忠审)

（图/颜华新）

财　政

【概况】　2013年，石狮市财政总收入57.4亿元，比2012年增收6.8亿元，增长13.5%。其中，公共财政预算收入35.9亿元，比2012年增收5.2亿元，增长17%，公共财政预算支出41.8亿元，比2012年增支4.4亿元，增长11.7%。

【加强国有资产治理】　2013年，优化完善市国有资产管理信息系统（石狮市国有资产网络动态监管平台）。结合年度行政事业单位固定资产统计工作，开展全市行政事业单位固定资产管理台账核查工作。2013年，全市纳入国有资产动态监管平台统一监管的行政事业单位土地、房屋、设备等资产总量达到17.7亿元。

【国有企业产权登记】　2013年，全市进行产权登记的企业共81户，资产总额211.6亿元，净资产148亿元，登记实收资本合计25.06亿元；推进公共资源市场化配置，2013年全市有54宗国有房产租赁进入市产权交易中心成功公开交易，总成交额4864万元，原年租金674万元，成交年租金1167万元，年度租金增加492万元，同比增长73%。

【成立国有（集体）公司】　2013年，经市委、市政府批复同意，成立3家全资子公司。分别为石狮市循环经济港口开发有限公司，注册资金5000万元；石狮市永宁镇旅游开发有限公司，注册资金5000万元；石狮市海洋科技投资有限公司，注册资金1.18亿元。

【社保五险征收入库情况】　2013年继续由石狮市地税局代征社保五险，实际入库4.01亿元，比2012年同期增长21.99%，其中基本养老保险费2.31亿元，失业保险费2604万元，医疗保险费1.22亿元，工伤保险费1222万元，生育保险费1001万元。

【推行公务卡制度改革】　2013年10月，全面启动公务卡改革。首先选择10家单位试点，通过总结10家单位的试点经验，分析查找实施过程中的不足和存在的问题，在此基础上扩大改革范围，于2013年12月再选择10家单位进行公务卡改革。

【财政专项支出绩效评价】　2013年，开展财政专项支出绩效评价，共选取6个项目，预算资金计21500万元进行预算绩效目标评价。评价结果表明6个项目全部实现绩效目标值。

【国有资本经营预算】　在全市国有及国有控股企业推行统一的财务管理软件，加强国有资本管理；制定2013年度石狮市大型国有企业资本经营预算制度，加强国有资本经营收益收缴，全年应上缴收益2316万元。

【财政保障性支出】　2013年，安排城乡居民最低生活保障资金

1920万元，标准从2012年的400元/月人提高到480元/月人；安排抚恤补助款和退休金400万元；安排临时救助300万元、医疗救助600万元。2013年，对残疾人各项保障安排康复专款80万元、重度残疾人阳光护理300万元、爱心小店30万元。

【新型农村社会养老保险】 2013年，财政拨付新农保基金3900万元并落实新农保办公室工作经费，确保基本养老金的顺利发放和新农保个人账户和基本工作的顺利开展。

【保障性住房建设投入】 2013年，市财政局筹集、安排投入保障性住房建设资金2.6亿元，其中廉租房资金投入5035万元、公共租赁住房2111万元、棚户区改造1.9亿元。有效解决部分中低收入家庭的住房困难问题。

【落实财税政策】 2013年，市财政局贯彻落实“营改增”“即征即奖”等结构性减税政策，及时兑现扶持奖励资金，进一步减轻企业负担。全年拨付各项扶持奖励资金2.9亿元，受惠企业1000多家，有效促进企业加快转型升级，做大做强，提高产业层次，发挥产业集群优势。

【政府采购监管】 2013年，石狮市政府采购全年货物及服务计划采购金额约2.39亿元，实际采购金额约2亿元，节约资金约3850万元，节约率约16%；政府采购规范操作执行和健全监督管理，促进廉政建设，服务预算单位和建设项目，对计算机等办公设备及空调设备实行网上竞价采购，公务用车实行定点加油和统一保险制度，并深化政府采购政策功能，确保政府采购支持节能减排政策落到实处。

【会计事务管理】 2013年，办理会计从业资格证627件；开展会计继续教育培训1000余人次；办理外商企业财政年检577家；举办《小企业会计准则》专题讲座三期。

【土地出让收入情况】 2013年，市财政加强土地出让收入管理，严格“收支两条线”，全年土地出让收入67亿元。

【非税收入收缴治理】 2013年，非税收入全部纳入非税收入收缴管理系统，采取统一并完善非税收入收缴管理信息系统、统一非税收入项目库管理、归并非税收入票据等措施，实现从票据管理到收入入库的链条式管理，进一步规范执收单位的执收行为，方便缴款人缴款，提高全市非税收入收缴管理水平。

（傅凤飞撰　章华旺审）

国家税务

【税收收入】 2013年，国家税务收入27.20亿元(其中免抵调库收入2.33亿元)，同比增收2.59亿元，增长10.53%，完成年初任务的100.54%。完成石狮市政府财政税收收入26.66亿元，同比增收2.23亿元，增长9.14%，为推动石狮发展建设和繁荣海西经济做出积极贡献。

【加大税收清欠力度】 定期通报企业陈欠和新欠情况，深入欠税企业对其库存商品、资金使用周转和销售前景等情况进行摸底，逐户约谈企业法定代表人，争取企业主动缴纳欠税，对发生严重欠税或有逃避嫌疑的欠税人列入监控重点，采取控制发票售量和代开发票等方式，大力清理旧欠，有效防范新欠，全年共清理欠税159.67万元。

【加强税源基础治理】 2013年，牵头组织开展清理漏征漏管户、认定和监管非正常户、非双定户纳税人注销税务登记等管理工作。管征户数从年初的11717户增加至13528户，增加1811户；加强个体税收管理。组织开展个体工商户定额调整典型户调查工作，2013年重新核定定额4173户。

【开展防范打骗工作】 成立防范虚开和打击骗税工作领导小组，组织对81户企业进行防范虚开和打击骗税专项评估工作。经评估为高风险企业的有5户，一般性违规企业33户，并将其中2户高风险企业移送稽查局查处。

【提升出口退税工作效率】 2013年，审核审批出口退(免)税48493万元，同比增加2406万元，增长5.22%，其中应退税额27654万元，同比增加2883万元，增长11.64%；依法对税收优惠项目重新进行梳理规范，优化优惠备案流程，提高备案项目的准确性，掌握税收优惠管理的主动性。2013年，共受理所得税优惠备案31户次，落实高新技术企业、研发费用加计扣除、农产品初加工、小型微利企业等各项所得税优惠政策，减轻纳税人负担，扶持和促进企业健康有序发展。

【深化税源专业化管理】 夯实行业建模工作，按季度布置行模数据采集工作，做好行业模型维护更新工作，对未按规定采集报送行业模型数据的纳税人，纳入税收风险应对范围，对逾期不改正的企业，按征管法规定进行处理，共处理90户次，罚款3.2万元；通过CTAIS系统筛选11户有代表性服装批发企业作为被调查对象，深入企业进行认真调查，为服装批发行业建模做好前期准备工作；做好纺织漂染业纳税评估手册编写工作。2013年，纳入行业模型工业企业699户，占应建模户数的43.2%。

【推进“营改增”试点】 2013年，持续做好营业税改征增值税试点相关工作，确保试点纳税户的税务登记和信息维护的及时准确，辅导纳税人解决文化事业建设费申报问题、营业税改征增值税发票衔接问题以及开展申报异常“营改增”试点纳税人专项核查工作，保证改革平稳有序推进。2013年，办理“营改增”企业税务登记证618户(其中增值税一般纳税人30户)，征收税款4162.4万元。

【巧用第三方信息数据】 加强与工商部门联系，取得企业和个体工商业户的登记信息，与CTAIS系统税务登记进行清分比对，及时把比对信息下达给各税源管理分局进行核实；取得电力公司、供水公司的支持，获取企业每月用电、用水的额度，为纳税评估提供信息参考；与各乡镇、各同业公会联系，及时掌握新办业户的最新资料，提高户籍监控能力；加强与地税征管部门联系，夯实房地产行业销售数量，与本局申报预缴额进行核算比对，对2户申报数据异常的房地产企业进行纳税评估或税务稽查，共查补税款、加收滞纳金合计506万元。拓展获取第三方信息的渠道，建立常态化的第三方信息互享网络。

【加强行业纳税评估】 实行四级风险应对，在一级风险方面，注重提醒纠正；2013年，共组织开展二级风险应对3911户次，直接补税111.5万元。在三级风险方面，即开展纳税评估，共下达纳税评估任务180户，其中移送稽查2户，终止评估1户，完成评估任务127户，评估补税107户，补税加收滞纳金合计3354.99万元，评估补税占税收收入任务的1.73%，超额完成上级下达的评估收入任务；在四级风险方面，对存在涉嫌偷税、逃避追缴欠税、骗税、虚开发票、制售假发票或者其他严重税收违法行为的风险信息，由市局税源专业化管理工作领导小组审议批准，移送市局稽查局依据《税务稽查工作规程》实施税务稽查。

【开展税收专项检查】 2013年，开展全市税收专项检查和区域税收专项整治，重点检查企业22户，查补入库税收收入1163.42万元；成功查办稽查大案要案，全市查补税款达10万元以上的案件共有9件，查补收入1211.92万元；发挥团队力量，全力以赴查办8.22专案。经查，该案涉案企业共25户，涉案发票294份；采取稽查预缴方式，预缴税款198.72万元；加大举报案件查处力度，共查处结举报案件4件，有效打击涉税违法违章犯罪行为，提高税务稽查威慑力；加强与公安、地税等部门联系，开展打击发票违法犯罪活动，2013年共查处发票违法案件19起，涉及非法发票394份，补罚入库税款1306万元，有效打击发票违法犯罪活动。2013年，稽查查补入库税款1715.79万元，完成上级下达任务的102%。

【开展企业所得税汇算清缴工作】

提高汇算清缴的评估力度和覆盖面，2013年汇算清缴4298户，汇算面达100%，顺利地通过市局所得税汇算清缴数据集中会审，全年补缴企业所得税额12744.92万元。国际税收管理方面：规范对外支付税务凭证的开具和管理，加强对非居民企业所得税的管理，利用第三方信息，取得非居民股权转让、劳务支付、外汇出入等相关信息，持续推动工作开展。全年共核查非居民企业16户次，代扣代缴非居民企业所得税2384.81万元。

【税收宣传和执法监督】 开展税法宣传，举办“服务二次创业、助推质量石狮”税收业务及小企业会计制度培训活动，辅导企业建立健全账证，帮助企业规避税收风险；结合第16届海峡两岸纺织服装博览会，宣传简并办税流程、落实税收优惠等服务活动，为石狮经济营造宽松和谐、竞争有序的发展环境；邀请市党风廉政监督员和企业代表召开座谈会，征求意见，增强全社会对税收工作的理解和支持。

【干部队伍建设】 加大税风税纪、纪律制度的执行力度，对巡查发现问题，及时给予通报，2013年处理干部职工违反效能规定的行为25人次，罚款4500元；修改制定《石狮市国税局绩效考评办法》，提升税风税纪的考评分值，督促全体干部职工认真执行，增强干部的效能责任意识，提高办事效率；关心干部职工生活，组织一年一度的干部职工健康体检工作，及时解决困难党员干部和特困老干的实际生活问题，把组织的关怀温暖及时送到干部手中。

（吴建华撰　刘全建审）

地方税务

【概况】 2013年，市地税局管辖全市纳税户12911户，地方税源涵盖纺织服装、五金机械、印刷包装、鞋业鞋材、食品饮料、电子信息、金融典当、建筑安装、车船运输等国民经济行业。2013年，市地税局获得石狮市2010—2012年度机关党建工作先进单位，4个支部获市直财税系统2012—2013年度“五好”党支部，7个基层局获得“石狮市2010—2012年度创建文明行业工作先进单位”。

【税收收入】 2013年，市地税局共组织各项收入31.35亿元，同比增收6.25亿元，增长24.91%；入库财政口径收入（不含省级税收、含县级耕契两税）22.72亿元，同比增收4.02亿元，增长21.50%；入库各项费金5.79亿元，同比增收0.96亿元，增长19.86%，其中，入库基本养老保险费2.31亿元，同比增收0.43亿元，增长22.87%。

【各类税款查补情况】 2013年，市地税局加强稽查规范化建设，立案15件（另清理旧案件13件），办结23件，查补罚税收471.90万元，案件入库率达100%；全面开展2012年度企业所得税汇算清缴工作，认真执行所得税税前扣除若干具体规定，做好自核自缴申报的辅导审核，全力打造“按实计征”的升级版，提高查账征收质量。2013年，企业户共自行申报1569户，其中纳税调整户582户，占查账征收总户数的35.33%，补缴企业所得税967.72万元。稳步推行中介机构代理汇算，共计473户企业自愿委托，同比增加110户，补缴税费978.89万元；加强与第三方征管数据的比对联查，落实与工商、国税等单位定期交换数据的制度，共接收工商部门新登记业户信息5628条、股权转让涉税信息246条，促进清理股权转让税收570万元。

【专业化管理】 2013年，市地税局优化涉税流程，细化岗位职责，强化案例分析，深化信息管税。研发税收风险管理系统，实现批量数据输入、自动稽核、异常信息传递和反馈等多个模块功能，建立风险赋值、累加计算的标准化模型。

【优化税收法治环境】 2013年，市地税局坚持执法与服务并重，健全柔性执法机制，营造良好的税收法治环境：组织内外培训，其中面向中小型企业的《小企业会计准则》培训18场、培训人员近700人，从源头细化服务和指导规范建账，提升查账征收的质量，促进“按实计征”管理质量不断提升；健全税收保障制度，加强与政府、部门、行业协会和地方商会的互动，形成清空堵漏、税收宣传、打击发票违法行为等方面的工作合力；加强执法督察工作检查，分局100%自查、市局组织30%抽查495户，对发现存在问题的结构性减税、房地产建安金融、行政处罚等进行通报；适时提出规范契税征收建议，有步骤清理历史存量房产证契税征收，规范新证契税的征收期限，取得税收增长、规范执法、社会满意的三方共赢。

【提高税收征管绩效】 2013年市地税局健全工作机制，提高征管绩效。建立征管台账，将纳税人基本情况列入台账，加强税源巡查，不断充实更新台账内容；夯实房产、土地等征管基础，收集提供建安完税证明资料及房产证资料，并且通过调整建安营业税、房产税计税预警值，从量、价上巩固房产土地税基；开展税源巡查工作，清理“空白户”、虚假停业户、注销户、非正常户等工作，2013年共检查“空白户”804户，入库税款551万元；深化纳税评估机制，出台纳税评估工作细则，通过厘清工作职责、明确评估流程、建立汇报制度和形成反馈机制等措施，构建专业化评估体系。运行“两级评估”机制，推进重点税源100%评估、一般税源不少于正常户数的20%进行评估，覆盖更多税源企业，进一步提升一线评估质量。2013年，评估入库税款3053.57万元、滞纳金165万元。

【提升纳税服务水平】 2013年，市地税局继续提升服务理念，打造“阳光服务”平台，落实全程服务、预约服务、首问责任制等办税服务制度，提供个性需求服务、疑难登记和绿色特殊通道业务，增加“容缺受理”“免填单”服务项目，提高涉税业务办理效率。保障纳税人的知情权和参与权；丰富电子导税内涵，整合办税指南、税收政策、政务公开、流程告知、表报下载、“帮你算税”软件等信息导税模块，增加导税智能搜索功能；落实提速服务机制，充盈“地税微博”和“办税服务厅微博”内容，定期更新发布涉税信息动态。

【优化人力资源配置】 市地税局坚持人性化的队伍建设新机制和常态化的廉政风险防控新机制相结合，坚持民主集中制，凡涉及重大事项均坚持由班子集体研究、民主决策，营造良好团结氛围，有效地提高决策正确性，带动整体工作开展；强化干部队伍培训，完善业务培训、职业训练、素质拓展“三位一体”分类培训体系，以网络学院为依托，深化“每周一讲”和“每月一考”的助学机制，营造学习讨论的良好氛围；贯彻落实中央厉行节约八项规定，完善内部执法监察，严格对上下班、值班、公车使用、食堂费用等进行管理，坚持每周开展不少于两次的日常效能督察、每月不少于一次的执法专题检查、每季一次绩效评价，加强岗位廉政风险防范，提高制度的执行力。强化预算管理，落实“三公”经费公开，加强食堂、固定资产和财务归口管理。

【税收宣传活动】 2013年，市地税局组织第22个全国税收宣传月及常态化税收宣传活动。挂钩“美丽乡村”永宁镇浯沙村和前埔村，开展税法宣讲、一对一咨询、分发扶持农业发展相关优惠政策资料，助力建设美丽乡村；开展“领军人物谈税收”活动，联系扶持重点税源企业，分别走访富贵鸟股份有限公司等15家重点税源企业，并组织座谈。运用《石狮日报》《海峡财经导报》《福建税务》等新闻媒体，加强对政策法规及依法行政事项的宣传，扩大地税彩印信息的影响力，加强地税微博、短信平台、政务公开栏及网络平台的建设，让纳税人能够及时快捷接收各类税收资讯，了解最新涉税动态。

（林清伟撰　张美雪审）

审　计

【概况】 2013年，审计局坚持“依法审计、服务大局、围绕中心、突出重点、求真务实”的审计工作方针，坚持“服务发展、服务民生、服务和谐社会”的工作思路，全年市政府批准审计项目30个，实际完成审计项目35个(其中增加项目5个)，查出违规金额229万元、管理不规范金额79997万元，处理处罚上缴财政金额190万元，提交审计综合报告和调查报告53篇、审计信息46篇。

【财政预算执行审计】 2013年，石狮市预算执行审计工作按照构建财政审计大格局工作思路，对财政、税务以及专项资金等8个项目实施审计或审计调查。预算执行审计工作注重从体制、机制、制度层面揭示、分析和反映问题，提出改进和完善的建议，促进各项政策措施的贯彻落实，推动经济平稳较快发展，维护经济安全，积极推进体制制度创新和民主法治建设、反腐倡廉建设。

【完善公共财政框架】 提高财政管理绩效，促进财政收入应收尽收。财政部门采取措施组织、催收有关款项入库。并延伸审计土地出让金的收缴情况，及时督促国土部门加大催缴力度；国土部门通过多种渠道积极催收，并对欠款的出让项目进行清理；促进规范财政支出核算，落实措施规范财政支出。审计建议财政部门进一步加强预算管理，深化部门预算改革，加快项目库和支出标准体系建设；阶段性地对结余资金进行清理，规范项目支出标准，逐步推进项目支出绩效评价。

【提高税收征管水平】 审计调查主要对市地方税务局组织收入运行情况进行分析，并抽查部分企业的房产税的征管情况，发现房产税征管入库、征管基础工作上存在一些不足。审计期间，地税部门积极自查自纠，对部分企业漏缴的房产税进行追缴。

【强化政府性资金管理】 2013年，审计局对石狮市各部门（单位）管理、核算的本级政府可动用资金进行专项审计调查，基本摸清本级政府可动用资金规模及资金管理、运行状况。

【民生资金审计】 2013年，审计机关坚持“民本审计”的理念，对计生惠民资金、石油价格补贴资金、征地和拆迁补偿预算执行、教育投入情况、小流域环境整治等进行审计或审计调查，着力检查惠民政策是否落实到位、政策目标能否实现，从体制、机制层面提出有关建议，为领导决策提供有价值的依据。

【计生惠民资金审计调查】 审计表明，计划生育奖励、补助专项资金管理比较规范，各项计划奖励扶助政策基本得到落实，对遭受病灾的计划生育家庭和基层计生干部有效地提供有力的帮助。但审计调查也发现存在计生经费结余多、生育关怀补助金未能及时拨付、专项资金闲置的问题。

【石油价格补贴资金专项审计】

审计表明，石油价格补贴政策对石狮市渔业捕捞产业发挥重要的推动作用，上级下达渔业石油价格补贴专项资金38909.45万元，实际发放价格补贴37677.81万元，受益渔船1029艘，平均每艘渔船得到补助36.62万元。审计调查也发现机动渔船油价补贴资金历年结余较大、部分油价补贴发放未公示等问题。

【审计调查征地和拆迁补偿】 总体来看，征地拆迁补偿安置资金支付手续比较完整。但存在资金使用效益低、部分村征地款未及时分配发放、征地拆迁安置补偿资金相互挤占、征地补偿费管理及支付不够规范、部分村征地款发放手续不完整等问题。

【教育投入专项审计】 审计表明，市教育经费实现“三个增长”，也发现部分资金使用效率低、部分专项资金拨付不及时、专项资金项目预算不够细化等问题。

【环境整治资金审计】 全市小流域综合治理项目共30个，至2013年3月投入资金4822.03万元。审计调查结果表明，小流域环境整治项目取得较好的生态效益、社会效益。但存在项目执行慢、资金使用效益低；工程量清单和招标控制价未按规定进行编制和审核；多个工程项目未按期完成；工程物资管理不到位，甲供材料控制不严。

【加强经济责任审计工作】 2013年，审计局完成20位科级领导干部或负责人任期经济责任审计；加强经济责任审计工作，调整充实经济责任审计工作联席会议及其办公室。首次由市委常委、纪委书记和市委常委、市政府常务副市长担任经济责任审计工作联席会议正副召集人，市纪委、组织部、人力资源和社会保障局、审计局领导担任联席会议成员，有关部门工作人员担任联席会议办公室成员，加强经济责任审计工作的领导和协调，为审计部门开展经济责任审计提供组织保障。

【民生事业资金审计】 审计局对计生局领导的经济责任审计，在对单位财务进行审计的基础上，同时审计致富、安居、成才、亲情、保障、奖励、维权工程等项目资金管理使用情况，并把审计延伸至社会抚养费的征收、使用情况；对教育局领导的经济责任审计，重点关注校安工程、中小学基建修缮、多媒体设备等教育为民办实事项目以及教育惠民资金的管理使用情况。

【重大经济事项决策审计】 通过了解重大经济事项安排、国有资产处置和内部管理制度制定等，检查重大经济事项是否实行民主决策和科学决策，有无重大损失浪费等问题；从财务审计向业务审计转变，注重对被审单位履行法定职责的审计及评价。对卫生监督所、文化市场综合执法大队领导的经济责任审计，在对单位财务进行审计的基础上，分别对卫生监督执法情况、文化市场综合执法情况进行审计调查。

【资金效益评价】 从合法合规审计向效益审计转变，注重对资金效益的审计及评价。审计局对安监局、民政局、人才人事公共服务中心领导的经济责任审计，在对资金合法合规审计的基础上，对资金使用的效益进行审计评价。

【审计方式方法创新】 采取“双结合”的模式，经济责任审计与财政财务审计相结合，对安排财政财务审计同时又安排经济责任审计的项目采取“一次进点、协同审计、成果共用、分别报告”的方式，既对领导履行经济责任情况审计，同时又对财政资金使用情况审计；审计与审计调查相结合。对单位的财政财务采取全面审计，对下属单位和相关单位采用审计调查，对相关的特定事项进行延伸调查，对计生局、计生协会领导经济责任的审计注重对计生“五加二工程”资金的延伸调查。

【注重成效抓整改】 2013 年，经济责任审计把抓好整改落实作为审计重要的环节来抓，在审计报告中明确要求被审单位应在 60 日内向审计局报送存在问题的整改报告。对审计出来的问题进行跟踪，狠抓落实，并将审计发现的问题分类向市委、市政府、纪委、组织部门、主管部门反映，齐抓共管，共同促进审计发现问题的整改落实。从审计发现问题中归纳出一些共性的问题，分析其背后隐含的体制、机制、管理上存在的问题，从宏观上提出解决的对策和措施，并及时向市委、市政府反映。对违反财经法规的问题依照法律、法规的规定，对被审计单位做出审计决定和提出审计建议，要求被审计单位进行整改。促进各单位增强财经法纪观念，规范财政财务行为。

【固定资产投资审计】 2013 年，审计机关抓政府重大投资项目审计，揭示基建领域存在的违规违纪问题：锦峰实验学校科技实验综合楼，固定资产 518 万元，审计发现存在多计工程结算价款、未按规定确定包干合同价、未按规定办理变更签证和现场签证、内外墙装修及防水存在质量问题未及时修复，竣工财务决算内容不完整、资料不全，未按规定单独建账核算及部分经济业务发生未按规定进行会计核算问题；石狮市尾水排放工程（石狮市经济开发区污水处理厂出海管道预埋工程）项目工程内容包括陆上部分管道、码头区域管道、深海放流管道及附属设施等，审计发现存在多计多付工程价款、工程变更控制不严造成损失浪费及变更招标控制价未经有权部门审核确认等问题，省道 201 线石狮水头段竣工财务决算审计，发现工程未取得建筑工程规划许可证，前期可行性研究报告未批复、征地拆迁未完成就进行招投标造成延期开工，部分挡土墙工程直接发包规避招标，三家施工单位混淆结算，部分现场签证原始记录不全，部分工程结算及现场签证未按规定计量，材料补差和人工费调整依据不充分等问题。

【政府性债务审计】 根据审计署、省审计厅和泉州市审计局的统一部署，审计局全力以赴配合泉州市审计局进行审计，按照“摸清规模，分清类型，分析结构，揭示问题，分析原因，提出建议”的工作思路，分级次、分年度摸清地方政府性债务的规模、结构及债务增减变化趋势。根据政府偿债责任分清债务类型，分析债务偿还能力，揭示存在的风险隐患，揭示和反映有关部门在债务管理中存在的突出问题，深入分析地方政府性债务形成的主要原因，为政府决策提供有价值的意见和建议，促进加强地方政府性债务管理、建立规范的地方举债融资机制、有效防范和化解潜在风险。

【扶贫、救灾资金专项审计】 按照审计厅的统一部署，泉州市、石狮市审计局共同组成审计组，对石狮市 2012 年度扶贫、救灾资金的分配管理使用情况进行审计，主要审计石狮市财政局、民政局、农办、民宗局等 4 个管理和使用扶贫、救灾资金的部门和单位，并对 7 个镇 27 个村进行延伸审计。审计表明，石狮市委、市政府重视扶贫、救灾资金的投入力度，在扶贫方面，充分利用上级补助和本级财政资金，重点发展民族村工业经济、改善人居环境和民族村教育事业，以及大力开展沿海经济发达县挂钩帮扶活动，2012 年石狮市本级财政共投入对口帮扶资金 2850 万元，在经济、社会上取得一定的成效；在救灾方面，2012 年本级财政共安排农业灾后恢复重建补助资金 40 万元，结合上级补助资金共为 7 个镇 85 个村 1219 人解决台风受灾应急救助、恢复生产等支出，每年还安排百万元资金用于居民自然灾害及农村住房受灾等保险支出，在稳定社会生产生活秩序方面发挥重要作用。但审计也发现部分单位及部门在资金拨付方面不够及时、滞留救灾资金以及有部分村救灾资金闲置未用的问题。

（陈天取撰　连伟强审）

规　划

【概况】　2013 年，完善城乡规划体系，开展全域改革规划试点工作，探索“三规合一”的全域一体空间规划管理体系。编制完成城市×年发展战略规划，组织社区规划编制，开展全域城市化规划研究。

【规划编制与城市设计】　2013 年，完成停车改善专项规划编制、石狮市绿道网总体规划编制工作、祥芝渔港风情小镇策划编制工作、永宁镇发展战略及城市旅游规划编制工作、石湖港后区港后物流园概念规划及一期控制性详细规划编制工作；启动石狮市环湾桥头片区、城北片区、北环片区控制性详细规划编制工作，石狮市海洋产业园概念规划及海洋生物科技园区城市设计规划编制工作；启动石狮市海洋生物科技园区控制性详细规划编制工作；编制《石狮市推进生态控制线管理体系建设》；编制《石狮城市更新改造空间指引》；完成石狮全域一体空间统筹规划前期研究。

【规划审批】　2013 年，组织规划方案审查、立面改造及交通评价会议 78 次，办理建设项目选址意见书 84 件，建设用地规划许可证 114 件，用地面积 167.91 万平方米；建设工程方案审查收件 188 件，出具修改意见书 168 份，方案认可意见书 163 份，市政项目会审纪要 20 份；办理建设工程规划许可证 222 件，建筑面积 408.92 万平方米；出具规划蓝线图 295 宗、规划条件复函 192 宗，组织工程规划设计条件核实 137 宗，会同行政执法局验桩 89 宗。

【旧城改造】　2013 年，推进钞坑片区改造，用地面积 50 公顷，设计建筑面积 65 万平方米，房屋 920 多座，将改造为高端城市综合体与石狮服装城、国际轻纺城配套，形成服装城商圈。启动加曾寨片区、灵山灵峰片区改造；2013 年 9 月，出台《关于进一步推进沿海五镇石结构及危险房屋改造工作的实施意见》，推进沿海五镇政府开展石结构房屋翻建。2013 年，受理全市石结构房屋翻建改造申请 1160 多宗，完成 500 宗低保户的房屋修缮加固。

（傅森源撰　王春艺审）

新型社区建设

【概况】　2013 年，石狮围绕泉州“美丽乡村”总体部署和“质量石狮、二次创业”的发展要求，先后投入 1.5 亿元，实施项目带动战略，重点推进 20 个典型培育村（社区），开展“五清四化三提升”为内容的综合治理，新型社区建设初见成效，前埔村、郭坑村入选泉州市首批十大“美丽乡村”；郭坑村“新型社区”建设 136 工作机制被写入泉州市委全委会决定；“美丽乡村”环境卫生月考评中，石狮市均排名在泉州市各县（市、区）前列。

【分类推进“新型社区”建设】　从发展方向的角度，把全市村（社区）分为四种类型，即都市社区型、工业邻里型、特色文化型和生态休闲型。从建设的角度，分为三个层级：第一层级为一般整治，主要进行净化、绿化、硬化、美化；第二层级为整治提升，在一般整治的基础上，实施雨污分流，整治河塘沟渠，治理危旧房和“裸房”等，并配套建设“五个一”(一条示范性进村道路，一个综合市场，一个综合服务大楼，一个休闲广场，一个配套完善的居住小区)；第三层级为改造更新，主要进行整村改造、成片开发。选择洋内亭、古坑后、钞坑、梧园、加曾寨等一批村(社区)进行整村改造，高标准建设现代城市社区。

【注重科学规划】 2013年，坚持规划先行，优化城乡规划和空间布局，分都市社区型、工业邻里型、特色文化型、生态休闲型四种类型编制新型社区规划。在完成26个村庄规划编制基础上，启动20个整治提升典型村规划编制，完成新型社区规划导则的编制工作，指导社区编制规划。委托深圳发展研究院编制《城市更新改造空间指引》，科学划分社区自改单元分期分批有序更新改造。

【保障项目用地】 2013年，根据各镇、村区位不同、经济发展不平衡，经济实力不一的实际情况，对全市农村分类指导，合理安排新型社区建设用地，保障农业生产、农民生活必需的建设用地，保障农村交通、水利等基础设施建设和教育、卫生、人口计生等社会事业发展用地。按照新型社区建设的总体要求，有步骤地实施村庄整理和整治改造，不断改善农民生产、生活条件和农村生态环境。

【坚持典型引路】 2013年，筛选确定前埔村、郭坑村、前山村等20个整治提升村(社区)作为典型培育对象，重点开展以“五清四化三提升”为内容的综合整治(“五清”：

前埔村中心的文化生态公园
(图/摘自《石狮日报》)

清理垃圾、清理杂物、清理河塘沟渠、清理乱搭乱盖、清理架空管线；“四化”：村庄绿化、建筑美化、道路硬化、路灯亮化；“三提升”：提升环境卫生管理水平、提升基础设施配套水平、提升公共服务和社会管理水平)，在项目用地、政策优惠、建设资金、审批流程等方面给予重点扶持，争取率先打造成新型社区示范点。

【实施项目带动】 2013年，市财政在5000万元新农村建设专项资金基础上，整合农口、环卫保洁、城市维护等相关专项资金，筹集1亿元，专项用于新型社区建设，重点支持1个宜居新村示范村的建设、4个“整治提升重点村”的环境综合整治、15个村(社区)的“五清四化三提升”环境综合整治、3个老区基点村建设、沿海大通道祥芝中心渔港段建设和沿海大通道祥芝水产路立面改造、8个农业规模生产示范点生产管理用房建设、农村农贸小市场和公厕建设、农村“一事一议”项目建设等。2013年，石狮市“新型社区”项目总数64个，累计投入资金15448万元，其中政府投入9719万元，社会投入5729万元。

【建立长效机制】 2013年，制定农村集体建设用地流转、宅基地置换商品房、完善土地收益分配调节机制等相关政策，推进社区环卫、土地制度改革，加快城市更新改造步伐，深化集体资产管理改革，鼓励建设标准厂房、外来工公寓，发展集体物业经济。制订《2013年新型社区建设整治提升工作方案》，重点开展以“五清四化三提升”综合整治，明确工作内容和创建标准、考核指标，组织开展创建工作评比活动。制订新型社区建设项目资金补助方案，发挥财政资金奖补作用，推动新型社区建设。

【营造宣传氛围】 2013年，联合泉州电视台拍摄走进石狮“新型社区”专题片，在石狮日报上开辟《建设“新型社区”镇办在行动》《两优两创、建设“新型社区”》，在石狮电视台和中国石狮网开设“新型社区”栏目，利用电视、报纸、网络等媒体加大宣传力度，发动社会各界人士支持参与新型社区建设，营造良好的创建氛围。

【深化环卫体制改革】 2013年，制定出台《关于进一步加强环境卫生管理工作的若干意见》，由各镇(街道)根据实际采取多元化的清扫保洁服务机制，实现财权与事权的统一，调动镇（街道）、村（居、社区）参与环境卫生管理工作的积极性。实行社会化监督，常态化考评，推行日检查、旬通报、月排名制度，实行奖优惩劣，并将考核结果纳入各单位年度绩效考评指标。2013年，在泉州市“美丽乡村”环境卫生月考评中，排名均在泉州市各县（市、区）前列。

【新型社区建设】 2013年，郭坑村“新型社区”建设“136”工作机制被写入泉州市委全委会决定。各典型培育点新型社区建设项目稳步推进，村容村貌进一步提升。社区办及时组织检查验收，兑现奖补政策，共下拨新型社区建设专项奖补资金3000多万元，有力推动新型社区建设。

【社区服务管理新进展】 2013年，新建和完善村（社区）公共服务站21个，基本实现城乡社区公共服务站或便民服务代办点全覆盖；推进社区服务管理网格化，科学划分社区单元网格，实现社区管理精细化。2013年，凤里、湖滨街道开展社区网格化管理试点，取得效果，以湖滨街道新湖社区为试点，开发云社区便民服务系统，进一步整合通信信息技术网络资源，建立基础信息、指挥调度、事项处理综合信息平台，推动社区服务管理信息化。

新湖社区服务站 （图／颜华杰）

【推进社区服务管理多元化】 建设“12345”便民热线、“12345”便民网站和社会服务大厅三大服务平台，优化整合政府、社会、市场三方服务资源，为广大市民和外来人员提供政务咨询、生活求助、事务投诉、建言献策等方面的便捷服务。制定出台《关于促进慈善公益类社会组织发展意见》《关于开展村（社区）老年协会登记管理工作的通知》，培育服务性和公益慈善类社会组织，吸收群众参与社区服务管理。2013年，登记注册公益慈善类、服务类社团等170多个，26支社区志愿服务队，提供扶老、济困、助残、环保、科普等活动。

【新型社区集体创收模式创新】

发展和壮大集体经济，是增加农民经济收入、办好社区福利事业、保障基层组织正常运作经费的必由之路，也是新型社区建设的重要任务。在新型社区建设中涌现一批典型：永宁镇前埔村通过创建工业小区、盘活资产，将工业区土地征用款投入建设标准厂房和外来工公寓出租，每年创造100多万元租金收入，村民每人每年分红2000元；永宁镇郭坑村加快集体土地流转，引进石狮市朗坤现代农业有限公司发展设施农业，加快推进农业现代化；永宁镇山边村主动与石狮市纺织服装产业发展基地规划建设有机结合起来，规划外来公寓、超市等配套设施服务园区发展；锦尚镇港前村建设一座大型商场并开展对外招商服务配套园区发展，增强村集体造血功能。

【农村住宅小区建设】 2013年，完成石结构房屋翻建改造约800宗石结构房屋翻建申请。引导农村居民根据镇村规划，统一建设高标准农村居民住宅小区，节约集约利用土地、提升农村住宅居住品质的目的。受理永宁镇沙堤村、西岑村、鸿山镇东埔一村、东埔三村、蚶江镇洪窟村申请建设住宅小区，用地面积合计2公顷。

【党建工作】 以宝盖镇、灵秀镇为示范点，全面推广乡镇党委“五三”工作法，激活农村基层党建活力。确定郭坑村为示范点，以点带面推行“六要”群众工作法，健全村务公开民主听证会、户代表会议等制度，完善科学民主管理机制。出台《关于实施优秀村级党组织带头人培养计划的通知》，确定26名村党组织书记作为优秀带头人培训对象，落实市镇领导挂钩、市直部门帮扶、组织考察重点项目等措施，提高带富带强能力。加强村级组织党建典型培育，打造出厝上村村民事务“十必访”、前埔村“四位一体”强村富民工程、郭坑村“十服务”、华南社区“十五分钟”服务圈、新湖社区“1+1+N”网格化管理等一批服务型党组织典型点。这些举措都为新型社区建设提供组织保障。

【“道德讲堂”建设】 打造“百家企业道德讲堂联盟”品牌，培育“好人好报”社会共识，推动“知行合一”道德实践，营造“崇德尚善”浓厚氛围。2013年，共有205个单位（学校、社区、企业）举办412场次的道德讲堂活动；倡导“志愿服务在社区”活动，在凤里、湖滨办事处的全部社区及宝盖镇的宝源社区建立20个学雷锋便民利民志愿服务站，在狮城帝苑等10个物业小区建立学雷锋便民利民志愿服务站，初步形成“志愿服务在基层”的雏形；倡导“文明出行、准时开宴”“简办新办婚丧喜事”等活动，2013年，全市移风易俗投入公益事业的资金达2000万元，取得成效。

【平安创建活动】 2013年，平安建设知晓率位居泉州前列，全市刑事发案数同比下降30.6%，城乡社区治安形势进一步好转，在省综治委组织的上半年公众安全感测评中，群众对石狮市社会治安满意率达94.84%，创历史新高。市综治委对开展平安创建成效显著的44个村（社区）进行考评验收，并命名为首批“平安先行村（社区）”。

【群众文化活动】 发挥村（居）委会、老人协会的作用，利用农闲、民俗节庆和集市等场合，组织各种形式的各种文体活动，引导广大村民参与唱南音、打太极、跳健身舞等活动，营造健康向上的生活氛围。挖掘并合理配置各种资源，统筹规划、加大投入，健全社区公共文化体育服务体系，提高公共文化产品供给能力推动文化、体育公共事业向镇、社区延伸，推进文化资源共享。加强传统文化传承，做强服饰文化、海洋文化、“狮文化”等文化品牌，推动特色传统文化向社区广泛传播、深入渗透。四大载体服务新型社区建设，使新型社区建设的内涵不断丰富，把新型社区建设持续引向深入。

（吴剑虹撰　邱灿飞审）

市政建设

【概况】 2013年，市政建设项目计26个，年度计划总投资2.53亿元，开工项目20个，完成投资约1亿元；子芳路夜景、八七路路灯等5个项目的初验工作完成，城北片区安置小区污水收集工程、金汇花园污水改造（一期）工程、服饰辅料专业市场周边道路建设（东西三路、直一路路基工程）等3个项目完工，排水管道改造项目完工。

【市政治理】 2013年，井盖井座改造211套、井盖破损更换258个、人行道挡车石墩修复38个、混凝土路面破除与修复800平方米、人行道修复3594平方米、水沟修复改造584.9立方米；中心区污水泵站自运行以来各项设备运行正常有序，其中，全年完成污水输送34853074吨，日均9.84万吨，比2012年日均8.6万吨有较大幅度的提升。

（傅森源撰　王春艺审）

住房公积金管理

【概况】 2013年，石狮市管理部以“增强忧患意识、推动长远发展”大讨论活动为契机，以促进住房公积金科学发展、跨越发展为主线，以提升管理服务水平为目标，落实责任，有为运作，住房公积金各业务呈现平稳健康运行态势。

【归集扩面开展情况】 石狮管理部通过行政推动、宣传发动、部门联动、人员互动、服务带动等措施，推进扩面工作，提前超额完成2013年度市管理中心下达的计划数和争取数。

【多渠道宣传】 配合市管理中心举办的“住房公积金　圆您住房梦”宣传月活动，组织本部人员开展多次现场咨询、宣传座谈会，听取广大职工对建立住房公积金的想法和意见，消除认识误区；分批对283家规模以上企业寄送缴存设立通知书，并附带“参加公积金、享受低房贷”宣传单，重点宣传建立公积金制度对企业和职工的好处及《福建省住房公积金行政执法暂行规定》的相关处罚措施；通过承办银行、协作银行各营业网点的服务大厅或门口电子LED屏幕显示反复播放住房公积金业务知识，营造宣传氛围，让更多人了解公积金、参与公积金；利用宣传媒体对住房公积金相关制度进行多次宣传报道。

【多元服务】 石狮管理部采用多种方法开展扩面工作，有重点突破法：以将上市公司、规模以上企业、重点企业、明星企业作为重点突破口，选准突破口突出重点，集中力量先行宣传，重点突破；典型带动法，寻找典型，以点带面，如石狮市委办公室聘用人员较多，以该单位为聘用人员建缴作为典型，来带动其他单位聘用人员的建立，依法维护聘用工、合同工权益；分批推进法，鼓励企业按照用工性质和来企年限分批分步实施，先在企业管理层和生产经营骨干、用工稳定和来企业工作多年范围内建立，再逐步扩大参建范围；个别约谈法，对点上个别问题，通过约谈、走访等形式，使政策解释工作能做得更加深入和细致；上门对接法，主动对接企业，上门服务，如前后 7 次上门到爱登堡集团和赛琪公司，与公司人力资源部及具体经办的工作人员对接，提供便捷高效服务。

【提升服务意识】 树立人人是窗口、事事是窗口、处处是窗口的意识，在思想上尊重群众，感情上贴近群众。对前来办理及咨询的职工热情接待，礼貌待人，文明用语，认真履行“首问负责制”“一次性告知”等服务承诺制度，推行“预约服务”“上门服务”“延时服务”“回访服务”等服务方式，以微笑服务、诚信服务、廉洁服务、优质服务为服务标准，争创群众满意窗口，争当文明服务之星。

【完善服务设施】 改善窗口办事环境，把小事做精，把实事做细。在服务大厅配备排队机、查询机、休息座椅、饮水机、书写台和意见箱等服务设施，张贴和放置住房公积金政策规定、业务办理流程和按揭楼盘清单等宣传服务资料，窗口工作人员挂牌上岗，营造整洁美观、秩序良好的服务环境。

【住房公积金催缴工作】 建立公积金业务人员联系制度，加强与市财政预算科的沟通联系，指定一名业务人员对未及时缴交的单位进行催缴；全面落实“限高保低”政策。按规定逐个单位核定，以确保“限高保低”政策落实到位。

【楼盘报批工作】 贯彻“住房公积金管理条例”和市中心文件精神，对新楼盘进行实地勘察，对提供的贷款资料核实、校对，调查评估，确认无误后报送市中心审贷会审批。

【贷款前后管理】 加强公积金个人住房贷款的风险管理。实行三级审批制度，落实贷前调查、贷时审查、贷后跟踪、逾期即催的工作制度。限定住房公积金贷款首付款比例及贷款资金拨付售房单位，防止利用公积金贷款套取资金。落实住房抵押担保制度，确保资金安全；

贯彻《住房公积金管理条例》
（图/石狮市管理部）

强化逾期贷款催收，指定专人进行电话催收，把逾期率控制在最低，以保障资金运作安全。

【住房公积金归集情况】 2013 年，全市新增归集职工 3781 人，同比增长 121.62%，新增归集住房公积 2.97 亿元，同比增长 20.25%。全市累计有 742 个归集单位、23372 名职工缴存住房公积金，归集余额 9.19 亿元。

【住房公积金提取情况】 2013 年，全市批准 21984 人次提取住房公积金，提取金额累计 21808.04 万元。其中，购房支取 1304 人，支取金额累计 12659.9 万元；建房支取 17 人，支取金额累计 175.9 万元；还贷支取共 19597 人，支取金额累计 5836.92 万元；离退休支取 212 人，支取金额累计 1949.55 万元；调动转移 61 人，支取金额累计 271.48 万元；其他支取 793 人，支取金额累计 914.29 万元。

【住房公积金贷款情况】 2013 年，全市新增发放个人住房公积金贷款 368 户，发放贷款金额 14071.7 万元，历年累计发放户数 2401 户，累计发放贷款 71911.24 万元，贷款余额 47217.46 万元。

【非公企业归集情况】 2013 年，新增归集非公企业 31 家，新增归集非公企业职工 368 人。

（张颖琦撰　施小云审）

土地管理

【概况】 石狮市位于福建省东南沿海突出部，东濒台湾海峡，地处北纬 24° 39′ 52″—24° 48′ 48″，东经 118° 33′ 46″—118° 46′ 51″，西南与晋江市接壤，东、南、北三面临海，距台湾 134 海里，全市土地总面积 17768.56 公顷，其中，陆域面积 15714.61 公顷，滩涂面积 2053.95 公顷。海岸线长 67.6 千米，耕地面积 2621.02 公顷。

2013 年土地利用现状汇总表

表 21　　　　单位:公顷

辖区	耕地	园地	林地	草地	城镇村及工矿用地	交通运输用地	水域及水利设施	其他土地	土地总面积
石狮市	2621.02	65.45	1538.31	245.63	8501.82	1289.77	2429.18	1077.38	17768.56
蚶江镇	977.64	10.08	252.40	55.74	1443.92	386.17	191.68	190.36	3507.99
祥芝镇	312.53	0.00	143.00	13.12	890.12	129.43	27.32	63.65	1579.17
鸿山镇	231.64	4.53	157.20	29.86	799.59	116.13	48.33	137.30	1524.58
锦尚镇	292.21	5.10	105.55	23.42	691.83	102.16	57.31	118.18	1395.76
永宁镇	471.81	17.25	447.68	76.22	1245.82	208.71	94.13	337.05	2898.67
灵秀镇	117.64	18.29	286.94	20.03	1028.76	93.68	31.91	38.46	1635.71
宝盖镇	216.69	10.20	142.70	21.44	1498.78	152.25	74.85	150.04	2266.95
湖滨街道	0.52	0.00	1.11	5.78	498.55	19.92	0.45	1.91	528.24
凤里街道	0.34	0.00	1.15	0.02	364.41	11.57	0.00	0.05	377.54
石狮海滩	0.00	0.00	0.58	0.00	40.04	69.75	1903.20	40.38	2053.95

【土地利用特点】 建设用地占土地总面积 53.85%，土地开发利用强度大，建设用地数量大，比重高，但用地相对粗放；耕地总量占土地总面积的 14.75%。耕地后备资源有限，分布零散，沿海滩涂面积大，但可围垦为耕地数量少。

【土地利用规划】 2013 年，完成乡镇土地利用总体规划数据库建设，通过省国土资源厅和国土资源部核查；2013 年，完成 23 个批次的使用有条件建设区调整，涉及面积 135 公顷，其中农用地 102 公顷，耕地 45 公顷。

（李幼芳撰　林志坚审）

石狮市 2013 年度土地利用总体规划中有条件建设区审批明细表

表 21

<table>
<tr><th rowspan="4">序号</th><th rowspan="4">使用有条件建设区建设项目名称</th><th rowspan="4">所在位置</th><th colspan="6">使用有条件建设区面积(公顷)</th></tr>
<tr><th rowspan="3"></th><th colspan="3">农用地</th><th rowspan="3">其他面积</th><th rowspan="3">所在乡镇</th></tr>
<tr><th rowspan="2"></th><th colspan="2">耕地</th></tr>
<tr><th></th><th>基本农田</th></tr>
<tr><td>1</td><td>石狮市 2012-37-01 号地块</td><td>灵秀镇　钞坑村</td><td>0.8577</td><td>0.2226</td><td>0</td><td>0</td><td>0.6351</td><td>灵秀镇</td></tr>
<tr><td>2</td><td>石狮市 2012-38-01 号地块</td><td>宝盖镇　塘后村</td><td>9.1954</td><td>8.5215</td><td>4.2919</td><td>0</td><td>0.6739</td><td>宝盖镇</td></tr>
<tr><td>3</td><td>石狮市 2013-01-01 号地块</td><td>祥芝镇　古浮村
祥农村</td><td>15.2976</td><td>15.2075</td><td>10.6916</td><td>0</td><td>0.0901</td><td>祥芝镇</td></tr>
<tr><td>4</td><td>永信电脑设备制造有限公司
石狮市通达电器有限公司
石狮市通达电子有限公司
石狮市 2012-30 号储备用地</td><td>蚶江镇　石农村
蚶江村</td><td>0.2836</td><td>0.2151</td><td>0</td><td>0</td><td>0.0685</td><td>蚶江镇</td></tr>
</table>

续表 21

序号	使用有条件建设区建设项目名称	所在位置	使用有条件建设区面积(公顷)					
				农用地			其他面积	所在乡镇
					耕地			
						基本农田		
5	石狮市永宁镇岑江小学	永宁镇 西岑村	1.5206	1.5206	1.4167	0	0	永宁镇
6	石狮市三小福服饰有限公司预申请项目	永宁镇 山边村 锦尚镇 港前村	3.0238	2.6219	0.5367	0	0.4019	永宁镇 锦尚镇
7	石狮市 2013 年度第七批次城市建设用地项目	宝盖镇 塘后村 前坑村	24.4148	22.0829	9.2033	0	2.3319	宝盖镇
		蚶江镇 厝仔村	1.8136	1.8136	1.0149	0	0	蚶江镇
		永宁镇 后杆柄村	0.6173	0.3	0.1112	0	0.3173	永宁镇
8	石狮市 2013 年度第八批次城市建设用地项目	宝盖镇 塘后村 前坑村 龙穴村	20.3286	15.1792	0.4109	0	5.1494	宝盖镇
		永宁镇 后杆柄村	0.1842	0.1842	0	0	0	永宁镇
9	石狮市 2013 年度第九批次城市建设用地项目	灵秀镇 彭田村	0.1998	0	0	0	0.1998	灵秀镇
		蚶江镇 水头村	1.5397	0	0	0	1.5397	蚶江镇
10	石狮市 2013 年度第十批次城市建设用地项目	灵秀镇 钞坑村	21.3255	7.425	1.9686	0	13.9005	灵秀镇
11	石狮市 2013 年度第十三批次城市建设用地项目	宝盖镇 郑厝村 苏厝村	0.1336	0	0	0	0.1336	宝盖镇
12	石狮市 2013 年度第十五批次城市建设用地项目	蚶江镇 古山村	0.2985	0.0239	0.0207	0	0.2746	蚶江镇
		宝盖镇 坑东村	0.036	0.036	0	0	0	宝盖镇
		祥芝镇 赤湖村 莲坂村	0.5955	0.5414	0.1586	0	0.0541	祥芝镇
13	石狮市 2013 年度第十六批次城市建设用地项目	宝盖镇 塘后村	0.2082	0.2082	0	0	0	宝盖镇
14	石狮市 2013 年度第十八批次城市建设用地项目	宝盖镇 苏厝村 郑厝村	0.1882	0	0	0	0.1882	宝盖镇
15	石狮市鸿山镇东埔三村拆迁安置项目	鸿山镇 东埔三村	0.2997	0.2997	0	0	0	鸿山镇
16	石狮市永宁镇沙堤村安置小区项目	永宁镇 沙堤村	0.024	0.024	0	0	0	永宁镇
17	石狮市 2013 年度第二十一批次城市建设用地项目	祥芝镇 赤湖村	0.825	0.825	0.7245	0	0	祥芝镇
		鸿山镇 邱下村 西墩村	0.438	0.3874	0.1128	0	0.0506	鸿山镇
18	石狮市 2013 年度第二十二批次城市建设用地项目	祥芝镇 祥渔村	1.1578	0.5704	0	0	0.5874	祥芝镇
		祥芝镇 祥渔村	0.0246	0.0246	0	0	0	祥芝镇
		鸿山镇 伍堡村	0.4958	0.4364	0.4153	0	0.0594	鸿山镇
19	石狮市 2013 年度第二十三批次城市建设用地项目	蚶江镇 蚶江村 莲西村	0.4436	0	0	0	0.4436	蚶江镇
		蚶江镇 莲西村	0.4293	0	0	0	0.4293	蚶江镇

续表 21

序号	使用有条件建设区建设项目名称	所在位置	使用有条件建设区面积(公顷)					
				农用地			其他面积	所在乡镇
					耕地			
						基本农田		
20	石狮市 2013 年度第二十四批次城市建设用地项目	蚶江镇　莲西村	0.1868	0	0	0	0.1868	蚶江镇
		蚶江镇　石农村	0.9826	0.8160	0.0771	0	0.1666	蚶江镇
		蚶江镇　蚶江村石农村	3.1501	2.8422	2.4613	0	0.3079	蚶江镇
21	石狮市 2013 年度第二十五批次城市建设用地项目	宝盖镇　塘后村	6.1934	2.4789	0	0	3.7145	宝盖镇
		永宁镇　后杆柄村	2.469	2.3711	0	0	0.0979	永宁镇
22	石狮市 2013 年度第二十六批次城市建设用地项目	永宁镇　永宁居浯沙村	1.0536	1.0536	0.8263	0	0	
		永宁镇　沙堤村	11.1940	10.1628	7.4271	0	1.0312	永宁镇
		蚶江镇　厝仔村	1.8314	1.7732	1.4318	0	0.0582	蚶江镇
		宝盖镇　仑后村	0.3324	0.3276	0.2750	0	0.0048	宝盖镇
23	石狮市永宁镇西岑村安置小区项目	永宁镇　西岑村	0.9100	0.9100	0.9100	0	0	永宁镇
		合　计	134.5030	101.4070	44.4863	0	33.0968	

【项目用地预审】 2013 年，完成本级计划部门立项的建设用地项目预审 12 宗，面积 77.62 公顷，其中耕地 12.06 公顷。

【新增建设用地】 2013 年，有 31 个批次和 4 个单独选址项目的土农用地转用及土地征收获批，总面积 487.65 公顷，其中新增建设用地 319.93 公顷，耕地 141.74 公顷。审批农村住宅用地 2 宗，用地面积 0.44 公顷，其中新增建设用地 0.41 公顷，耕地 0.075 公顷。

2013 年度农用地转用土地征收情况

表 22　　单位：公顷

批次号	批准文号	批准时间	总面积(公顷)	其中农用地面积(公顷)	其中耕地面积(公顷)
2013 城 08	闽政地〔2013〕8 号	2013.1.10	24.9307	11.6959	6.9969
2012 城 27	闽政地〔2013〕78 号	2013.2.1	15.4858	8.6066	2.2159
2012 城 23	闽政地〔2013〕90 号	2013.2.26	6.1764	3.0264	2.6882
2012 城 30	闽政地〔2013〕96 号	2013.2.26	13.0591	9.5227	3.9017
2012 城 36	闽政地〔2013〕103 号	2013.2.26	26.6328	3.6108	0.4276
2012 城 28	闽政地〔2013〕140 号	2013.3.6	6.4279	2.2478	1.6349
2012 城 20	闽政地〔2013〕193 号	2013.3.16	9.7732	7.5567	3.4155
2013 城 01	闽政地〔2013〕247 号	2013.3.25	17.1148	16.4628	11.4176
2012 城 37	闽政地〔2013〕253 号	2013.3.27	24.6831	1.2906	0.1081
2012 城 35	闽政地〔2013〕293 号	2013.4.1	32.8172	1.7304	0.3850
2013 城 03	闽政地〔2013〕334 号	2013.4.15	7.6091	4.5529	2.2171

续表 22

批次号	批准文号	批准时间	总面积（公顷）	其中农用地面积(公顷)	其中耕地面积（公顷）
2012 城 24	闽政地〔2013〕384 号	2013. 4. 23	4. 2813	0. 7442	0. 3041
2012 城 38	闽政地〔2013〕418 号	2013. 4. 26	15. 1955	9. 2020	4. 7657
2013 城 02	闽政地〔2013〕443 号	2013. 5. 2	6. 2021	4. 0939	1. 8806
2012 城 34	闽政地〔2013〕460 号	2013. 5. 10	2. 5074	1. 7821	1. 2791
2012 城 33	闽政文〔2013〕185 号	2013. 5. 17	39. 6835	30. 9901	14. 9466
2013 城 04	闽政地〔2013〕517 号	2013. 5. 27	5. 6551	3. 0097	1. 0854
2013 城 07	闽政地〔2013〕552 号	2013. 6. 3	27. 4195	24. 1965	10. 3294
2013 城 06	闽政地〔2013〕590 号	2013. 6. 17	7. 6310	4. 4814	3. 6701
2012 城 31	闽政地〔2013〕609 号	2013. 6. 27	14. 3262	8. 6877	0. 2053
2013 城 08	闽政地〔2013〕623 号	2013. 6. 28	26. 5661	13. 6722	0. 4109
2012 城 32	闽政地〔2013〕656 号	2013. 7. 7	0. 2042	0. 0144	0. 0144
2013 城 13	闽政地〔2013〕754 号	2013. 7. 25	9. 8013	9. 0916	5. 1012
2013 城 12	闽政地〔2013〕783 号	2013. 7. 31	13. 6129	12. 3832	6. 8952
2013 城 14	闽政地〔2013〕904 号	2013. 9. 9	10. 5240	10. 0149	7. 8254
2013 城 10	闽政地〔2013〕919 号	2013. 9. 13	24. 1455	9. 5582	2. 8250
2013 城 05	闽政地〔2013〕976 号	2013. 9. 29	10. 4587	10. 3331	9. 4069
2013 城 21	闽政地〔2013〕1193 号	2013. 12. 2	2. 3291	1. 7464	1. 2715
2013 城 15	闽政地〔2013〕1228 号	2013. 12. 10	9. 6953	5. 4065	2. 1515
2013 城 22	闽政地〔2013〕1264 号	2013. 12. 19	2. 4678	1. 0997	0. 4153
2013 城 24	闽政地〔2013〕1389 号	2013. 12. 31	9. 4737	8. 8041	7. 5385
石狮市 220 千伏石壁变电站（单独选址）	闽政地〔2013〕841 号	2013. 8. 21	1. 0478	1. 0478	0. 7424
石狮市永祥路（石永二路至鸿山路段）工程（单独选址）	闽政文〔2013〕360 号	2013. 9. 16	37. 1583	22. 3298	12. 6086
泉州环湾快速路石狮连接线工程（单独选址）	闽政地〔2013〕1051 号	2013. 10. 24	12. 0321	10. 8395	7. 7337
石狮市沿海大通道（水头外线至环湾大道）工程（单独选址）	闽政地〔2013〕1154 号	2013. 11. 20	10. 5264	5. 2789	2. 9252
合计	31 个批次、4 个单独选址项目		487. 6549	279. 1115	141. 7405

2013 年农村住宅用地审批情况

表 23 单位：公顷

	项目名称	批复文号	用地面积	农用地	未利用地	建设用地
1	鸿山镇东埔三村拆迁安置用地	泉政地〔2013〕43 号	0. 3335	0. 2997	0	0. 0338
2	蚶江镇洪窟村等两宗安置用地	泉政地〔2013〕449 号	0. 1105	0. 1105	0	0
	合计		0. 4440	0. 4102	0	0. 0338

【矿产资源保护】 石狮自2010年12月31日起全市范围内禁止采矿，矿山实现整体退出。封山禁采后，国土资源管理部门在加大整治非法采矿的同时，启动生态恢复前期工作。编制石狮市废弃石窟地质环境恢复治理规划和治理措施。开展青山挂白治理试点项目，完成双髻山高陡岩石边坡8500平方米复绿工程治理。对关闭的矿山及废弃石窟整治，规划若干废弃石窟作为建筑垃圾填埋场所。2013年，整理和绿化土地20公顷。加强安全整治及矿区的实时动态监控。首次采用无人机航拍技术，取得矿区影像数据，作为监管依据。

【耕地保护】 2013年，泉州市人民政府下达石狮市补充耕地任务63.4公顷，土地整理任务87公顷，石狮补充耕地任务委托南平市政和县实施，土地整理任务委托泉州市土地整理中心完成；全市基本农田保护面积1480公顷，根据石狮市的实际情况，增划45公顷作为弹性指标。

耕地保有量、基本农田面积指标

表24　　单位：公顷

行政区	2005年	耕地保有量		2006—2020年基本农田保护区面积
		2010年	2020年	
石狮市	3683.45	3333.33	2393.33	1524.36
凤里街道	0.01	0.00	0.00	0.00
湖滨街道	14.87	0.00	0.00	0.00
蚶江镇	1343.99	1143.13	1044.38	675.07
祥芝镇	423.23	474.67	210.86	156.84
永宁镇	574.90	554.00	491.33	293.54
灵秀镇	220.58	165.33	56.00	0
宝盖镇	347.65	329.20	80.56	10.05
锦尚镇	464.73	352.33	260.33	205.36
鸿山镇	293.49	314.67	249.87	183.50

【使用基本农田增划指标情况】

2013年度石狮市使用基本农田增划指标0.833公顷，现全市剩余增划指标43.53公顷。

【土地市场配置】 2013年，共挂牌出让建设用地63宗，总面积254公顷，总成交价1061316万元。其中，工业用地25宗，面积58.3公顷，成交价款26928万元；经营性用地38宗，面积195.73公顷，成交价款1034388万元。

2013年，审核办理13宗建设用地交易手续。

【土地收储】 2013年，新增储备用地326.67公顷，收购工业用地16.67公顷。作为片区改造征地拆迁人，通过回购房产安置被征地拆迁人，其中城北玉浦改造（一期）建设项目，共回购安置房产建筑面积109500平方米。

土地储备项目通过政府融资平台，向金融单位贷款10.06亿元。

【被征地农民权益维护】 2013年，实施“两公告一登记”制度，做好国土资源申请听证工作，规范征地程序，依法依规征地，按规定预留被征地农民社会保障资金，采取多种形式继续妥善处理回批地历史遗留问题；结合工业园区规划和城市规划片区改造，探索以集中商场等物业形式安置为主的多种征地补偿安置方式。

开展纠正违法违规强制征地拆迁问题专项治理工作，依照有关法律法规，进一步规范征地拆迁工作，推动建立科学完善的征地补偿机制，纠正违法违规强制征地拆迁行为，推广应用“和谐征地工作法”，保护被征地农民的合法权益。

【地质灾害防治】 根据《2013年泉州市地质灾害防治方案》，石狮市无存在地质灾害点。石狮市地质环境保护的重点是如何防止人为地质灾害的产生以及恢复和治理已闭坑的矿山地质生态环境。

【地籍调查】 2013年，推进第二次土地调查工作，委托福建省地质测绘院开展石狮市试点村庄（厝仔村）的地籍调查工作，协调做好厝仔村与相邻的四个村的村界指界、宗地测量修正、权属调查登记等工作，试点村庄（厝仔村）地籍调查成果经省国土资源厅验收通过。委托江西省地矿测绘院开展城市建成区城镇地籍调查工作，完成调查工作，城市建成区城镇地籍调查成果经泉州市国土资源局验收通过。

委托福建省地质工程研究院开展集体土地所有权确权登记工作，通过省国土资源厅验收。

【土地执法监察】 土地矿产卫片执法检查，开展土地矿产卫片执法检查自查工作，通过国土资源部、国家土地督察上海局、省国土资源厅验收。

土地例行督察，梳理自查土地利用管理情况，接受国家土地督察上海局土地例行督察，通过验收。

2013年，清理处置5宗闲置土地，面积31公顷。

（李幼芳撰　林志坚审）

公路养护与治理

【概况】 石狮公路分局承担石狮区域内主干公路57.924千米的专业养护与治理工作。其中，省道2条（S201线、S308线）计6.482千米，县道5条（317线、323线、X325线、326线、327线），计31.476千米，乡道4条（Y001线、Y002线、Y003线、Y004线）计19.966千米；高级路面54.456千米，次高级路面3.468千米；桥梁215.26米/12座；涵洞3320.4米/107道。

【主要经济指标】 2013年，管养公路平均好路率91.37%，平均MQI值87.61，干线好路率100%；机械完好率97%，实际利用率81%；职工出勤率100%，实际使用率98%；安全生产率100%。

【精神文明建设】 2013年，石狮市委授予公路分局党支部“2010—2012年度机关党建工作先进单位”，有12人次受到石狮市委及上级党委“两优”表彰；在全市基层“五评机关”活动中被评为Ⅰ类单位；10月，通过创建第12届省级文明单位初评；在石狮市建设“新型社区”卫生考评中取得总分第2名的好成绩。

【公路治理】 2013年，清理边沟17950米，路肩及边坡割杂草44700平方米，清扫路面碎石及沙土42625平方米，水泥路面清灌缝59600米，清理雨水口726个，人工清扫硬路肩1870万平方米，人工清扫水泥路面1450万平方米，人工清扫沥青路面160万平方米，机械清扫路面6853万平方米，检查保养涵洞21980米、桥梁3659米，清理路面污泥及沙土206立方米，保养及清洗标志物421面，埋设公里牌百米桩261块，修复雨水井盖210个，拆除广告布条296块，完成S201、X326线2.3千米绿化工程，投资约80万元。完成安保工程投资197万元，重新施划模糊不清标线29006平方米，投资约110万元；完成X327线混凝土边沟铺设，投资约180万元；更新、完善交通标志244套。完成专养公路交通事故多发与隐患点段及校园周边道路交通安全设施排查，完善交通标线标牌设置。

【提高机械化水平】 2013年，石狮公路分局有扫路车4辆，多功能清涵车、装载机、挖掘机、各种型号压路机、各种型号自卸汽车、各种型号载重汽车、沥青搅拌机、水泥搅拌机、水泥路面清灌缝机械、路面开槽机等全套现代化公路养护机械，满足石狮公路养护、管理和应急抢通的需要。

【加强公路管理工作】 根据《石狮市进一步深化行政审批制度改革工作方案》要求，清理职权18项，逐项登记造册归档。2013年，上路巡查239车次508人次，联合市交通综合行政执法大队开展整治行动4次，参加人员39人，制作路政宣传标语、标牌15条（面），配合执法大队拆除30多块小型广告牌，办理路政许可案件10起，收取赔（补）偿费48419万元，制止、纠正违章55起。

【开展安全隐患排查治理】 贯彻落实“一岗双责”制，落实好安全生产责任制，达到从源头上消除事故隐患，从制度上预防生产安全事故的发生。2013年，召开安委会成员会议、各类安全工作会议35次/380人次，上墙安全生产版报30期，开展安全检查33次/410人次，检查施工作业点95个、公路里程920千米、桥梁120座（次），开展应急演练2期70人次，安全生产率100%。

【落实防范措施】 2013年，安保工程项目投入347.93万元，加强危险路段的道路交通安全标志和施工安全警示标志、作业区围堵标志以及安全标志服等各种安全防护设施的建设和劳保用品的添置。其中沙莲线铺设公路片石混凝土排水沟160万元；新增加安全标线、标志、标牌和警示设施150.2万元；路面、桥梁破损修复33.2万元；GPS数据终端、监控设备4.53万元。确保本单位的公路交通和公路施工安全以及职工的人身安全。

（吴晓萍撰　郭晓萍审）

房地产与住宅建设管理

【概况】 2013年，新成立房地产企业15家，共有房地产开发企业59家，其中二级资质1家，三级及暂定三级资质44家，四级及暂定四级资质14家。

2013年石狮市房地产开发企业一览表

表25

企业名称	资质等级	企业名称	资质等级
福建石狮市菲华金丘开发建设有限公司	三级	石狮市信诚房地产交易服务有限公司	暂定四级
石狮市义德房地产开发有限公司	四级	石狮市丽娜房地产开发有限公司	暂定四级
福建信义房地产开发有限公司	暂定四级	福建石狮台昱房地产开发有限公司	暂定
石狮市银昌房地产开发有限公司	四级	福建福鹏开发有限公司	暂定四级
石狮市豪富华房地产开发有限公司	三级	石狮市明发房地产开发有限公司	暂定
石狮兴进房地产开发有限公司	暂定	福建省石狮市远东房地产开发有限公司	暂定
石狮市星景房地产开发有限公司	四级	石狮市闽南黄金海岸渡假村有限公司	暂定
石狮市恒鑫建设发展有限公司	暂定四级	福建石狮市裕通集团有限公司	暂定
石狮市曙辉房地产开发有限公司	暂定	盛安（泉州）房地产开发有限公司	暂定
泉州市建煌房地产开发有限公司	暂定	石狮市百福房地产开发有限公司	暂定
石狮市凤里房地产开发有限公司	暂定	石狮市宏伟房地产开发有限公司	暂定四级
石狮市服装名城开发有限公司	三级	福建建诚置业有限公司	暂定
福建百德置业有限公司	二级	石狮市宝昌房地产开发有限公司	暂定
万源国际（泉州市）实业有限公司	暂定	石狮市百德房地产开发有限公司	暂定
中顺房地产（泉州）建设有限公司	暂定	石狮市辅料市场股份有限公司	暂定
石狮市信德隆建设发展有限公司	三级	石狮市纺织服装发展有限公司	暂定
石狮市当代置业有限公司	暂定四级	当代（石狮）发展有限公司	暂定
石狮市华新太平洋置业有限公司	暂定	福建贻宾置业有限公司	暂定四级
物华粟米油食品（福建）有限公司	暂定	石狮市经济开发建设有限公司	暂定
石狮市泉美行房地产开发有限公司	暂定四级	石狮骏德房地产开发有限公司	暂定
石狮市裕田房地产开发建设有限公司	暂定	石狮泰禾广场投资有限公司	暂定
石狮市力泰房地产发展有限公司	暂定	石狮国际轻纺城发展有限公司	暂定

续表 25

企业名称	资质等级	企业名称	资质等级
石狮市快好房地产开发有限公司	暂定	石狮骏诚房地产开发有限公司	暂定
泉州百荣房地产开发有限公司	暂定	石狮世茂新城房地产开发有限公司	暂定
福建省元通房地产开发有限公司	四级	阳光城(石狮)房地产开发有限公司	暂定
石狮铜锣湾时代广场发展有限公司	暂定	福建金王置业有限公司	暂定
福建省皇富房地产开发有限公司	暂定	石狮世茂房地产开发有限公司	暂定
福建省石狮市富亿实业有限公司	暂定	石狮金碧置业有限公司	暂定四级
石狮市健健实业发展有限公司	暂定	吉祥泰山(泉州)建设有限公司	暂定四级
福建石狮华闽置业有限公司	三级	—	—

【房地产市场调控】 加强市场监管,开展市场秩序专项检查;加强对住宅专项维修资金的管理,保障住宅公共部位、共用设施的维修和正常使用,维护住宅专项维修资金所有者的合法权益,成立石狮市住宅专项维修资金管理办公室。

【开通网上签约系统】 2013 年,通过网上签约系统办理商品房合同备案,网站地址:www.ssfcjy.com。

【规范商品房预售行为】 要求房地产开发企业取得商品房预售许可证前,不得以"内部认购""内部认订""内部登记""排号认购""摇号认购""指向特定房产项目的会员制、VIP 卡"等任何形式变相无预售证预售商品房,不得向购房者收取排号登记费、诚意金、认购费等任何含有预订款性质的费用。未取得商品房预售许可证的项目,不得发布房地产预售广告,发布房地产预售、销售广告,须按照《房地产广告发布暂行规定》提供有关证件,在广告载明预售许可证号。在商品房预售广告中应当使用规范的房地产项目名称,对房屋用途、价格、地理位置等应作准确的表述。

【房屋拆迁工作】 启动石狮市永宁镇红塔湾旅游景观大道项目和石狮市永宁镇黄金海岸海岸线整治项目两个国有土地上房屋征收项目。其中,石狮市永宁镇红塔湾旅游景观大道项目,被征收房屋共 296 户,被征收房屋总面积 18955.38 平方米;石狮市永宁镇黄金海岸海岸线整治项目,被征收房屋共 238 户,被征收房屋总面积 31527.7 平方米。

(傅森源撰　王春艺审)

办理产权登记

【产权方面】 2013 年,石狮市房产登记交易中心办理产权登记 4292 宗,完成房产缮证 4494 本,发证 5766 宗。

【抵押方面】 2013 年,石狮市房产登记交易中心办理抵押贷款登记 3006 宗,房地产价值达 177.50 亿元;办理按揭贷款登记 2031 宗,建筑面积达 28.41 万平方米。

【商品房方面】 2013 年,石狮市房产登记交易中心办理商品房合同登记备案 4836 宗,登记面积 57.81 万平方米、登记金额达 41 亿元。

物业管理

【概况】 2013 年,全市物业服务企业 30 家,物业管理的类别不断增加,从过去的住宅扩展到工业、商业、院校、部队、办公等多种类型,社会化、专业化的物业管理市场已经形成。物业管理逐步法制化、规范化。

【业主责任意识加强】 2013 年,全市组建业主委员会 32 家,业主参与物业管理的意愿逐步增强,越来越多地体现在小区公共事务的决策上,业主通过业主委员会维权的意识开始显现,业主大会的作用日趋明显。

【前期物业管理有进展】 2013 年,结合本市的实际情况,开拓前期物业管理工作，推行物业管理项目的招投标工作，8万平方米以上的住宅项目全部在网上公告招投标信息，通过招投标方式选聘物业服务企业实施前期物业管理。

【品牌物业逐步增多】 一批优秀的管理项目脱颖而出，带动企业走专业化、规范化发展道路，使石狮市物业服务品质得以提升。从简单的专项服务到整体的综合服务，从规范化到标准化，从大众化到人性化，从单一的物业服务到多元的资产管理，从"以企业为中心"到"以客户为中心"，物业管理行业加大物业宣传，加大物业巡查，及时处理投诉，从粗放型向集约型服务模式转变。

（傅森源撰　王春艺审）

市容环卫

【概况】 全市现有31座垃圾中转站，配备垃圾转运站管理人员57人，驾驶员24人，配套各类密闭式垃圾运输车24辆，每天转运城乡生活垃圾约671吨，2013年共转运处置生活垃圾24.5万吨。公厕32座，配备全职管理人员，面向社会免费开放使用。生活垃圾焚烧处理厂1座，日处理垃圾量可达671吨，生活垃圾无害化处理率达100%，确保生活垃圾日产日清。

【经营方式】 市环境卫生管理处主要负责市区350万平方米主、次干道清扫保洁，采取市场化运作的方式，分别由6家保洁服务公司承包，一线环卫工人725人。采取日常随机检查、综合检查考评和公众监督相结合的方法，每月对承包作业路段的晨扫质量、动态保洁质量及制度执行情况进行全面、客观的检查考核和评价考核。

【安全生产】 针对环卫处所管辖的人多、车多、点多、工作时间长、连续性强等工作特点，定期分析可能存在的安全隐患，制定切实可行的措施，防患于未然，确保将安全事故消灭在萌芽状态。全年100%安全生产。

【环卫设施建设】 对照全国文明城市、国家卫生城市标准，投入300万元为民办实事，进一步完善环卫设施建设，购置1部环卫装载机和1000个果皮箱，新建、改建市区6座公厕；维修、完善市区公厕的指示牌、标志、标识牌等。

（邱清清撰　宋建华审）

推进国家卫生城市创建工作

【提高城市美化水平】 落实"12345"及市政"110"服务承诺制，2013年在维护方面总投资约170万元，修复井盖破损及丢失计537个（套）；清淤及雨天处理积水等人工计1745工日；砼路面下陷、破损严重及相关部门申请破路修复计798平方米；挡车石修复计274根；水沟栏杆修复97米；人行道修复计3352平方米。

【市区内河沟清淤工程】 该工程于2013年07月22日开工，完成清淤总量约30000立方米，铺设沟底约2560米，合同价415.5898万元。

【排水沟保洁社会化】 2013年，进一步完善保洁工作招标文件条款，启动第三轮市区内沟河保洁社会工作，对河道进行每天12小时的保洁，对沟面上的漂浮物、垃圾进行及时清理外运；采取两级分常规例行检查，督查组抽取制度对东西区排水沟保洁工作进行考核，考核按百分制评出总分方法，针对排水沟面及墙身，水沟两侧垃圾清理情况、工人执行制度情况进行扣分。

【建筑工地文明施工管理】 建筑工地全部实行封闭式施工，四周设置不低于2米的连续围墙或围板；建材堆场或制作场要和居民区、道路分离；工地出入口设置洗车槽、高压冲洗枪等设施，保证车辆出入干净；土方车加盖严实，防止在运输过程中滴、洒、漏；施工场地进行硬底化处理，控制扬尘；控制自拌混凝土等污染环境、扰民的施工方式；工地内材料堆放整齐、有序，厨房、厕所、浴室、办公室、宿舍等设施均按要求落实各项卫生制度，定期开展灭杀工作，促进除"四害"和疾病预防控制工作落实。

【建筑垃圾专项治理】 加强建筑渣土运输管理，建立、落实运输车辆报备制度，实施两点一线管理模式，对工地源头和建筑垃圾运输、排放、受纳进行全程规范管理；全面清理市区积存建筑垃圾，先后集中清运建筑垃圾43万吨，确保市区环境整洁、道路通畅；打击偷倒、占道堆放建筑垃圾的行为；加强市区主次干道两侧空置地管理。2013年投入300万元，新建围墙2000米，新建格栅绿篱2500余米，修补粉刷旧围墙3000余米，增植绿化隔离空置地1200余米，绿化美化街景。

【建立建筑垃圾临时堆放点】 组织各镇(街道)建设建筑垃圾临时停放点，方便市民群众就近处置零星建筑垃圾，由各镇(街道)组织统一收集、规范清运、规范填埋；推行“错时”环卫监察机制。卫监队员一组在正课上下班时间深入各建筑工地展开宣传和说服工作，要求各建筑工地运输泥沙土碎石的运输车，按规定装载适量，遮盖篷布，绑扎牢固，密封上路；另一组在早中晚特殊时段进行巡查监察。

【景观提升工程建设】 开展城市园林绿化工作，各项绿地指标均符合并超过创卫工作标准，建成区绿地率达37.1%，绿化覆盖率达42.46%，人均公用绿地面积达12.89平方米。

【做好城市环城绿化】 2013年启动五个“口袋公园”示范工程，总投资700万元，总占地面积1公顷，拓展绿化空间。开展10万株三角梅的种植活动，集中种植在石泉二路高速互通口、服装城、南洋路塘园溪景观带、宝盖山等地方。城市道路绿化普及率达98%以上。

【加强绿地管养】 强化园林绿化日常管理维护及卫生保洁水平，保持绿化美化的科学化管理。加强对市区绿地的巡查与维护，及时纠正各种不文明行为；加强绿化员工的技能培训；及时补种市区种种原因枯死的行道树及绿地植物。

【加强公园管理】 2013年，完善公园各项配套设施建设，加强设施的检修维护管理，确保公共设施正常、安全运转；做好公共场所的卫生保洁工作，实行常态化管理，营造干净整治的公园环境；加大巡逻监察力度，打击各种刑事和治安犯罪案件，为市民及游客创造舒适的休闲娱乐健身场所。龟湖公园被泉州市公用事业管理局评为五星级公园、西洋公园评为四星级公园。

【住宅小区绿化建设】 2013年，推广省级园林单位、园林小区活动，共有省级园林单位15个，园林小区9个。

【污水处理厂及其配套管网建设】

累计投资近1.6亿元建设中心区城市污水处理厂一期工程和扩建一阶段工程。一期工程设计日处理污水为5万吨，扩建一阶段工程设计日处理污水为5万吨；加快城区污水管网的建设步伐，2013年，完成雨水管道铺设184.442千米，污水管道铺设165.847米，尾水回用管道铺设5382.52米，雨水检查井4845座，雨水口井7421座，污水检查井6144座，排泥井10座，排气井7座，阀门井6座，压力检查井2座；加大对中心区城市污水处理厂环境监控力度，督促市污水处理厂正常运行，安装COD、氨氮及总磷在线监测系统，并实现与省环保局监控中心联网。2013年，石狮市城市生活污水集中处理率为86%，符合国家卫生城市标准要求。

南洋路塘园村的口袋公园 (图/摘自《石狮日报》)

石狮市城市生活污水集中处理率统计表

表 26

年　度	2013 年
自来水厂供水量	5349
生活污水处理量(万吨)	3689
生活污水排放总量(万吨)	4289
城市生活污水处理率(%)	86.0

【供水设施设备管理】 建立健全物业管理区域内二次供水设施档案资料;明确二次供水设施管理责任人,实行专人管理,组织物业企业参与卫生主管部门举办的《二次供水从业人员卫生知识须知》等卫生知识培训。

【水域保洁】 2013 年,全市水域保洁工作分为三个部分:一是对市区总长约为 22010 米的东沟、东茂沟、龟湖溪、塘园溪、灵山沟等主要沟段保洁工作推向社会实行公开招投标,中标价 866800 元,按服务期两年计,新一轮的保洁服务于 2012 年 6 月生效。二是 2012 年投入 250 余万元对市区六条主干道雨水管道进行清淤及检测,分别为濠江路(香江路至南环路段)、香江路(濠江路至大北环路段)、西环路(南洋路至石泉路段)、八七路(西环路至濠江路段)、南洋路(西环路至大北环路段)、子芳路(南环路至大北环路三号桥段),道路总长度约 26.2 千米,清淤检测管道约 47801 米,通过治理达到预期效果。三是龟湖溪上游段(回兴路至一中段)长 1240 米、龟湖溪中段(宋塘路至香江路一号桥)长 591 米、东沟(湖东中路至金圣路)全长 1743 米、东茂沟(老干至濠江路)长 1031 米、塘园溪(富民桥至金盛路桥)长 1365 米等市区范围内 5 条水沟进行清淤。

(傅森源撰　王春艺审)

城管执法

【概况】 2013 年,市行政执法局按照石狮市委、市政府全域城市化的工作部署,以创建全国文明城市和国家卫生城市为抓手,进一步提升城市管理的效率、质量和水平,实现城市管理工作再上新台阶。

【土地执法】 加强“两违”监管,严格巡查监管。建立中队执法、队员包村包片和 AB 岗轮流巡查工作责任制,每日巡查执法监管和工作情况报告。坚持督查股每周三次的现场督查和局科级干部每周两次的带队检查抽查制度。强化“两违”重点区域和改造片区的巡查监管,要求各执法中队每日指派专人至少进行两次巡查,对偏僻角落要采取摩托车和徒步相结合的巡查执法,确保巡查监管的全覆盖,努力将违占违建行为发现并控制在萌芽状态。环湾、钞坑、梧园等改造片区没有出现明显的违占违建现象,为顺利拆迁奠定有利条件。

【拆除违章建筑】 坚持以拆促停,坚持疏堵结合。立足打击现行、逐步妥善处理历史遗留问题,做到发现违占违建到实施拆除一般不超过 3 天,特别情况不超过 15 天。加大对历史遗留临时搭盖物的拆除力度,以减少历史违建违占总量和安全隐患。2013 年,查处“两违”810 件,138208 平方米(含历史遗留 424 件,50692 平方米)。

【市容监管】 开展“牛皮癣”专项整治,2013 年停机 1343 部,清理“牛皮癣”和布条横幅 1379 处,立案查处乱张贴“牛皮癣”案件 77 起;深入开展广告牌匾专项整治,拆除清理不符合规定的、存在安全隐患或影响市容景观的户外广告牌匾、宣传栏、指示牌、村名牌、路名牌等各类户外广告设施 586 块,规范户外广告牌匾的管理,提高城市品位。

【开展拆违植绿专项整治】 全面拆除城市主干道两侧进深 50 米范围内有碍市容观瞻和存在安全隐患的临时搭盖 116 处,用拆违后留下的空地实施植树绿化,完成香江路、石祥大道、沿海大通道、石永大道等四条道路的补植绿化工作，建设濠江路和南环路等路段景观围墙六百余米，围挡道路两侧闲置地11处，进一步绿化美化道路环境，提升城市景观。

【建筑垃圾专项整治】 落实《石狮市中心市区建筑垃圾和工程废土管理暂行规定》，结合废弃石窟整治，增设四个倾倒点，及时消纳建筑垃圾以恢复地貌，消除安全隐患，组织清运、推平建筑垃圾乱堆乱放点260余处，清运建筑垃圾约13000余立方米。

【市容环境保障工作】 坚持每周不定期开展一次夜间“零点行动”，严厉打击建筑运输车辆“滴、洒、漏”行为。2013年，立案查处“滴洒漏”违章行为232起。对占道摆摊设点实行“一次劝导、二次记录、三次警告、四次处罚(取缔)”的人性化执法监管模式。做好省级文明城市公共指数测评、“4·18”海博会、海峡印刷技术展览会、闽台对渡文化节等重大节庆和节假日的市容环境保障工作。2013年，纠正取缔各类占道违章行为1450余起，清理占道堆物堆料391处。组织拆除各类人行道“爬坡”316处；清理清除市区主次干道路面破旧、废弃的电杆、护栏、支架、石块等路障371处。

【提升市民参与城管意识】 坚持以案说法。针对各类违章行为坚决以立案查处并将典型案例在新闻媒体上予以曝光，以起到警示教育作用；探索群众参与城市管理的新办法，与市老体协骑游队联系成立市容市貌督导队，定期上街巡查，及时劝导；组建城市管理青年志愿者队伍，协助开展市容市貌劝导工作；临街企事业单位设立51处“环卫工人爱心饮水点”，营造全民参与城市管理的良好氛围。

【深化环卫体制改革】 资源整合，推进环卫保洁归口统一管理重心下移，将环卫保洁职责、经费管理、人员使用下放给各镇(街道)，实现财权与事权的统一，调动积极性。改革招标制度，监管分离。2013年，在泉州市“美丽乡村”环境卫生月考评中，排名均在泉州市各县(市、区)前列。

【市民投诉案件处置】 接受外界监督，坚持“110”24小时受理投诉举报工作，及时处理“12345”便民服务热线和纠风论坛反映的各类城市管理问题。2013年，受理群众来电来信来访463件(次)，均得到及时调查处理和反馈；承办领导批示、部门转办件39件，办结反馈37件，无出现退办件，落实人大代表建议、政协委员提案38件，整改落实党风廉政监督员提出的意见建议30条。

（林　鹏撰　邱于松审）

航务海事

【概况】 中华人民共和国泉州石狮海事处成立于2001年8月17日，为中华人民共和国泉州海事局派出机构。其职能是对石狮市67海里沿海水域的交通安全实施统一的监督管理，防止船舶污染及对海上设施进行安全检查，代表国家行使主权，是航海保障管理的执法监督机构。辖区现有石湖、鸿山、梅林三个国家一、二类港区，石湖港已成为华南国内集装箱枢纽港，并开通韩国、日本、新加坡、印度、巴基斯坦及中国香港、台湾等十几个国家和地区的外贸航线。石狮海事处以“船舶适航、船员适任、安全畅通、防止污染、有效监管、优质服务”为总体工作目标，营造水上交通安全环境，促进港口发展。2013年，石狮海事处被福建省总工会授予“工人先锋号”。

【海上安全监管】 2013年，针对辖区砂船、施工船事故多发形势，与相关部门配合开展联合治理行动，综合整治突出问题，重点解决砂船非法违法作业、港内三无交通船舶及黄金海岸海上游艇等重大安全隐患。石狮海事处与石狮市政府建立海上交通安全联席会议制度，将海事监督与政府管理、市场准入、行业自律、融资保险等有机结合起来，形成齐抓共管的局面。健全安全信誉管理制度，推进企业安全生产标准化建设，推动落实安全生产主体责任。推广应用船舶船员协同管理系统，健全船舶动态报告制度，推进“危防规范管理年”活动。

【打造海事品牌】 2013年，品牌创建推出诚信管理、“绿色通道”、预约安检、24小时全天候办理进出港手续等服务举措，确保船舶在港“零待时”，方便船员、代理、船公司等行政相关人，提升海事公共管理服务职能能力，助力地方港口经济可持续发展。

【四季三节防范】 2013年，建立水上交通安全长效管理机制，开展“雾季防范”“防抗台风”“冬季大风防范”等季节性安全工作。加强元旦、清明、“五一”、端午、国庆、中秋、春节期间及雾季、冬季、台风和冬季大风期间的水上安全监管，确保水上水下施工作业和航行安全。特别每年初冬以来，泉州湾深水航道海况恶劣，大风天气造成船舶进出港和施工作业困难。采取多种形式加强泉州湾深水航道的现场监管，确保施工船舶和大型集装箱船作业和航行安全。

【强化现场监管】 2013年，全面推行签证一卡通，持卡海船刷卡签证率达100%。经开航前检查的中国籍船舶在国外实现零滞留。船籍局管理和“黑名单”船舶的“脱黑”工作实现新突破，重点跟踪船舶的检查率达100%，初步形成安检和违规违章的倒查机制。突出巡航工作的目标性，巡航计划的完成率达100%。

【港口吞吐量】 2013年，辖区港口吞吐量2930.25（2775.17）万吨，其中外贸258.77万吨，集装箱70.8万标箱。办理船舶进出港手续6750艘次，进出口岸查验897艘次。海上巡航里程23170海里。对82艘船舶实施安全检查，单船缺陷率9.65项，滞留船舶7艘次，滞留率8.5%。实施行政处罚79件，处罚金额25.65万元；实施行政强制2件。辖区共发生3起水上交通事故，实施海上救助行动3次，成功救助遇险人员31人，人命救助成功率100.0%。

【船舶安全专项整治】 2013年，开展船舶安全专项检查活动、引航安全专项活动、航运公司安全与防污染专项检查活动、水上交通安全生产大检查活动、“大船小证”综合治理工作、“两船”（运砂船、施工船）安全管理专项整治活动、泉州湾锚泊船舶专项整治活动、船载危化品运输治理行动、“两年”活动、“安全生产月”活动、“打非治违”专项行动，水工作业废弃物倾倒监督管理、防范商渔船碰撞行动等13个专项整治活动，解决辖区水上交通安全监管薄弱环节和突出问题，遏制和减少水上交通安全生产事故，取得成效。

【强化公司管理】 2013年，设立安全管理顾问制度，为航运公司提供业务咨询指导服务；开展航运公司交叉检查，共同提升安全与防污染管理水平；在获得泉州市政府关于“开展落实企事业安全生产主体责任三年行动先进单位”称号的基础上，采取靠前服务、服务性安检等方式，帮助公司查找问题，解决困难，促进航运公司安全、健康发展，助推地方经济发展。

【保障电煤运输】 福建省鸿山热电有限责任公司自2012年正式投产后，石狮海事处采取一系列安全措施，为鸿山热电厂专用码头保驾护航。2013年，40艘次装载309.5861万吨煤的大型散货船安全靠泊专用煤码头卸货，实现大型煤船常态化运作，保证泉州湾南片区的供电和供热。

【推进港口发展】 2013年，在服务船东业主，致力于海西建设，简化联检手续，服务两岸往来以及海事窗口建设等方面下功夫，推进港口发展。

（图/摘自《石狮日报》）

【青年突击队】 青年突击队在风谷浪尖中妥善安排在港船舶、施工船舶合理避风，勇于担当。2013年，石狮海事处青年集体被团省委命名为福建省青年突击队。

【抓好规费征收】 石狮海事处采取措施，创造良好的征收环境，港建费征收工作有序推进，实现“平稳过渡、顺利接管”以及国家规费应征不漏的工作目标，2013年完成辖区港建费征管工作。

【加强海上搜救】 加强应急值班，加强应急演练，提升应急实战能力和水平。2013年，辖区共发生4起水上交通事故险情，实施海上救助行动4次，成功救助遇险人员47人，人命救助成功率100%。

【行风政风建设】 2013年，推行政务公开，打造“阳光海事”，做到事事有回音，件件有落实，提升石狮海事的对外形象和影响力。

（艾正飞撰 朱明德审）

防汛水务

【概况】 2013年，石狮市进一步完善防汛预案和落实物资准备，升级防汛指挥决策支持系统，完成防汛抗旱设备购置，修编完成镇村防台防汛应急预案。加快水利设施建设，完成投资2125万元5座重点小(二)型水库除险加固任务及雪上水闸重建工程。开展水土流失专项整治，按134公顷任务落实整治区域，制订治理方案，安排专项资金32万元，开展封山育林、流域整治工作，完成年度计划。

【防汛防台物资储备】 2013年，石狮市对防汛仓库防汛防台物资进行更新和补充，对应急照明、抢险设备进行维护，库存有14座冲锋舟2艘、8座冲锋舟2艘、充气橡皮艇4艘；防汛移动应急照明灯2台、锄头和簸箕各100副、铁锹300把、编织袋90000条、土工布3000平方米；雨衣、雨鞋地、雨伞200套及救生衣、救生圈等，确保防汛防台物资能满足可能出现的种灾情险况的应急需要。

【防汛应急演练】 2013年6月7日，石狮市防指成员单位及永宁镇人民政府、梅林村委会分别在石狮市防汛办、梅林村、船艇大队训练基地举行防洪排涝调度、人员转移、物资集结、水上救护及渔船救火的防汛抢险救灾综合演练。此次

海上应急演练现场 （图/农办）

演练共出动9艘船舶、30多台车辆和230多名参演人员，组织实施防洪排涝调度、人员转移、物资集结等内容；海上救助演练的内容为水上救护和渔船救火。

【河道治理】 市区排洪道上浦段及龟坝闸区清淤工程为2013年水系环境综合治理项目，该项目主要任务是完成市区排洪道上浦段800米河道以及龟坝闸区3.33公顷滞洪区的清淤治理。该项目经公开招标由泉州市水利水电工程有限公司中标承建，中标金额为人民币355.1949万元，总清淤量56194立方米。2013年9月10日签订施工合同并正式开工，12月20日项目完工并完成验收，累计完成投资355万元。

市区排洪道上浦段及龟坝闸区清淤工程为2013年水系环境综合治理项目，该项目主要任务是完成南低渠雪上至水厂段3千米河道的清淤治理。该项目工程经公开招标由福建省江海工程咨询有限公司中标承建，中标金额为人民币206.9041万元，总清淤量31617立方米。2013年9月10日签订施工合同并正式开工，12月20日项目完工并完成验收，累计完成投资207万元。

（洪晓微撰 杜越成审）

(图/重点办)

交通运输

【概况】 2013年，市交通运输局加快交通基础设施建设，优化交通经济结构，整顿和规范运输市场秩序，交通运输事业稳中求进，安全发展，完成固定资产投资114154万元。

【交通基础设施建设】 2013年，高速公路建设（跨海大桥南岸工程）、普通公路、港航设施分别完成投资7亿元、2.8371亿元、1.47亿元。泉州湾跨海大桥（南岸工程）主体工程全部开工建设；完成石永二路（共富路至沿海大通道）、宝盖山拥军路、后杆柄中桥、龙石路、东西三路接新塘段、蚶江大道共7.4146公里建设；完成港后区交通管理规划提升；濠江北路完成建安工程量的80%。

【提高公路养护水平】 开展对所辖公路进行日常性养护管理和季节性普修，对石狮大道、石锦路等道路进行路面修复，完成路面修复6000平方米，沥青灌缝16千米，更换修补路缘石6.6千米；推行公路保洁市场化运作，2013年新增对高速互通、蚶江大道、石永二路等新建道路的保洁采购招标，在市城市卫生管理考评中心组织的环境卫生管理情况年度考评中名列第一。

【完善交通安保设施】 完成沿海大道新沙堤段一处安全隐患整治（设置安全防撞护栏），完成疏港二通道、石狮大道14千米、沿海大通道9.8千米、县道X327石狮大道至大厦村1.6千米等25.8千米安保设施建设。完成泉州环城高速石狮互通接线、省道308线石狮汽车城互通立交、华锦码头、石湖港后区疏港通道、拥军路、石永二路B标段、蚶江大道及永码路共约17.5千米路灯工程建设。

【道路运输治理】 全市从事道路客运企业8家；货运企业68家（含危险货物运输企业1家）；从事营业性运输汽车6000余辆，其中：客运车辆403辆/15456座位；货运车辆6758辆40892.5吨位（含危险货物运输车辆15辆195.3吨位）；全市共有客运站3个，日发客运班次2600班，每日客流量近68000人次，与全国21个省（直辖市）及全省所有县市有通直达客运班车，是福建省旅客集散地；2013年新增、更新客车37辆/1583座位、完成投资1990万元，新增货车1037辆/2738.9吨位、完成投资3885万元。

【重要节假日交通运输保障】 完成2013年春运、“五一”、中秋、国庆等重要节假日的交通运输保障工作，完成公路客运量1521.2人次，公路客运周转量78989.3万人千米，分别同比增长6.1%和6.2%；公路货运量1073.1万吨，公路货运周转量107862.5万吨千米，分别同比增长6.7%和6.2%。

【公路运输甩挂试点】 2013年，引导和支持货运企业开展公路甩挂运输，凯鹏物流（福建）公司获得省运输管理局“公路运输甩挂试点企业规模奖励”100万元，嘉顺物流公司、阜康集装箱储运公司被评为泉州市十佳货物运输（物流）企业。

【运输企业质量信誉考核】 开展道路运输企业质量信誉考核活动，其中道路客运企业AA级的7家，A级的1家。36家道路货运企业报送材料参加考评，全部被评定为AA级。

【公共交通发展】 全市有公交企业两家，公交车175辆，出租客运企业两家，出租车294辆，开通营运线路23条，营运总里程379公里，日发班次1410班，公交候车亭272座、公交临时停靠点250处。完成2013年公交线路调整优化工作。2013年，对配置较低、技术状况较差的公交车辆，予以提前报废更新，报废50辆，新增、更新公交车65辆，完成投资2000万元。

【公交智能化建设】 全市所有公交车安装GPS卫星定位、视频监控、LED显示屏、自动语音报站等智能系统，完成8个IC卡售卡和充值网点的设置，2013年办理公交IC卡17786张，合计刷卡次数535790次，交易金额634223元，优惠金额228703.8元。改善和提升公交智能调度及服务水平。

【公交场站建设】 在客运中心站配套建设公交枢纽总站，泉州发改委于2013年11月14日对可行性研究报告进行评审；鸿山公交首末站已取得规划建设许可证，完成方案设计；永宁公交首末站的配套设施建设完成招投标，进入施工阶段；蚶江首末站正与规划和土地部门协调进行选址；宝盖首末站完成规划选址；六座村级简易公交终点站完成施工图设计；完成23座公交候车亭建设；完成全市公交候车亭日常修缮和安全检测。

【水路运输管理】 水路运输企业有22家，水路运输服务企业20家；营运船舶共51艘/51.9万载重吨/13039TEU，平均单船10182载重吨。拥有万吨以上在航货船23艘36.25万载重吨，5000至9999载重吨营运货船21艘12.82万载重吨，5000载重吨以下7艘2.86万载重吨，5000载重吨以上船舶数占全市船舶运力数的86.3%。

2013年，新批准永源船务（福建）有限责任公司筹建国内水路运输经营项目。新增运力1艘1.58万载重吨872TEU，总投资7800万元，淘汰老旧小船舶6艘3.92载重吨。完成水路货运量2044.2万吨，货物运输周转量2926356.8万吨公里，同比分别下降5.3%和4.6%。运载货物主要以煤炭、钢铁、矿建材料等，另外一大部分为集装箱运输。

【机动车维修与技术管理】 全市共有汽车维修企业107家，A级机动车综合性能检测站2家。2013年，新许可二类汽车维修企业2家，三类汽车维修企业15家，注销二类汽车企业1家，注销三类汽车维修企业9家。

加强对车辆二级维护、定期检测的监管，2013年组织车辆技术等级评定6679辆次，车辆二级维护18684辆次。组织A级机动车综合性能检测机构负责人和技术负责人，一、二级道路客运企业负责车辆技术管理的分管领导和车管人员参加2013版《营运客车类型划分及等级评定》标准宣贯；推进“黄标车”的淘汰更新工作，2013年有205辆“黄标车”退出营运市场，5辆车况较差出租车报废更新。

【机动车驾驶培训管理】 2013年，全市机动车驾驶员培训机构9家，教学车辆598部，理论教练员80人，实操教练员679人。2013年，对在训学员进行网上报备和审核18761人次。推荐4家创建标准化精品合格企业。

【交通运输安全生产监督】 2013年，开展安全生产大检查、“安全生产重点整治百日行动”和事故隐患排查，开展检查195次，累计出动检查人员823人次，受检单位累计515家，被检车辆累计945辆，现场提出安全生产意见238条，发出安全隐患整改通知书11份，隐患整改率100%。

【开展长途客运接驳运输】 落实客运车辆凌晨2—5时停运管理规定，开展长途客运接驳运输试点工作，泉州市汽车运输总公司石狮分公司石狮—珠海客运班线经省运管局批准于9月试行开展接驳运输工作（接驳点：漳州常山服务区）；针对违反停运规定的32辆次客运车辆，发出整改通知书11份，约谈客运企业4家，督促客运企业严格落实安全生产主体责任。开展小微企业的标准化建设，采用简易程序、抽查形式，完成对60家三类机动车维修企业，30家小型货运公司（10部车以下）的评定。

【专项整治工作】 结合安全生产"打非治违"专项行动，出动执法人员6010人次，检查车辆8510辆次，查处违规客运班车255辆次、出租汽车125辆次、非法营运10辆次、超限运输车辆87辆次、无证经营机动车维修厂15家。在全市8家客运企业中开展客运驾驶员大培训活动，培训873人。

【节假日客运】 统筹安排2013年春运工作，及时协调运力，总发班59127班次，其中加班5002班次，包车1825班次，发运旅客总量140.36万人次，完成春运工作任务。石狮市交通运输局被福建省交通运输厅授予"2013年全省道路水路春运工作先进集体"。

（王志锵、黄一经撰　林青峰审）

邮　政

【概况】 石狮市邮政局下辖九二路、香江、祥芝等13个支局、11个邮政储蓄网点、22个多功能代办所、72个委代办点、28个海西书报亭，以及215个便民服务站，形成遍及城乡的邮政服务通信网。经营邮政储蓄、物流速递、集邮、函件、包件、汇兑、报刊发行、电子商务及代理、商品分销等业务。2013年，石狮市邮政局实现收入5623万元，收入规模列全省67个县（市）局第九。

【"校园邮局"项目】 2013年11月，石狮市首个校园邮局在市第三实验小学成立。校园邮局"小信使"由学校挑选在校学生利用课余时间担任，市邮政局定期派专人进行日常指导，并配合学校不定期开展

校园邮局"小信使"　（图/邮电局）

系列活动。校园邮局一方面为学生提供一个自我实践、展示锻炼的机会和平台，培养学生服务他人的意识；另一方面，有利于推动石狮市书香校园建设，传播中国传统的书信文化和集邮文化。

【便民服务系统升级】 2013年，市邮政局运用互联网技术，结合现代科技手段，开发便民站电脑版新平台。该平台上线后，市邮政局向老百姓提供更为方便快捷的电、水、通信费等缴费、邮政业务服务、机票、车票、景区门票等票务、商品、信用卡还款业务、游戏点卡充值、手机全国充值等多种服务，缴费量上升10%以上，有20家新版便民服务站进驻各村居、社区。

【抗震救灾工作】 2013年4月20日四川雅安地震发生后，市邮政局全局动员，开通绿色通道，及时告知公众，让群众了解邮政免费寄递包裹、汇款等相关政策；市邮政局员工捐2万余元的钱、物寄往灾区。

【建设和谐企业】 2013年，石狮市邮政局开展"为民服务创先争优"活动，落实安全生产责任制，参与泉州市邮政局职工登山比赛、"泉邮好声音"歌手赛活动等。

（翁俊杰撰　陈少锋审）

电　信

【概况】 2013年，中国电信石狮分公司加强分析评估工作，及时调优执行方案和杜绝优惠政策漏洞、加强基本盘经营、加强ICT及传媒一次性收入项目的组织等措施，完成收入28500万元。

【加快天翼规模发展】 2013年，中国电信石狮分公司聚力外来工、政企、校园等市场，围绕"核心商圈网点建设""实力渠道对外合作""存量网点市场化运营"三条主线，强化终端引领，打造3G智能手机主推体系，借力苹果、三星等明星手机拓展市场，天翼用户新增72000部，网上用户数超过21万部。

【推进宽带规模发展】 2013年，开展金牌宽带五项承诺活动，强化营销力度、多维应对竞争，做好服务维系，推进宽带融合化、品牌化、渠道化、光缆化发展，实现宽带用户规模、融合发展。

【提升服务水平】 2013年，电信石狮分公司开展“走出去，下基层”的服务帮扶活动，优化投诉处理流程，缩短处理环节，执行投诉处理集约化；产品48小时装机及时率从3月的80%提升到11月的98%，宽带修障及时率从3月的63%提升到11月的95%。

【提高网络运营支撑能力】 做好内部培训工作，组织网格人员学习维护、优化知识，提高网格人员专业技能，进行DRC申请速率指标优化，有效提高DO DRC申请速率水平；进行高校校园信号优化、沿海大道及海域优化，实现沿海大道石狮段信号全覆盖。组织话务疏忙优化，对蚶江海上泼水节、“海博会”、鸿山伍堡普度等大型活动事件进行通信应急支撑保障，保障活动现场通信顺畅，提高客户天翼使用感知度。组织WIFI网络优化，提高信号的覆盖质量。

【网线动态管理】 核心网络方面，组织进行5000个用户从软交换割接到IMS的工作；完成2.0ITV中兴平台的调试并投入使用；完成L2-8505到BAS的中继扩容工作；完成长福、洪厝、九二路机房等专用空调改造；本地网线路整治方面，2013年通过对交接箱TOPN整治、掉线率整治、ITV整治等整治工作，线路质量得到提升。实行动态管理，对各部门资源整治情况进行考核，从施工源头抓起，建立和落实有效的动态管理体系，确保数据准确；节能减排方面，2013年组织进行小灵通设备的退网和拆除，对退网RAIU基站控制器进行报废拆除。

【提升企业管理水平】 开展机制创新工作，以分局承包、政企承包及装维外包的新模式，开启企业发展新格局；开展企业文化建设，开展省市公司的“啄木鸟”行动，收到“啄木鸟”热议题83个，出版内刊《我们》建设企业内部网络文化，持续开展合理化建议，营造和谐发展氛围；优化财务管理，持续做好会计核算工作，加强会计监督，强化预算动态管理，优化资源配置，加强物资管理，提升物资利用率；结合“安全生产月”“安康杯”等安全生产活动开展、强化安全教育，加强安全生产管理。

（王燕玲撰　蔡清颐审）

移动通讯

【概况】 2013年，中国移动福建公司石狮分公司运营收入6.94亿元，同比增长4.3%，全年手机上网流量增幅69.6%，无线上网收入1.61亿元，同比增长51.9%；上缴地方税务2182万元，连续五年纳税超2000万元。获得全国“安康杯”竞赛优胜企业、福建省第12届文明单位、2010—2012年度机关党建工作先进单位、石狮市创建文明行业先进单位等多项称号。

【通信网络建设】 石狮移动深化技术创新，超常规推进TD-LTE4G网络建设，LTE站点总数达509个，在泉州各县市当中，最先实现TD网络全市100%覆盖；开展3G网络补强工作，3G基站数达到587个、载频数达3935块；加强网络质量优化，率先实现TD基站100% IP化改造，开展室分专项整治，TD弱覆盖小区占比下降至2.05%，GSM高质差小区降至1.36%，高干扰小区下降至0.13%，移动网络话务量增长9.24%，GPRS流量增长44.5%，新增宽带端口47359个，各项网络指标在泉州地区位居前列。

【应急通信保障】 完善通信应急预案机制，以应急演练等形式，提升重大故障响应能力，优化故障处理流程，2013年举办6次基站发电流程演练；先后完成海峡两岸马拉松赛、“4·18”海博会等15场应急通信任务，吸收话务超过1.8万ERL，数据流量150GB，各项保障工作基本实现话务、数据零拥塞，保障重大活动中的网络质量。

【渠道建设与服务提升】 2013年，石狮移动公司实现对全市行政村的服务网点100%覆盖，全市共有移动自有营业厅11家，专营店104家，二级店、社区服务站达416家、社会代办点84家。石永路营业厅被授予省级青年文明号、省级巾帼文明岗；振兴路营业厅被授予中国移动通信集团工人先锋号。

【移动信息化建设】 打造福建首个指尖上的电力营业厅，方便市民查询缴纳电费；投入2800万元资金，与石狮市人民政府、甲骨文公司签订云项目战略合作协议，完成平台硬件部署，为全市中小企业提供最为先进的信息化技术，推动地方产业集群的转型升级；建设福建首个县市级“12345 服务热线”平台、签订警务通战略合作平台、公安城市监控平台二期、全市公交一卡通、渣土车信息采集等一批服务民生的信息化项目。

【履行企业责任】 组建青年志愿者团队，共有青年志愿者 82 名，参加全市各类公益保活动；开展科学、文化、卫生“三下乡”活动，组织书法爱好者到各个社区、农村开展“迎新年，送春联”活动。连续九年举办“百万真情关怀外来工”活动，有 44.5 万名外来工参与该项活动，获得公司赠送的免费保单，总保额达 1.8 亿元。

（王灿灵撰　颜鸿育审）

联　通

【概况】 中国联合网络通信有限公司石狮市分公司拥有经营经营 GSM 移动网、WCDMA 移动网、数据、固网、互联网、长途、宽带业务以及多种电信增值业务。在福建联通全省十强县名列前茅，2013 年实现全业务收入翻番，同比增长超过 23%。

【加大网建力度】 2013 年，石狮联通通信网络稳步发展，建成 2G 基站达 308 个，3G 基站达 385 个，精品 3G 网络优势突显。

【创造优质服务】 2013 年，石狮联通提升服务能力，推进渠道服务零障碍工作，化被动服务为主动服务，营造安全的电信服务消费环境。

【创新经营模式】 2013 年，石狮联通实现 3G 普及应用，优惠广大群众。推出网聊卡、乐享卡等产品，用户可根据自身的通信需求来选择产品；推进宽带建设，通过光纤入户网络建设，为广大群众提供优质宽带，针对石狮企业多、外来务工人员多的情况，携手联通合建商采取合作共建的形式，加大乡镇及企业宿舍的宽带投资建设，并提供办理宽带送手机及话费、预存手机话费送宽带、宽带提速不提价政策等优惠活动，为群众提供高性价比的宽带服务。

【发展融合产品】 石狮联通在业务拓展上，立足群众，将企业产品、资源与群众的需求结合起来，有针对性的发展各种融合产品，满足用户的各种需求。2013 年，累计开展常态化宣传活动 2000 余场，范围遍及石狮各乡镇、街道、劳动力市场及企业招聘活动。

（颜雅惠撰　陈志坚审）

供　水

【概况】 福建省石狮供水股份有限公司是国有控股企业，主要经营范围为集中式供水，下属 20 万吨水厂和赤湖水厂两个自来水厂，日制水能力 64 万立方米，全市 DN75 毫米以上供水管道约 613 千米，实现全市城乡供水一体化。

【加强管网基础设备储备】 2013 年，公司开展供水基础设施建设，配合市政道路改造，抓好供水管道改造和延伸铺设。全市 DN75 毫米以上供水管线敷设长度达 24 千米。

【城市供水能力提升】 2013 年 8 月，引水二期工程和赤湖水厂的主体工程完工，赤湖水厂顺利试运行，新增日制水能力 20 万立方米，保障石狮市的生活生产用水需求。

【安全防范工作】 公司重视供水安全，加强水源地和引水管线巡查，对突发管线故障及时组织抢修；做好水厂安全防范工作，健全安保制度，加强生产设备巡检维护工作；完善各类供水应急预案，不定期组织应急演练；加强水质监测，及时掌握水质变化情况，确保安全优质供水。

【节能降耗与增收节支】 强化员工节能降耗的思想意识；推进设备改造，推行节能环保设备的使用；合理调度，科学安排生产设备检修和停水时间，利用电费峰谷价差错时生产；推行网络办公，减少纸张消耗和粉尘污染，实现低碳办公。

2013 年石狮市高峰期间供水量情况表

表 27　　单位：万立方米

月份项目	8	9	10	11
总送水量	1386	1408	1460	1356

2013年度石狮市水质情况表

表 28

月份项目	1	2	3	4	5	6	7	8	9	10	11	12
水质综合合格率(%)	100	100	100	100	100	100	100	100	100	100	100	100
年平均水质综合合格率:100%												

【石狮市水压情况】 2013年，全市水压基本保持稳定，出厂水初始压力为0.52兆—0.55兆帕。

（王　聪撰　吴清民审）

电　力

【电网概况】 2013年，石狮市实现全年全社会用电量37.86亿千瓦时，同比增长3.77%，净增用电量1.38亿千瓦时；工业用电量25.29亿千瓦时，同比增长3.87%；农业用电量0.03亿千瓦时，同比增长6.17%；城乡居民生活用电总量7.48亿千瓦时，同比下降0.88%；地区最高负荷达到64.6万千瓦，同比增长0.62%；最大日用电量达1291.89万千瓦时，同比增长0.05%。完成电网建设投资1.96亿元。2013年，投入运行220千伏变电站3座，主变压器7台，总容量114万千伏安；投入运行110千伏变电站11座（含佳龙石化），主变压器23台，总容量113.60万千伏安；投入运行220千伏输电线路13条计126.692千米、110千伏输电线路21条计116.06千米、35千伏输电线路5条计22.62千米、10千伏配电线路235条计1383千米。配电变压器4918台，总容量223.79万千伏安。全年用电环境总体良好，未出现压电、大面积停电事件和各类电力安全事故。

【电力市场】 2013年，石狮供电区域用电总户数186684户，用电总容量3193611千伏安，2013年新增用户7313户，新增报装容量252863千伏安，由于石狮部分片区拆迁，2013年非、普工业客户累计462户销户，非、普工业客户减少用户65户，增加容量33006千伏安；大工业用户因销户91户，2013年户数较2012年减少88户，增加容量139665千伏安；新装农业生产用户18户，用电总容量378千伏安。

【电力建设和供电网络】 2013年，石狮电力公司完成固定资产投资1.19亿元，其中，电力建设（含配网）投资完成0.96亿元，技改（含小型基建）投资完成0.23亿元。推进电网项目前期工作，前期节点时序进度完成率为100%，年度完成率100%。110千伏曾坑输变电工程竣工投产，220千伏蚶江变、110千伏石湖输变电工程和220千伏青山主变配套线路工程有序推进，110千伏城北输变电工程前期工作顺利开展。宝湖供电所、职工活动中心开工建设。永锦鸿供电所和蚶江供电所前期工作抢抓进度。在全省率先完成公变、专变、低压用户三大类所有终端和智能表的“全覆盖、全采集”建设工作。公用变1633台全部安装配变监测终端，专变用户2933户全部加装负控装置，安装智能电表18.7027万只，覆盖率为100%，采集接入率为100%。以石狮全域城市化发展改革试点为契机，同步开展现代智能配电网规划研究，并通过专家评审，成为全国首家、全省唯一实施全域城市化现代智能配电网规划建设的县级单位。

【开展配网状态检修评价工作】 提前掌握试点线路设备状态，优化检修方式，提高设备健康水平。199条10千伏线路安装无线故障定位装置，实现配电线路运行状态在线监测，提高故障排查速度。落实“能带不停”的作业方式，完成带电作业277次，多供电量259.77万千瓦时。加快配网改造建设，提升网架水平，石狮配网电缆化率71.43%，线路绝缘化率87.32%，“N—1”率82.2%，电网安全可靠水平处于全省前列。

（林秀金撰　蒋泽庭审）

燃　气

【概况】 2013年，石狮新奥燃气公司日均用气量17.5万方，其中商业福利户0.8万立方米/日，工业户16.54万立方米/日，民用户0.16万立方米/日。用户类型包含石油化工、漂染行业、纺织服装、酒店、餐饮、五金、食品等。2013年，石狮新奥燃气公司完成销售收入2.1亿元，年度完成比107%；气量销售4632万方，年度完成比116%；民用户接驳4355户，年度完成比109%。

【发展、接驳量】 2013年，石狮新奥燃气公司累计完成民用户发展20000户（其中老户6000户，新户14000户），民用户接驳10000户（其中老户2200，新户7800户），工商户发展240000立方米/日，工商户接驳220000方/日。

【管网建设及覆盖情况】 2013年，石狮新奥燃气公司建有管网长度154.94千米，其中次高压管网16.49千米，中压管网118千米，庭院管网20.45千米，管网基本覆盖整个石狮市区及石湖工业区、大堡工业区、锦尚工业区。通气民用户9560多户，工商户174户。

【供气形式】 2013年，石狮新奥燃气公司采取管输供气形式，在石狮仕林村建有CNG调压加气站1座，作为气源输配的中转站。

【安全管理】 公司设有安全生产管理委员会和安全科；重新梳理第三方施工管控流程，加强对外部施工队、各类挖掘机械施工动态的把控，借助GPS智能巡检系统的推广应用，提高管网巡查效率，确保安全运营。

【开发市场】 公司关注新建园区，举办"园区清洁能源推介会"，取得新建园区39个项目的合同签约，明确由承建商预先垫付建设费，签约新建房16134户，其中安置房8207户。

【清洁能源推广工作】 石狮市人民政府先出台《关于划定禁止销售、使用高污染燃料区域的通告》和石狮市环保局《关于下达2013年第一批4家企业清洁能源替代任务的函》。2013年12月，石狮市人民政府授权石狮市住房和城乡规划建设局与石狮新奥签订《石狮市管道燃气特许经营协议书》，推广清洁能源的使用。

【提升服务管理水平】 通过月度服务检查、施工队服务态度和行为规范培训、服务案例学习、服务体系手册培训等方式提高员工主动服务意识和技能，六项服务考核指标达标率有较大提升，通过泉州燃气年度服务体系评审。

【加强风险管控】 借助PM、CRM等信息化系统，加强对工单、台账、系统维护等业务进行定期检查，督促相关部门按期整改；定期组织材料盘点、工商户欠费、气量核销、合同梳理、规范补气退气业务审批等工作，完成285块表计磁卡清理工作，规避公司经营的风险。

【班组建设】 完善班组建设管理方式，加强情景模拟演练，客服维修班和巡线班两个班组通过泉州公司年度班组验收，其中客服维修班被评为"2013年度优秀班组"，在2013年岗位创新技能比武活动中，分别获得维修员第一名和营业员第四名的成绩。

（林志森撰　傅丽清审）

（图/摘自《石狮日报》）

综　述

2013 年，石狮市落实减排措施，实现主要污染物年度减排目标；开展生态环境保护与建设力度，获得省级生态市命名；进一步推进水系环境综合治理工作；加大环保宣教力度，完善环境监测基础设施，加强环境监管能力建设；环境质量得到改善，公众环保意识增强。

环保部抽查

【环保专项整治】 2013 年，石狮市开展环境风险隐患排查整治春季专项行动、印染行业专项执法检查、陆源溢油环境应急能力调查、黑烟污染环境问题专项执法检查、地下水污染隐患专项检查、液氨从业单位环境安全隐患专项检查、石狮市境内流域普查、打击“十五小”“新五小”非法企业等一系列环保专项行动。2013 年，取缔非法小电镀企业 5 家、五金电泳 5 家、印花加工 4 家、小印染 1 家，立案查处环境违法行为 27 件，移送公安机关 3 起，打击环境违法行为。

【实施重点企业验收】 2013 年，石狮市第一批强制实施清洁生产的企业 2 家，第二批强制实施清洁生产的企业 4 家，其中通过评估的有 1 家，其余的企业均已委托有资质的清洁生产审核机构开展工作。

2013 年石狮市强制实施清洁生产企业名录

表 29

企　业	经营类型	备注
福建大帝实业有限公司	化学原料及化学制品制造	已签约备案
石狮龙祥制革有限公司	化学原料及化学制品制造	已签约备案
福建省鸿山热电有限公司	火电	已通过评估
石狮市联诚植绒有限公司	纺织	已签约备案
石狮市丽辉电脑印花有限公司	纺织	已签约备案
盖奇（中国）织染服饰有限公司锦尚分厂	纺织	已签约备案

【通过上级污染减排考核】 2013 年，石狮市化学需氧量（COD）、氨氮（NH3N）、二氧化硫（SO_2）、氮氧化物（NOX）排放量与 2012 年相比分别减少 4.75%、5.15%、23.85%、8.11%，完成泉州市下达的 2013 年度主要污染物减排任务，减排工作通过年度考核，考核等级为优秀。

【世界环境日宣传活动】 石狮市在“6•5”世界环境日期间，召开创建国家生态市和国家环境保护模范城市动员大会，动员全市上下，做好创建的各项工作；开展“6•5”世界环境日征文活动，引导中小学生树立良好的环境保护意识；6月6日，举行以“了解环保、关心环保、参与环保”为主题的“环保开放日”活动，邀请廉政监督员、行评代表及市民观察员现场参观石狮市空气质量自动监测站和环保治理设施；6月1日—6月10日，启动面向农村的电影下乡环保宣传教育活动，分别在石狮市9个镇办进行巡回播放农村生态警示教育影视片，宣传农村生态文明。

2013年“环保开放日”参观空气质量自动监测站 （图/环保局）

【加强辐射安全检查】 石狮市佳龙石化纺纤有限公司于2012年通过辐射安全生产标准化建设考核验收，评定等级为二级。根据《泉州市人民政府安办关于进一步加强企事业单位安全生产标准化建设三年行动宣贯工作的意见》文件要求，进一步加强对石狮市佳龙石化纺纤有限公司放射源辐射安全的监督管理与防护管理，2013年依法开展辐射事故应急演练，确保无辐射事故发生。

【接受环保部抽查】 2013年4月22日，石狮市接受华东环境督察中心抽查，检查中发现两家企业存在环境问题。经全面整改后，7月19日通过泉州市环境保护局自动监控设施验收，技改后脱硫污染防治设施运行正常；石狮市鸿山热电有限责任公司二期项目环境保护评价报告按程序办理。

2013年12月19日，华东环境督导组对福建冠兴皮革有限公司、福建大元化工有限公司、石狮市佳龙石化纺纤有限公司和石狮市鸿峰环保生物工程有限公司四家企业进行检查，督促、指导上述企业进一步规范危险废物管理。

环境质量监测

【概况】 2013年，石狮市环境质量良好，全年完成3个城市空气质量点位（含1个清洁对照点）和2个降水点位（含1个对照点）的监测；对2个地表水水质监测断面和1个集中式生活饮用水源地进行水质监测；对全市19个交通路段，100个城市区域噪声监测点和3个城市功能区进行噪声监测。

【地表水监测】 石狮市年地表水断面有沟下坂和龟坝闸2013年水质符合《地表水环境质量标准》（GB3838—2002）的Ⅳ类标准，达标率为100%，与2012年持平。

2013年石狮市地表水主要污染因子监测情况表

表30

流域	断面编码	断面名称	评价标准	水质类别						达标率	超标因子
				1月	3月	5月	7月	9月	11月		
南渠石狮段	泉27	沟下坂	Ⅳ	Ⅳ	Ⅳ	Ⅳ	Ⅳ	Ⅳ	Ⅳ	100%	无
	泉28	龟坝闸	Ⅲ	Ⅲ	Ⅲ	Ⅲ	Ⅲ	Ⅲ	Ⅲ		无

说明：大肠菌群不参与评价

【空气质量监测】 2013年，石狮城市环境空气质量总体保持良好。主要污染物指标二氧化硫、二氧化氮和可吸入颗粒物年均浓度分别为0.022毫克／平方米、0.030毫克／平方米、0.068毫克／平方米，均达到《环境空气质量标准》（GB3905—1996）的二级标准。城市环境空气污染指数（API）年均值为59，空气质量优良率为97.3%，较2012年下降0.8个百分点，首要污染物为可吸入颗粒物（PM10）。降尘平均值6.33吨／月•平方千米，优于全省统一推荐标准（8吨／月•平方千米），较2012年下降4.2%。

2013年石狮市空气质量年报表

表31

空气质量	优	良	轻微污染
天数	140	215	10
百分比	38.4%	58.9%	2.7%

2013年石狮市环境空气质量情况表

表32

监测项目	二氧化硫(毫克/立方米)	二氧化氮(毫克/立方米)	可吸入颗粒物(毫克/立方米)
2013年浓度均值A	0.022	0.030	0.068
2012年浓度均值B	0.025	0.026	0.073
变化情况(AIB×100%)	-12%	15.4%	-6.8%

【声环境质量监测】 2013年，城市道路交通噪声较2012年有所好转。全市19个路段城市道路交通噪声昼间平均等效A声级为68.8分贝，较2012年上升2.5分贝，符合“声环境质量常规监测暂行技术规定”(总站物字〔2010〕241号)声环境质量等级划分“二级”标准，呈“较好”水平。夜间平均等效A声级为59.9分贝，符合“声环境质量常规监测暂行技术规定”声环境质量等级划分“二级”标准，呈“较好”水平。全市监测路段总长为23.1千米，其中昼间超过70.0分贝的路段长度占监测路段总长的31.6%，其中，夜间超过60.0分贝的路段长度占监测路段总长的52.6%。

城市区域环境噪声基本稳定。城市区域环境噪声昼间平均等效A声级为54.8分贝，较2012年下降了0.9分贝，符合“声环境质量常规监测暂行技术规定”声环境质量等级划分“二级”标准，呈“较好”水平。夜间平均等效A声级为44.7分贝，符合“声环境质量常规监测暂行技术规定”声环境质量等级划分“二级”标准，呈“较好”水平。

全市3个城市功能区噪声均符合“声环境质量标准”，昼间达标率为100%，夜间达标率为70.9%，较2012年下降14.5%。功能区噪声昼间达标率比夜间高，夜间超标时有发生。2013年，全市城市功能区噪声状况见表。

2013年全市城市功能区噪声状况表

表33

功能区	类别	昼间达标率(%)	夜间达标率(%)
新湖村委会	2	100	68.8
古宅农贸市场A栋	3	100	68.8
动植物检验检疫站	4a	100	75.0

省级生态市创建

【概况】 石狮市以生态经济为主线，从全国最早的工业污染集控区，到在全省率先实现热电联产、集中供热和中水回用，按期完成省级生态市创建目标。

石狮市2013年9月10日获得省级生态市命名。全市建成国家级生态镇1个、省级生态镇6个，省级生态村16个、泉州市级生态村83个，生态创建工作取得阶段性成效。

【开展基层生态细胞创建】 2013年全面实施《石狮市自然生态和农村环境保护工作要点》，开展生态镇、村创建活动，把生态环境保护工作向农村和基层辐射，创建一批生态村、绿色社区和绿色学校。其中，泉州市十大美丽乡村之一的永宁镇前埔村围绕打造“工业邻里型”农村社区，聘请规划设计单位对全村进行控制性修建性规划，推进空间结构体系、现代产业布局体系建设；泉州市级生态村永宁镇郭坑村结合自身特色，打造“生态休闲式、特色文化式、工业邻里式”的新型社区。

【国家园林城市建设】 2013年，结合创建“国家园林城市”实施“四绿”工程，建立城乡一体绿地空间格局。加强各类公园、中心绿地和重要地段、沟渠溪流沿岸绿化，建成鸳鸯池公园、龟湖公园、西洋公园、蚶江公园、湖东公园、章柯公园，加快建设宝盖山风景区和灵秀山奥体森林公园，形成以公园绿地为中心，以道路、河渠绿化为纽带的城镇园林绿地系统。

（郑　明撰　苏传贤审）

园林绿化

【概况】 2013年，石狮市开展城市园林绿化工作，全面推进“四绿工程”建设，按照城市景观提升“三年计划”落实各项工作，完善城市绿化管理机制，取得成效。

【建设特色绿化】 2013年，石狮市完成石泉二路互通口至横二路沿线景观带工程，总占地面积约23公顷，包括高速互通口、高速互通口—横二路两侧景观带绿地、龟坝水闸绿地，涉及城市绿道、夜景工程、给排水灌溉、绿化植物配置等项目的建设。石狮市建成区绿地率达38.9%，绿化覆盖率达43.25%，人均公共绿地达12.9平方米。

【景观工程】 2013年，实施绿化景观建设项目22个，完成石狮大道、香江路、宋塘路、东港路、嘉禄路、学府路、外东环、沿海大通道（海兴厂区—红塔湾）、石湖大道（港后区）、八七路、伍鸿风景路11条道路景观提升建设，香江路、石祥路、沿海大通道、石永路4条县乡绿色通道防护林带建设；启动华侨医院原大门口口袋公园、香江路古井边口袋公园、八七路达狮雄集团边口袋公园、西环路“剪刀形”口袋公园、服装城塘园溪边“香蕉形”口袋公园5个“口袋公园”示范工程建设，总占地面积1公顷；种植10万株三角梅；完成八七路及人民广场景观提升、南洋路塘园溪景观带景观提升、明珠广场景观提升、石泉二路互通口至横二路沿线景观带工程建设；完成外西环路互通口绿化项目，建设面积约10万平方米；完成龟湖公园、西洋公园、鸳鸯池公园城区三个综合性公园拆墙透绿工程。

【公园开放】 2013年，实施龟湖公园、西洋公园、鸳鸯池公园城区三个综合性公园拆墙透绿工程，提高城市绿化景观效果，使公园景观与道路和城市景观连成一片、融为一体，扩展城市开敞空间，提升视觉效果，构建人与自然相和谐的生态环境。

（傅森源撰　王春艺审）

（图/摘自《石狮日报》）

科技工作

【概况】 石狮市科学技术局培育科技型企业群体，发展高新技术产业。2013 年，石狮市新增国家港澳台科技合作专项项目 1 个、国家创新资金项目 6 个、国家中小企业公共技术服务机构补助项目 3 个、科技富民强县专项行动项目 1 个、国家农转资金 1 项；新增高新技术企业 3 家；新增省区域科技重大项目 1 个、省产业支撑科技合作重大项目 1 个、省科技重点项目 2 个、省星火科技重点项目 3 个，省级创新型试点企业 18 家，省科技型企业 48 家；新增泉州市科技奖二等奖 3 项、三等奖 4 项，泉州市专利优秀奖 2 项；石狮市海洋生物科技园区列入泉州国家农业科技园区；连续 16 年获“全国科技进步先进县（市）”。

【加大科技企业扶持力度】 2013 年，石狮市表彰新增获得高新技术企业、福建省创新型企业等科技称号的企业，奖励金额 414 万元。落实高新技术企业所得税减免措施，2013 年减免税额 1000 多万元。

【培育科技企业群体】 2013 年，新增福建省认定高新企业 3 家；新增省级第六批创新型试点企业 18 家；新增泉州级首批科技小巨人企业 41 家；福建省科技型企业 48 家。

【促进民营企业转型升级】 2013 年，新增国家级科技计划项目 12 个、省级科技计划项目 7 个、泉州科技项目 31 个，下达石狮级科技计划项目 129 个；强化科技成果评审，其中达到国际先进水平 1 家、国内领先水平 8 家、省内领先水平 1 家；省专利奖 1 家；新增泉州科技项目 31 个。

【农业与农村科技】 2013 年，新增省级星火科技项目 3 家，分别是石狮正源水产科技开发有限公司、石狮市海丰泰水产养殖有限公司、石狮市古浮和源水产养殖专业合作社；2013 年，新增石狮市海百皇水产食品有限公司、石狮市海狮果蔬种植专业合作社为泉州科技特派员示范基地，石狮市古浮和源水产养殖专业合作社、石狮市海狮果蔬种植专业合作社、石狮市顺盛水产养殖专业合作社申报泉州市科技型农民专业合作社。

【科技宣传与普及】 2013 年，科技人才宣传周参加活动单位数 15 个，开展活动数 16 项，参与活动群众总人数 20000 人。其中，参与活动科技人员数 40 人；科技展览 3 场，参观人数 2600 人次；科技培训 5 期，参训人数 8500 人次；科技进企业数 30 家，进企业科技使者 52 人次；科技知识竞赛 1 场；对社会开放高校、科研机构 3 家；科技下乡活动 3 场次，涉及乡镇 9 个；科技进社区 10 个，进社区科技使者 20 人次，参与活动人数 2700 人次；科技进校园 15 所，参与学生人数 5800 人次；送科普图书 5000 册；送科技录像片 2 部；送科技资料 2600 份；送科普挂图 145 份；各级传媒报道近 70 篇。

【纺织服装创新发展云平台】 福诚、七匹狼等企业与甲骨文公司共建石狮纺织服装创新发展云平台，打造纺织服装发展云。甲骨文石狮纺织服装创新发展云平台项目总

甲骨文创新发展云 （图/颜华杰）

投资2.5亿元。甲骨文产业云平台门户、企业协同管理平台、行业资源整合平台、数字订货平台等应用。其中数字订货会平台已签约入驻企业70家，包括七匹狼、特步、乔丹、利郎、卡宾、赛琪、富贵鸟等企业，意向企业100家，2013年数字订货平台已达150亿元订货额。

【培育企业研发机构】 石狮市科技局推荐石狮特斯无纺布制衣有限公司承建的"福建省非织造复合材实工程技术研究中心"、石狮蚂蚁城鞋服有限公司承建的"福建省功能保健鞋制品企业工程技术研究中心"申报2013年省级(企业)工程技术研究中心及科技公共服务平台，并通过评估；推荐福建大帝实业有限公司等7家泉州市企业工程技术研究中心参加复评，并通过评估；推荐石狮市华联服装配件企业有限公司等12家泉州市行业技术开发中心参加复评，并通过评估。

【科技孵化基地建设】 石狮市海峡两岸科技孵化基地位于石狮高新技术产业开发区内，首期工程占地30000平方米，市财政投入4000多万元，总建筑面积31000多平方米，由市高新技术创业服务中心负责管理运营。2013年，孵化基地入驻机构26家，入孵企业累计拥有各种专利128项。

【科技交流与合作】 2013年4月，泉州市海洋生物加工产业技术创新战略联盟成员招商引智考察团与大连海洋大学、青岛市科学技术局签订三份校企合作意向书；召开"纺织企业家活动日暨海峡两岸企业科技成果对接会"，有5家台湾企业与大陆企业达成纺织科技成果合作意向；5月，北京印刷学院与富兴包装有限公司签订科技重大专项合作协议；6月，石狮市4家企业与高校进行项目对接；8月，石狮市科技局组织石狮市辖区内第五批知识产权试点单位及高新区入驻企业共8家企业参加泉州市"知识产权助理创新驱动发展"讲座。

【科技成果与转化】 9月，石狮市科技局携市生产力促进中心、市高新技术创业服务中心在海峡两岸科技孵化基地举办两岸专家开展纺织印染行业清洁生产技术交流座谈会；10月，石狮市科技局推报日冠(福建)针纺织机械有限公司的"以印代染"技术取得第二届中国创新创业大赛(福建赛区)暨首届福建创新创业大赛二等奖；11月，中国科学院福建物质结构研究所(海西研究院)与科技孵化基地企业交流；12月，石狮市获"全国科技进步先进县(市)"称号。

知识产权

【引导民营企业专利申请】 2013年8月，石狮市科技局组织辖区内第五批知识产权试点单位及高新区入驻企业参加泉州市"知识产权助理创新驱动发展"讲座；11月，石狮市科技局联合石狮高新区管委会共同举办企业知识产权管理规范培训班，企业科技人员、知识产权管理人员40多人参加培训。

【专利授权量上升】 2013年石狮市申请专利1021件，授权732件。现有效发明专利95件，每万人发明专利拥有量1.45件；为33人次(企业、个人)的63项专利办理专利减缓证明。

【知识产权宣传活动】 2013年"4•18"海博会展馆设立知识产权服务站点，提供现场咨询服务，发放200多份宣传材料；在中学举办"知识产权与青少年科技创新教育"宣讲活动，有1000余名学生参加；2013年11月中国专利周宣传日，石狮市科技局、泉州知识产权维权援助中心暨石狮分中心与石狮市电子商务园区联合开展知识产权宣传活动，发放宣传材料200多份，现场解答10余家电商企业的咨询。

【"五清零、六提升"专项活动】 石狮市参与"五清零、六提升"企业有145家，其中实现5项"清零"的企业1家，实现一项或一项以上"清

零”的企业 144 家，发明专利“清零”的企业 12 家，145 家科技型企业设立研发专账(户)。

【知识产权维权执法行动】 贯彻泉州市打击侵犯知识产权和制售假冒伪劣商品专项行动，配合泉州市知识产权局执法监督科开展专利执法活动，对超市、五金店、妇幼商品店等进行检查，累计抽查 60 余件商品，检出 20 余件专利产品，涉及各类专利 30 多项，发现专利侵权商品 7 件均已结案。

【高新技术创业服务】 协助组织市政府与中科招商投资管理集团合作的签约仪式；承办“海峡两岸印染行业清洁生产技术研讨会”，来自台湾高校及业界的学者专家与来自武汉纺织大学、华侨大学、泉州环科所等院所的专家围绕石狮主产业就技术层面进行交流与研讨。

【产业联盟发展建设】 2013 年，石狮市海洋生物科技园区被列入国家级农业科技园区；福建省光电应用产业技术创新战略联盟，11 月联盟在厦门承办第五届全国信息光学与光子学学术会议；泉州市包装印刷产业技术创新战略联盟，石狮市富兴包装有限公司与北京印刷学院签订科技重大专项合作协议；联盟企业与高校合作建立“泉州市特种包装纸行业技术中心”“泉州市商标包装印刷行业技术开发中心”“泉州市食品塑料软包装行业技术开发中心”。

（李娅萍撰 林晓晖审）

2013 年石狮专利数量统计

表 34

时间	申请				授权			
	申请量	发明	实用新型	外观设计	授权量	发明	实用新型	外观设计
1 月	94	13	53	28	74	0	64	10
2 月	65	1	26	38	22	0	10	12
3 月	94	16	63	15	64	2	18	44
4 月	83	6	53	24	43	4	29	10
5 月	87	8	62	17	52	2	31	19
6 月	77	13	34	30	52	1	32	19
7 月	151	21	67	63	94	3	64	27
8 月	88	23	23	42	99	0	71	28
9 月	46	8	26	12	33	0	22	11
10 月	59	5	40	14	52	2	20	30
11 月	108	14	74	20	66	4	54	8
12 月	69	13	41	15	81	4	14	63
合计	1021	141	562	318	732	22	429	281

说明：发明专利授权量由每万人发明专利拥有量算出，泉州下达目标 1.458 件 / 万人，届时总量为 1.458×65.53=95.543，现有效发明专利 74 件，(取整)2013 年为 22 件

2013 年国家级项目名单

表 35

序号	立项代码	项目名称	项目承担单位	备注
1	13C26213502844	裸眼 3D LED 显示屏产业化项目	福建泰德光电科技有限公司	国家创新基金项目
2	13C26213502928	天然有机抗菌纳米面料	石狮市金森纳米科技有限公司	国家创新基金项目
3	13C26213502931	基于移膜技术开发新型皮革面料及其产业化	华韩(泉州)新型面料开发有限公司	国家创新基金项目

续表 35

序号	立项代码	项目名称	项目承担单位	备注
4	13C26213502943	工业镀镍废水资源回用技术与设备	威洁(石狮)中水回用技术有限公司	国家创新基金项目
5	13C26213502947	利用工业固体废弃物生产生态型混凝土制品技术开发与应用	六蜂王(石狮)环保建材有限公司	国家创新基金项目
6	13C26213502956	新型高性能防油膜的研发与产业化	石狮市新光塑料包装有限公司	国家创新基金项目
7	13C26243502988	闽台海洋生物技术推广服务平台	石狮市闽台信息科技有限公司	国家中小企业公共技术服务机构补助资金
8	13C26243502993	服饰商标印刷设计开发技术服务平台	石狮市星港塑胶包装有限公司	国家中小企业公共技术服务机构补助资金
9	13C26243503005	泉州市纺织服装检测技术服务平台	中纺协检验(泉州)技术服务有限公司	国家中小企业公共技术服务机构补助资金
10	—	生态渔业与特色深加工技术示范与推广	石狮市人民政府(石狮市永诚水产育苗场、石狮市海百皇水产食品有限公司、石狮市飞通通讯设备有限公司、厦门大学、石狮市生产力促进中心)	国家科技富民强县专项行动计划项目
11	2013DFT50030	节能环保冷转移印花技术的联合研发	福建省华奇环保印花有限公司	国家港澳台科技合作专项
12	—	南非中间鲍的引种驯养及其规模化人工育苗技术	石狮市永诚水产育苗场	国家农业科技成果转化资金项目

2013 年福建省科技计划项目名单

表 36

序号	项目编号	项目名称	项目承担单位	备注
1	2013S0021	坛紫菜新品种引进与浮筏式深水养殖技术及加工产业化示范	石狮市古浮和源水产养殖专业合作社;泉州市水技站	重点项目
2	2013S0022	南非中间鲍的引种及其规模化人工育苗技术开发	石狮市海丰泰水产养殖有限公司;厦门大学海洋与地球学院	重点项目
3	2013S0023	鱼糕生产关键技术示范	石狮正源水产科技开发有限公司	重点项目
4	2013H4012	节能环保冷染直喷印花机及其配套技术的研制及产业化	日冠(福建)针纺织机械有限公司	区域重大项目
5	2013I1007	鱼胶原蛋白精深加工系列产品技术开发	石狮海星食品有限公司;台湾嘉南药理科技大学	省产业支撑科技重大项目(科技合作)计划项目
6	2013N0057	基本智能手机 APP 的科技信息交流及项目网络评审系统开发与应用	石狮市生产力促进中心	省科技创新平台项目
7	2013C1004	福建永信数控科技股份有限公司 2013 年度进入股份转让系统资金	福建永信数控科技股份有限公司	省股份转让系统补助资金项目

2013 年福建省创新型试点企业名单

表 37

序号	企业名称	文件编号
1	福建省昇邦电子科技有限公司	闽科政〔2013〕14 号
2	石狮市振富针纺机械有限公司	闽科政〔2013〕14 号

续表 37

序号	企业名称	文件编号
3	石狮市快克体育用品有限公司	闽科政〔2013〕14 号
4	福建泰德光电科技有限公司	闽科政〔2013〕14 号
5	福建冠兴皮革有限公司	闽科政〔2013〕14 号
6	石狮市华宝明祥食品有限公司	闽科政〔2013〕14 号
7	石狮市鑫达工业有限公司	闽科政〔2013〕14 号
8	福建省鼎日光电科技有限公司	闽科政〔2013〕14 号
9	石狮市汇星机械有限公司	闽科政〔2013〕14 号
10	石狮市万峰盛漂染织造有限公司	闽科政〔2013〕14 号
11	石狮市宝翔针织机械有限公司	闽科政〔2013〕14 号
12	石狮市鑫隆针织机械有限公司	闽科政〔2013〕14 号
13	石狮龙祥制革有限公司	闽科政〔2013〕14 号
14	福建广汇龙环保科技有限公司	闽科政〔2013〕14 号
15	石狮永峰电子有限公司	闽科政〔2013〕14 号
16	鹏程实业有限公司	闽科政〔2013〕14 号
17	福建清源科技有限公司	闽科政〔2013〕14 号
18	石狮市鹏工汽车教学设备有限公司	闽科政〔2013〕14 号

2013 年泉州市科技计划项目名单

表 38

序号	项目编号	项目名称	项目承担单位	备注
1	2013G41	基于移膜技术开发新型皮革面料的产业化研究	华韩（泉州）新型面料开发有限公司	泉州市级民营企业转型升级专项
2	2013G42	新型防油包装膜的研发与产业化	石狮市新光塑料包装有限公司	泉州市级民营企业转型升级专项
3	2013Z146	采用水性油墨食品包装印刷关键技术研究与应用	石狮市富兴包装材料有限公司	泉州市级民营企业转型升级专项
4	—	箱包数控缝制机的推广与应用	福建永信数控科技股份有限公司	泉州市级民营企业转型升级专项
5	—	笔记本外壳金属覆膜工艺的开发	石狮市通达电器有限公司	泉州市级民营企业转型升级专项
6	—	功能性超薄超软 PU 高分子复合面料	福建大帝实业有限公司	泉州市级民营企业转型升级专项
7	—	生物酶在速冻鱼糜制品（鱼豆腐）的运用技术	石狮正源水产科技开发有限公司	泉州市级民营企业转型升级专项
8	—	塑钢四合扣及注塑模具优化（2012N70）	福建省石狮市华联服装配件企业有限公司	泉州市级民营企业转型升级专项
9	—	基于 HOT MELT 热熔碳纤维技术高级碳铝网球拍（2012N71）	石狮市快克体育用品有限公司	泉州市级民营企业转型升级专项
10	—	服饰商标包装自动成型生产线研发（2012N72）	石狮市星港塑胶包装有限公司	泉州市级民营企业转型升级专项

续表 38

序号	项目编号	项目名称	项目承担单位	备注
11	2013G45	品牌形象展示道具系统的设计服务与推广	福建省佳峰展示道具有限公司	泉州市级民营企业转型升级专项
12	2013G46	利用南安石材业废大理石粉生产通用硅酸盐水泥	福建省建材进出口有限责任公司鸿山分公司(石狮)	泉州市级民营企业转型升级专项
13	2013G3	新型 WR—08 高档面料聚氨酯树脂的开发及应用	福建大元化工有限公司(泉州市水性高分子材料工程技术研究中心)	泉州第二批科技计划项目
14	2013G4	功能性防雾薄膜的研发	石狮市炎英塑胶制品有限公司(泉州市多层共挤流延膜工程技术研究中心)	泉州第二批科技计划项目
15	2013G5	硅酸钙防火、防撬门的研制与产业化	石狮市天宏金属制品有限公司(泉州市无机防火门芯工程技术研究中心)	泉州第二批科技计划项目
16	2013N3	一种有机硅改性壳聚糖季铵盐湿摩擦牢度提升剂及其制备方法	福建清源科技有限公司(泉州水煤浆生产行业技术开发中心)	泉州第二批科技计划项目
17	2013G18	一种环保、医用的止血按压带的研发	鑫盛达控股集团有限责任公司	泉州第二批科技计划项目
18	2013G28	XF_JS 物流集卡拖运信息管理系统研发	嘉顺物流(福建)有限公司	泉州第二批科技计划项目
19	2013G29	塔丝隆印花技术的推广应用	石狮市龙兴隆染织实业有限公司	泉州第二批科技计划项目
20	2013T3	海洋低值鱼类萃取胶原蛋白质技术开发	石狮海星食品有限公司	泉州第二批科技计划项目
21	2013N29	半滑舌鳎与南非中间鲍南方工厂化混养关键技术的集成与示范	石狮市海丰泰水产养殖有限公司	泉州第二批科技计划项目
22	2013N30	花蛤和文蛤的混合养殖技术试验示范	石狮市古浮和源水产养殖专业合作社	泉州第二批科技计划项目
23	2013N31	优质、高产葡萄牙牡蛎新品系培育和养殖技术	石狮市顺盛水产养殖专业合作社	泉州第二批科技计划项目
24	2013N32	章鱼足深加工技术研究与产业化	石狮市海百皇水产食品有限公司	泉州第二批科技计划项目
25	2013Z117	撬拨复位轴向结合横向多枚中空钉内固定治疗 Sanders Ⅱ、Ⅲ型跟骨骨折	石狮市医院	泉州第二批科技计划项目
26	2013T19	纺织服装企业检测安全预警公共服务平台	中纺协检验(泉州)技术服务有限公司	泉州第二批科技计划项目
27	2013Z131	高校大学生创业孵化中心运行机制的研究与实践	闽南理工学院科研项目管理中心	泉州第二批科技计划项目
28	2013G64	生物质 PTT 复合弹力短纤维(舒弹丝)研发与产业化	海兴材料科技有限公司	泉州第四批科技计划项目
29	2013G65	一种全向平衡减震防滑鞋的研发	石狮蚂蚁城鞋服有限公司	泉州第四批科技计划项目
30	2013G66	基于超声辅助强迫浸润的上浆作用机理及新型上浆方法研究	宏太(中国)有限公司	泉州第四批科技计划项目
31	—	新农村建设及科技扶贫	石狮市永宁镇郭坑村	泉州第四批科技计划项目

2013 年获得泉州市科学技术奖的名单

表 39

序号	项目名称	主要完成人	获奖单位	文件依据	奖项
1	基于移膜技术开发新型皮革的关键技术及产业化	曲建波、罗彬、高姗姗、任中文、彭涛	华韩(泉州)新型面料开发有限公司	泉政文〔2014〕5 号	科技进步二等奖

续表 39

序号	项目名称	主要完成人	获奖单位	文件依据	奖项
2	北斗船载卫星导航终端	林英华、石钦亮、林英狮、黄灿富、阚加军	石狮市飞通通讯设备有限公司	泉政文〔2014〕5 号	科技进步二等奖
3	微创腔镜技术治疗泌尿系结石的系列研究	顾思平、游志远、王清茂	石狮市医院	泉政文〔2014〕5 号	科技进步二等奖
4	多种纤维纱线交织的服装面料的开发	刘学敏、邱志强、蔡金旭、张文旺、陈元康	宏太(中国)有限公司	泉政文〔2014〕5 号	科技进步三等奖
5	新型再生合成革面料的开发与应用	柯金灿、侯马飞、庄文常	福建大帝实业有限公司	泉政文〔2014〕5 号	科技进步三等奖
6	冷染直喷印花机的研发	纪荣康、包晓军、伍锦灿	日冠(福建)针纺织机械有限公司	泉政文〔2014〕5 号	科技进步三等奖
7	两亲型改性木质素水煤浆添加剂及产业化	刘明华、王清源、苏千德、郑福尔、林春香	石狮市清源精细化工有限公司、福建清源科技有限公司、福州大学	泉政文〔2014〕5 号	科技进步三等奖
8	锦氨纶针织物染整方法	—	石狮市宏利染织制衣有限公司	泉政文〔2014〕5 号	专利优秀奖
9	一种聚氨酯树脂的制备方法	—	福建大元化工有限公司	泉政文〔2014〕5 号	专利优秀奖

2013 年项目鉴定、评审汇总表

表 40

序号	年度	项目名称	项目单位	成果号	鉴定、评审结果
1	2013	基于移膜技术开发新型皮革面料的产业化研究	华韩(泉州)新型面料开发有限公司	泉科评字〔2013〕30 号	国际先进
2	2013	选择性膜与离子交换树脂组合式镀镍废水资源回用技术	威洁(石狮)中水回用技术有限公司	泉科评字〔2013〕15 号	国内领先
3	2013	冷染直喷印花机的研发	日冠(福建)针纺织机械有限公司	泉科评字〔2013〕17 号	国内领先
4	2013	高效智能化鞋面生产装备的研制和应用	福建永信数控科技股份有限公司	泉科评字〔2013〕18 号	国内领先
5	2013	分步延期微创手术治疗 III 型 Pilon 骨折	石狮市医院	泉科评字〔2013〕24 号	省内领先
6	2013	北斗船载卫星导航终端	石狮市飞通通讯设备有限公司	泉科评字〔2013〕33 号	国内领先
7	2013	高档环保弹力防皱面料布的开发	福建汇龙化纤纺织实业有限公司	泉科评字〔2013〕35 号	国内先进
8	2013	生态植被护坡砌块技术开发与应用	六蜂王(石狮)环保建材有限公司	泉科评字〔2013〕62 号	国内先进
9	2013	新型 DY—W090H 高分子聚合物开发及应用	福建大元化工有限公司	泉科评字〔2013〕64 号	国内先进
10	2013	微创腔镜新技术治疗膀胱结石的临床研究	石狮市医院	泉科评字〔2013〕76 号	国内领先

(李娅萍撰　林晓晖审)

防震减灾

【概况】 石狮市位于福建省东南沿海,濒临台湾海峡。闽东南沿海地区是国务院批准圈定的中国21个地震重点监视防御区之一。石狮市地质构造以断裂为主,主要在长乐—南澳深断裂带、滨海断裂带、晋江—永安三大断裂带影响范围内。石狮市祥芝、鸿山、锦尚、永宁四镇按基本烈度8度抗震设防,其余地方按基本烈度度抗震设防。获得全省2013年度防震减灾工作综合评比优秀奖。

【深入校园开展地震科普宣传】

通过举办以“认识地震风险、掌握减灾技能”为主题的防震减灾知识讲座、分发地震科普宣传册、开设以防震减灾为专题的墙板报、组织学生参观防震减灾科普教育基地等多种形式,极大丰富了校园师生的防震自救知识。2013年,市地震办与教育部门密切协作,在“防震减灾宣传周”、9月新生入学等时段,积极指导各中小学校、幼儿园开展校园地震应急疏散演练活动,预防为主,防范结合,进一步增强校园师生防震避险能力。

【深入社区开展防震减灾科普宣传】 开展向社区“农家书屋”和企业“职工书屋”赠送防震减灾书籍活动,充分结合“防震减灾宣传周”“7·28”唐山地震纪念日、“科技人才活动周”等时段,深入社区、企业举办防震减灾科普宣传活动,通过设立抗震设防咨询台、有奖知识问答、地震科普画板展示、分发宣传册等形式,向社区居民和外来务工人员广泛宣传家庭避震、农居抗震设防、应急自救互救等防震减灾知识,进一步提高广大市民群众自救互救技能和识别地震谣传的能力,切实提高防震减灾保障安全和服务社会的能力。

【利用新闻媒体开展宣传】 结合震灾纪念日时段,在石狮电视台安排播放《蟾童》《防震知识》《地震安全小常识》等一系列科普宣传片。在《石狮日报》、中国石狮网、石狮市电子政务业务网开设防震减灾科普知识宣传专栏,进一步提高社会公众防震减灾观念和意识。

【地震应急救援体系建设】 2013年5月,市地震办与市消防大队、应急办、卫生局、公安局、市医院、志愿者联合会等多个部门和玉湖、宝盖、祥芝3支地震应急救援志愿者中队,联合开展“石狮市2013年地震应急救援演练”,这是石狮市首次举行多部门联合地震应急救援实战演练。演练活动利用钞坑片区拆迁施工现场,模拟破坏性地震发生后的真实场景,假设附近海域发生里氏7级地震,造成部分房屋倒塌、有人员被困、被埋压,并造成通讯中断、引发次生火灾等情景。演练科目涉及群众防震自救互救、应急救援、紧急医疗救助、应急卫星通信、次生火灾处置、治安交通秩序维护、地震应急救援志愿者队伍设备实操等多个门类,参演人数约120人,持续时间约1.5小时。

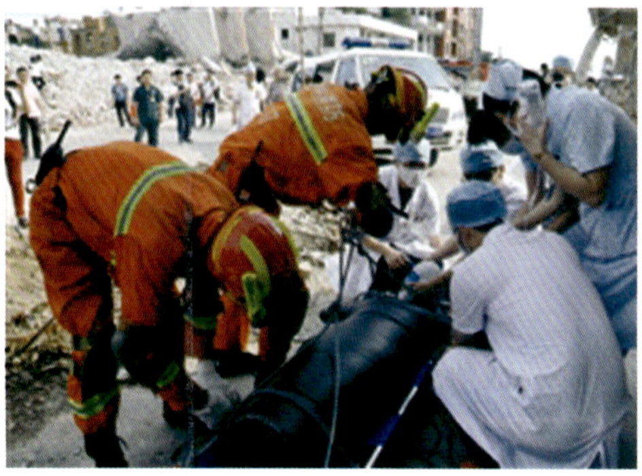

演练活动 (图/地震办)

【提升应急指挥协调能力】 通过开展地震应急救援实战演练,有效检验应对突发性地震灾害事件所需应急救援队伍、物资、装备、技术等方面的准备情况,对提升政府应急指挥协调能力,提高各应急专业队伍的快速反应、应急救援和协同作战能力起到积极的作用。

【提高服务保障能力】 做好“石狮市地震快速反应系统”应急基础数据库日常管理维护,每季度均结合海事卫星电话测试、远程视频会商系统连接测试等活动开展应急演练,进一步提高地震应急指挥系统的服务保障能力。

【地震应急避难场所建设】 2013年,市地震办联合有关单位对龟湖公园、西洋公园、体育中心等7处应急避难场所开展专项检查,督促各业主单位做好日常管理维护,确保各项功能配套设施良好运行。“十二五”期间,石狮市将在原有基础上再新建10处三类国家标准地震应急避难场所,2013年,建成永宁中学、蚶江中学、第五中学、第二中学4处应急避难场所。

(王煌仪撰 蔡熙达审)

科普事业

【概况】 2013年，市科协团结和动员广大科技工作者，开展科学普及、院士工作、学术交流和科技服务活动，强化科普工作，组织院士、专家和企业开展科技交流合作，以院士专家工作站为平台，促进企业转型升级和重大科技攻关进行指导，提高企业核心竞争力。获得“2010—2012年度石狮市文明单位”“机关党建工作先进单位”“石狮市第二批平安先行单位”等称号。

【邀请专家科技攻关】 市科协邀请专家对企业转型升级和科技攻关，提高企业核心竞争力。2013年10月17日，中科院生态环境研究中心院士曲久辉、博士兰春华到石狮光华水处理有限公司考察，双方就五金电镀工业污染防治、重污染物对环境产业产生的影响，进行有益的探讨；哈尔滨工业大学院士任南琪、工程师王黎升等到威洁（石狮）中水回用技术有限公司、石狮市清源科技有限公司两家企业，共同研究处理印染工业废水的技术路线，中水回用的技术方式等；东华大学院士周翔、教授王建庆等到冠宏股份有限公司，参观企业印染精品车间，探讨当今印染行业的发展方向，共同研究新型面料的开发以及应用，并对建设院士工作站交换意见。

【企业产学研合作】 市科协做好冠兴皮革有限公司和院士石碧的联系与服务工作，保证院士专家工作站工作的有效开展，得到上级的高度肯定。6月21日，省科协巡视员陈永红在泉州市科协副主席郑华生、正处级调研员林丕鼎的陪同下，到冠兴皮革有限公司进行调研，对冠兴皮革公司科协、院士专家工作站取得的成绩给予高度评价。12月4日，省科协党组成员、副主席游建胜带领省科协院士专家工作站调研组到石狮进行院士专家工作站的调研及绩效评估，开展企业产学研合作。

【举办“污水处理”学术报告】 6月24日，由瑞中经济科技文化交流中心主席刘刚、副主席保罗•科诺率领的瑞士污水处理专家团莅临石狮举行瑞士专家团环境工程（泉州）学术报告会，福建省科协国际部部长游永东，泉州市科协党组书记、副主席陈永宝，泉州市科协副主席郑华生和泉州、石狮的环保局、科协领导出席报告会，包括石狮在内的泉州市各县、市、区的纺织印染、环境工程等单位的代表共100余人参加本次国际学术报告会。瑞士环境工程技术专家汉斯•穆勒、马库斯•苏斯向与会代表作欧洲现代污水处理主题学术演讲，介绍多种现代污水处理工艺技术，与会代表和瑞士专家进行交流。

【农村科普工作】 2013年，市科协建设100个科普惠农宣传栏，选定104个村（居），超额完成科普惠农宣传栏建设安装及科普挂图的更新，实现全市各村（居）都有一个科普宣传栏的目标；开展科普宣传，发放科普宣传资料、科普书刊3000余册，展出科普展板100余块，受到群众普遍欢迎；推广农业先进适用技术，市农函大依托石狮市炜业果蔬种植专业合作社、古浮和源水产养殖专业合作社等科普惠农服务站开展各类实用技术培训。聘请专家开设培训班，对无公害标准化栽培技术和各类海产水产养殖进行指导，使种植户、种植户的产品有可靠的技术保障和产品优势。推荐优秀单位及个人参选2013年度泉州市科协科普惠农先进单位、先进个人认定，并建立科普惠农项目库。石狮市古浮和源水产养殖专业合作社会长蔡和平获得“全国科普惠农兴村带头人”称号，举荐全国科普兴村带头人纪显勇获评“第五批泉州市优秀人才”。

市农函大于11月召开农技协第一次会员大会，产生第一届理事会和常务理事会。陈晓东当选为理事长。

【青少年科技竞赛】 2月26日，市科协与教育局、中国移动石狮分公司联合举办“校讯通杯”石狮市2013年中小学电脑制作活动；2月28日，与市教育局、中国电信石狮分公司联合举办“天翼杯”石狮市2013年青少年信息学奥林匹克竞赛；3月21日，第28届福建省青少年科技创新大赛在漳州举行，市科协、市教育局联合选派20名科技辅导员、科教工作者观摩本次大赛，并参加全省优秀科技指导员论坛活动。8月，由石狮市第二实验小学学生董婕创作、老师蔡晓鸿指导科幻画作品《食品分析检验器》

获得第28届全国青少年科技创新大赛少年儿童科学幻想绘画二等奖;11月2日,2013年"学无涯"杯石狮市中小学、幼儿园电子制作锦标赛在石狮市实验小学举行,本次比赛由石狮市教育局、石狮市科学技术协会联合举办,全市4所中学、16所小学和10所幼儿园462名选手参赛。

【青少年科技专利】 市科协对历届青少年科技创新大赛的一批作品,推荐、帮助申请国家专利。5月,石狮石光华侨联合中学邓华锋发明、老师吴光鑫指导的"一种可自动报警的输液架"获得国家知识产权局颁发的实用新型专利证书,全市有两件学生科技作品成功获得专利。石狮石光华侨联合中学高三学生张凯翔发明的"便携式净水器"获得国家专利证书,填补市学生专利的空白,并与企业成功对接,投入生产。

【科普宣传活动】 6月13日,市科协参与举办第五届中华灯谜艺术节,市科协在两岸灯谜联猜活动中设立科普宣传谜坛,来自全国14个省、直辖市、台湾地区、香港特别行政区和新加坡的118名选手参赛,市科协主席何子晖出席颁奖仪式并为获奖选手及团体颁奖。

【科技人才活动周】 5月12日"石狮市2013年全国防灾减灾日暨科技人才活动周宣传活动"在九二路商业步行街举行。发放防灾减灾知识等宣传资料3000余份,接待群众咨询1000多人次。

【全国科普日活动】 9月30日举行"石狮市第15届(凤里)侨乡谜会",在谜会的7个活动项目中融入科普知识,来自全市9个镇街道的近200名灯谜爱好者参加本次谜会。

【协会工作】 指导科协所属团体及农村专业技术协会,依法登记,依法活动。5月,成立石狮市中医药学会。11月,成立"石狮市农村专业技术协会"。10月21—23日,"中国老年创新发明推介交流会"在深圳举行,石狮老科协代表黄文龙作《污水预处理分流工艺及深度处理技术在工业废水处理中应用》的主题演讲,其所做的《套管式布水器和污水导流槽吸滤装置在废水固液分离处理中的应用》推广技术,获优秀项目奖。市农函大、市质监协会、质安学校建立企业诉求登记表100多份,为食品企业订单式培养食品检验工6名,并能独立上岗操作,为5家食品企业免费提供生产一线员工质量意识提升培训。举办2期电梯安全培训班,培训企业电梯操作人员119人,培训"叉车"作业人员59人,培训压力窗口作业人员47人。2013年6月,举办食品检验工(初级)职业技能鉴定班,32名食品企业在岗员工参加培训考试,27人合格并获得相应职业资格证书。2013年5月和11月,两次举办商务礼仪培训班,60多家企业100余中高层管理参加培训。

【获科普先进市】 7月30日,中共石狮市委召开市直机关党建工作推进会暨先进单位表彰大会,石狮市科协等24个市直机关单位被授予"机关党建工作先进单位";创建2011—2015年全国科普示范市、第四、五届福建省科普先进市。市科协获得石狮市文明单位、石狮市平安先行单位等称号。

(何鹏飞撰 何子晖审)

（图/摘自《石狮日报》）

综　述

2013年，石狮教育围绕全市工作大局，贯彻落实中共十八大精神，坚持以办好人民满意教育为出发点，以加快推进教育均衡优质发展为目标，以提升教育质量为核心，以教师队伍建设为依托，以学生全面发展为导向，解放思想、深化改革、开拓创新、扎实工作、教育改革进程不断加快，教育事业均衡协调发展，教育服务经济社会发展能力不断增强，教育社会满意度持续提升。11月底，石狮市顺利通过国家级“义务教育发展基本均衡市”评估验收。

教育惠民工程

【促进教育均衡优质发展】　开展教育改革课题研究，与省教科所合作，开展教育改革课题研究，建立区域教育体系均衡优质发展目标，围绕目标任务进行8个方向的行动研究，研究方向涵盖教育体系各个领域，课题已被列入石狮市体制改革重点项目。2013年，全市中、高考成绩稳步提高。中考成绩及格率居泉州市第三名，优秀率居泉州市第四名，9A以上人数402人。高考本科上线1807人、上线率66.75%，本一上线587人，上线率21.68%，分别比2012年提高5.31%、5.42%。终身教育体系已步入轨道，省电大石狮学院和社区学校、文化技术学校、老年大学等成人教育网络初步建成并发挥平台作用。

【打造教育惠民惠生工程】　2013年，预算内教育投入达3.85亿元，年增长11%。教育类重点建设计划总投资26551万元，计划项目总共60个，其中在建项目38个，预备项目22个，涉及51个学校。实际完成总投资22080万元，38个在建项目全部开工，27个项目完工。省、市为民办实事项目8个，其中已投入使用1个，进行内外装修2个、5个项目在建。

【抓好学校布局调整】　开展全市中小学布局调整专项规划，顺利完成凤里中学搬迁工作，新开办石狮第六实验小学，第二实验幼儿园新园区开始招生。前坑小学、桃源小学、港塘小学等一批改扩建项目陆续投入使用。2013年，市区初中、小学一年级新增学位超过3000个，幼儿园增加4600个。

【深化教育管理体制改革】　实施“名校办分校、老校带新校、强校扶弱校”的办学模式。开展实验小学与第六实验小学、第二实验小学与联中附小、第三实验小学与第五实验小学的传帮带模式，促进名优校与新校的资源共享，做大做强教育品牌。市直小学捆绑乡镇中心校基层小学模式逐步完善并初见成效，双方开展人员互派、顶岗学习、城区学校教师到农村学校支教，农村学校校长到市直学校跟岗学习等方式，开展交流。规范学校领导干部考察、选配和后备干部队伍建设程序，对干部选拔任用的基本原则、任职条件、职数的配备标准等做出明确规定，完成对2012年调配任用的班子队伍“回头看”，建立校级后备干部信息库。

【学校分布概况】 2013年，石狮市全日制高校3所，其中本科院校1所，高职高专2所；中等职业学校1所，在校学历教育学生2080人，教职员工99人，专任教师85人。全市有基础教育校(园)200所(城区109所、镇区44所、乡村47所)。其中，幼儿园120所(城区71所、镇区26所、乡村23所)，小学65所(城区30所、镇区14所、乡村21所)，九年一贯制学校4所(城区3所、乡村1所)，有初级中学6所(城区1所、镇区3所、乡村2所)，完全中学5所(城区4所、镇区1所)；在校生103135人(城区68786人、镇区20581人、乡村13768人)，其中幼儿园27667人、小学51365人、初中16480人、高中7586人；教职员工6476人，其中幼儿园2511人、小学1855人、九年一贯制学校409人、初级中学501人、完全中学1102人，特教8人。

石狮市各级各类教育基本情况表

表41

类别	校(园)数	班数	在校生数	教职工数	专任教师	校园面积	校舍面积	图书数	资产总值(万元)	仪器设备(万元)
学前教育	120	825	27667	2511	1367	236338	219172	126080	未统	计
小学	65	1020	51365	1855	1712	759986	393029	1004606	28764.46	6354.13
初级中学	6	340	16480	501	498	334591	128799	241542	6925.1	1280.84
九年一贯制	4	分别归入小学或初中		409	441	217709	114770	175750	11624	1024.03
完全中学	5	161	7586	1102	1005	474239	323244	628135	17888.43	4022.89
中职学校	1		591	99	85	93573	39894	44383	1951.71	110.24
特殊教育学校	1	3	36	5	4	770	尚无独立校舍			
普通高校	3	—								
成人教育	33	130	5581	1058	165	33410	26287	41535	1391	246
职业培训机构	24	97	5006	268	148	33410	26287	41535	1391	246
成人小学	9	43	575	790	27	无独立校舍				

教育管理与督导

【党建工作】 推进学习型党组织建设，学习贯彻中共十八大及中共十八届三中全会精神。2013年，有44名党员被各级党委评为优秀共产党员、优秀党务工作者；组织30多名积极分子参加培训，发展新党员19名。2013年，中共石狮市委教育工作委员会有直属总支2个，支部30个，另有隶属各镇(街道)党委的小教支部9个。全系统有党员1006人。

【廉政建设】 加强落实教育系统党风廉政建设，与基层单位签订党风廉政建设责任状，聘请党风廉政监督员、行评代表、教育系统特约人员对系统监督检查。强化反腐倡廉教育，深入查找系统教职工岗位工作中的廉政风险，排查下属33个校(园)廉政风险点383个。

加强对党员领导干部的监督，严格执行领导干部报告个人有关事项、经济责任审计、述职述廉、诫勉谈话、任前廉政谈话、信访监督等制度。做好“12345”便民服务热线群众诉求件答复，抓好纠风论坛反映的教育问题的整改工作，所有答复及时合理，群众满意。

抓好机关效能建设，坚持每周考勤通报。坚持以服务基层、服务群众、服务企业为核心，聚焦“四风”问题，密集出台文件规定，深入开展治理“庸、懒、散、奢、浮”活动，坚持每日考勤、每月通报制度，加强效能督查，加大问责力度，严明教育系统工作纪律。制订《关于破解效能阻滞点推进行政大提速工作任务立项分解抓落实方案》，将工作任务进行责任分解，采取有力措施，研究破解办法，加强督促检查，促进提速增效。

【推进双拥工作】　把国防教育和双拥宣传教育纳入教育教学工作的重要议事日程，利用国防教育基地、学生军训、全民国防教育日等活动和途径，广泛宣传国防法规、双拥传统和双拥工作先进典型。切实解决部队子女的入学问题。

【校园安全】　创建平安校园，成立市委学校及周边治安综合治理工作领导小组，开展专项整治 4 次，举办校园安全讲座 62 场次，发放校园安全宣传材料近 5 万份。认真推进学校非专用校车更换为国标专用校车工作，规范和加快学校非专用校车的更换，2013 年学校新购买国标校车 24 辆人，全市现有国标校车 52 辆。

国标专用校车　　（图/李荣鑫）

加强安全管理工作。认真落实“一岗双责”，完善机关干部安全稳定挂钩和每月 28 日安全日制度，学校安全隐患排查和整改实现常态化。抓紧日常管理、抓细预案演练，突出重点，狠抓落实，确保师生人身和学校财产安全，2013 年全市未发生一起校内安全责任事故。

【教育督导督政】　做好迎接“义务教育发展基本均衡县”国家评估认定的各项准备工作。8 月，下发《石狮市教育局关于进一步规范学校内部管理，做好“义务教育发展基本均衡县”迎检工作的通知》（狮教综〔2013〕131 号），做好迎检准备十二项基本工作。2013 年 11 月 27—29 日，国家教育部“义务教育发展基本均衡县”检查组通过检查认为石狮市义务教育学校办学基本情况达到福建省规定的办学条件基本标准。石狮市委、市政府坚持以“让每一个孩子都享有公平优质的教育”为教育发展的价值追求，让外来务工子女“零门槛”在公办学校接受义务教育，通过加大资金投入、构建保障机制、完善管理体制，扎实推进义务教育，有效提升义务教育城乡之间、校际之间的均衡发展水平。公众满意度较高。

【督学方面】　2013 年，制定《石狮市教育局关于建立督学责任区制度的实施意见》（狮教督〔2013〕2 号），在中小学校建立责任督学制度，将全市中小学校划分成 4 个督学责任区。2013 年 12 月，印发《石狮市教育局关于印发石狮市中小学校责任督学挂牌督导实施方案》（狮教综〔2013〕177 号），明确实行挂牌督导的重要意义，制定挂牌督导制度的初步构想，做好挂牌督导制度的组织保障，并对责任督学挂牌督导学校进行详细的安排。开展素质教育先进校的评估认定工作，2013 年对祥芝镇莲坂小学、永宁镇霞泽小学、蚶江镇青莲小学进行石狮市素质教育先进校的评估认定。

学前教育

【概况】　2013 年，学前教育主要是贯彻《福建省人民政府关于加快学前教育发展的意见》精神，切实履行发展学前教育的职责，落实三年行动计划，加快发展公办园，鼓励和扶持集体办园和民办园，石狮市委、市政府高度重视学前教育，把学前教育工作放在重要位置来抓，坚持“以政府为主导，公办园为骨干，多元化办园”的办学体制，将公办幼儿园建设纳入为民办实事项目。学前教育呈现良好的发展态势：公办园、标准幼儿园的数量不断递增，办园模式日益多元，保教队伍更加专业，发展均衡、充满活力、多元发展的学前教育新格局逐步形成。

【推进公办园建设】　将幼儿园建设纳入为民办实事项目，抓好镇（街道）公办中心园建设；结合镇（街道）经济发展及人口分布情况，做好幼儿园规划，做到配套幼儿园和其他建筑设施同步设计、同步建造、同步验收、同步交付使用。湖滨中心园、蚶江中心园、二幼新校区 2013 年秋季开园招生。2013 年，省、泉州级为民办实事公办中心幼儿园建设项目中，灵秀中心园已完工，幸福新城幼儿园封顶装修，鸿山第二中心园也已投入使用，祥芝第二中心幼儿园即将封顶，实幼分园处于审图、预算阶段。

【示范幼儿园建设】 市直机关幼儿园通过“泉州市示范幼儿园”评估验收,永宁中心园、凤里中心园、蚶江神州幼儿园顺利通过石狮市示范园复评,金蓓贝幼儿园、宝盖中心园被评定为石狮市示范幼儿园。完善指导、咨询服务中心,确立4所市级实验基地园,9所镇(街道)级实验基地园。石狮市“学前教育三年行动计划”工作通过泉州市督导验收。积极开展名园带新园,示范园带申报达标幼儿园活动。

【落实《中华人民共和国民办教育促进法》】 制定切实可行的扶持措施,支持和鼓励社会力量办园,鼓励有实力、有条件的企业或个人投资兴办幼儿园,为其项目选址、设立申请、变更登记等提供比较规范的行政服务工作。

【执行幼儿园登记注册制度】 把民办幼儿园的设立审批纳入市行政服务中心集中办理,进一步完善民办幼儿园审批、换证、年检等各项制度。坚持每年定期对全市幼儿园特别是民办园及集体办园进行工作督导评估,针对教学倾向小学化、班生规模过大等问题开展专项督导。建立健全政府领导、相关部门联合执法机制,定期组织对全市幼儿园进行拉网式排查,对于基本符合办园条件的幼儿园,依法核发证照;对无证的下发整改通知书,限期整改;对存在严重安全隐患的或拒不整改的坚决予以取缔。

2013年秋季,全市有幼儿园120所(公办园12所,集体、民办园108所),其中省示范幼儿园3所,泉州市示范幼儿园2所,石狮市示范幼儿园2所;逐步形成多元化办园格局。全市在园幼儿23194人(其中外来务工人员随迁子女14844人,占在园幼儿57.16%),教职员2511人,其中,公办教师228人。

义务教育

【概况】 2013年,石狮义务教育坚持教育公平原则,全力推进教育均衡发展。以办人民满意的教育为目标,以“让每一个孩子都享有公平优质的教育”为教育发展的价值追求,通过加大资金投入、构建保障机制、完善管理体制,扎实推进义务教育走向优质均衡。

【整合教育资源】 开展全市小学布局调整专项规划,继续加快校舍改扩建工程进度,完成钞坑中心小学的整体搬迁,完成华山小学、桃源小学、前坑小学教学楼等一批项目建设,长福小学、第五实验小学、城北小学、后垵小学、钞坑小学等一批项目正在加快建设或筹建。以凤里中学旧校区为校址,2013年新创办第六实验小学,秋季首次招生300人。将容卿实验小学升格为市直第四实验小学。2013年下半年,市区小学新增学位超过2000个,较为有效地缓解市区进城务工人员子女入学压力。加快城东片区幸福新城配套学校(含幼儿园)的建设步伐,2013年学校全面装修,2014年元月交付使用。

【改善办学条件】 做好中小学校运动场地及体育设备设施和多媒体设备配备建设工作。2013年,全市投入资金1500万元用于运动场地及体育设备设施和多媒体电教设备的装备与建设。大力实施学校消防安全工程,2013年,投入150万元用于学校消防安全项目建设。2012—2013学年度,完成14所小学的义务教育标准化学校建设任务,超额完成年度建设目标;以接受教育部“县级义务教育阶段教育基本均衡评估”为契机,加大财政投入,全市共投入1000多万元用以学校教学仪器设备建设,城乡小学办学条件整体提升,办学差距进一步缩小。

【发展特殊教育】 调动一切有利于特殊教育事业发展的积极因素,不断完善管理机制,提升教师队伍素质,提高办学水平。特教学校的办学规模逐年扩大,有效促进特殊教育事业发展。石狮市特殊教育以公办学校为主,民办机构为辅,以特教学校为主体,兼顾随班跟读及特教辅读,逐步形成多维的教育体系。在特殊教育学校就读37人,随班跟读61人,另有56名学员在石狮市新星儿童学习能力发展中心接受康复训练。

【修订目标管理体系】 2013年,以培养身心健康、富有灵性的学生为目标,出台石狮市中职中学、小学教育教学目标管理综合评估工作意见,引导学校和教师更加注重学生素质的全面发展,建立学生发展性学习评价标准。改革小学毕业班质量监测,实行“2+×”学业质量监测模式,2013年全市小学毕业生除参加泉州市语文、数学科的质量监测外，还参加由市自主命题的另一非语数科目质量监测。

2013 年，全市小学在校生 51365 人，其中外来员工子女 33836 人，占 65.87%(外来员工子女 97.55%在公办学校就读)。初中在校生16480 人，其中外来员工子女 8663 人，占 52.57%。

2013 年石狮市小学教育资源情况表

（含名称、性质、班级、学生、专任教师、校园面积、校舍面积）

表 42

名称	性质	班级数	学生数	专任教师数	校园面积	校舍面积	备 注
实验小学	公办	42	2236	105	33061	24003	市直小学
第二实验小学	公办	38	2160	114	13553	14998	
第三实验小学	公办	38	1947	87	12583	11973	
联中附小	公办	21	1233	58	20673	25682	
鹏山附小	公办	17	1031	31	5468	6245	
三中附小	公办	12	711	26	8803	3728	
行实小学	民办	6	198	18	7987	12715	
银江华侨学校	九年一贯制公办	12	570	31	24055.19	5709.647	
锦峰实验学校	九年一贯制公办	29	1597	69	44824.29	11789.31	
中英文实验学校	九年一贯制民办	54	2251	142	55001.34	45625.16	
自然门学校	九年一贯制民办	14	642	35	6618.752	10432.83	
大仑中心小学	公办	24	1266	49	13309	4885	凤里中心校管辖
宽仁小学	公办	24	1344	47	12550	6093	
五星小学	公办	20	1136	37	6811	8531	
新湖中心小学	公办	35	2014	78	6002	9942	湖滨中心校管辖
林边小学	公办	23	1300	48	6050	6000	
长福小学	公办	20	1048	42	4200	5126	
容卿小学	公办	27	1506	47	23270	12530	灵秀中心校管辖
钞坑中心小学	公办	12	450	26	12000	4150	
塘园小学	公办	8	454	15	4892	2705	
古洋小学	公办	16	886	27	9419	6200	
华山小学	公办	15	774	22	5752	7555	
塔前小学	公办	18	1013	32	7959	5320	
港塘小学	公办	17	964	26	12061	9819	
坑东小学	公办	6	229	9	6333	2875	宝盖中心校管辖
宝盖二中心	公办	10	552	19	15332	2710	
前坑小学	公办	8	438	13	5632	2648	
塘边小学	公办	16	901	32	20000	8908	
龟湖中心小学	公办	19	1039	36	12291	6687	
后安小学	公办	6	363	9	3751	1663	
塘头小学	公办	10	447	15	4878	4984	
上浦小学	公办	9	446	13	10108	2128	

续表 42

名称	性质	班级数	学生数	专任教师数	校园面积	校舍面积	备注
玉浦小学	公办	6	323	11	10000	3344	宝盖中心校管辖
雪上小学	公办	6	254	7	3151	1186	
桃源小学	公办	14	806	25	5116	4793	
蚶江中心小学	公办	28	1404	51	15261	12322	蚶江中心校管辖
石湖小学	公办	12	508	21	21500	5500	
锦里小学	公办	6	284	9	2187	1477	
莲埭小学	公办	12	586	24	4240	4200	
石壁小学	公办	6	319	9	6667	1570	
洪窟小学	公办	12	558	19	25300	6500	
锦亭小学	公办	6	317	10	4741	1455	
峰山小学	公办	11	470	20	7480	5255	
蚶江二中心	公办	13	597	24	15397	10292	
华锦小学	公办	10	467	13	11152	3823	
青莲小学	公办	6	180	7	5800	1540	
永宁中心小学	公办	28	1343	54	18750	5563	永宁中心校管辖
梅林小学	公办	6	285	14	8591	4410	
陶青小学	公办	7	276	11	7671	3944	
沙堤小学	公办	9	401	17	10626	4832	
官聘小学	公办	6	172	11	12845	3500	
美江小学	公办	6	220	11	7609	3760	
岑江小学	公办	6	225	10	2484	1885	
霞泽小学	公办	6	190	10	6854	3374	
祥芝中心小学	公办	35	1722	68	24056	13580	祥芝中心校管辖
大堡小学	公办	13	693	25	16000	5820	
古浮小学	公办	6	233	11	28823	3516	
莲坂小学	公办	6	232	10	20699	4948	
紫湖小学	公办	8	300	14	22211	3209	
福民中心小学	公办	22	1119	47	15247	8095	鸿山中心校管辖
东明小学	公办	17	740	31	23084	8663	
锦林小学	公办	6	279	11	12726	4390	
鸿山小学	公办	6	262	8	12257	2826	
邱厦小学	公办	6	218	6	9329	2558	
琼山中心小学	公办	22	1176	35	16709	8821	锦尚中心校管辖
东店小学	公办	7	337	13	18256	3232	
锦里小学	公办	6	198	10	7523	3133	
复光小学	公办	6	252	12	5732	1173	
锦尚二中心	公办	6	273	12	9184	3737	

说明：九年一贯制学校小学、初中校园、校舍面积按小学、初中生数 1：1.1 计算分配

2013年石狮市初中教育资源情况表

（含名称、性质、班级、学生、专任教师、校园面积、校舍面积）

表43

名称	性质	班级数	学生数	专任教师数	校园面积	校舍面积	备 注
石狮二中	公办	16	719	55	26963	16420	—
石狮五中	公办	19	916	76	59153	12967	—
石狮蚶江中学	公办	36	1575	133	69223	29350	—
石狮七中	公办	24	1110	69	38722	16160	—
石狮凤里中学	公办	42	2196	123	85194	45368	—
中小学素质教育实践基地	公办	0	0	11	55336	8534	—
银江华侨学校	公办	9	395	21	16669.83	3956.685	—
锦峰实验学校	公办	28	1310	57	36768.83	9670.629	—
中英文实验学校	民办	20	926	58	22626.05	18768.95	—
自然门学校	民办	7	312	17	3216.59	5070.158	—
石狮一中	公办	16	799	52	26071.32	17758.48	—
永宁中学	公办	19	1008	66	30648.65	13339.35	—
联合中学	公办	44	2149	148	80635.81	67058.82	两校区综合计算
石狮三中	公办	25	1201	77	26822.99	14756.43	—
石狮八中	公办	35	1864	102	33763.75	17367.23	—

说明：完中校中初、高中校园、校舍面积按初、高中生数1：1.2计算分配

高中阶段教育

【普高教育】 推进普通高中特色化、多样化发展。强化课程意识，加强校本课程开发建设。要求学校制订实施方案，根据学校优势、学生特长、师资特长与地缘特色等，鼓励学校申报特色办学项目，创设社团课程、微型课程，开设校本课程，形成特色课程，如石光华侨联合中学“创业启蒙教育”、石狮一中“创业基础教育”和“狮文化”、蚶江中学“灯谜”、永宁中学“古卫城文化”等，探索普通高中多元化、特色化发展的途径，构建与特色教育相适应的校内外教育资源体系，促进学校内涵发展。石狮一中《创业启蒙教育课程的开发与实施》已被列入福建省教育改革试点项目。

2013年，高考本一上线人数达587人，比2012年439人增加148人；本一上线率达21.68%，比2012年16.26%增加5.42%；本科上线人数达1807人，比2012年1659人增加148人；本科上线率达66.75%，比2012年61.44%增加5.31%。石光华侨联合中学佘日银以661分位居石狮市理科总分第1名，福建省第78名；石光华侨联合中学郑静雅以602分位居石狮市文科总分第1名，福建省第221名；石狮八中胡晓瑜居全省艺术类（摄影）综合分第1名。

2013年，石狮市本一、本科录取率首次均超过泉州市及全省平均水平。本一录取人数达532人，本一录取率达19.65%，比泉州市平均录取率高出1.46%，比全省高出3.28%；本科录取人数达1660人，本科录取率达61.32%，比泉州市平均录取率高出9.48%，比全省高出14.65%。录取就读“985”工程高校人数达50人，录取就读“211”工程高校人数140人。

职业教育

【发展中等职业教育】 石狮市领导、局领导多次深入学校调研，要求学校要深化教学改革，加强专业建

设，深化校企合作，拓宽对外培训空间，做好就业指导培训；要利用报纸、电视台、网络等宣传国家大力发展职业教育的方针政策及中职毕业生就业情况，以就业前景吸引人，进一步拓宽招生渠道，抓好招生工作；要进一步调整专业课程方案，鼓励与企业开展订单式委托培养合作；做好中职学校免学费及国家助学金(每生1500元/年)的发放工作；加强双师型、技能型教师培养，提高专业教师的比例，加强示范、骨干专业建设，形成办学特色，提高办学水平；加强学生实践能力培养，提高学生的职业技能，增强就业能力，为"质量石狮、二次创业"培养更多的职业技术人才。

石狮鹏山工贸学校重视就业导向，成立"专业设置调整开发""市场人才需求调查""行业技能人才就业状况"等调研课题组，围绕地方经济发展和市场人才需求进行专业调整和开发。利用石狮产业优势，在专业建设、师资与技术、实习实训等方面加强校企合作交流。工贸学校服装、汽修专业成为省中职学校龙头专业，学生就业率达到96%。

石狮鹏山工贸学校充分发挥职业教育服务社会的功能，学校不断拓展社会培训业务，扩大学校办学规模。除原有的会计继续教育，会计从业资格，会计电算化，初、中级汽车维修工，汽车维修电工，初、中级服装设计与订制工，纺织针织染色工及事业单位工勤人员继续教育、统计从业资格等考证与培训、全国计算机等级考试、珠算等级考试等外，学校还和人口与计生局联合筹建"石狮市促进流动人口社会整合示范工程免费就业培训基地"，开展对流动人口的各类就业培训。努力兑现让学生"学一门技术，谋一份职业，干一番事业"的目标。

2013年石狮市高中、中职教育资源情况表

(含名称、性质、班级、学生、专任教师、校园面积、校舍面积)

表44

名称	性质	班级数	学生数	专任教师数	校园面积	校舍面积	备 注
鹏山工贸	公办		2080	85	93573.00	39894.00	
石狮一中	公办	44	2172	140	70872.23	48274.60	
永宁中学	公办	28	1380	90	41959.46	18262.21	
联合中学	公办	48	2083	143	78159.33	64999.31	两个校区综合计算
石狮三中	公办	22	928	60	20725.84	11402.14	
石狮八中	公办	21	1023	56	18530.21	9531.477	

说明：完中校中初、高中校园、校舍面积按初、高中生数1：1.2计算分配

高等教育

泉州纺织服装职业学院

【学院概况】 泉州纺织服装职业学院前身为泉州育青职业技术学院，2005年3月更名为泉州纺织服装职业学院，是福建省唯一一所以纺织服装命名，具有颁发国家高等教育大专文凭的高等院校。学院占地面积17公顷，全日制在校生近2000人，开设20个专科专业。自2001年开办以来，已为社会输送近万名社会急需人才。

【师资队伍】 2013年，学院现有教职员工160余人，专职教师100余人，中级以上职称30余人。学院长期与东华大学、天津工业大学、上海工程技术大学、西安工程大学等知名高校建立友好合作关系，共同开展教学、科研及青年教师培养工作。

【招生就业工作】 泉州纺织服装职业学院生源分布在全国17个省市。学院2013届毕业生908人，统计就业率已达98%以上。

【党建工作】 学院党委2013年3月20日召开第二次党员大会，选

举产生新一届党委委员。组织思政教师参加第二届福建省高校思想政治理论课教师教学比赛，获得泉州市三等奖。

【社会活动】 学院组织第二届“石狮杯”全国高校毕业生服装设计大赛，得到市政府的充分肯定，获颁“优秀组织奖”；与石狮市人力资源和社会保障局协作完成“2013 年石狮市服装制作工技能竞赛”。

（庄蓉蓉撰　陈　军审）

闽南理工学院

【学院概况】 闽南理工学院创办于 1998 年，学院占地面积 75 多公顷，全日制在校生近 15000 人，本科 24 个专业，专科 17 个专业；建筑面积 45 万多平方米，资产总值 12 亿多元。

【师资队伍】 2013 年，学院现有教职工 1082 人，其中专任教师 670 人。专任教师中具有副高及以上职称的教师 205 人，比例达 30.6%；具有研究生学历学位的 369 人，比例达 55.07%。全年共引进高层次人才 34 人，其中教授 4 人，副教授 30 人。

【科研工作】 2013 年，学院实际到位科技项目经费总额 157 万元。新增纵向科技项目 97 项，资助经费约 155 万元，其中：省教育厅项目 94 项 75 万元，其他资助项目 3 项 82 万元。2013 年，新增教学科研仪器设备 1542 台（套）886 万元。2013 年，全校发表各类论文 104 篇；申请专利 8 件，其中发明专利 3 件、实用新型专利 5 件。

【招生就业工作】 2013 年，学院面向全国各省市招生 4585 人，其中本科生 4220 人，福建省内招生 3954 人。数字媒体技术、商务英语专业首次招生。2013 年，应届毕业生 3022 人，其中本科 1572 人，专科 1450 人，就业率达 93.81%。

【党建工作】 2013 年，有党员 662 名，其中学生党员 382 名。2013 年，学院团委被评为福建省五四红旗团委，2 名辅导员被评为福建省“百名优秀辅导员”，1 名辅导员获福建省辅导员技能大赛三等奖。

【基础设施建设】 2013 年，新增校舍面积 3.48 万平方米，宝盖校区体育馆、2 幢 19 层教职工公寓、3 幢学生宿舍投入使用。开工建设 2 幢学生宿舍、1 幢学生活动中心楼开工建设。新增图书资料 14 万册，总量达 116 万册。

（王飞学撰　迟　岩审）

泉州海洋职业学院

【学院概况】 泉州海洋职业学院创办于 2009 年，学院占地面积 52 公顷，建筑面积 6 万多平方米，资产总值 4 亿多元。2013 年，学院设 10 个高职专业，全日制在校生近 1300 人。

【师资队伍】 2013 年，学院现有教职工 125 人，其中专任教师 93 人。专任教师中具有副高及以上职称的教师 20 人，比例达 21.5%；具有研究生学历学位的 23 人，比例达 24.7%。

【教学质量】 教育质量是学院的生命线。学院确定“视质量为生命，严谨治学，发展航运特色，培养合格航运人才”的教学质量方针，并制定“四轮驱动”学生素质教育模式，即“准军事化管理 + 感恩人文教育 + 创新创业教育 + 外语口语教育”。学院于 2013 年 12 月接受省教育厅人才培养工作评估，学院的教学质量得到评估专家的肯定。

【招生就业工作】 2013 年，学院面向全国各省市招生 569 人。邮轮乘务、空中乘务、汽车检测与维修技术专业首次招生。2013 年应届毕业生 439 人，就业率达 96.13%。2013 届毕业生获取“双证书”的比例达到 95.22%。

【获奖情况】 2013 年，学院教师带领学生参加中国第二届海员技能比武大赛获撇缆单项第四名和优秀团队奖一项。2013 年，泉州海洋职业学院教师指导学生参加福建省大学生技能大赛获二等奖一项、三等奖一项、优秀奖四项。学院获省级三好学生 1 名，获省级优秀学生干部 1 名，获省级优秀班集体 1 个；3 名学生被评为“石狮市优秀共青团员”；在石狮市举办的“创意引领未来”石狮“海博会”第五届两岸青年辩论赛中，学院获三等奖；学院老师李明灿获“泉州市第三届高校思政理论课教学比赛一等奖”“福建省第二届高校思政理论课教学比赛优秀奖”。

【社会培训】 2013年，学院拓展社会服务渠道，开展社会船员培训、老鹰素质教育培训、特种行业从业人员培训、教材开发、课题研究、对外交流等服务项目，培训3423人次，利用优质教育资源为地方经济社会提供人才和智力服务，支持地方海洋事业发展。

【基础设施建设】 2013年，新增400米标准塑胶田径场一个。新增图书资料6.7万册，总量达13.7万册。

（黄　勇撰　李明灿审）

教研教改

【培训教师提升专业水平】 继续落实市教育局“三名工程”实施方案，组织43名“名校长”培训对象及部分校长前往教育部中学校长培训中心（华东师大）进行为期20天的集中培训；首批中小学教学名师培养对象培训班6月在泉州师范学院继续教育学院开班，58位学员进行了14天的集中理论研修；17名中学教学名师培养对象赴西南大学学习；启动中学语文、数学、英语教学名师培养工作室组建工作。加强师资的培训。组织107名中小学、幼儿园骨干教师参加国培计划培训和省级专项培训；选拔并组织52名中小学教师参加泉州市名师培养对象、学科带头人和骨干教师培训；组织中小学教师2500多人次参加福建省名师优质课网络教研展播活动和学校精细化管理网络论坛等活动。强化教师教学技能和运用现代教育技术的能力。依托福建省教育学院，举办石狮市中小学教师教育技术能力远程培训班，共有1815人参加。重视教师对教育教学实践的总结和提升，特别是在教学论文、教学反思、教学设计等上下功夫，组织做好《石狮教研》（初幼教版）论文评选工作，中学重视教师理化生实验的开展。

【强化校本教研】 落实《石狮市教育局关于石狮市中小学幼儿园“快乐学习”“高效课程”“特色办学”课题研究的通知》（狮教综〔2013〕34号文）和《石狮市教育局关于开展中小学“优化教学模式，构建高效课堂”教学改革实验工作的通知》（狮教综〔2013〕35号文），鼓励学校开展课堂教学改革及相关课题研究。小学、幼儿园开展《促进学生快乐学习健康成长的实践研究》课题研究，现已立项石狮市级课题9项；初中开展《有效教学、高效课堂实践研究》课题研究，高中开展《普通高中多样化特色化办学研究》课题研究，现已收到各校报送课题70多项。以课题为研究为抓手，开展行动研究。全市现有泉州市教育科学“十二五”规划（第一批）课题11项，并于2013年年底结题，其中副校长黄雅芳承担的《构建多维互动教学横式　促进城乡教师共同发展的研究》等5项课题被评为泉州市优秀课题。要求各中小学、幼儿园以自身学校的校情、学情为依托，开展校本教研。中、小学教研室加大开展集体备课检查和教学常规检查，在切实抓好5所泉州市首批基础教育学科教学研究基地学校、9所石狮市小学学科教学示范基地校、3所石狮市幼儿园教学示范基地校教学教研改革的同时，也充分发挥其示范作用，真正做到以学科为点，进行示范性滚动成片，由片联成面，深入推进全市校本教研向纵深发展。

【学前教研】 制订《石狮市幼儿园帮扶互动和片区教研实施方案（试行）》，充分发挥市直园、中心园的指导、示范、辐射作用，立足幼儿园实际，开展形式多样的园本培训和片区教研活动；确立4所市直园为市级实验基地园，9所镇（街道）中心园为镇（街道）级实验基地园，开展各级示范园开放活动。

【小学教研】 提出“质量教育　教研先行”，对全市小学的校本教研工作进行优化、创新、提质，着力于开展求真务实的有效教研。2013年，小教室共举办全市性教研活动13场，三大“片区教研”活动5场，涉及小学阶段所有学科，并在活动的主题、内容与形式上有所创新：送教送研下乡，邀请名师引领，举行现场备课赛课，品德与社会学科举行片断教学比赛及研讨活动；开展专题研讨活动，组织教学观摩评优，观摩名师课堂；组织开放周活动，研讨校本课程；2013年，进修学校圆满完成福建省小学品德与生活（社会）优质课评选活动承办任务，并取得优异成绩。

【中学教研】 强化教学过程管理，

利用石狮一中、石光华侨联合中学两个泉州市高中新课程实验样本校的优势,加强高中新课程实验教学的交流与研讨,不断推动石狮市高中新课程实验的推进;重点抓好初中阶段教学工作,发挥石光华侨联合中学初中部、二中、八中及凤里中学、蚶江中学等泉州市课程改革先进校、泉州市课程改革基地校的作用,以学科为单位,组织开展高中一级校协作教研和初中城乡协作教研,联中、一中高一协作教研及初中城乡学科协作教研稳步推进。以活动促进教学教研,提高教育教学质量。2013 年,组织教师赴山东、上海等地学习活动 36 人次;累计参加省级教学研讨活动(含名师网络课堂)1879 人次,参加省级高考命题培训 12 人,中考命题培训 3 人;参加泉州市初高中新课程教学研讨活动 422 人次,承办泉州市数学课题研究工作会议及泉州市化学教研工作会议,组织以“同课异构”为主要形式的本市各学科教学研讨活动课 128 节,累计参加 5830 人次。参与组织在石狮一中举行的面向泉州市的初高中教学开放周研讨活动。

【规范教学常规管理】 中学以质量提升为目标,加强质量监控。组织 2013 届高中毕业班五校联考联改工作。组织以学科为单位的泉州、石狮市初中毕业班质量检查考试及集体评卷。组织期末质量抽考、高中毕业班省、市质检的集体评卷,并对高中毕业班省、市质量检查考试、初中毕业班质检、初二期末抽查实行网上阅卷并及时做好质量分析工作。高考成绩超省均水平,中考质量进入泉州市先进行列。小学强化评估的改革导向和业务引领,组织市小学四、六年级部分学科教学质量抽查,组织小学六年级科学质量抽查统一评卷。质量抽查促进了学校全面贯彻落实省颁课程计划,成效明显,影响广泛。从质量抽查的数据表明,石狮市小学各学科教学质量总体上是好的。

【坚持以赛促教与学】 学生方面,组织第 14 届小学生作文竞赛、小学英语口语比赛、第四届中学生英语演讲比赛暨高中时文阅读比赛;组织学生参加全国初中数学竞赛、

南音比赛 (图/摘自《石狮日报》)

全国初中应用物理竞赛、全国初中化学素质与实验能力竞赛、全国高中化学竞赛,共有 113 人次在泉州级以上比赛中获奖,其中有 7 人次获省级以上奖项、72 人次获泉州市级奖项;青少年科技创新比赛成绩突出,石狮市参加福建省机器人比赛获二等奖,三幅科幻画作品在省青少年科技创新比赛中获奖,在 2013 年泉州市青少年科技创新比赛中获一等奖 3 项,二等奖 7 项,三等奖 5 项;在泉州市中小学电子制作比赛中获团体名次前八名有 8 个项目、获一等奖 20 人、二等奖 48 人;教师方面,组织教师参加省小学品德与生活(社会)优质课评选活动、省中学物理教师教学创新大赛、泉州市政治教师教学创新比赛及泉州市级以上教学或论文评优活动,共计 112 人次在泉州级以上比赛中获奖,其中省级以上获奖 20 多人,一人获国家级一等奖(品生、品社),一人获省级特等人(品生、品社 1 人),一人获省级一等奖(小学数学 1 人)。

德育工作

【概况】 德育工作坚持立德树人,加强理想信念教育,全面开展“中国梦”宣传教育,引导学生积极践行社会主义核心价值观。广泛参与创建全国文明城市,创建文明学校,提升师生文明素养。全面实施中小学德育三年提升计划,分层次、分学段抓好学生养成教育和道德实践。大力实施校园文化建设年活动,组织开展中小学校园文化建设项目验收。启动家长学校规范化建设“石狮实验区”创建,成立石狮市家庭教育指导中心,构建三结合教育网络。加强中小学心理健康教育,创建石狮市未成年人心理健康辅导站,成立石狮市学校心理健康教育指导中心。实施“三名”工程,培养名班主任,提升班主任专业素养。

【贯彻十八大精神】 利用“书香八闽”网开展“点亮中国梦”读书征文活动。开展“我的梦•泉州梦•中国梦”主题教育活动,组织学生参与泉州市教育局组织的征文、演讲、社会调查。参与由厦门、泉州、漳州三市联合举办“我的闽南梦”征文

大赛。市教育局与石狮日报社等单位联合举办“我的梦·石狮梦·中国梦”征文比赛，收到作品600多篇，135篇作品获奖。

【开展校园文化建设年活动】 把2013年定为校园文化建设年，在第三实验小学召开石狮市校园文化建设推进会，加大投入力度，引导各级各类学校，按照《福建省校园文化建设评估标准》科学规划，分步实施。9所中小学申报福建省校园文化建设先进校，接受泉州市评估组验收。福民中心小学开设烹饪课，培养学生生活技能，获评估组好评，《福建日报》《泉州晚报》、泉州电视台、《海峡都市报》、中国日报网、中国经济网、中国台湾网、未来网、福建文明风、中国广播网、网易、东南网、石狮生活网、石狮在线等媒体进行了报道。邀请山东大学历史文化学院教授、硕士生导师、山东大学品牌学校研究所所副所长、首席研究员、全国教育策划学术委员会委员、中国教育学会管理分会理事张光义为全市中小学校长开设校园文化建设专题讲座，并为石狮第五实验小学进行校园文化建设规划。开展“校园邮局”试点活动。市教育局、市邮政局联合在第三实验小学开办“校园邮局”，11月26日正式营业。

【开展学雷锋主题活动】 2013年，石狮市教育局与市委文明办联合印发《石狮市广泛开展“做一个有道德的人”主题实践活动方案》，进一步深化“做一个有道德的人”主题活动，推动学雷锋活动常态化，着力培养未成年人社会责任感、创新精神和实践能力，引导未成年人培育和养成健康向上的好品德。组织童心向党歌咏活动。突出爱党爱国爱社会主义主题，运用歌咏的形式，引导广大未成年人积极培育和践行社会主义核心价值观，培养心向党、跟党走的情感信念，放飞心中梦想，树立为全面建成小康社会和实现民族复兴“中国梦”而奋斗的远大志向。在全市中小学启动“校园道德讲堂”，强化思想认识，建立班级讲堂、熟悉宣讲重点、规范活动流程、确保活动实效，把校园道德讲堂打造成未成年人“德育综合体”，促进未成年人健康成长、全面发展。按照唱歌曲、看短片（学模范）、诵经典、讲故事、作点评、作承诺（发善心）、送吉祥等流程开展活动。

【加强心理健康教育】 2013年，投入20多万元在青少年学生校外活动中心建设符合省级标准的石狮市未成年人心理健康辅导站，5月正式启用，对外开放。成立石狮市学校心理健康教育指导中心，成立石狮市心理健康辅导志愿服务队，首批有21名专兼职心理健康教育老师参加。每周六安排4名老师到心理健康辅导站值班，接待学生和家长咨询，分发宣传材料。邀请福建师范大学教授叶一舵到石狮开展心理健康教育专题讲座，全市900多名中小学教师听讲。选派5名心理健康教育老师参加泉州市教育局举办的中小学心理健康教育骨干教师培训。

【构建家庭教育网络】 2013年，教育局与福建教育杂志社合作，联合市委文明办、市妇联、市关工委举行家长学校规范化建设“石狮实验区”启动仪式。邀请全国知名家庭教育专家翟召博作专题讲座。成立石狮市家庭教育指导中心，聘请多名专家为顾问。成立57名骨干教师组成的石狮市家庭教育讲师团。凤里中学、实验小学、第三实验小学等学校分别成立校级家庭教育讲师团。以福建教育杂志社编写出版的《爱的智慧—家庭教育读本》作为家长学校教材。4月，举行召开家庭教育骨干讲师培训会。来自石狮市家长学校规范化建设实验校讲师、非实验校班主任代表、名班主任培养对象近140人聆听了泉州师范学院应用心理学专业副教授、泉州师院心理咨询中心主任黄晋一，泉州师范学院心理学副教授、泉州市中小学心理健康教育指导中心主任林永乐的精彩讲座。九月举办石狮市家庭教育大讲堂骨干讲师（班主任）培训会，泉州市、石狮市家长学校规范化建设实验校骨干讲师、实验校全体班主任800多人参加培训。开设家庭教育大讲堂，多所学校邀请家教专家张秀云为家长作家教专题报告。邀请余浪为学生和家长作《让生命充满爱》演讲。

体育、卫生、艺术、科技教育

【概况】 2013年，组织全年学校体育工作（小学生运动会、体育中考、泉州市传统校各项比赛、泉州市中小学生“五祖拳”比赛、全省体育联赛、省级特色校赛事、学校体育场馆普查、《国家学生体质健康标准》测试和上报、石狮市中小学生田径运动会、中学生篮球赛、石狮市第三届工人运动会及泉州市体育论文、案例、录像课比赛等)。2013年初三毕业生体育升学考试顺利完成，学生体质明显提高，2013年体育中考合格率比2012年提高了三个百分点;2013年，顺利完成《国家学生体质健康标准》测试和上报工作;制订了石狮市学校体育三年行动计划;首次完成了义务教育阶段学生体检工作。组织参加泉州市中小学生田径联赛、乒乓球比赛、传统校篮球赛、高中达标校篮球等级联赛、泉州市首届中小学生"五祖拳"比赛、泉州市体育论文、教学案例、录像课比赛、泉州市体育片断教学比赛(在各级各类比赛中，石狮市均取得优异成绩，特别是2013年中小学生田径联赛，石狮市获得小学组第二名、初中组第四名、高中组第五名的建市以来最好成绩)。参加石狮市第三届工人运动会获得团体总分和金牌数双第一。跟踪检查中小学生每天锻炼一小时开展情况、《国家学生体质健康标准》测试上报工作、第六届亿万中小学生冬季长跑活动情况。加大对体育场地的改造和体育器材的投入力度，2013年投入1000万元进行体育场地改造工作，投入450万元添置各中学体育器材。

【提高教师综合素质】 2013年，加强艺术类课程教学，严格执行课程计划。加强艺术教师队伍建设，引导和鼓励教师加强教学业务和专业技能方面进修与提高，组织实验小学舞蹈教师到厦门市参加2013年全省中小学音乐舞蹈骨干教师专项培训班，不断提高石狮市音乐舞蹈教师的教学、编创以及指导校园艺术活动的能力。

【以活动营造校园艺术氛围】

2013年，在全市中小学校广泛开展以班级合唱、齐唱为重点的"党在我心中"歌咏活动。在2013年举办的第九届泉州合唱节活动中，石狮市新湖中心小学合唱团获小学组一等奖、石狮一中合唱团获中学组二等奖，充分展示了石狮市艺术教育的丰硕成果。由于表现出色，新湖中心小学还获了优秀组织奖。举办"玉湖杯"石狮市第六届元宵学生灯谜精英赛、"六桂杯"第九届校园灯谜艺术节。同时，相应地举办中学生辩论赛、"快乐童年·放飞梦想"2013年石狮市庆祝"六一"国际儿童节文艺会演、"欢乐童心·美丽石狮"为主题的中小学生、

"六一"国际儿童节文艺会演
(图/摘自《石狮日报》)

幼儿书法、绘画作品展评活动、中小学生南音演唱演奏比赛、"中骏黄金海岸杯"第七届少儿电视歌手大赛、以爱国歌曲为主要内容的"每周一歌"活动等赛事，并形成常规工作。以青少年校外活动中心为载体，在青少年校外活动中心开设音乐、舞蹈、美术、器乐、武术、棋类、乒乓球、小主持人等20个项目的培训，既丰富青少年学生的课余文化生活，又不断提高学生的艺术素质和审美能力。2013年，还新增设了青少年灯谜集训班，集训班不收取任何费用，对石狮灯谜水平较高的学生进行培训，不断提升青少年学生灯谜水平。

【抓品牌培养艺术特色】 重视艺术教育，2013年石狮市艺术教育成果突出:获福建省教育厅举办的全省第四届中小学生艺术节活动二、三等奖各两名。获泉州市第15届小学生、第27届中学生美术、书法现场比赛小学绘画组一等奖、二等奖、三等奖各一名;小学组工艺二等奖、三等奖各一名;小学组毛笔三等奖一名;小学组硬笔三等奖;初中组绘画三等奖二名;初中组工艺二等奖一名;初中组毛笔三等奖一名;初中组硬笔一等奖一名、三等奖各一名;高中组绘画二等奖、三等奖各一名;高中组毛笔二等奖、三等奖各一名;高中组硬笔三等奖一名。选送鹏山工贸男女声四重唱《阳光路上》以及新湖中心小学的经典诵读《千字文》两个节目入选泉州市委文明办、市文联举办的泉州市"道德模范故事汇"基层巡演活动。在泉州市中小学生民族器乐独奏比赛中，获小学组古筝一等奖和三等奖;获初中组古筝三等奖;高中组古筝二等奖。获初中组笛子二等奖，获初中组二胡三等奖，获小学组葫芦丝三等奖。在泉州市"欢乐童心·美丽泉州"少年

儿童书法、绘画作品展评活动中，石狮市有23位参赛选手获奖。在泉州市第23届中小学生南音演唱演奏比赛中，中小学有四位同学获奖。在泉州市第五届少儿电视艺术节活动中，五位同学获奖；龟湖中心小学老师编排的校园剧《“西游记”之狮城除害》获小学组校园剧三等奖。在泉州市第18届“贤銮杯”中小学生西洋乐器（小提琴）独奏比赛中，有三位同学获奖。在泉州市“党在我心中”校园歌手独唱比赛中，有四位同学获奖。

由于石狮市学校艺术教育工作出色，市教育局获得全国第四届中小学生艺术展演活动的“优秀组织奖”，此奖项是由教育部颁发的艺术教育最高奖，也是石狮市教育局第三次获教育部的表彰。

队伍建设

【助推高校人才引进】 落实石狮市委、市政府建设“人才、人口、人气”集聚城市的发展规划，2013年8月，与市人社局等部门一起，分两次走访东华大学、西安工程大学等25所国内高校，努力推动驻石狮三所高校、石狮纺织服装等产业与国内知名纺织服装、时尚创意、电子商务类高校的合作交流，在师资引进、实训基地建设、专业交流等领域开展合作。

【实施住房优惠政策】 2013年，市政府出台一系列优惠政策，为全市教师解决住房245套。其中，198名教师享受购买政府提供的限价房待遇，占总数的50%以上；另有47名教师获得市政府教育优秀人才住房定向奖励，占人才总数的88%以上，购房可享受到最高10万元的贴息贷款，优惠总额达20万元以上。

【加大人才培养力度】 抓好“名校长、名教师、名班主任”培养工程，遴选120名培养对象，通过轮训学习、跟岗学习、名师引领、举办“质量教育论坛”等形式，开展为期三年的培养，增强名师的引领和带动作用。组织43名名校长培养对象前往华东师大集中培训，出版石狮市名校长培养工程论文汇编。永宁中学陈冬凝等3名校长被评为省中小学骨干校长培养对象。加大名班主任培养力度，举行名班主任培养对象开班仪式，开展教师全员培训活动，全市教师参加各级各类培训超过3000人次。

【完善队伍管理模式】 建立聘后管理机制。出台《石狮市教育局关于加强中、高级职务教师管理的实施意见》，在全省率先试行对中、高级职务教师聘后管理。优化队伍结构。开展中小学教师学科结构性调整工作，制定城乡学校结对、城区教师到农村任支教和小学教师轮岗交流等制度。2013年，录用新教师104名，引进22名，轮岗交流117名，城镇往农村支教32名，交流率达10%；规范干部管理。规范学校领导干部考察、选配和后备干部队伍建设程序，对干部选拔任用的基本原则、任职条件、职数的配备标准等做出明确规定，完成对去年调配任用的班子队伍“回头看”，建立校级后备干部信息库；完善绩效工资分配办法。制定《石狮市教育局关于学校行政人员奖励性绩效工资分配办法修改意见（试行）》，规范行政管理岗位的考核细则及奖励性绩效工资的发放。

【深化管理机制改革】 实施“名校办分校、老校带新校、强校扶弱校”的办学模式。开展实小与六小、二小与联中附小、三小与五小的传帮带模式，促进名优校与新校的资源共享，做大做强教育品牌。市直小学捆绑乡镇中心校基层小学模式逐步完善并初见成效，双方开展人员互派、顶岗学习、城区学校教师到农村学校支教，农村学校校长到市直学校跟岗学习等方式，开展交流。

【推进教科研改革】 2013年，投入200万元经费支持教育教学改革，开展石狮市中小学幼儿园“快乐学习、高效课堂、特色办学”市级课题研究，加大教科研力度，组建覆盖全市的“教研联盟”，提高教育教学质量和教科研水平。2013年，11个课题通过泉州教育科学“十二五”规划课题结题，7名教师在省级以上优质课评选、教学创新大赛、教育论文评选等比赛中获得一等奖。

团队、妇女工作

【团队工作】 2013年，石狮市学校团队工作紧紧围绕市教育工作中心，突出“育人”的根本目标，紧扣“思想引领”和“成长服务”两项根本任务，融入学校素质教育框架，探索加强青少年学生思想教育的有效载体，推进校园文化建设和素质拓展计划的实施，不断加强和改进学校团队组织的自身建设，落实和保证团队组织在深化素质教育目标中的作用充分发挥。

【加强青少年学生思想道德建设】

2013年，把握思想引领的根本任务，以爱国主义教育为基础，以理想信念教育为核心，以培养学生的国家意识、劳动意识、科学意识、公民意识等为重点，有效开展青少年学生思想教育工作。在全市中小学、幼儿园开展“学雷锋、讲文明、做有道德的人”教育活动。大力弘扬和培育爱国主义主旋律，发动各基层少先队参加“红领巾相约中国梦”数字故事征集评选活动。“六一”期间，教育系统团委协同团市委、少工委联合在实验小学召开“红领巾相约中国梦”全国统一主题队日活动现场观摩会。来自各基层的41名少先队辅导员代表参加观摩活动并对队日活动进行点评。

【培育校园精品活动】 2013年，教育系统团委联合团市委举办第五届中学生辩论赛。深化“手拉手”活动。各学校团队组织进一步加大“手拉手”活动力度，采取不同省份少年手拉手、不同地区少年手拉手、城乡少年手拉手、校际少年手拉手、城市少年与外来务工子女手拉手等多种形式，广泛开展丰富多彩的“手拉手”互助活动，不断扩大活动的参与面和影响力。深入推进少先队“先锋行动”。各级少先队组织牢牢把握少先队的根本任务，全面履行少先队的基本职能，深入推进石狮市少先队“先锋行动”。广大少先队员学习先锋榜样，争戴先锋奖章，相互激励成长；广大少先队辅导员辛勤灌输引导，争开先锋课堂，不断探索创新；广大少先队集体丰富活动载体，争创先锋集体，开展特色活动。第二实验小学的邱辰琰（女）、第三实验小学的丁翼翔被评为“2011—2012年度福建省雏鹰奖章‘少年先锋章’”。大仑中心小学黄琦（女）执教的“红领巾心向中共——十八大与我们的未来”主题队课《聚焦十八大•拥抱未来》获“2011—2012年度福建省先锋课堂优质队课”一等奖；少先队工作出色，一批少先队先进集体和先进个人获福建省级表彰。

【加强团队自身建设】 2013年，加强团队干部队伍建设。组织各中学团委、各基层少先队组织深入学习宣传贯彻中共十八大、中共十八届三中全会精神，进一步坚定跟党走中国特色社会主义道路的理想信念。不断加强团队基础知识学习、规范团支部（总支）和队室档案；抓好团队衔接和团前教育，加大团员发展工作力度和团员意识教育；建立学校之间互学互检工作机制，进一步促进学校与学校、团组织与少先队的联动，加强工作交流，完善学校团队资源共享机制，争取在学校团队基础建设方面有新的突破并取得较大发展，促进学校团队工作整体水平的提升。2013年，教育系统团委联合团市委、少工委、关工委召开十佳少先队辅导员公推遴选大会，安排十佳少先队辅导员送课下乡，再由十佳少先队辅导员参与少先队总辅导员竞争性选拔暨十佳少先队辅导员表彰大会。

【妇女工作】 2013年，组织全市女教职工深入学习中共十八大、中共十八届三中全会精神，调动广大女教职工的工作热情，团结带领女教职工为构建和谐校园、和谐社会做出新贡献。以“争做合格家长，培养合格人才”主题，联合市妇联、市关工委开展家庭教育宣传实践活动。邀请泉州家教专家到各校举办家庭教育知识讲座20场次，吸引5500多名家长、学生聆听讲座。为广大家长传播现代家庭教育的新理念、新知识和新方法，切实提高广大家长基础素质和家庭教育水平，营造有利于未成年人健康成长的良好社会环境，在“六一”期间表彰百名泉州市“五小”标兵；教育系统妇委会协同市妇联联合举办2013年石狮市少年儿童书法、绘画作品评选活动。选送优秀作品送泉州参加 “欢乐童心•美丽泉州”少年儿童书法、绘画作品展评活动，石狮市有23位参赛选手获奖；组织石狮市女教职工参加全省《女职工劳动保护特别规定》知识竞赛活动，全市共有3875名女教职工参与特别规定知识竞赛活动。

办学条件

【推进重点工程建设】 2013年，预算内教育投入达3.85亿元，年增长11%。教育类重点项目建设计划总投资26551万元，计划项目总共60个，其中在建项目38个，预备项目22人，涉及51个学校。2013年实际完成总投资22080万元，38个在建项目已全部开工，27个项目完工。顺利完成凤里中学搬迁工作，新开办石狮第六实验小学，第二实验幼儿园新园区开始招生。前坑小学、桃源小学、港塘小学等一批改扩建项目陆续投入使用。2013年，市区初中、小学一年级新增学位超过3000个，幼儿园增加4600个学位。2013年秋季，全市中小学共有进城务工随迁子女46406人，占总生数的61.91%。

【教育经费逐年增长】 落实政府对教育经费投入的逐年增长。预算内经费由2012年的34650万元增加到38500万元。2013年，学校的公用经费补助标准小学每生每年550元(生数不足300人的小规模学校按照300人预算公用经费)，初中每生每年750元（生数不足500人的学校按照500人预算公用经费、500人至800人的学校按照800人预算公用经费)。高中阶段困难学生助学金每生每年1200元，学前阶段低保幼儿助学金每生每年1000元，寄宿生生活补助费每生每年500元，中职学生国家助学金每生每年1500元。义务教育阶段中小学公用经费预算安排3639万元，实际到位数3639万元，到位率100%，2013年全市124648人次的义务教育阶段学生全部免除杂费；为81163名学生免费提供教科书，共补助437.77万元；补助512名寄宿制贫困家庭学生生活费，共补助13.1万元；37人次城区义务教育阶段低保家庭学生和随班就读的残疾学生同步享受“四免一补”政策，共补助0.9万元。2013年，完成全市农村义务教育阶段为公办学校学生免费提供作业本任务，并将范围扩大到全市义务教育阶段公办学校学生。为124648人次义务教育阶段学生免费提供作业本费217.77万元。落实中职学生生活费补助政策，按每生每年1500元标准按时兑现了生活费补助，2013学年度共补助1148人次的中职贫困生生活补助费17.22万元；落实中职教育免学费政策，2013学年度共免除中职教育学费162.92万元。补助家庭经济困难在校高中生427人，金额32.835万元。实施城乡低保家庭入园幼儿保教费补助政策，全年共计64人次，补助金额4万元。

【做好校安工程】 2013年石狮市校安工程2个：永宁银江华侨学校实验综合楼、宽仁小学二期工程；扩容工程项目3个：永宁中心小学、第五实验小学、塘边小学；幼儿园项目3个：灵秀中心幼儿园、祥芝中心幼儿园、幸福新城幼儿园。至2013年年底，所有项目已全部开工，其中完工3个，主体在建5个。

【推行国库集中支付改革】 按照《市政府关于批转石狮市财政国库集中收付制度改革实施方案的通知》(狮政综〔2012〕149号）的要求，2013年全面推行国库集中支付改革。按照市财政的统一部署，教育系统105个单位全部纳入国库集中支付。教育系统公共财政预算拨款经费，包括生均公用经费、专项业务费等资金，全部通过集中支付下达各用款单位，进一步加强和规范财政资金管理。

【做好集资工作】 2013年，继续做好多渠道集资工作，发动企业团体、社会贤达、爱国侨胞捐资兴学。2013年，全市教育系统接受港、澳、台、侨胞捐资1705.077万元，用于奖教奖学和改善办学条件。2013年，新成立29个教育基金会，全市有各类教育基金会99个(不包含71个个人冠名基金)，基金总额达9308万元，年增值920万元，用于奖教奖学，改善办学条件资金达4039.5万元。

（陈宇平撰　卢崎青、林世良审）

在建的幸福新城小学　(图/摘自《石狮日报》)

文 化

（图/颜华新）

文化艺术活动

【概况】 2013年，举办一系列主题鲜明、影响广泛的文艺活动，唱响主旋律，呈现高雅艺术；举办文艺界迎新春晚会，为与会嘉宾与文艺界代表奉上一场高品位高质量的文艺盛宴，以具有闽南特色的舞狮南音表演、书画瀚墨、青春靓丽的舞蹈，全面展现石狮文艺工作者的风采；举办第九届社团南音大会唱，全市南音社团会员与南音爱好者齐聚一堂，共唱千年古音，共传非遗文化；举办“学习贯彻中共十八大精神暨文学创作座谈会”，邀请原泉州市委常委、宣传部部长、市人大常委会副主任洪辉煌和原晋江市市长助理、知名作家许谋清与会授课，并与作协会员进行交流；开展由泉州市委宣传部、市文联主办的“我为党旗争光辉”文艺采风活动，向来访的泉州文艺工作者们充分展示石狮的历史底蕴传承及文化经济发展建设成果。

【推精品出人才】 发挥文化活动的主体作用，致力于繁荣石狮文艺事业，推出一批反映时代精神、富有地方特色的精品力作，涌现一批具有文艺功底和发展潜力的优秀人才；出版综合性文艺季刊《石狮文艺》；吴永雄、高晶炯（笔名高寒）加入中国作家协会，实现石狮没有中国作协会员的零突破；出版“质量石狮”《狮情画意》书画作品集；在《石狮日报》刊设《宝盖山下》文学专版，发表散文、杂文、随笔、古典诗词现代诗歌上百篇；在《石狮日报》开设《书报缘》专版。

（肖莺莺撰　李繁红审）

【非物质文化遗产保护】 2013年6月11—13日，举办第七届闽台对渡文化节暨蚶江海上泼水节，第五届海峡论坛·闽南文化节的系列活动之一。6月11—14日，举办石狮第五届中华灯谜艺术节，邀请海内外100多名谜友和来自国家级、省级、地市级灯谜非遗项目所在地的10支代表队及海内外10支女子代表队参赛。11月9—11日，薛道达获首届“平望杯”中华灯谜邀请赛个人亚军、专题创作赛佳谜奖；林清富获专题创作赛佳谜奖。12月11日，石狮市非物质文化遗产展示馆被命名为泉州市第二批非物质文化遗产展示馆，创就化遗产传习所，30个展示点被命名为第二批闽南文化生态保护区展示点。12月29日，石狮市非物质文化遗产展示馆正式开馆。

（陈清良撰　黄明瑄审）

文化市场

【概况】 石狮市文化市场综合执法大队成立于2010年11月，隶属石狮市文体旅游新闻出版局管理的一级事业单位，原单位名称为石狮市文化市场稽查队。经费渠道为财政核拨，核定人员编制8名。

【工作职责】 大队主要职责：市文化（文物）、广播影视、新闻出版等行政管理部门的文化市场行政处罚以及相关公共的行政强制、监督检查职能，依照“行政处罚法”和国务院关于相对集中行政处罚权工作的相关规定和程序，委托石狮市文化市场综合执法大队行使。

【综合执法范畴】 负责全市文化市场综合执法工作；查处演出和娱乐、网吧及互联网上网服务、电子游戏、美术品销售、文物经营等活动中的违法行为；查处违法安装和设置卫星电视广播地面接收设施、违法接收和传送境外卫星电视节目和走私盗版影片放映行为；查处图书、报纸、期刊、音像制品、电子出版、网络出版、计算机软件等方面的违法违规出版活动和印刷、复制、出版物发行中的违法经营活动；查处盗版侵权行为，承担“扫黄打非”有关工作任务等；完成主管部门交办的其他工作任务。

【娱乐场所专项执法行动】 石狮市文体旅游新闻出版局在2013年3月1日至6月30日开展为期四个月的营业性歌舞娱乐场所专项执法行动。出动检查66人次，检查营业性歌舞娱乐场所10家次，责令并制止2家营业性歌舞娱乐场所停止非法演出，引导5家企业及时向省文化厅进行涉外和港、台艺人演出申请并获得批复。在取得批复后，石狮市文体旅游新闻出版局安排人员现场监管，并进行全程录像录音，演出过程中未发现假唱等违规行为。此次专项行动取得效果，各营业性歌舞娱乐场所经营秩序得到进一步规范，经营环境得到净化。

【开展赌博机具整治】 石狮市文体旅游新闻出版局于2013年5月1日—9月30日开展打击赌博专项行动，清缴书报亭贩卖宣扬“六合彩”等赌博的非法印刷品；查处利用互联网从事网络赌博的互联网服务营业场所；查处场所内设置含有赌博性质的游戏机的动漫城、游戏游艺厅等公共娱乐场所；查处提供场所参与组织聚众赌博的文化娱乐经营单位。

【规范市场秩序】 2013年，石狮市文体旅游新闻出版局文化市场综合执法大队出动检查人员557人次，检查各类相关经营场所481家次，规范市场秩序。

【文化市场巡查制度】 石狮市文化市场综合执法大队负责组织协调本市文化市场三级联动日常监管巡查工作，各镇、街道建立文化市场三级联动日常监管巡查工作组，建立巡查员培训机制；建立文化市场日常监管巡查工作考核奖励制度；建立巡查数据档案制度；对违法、违规行为和突发性重大事件在第一时间上报。

【文化市场应急处置预案】 制订石狮市公共文化经营场所和文化经营活动中发生突发事件的应急处置预案。在处置文化市场突发公共事件中以保障消费者健康和生命安全为目的，对消费者实施救援、救助，最大限度减少文化市场突发公共事件造成的消费者伤亡；不断改进和完善应急救援设施和手段，加强应急救援人员的安全防护；预防为主，加强公共文化经营场所和文化（出版）经营活动安全知识的宣传力度、普及文化市场经营的各项法律、法规规定，提高公众消费者和经营人员的自我防护意识；排查公共文化经营场所和文化（新闻出版）经营活动中各类突发事件的隐患，采取预防和控制措施，减少突发事件发生的概率。

【印刷企业清查专项行动】 石狮市文化市场综合执法大队在2013年5月1日—9月30日开展为期四个月的印刷企业专项检查工作。出动检查125人次，检查印刷企业126家次，收缴非法出版物207件，其中违禁出版物101件，盗版图书86件、非法报纸期刊20件。

【开展“黑网吧”专项整治】 石狮市文体旅游新闻出版局于7月10日—9月10日开展“2013年暑期黑网吧专项治理行动”。出动执法人员428人次，对登记网吧检查337家次，检查发现2家正在筹建中的网吧，责令网吧负责人在办理完相关手续后方可营业；加强对中小学校周边、工业区、外来人员相对密集地区的巡查，摸排隐藏在小巷里的“黑网吧”，做好“黑网吧”的整治工作。

（陈清良撰　黄明瑄审）

图书与文博

【概况】 石狮市图书馆（包括文林馆和万祥图书馆），是福建省十佳图书馆，被评为国家一级图书馆。馆藏图书45.8万册（含电子资源）。图书馆设置采编部、外借部、少儿阅览室、报刊阅览室（含反腐倡廉图书音像资料库、电子阅览室、全国文化信息资源共享工程支中心)、特藏室(含工具书库、地方文献室、服装图书馆)、资料文献室、电子资源视听文献部、视障阅览室等。万祥图书馆设置图书外借室、报刊阅览室、地方文献室、台湾县市志典藏室、四库全书室、特藏室、海洋馆等功能区。

【微博在行动募捐活动】 1月15日，由福建公安边防总队石狮大队联合共青团石狮市委、石狮市文体旅游新闻出版局、闽南文化习俗交流协会及蚶江镇党委政府主办，石狮市图书馆、闽南理工学院、石狮移动分公司、蚶江边防派出所、祥芝边防派出所、蚶江镇灯谜协会协办的“石狮有爱•情系阿里”微博在行动募捐活动在蚶江镇举行。石狮市图书馆送去200本地方文献为远在阿里的西藏同胞和边防官兵送去祝福和关爱。

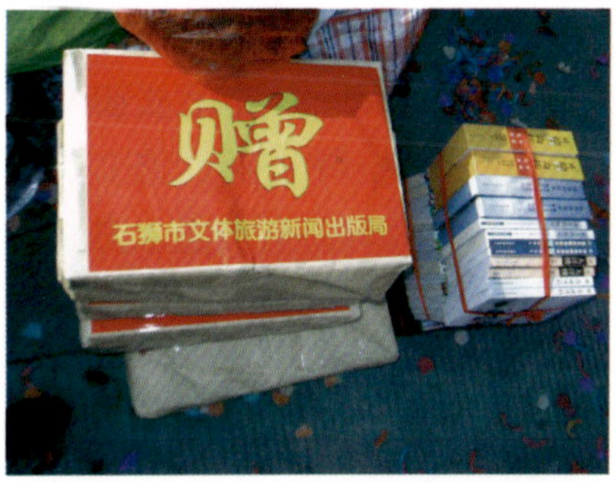

为远在阿里的西藏同胞和边防官兵送去祝福和关爱 （图/石狮市图书馆）

【小记者现场采访活动】 1月20日，由石狮市文体旅游新闻出版局、石狮文林图书馆、石狮日报社联合组织的“石狮市图书馆小记者厦门外图图书现采活动”如期在厦门外图举行，这让小朋友用自己的眼睛去寻找、去发现自己喜欢的书。

【科学百科知识竞赛】 1月，由泉州市教育局、泉州市文化广电新闻出版局、泉州市科学技术协会主办的“小学生探索•科学百科知识竞赛”活动也在石狮市拉开帷幕，石狮市图书馆作为承办单位在本次活动积极发动本市学校参与，及时做好竞赛活动参考用书的采选并在馆内阅览室设立活动专用书架供参赛读者阅览。活动后期还与泉州市图书馆邀请科普专家李裕红在石狮市第三实验小学举办科普知识讲座。石狮市图书馆在活动中获优秀组织奖。

【万祥图书馆元宵灯会】 2013年2月，在祥芝镇万祥图书馆广场举行由石狮市文体旅游新闻出版局、石狮市祥芝镇政府主办，石狮市图书馆、石狮市灯谜协会承办的“2013年万祥图书馆元宵灯会”，市镇两级相关领导到场参与，与现场群众共庆元宵佳节。歌舞表演、灯谜展猜、迎新春书画展、游赏花灯等活动，展示十部群众在建设生态型强镇过程中呈现出的崭新精神风貌，进一步丰富和活跃全镇广大干部群众的节日文化生活，为全镇人民送上一场节日的文化盛宴。

万祥图书馆元宵灯会 （图/石狮市图书馆）

【流动图书进警营】 6月21日，石狮市图书馆“流动图书阅读点”正式落户蚶江边防派出所。在“流动图书进警营”启动仪式上，石狮市文体旅游新闻出版局、石狮市图书馆为该所官兵送去300余册书籍，内容涵盖经济、政治、军事、哲学、科普、文体生活、技能学习等十多类，内容丰富、涉及知识面广，受到该所官兵的欢迎。

流动图书进警营 （图/石狮市图书馆）

【大手拉小手共绘中国梦】 7月23日，永宁镇沙美村青少年社会教育活动中心里人头攒动，沙美村数十名青少年在辅导员们的带领下，开始了“大手拉小手，共绘中国梦”的暑期社会实践活动。石狮市图书馆配合主管局、市关工委为他们送去了一批图书。这批赠书内容丰富、涉及知识面广，尤其是党风廉政的相关书籍为沙美村的图书阅览室增添了一道风采。

大手拉小手共绘中国梦 （图/石狮市图书馆）

【贝贝国学亲子活动】 8月2日，石狮市文林图书馆举办的“贝贝国学”亲子体验活动受到小朋友们的热烈欢迎。在老师的带领下，家长和小朋友对“贝贝国学”的学习理念和应用进行亲身体验。现场，气氛热烈，互动不断，猜成语、背古诗、猜词 PK……通过新颖的学习体验和游戏，每个小朋友既拿到奖品，又培养学习国学的兴趣，提高了参与集体活动的积极性。

【万祥图书馆海洋馆开馆】 9 月 14 日，海洋馆在万祥图书馆正式开馆。福建省人大常委、省人大财经委主任、省海洋与渔业厅原厅长刘修德，福建省海洋与渔业执法总队长叶剑平，泉州市人大常委会副主任吕竞到会参加。2013 年，省海洋与渔业厅向万祥图书馆赠送钓鱼岛海域沙盘 1 座，省海洋与渔业执法总队舰艇模型 6 架、海底矿石标本 1 份和海洋文化类图书 1200 多册，丰富海洋馆的馆藏内容。

【书香狮城启动仪式】 9 月 28 日，2013 年“书香狮城·全民读书月”启动仪式在市文林图书馆举行，副市长庄宝玲、市委宣传部、市总工会、市文体旅游新闻出版局、石狮日报社及健健集团等单位有关负责人，共同触摸水晶球，正式启动读书月系列活动。

书香狮城启动仪式　(图/石狮市图书馆)

【读书漂流启动仪式】 9 月 28 日，正式在文林图书馆启动“图书漂流”活动。引领广大阅读好书，分享读书快乐，以营造书香狮城为目的。

【藏书票平面图展览】 国庆期间石狮市文林图书馆二楼举办藏书票平面展览。本次展览的藏书票平面来自于旅菲儒商林建民的外文原籍，共 52 枚，其创作精美，风格迥异、图文并茂、具有很高的艺术欣赏价值。

【石狮市图书馆少儿室开馆】 12 月 29 日，少儿阅览室开馆暨军旅作家白刃、香港作家蔡丽双著作专柜揭牌仪式在石狮市文林图书馆举行。

军旅作家白刃著作专柜

(图/石狮市图书馆)

香港作家蔡丽双博士著作专柜

(图/石狮市图书馆)

【图书馆举办的活动】 2013 年 1 月，与石狮市文体旅游新闻出版局、石狮日报社联合举办石狮小记者厦门外图图书现采活动；2 月，在万祥图书馆举行一年一度的元宵灯会；6 月，石狮市图书馆“流动图书阅读点”正式落户蚶江边防派出所；7 月，在永宁镇沙美村举办的“大手拉小手共绘中国梦”活动中配合市文体旅游新闻出版局、市关工委送去一批图书；9 月，万祥图书馆海洋馆开馆；9 月，举办石狮市“书香狮城·全民读书月”，同期举办图书漂流启动仪式；12 月，石狮市图书馆少儿阅览室开馆暨军旅作家白刃、香港作家蔡丽双著作专柜揭牌仪式。

【图书馆免费开放】 从 2011 年 10 月 1 日起，到石狮市文林图书馆、万祥图书馆和玉湖 VPN 服务点等图书馆分馆、流通点办理图书借阅证，均无须再交纳工本费。读者在办证后，可以免费借阅图书、阅览报刊，上网及查阅资料。

【学术研究】 杨孙超的《电子阅读器——引领未来阅读新方式》于 2013 年 2 月发表在《管理学家》期刊上，并获得第八届泉州市科学技术协会学术年会泉州市图书馆学会的二等奖；蔡丽味的《小议公共图书馆科普工作的现状与未来》于 2013 年 11 月发表在《管理学家》期刊上，并获得第八届泉州市科学技术协会学术年会泉州市图书馆学会的二等奖；邱春萍的《免费开放给基层图书馆带来的发展与困惑——以石狮市图书馆为例》于 2013 年 11 月发表在《管理学家》期刊上并获得第八届泉州市科学技术协会学术年会泉州市图书馆学会的三等奖；邱晓虹的《浅谈公共图书馆开展政府信息公开服务的现状与对策》于 2013 年 11 月发表《管理学家》期刊上。

2013年石狮市图书馆业务情况表

表45

馆名	藏书总量	新增藏量	外借人次	外借册次	阅览人次	阅览册次	活动次数	活动人数
石狮市图书馆	458072	23458	34430	230225	8361	29777	58	36800

（刘晓望撰　曹宝琴审）

广播电视

【概况】 2013年，石狮市广播电视事业局制作播出新闻近5000条，专题节目360多期，在泉州电视台播出新闻495条，神州瞭望外宣网播出专题70多条（次），省台播出200多条（次），央视播出新闻33多条（次）。直播“海博会”、闽台对渡文化节暨蚶江海上泼水节、广场文化艺术节等近十场大型活动。推出《财经新时空》《平安石狮》《印象石狮》三档全新栏目，并对《百姓纪事》《风情石狮》《种太阳》《石狮房产报道》《石狮党建》等原有栏目进行重新包装，成为全省县级台制播设备最先进的县级台之一。获得“泉州市文明单位”“福建省电视新闻供稿十强县级台”等称号。

【事业建设】 2013年，石狮市广播电视事业局开展品牌年活动，陆续组织策划执行“玉湖社区元宵喜乐会”，学习贯彻十八大走进灵秀专场演出，承接石狮市第二届“人企对话”对接等活动；参与并转播2013年海峡两岸马拉松活动，直播第六届少儿电视歌手大赛总决赛，举办第11届广场文化艺术节，筹划“石狮情　民生梦”、革命历史舞台剧、闽南传统文化少儿文艺、盛夏欢乐舞五个专场。2013年，广电传媒公司在不刊播医疗药品广告的情况下，完成创收1296万元，其中硬广收入910万元，节目联办和专题制作230万元，活动策划执行收入156万元。

【广播电视宣传】 2013年，石狮市广电局启动频道包装和栏目改版工作。整合“新闻综合频道”，新开办《平安石狮》《财经新时空》《印象石狮》栏目。与中广天择传媒公司合作，于11月15日全新推出“都市生活频道”，节目更接地气。结合石狮城市LOGO，更换台标，借助北京专业团队力量，演绎新的频道形象；有40多件作品在国家、省、市一级评奖中获奖。12月，石狮市广电局成为泉州市广播影视协会副会长单位。

【开发新业务】 2013年5月，石狮电视台节目部新推出三档全新栏目《财经新时空》《平安石狮》和《印象石狮》。三档栏目开播以来逐渐得到领导和观众的肯定，有一定创收。

【平安建设】 《平安石狮》是福建省县级市第一档法制类栏目。聚焦重大案件，权威普法平台。中共石狮市委政法委特别指导，公检法司等部门配合，关注中国法制进程。

【专项稽查行动】 2013年，石狮市广电局联合市文化执法大队对全市宾馆、酒店进行拉网式排查。有3家星级酒店有超范围非法接收频道的现象。执法人员根据《卫星电视广播地面接收设施管理规定》等相关法律法规，当场依法对违规酒店发出整改通知书，限期自行整改。2013年，共出动车辆18辆，出动72人次，检查酒店、宾馆55多家，发出整改通知书2份。

【节目创优】 2013年，市广电局参加各种优秀作品评奖活动10多次，共有43件作品获奖。电视长消息《杨丽婉摘得伦敦残奥会铅球冠军》获泉州一等奖，电视短纪录片《奔跑的微博》获福建省广播电视新闻三等奖，广播长篇联播《檀香刑》获省一等奖，并被选送参加全国影视大奖评选；广播剧《父亲是座山》获省级二等奖、泉州一等奖；广播剧《圣山》获西藏自治区第四届精神文明建设“五个一工程”优秀作品奖。广播电视作品创优成绩位居全省县（市）同行业前列。

【专题汇报片制作】 2013年，市广电局制作汇报片24个，有双拥汇报片《鱼水情深铸和谐》，环保生态成果专题片《律动石狮》，交通质量提升成果汇报片《石狮交通之变》，“米兰计划”专题片《时尚织就梦想》，文明城市考评汇报片《文明就在身边》等，获得好评。

【新媒体取得新突破】 2013年，市广电局推进网络电视筹建工作，建设“爱石狮”手机客户端(APP)、网络广播电视数字电视频道，制定《石狮广电新媒体运营思路》《“爱石狮”APP栏目设置与内容保障方案》《网络视频栏目设置与内容保障方案》，推进网络电视建设。

(占宗辉撰　薛文华审)

石狮广播电视台作品及新闻获奖目录

表46

作品名称	类别	奖　项	主创人员	授予单位	授予时间
杨丽婉摘得伦敦残奥会铅球冠军	长消息	2012年度泉州广播电视新闻奖 广播类一等奖	许玉妮 苏彧青 柯惠山 于成亮	泉州市文广新局、泉州市广播电视协会	2013.6
永宁沙堤数万尾鱼集体死亡追踪	连续报道	2012年度泉州广播电视新闻奖 广播类二等奖（县级一等奖）	黄晓东 吴晓晖 王金辉 李 歆	泉州市文广新局、泉州市广播电视协会	2013.6
第六届闽台对渡文化节暨蚶江海上泼水节开幕盛况	现场直播	2012年度泉州广播电视新闻奖 广播类二等奖（县级二等奖）	吴晓霞 陈文峰 石 林 李 阳 颜晓彬 刘文洪	泉州市文广新局、泉州市广播电视协会	2013.6
陈慧兰和她的自闭症学生	其他专题	2012年度泉州广播电视新闻奖 广播类二等奖（县级二等奖）	苏彧青 徐占博 黄晓东	泉州市文广新局、泉州市广播电视协会	2013.6
“赌鬼”父亲两万元卖掉亲生女	长消息	2012年度泉州广播电视新闻奖 广播类三等奖（县级三等奖）	程高岗 章 杰 李 歆	泉州市文广新局、泉州市广播电视协会	2013.6
石狮好人阿Kei姆	新闻专题	2012年度泉州广播电视新闻奖 广播类三等奖（县级二等奖）	苏彧青 董小鹏	泉州市文广新局、泉州市广播电视协会	2013.6
寻找族谱的足迹	特别节目	2012年度泉州广播电视新闻奖 广播类三等奖（县级三等奖）	蔡巧亮 陈姗姗 郑林峰 石 林 蔡鑫鑫 刘 学	泉州市文广新局、泉州市广播电视协会	2013.6
母亲节里的特殊礼物	短消息	2012年度泉州广播电视新闻奖 广播类三等奖（县级二等奖）	高佩君 庄曙彬	泉州市文广新局、泉州市广播电视协会	2013.6
《石狮公立医院改革试点“双受益”》	短消息	2012年度泉州广播电视新闻奖 电视类二等奖（县级二等奖）	高佩君 庄曙彬	泉州市文广新局、泉州市广播电视协会	2013.6
《从大豆到衣服 “舒弹丝”在石狮诞生》	长消息	2012年度泉州广播电视新闻奖 电视类二等奖（县级三等奖）	柯惠山 许玉妮 于成亮	泉州市文广新局、泉州市广播电视协会	2013.6
《银行柜台“捡”万元 忐忑两月终归还》	长消息	2012年度泉州广播电视新闻奖 电视类三等奖（县级二等奖）	庄曙彬 高佩君 李 歆	泉州市文广新局、泉州市广播电视协会	2013.6
《马路　不是跨栏跑道》	新闻评论	2012年度泉州广播电视新闻奖 电视类三等奖（县级三等奖）	王金辉 苏彧青 黄晓东 章 杰	—	—
《奔跑在路上》	短纪录片	2012年度泉州广播电视新闻奖 电视类三等奖（县级三等奖）	王小利 顾 磊 颜晓彬 庄学翔	泉州市文广新局、泉州市广播电视协会	2013.6

续表 46

作品名称	类别	奖　项	主创人员	授予单位	授予时间
《奔跑的微博》	短纪录片	2012 年度福建省广播电视新闻奖 电视类三等奖	王小利 顾　磊 颜晓彬 庄学翔	福建省广播电影电视局 福建省广播电视协会	2013. 6
《第六届闽台对渡文化节暨蚶江海上泼水节》	现场直播	2012 年度泉州广播电视新闻奖 电视类三等奖(县级三等奖)	回　忆 顾　磊 陈茹德 蔡美婷 苏煜强 郭明辉	泉州市文广新局、泉州市广播电视协会	2013. 6
《第六届闽台对渡文化节暨蚶江海上泼水节》	现场直播	2012 年度福建省广播电视新闻奖 电视类三等奖	回　忆 顾　磊 陈茹德 蔡美婷 苏煜强 郭明辉	福建省广播电影电视局 福建省广播电视协会	2013. 6
《石狮：我这十年》	系列报道	2012 年度泉州广播电视新闻奖 电视类(县级三等奖)	王金辉 程高岗 董小鹏 吴晓晖	泉州市文广新局、泉州市广播电视协会	2013. 6
《圣山》	广播剧	西藏自治区第四届精神文明建设“五个一工程”优秀作品	广播电台	西藏宣传部	2013.1
《父亲是座山》	单本剧	2012 年度福建广播文艺奖二等奖	吴晓霞 颜晓彬 薛文华 刘文洪 陈文峰	福建省广播电影电视局 福建省广播电视协会	2013. 6
《父亲是座山》	单本剧	2012 年度泉州广播文艺奖一等奖	吴晓霞 颜晓彬 薛文华 刘文洪 陈文峰	泉州市文广新局、泉州市广播电视协会	2013. 6
《檀香刑》	长篇连播	2012 年度福建广播文艺奖一等奖	吴晓霞 颜晓彬 薛文华 刘文洪 蔡明恩	福建省广播电影电视局 福建省广播电视协会	2013. 6
《檀香刑》	长篇连播	2012 年度泉州广播文艺奖二等奖	吴晓霞 颜晓彬 薛文华 刘文洪 蔡明恩	泉州市文广新局、泉州市广播电视协会	2013. 6
《文明交通你我同行—石狮市城市交通质量提升电视论坛》	播音主持	2012 年度福建广播电视播音与主持作品三等奖	顾　磊	福建省广播电影电视局 福建省广播电视协会	2013. 6
《文明交通你我同行—石狮市城市交通质量提升电视论坛》	播音主持	2012 年度泉州广播电视播音与主持作品三等奖	顾　磊	泉州市文广新局、泉州市广播电视协会	2013. 6
《第二故乡》	播音主持	2012 年度福建广播电视播音与主持作品三等奖(泉州市三等奖)	孟　宇	福建省广播电影电视局 福建省广播电视协会	2013. 6
《霓裳印象》	电视文艺	2012 年度泉州广播文艺奖三等奖	吴晓霞 王　波 吴泽荣	泉州市文广新局、泉州市广播电视协会	2013. 6
《心称》	电视文艺	2012 年度泉州广播文艺奖二等奖	苏世洪 王小利	泉州市文广新局、泉州市广播电视协会	2013. 6
《第六届闽台对渡文化节暨蚶江海上泼水节》	现场直播	2012 年度县级广播电视新闻奖广播类二等奖	吴晓霞 陈文峰 石　林 李　阳 颜晓彬 刘文洪	泉州市文广新局、泉州市广播电视协会	2013. 6

（占宗辉撰　薛文华审）

石狮日报

【概况】 2013年，石狮日报围绕石狮经济和社会发展的主题，在福建日报报业集团的领导下和石狮市委市政府的支持指导下，做好新闻宣传工作，推动石狮经济社会、城市文明建设的发展。

【做好中央重要决策的宣传报道】

2013年，石狮日报做好中共十八大精神以及中央重要决策的宣传报道，开办专栏专版，对中共十八大精神的学习贯彻、“中央八项规定”贯彻执行、中共群众路线教育实践活动深入开展、反对“四风”大力惩治腐败等一系列中共中央重要决策进行宣传报道，让“中国梦”深入千家万户。

【做好重点工作的宣传报道】 宣传“质量石狮、二次创业”发展战略，围绕“东方米兰”计划，石狮全域城市化发展改革，省、泉州、石狮“三级”重点项目建设，钞坑、城北、永宁小城镇、加曾寨等片区改造，争创全国文明城市和全国卫生城市，创建省级生态市等重点工作进行宣传报道，开办专栏专版。

【做好全市重大活动的宣传报道】

做好第16届“海博会”和2013年“石狮国际时装周”“第七届闽台对渡文化节暨蚶江海上泼水节”“世界闽南文化节”“世界石狮人联合会换届”等大型经贸、文化会展活动的报道，“海博会”和时装周的新闻发稿量和专题、专版、特刊报道量创历史新高；与《台湾商报》合作，首次实现“海博会”新闻专版在台湾的免费落地，把石狮重要经贸文化活动信息大容量推向宝岛。

【关注经济发展的报道】 关注石狮的产业发展状况、企业转型升级、技术创新、产业工人队伍稳定、外向型经济拓展等方面的情况，抓亮点、找典型，为向着困难勇敢前行的石狮企业界提供舆论支持和样板借鉴。关注石狮电商发展，以“石狮电商在行动”“电商论道”等新栏目宣传电商发展模式；在服务石狮金融改革、助力海洋经济起飞进行宣传。

【“爱心新闻”】 2013年，石狮日报关爱“白血病患儿”的爱心系列新闻报道，募集社会捐款总额200万元；通过《一封〈阿里家书〉牵动石狮西藏两地情》系列报道，为阿里巴嘎的群众和官兵募捐50多万元，打两口爱心水井；对雅安地震的连续报道、对外来务工者弱势群体方面的报道，都在社会上引起较大的反响；对石狮永恒阳光爱心馒头店运营遭遇资金困难的报道，再次引起中央级媒体的关注。

中国解放军第四届新闻奖

表47

编目	类别	奖项	作者	编辑
爱心接力救助重度烧伤女孩	长篇报道	三等奖	张军璞	—

“学习十八大”优秀新闻

表48

编目	类别	奖项	作者	编辑
石狮尝试“借地绿化”改善城市环境生态	报纸消息	三等奖	茅罗平　吴汉松	傅文忠

【履行新闻监督职能】 发挥“110”联动单位的职能作用，加强新闻监督，刊发大量新闻稿件。开办“民意直通车”“12345便民服务”栏目，配合有关职能部门，帮助解决与群众利益关联密切的问题；加大热线新闻的报道量，从每周总量一个整版，增加到每周总量两个整版。

【完成《石狮侨报》改版】 2013年5月13日，根据市委决定，《石狮侨报》改由石狮日报社主办，并正式全面改版发行。《石狮侨报》从改版至2013年年底共出版17期，平均每月两期。设置“本地侨讯”“家乡半月”“阮厝人”“海内外乡亲”“侨情纵览”“闽南故事”“闽台缘”等版面。

【办好文化副刊】 2013年，石狮日报的《闽南文化》《艺术空间》《旅游天下》《人在旅途》《光影生活》《小记者园地》《幽默茶座》几个文化副刊更上层楼。其中,《闽南文化》版开设“古厝情缘”“情系妈祖”“惠女阿芳”等具有闽南风格的栏目,采访更是跳出石狮,拓展至周边县市,每期都有一组与泉州本土画家蔡永辉合作的原创“惠安阿芳”漫画,成为推广闽南文化的一项新举措。《艺术空间》版常设的栏目有“焦点透视”“艺坛走笔”“艺术动态”“展览播报”“市场观察”等,及时报道国内外艺术品市场的资讯和动态。

【组织小记者活动】 2013年暑假,主办“游学宝岛”小记者台湾励志修学夏令营、“少年领袖”小记者西安素质锻炼夏令营、“心灵成长”小记者漳州特训营等三个夏令营活动,都取得良好的社会反响,尤其是与《台湾商报》合作的“游学宝岛”夏令营,开创海峡两岸媒体合作举办夏令营的先河,《台湾商报》董事长刘沅樵三次看望小记者并希望将这项活动常态化开展。石狮日报小记者团工作得到进一步拓展,已招收11所小学300多名小记者成员,利用周末开展十多场活动,成为石狮市未成年人思想道德建设的亮点。

【“一品堂艺术馆”】 2013年,石狮日报“一品堂艺术馆”策划符合自身特色的展览,开展多项有相当影响力的艺术展览活动。2013年,举办16场展览活动。2013年,首次引进“华侨大学美术学院2013届绘画系国画·油画毕业创作作品展”,“华侨大学美术学院艺术展览中心”正式落户一品堂;策划“2013年福建省青年美术家走进石狮·共绘美丽侨乡”写生采风活动,邀请省内几十位一线青年艺术家,到石狮实地写生,用绘画艺术来展示石狮的人文风貌和自然景观。

“华侨大学美术学院2013届绘画系国画·油画毕业创作作品展” (图/尼松义)

【加强淘宝大学电商培训】 淘宝大学石狮站经过近两年的发展,办学规模得到淘宝大学总部的认可和学员的普遍好评。石狮站2013年上升为淘宝大学泉州地区唯一指定合作培训机构。从2013年下半年起,还陆续在晋江、安溪等地开设新的培训点,成立分支机构。使石狮的电商培训向泉州整个地区辐射,进一步提高石狮电商的影响力。

【开展“走转改”活动】 落实“走转改”活动的要求,进一步加强与基层的联系。常设走基层(亲历、调查、关注)系列专栏、蹲点日记、民情日记专栏,刊发相关稿件超过500篇,确保每周一、三、五、日均有一篇“民情日记”见报。坚持做好“记者走基层”栏目,深入基层,挖掘鲜活素材,本报镇村新闻版超70%的头条稿件都是来自最基层的新闻。

【手机报APP客户端上线】 12月18日,石狮日报手机报APP客户端——“石狮日报”正式上线,全力打造石狮本地权威的新闻及生活资讯服务平台。

(傅文忠撰 苏罗平审)

档 案

【概况】 2013年,石狮市档案馆馆藏档案62个全宗,案卷94941卷(件),包括:综合档案57917卷(件),“三讲”15卷,“保先”81卷,1952年土地证405本,土地承包档案87盒,区域界线专项3卷,教师死亡档案178件,介绍信档案144卷,退伍军人档案6484件,婚姻档案5752卷,工商局业务档案899卷,公证档案21306卷,人防基建档案218卷、非典档案7卷、收养档案43卷、会计档案156卷,重大活动44卷,社团(民非)档案528卷,湖滨拆迁档案674卷。馆藏资料7522册。

【档案规范化管理】 档案局清理32项保留32项;发出《关于做好2013年度档案登记和档案电子目录数据报送工作的通知》,要求各单位每年应向当地档案行政管理部门(石狮市档案局)办理档案登记和报送上一年度永久、长期(30年)档案电子目录数据。

督促档案到期单位移交档案,加强对民企建档的指导;加强与民生档案有关部门进行联系,指导市公证处公证、市民政局低保户、市农办农林渔业、新农保等民生档案的立卷工作。2013年,石狮市以“优秀”成绩通过省级新农保业务档案管理达标验收。

【档案资料征集工作】 2013年，接收17个单位档案1529卷、3610件，机读目录23129条，全引目录50本，并对其进行消毒、整理入库。征集收集到具有档案价值的书籍46本书，光盘9个(石狮新闻)。征集到“海博会”、第二届永宁城隍庙文化旅游节、“对渡节”(首届、第三届至第七届)、校庆(蚶江中学建校50周年)材料；对新进馆的单位全宗卷进行整理修改，并做好各种台账。

【建档工作指导】 档案局对石狮市纺织服装发展基地重点建设项目档案暨科技档案管理工作进行前期服务指导；加强对服装城建设工程档案建档工作的指导；指导征迁档案的立档工作。

开展对第16届海峡两岸纺织服装博览会、闽台对渡节暨蚶江海上泼水节、永宁古庙文化节档案登记，并指导其活动材料收集、整理、归档、移交工作。

【档案查阅和编研】 做好档案信息资源的提供利用工作，发挥档案馆的服务功能，为市委市政府中心工作服务和基层群众服务，接待查阅利用1586人次、查阅利用1745卷次，出具证明1408份。做好编研工作，完成编纂《石狮建市25周年档案录》并公开发行。加强对爱国主义教育基地的管理工作，做好爱国主义教育基地展厅版面的更新工作，并组织参观工作；做好“石狮老照片”环廊展览工作。准备省级中小学档案教育实践基地的申报工作。

【档案信息工作】 开展“国际档案日”纪念活动。组织参观档案馆爱国主义教育基地；提供免费查档服务体验、讲解档案保管现状、环境及各种专业技术应用。拟定《关于创建家庭档案的倡议书》。转发《泉州市档案局转发福建省档案局关于组织开展档案普法知识测试活动的通知》的通知，督促各单位上网进行档案普法知识测试。

重视抓好档案信息工作，2013年报送30篇档案信息，并被《泉州档案简讯》《石狮政讯》等采纳。

【政府信息公开工作】 根据政府信息公开的有关规定精神，接收政府信息公开文件2013年216份。

【档案信息化建设】 2013年，按照规定购买安装服务器的杀毒软件，并通过福建省分布式档案基础数据库项目(二期)初步验收；采购微软正版电脑操作系统和办公软件(7套)，开展对已经过数字化处理的130盒录音、录像带进行计时统计，总时间为129小时9分42秒。对2011年和2012年的500卷婚姻档案进行扫描；对政府办2010年1003件永久、长期的档案进行扫描；对全市退伍军人档案131卷进行扫描。

【举办档案业务培训】 举办全市教育系统档案业务培训会；组织市直、各镇(办)等相关单位档案管理人员44人参加泉州市档案局举办的档案业务培训班学习。举办两期全市教育系统档案业务培训会。

(邱敏瑜撰　颜福瑜审)

党史工作

【概况】 2013年，中共石狮市委党史研究室推动党史征编研究和党史宣传教育工作创新发展，发挥存史、资政、育人作用，实现党史、党建工作同步发展，被授予2013年度泉州市党史系统绩效考评先进集体、征研先进单位和石狮市“五好支部”，本室干部李延安撰写的《新生代农民工精神文化需求问题研究—基于福建省石狮市的抽样调查》获得泉州市第五届社会科学优秀成果奖二等奖，《中央党史简讯》刊载《开门办史的成功之路》(石狮中共党史协会)经验介绍，并作为全国党史工作典型加以推广。

【党史征编工作】 2013年，启动《中共石狮地方史大事记》(2008.1—2012.12)的编纂工作，初步定稿；推进《石狮市场经济口述史》的编纂工作。继续梳理历史档案资料和扩大走访范围，深入挖掘、广泛征集，基本定稿；启动《中共党史任务》第二卷的编纂工作，初步完成资料征集任务；完成《泉州党史30年》石狮部分的撰写任务。

【党史宣传教育】 推进党史宣传教育工作，扩大党史工作的覆盖面和影响力，指导宝盖镇杆头村革命历史纪念馆的建设；做好《中国红色旅游系列丛书—福建卷》石狮部分的上报工作和福建党史网络石狮部分的上报工作；做好《福建党史月刊》征订工作，扩大党史宣传；编纂出版《石狮党史》期刊2期，有针对性地介绍市党代、人代、政协会议等情况，宣传“质量石狮、二次创业”的新举措、新成就。做好期刊发行工作，起到“存史”和宣传教育作用；加强党史教育基地的建设，落实李子芳故居的修缮维护工作。

（林金奖撰　黄文毅审）

志鉴编纂

【概况】　市地方志办公室落实国务院《地方志工作条例》，把握地方志工作方向，坚持修志为全市中心工作服务，履行地方志工作职责，推进第二轮市志续修工作和石狮年鉴工作，以精品志鉴服务“质量石狮、二次创业”工作大局。

【特载重点项目建设】　2011 年 11 月，市委书记张永宁在市委常委会上强调，要高度重视方志工作，充分利用史志“存史、资政”作用，通过在《石狮年鉴》设立“特载”或“专记”，把每年的重点项目相关建设情况载入《石狮年鉴》，专章记述每个重点项目建设的背景、过程、成果及项目建设单位、参建单位、项目负责人和社会评价等方面情况，让建设工程经受历史的检验，让建设者记入石狮历史，体现项目建设“终身负责制”，增强重点项目建设者的责任感、使命感和荣誉感，采用“软约束”推动重点项目建设的质量、进度、投资、安全、廉政“五同步”。这一做法得到广泛认同，新华网、《福建日报》和《泉州晚报》先后加以报道推介，泉州市委书记黄少萍到石狮调研时对这一做法大加肯定。

【加强方志机构建设】　2007 年成立方志机构，制订全市二轮修志工作规划，落实全市地方志编纂工作；落实经费到位、队伍到位。2013 年，市方志办在职人员 6 名，按职数配备两名科级干部；抽调 3 名干部充实力量，聘请 2 位文字水平较高、熟悉各业情况、责任心较强的老同志参与修志工作，成立一支由在职人员和聘用人员相结合的志鉴编纂队伍。全市 87 家承编单位 120 多名撰稿人，负责市志分志、部门志和年鉴编纂工作。

【推进二轮修志工作】　二轮修志是一项重大文化基础工程，市方志办以抓紧编纂《石狮市志（1998—2010 年）》为重点，深入各单位调研、检查、督促，及时解决修志过程中出现的各种问题。组织成立市志编审指导小组，邀请老干部参与修志事务，形成合力。2013 年，市志续修基本完成建置、自然环境、居民、环境保护、农业农村、经济总情、政党社团、公安司法、科技教育、医药卫生、华人华侨及各镇（街道）资料的搜集整理，初稿资料总字数超过 300 万字。对各单位稿件采用无纸化往返式呈送方式，组织人员对所报送的材料进行细致审核、修改，有的单位根据志书撰写要求作 5 次以上修改。《石狮市志（1998—2010 年）》初稿专门聘请专家审阅。

【深挖地方历史文化资源】　创新修志方式，扩大修志业务范围，深挖地方志外延工作，组织课题组开展石狮历史文化情况调研，通过查阅志书、考究史料、现场勘察、乡间访谈等方式对石狮市历史文化的起源、发展、变迁进行研究分析，挖掘整理出石狮市特有的三大“千年文化”，即千年商脉文化、千年卫城文化、千年民俗文化，形成《深挖掘　强保护　促复兴　倾力锻造石狮三大“千年文化”品牌》的调查报告，提出传承复兴石狮市三大千年文化的具体意见举措。该报告得到各方肯定，石狮市乡贤、南京军区司令员蔡英挺上将亲自批示：“此文甚好。忘记历史意味着背叛，轻视昨天就没有光辉的明天，在文化的沙漠里是走不远的。”市委书记张永宁指示宣传部门做好报告内容的宣传，并批示：“读完该报告，深受启发，应予充分肯定，方志办主动思考、主动作为的精神应予表扬！”

【强化地情文化】　重视志书质量，实施地方志精品工程，按照志书质量规定编纂精品志鉴。持续加强石台志书文化交流，依托石狮市万祥图书馆，做好闽台志书交流及收集工作。承编《石狮姓氏志》，该志共涉及石狮市 390 个姓氏，经多方努力基本完成初稿（选编前 100 位姓氏），2013 年完成送审稿；加强与各部门志修编单位领导与主笔人员的业务联系，即时跟踪指导各修编单位修志情况，协助各单位做好审稿工作，指导《祥芝镇志》《永宁镇志》《广电志》《卫生志》《交通志》《公安志》等部门志完成初稿。完成《检察志》《统计志》《军事志》《教育志》《财政志》《人大志》《华侨志》等 7 部部门志出版发行。

（何永发撰　李秉源审）

（图/摘自《石狮日报》）

医疗与管理

【概况】 2013年，石狮市各级各类医疗卫生机构278个。其中，卫生单位5个：疾病预防控制中心、卫生监督所、爱卫办、卫生工作者协会、新农合管理中心。医疗机构272个：三级综合医院1家，二级综合医院（民营）2家，一级综合医院（民营）5家，二级甲等妇幼保健院1家，社区卫生服务中心4家，卫生院5家，社区卫生服务站9个，村卫生所（室）156个，个体诊所、卫生所、医务室79个，门诊部10家。市民15分钟医疗卫生服务圈及20分钟医疗急救圈得以巩固完善。全市医疗床位数1496张，卫生技术人员数2155人，千人均床位数2.256张（以常住人口计），千人均卫技人员数3.25人（以常住人口计）。

【卫生项目建设】 石狮市医院新院建设门诊楼、医技楼、住院楼等主体工程结构全面封顶，全面完成墙体砌筑工程，传染病楼建设基本完成，2013年共投资1.3亿元，完成年度计划，累计完成投资3.8亿元。完成妇幼保健院新增20张床位建设项目。在102家村卫生所（室）、社区卫生服务站开展村级卫生信息化建设，率先实现村级医疗卫生服务信息化及新农合普通门诊即时结报。

【卫生体制改革】 深化公立医院改革再创新。在全省县级医院首创医院五年发展规划编制和评审，明确医院功能定位、发展方向、专科建设、人才建设和设备购置等。实行目标管理，建立“医院—职能科室—临床科室—人”的责任管理模式，促进医院管理质量提升。深化人事薪酬制度改革，全面推行主诊医生负责制的诊疗模式，实施职称评聘分开和聘任积分制，推行岗位管理和岗位绩效工资制度，有效调动医务人员积极性；在全省率先委托第三方专业机构，对全市医疗机构从33类57项指标进行综合满意度评价。在泉州市率先启用“一门式多站点”的医院便民中心，方便患者就医，避免推诿现象；运用“丰田”模式推行精细化管理，借助“12345”便民热线推行24小时就诊预约制。全方位与福建医科大学附属第二医院合作，落实与复旦大学附属儿科医院的协作，促进医疗技术水平提高，建立群众转诊就医绿色通道。

【新农合保障水平保持全省前列】 2013年，新农合人均筹资420元，住院报销封顶线提高至15万元/人•年，本市住院报销比例提高到90%，均居全省最高水平。特殊门诊病种扩大到30种，保障病种全省最多。在全省首创将基层医疗机构住院和普通门诊全部医疗费用纳入报销范围，率先在6个村卫生所开展村级普通门诊补偿即时结报试点，率先按“保基本”原则试行“定病种、定药品、定诊疗项目”慢性病特殊门诊补偿制度。2013年，有276283人参合，参合率99.9%；2013年，有27.94万人次报销医药费，受益率101.13%，累计报销补偿 12194.31 万元。

【实施基本药物制度保基本】 优化基层医疗卫生机构绩效考核办法，落实“三核定”财政保障和医务人员服务基层补贴，巩固基层医疗卫生机构综合改革新机制。

疾病预防与保健

【疾病预防与控制】 开展常规国家免疫规划疫苗接种率监测。2013 年，全市各接种单位累计接种一类疫苗 305901 剂次，儿童基础免疫平均接种率：卡介苗 99.88%，小麻糖丸 99.82%、百白破 99.74%、含麻疹类疫苗 99.78%、乙肝 99.80%、乙脑 99.73%、流脑 99.68%、甲肝疫苗 99.80%。均达到上级 90%以上的接种率要求。开展国家免疫规划疫苗查漏补种月活动。全市累计补种含麻类疫苗 1899 人，补种率 98.09%，补种脊灰疫苗 2678 人，补种率 97.06%。开展疫苗针对传染病预防工作，全年报告疑似麻疹病例 29 例，麻疹排除病例报告发病率 2.78/10 万，达到监测任务要求。个案调查率、48 小时完整调查率、散发病例采集血标本率及 3 日内送检率均达 100%。累计报告麻疹病例 3 例。

【重点传染病防治与管理工作】

2013 年，全市累计报告法定传染病 5100 例，其中甲乙类 15 种，计 1506 例，均为乙类，甲乙类传染病报告发病率为 235.06/10 万，报告艾滋病死亡 1 例，死亡率 0.16/10 万。发病数居前五位的分别是病毒性肝炎（583 例）、梅毒（379 例）、肺结核（295 例）、淋病（201 例）、出血热（26 例），占乙类传染病总发病率的 98.53%。报告丙类传染病 8 种，计 3594 例，前五位的分别是手足口病（3258 例）、其他感染性腹泻（197 例）、流行性腮腺炎（79 例）、流行性感冒（39 例）、急性出血性结膜炎（18 例），占丙类传染病总发病率的 99.92%。

加强艾滋病、手足口病、登革热、人感染高致病性禽流感等防控工作，在市医院、市妇幼保健院分别设立国家级性病门诊男性就诊者、孕产妇艾滋病监测哨点；2013 年石狮市共发现 HIV 感染者/AIDS 病人 18 例，流调 18 例，完成率 100%，及时率 94.44%；全年累计治疗覆盖率 92%；全市未发现霍乱疑似病例报告；累计报告手足口病例 3258 例，无报告重症病例；共成功处置 3 起输入性登革热疫情，未发生第二代病例；累计报告流行性出血热 26 例；加强人感染高致病性禽流感防控。做好高危人员的监测，主动搜索不明原因肺炎病例，均未发现不明原因肺炎病例和不明原因死亡病例；开展疟疾监测，未发现阳性标本者。

【开展居民死因监测工作】 2013 年，全市累计报告死亡人数 1715 例，其中石狮户籍 1602 例，前 5 位死因顺位为恶性肿瘤、心脏病、脑血管病、伤害、呼吸系统疾病。

【疾病预防控制中心获表彰】 多措并举开展健康知识传播、健康素养及重大疾病防控行为干预，市疾病预防控制中心被授予“全省健康教育与健康促进工作先进集体”。

【公共卫生体系建设】 公共卫生服务项目完成情况。2013 年，人均基本公共卫生服务经费提高至 30 元/人，加大 12 类基本公共卫生服务项目规范化管理力度。截至 2013 年 12 月底，本市共建立居民规范化电子健康档案 61.3766 万份，电子建档率达 94.91%；老年人健康管理率达 99.61%，老年人体检率 72.45%；高血压病人 35961 人，糖尿病病人 10205 人，均已纳入管理；重性精神病人 1901 人，规范管理率达 86.01%。

全市各医疗卫生机构参与公共卫生服务人员 574 人，其中市级 98 人，镇级 266 人，村级 210 人，确定承担国家基本公共卫生服务的乡村医生 145 人。全市公共卫生服务体系日趋完善。

【卫生应急预案】 强化卫生应急管理工作，及时修订相关应急预案，调整充实市级卫生应急机动队。2013 年，组织集中培训 4 期，培训人数达 690 余人次，自行编发宣传材料 10 余种 90 多万份，举行健康咨询活动 20 余场次；组织相关医疗卫生单位联合开展人感染

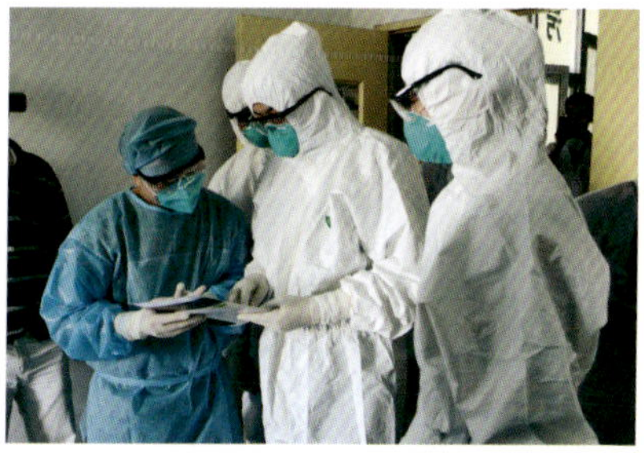

2013 年人感染 H7N9 演练（图/卫生局）

H7N9禽流感疫情应急处置演练1场，举办传染病知识随机抽考1场，进一步普及和提高医务人员应对各类突发事件的知识和技能，有效提升石狮市突发公共事件卫生应急处置能力。圆满完成“海博会”、闽台对渡文化节、永宁城隍文化节及中高考等重大活动期间的医疗卫生安全保障，未发生突发公共卫生事件。

【农村卫生】 继续推行村卫生所（室）规范化建设和乡村医生规范化培训工作，扎实推进以“五统一两独立”为基本内容的乡村卫生服务一体化管理工作，实行国家基本药物制度，出台《石狮市人民政府办公室转发市卫生局等5个部门关于石狮市村卫生所（室）实施国家基本药物制度工作方案的通知》，全市98家村卫生所（室）推行基本药物制度和零差率销售试点工作。

社区卫生

【概况】 开展创建省级示范社区卫生服务中心活动，加强社区卫生服务站清理整顿；全面启动全科（乡村）医生签约试点活动，成立服务团队、统一签约合同、规范服务行为，通过采用签约服务、预约服务、转诊服务等基层医疗服务新模式，为居民提供连续性、可及性、主动性服务，截至12月底共签约30753户、115304人。

【医政管理】 制订《2013年石狮市基层医疗机构集中整顿工作实施方案》对全市基层医疗机构以及民营医院进行全面清理整顿。采取按辖区分片集中现场审查、辖区交叉、同时开展的方式进行，将评价结果和日常质控情况运用到年度校验工作。开展民营医院评价和基层医疗机构管理年活动，结合《福建省医疗机构不良执业行为记分管理暂行办法》，对检查中发现不良执业行为，给予行政处罚并记分管理，共下发整改通知书37份。

【提升医疗服务质量】 2013年，本市新增麻醉、医学影像2个医疗质量控制小组，下达《2013年全市医疗质量控制计划》，组织院感、医学检验、麻醉、B超、药事、护理等多场专项检查。落实医疗质量安全事件报告和告诫谈话制度，对4家违法医疗机构法人进行告诫谈话，逐步形成医疗质量持续改进机制。

【提升业务素质】 制订《2013年卫生系统“三基”理论考核工作计划》，组织全市医、技、护专业中级职称以下的医护人员参加“三基”理论考试，全面提升业务素质。举办“健康大讲堂”12期，提升全市医学学科带头人和技术骨干的理论水平、专业技能。

【推进优质护理活动】 结合“5·12”活动，开展全市护理学术论文交流会，全市200多护理人员参加，共收集22篇论文，其中14篇在交流会上进行交流，联合市总工会、市人力资源和社会保障局开展第三届“天使杯”护理技能竞赛活动。贯彻落实《医院感染管理办法》，组织全市院感管理人员培训班，对全市医疗机构重点科室手术室、产房、消毒供应室以及口腔科门诊部院感进行检测，抽检24家医疗机构，250份样本，有效杜绝感染事故，预防和控制医院感染发生。

【开展抗菌药物专项整治活动】

做好抗菌药物目录的梳理及清退工作，举办抗菌药物管理专题培训，建立抗菌药物采购备案制、使用分级管理制、处方点评制度等长效机制，重点抓好市级医院抗菌药物临床合理应用的管理工作。

【打击非法行医和非法采供血】

开展卫生系统“两非”专项检查，深入开展创建“平安医院”建设活动，加强医疗纠纷调处工作，2013年，调解医疗纠纷11起，调解金额106.68万元，保护患者和医疗机构及其医务人员的合法权益，维护医疗秩序，保障医疗安全。

【加强医疗救治能力】 做好医疗保障工作，积极应对人感染H7N9禽流感医疗救治工作，加强培训力度，提高对人感染H7N9禽流感早期识别、诊断、救治能力。认真做好

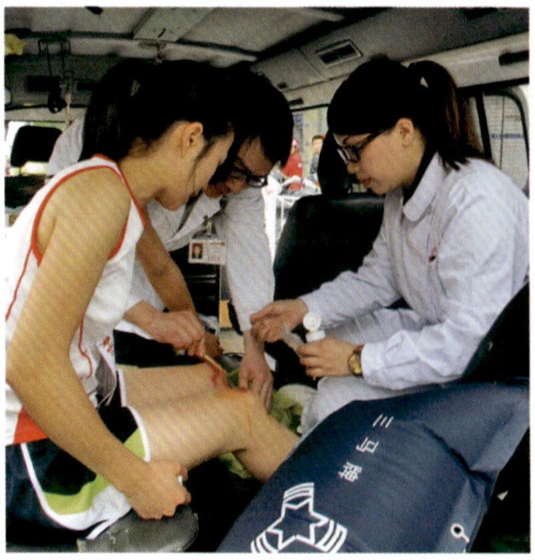

2013年马拉松医疗保障 （图/卫生局）

重大活动的医疗保障工作，抽调医务人员100多名，医疗志愿者300多名，出动全市救护车11辆、设置9个医疗救护站（点）参与2013年海峡两岸马拉松赛医疗保障工作，保障赛事顺利进行。

【卫生监督执法】 加快推进餐饮服务食品安全“百千万示范”工程建设，创建石狮市第一中学等30家石狮餐饮服务示范单位，回兴路百德康桥段、福辉路市政府段被评为泉州市级餐饮服务食品安全示范街区。实行日常监督和专项整治相结合，分阶段推进量化分级管理，全市持证餐饮单位1437家，量化分级管理率98.42%。成立石狮市职业卫生安全生产专家指导组，加大职业卫生安全专项联合执法力度，加强职业病防治知识宣传，共检查职业病危害企业80家，监督覆盖率达81.63%。

【加强医德医风教育】 加强医德医风教育，深入推进“三好一满意”和“三改两推一评议”活动。实行“科技反腐”新举措，对市级医院手术室等重点部位实行24小时电子监控，继续委托第三方机构定期开展行风调查，2013年，组织调查问卷4015份，两家市级医院平均满意率90.26%，较2012年提升近1个百分点，基层单位综合满意率达95.48%。

【规范医药购销】 落实医疗机构药品用量“双十”排名及分析通报等制度，深入治理医药购销领域商业贿赂行为，二级以上医院网上采购率达100%。强化廉政风险防控，重新编制职权目录679项，制订“权力运行流程图”116份，排查单位15个，科室182个，排查防控对象1542人、风险点5852个，制定防控措施4007条。强化行风效能督导，严格责任追究，2013年组织效能督查8次，下发整改通知书13份，开展行风约谈5人次、廉政约谈2人次，诫勉教育12人次，效能告诫1人次、处分5人。

【加强纪检监察职能】 提升纪检监察工作水平，贯彻落实中央八项规定，落实领导干部“四下基层”要求，开展群众路线教育实践活动，抓好“1263”党建机制建设，局机关支部被党委确定为党建典型培育支部。

【创卫工作】 建立健全创卫考评机制，形成专题会、点评会、现场会等定期例会制度，加强对创卫重点项目的督查督办，创新市镇联创的创卫工作新格局，加大舆论导向和宣传力度，城镇面貌、环境卫生有较好转变，市民素质得到有效提升，取得阶段性成效。深入开展卫生乡镇、卫生村（社区）创建工作，灵秀、宝盖等2个镇顺利通过“省级卫生乡镇”考评验收，灵秀镇灵山村、宝盖镇龙穴村等11个村（社区）成功创建“省级卫生村（社区）”。

（陈亚笋撰　邱永丰审）

体　育

【概况】 开展全民健身运动，举办各种群众体育赛事。2013年，举办首届海峡两岸马拉松赛、“世界石狮联谊杯”中国石狮国际龙狮争霸赛、“石狮•爱乐杯”全国象棋锦标赛（个人）等活动。成立社会体育指导员协会，举办多场社会体育指导员培训班。开展国民体质测试，指导市民群众科学健身。在全市建设20座灯光塑胶篮球场、安装30套全民健身路径。参加泉州市级以上比赛，开展“龙腾狮跃闹元宵”全国龙狮健身大联动活动，被国家体育总局社会体育指导中心、中国龙狮运动协会授予“民族传统推广优秀奖”。

【群众体育活动】 2013年元月，举办“政企杯”篮球、乒乓球、羽毛球联谊赛，中小学生中国象棋比赛，第八届“中国移动通信”杯八人制足球赛。2月，举办第九套广播体操展示赛，第三届“新文行灯饰杯”太极柔力球竞技邀请赛。3月，举办“中国礼•泸州贡杯”石狮市乒乓球团体邀请赛，第四届村级男子篮球精英赛。4月，举办第三届工人运动会。5月，石狮市级第三届常青组篮球赛。6月，举办石狮•菲律宾•中国台湾武术表演交流大会，“安利纽崔莱”第五届石狮企业篮球联赛。7月，举办石狮市第三届“电力”杯足球联赛。8月，举办石狮市庆祝“全民健身日”体育健身展示活动，全国大学生女子篮球邀请赛，第二届“振华杯”男子篮球公开赛，少年儿童游泳比赛。9月，举办石狮市宣传系统第六届职工篮球友谊赛。10月，举办第七届机关干部篮球联赛，中小学生田径运动会。11月，举办

"东方米兰"杯2013年记者节篮球友谊赛。12月,举办第四届U20青少年篮球赛。

【社区公共体育设施】 2013年,在凤里街道后花社区、湖滨街道曾坑社区建设城市社区多功能运动场,在湖滨街道长福社区、宝盖镇宝源社区建设灯光塑胶篮球场,在凤里街道五星社区、湖滨街道仙迹社区、花园城社区、宝盖镇宝源社区、永宁镇永宁第三社区建设室外健身路径。

【体育社团】 2013年9月28日,成立石狮市社会体育指导员协会,现有会员800余人,陈松珠当选为首届理事会会长;12月28日,成立石狮市网球协会,现有会员100余人,林添火当选为首届理事会会长。

【体育赛事】 2013年2月19日,举办"龙腾狮跃闹元宵"全国龙狮健身大联动活动。3月2日,举办福建省第二届冬泳锦标赛。3月23日,举办2013年海峡两岸马拉松赛。10月16日,举办2013年国际金腰带搏击王争霸赛。10月30日—11月15日,举办"石狮·爱乐杯"全国象棋锦标赛(个人)。11月17日,举办海峡两岸自行车公路邀请赛。11月18—21日,举办"世界石狮联谊杯"中国石狮国际龙狮争霸赛。

"龙腾狮跃闹元宵"全国龙狮健身大联动活动 (图/摘自《石狮日报》)

【队伍建设】 2013年,石狮市少体校有教职工17人,专职教练员9人,高级职称1人,中级职称8人,研究生1人,本科学历13人,专科学历3人。开设田径、篮球、乒乓球、柔道、排球等项目,拥有在训运动员124人。

2013年石狮市新建公共健身工程情况表

表49

镇街道	地址	建设内容
凤里街道	后花社区	城市社区多功能运动场
湖滨街道	曾坑社区	城市社区多功能运动场
凤里街道	实验小学	灯光塑胶篮球场
湖滨街道	长福社区	灯光塑胶篮球场
灵秀镇	塔前村	灯光塑胶篮球场
灵秀镇	茂厦村	灯光塑胶篮球场
宝盖镇	镇政府机关	灯光塑胶篮球场
宝盖镇	宝源社区	灯光塑胶篮球场
宝盖镇	龙穴村	灯光塑胶篮球场
蚶江镇	镇政府机关	灯光塑胶篮球场
蚶江镇	厝仔村	灯光塑胶篮球场
蚶江镇	莲中村	灯光塑胶篮球场
永宁镇	外高村	灯光塑胶篮球场
永宁镇	港边村	灯光塑胶篮球场
永宁镇	梅林村	灯光塑胶篮球场
祥芝镇	莲坂村	灯光塑胶篮球场
祥芝镇	湖西村	灯光塑胶篮球场

续表 49

镇街道	地址	建设内容
鸿山镇	东一村	灯光塑胶篮球场
鸿山镇	东二村	灯光塑胶篮球场
锦尚镇	深埕村	灯光塑胶篮球场
锦尚镇	厝上村	灯光塑胶篮球场
—	太平洋集装箱码头有限公司	灯光塑胶篮球场
—	市老干活动中心	室外健身路径
—	市妇幼保健院	室外健身路径
—	石狮一中	室外健身路径
—	石狮七中	室外健身路径
—	石狮银江华侨学校	室外健身路径
—	闽南理工学院	室外健身路径
凤里街道	五星社区	室外健身路径
湖滨街道	仙迹社区	室外健身路径
湖滨街道	花园城社区	室外健身路径
灵秀镇	茂厦村	室外健身路径
灵秀镇	灵峰村	室外健身路径
宝盖镇	宝源社区	室外健身路径
宝盖镇	龙穴村	室外健身路径
蚶江镇	东垵村	室外健身路径
蚶江镇	莲东村	室外健身路径
蚶江镇	溪前村	室外健身路径
蚶江镇	洪窟村四片区	室外健身路径
蚶江镇	洪窟村五片区	室外健身路径
永宁镇	梅林村	室外健身路径
永宁镇	港边村	室外健身路径
永宁镇	院东村	室外健身路径
永宁镇	山边村	室外健身路径
永宁镇	子英村	室外健身路径
永宁镇	外高村	室外健身路径
永宁镇	永宁第三社区	室外健身路径
祥芝镇	祥渔村	室外健身路径
鸿山镇	莲厝村	室外健身路径
锦尚镇	杨厝村	室外健身路径
锦尚镇	深埕村	室外健身路径
锦尚镇	奈厝前村上埭	室外健身路径

2013年石狮籍运动员参加省级及以上比赛主要成绩表(竞技体育)

表50

运动员	比赛名称	参加项目	成绩
蔡锦江	2013福建省田径锦标赛	男子跳高13岁组	第二名(1.55米)
蔡锦江	2013福建省田径锦标赛	男子撑竿跳高13岁组	第四名(2.4米)
王煌壕	2013福建省田径锦标赛	男子铅球13岁组	第一名(13.04米)
蔡华益	2013福建省田径锦标赛	男子110米栏14岁组	第四名(17.42秒)
蔡华益	2013福建省田径锦标赛	男子跳高14岁组	第八名(1.45米)
林凰锋	2013福建省田径锦标赛	女子跳高14岁组	第四名(1.45米)
王明杰	2013福建省田径锦标赛	男子铅球15岁组	第四名(13.11米)
王明杰	2013福建省田径锦标赛	男子铁饼15岁组	第一名(44.62米)
陈丹妮	2013福建省田径锦标赛	女子铁饼15岁组	第八名(23米)
陈丹妮	2013福建省田径锦标赛	女子标枪15岁组	第八名(23.75米)
苏灿辉	2013福建省田径锦标赛	男子110米栏15岁组	第四名(17.04秒)
苏灿辉	2013福建省田径锦标赛	男子400米栏15岁组	第五名(1.02分64秒)
黄志鹏	2013福建省田径锦标赛	男子铅球青年组	第二名(13.11米)
黄志鹏	2013福建省田径锦标赛	男子铁饼青年组	第四名(31.04米)
许健毅	2013福建省田径锦标赛	男子跳高青年组	第五名(1.86米)
王鼎盛	2013福建省田径锦标赛	男子撑杆跳高	第二名(3.4米)
施晓燕	2013福建省田径锦标赛	女子跳高青年组	第五名(1.59米)
陈诗雨	2013福建省少儿乒乓球锦标赛	女子丁组	第四名
—	2013年福建省少儿足球锦标赛	男子乙组	第四名

(陈清良撰　黄明瑄审)

（图/宣传部）

人口和计划生育

【概况】 2013年，石狮市人口计生工作稳步推进。据计生报表统计：人口自然增长率6.69‰，政策符合率88.94%，出生人口性别比117.36，完成泉州下达石狮市责任指标要求。2013年，石狮市被评为“全国计划生育优质服务先进单位”，被泉州市列为流动人口社会大融合试点市，并获得福建省2013年度人口计生工作先进县(市、区)二等奖。2013年，人口计生工作在泉州各县市区排名第三，人口计生局获石狮市政风行风建设“免评不免建”单位，在石狮市2013年度第二系列绩效评估中以总分94.55位列第一名。

【加大财政投入】 石狮市重视人口计生工作，党政一把手亲自抓、负总责，分管领导具体抓，相关部门密切配合。2013年年初，市委市政府把创建“国优”摆上重要议事日程，写入市六届人大二次会议的《政府工作报告》，先后在市委常委会、市人口计生工作会议、市人口计生领导小组专题会议研究部署，明确工作任务。石狮市继续加大人口计生事业经费的财政投入，2013年预算投入4624万元（人均70.56元）比2012年预算投入4018.28万元（人均62.14元）增长15.07%，远高于市财政经常性财政收入增长的14.15%；2013年，建立健全人口计生目标责任考核体系，推进“四项改革”。

【利益导向】 2013年，石狮市投入600多万元做好安居、成才、致富、保障、亲情等“五大工程”，受益群众5万多人；开展生育关怀行动，新筹集生育关怀基金1505.78万元，全市生育关怀基金达6610万元，组织实施关爱女孩行动、生殖健康服务、青春健康教育进校园以及社会关怀活动等一批让群众得实惠的项目，投入142.61万元救助219户近期遭受重大病灾、事故的计生困难家庭；开展计生特殊家庭帮扶救助工作，投入36万元对实行计划生育以来所产生的所有失独家庭每户一次性慰问3万元，将计生特殊家庭特扶金提高至每人每月1500元，2013年发放特扶金10.8万元。

【宣传教育】 强化人口计生的宣传教育工作，联合举办“四海一家，欢度除夕”“三下乡，送温暖”及“送幸福、送文化、送健康”及“生育文明·幸福家庭”巡回演讲报告会暨“迎新春·送健康”及“健康养生·靓丽人生”、纪念毛泽东“向雷锋同志学习”题词50周年等各项大型活动，慰问计生“三户”699户，慰问金额466300元。开展“两非”专题宣传活动，通过各类媒体曝光“两非”行为典型案例11人次，印制“两非”行为典型案例宣传手册10000本；在主要路口、人群聚集场所等设置人口计生宣传公益广告牌345块。

【科技服务】 规范村级计生服务室建设，2013年投入115万元改造建设鸿山镇、灵秀镇、宝盖镇计生服务所，石狮市9个镇(街道)计生服务所全部创建达标计生文明服务窗口。持续完善免费孕前优生健康检查体系，2013年检测6058例，其中发现问题547例。实施“进企业、进村(社区)免费孕前优生健康检查”活动4场，检查346人次。

【流动人口服务管理】 抓好“六大工程”，推进流动人口基础公共服务均等化。2013年8月，在全省流动人口计划生育均等化工作会议上，石狮市的“六大融合工程”得到肯定。2013年9月，在中德流动人口社会融合国际研讨会上，泉州市人民政府副市长林万明对石狮市建立免费流动人口就业培训基地的做法给予肯定。加强督查流动人口计生服务管理情况，石狮市登记流入人口305257人，登记流出人口9208人。

【依法行政】 加大社会抚养费征收力度，2013年石狮市社会抚养费应征金额3738.34万元，已征金额2860.08万元，征收比率76.51%。个案已征金额10万元以上的有108例，依法申请法院强制执行143件，行政拘留15人；2013年1月，石狮市湖滨街道、永宁镇被福建人口和计划生育委员会命名为2012年福建省人口和计划生育依法行政示范乡镇(街道)；2013年5月，在泉州市计生依法行政“五大工程”现场会上，石狮在会上作经验介绍，得到泉州市委副书记周银芳和省计生委副主任林文芳的肯定。

【计生协会】 2013年，发扬“心系国策、真情服务”的协会精神，围绕全市人口计生工作总体部署，以稳定低生育水平为目标，以“四联创”活动为主线，拓宽宣传服务领域，发挥协会生力军作用，为推动石狮市人口计生事业发展做出应有的贡献，被评为全省计生协会“四联创”工作先进单位。

【队伍建设】 2013年，不断深化人事制度改革，加强干部绩效考核，提拔从事计生工作的干部4人。在全省率先落实卫生计生机构人事调整，计生部门主要领导兼任卫生部门主要领导。建立健全节育技术服务协作机制，实现与市医院、妇幼保健院的技术资源共享。配齐基层计生管理员，构建人口计生行政管理、服务机构和群众组织“三位一体”的公共服务体系。

【党建和精神文明建设】 2013年，开展行评活动，与系统聘请的7位民评代表保持联系，接受监督。组织系统民主评议政风行风代表，深入各镇(街道)、村(社区)和计生服务窗口，对工作人员在岗在位和服务情况进行明察暗访。建立完善服务窗口满意度测评系统，开展文明服务窗口争创活动，建立比学赶超的竞争机制。

(李明理撰　黄建华审)

民　政

【概况】 2013年，市民政局坚持“以民为本，为民解困，为民服务”的宗旨，全市发放低保金及临时生活补贴金1781.8万元；发放低保对象2013年春节生活补贴款364.17万元。协调和配合有关部门制订对户的配套救助政策，不断完善对困难群众的社会救助体系建设，配合教育部门对低保户子女就学实行“两免一补”救助政策，协调卫生部门对低保户实行免费参加医疗合作，配合司法部门对低保户实行司法救助等。

【低保标准再提高】 2013年，石狮市将低保标准从2012年的户月人均收入400元提高到2013年的户月人均收入480元，人均低保月补差额从2012年的285元提高到2013年的312元。进一步加强低保工作规范化管理，申报三级程序，实行两榜公布制，确保动态管理下的应保尽保。2013年，全市纳入低保对象1980户、4768人，执行低保资金专户管理制度，保证足额发放到低保户手中。

【医疗救助降低门槛】 2013年，为4157人次社会困难群众发放医疗救助款717万元。推行救济资金社会化发放方式，医疗救助款通过银行汇款的方式直接发放给救助对象。

【临时救助】 将外来务工人员纳入救助范围。2013年，为889户次社会困难群众发放临时困难救助款298万元（外来人员救助12人次，救助金额5.48万元）。春节期间，安排慰问300户生活特困群众每户发给500元慰问金，共发放慰问金15万元；为166位“三无”老人、社会散居孤儿发放生活补助款49.8万元；推荐35名2013年被大学录取的困难家庭大学新生为泉州市慈善总会助学对象，发放助学金10.5万元。

【协管养老机构】 配合慈爱老人院做好孤寡老人集中供养，做好老人托管工作。2013年，市慈爱老人福利院有60位孤寡老人入住。

【救助工作规范化】 2013年，救助各类求助人员267人次，其中生活无着人员175人、无主精神病人92人。生活救助费用(20元救助)支出4710元，自主返乡及护送返乡费用支出4.5万元，医疗救治费用支出79.2万元，不同的救助对象得到相应全面的救助。

【救治弃婴弃童】 社会福利中心2013年接收入院弃婴、弃童5人，现有44名弃婴(童)在院，家庭寄养14人，2013年国内送养3人，涉外送养2人。联系石狮华侨医院为中心儿童进行免费体检，针对个别重病儿童送到外地权威医院进行检查治疗。医治2名病患儿童，1名溶血症在治疗中；1名进行人工耳蜗安装手术。8名儿童在读小学，1名儿童在读幼儿园，2名儿童在读初中，6名残疾儿童在特殊教育学校上学；为孤儿建档造册，实行档案分类管理。

【自然灾害救助社会化】 2013年出资117万元，与中国人民财产保险公司石狮支公司签订《石狮市自然灾害公众责任保险统保协议》和《石狮市农村住房统保协议》；下拨52.5万元救灾救助款，用于帮助受灾群众解决冬春期间生活救助和灾后重建、因灾损房修缮等方面；规范救灾资金发放程序。

【落实优抚政策】 2013年，发放重点优抚对象抚恤定补款406.05万元；为优抚对象排忧解难，全年共为优抚对象解决“三难”10余万元；进一步完善义务兵家属优待金纳入财政预算工作，确保优待金按时足额发放，共发放优待金459.03万元。

【复退军休安置工作】 做好退役士兵的安置工作，市民政局举办退役士兵创业培训班，组织开展退伍军人就业推介活动，为退伍士兵就业牵线搭桥，帮助他们与企业用工单位建立联系；做好军转干部和退役士兵重点安置对象安置工作，2013年接收部队军转干部按政策规定采取考试和考核相结合的办法，按比例分别妥善安排到相关岗位；接收的3名转业士官全部按政策规定给予安排工作；军休干部服务进一步规范化，春节、“八一”期间均组织开展座谈及慰问活动，并组织军休干部去华东旅游。

【增强社区服务管理功能】 推进社区公共服务站或便民服务代办点建设，提供“一站式”便民服务，2013年新建和完善村(社区)公共服务站21个，湖滨、凤里街道开展社区网格化管理试点；全市登记城乡社区公益服务类社会组织170多个；湖滨街道建设365云社区便民服务系统。

【发挥示范带动作用】 新湖、玉湖、华南3个社区被评为2013年全省社区建设示范单位，其中新湖社区申报参评全国和谐社区建设示范单位；湖滨街道玉湖社区党委副书记、居委会副主任林丽娜从全省50位候选人中脱颖而出，被评为首届“福建省十佳社区工作者”。

【岗位培训提高素质】 组织首批52名社区工作者参加由省委组织部、省民政厅和省电大联合开展的社区工作者岗位培训，进一步提高社区工作者的服务水平和综合素质；8月对全市127个村(社区)的民政协理员进行民政业务培训，围绕低保、救灾救助与社会福利、优抚安置、居家养老服务、殡葬管理等民政工作进行讲解培训，提高村级民政协理员的政策法规水平、综合业务素质和实际工作能力。

【民主制度建设】 提升村(居)委会建设整体水平，整理印发《村(居)民自治制度汇编(部分)》，包括村(居)民会议和村民代表会议议事规则、村民小组会议制度、户代表会议制度等民主决策制度；村(居)委会主要职责、印章管理制度、村规民约(社区居民公约)等民主管理制度；村务(社区事务)监督委员会工作职责、监督程序、村(居)委会工作报告制度、民主评议制度等民主监督制度。

【殡葬管理稳步推进】 强化骨灰寄存管理工作，2013年火化1913

具尸体，办理全市村级骨灰堂寄存骨灰846个，全市村级骨灰堂共寄存骨灰11115个，火化率达100%；清明节期间，做好到永久墓园祭扫10万人次、车辆1万多辆次的服务保障工作，做好殡葬舆论宣传，修建启用殡葬服务大厅；指导灵秀镇镇政府和钞坑改造指挥部对钞坑村2365个骨灰进行海葬和祥芝镇政府和高新区对湖西村502个骨灰进行海葬，石狮"绿色殡葬"初见成效；推行惠民殡葬，2013年办理减免基本殡葬服务费1637例，共计费用204.381万元；办理重点项目迁墓二次火化258例，5年骨灰寄存921例，骨灰盒240个，共计费用57.21万元。

【规范窗口服务】 2013年，服务窗口办理办事项目9341件，当日办结8888件，占总办件数的95.15%；做好2012年度全市社会组织年度检查工作，应检社会团体221家，参加年检196家；应检民办非企业单位146家，参加年检107家；应检社会团体分支机构18家，参加年检16家。抽调窗口人员积极参与全市社会组织入户评估工作，初评社会团体25家，民办非企业单位19家。

（林涌涌撰　王少勇审）

社会组织管理

【概况】 全市社会组织分布在经济、政治、社会、文化、教育、科技等各个领域。2013年，全市登记注册的社会组织523个，其中社会团体317个（行业协会35个、商会15个、学术类社团41个、专业类社团43个、联合类社团80个、公益类社团103个）；民办非企业单位206个（教育类110个、卫生类3个、文化类18个、体育类36个、劳动类14个、民政类5个、科技类6个、中介类2个、其他12个）。2013年，新登记社会组织125个，其中社会团体76个、民办非企业单位49个，办理社会组织变更登记31件。

【社会组织年检】 2013年4月，下发《石狮市民政局关于开展社会组织2012年年度检查工作的通知》，全面启动石狮市社会团体和民办非企业单位的年检工作，应接受2012年度检查的社会组织385家（其中，社会团体221家，社团分支机构18家，民办非企业单位146家），参检率85.19%，有57家社会组织未参加年检。在参检的社会组织中合格的284家，基本合格的40家，不合格的4家，合格率、基本合格率和不合格率分别为86.58%、12.19%、1.22%。

（庄　宁撰　章文新审）

老年人工作

【概况】 石狮市现下辖7个镇2个街道办事处。全市常住人口31万人，60岁以上老年人3.9万人，占总人口12.6%，市老龄委主任由分管副市长担任；全市所有村（社区）100%成立老年人协会，形成老干、老龄资源共享的老龄工作新机制。

【养老机构开业或运行情况】 市政府兴建社会福利中心老人爱心护理院和市慈爱老人福利院。石狮市社会福利中心建设投资2000多万元、用地2公顷、建筑面积1.3万多平方米的社会福利中心，老人护理院实行公办民营体制，有床位300张；市慈爱老人院建筑面积6700平方米，有床位200张，现有68名五保户及孤寡老人免费入院安度晚年，实现包吃、包住、包医的集中供养，每月还给每位老人发放200元零花钱。

2013年，建居家养老服务中心（站）84个，占全市城乡社区（村）的66.14%，实现城市社区全覆盖。各已建居家养老服务中心（站）均按照"有规范名称、有服务场所、有工作制度、有工作队伍、有工作人员职责"等"五有"标准规范居家养老服务中心（站）建设。每个居家养老服务中心（站）均要配备日间照料室，设立家政、医疗、法律维权、文化教育、文体娱乐、购物、维修、护理、配餐等相关服务网点，并成立一支低龄老人为主的老龄志愿者队伍。推行"服务时间储蓄制度"，发动社区（村）中的志愿者为非亲属的高龄、失能且生活有困难的老人提供志愿服务，服务时间进行登记储蓄，需要时享受相应时间的服务。

【维护老年人权益】 结合新老年法，提高老年人依法维护自身合法权益的意识和能力；推荐上报石狮市慈爱老人福利院、石狮市老年大学、石狮凤里新华片区老年人协会、中国邮政储蓄银行股份公司石狮市八七路营业所四个单位为"首届泉州市敬老文明号单位"。

【开展老年节系列活动】 联合市老教委、老年大学举办南音调演；联合市老龄服务志愿者协会、市卫生局深入市慈爱老人福利院开展志愿服务、举办义诊活动；联合市法院在市老龄老干活动中心设置维护老年人合法权益法律联系点、举办座谈会；组织开展老年文体活动。与市老年大学等单位联合举办第11届广场文化艺术节—革命历史舞台剧专场；举办书画、诗词、摄

老年大学第11届广场文化节表演
（图/摘自《石狮日报》）

影展、灯谜竞猜及门球比赛等健身活动。通过歌舞、书画、诗词、摄影创作、灯谜及健身等活动，展示广大老同志们热爱生活、昂扬向上、团结和谐、老有所为的良好精神风貌和服务石狮发展的高尚情操。

（王晴莹撰　陈世武审）

残疾人事业

【概况】 2013年，石狮市办理第二代残疾人证14208本。2013年9月，石狮市残疾人联合会成立“石狮市残疾人就业服务中心”，加挂“石狮市残疾人康复服务中心”牌子，石狮市残疾人事业取得一定成绩，被授予“泉州市精神文明建设先进单位”称号。

【残疾人场所建设】 2013年，挖掘社会资源，以石狮市社会福利中心下的婷婷儿童院为依托，成立石狮市孤残儿童托养服务中心，承担孤残儿童集中收养、保育护理、康复治疗、文体娱乐等相关工作；残疾人通过拨打“12345”便民服务热线，及时得到市残联优质服务；市残联按照无障碍环境建设标准对市残疾人综合服务大楼进行无障碍电梯、铺设盲道、无障碍卫生间等设施改造。

【助残员队伍聘用】 石狮市残联在各镇（街道）残联成立残联志愿服务分队，建立助残服务联系站；以政府性基金购买公益岗位，选聘任用127名村（社区）残疾人联络员，协助村（社区）残协会开展扶残助残活动；对镇级16名残疾人联络员实行绩效考核，有13名取得岗位资格证书。

【开展扶残助残活动】 2013年，结合“自闭症日”“全国助残日”等节日期间开展扶残助残活动，春节、助残日期间，市委市政府走访慰问200多户贫困残疾户，发放送去慰问金10万元；“自闭症日”期间，市残联与闽南理工学院手语协会联合在石狮市新星儿童学习能力发展中心举办“关爱自闭症儿童联欢会”，为50多位接受康复训练的儿童每位赠送一份学习用具，并对该机构慰问5000元；助残日期间，石狮市残联、市华侨医院联合在锦尚镇港前村开展以“帮扶贫困残疾人”主题下乡义诊活动，免费为残疾人、老年人和群众送医、送药、送康复知识，有300多人次接受治疗和检查，赠送药品价值达5000多元；组织17名助残志愿者和28名残疾人到黄金海岸观看沙雕艺术展；组织120多名残疾人和残疾人工作者到狮城影剧院观看残疾人励志宣教片《门球健将》。

【爱耳日活动】 市残联、市疾病控制中心等多部门联合在石狮市慈爱老人福利院开展以“健康听力，幸福人生—关注老年人听力健康”为主题的宣传教育义诊活动，对该院70多位孤寡和残疾老人进行听力保健、检查、预防、治疗、康复工作。

医务人员为残疾老人进行听力测试
（图/残联）

【爱眼日活动】 与湖滨街道办事处、泉州市180医院在石狮市步行街南大门联合举办“爱眼日义诊活动”，市领导陈元生参加指导，医务人员免费为市民检查视力、筛查白内障、验光、咨询。

副市长陈元生（右二）到义诊现场指导工作
（图/残联）

【“六一”儿童节慰问】 市残联到石狮市孤残儿童托养服务中心、石狮市仁爱学校、石狮市新星儿童学习

能力发展中心、石狮市星梦缘启智中心进行走访慰问7000元，并向石狮市孤残儿童托养服务中心、石狮市特殊教育学校(仁爱学校)各赠送一套价值3万元的康复器械。

【中秋节慰问】 市残联在市文林图书馆开展“我们的节日中秋”盲人定向行走训练活动，特邀泉州市特教学校讲师范荷树给15位视力残疾人讲授视力残疾人康复知识及盲人定向行走知识，组织视力残疾人在八七路(东段)人行盲道上进行盲人定向行走训练，并向每位视力残疾人配发盲杖等用品用具，增强残疾人的勇敢、独立走出家门的能力，以及大胆融入主流社会的自信。

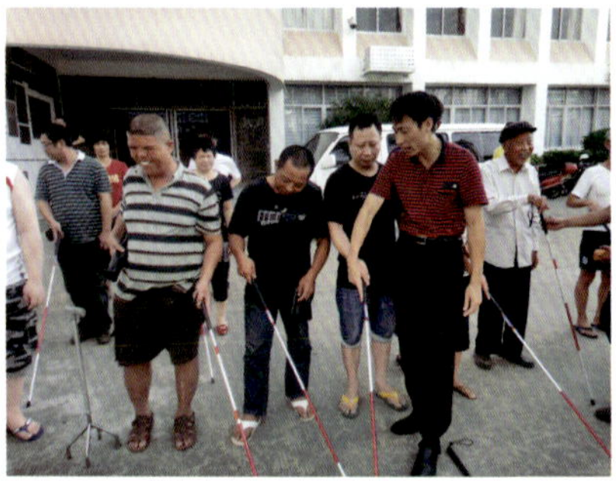

范荷树(右二)帮助视力残疾人训练盲人定向行走 (图/残联)

【结对帮扶活动】 与组织部联合实施农村基层党组织助残扶贫工程，3名基层党员与3名贫困残疾人家庭结成帮扶对子，党员干部与所在党组织签订帮扶协议；文明单位结对帮扶2户残疾人困难家庭，各给予3000元补助；全体工作人员带头与100户贫困残疾人家庭结成帮扶对子，与残疾人结对子、交朋友，宣传残疾人优惠政策、经常开展慰问帮扶、送温暖活动，帮助残疾人家庭解决困难。

【捐赠活动】 市残联接受石狮森炬贸易有限公司（福建顺应投资）捐赠款15.4万元，市残联合理使用此次所得的善款，将社会的爱心、温暖送到残疾人身边去。

【残疾人免费乘坐公交车】 石狮市让残疾人免费乘坐公交车，发放残疾人爱心卡5430张；做好石狮市福乐家园建设的前期工作，拟选址蚶江镇青莲村石锦路南侧用地2公顷。

副市长陈元生(右二)带领各相关部门到青莲现场勘察 (图/残联)

【残疾人康复服务】 石狮市残疾人康复工作坚持“康复一人，造福一家”，组织159名白内障患者到泉州180医院进行免费复明手术、脱盲率达100%；免费发放康复器具，赠送康复器具112件，使一大批残疾人得到功能补偿；对24名为省级残疾儿童康复救助，每人给予1.2万元，对20名在接受康复治疗的残疾儿童每人给予1万元补助。建立康复补助体制，对全市130多名残疾人发放康复补助40多万元。

【残疾人就业服务】 继续落实残疾人就业保障金“地税代征”办法，组织10名残疾人参加泉州残联举办的残疾人招聘会，帮扶残疾人就业；设立残疾人就业服务窗口，为有劳动能力并有劳动需求的残疾人推荐就业；举办三期残疾人电脑培训班，有51名残疾人完成培训，提升残疾人技能水平，增强残疾人就业能力；继续开展残疾人“爱心小店”，对87家经营杂货、维修、种植蔬菜、养殖家禽等项目的残疾人业主给予3000元的资金周转，并对74家经营年限3年以上的“爱心小店”进行回访，对每家回访对象给予3000元的补助；落实10名贫困残疾人就业创业，给予每人5000元的就业扶持；落实6名农村贫困残疾人种养殖，给予每人5000元的就业扶持。

扶助残疾人开办“爱心小店” (图/残联)

【残疾人社会保障】 全市残疾人免费纳入城乡居民“新农合”的医疗保险体系。为全市残疾人参加城乡居民养老保险每年分别按重度残疾人200元和其他残疾人100元的档次为其代缴养老保险费。为全市14143名残疾人购买意外伤害险，保费共计26.8717万元，个人最高可获8000元赔偿，发生意外理赔87起，索赔资金共计11.17万元。为2752名重度残疾人、60岁贫困残疾老人及一户多残户给予每月100元—300元不等的“阳光护理费”，2013年发放323.52万元；阳光家园托养13人、福乐家园托养5人、居家托养40名，共发放10万多元补助；建立残疾人医疗救助制度，对277名因重大疾病、突发性事故等造成生产生活严重困难的残疾人，按医疗费用发票总额的10%—15%给予补助，发放补助共计92万多元，残疾人可凭证优先就诊，免收挂号费、诊疗费等费用，并享受床位费、手术费等减收优惠，减轻残疾人就医负担。落实省残联残疾人机动车轮椅车燃油补贴，每人每年260元，共扶助70名发放补贴1.82万元。

【资助残疾学生】 对贫困残疾人子女及残疾学生从幼儿园到高中每学年给予500元—1000元助学资助；对考取就读全日制高等院校的贫困残疾人子女及残疾学生，每学年给予2500元补助，2013年，资助残疾学生及残疾人子女500多人，助学和奖励金达60万多元；11名考进大学、符合条件的残疾人家庭子女及残疾人“准大学生”进行资助。

【纪念邮册】 8月7日，与石狮市邮政局联合发行以“扶残助残　自强不息”为主题的纪念珍藏邮册，邮册以石狮籍残疾人运动员杨丽婉为典型。2013年，在IPC世界田径锦标赛中，杨丽婉先后获得F54/F55/F56级标枪、F54级铅两个项目的银牌，再次为中国、福建、泉州、石狮争光。

（蔡丽双撰　卢瑞墩审）

红十字会工作

【概况】 石狮市红十字会有工作人员3名。宣传和执行《中华人民共和国红十字会法》，开展备灾和救灾，组织群众参加意外伤害和自然灾害的现场救护，开展无偿献血宣传和推动工作，负责做好城乡困难居民重特大疾病医疗救助受理工作，开展人道主义社会服务活动，开展红十字青少年活动，开展同台湾、香港、澳门以及外国地方红十字会组织的交流和友好往来，完成市委、市政府委托的有关工作等。先后被授予“泉州市无偿献血工作先进市（县）”“泉州市无偿献血先进单位”“全省无偿献血先进市（县）”“全省无偿献血先进单位”“石狮市2010—2012年度文明单位”等称号。

残疾人运动员杨丽婉新书首发仪式现场　（图/残联）

【世界红十字日宣传活动】 2013年5月8日，市红十字会联合相关部门在九二路步行街摆摊设点开展“纪念‘5•8’世界红十字日义诊宣传咨询活动”。将防震减灾、无偿献血、合理膳食、适量运动、戒烟限酒、心理平衡等宣传手册装在环保袋上赠予市民，受到市民欢迎。结合第66个世界红十字日开展“红十字博爱周”慰问活动，市红十字会于5月27—30日深入9个镇（街道）走访慰问部分孤寡老人、重大疾病患者、低保户、低收入家庭等困难群众，发放慰问金4.5万元。

【义诊咨询服务】 锦尚镇红十字会开展健康咨询和免费义诊活动；组织医疗机构与所在地的社（居）挂钩，定点向散居农村的“五保户”和城镇“三无靠人员”进行惠民医疗服务、义诊咨询服务。

【培训救护员】 2013年5月，邀请市医院医师韩咏春为石狮市银江华侨中学全体教师开展应急救护知识讲座，提高教师安全意识和紧急救护的能力。8月，邀请省红十字会救护培训中心师资在市电力公司举办为期2天的初级救护培训班和复训班，培训人员48人。10月，联合市委文明办分别在湖滨街道办事处、凤里街道办事处开展2期社区应急救护培训班，培训100多人。12月，在疾控中心大楼二楼多功能厅举行全市红十字志愿者应急救护培训，培训志愿者50余人。

【救灾募捐工作】 2013年4月，四川雅安地震发生后，市红十字会收到募捐款258786.8元，上缴上级红十字会;5 月，阿玛仕美容美发店通过市红十字会定向捐款 10000 元给市社会福利中心;嘉宝莉石狮零碳涂料馆通过市红十字会定向捐款 5000 元给市社会福利中心;2013 年,7 个募捐箱存放点共收募捐款 11110.8 元。

【开展无偿献血活动】 2013 年，市红十字会分别在市华侨医院、德辉广场组织开展 7 场献血活动,有 1902 人次参加献血，献血量 380450 毫升。

【获全国无偿献血奉献奖】 2013 年 10 月,石狮市 11 名爱心市民获中国卫生部、中国红十字会总会、总后勤部卫生部表彰为全国无偿献血奉献奖。

【红十字博爱送万家】 元旦、春节期间,市红十字会组织市、镇共同参与“红十字博爱送万家”活动,其间发放慰问物品 220 份,发放慰问金 4 万元,257 户困难群众得到关爱。

【走访慰问活动】 2013 年，市红十字会发放扶危济困专项资金 91 人次 10.8 万元。

【红十字大病救助项目】 市红十字会受理 2012 年度大病救助申请 158 份,2013 年 7 月,省大病救助办已全部审核完毕。其中,石狮市通过申请 157 份，累计获补助金额 2723993 元。2013 年大病救助政策调整后，市红十字会及时在《石狮日报》进行相关报道,提高群众知晓率。

【志愿者队伍建设】 2013 年 3 月,推荐参评市委文明办开展的石狮市首届志愿服务系列先进,1 人获“石狮市首届志愿服务先进工作者”称号,2 人获“石狮市首届优秀志愿者”称号。妇女节期间,组织女性红十字志愿者参加在疾控 2 楼举行的“三八”妇女节女性礼仪知识专题讲座。10 月,召开红十字志愿者委员会工作座谈会，商讨红志委工作机制改革事宜。

【开展红十字志愿服务活动】 2 月,德辉广场开展“博爱赠春联”活动;联合市卫生局在步行街开展“关爱生命、关注健康”义诊宣传咨询志愿服务活动;3 月，组织志愿者参与市文明办在步行街举行的“弘扬雷锋精神　倡导文明新风”便民利民志愿服务一条街宣传活动;5 月,联合市卫生局等单位在市步行街南大门开展“纪念‘5•8’世界红十字日义诊咨询宣传活动”；组织办公室人员和数名志愿者参与 2013 年文明交通劝导活动；组织志愿者到市社会福利中心看望儿童,为其送去牛奶、蛋糕等营养品,以及阿玛仕美容美发店定向捐赠的 10000 元。6 月,组织红十字志愿服务队参加市委文明办开展的石狮市保护山川河流暨关爱台湾海峡海洋环保志愿服务活动启动仪式;选派红十字水上救援志愿服务队队员承担第七届闽台对渡文化节活动海上泼水项目的水上救援任务;组织两名工作人员参加在市步行街开展的 2013 年中国全球基金艾滋病项目现场宣传活动。9 月,组织志愿者参与第 13 个“世界急救日”宣传;组织 4 名志愿者为市医院重症室病人无偿献血用于手术之需。10 月,市红十字会和市红十字志愿者委员会志愿者到祥芝镇卫生院看望因车祸截瘫的湖南外来工,送上慰问金 4000 元。

【基层组织建设】 推行红十字基层组织示范点建设工作。市红十字会分别于 1 月、9 月在银江华侨中学、凤里中学成立红十字组织,指导学校的红十字青少年工作,发展青少年会员,培养青少年“人道、博爱、奉献”的红十字意识。

(高滨滨撰　洪永家审)

人力资源

【对口就业帮扶】 根据《石狮市对口帮扶政和县开展山海劳务协作的实施意见》文件精神,通过到富贵鸟集团、西域威龙、加多宝、飞鸿五金等公司走访，做好政和籍人员到石狮市工作情况的跟踪调查，宣传各项优惠政策。2013 年，对以山海劳务协作方式来石狮就业的政和籍人员发放一次性生活补贴和社保补贴 19 人次,共计 27081.1 元。

【直补培训补贴】 2013 年，组织通达集团、野豹服饰、保安公司、英菲尼迪服饰 4 家企业进行企业直补职业技能培训，兑现 2012 年度职业培训补贴资金 45.59 万元。

【外出招工补贴】 2013 年，组织

省内外招聘活动15场，对参加由市人力资源部门或公共就业服务机构组织外出招聘的110家次企业，给予省内1000元、省外2500元的一次性交通、食宿费用补贴共计23万元。

【落实小额贷款贴息】 简化小额贷款相关手续，完善小额贷款贴息等补贴政策，2013年发放小额贷款贴息19人计135255元。

【社会保险补贴】 落实下岗失业人员社保补贴相关政策，通知尚未享受完社保补贴政策的30余下岗失业人员办理申领手续。2013年，审核发放2012年度社保补贴23人次，补贴金额3.9万元。

【举办大型招聘会】 2013年2月17日—3月12日，组织举办12场"2013年新春人力资源招聘会"和1场主题为"和谐石狮•春风行动"大型公益招聘活动，组织745家（次）企业入场招聘，提供岗位42300个，吸引15060人次入场求职；推进网上人才市场发展，2013年，石狮人才网入网企业达8985家（次），登记职位数53225个次，登记求职人员数6491人，人才网2013年来PV（页面浏览）量超过415万次，IP量超过35万次；每月定期举办的4场日常劳动力交流洽谈会，2013年参加招聘企业1277家次，提供就业岗位47963个，求职咨询人员19985人次，求职登记14809人次，初步达成求职意向6081人。

【公务员招考】 2013年，石狮市政府系统面向社会公开招聘32名公务员和21名参照公务员法管理事业单位工作人员。3月11日，全省统一发布公告，笔试于4月13日进行。笔试和面试工作由省、泉州市公务员主管部门统一组织。公安系统的考生在面试前还应进行心理测试和体能测试，最终录用28名公务员和21名参照公务员法管理事业单位工作人员。

【事业单位招考】 2013年6月，石狮市面向社会公开招聘85名事业单位工作人员。经网络报名资格审查、笔试、资格审查、面试、体检、考察、公示等环节，85名考生于9月份全部到岗，整个聘用环节不超过3个月。

2013年6月，石狮市面向社会公开招聘65名卫生与计生事业单位专业技术人员。经网络报名资格审查、笔试、资格审查、体检、考察、公示等环节，最终聘用38名考生。

按公立医院人事考录备案制精神，自2013年起，石狮市医院可面向社会自主招聘工作人员。2013年，市医院采取分批次招聘办法，分别于3月采取面试形式招聘7名卫生专业技术人员（硕士研究生），4月采取笔试和面试招聘形式招聘29名卫生专业技术人员。经笔试、面试、体检、考察、公示等环节，现已进入考察阶段。最终聘用23名考生。

【培训工作】 2013年3月，石狮市人力资源和社会保障局和中共石狮市委党校联合开展2013年"改进作风、提速增效"专题研讨班（两期），71名工作人员参加培训。

【优秀外来工评选】 2013年，在全市开展评选"十佳金牌工人"活动。经过多部门的层层筛选和竞争择优，对参加第三届产业职工技能大赛胜出的10名一线工人和专业技术人员授予2013年石狮市"十佳金牌工人"称号。

【举办毕业生招聘会】 2013年春节的公益招聘会上，邀请闽南理工大学、泉州服装纺织职业学院、泰山航海职业学院参加校企洽谈会。组织发动25家知名企业参加厦漳泉人才交流大会，提供各类就业岗位850多个，有近300名毕业生向石狮企业投递简历，取得成效。

【跨区域引进高校毕业生】 2013年11月15日，组织21家石狮知名纺织服装企业到江西服装学院进行校园专场招聘，提供300多个职位，吸引1300多名在校大学生参加，收到求职简历685份，接纳纺织服饰人才到石狮就业创业；11月16日，组织4家用人单位赴西安工程大学举办校园招聘会，提供80多个职位，收到求职简历158份；11月25—26日，组织10家石狮知名企业分别赴武汉纺织学院、武汉职业技术学院进行招聘活动。

【关爱外来工】 2013年2月4日，灵秀镇总工会组织企业职工志愿者到塔前长途汽车站开展"关爱外来工 返乡送温暖"活动，为返乡外来工送去牛奶、面包、饮用水等食品，让返乡职工感受到关怀和温暖。协助车站工作人员维持现场秩序，帮助返乡农民工搬运行李，提供咨询与服务。

【举办职业技能竞赛】 第三届产业职工技能大赛于2013年7月11日开赛，历时5个月。来自5个不同行业、40多家参赛企业的200多名技术精英同台竞技，在叉车司机、服装制作工、护士、中式烹调师、彩妆师等5个竞赛项目中角逐，产生15名石狮市技术能手、10名金牌工人、50多名行业能手，150人通过比赛晋升到更高的职业技术等级，选拔和培养一批优秀青年技能人才，在全市掀起“人人争当技术能手”的热潮。

加大人才政策扶持力度

【制订人才优惠政策】 2013年，实施在人才引进后的资金保障、住房购租、子女就学、社会保障、家属就业、创业资助等一系列优惠待遇。春节前夕，市政府从宝源安居工程二期中划出一栋楼宇共136套住房作为人才奖励住房，利用一个月的时间经过住房申报、资格摇号、选房摇号等规定程序，有118人办理购房手续。

【住房惠及教育卫生人才】 为奖励教育卫生事业人才，市委、市政府出台《石狮市教育卫生事业人才住房奖励保障办法》，针对教育卫生事业人才推出55套人才住房，面向符合条件的教育卫生事业人才申购。2013年11月1日，53位符合条件的教育卫生事业人才在公证员和党风廉政监督员的公证及监督下正式开始摇号选房，53套住房最终惠及石狮市教育卫生事业人才。

【设计人才确认工作】 在市人才中心设立纺织服饰创意设计人才申报窗口，申报人数达50多人，市委人才领导小组最终认定福建省圣吉奥服饰有限公司设计师颜春歌等30人为石狮市首批纺织服饰创意设计人才，发放石狮市人才工作证。凭石狮市人才工作证可享受创业贷款贴息、场所租金补贴、纳税奖励返还等补助，以及住房、落户、配偶子女就业等优惠政策和各项“绿色通道”服务。纺织服饰设计大赛获奖毕业生，按规定享受生活补助金每人每月1000元，补助期限两年。

推进高层次人才队伍建设

【开展“政产学研用”对接合作】

石狮市组成校企合作洽谈小组，分赴东华大学、中国美术学院、清华大学美术学院、北京服装学院、天津工业大学、西安工程大学等13家国内知名纺织服饰和艺术设计院校开展洽谈，达成初步战略合作意向。11月15日，参加江西服装学院石狮专场招聘会暨市校战略合作协议签约仪式；12月中旬，与西安工程大学签订“政产学研用”战略合作协议，实现产业集群与学科群的对接。2013年，西安工程大学设立石狮研究院，江西服装学院在创意园区设立石狮工作部；东华大学、武汉纺织大学等院校及英国皇家艺术学院设计师王逢陈、意大利时尚设计师徐月娟均提出在石狮市设立办事处或个人设计工作室。

【举办首届“双十佳”评选活动】

石狮承办“福诚杯”2013年石狮纺织服饰行业“十佳职业经理人”“十佳新锐设计师”评选活动。由专家评审和网络投票综合得出的最终获奖名单，李为民等10人被评为“十佳职业经理人”，何冰等10人被评为“十佳新锐设计师”。

【开展“荣誉市民”评选活动】 为鼓励和表彰对石狮市经济建设、政治建设、文化建设和社会建设做出突出贡献的非石狮市户籍人士，经过宣传发动、组织评选，提交人大常委会审议通过。11月22日，在世界石狮同乡联谊会第二届理监事就职典礼上，市政府为马万、邓士荣、刘茶梅、胡连荣、施宣圆、蒋衡杰6位首批石狮市荣誉市民颁发奖牌、证书。

【储备人才培养工作】 2013年，发动见习基地见习岗位征集活动，征集见习岗位近200个，多方位满足石狮市高校毕业生的就业见习需求；培育各类人力资源，全年培训企业家800余人次；开展专业技术和管理人员培训，全年培训1250人；开展产业工人培训，全年培训产业工人5030人。举办4期公益创业培训活动，培训创业人员123名。

【举办服装设计大赛】 2013年4月，举办第二届"石狮杯"全国高校毕业生服装设计大赛，来自全国28所纺织服装学院的53名优秀毕业生入围决赛，并携29套女装作品、24套男装作品进行决赛，所有获奖作品在海博会展馆静态展出；举办"才企对话"真人秀人才对接洽谈会，现场12名设计新秀与企业现场对接成功。

【发放人才购房补贴】 2013年石狮市118名民营工业企业人才和53名教育卫生事业人才获得人才住房奖励。

人事信息库

【事业单位工资管理】 2013年，做好机关事业单位工资管理工作，做好机关、参公单位滚动晋升级别工资467人和事业单位每年晋升一个薪级工资5381人的审批工作，完成机关事业单位津贴补贴标准调整工作。指导全市机关事业单位做好人事信息库的变动。

【落实职工休假制度】 2013年，办理机关事业单位工作人员各类假期请假审批手续287人次。

（吴伟峰撰　蔡凤妮审）

社会保障

【推进城乡居民社会养老保险工作】

2013年，石狮市实现城乡一体化。全市参保人数192651人，参保率99.99%；续保人数157107人，续保率99.33%，续保进度继续位居全省第一，征缴保费2162.61万元，领取养老金人数34093人，累计发放养老金4443.34万元。

【开展社保法专项检查行动】

2013年7月，集中力量深入企业，对用人单位遵守劳动用工和社会保险法律法规情况进行专项检查，抽查各类用人单位161家，涉及劳动用工人数10672人，发出关系到社会稳定和经济发展知书31份，限期改正指令书3份；督促用人单位与员工补签劳动合同368份；责令4家企业支付员工工资及补偿31.68万元；对拒不执行劳动保障监察限期改正指令书行政处罚1起，罚款金额2000元；督促未依法参加社会保险的13家企业进行社保登记；为8名未成年工办理未成年工登记证；督促17家企业进行劳动用工备案，新增备案职工人数164人，维护劳动者合法利益，确保社会稳定和经济发展。

【工伤认定】 石狮市人力资源和社会保障局将工伤申请受理服务窗口前移，专门在石狮市劳动保障监察大队设立工伤受理窗口，指定专人负责。2013年，全市共做出工伤认定278起，与2012年同比上升28.1%。

【人力资源监察力度】 通过日常巡查、举报专查等方式，将用人单位劳动合同签订、工资发放等情况作为监察重点，开展专项执法检查。禁止使用童工，特别是每年"两节"期间开展的工资支付专项执法检查，加大欠薪的查处力度，保障农民工能够及时拿到工资安心返乡过春节；加大行政处罚力度，2013年依法对3家劳动保障违法违规企业处以罚款，罚款金额32000元。

【加强仲裁机制建设】 为维护劳动者合法权益，石狮市劳动争议仲裁委员会坚持实行调解前置，尽量促成当事人在开庭前达成调解，避免纠纷带来的不和谐劳动关系。在市、镇(街道)、村(居)设立流动人口管理机构，实行"三级管理"工作机制，将部分纠纷案件交由各镇(街道)先行处理，发挥联动作用；对于劳动纠纷突发事件，及时转交市劳动争议仲裁委员会处理，直至劳动仲裁，将矛盾解决在萌芽状态，保障农民工的合法权益。

（吴伟峰撰　蔡凤妮审）

（图/颜华新）

凤里街道

【概况】 凤里街道办事处位于石狮市区西部，是石狮市小商品市场的发源地和商贸中心。总面积3.2平方公里，下辖大仑、五星、龙华、东村、后花、宽仁、仁里、新华、华南、华仑等十个居民委员会，常住人口3.3万多人，旅居海外的侨胞、港澳台胞3万多人。2013年，实现财政总收入5.88亿元，同比增长45.2%。

凤里街道拥有各类企业1000多家，有摊位、店铺等商业网点近5000个，从业人员达数万人；辖区内鸳鸯池布料市场是福建最大、全国四大服装面料专业市场之一，被

星期YI服饰创意博览园

（图/摘自《石狮日报》）

中国市场指导委员会授予“中国商品交易市场十佳纺织品专业市场”和“中国商品交易市场最具影响力市场”称号。童装生产基地集聚童装生产加工企业300多家，是全国三大童装生产基地之一。星期YI纺织服饰创意园位于华南社区西部，园区总建筑面积12万平方米，总投资约3.5亿元，建成集“创意设计、总部经济、高端金融、精品会展、特色商业、时尚传媒、特色文化、人文观光”等为一体的多业态复合式开放社区。

【以商贸促经济发展】 2013年，以建明(国际)大酒店为龙头，承接石狮新汽车总站的辐射；以振狮大酒店改造后的闽商金融大厦为平台，吸引金融企业、中介服务企业入驻，与八七路银行区遥相呼应。构筑布料市场“研发＋贸易”新模式，引导布料企业与科研院所建立“产学研”联合体，携手研发新产品；契合石狮金改区试点，搭建“银企合作平台”、校企合作平台。镇中路童装市场与九二路童装市场、华南童装市场形成连片，占据石狮童装半壁江山。

【城乡建设】 镇中路二期安置楼项目之14幢安置房全部封顶，按规范抓好工程内外装修设施工建设；星期YI服饰创意博览园项目整体建设已完成70%以上；国际轻纺城项目之A、B、C区市场进行室内外装修及安装施工。

【社会事业】 创新社会管理，推行工作网格化管理，设立驻居干部工作室，公开驻干部职务、形象、联系方式方便群众联系，接受群众监督，延伸为民服务网络。

【打造“新型社区”】 制定十项工作举措，落实环卫体制改革，各社区成立物业管理公司，街道、社区环卫工作在泉州考评中进入前十、石狮考评排名第一。改善社区面貌，2013年拆除违建150多处8000多平方米，投入100多万元新建公共配套设施，修缮老旧设施28处。办结“12345”群众来电，

2013年办结115条，全市便民服务联动单位绩效考评中镇办排名第一、全市排名第一。

【发展教育事业】 凤里街道2013年小学入学率、巩生率达100%；在保证刚性教育经费足额拨付的基础上，动员社会各界力量发展教育事业。郑女士捐资300万元兴建实验幼儿园分园；筹措教育基金900万元兴建石狮第六实验小学，蔡先生携亲属筹资10万元设立“蔡经华烈士教育基金”，奖励大仑小学品学兼优的学生。投入52万元改善学校硬件设施和旧校舍的修缮，试行小学行政干部竞聘制度，开启石狮市教育领域选拔中层干部的先河。

【民生保障】 2013年，凤里街道医疗保险参保率达90%以上。低保家庭计105户，享受人口共计212人，共发放低保金额71.2万元，发放低保对象临时补贴19.8万元，电费补贴0.47万元。为10户成功申请限价房，帮助辖区内低收入家庭解决住房问题；为23名残疾人办理第二代残疾证更换手续，办理重度残疾人医疗救助18人，发放医疗救助金共计0.78万元；发放阳光护理费234人15.06万元。依托街道爱心超市，继续发动社会企事业单位和个人捐赠物资，通过节假日特别是春节期间开展向贫困、残疾群众发放15万元物资。优抚对象45人，发放抚恤金及退休金120.4万元，退役士兵生活补助43人2.95万元，优抚对象临时其他补贴38人10.3万元，优抚对象春节期间生活补助38人1.06万元。为267名企业离退休人员(含异地居住)领取退休金、养老金做好资格认证；城乡居民社会养老保险参保续保率达99.19%，始终位居全市第一。

【计生服务】 规范办理计划生育证件，提升技术质量，做好药具管理。2013年，有4万人次参与各类社会宣传活动，共计发放宣传单8万份，接受免费义诊1万人次，发放避孕药具3万盒。

【生育关怀】 布料同业公会冠名生育关怀基金捐资100万元，凤里街道和促会冠名捐资100万元作为成立启动资金。2013年，基金投入17.5万元为191户(552人)购买计划生育家庭意外伤害保险；为150名计生三户子女入学减免学杂费；奖励14名高考录取进大专、大学二女户女儿，举办就业培训班3期，帮助介绍就业100人次；真情救助24人次、5户贫困母亲开展幸福救助工程。

【流动人口计生工作】 实行流动人口网格化管理、创建流动人口“五大关怀项目”典型点、成立企业计生协会，创建率达93%以上。计生半年检查全市排名第二，年度检查全市排名第一。

【加强人武工作】 高质量完成民兵整组、兵役登记和征兵工作；征兵任务高质量完成，且实现无责任退换兵员；大仑社区民兵张世杰代表石狮参加省军区无线电技术培训比赛，并被评为省军区优秀学员。

【文明建设】 指导规范社区青少年活动中心，开展“文明餐桌”行动，倡导移风易俗，推行“三载”不办宴席活动。举办灯谜竞猜、广场舞比赛、篮球联谊赛等活动。举办“中国梦、凤里情”文艺晚会；深入建设街道公共文化服务体系，建设后花休闲公园配套设施，修缮五星、大仑文体设施。

【深化综治维稳】 完善多元化服务网格，整合社区联防队，首创9本综治台账，编印12期《平安在线》简报，提高居民群众的社会治安知晓率和满意率。开展多元化宣传，提高居民的法律意识，发动居民参与街道平安建设。注重矛盾纠纷化解。坚持接访日活动，调解成功率达98.9%，对重点人员实行“捆绑作业”管控，做到稳控率100%，成立社区戒毒康复工作领导小组，保证重点人员无扰乱社会秩序和违法犯罪行为发生。积极激发社会活力。2013年7月成立凤里街道和谐促进会，整合社会力量共同参与综治平安工作，募集捐款120万元，为辖区群众办理社会治安财产综合保险25万元。

【保障生产安全】 2013年，开展消防安全大整治，出动728人次，对435家企业，经营性场所973家进行检查，发现“三合一”企业30家、“三合一”店面8间，隐患285处，已整改落实273处，继续跟踪整改落实；查处30多处燃气市场及小型餐饮场，每月开展一次在建工程安全生产检查，没收液化气瓶100多个，对辖区内的各在建工程进行登记备案。创建省级“安全社区”，成为石狮市首个省级安全社区。组建义务消防队，受到市消防大队好评，并作为示范在全市范围内推广，街道50%的社区组建社区义务消防队。成立老年人安全生产义务宣传队，多次深入经营场所宣传，受到广大店主的欢迎。组织专家对辖区内的危险化学品使用企业及企事业单位进行安全生产大检查并当场提出整改意见。联合市行政执法局有效拆除违章建筑450平方米。

【党建纪检】 探索机关和学校中层干部职位竞争上岗，在机关，中层干部通过竞职演讲等程序，竞争街道计生办、经济发展服务中心主任两个职位，竞争副校长、教导主任、副教导主任、总务主任、总辅导员等五个职位；加强党员干部思想政治教育，建立凤里街道党员QQ群，扩宽党员学习教育平台。举办“共话中国梦、共筑凤里情”庆“七一”十项召开纪念中国共产党建党92周年大会，举办“中国梦、凤里情”庆“七一”文艺联欢晚会、慰问老党员、特困党员等系列活动；深入推动领导干部“四下基层”，倡导“一线工作法”，协助企业解决发展中存在的困难和问题，与贫困户“结穷亲”，关心帮助挂钩户改善生活困境；加大非公和新社会组织党建工作力度，街道上规模企业党组织覆盖率100%。布料同业公业党支部在富丰商城建设党建文化走廊，成为石狮乃至泉州新社会组织党建工作典型。

【党风廉政】 加强党风廉政建设责任制，推进社区集体“三资”监管工作，受理社区集体资产资源化配置31件，签订合同金额达160万元。遵守中央八项规定，取消无实质内容的各种座谈会、表彰会、茶话会、联欢会。减少会议活动15次，节约经费37.5万元，减少文件、简报3000份，节约经费1.5万元，节约公务用车经费1.05万元。慰问各类群众258人，发放慰问金99000元。

（杨彬彬撰　蔡芳汶审）

湖滨街道

【概况】 湖滨街道位处石狮市中心城区东部，为石狮市委、市政府所在地，系全市的政治、经济和文化中心。街道辖区土地面积5.28平方千米，下辖玉湖、新湖、湖边、长福、林边、金林、曾坑、仙迹、花园城等9个社区，常住人口约3.24万人，外来人口约5万人，旅居海外华侨及港澳台同胞近2万人。2013年街道先后获得“福建省计划生育依法行政示范街道”“2009—2013年度福建省依法治省先进单位”“福建省安全社区”“福建省清剿火患先进集体”“泉州市关心下一代工作示范单位”等称号。

【经济发展】 2013年，湖滨街道抢抓机遇，全面促进经济发展，实力总体保持稳中有升势头。2013年，湖滨街道全年几个主要经济运行指标均比2012年同期有较大幅度增长，其中街道财政总收入7.16亿元，完成89.5%；规模以上工业产值70.79亿元，同比增长13.6%；限额以上商业销售额34.99亿元，增幅71.6%；全社会固定资产投资22.3亿元，增幅9.9%；借助长福安置区即将建成和泰禾广场建设全市第一个城市综合体的有利时机，街道加强长福安置区商场的招商力度；以德辉商场荣获“福建省创建诚信市场示范点”为契机，以市政府和德辉广场为中心，以周边房地产为基础，形成可辐射全市的生活、消费商圈；利用步行街全省“诚信经营一条街”“五无示范街”品牌作用，把步行街打造成本地人最喜爱的高端服装、饰品的消费市场；对商业街归行划市，对街道进行合理布局，引导提升街区经营商品的专业化水平，提升商品档次，形成经营特色，积极培育提升“花园城摩托车市场”“子芳路建材市场”“飘香路区域闽南食品批发城”“步行街黄金珠宝市场”“民生路婚庆用品市场”“湖边湖兴路日用品批发市场”等；探索文化创意产业，学习借鉴外地成功经验，发挥辖区作为行政、文化中心的优势，选择金林片区等合理街区，推进“自主改造”，引进文化创意企业，形成文化产业新的发展空间。重点挖掘嘉禄路商业潜力，深入宣传发动，打造主题酒吧一条街、休闲咖啡特色商业街区。

【服务企业】 街道始终密切关注

企业发展状况，实施两委成员挂钩联系规模以上企业制度，深入辖区企业开展调研，宣传兑现各级扶持企业优惠政策。年初，组织辖区部分规模企业负责人、困难员工代表召开迎新春座谈会，慰问困难职工，表彰优秀企业员工；走访工业企业，了解开工招工、生产运行、增资扩产、项目技改以及企业存在的困难等情况；密切关注企业动态，及时地在《石狮日报》《今湖滨》上为企业撰写企业动态；6 月中旬，在德辉广场举办首届企业员工歌舞大赛；帮助解决企业员工子女入学，对辖区内有营业执照的企业职工子女基础教育就学需求进行全面摸查，摸清企业员工适龄子女数量，统计相关就学需求信息，协调街道教委办满足企业员工子女就近入学，2013 年解决 160 多人次入学。

【城区建设】 2013 年，湖滨街道统筹发展，彰显自身特色，城市建设迈上新台阶。重点项目和为民办实事项目有序推进。2013 年，街道着力抓好长福安置房项目、湖滨街道综合服务中心大楼、长福实验小学、湖滨中心幼儿园等实事项目的建设；推进长福商业综合体、中骏集团项目、荣誉酒店、豪富大酒店等商业项目开工建设。2013 年，街道确定的为民办实事项目有 27 项，已全部完成。

【生活环境持续好转】 2013 年，街道加大对卫生秩序、街区容貌、基础设施、简易搭盖等的整治力度，全面改革卫生保洁服务运行机制，制定《石狮市湖滨街道办事处环卫保洁考核细则及奖惩办法》等标准，社区居委会成为卫生保洁服务主体，保洁工作实行“制度化、网格化、精细化”管理措施；积极动员社区更新环卫设施，多方筹措资金铺设水泥路，重建排水排污沟，清理排水沟化粪池，疏通水沟，清除垃圾，清理乱堆杂物，整理绿化带，消灭卫生死角；要求各社区制订卫生公约，约束社区居民、经营户的卫生行为，采取以罚代管的严厉方式来强化卫生意识，改变“脏、乱、差”的现象，营造优美、整洁的居住环境。

【安全生产】 2013 年，湖滨街道保障社会稳定，安全生产整治有力有效。开展安全生产大检查和重点整治“百日行动”，完善例会和“日检查、周督查、月抽查”等工作检查制度，不断加大安全整治整改投入，切实落实安全生产各项目标责任，确保安全生产形势总体保持稳定，2013 年 3 月街道办事处被福建省社会管理综合治理委员会评为全省“清剿火患”战役先进集体，11 月街道顺利通过省安全社区考评验收。

【辖区社会稳定】 湖滨街道牢固树立“发展是第一要务，稳定是第一责任”的政治意识，紧紧围绕“质量石狮、二次创业”，进一步深化“平安湖滨”建设。通过定期组织派出所、执法局、安办、工商所、司法所、中心校、各社区，加强对辖区内社会治安重点区域、部位、场所的排查打击、消防安全隐患的排查整

玉湖社区开展全国第 12 个“安全生产月”宣传咨询日活动 (图/摘自《石狮日报》)

治、各类违法犯罪高危人群的排查管控、矛盾纠纷排查化解，确保辖区社会持续稳定。2013 年，刑事案件同比下降 39%、“两抢一盗”案件同比下降 27%、交通事故死亡人数同比下降 75%，受理信访、矛盾纠纷 133 件，调解成功 129 件，办结率达 97%，投入综治和平安建设工作经费 140 多万元。

【社会管理】 2013 年，湖滨街道提供优质服务惠及民生，社会管理树立品牌。保障和改善民生力度持续加大。逐步改善社会保障制度，2013 年新农合医保参保人数 22987 人，参保率 99.03%；落实城乡居民最低生活保障制度，为 56 户低保对象发放保障金及生活补助金 364440 元；配合红十字会组织开展“博爱家园—红十字应急救护志愿服务进社区”、无偿献血、残联第三届“心手相连”闽台残疾人文化交流巡演等活动；发动慈善公益事业活动，营造“乐善好施”氛围，发挥社区爱心慈善互助会作用，广泛发动市民群众积极参与奉献爱心，凝聚爱心力量。全面推进人口与计生工作，落实计生“5+2”奖励工程，2013 年累计帮扶约 10920 人次，减免、慰问金额 865680 元；做好防汛防台风的各

项工作，确保人民群众生命和财产的安全。做好森林防火和秋季重大动物疫病免疫等农业方面工作。

【做好双拥和征兵工作】 2013年，湖滨街道慰问辖区驻石狮部队，发放慰问金5万多元，超额完成上级下达的年度征兵任务，向解放军陆海两个兵种和武警部队输送14名高素质的新兵。

【新型社区建设加快推进】 2013年，湖滨九个社区均按照市委市政府新型社区五年行动计划要求，推进"一站三化"建设，完善标准化公共服务站建设，推行社区管理网格化、便民服务多元化、社区建设信息化。新湖、花园城两个市级试点社区，以项目为抓手，生成云社区便民服务系统、狮城片区路面改造、花园城小区景观改造等10个项目。完成狮城片区路面改造、新湖旧区消防栓设置、花园城社区居委会停车场、石狮市花园城小区景观改造等8个项目，三级立体网格信息管理系统安装调试，云社区便民服务系统完成网络、手机版的开发建设，成立运营公司，上线试运行。

【文明建设】 以创建全国文明城市为抓手，完成2013年全省公共文明指数测评迎检工作，推进道德讲堂建设，街道逐步实现九个社区道德讲堂建设全覆盖；扎实推进未成年人思想道德建设，继续抓好未成年人心理健康咨询室、绿色网吧、少儿图书室的建设，实现未成年人文化教育阵地进社区；开展志愿者服务活动；创建玉湖社区、新湖社区、花园城社区参与省级文明社区的参评，湖边社区、长福社区、仙迹社区、嘉禄花苑小区参与2011—2013年度泉州市级文明社区的参评。

【创新社会服务管理方式】 提升三级立体网格管理平台，街道创新社会服务管理方式，形成"1+1+N"的三级立体网格管理模式，制订街道网格化管理绩效考评实施方案，全面实行"1+1+N"网格化管理，调动广大干部职工工作积极性，牢固树立绩效意识，激发街道全体机关干部职工工作热情，充分履行职能，从社会治安、市容市貌、交通安全、生产安全、食品安全等各个方面，为广大群众提供更为高效的管理和更为优质的服务，打造出适应城市现代化要求的新型社区。

【打造便民服务平台】 利用辖区商贸发达、商家众多、消费群体巨大的优势，提出开发云平台的创意，由街道牵头建设"湖滨365云社区便民服务系统"平台，并向社会招募投资者和运营管理团队，以股份制的形式进行日常运营和管理。

【党建活动】 2013年，湖滨街道加强思想教育建设，召开学习中共十八大精神专题会议，组织街道党员干部群众认真学习，落实"马上就办"，推动行政大提速；推进基层组织建设。举办社区民主制度建设讲座，邀请省民政厅专家为街道各社区两委授课，培育新湖社区、花园城社区支部等党建工作示范点。开展非公有制企业、社会组织党组织覆盖百日攻坚行动，扩大党组织和党的工作覆盖面，全面推广"三五"非公企业党建工作机制，继续培育富贵鸟集团典型单位，按照"一企一特色"思路，打造党建典型点。街道组成三个调研组，深入开展"领导干部四下基层"活动，通过走访和实地查看，共收集群众意见建议63条，并制定时间表，确保群众意见建议落实得到解决。着力推进学习型党组织和学习型街道建设。重视老干老龄工作；支持各涉老组织开展工作和活动，广泛开展符合老同志特点的文体娱乐活动；积极配合做好在非公企业组建关工委工作，扎实开展"创五好"、校外辅导站、"大手牵小手"关爱活动。

（蔡璇璇撰　谢文传审）

灵秀镇

【概况】 灵秀镇位于石狮市西南部，地域面积16.27平方千米，下辖仕林、灵狮、灵峰、灵山、钞坑、彭田、塘园、前廊、华山、港塘、塔前、茂厦等12个行政村，户籍人口2.5万多人，外来人口8万多人。

2013年，灵秀镇财政总收入7.85亿元，同比增长1.7%；规模以上工业企业总产值158.04亿元，与2012年持平；批发零售业商品销售额145亿元，同比增长71.4%；固定资产投资完成额59.8亿元，同比增长101.6%；企业自营出口63493万美元，同比增长101%；合同外资398万美元，外商实际到资9611万美元。

【经济建设】 2013年，灵秀镇巩固和扩大商贸优势，以商贸的聚集发展，带动经济转型升级，为纺织服装产业集群发展和经济结构调整做出贡献。服装商圈日益繁荣，石狮服装城北A幢引进“银河商场”、南D幢完成“白马商场”招商，新增入驻636家商户、1000多个时尚品牌；国际轻纺城市场主体工程基本建成，招商工作启动，规模化、国际化、专业化市场格局初步形成。

【电子商务】 2013年，灵秀镇引导企业创新商业模式，加快线上线下融合发展，海西电商园投入运营，近300家电商企业入驻，销售规模突破100亿元，引领、带动现代物流产业发展，成为“全省电商示范基地”。

海西电子商务园区书室　（图/颜华杰）

【生活服务配套完整】 引进“世茂•摩天城”项目，建设全市最大规模、最高端的城市综合体。万佳国际酒店、明昇凯悦大酒店等生活性商业对生产性商业形成完整配套，逐步形成高端服务业的聚集。

【总部经济效应凸显】 2013年，灵秀镇进一步发挥服装城总部大厦的聚集效应，吸引更多的企业运营中心云集百宏大厦(面料总部)、华闽大厦、台昱世贸中心，推动汇峰广场等项目的投建、招商，初步形成全市最大最集中的总部经济区。

【产业平台创新升级】 2013年，灵秀镇推广“甲骨文纺织服装产业创新发展云”，入驻100多家企业，提升应用水平，加快推动服装产业转型升级。鑫盛达集团获“泉州市级企业技术中心”称号，促进企业技术创新、产品创新和管理创新，不断增强企业自主创新能力和核心竞争力；进一步规范科技园、创业园管理，标准厂房四期建成使用，为企业技改更新创造良好条件。

【城镇建设】 按照全域城市化发展改革的要求，明确发展战略规划，统筹人口、产业、基础设施和公共服务布局，加快新型城镇化发展。加快片区改造，钞坑片区改造全面开始商业房产和安置区建设，创造和谐、文明、快速征迁的新模式，取得群众利益、经济效益、社会效益“三赢”，其规划水平、景观设计和建设速度广受赞誉，引领城市更新建设的潮流。加曾寨片区乘势而上，2013年，理地确认率已达91%，房屋签约率90%；启动灵山灵峰片区改造，拆迁协议签订已近50%，进入提前批全面签约和发放首批补偿款阶段。

【提升道路交通】 2013年，灵秀镇完善城市交通体系，通往龙湖高速的石龙路基本建成，西南一路、横七路建设完成征迁工作，塔前、前廊、仕林、灵狮等村铺设完善村间道路，推进交通节点改造，实现内通外联。完善公共服务设施，建设彭田、前廊、灵峰等3个公共停车场。

【生态文明建设】 2013年，灵秀镇巩固“全国生态文明镇”创建成果，落实环保工作目标责任制，深化小流域环境综合整治，灵山沟上游整治改造正在施工，灵山沟前廊段截污基本完成，灵秀山水库、仕林水库完成除险加固工程；优化人居环境，完成塘园、华山、前廊、港塘4个“口袋公园”建设，前廊、彭田改造农贸市场。实施环卫体制市场化改革，完善环卫基础设施建设，提升垃圾清运处理能力，强化检查监督机制，持续改善居住环境卫生。

【社会事业发展】 坚持民生优先发展，着力解决一批群众迫切需要解决的问题、办成一批群众普遍盼望的实事好事，促进民生社会各项事业同步发展。实施民生项目，启动办实事项目，修建华山公园、仕林公园，建成灵狮村文体活动中心，改造曙光社区服务中心，塔前、前廊、港塘、灵峰完善村间道路或安装路灯，塘园、灵山、茂厦开展村容村貌整治。

【优化教育资源】 加快学校扩改，容卿小学升格为市第四实验小学，新建塘园小学校舍按计划施工，华山小学、港塘小学、古洋小学等新建教学楼或完善配套设施。充分发动企业、海外华侨和社会各界，筹集助学助教资金超过1000万元，促进教学水平提升。

【平安建设】 率先在全市成立镇级和谐促进会，开展上门免费安装摩托车“安全锁”活动，安装GPS防盗锁800余部，新建灵峰、塘园、曙光等重要路口全球眼高清视频监控系统，开展治安重点区域整治，刑事案件呈下降趋势。开展安全生产大检查和重点领域整治百日行动，及时消除各种安全隐患，防范重特大事故发生。

【文体生活】 开展群众性文体活动，承办“市学习中共十八大精神文艺会演”，举办第二届“灵秀服装工业园杯”篮球赛和“豪健杯”广场健身舞比赛，组织广大职工参加第三届全市工人运动会，投建多家“职工书屋”，丰富职工业余生活；倡导文明新风，组织学校定期开展道德讲堂，举办未成年人道德巡回演讲等活动。在钞坑片区改造中，发动群众实行迄今最大规模的先人骨灰集体“海葬”，受到广泛好评；加强工会规范化建设，组建电商园区工会联合会，组织“安康杯竞赛”活动，镇总工会获泉州市优秀组织奖；提高城乡低保和新农合筹资标准，便民服务、新农保和人口计生工作在全市名列前茅；征兵工作成效明显，新兵入伍数量和文化程度取得新突破。镇商会、镇侨联顺利换届，森林防火、台风防御、统战、共青团、妇联、老干老龄、关工委等工作均取得新进步。

【作风建设】 增强政府工作的生机与活力，加强作风建设，落实中央“八项规定”和党风廉政建设责任制，深入开展“下基层、解民忧、办实事、促发展”和领导干部“四下基层”活动，认真听取人大代表、政协委员和社会各界的意见，践行为人民服务的宗旨。2013年，办理上级人大建议、政协议案26件，答复率100%。

【提升机关效能】 推行“一线工作法”“马上就办、办就办好”，完善机关干部绩效考评管理办法，加强机关效能建设。继续对全年全镇的主要工作进行细化、量化、项目化，提出“提升八个方面质量”，实施65个具体项目；加强项目建设纪律督查和项目建设进度督查；健全监督机制，制订落实市“12345”便民服务热线、纠风论坛处理工作的实施方案，办结市“12345”便民服务热线167件，市纠风论坛6件；开展村级考核、任期审计工作，突出抓好村集体“三资”监管，全面推行公开办事制度，规范政务、村务公开。

（施小红撰　王春雷审）

宝盖镇

【概况】 宝盖镇地处城乡接合部，环绕市中心城区，辖区土地面积26平方千米，常住人口约10.68万人（其中户籍人口3.8788万人），下辖坑东、杆头、龙穴、前坑、前园、塘后、塘边、仑后、松茂、山雅、铺锦、苏厝、郑厝、后宅、后垵、塘头、玉浦、上浦、雪上19个行政村和宝源社区居委会，辖区现有龟湖公园、“四馆一场一中心”（青少年科技馆、文化馆、博物馆、游泳馆、标准体育场和老干老龄活动中心）等文体活动场所，有供水20万吨／日的自来水厂、城市污水处理厂、22万伏和11万伏的变电站等基础设施，有闽南理工学院、泉州纺织学院、石光华侨联合中学新校区、石狮一中、石狮三中、石狮锦锋实验学校等丰富的教育教学资源。宝盖镇是石狮市纺织服装产业链之一——服饰辅料的发源地和生产集散基地，是“中国服装服饰辅料名镇”，辖区现有宝盖科技工业园、宝盖鞋业工业园两个工业园区。2013年，宝盖镇拥有各类企业近2000家，有富贵鸟、帝牌、华联、卡宾、强力等中国驰名商标5枚，有全国首家专业辅料检测中心，全镇国家高新技术企业达4家、省高新技术企业达8家，基本形成服饰辅料、五金塑料、纺织服装、鞋业鞋材、包装印刷、电子机械、体育用品、工艺食品等多种产业并举的多元化产业结构，产业布局日趋合理，经济发展势头强劲。

【经济发展】 2013年，宝盖镇按照“质量设施、二次创业”的战略部署，围绕“产业提升、片区改造、民生改善、效能保障”的工作主线和建设“经济重镇、城建新镇、党建强镇、幸福名镇”的工作目标，推进各项工作，推动宝盖经济社会发展朝着质量和效益的方向迈出坚实步伐。2013年，全镇完成规模以上工业总产值138.47亿元，同比增长21.5%；固定资产投资60.1亿元，同比增长 60.3%，限额以上商业销售额27.16 亿元，同比增长 52.0%；财政总收入 10.1 亿元，同比增长 9.9%，率先突破 10 亿大关，总量继续保持全市各镇(街道)首位。

【扶持企业力度加大】 2013 年，深入企业宣传解读各级惠企政策，协调解决企业生产经营中存在的困难，助推企业发展壮大。组织企业参加“4•18”石狮“海博会”“6•18”项目成果交易会、中国国际面料及辅料博览会等展会，拓展国内外市场。搭建企业与高校联系平台，组织企业开展校园招聘、参与省外招工会，拓宽企业招工渠道。加强政府与企业的互动交流，以宝盖商会第四届理事会换届为契机，表彰优秀外来员工，评选“新宝盖人”，进一步聚集人才、人口、人气。发挥“全国百强镇级总工会”的作用，协调解决劳资纠纷，提供就学、医疗等服务。

【工业发展后劲增强】 健全科技园区、鞋业园区管理体制，完善基础设施和生活配套，确保金苑、瑞晶、永兴等生产性项目按时序进度推进。加强公共服务平台建设，引进全国首家专业辅料检测中心。引导企业自主创新，龙诚纺织公司投入 3000 多万元进行设备技改，全镇国家高新技术企业达 4 家、省高新技术企业达 8 家。注重对龙头企业的引导和扶持，发挥动感集团、好田公司等上市企业的示范作用，卡宾、富贵鸟顺利在香港联交所主板上市。

【第三产业加速提升】 建筑面积 12 万平方米的石狮辅料城市场主体和总部写字楼实现封顶，英国高士线业、世界纽扣大王韦文双纽扣等 100 多家国内外知名品牌意向入驻。注重培育新的经济增长点，引进喜来登商业综合体、迎宾馆等现代商贸高端服务业项目。以众和国际大厦、假日大厦为载体，大力发展楼宇经济，新增入驻企业 12 家。

【城镇面貌日益改善】 抓住城市基础设施建设和片区改造的机遇，举全镇之力，破解征地、拆迁、安置难题，促进城北片区、城东片区、梧园片区、洋内亭片区、环湾大道、辅料城等项目建设。

【道路交通快捷方便】 以交通提升为突破口，推进城市交通要道建设。雪上高速互通口和福辉路顺利通车，结束石狮没有高速公路的历史，福辉路项目创造道路征迁建设的新速度，成为贯通石狮南北、连接中心城区和环湾片区的快速交通要道；完成环湾大道的征迁工作，确保工程顺利建设；建设东西三路、打通辅料城周边道路，协助做好子芳路、大北环路、濠江路、香江路的景观提升和绿化工程。

【片区改造步伐加快】 2013 年，完成城北片区 12 万平方米首期安置房和湖光小区 7 万平方米安置房建设，完成拆迁户选房工作，总投资达 14 亿元、建筑面积 40 万平方米的城北片区二期、城北小学及幼儿园、梧园片区、洋内亭片区安置房项目通过 BT 招商由中铁一局集团承建，动工兴建。城东片区首期项目百宏御璟、龙喜华城、第五实验小学、幼儿园全面动工建设，引进万科、恒大两个上市房企；康城美墅、阳光城、卡飒明筑等项目进展顺利。梧园片区迎宾馆项目完成土地征迁和招拍挂工作，进场施工。启动北环片区、龟湖片区改造的前期规划和回批地收储工作。

【城镇管理成效明显】 2013 年，确定坑东村、宝源社区为环境整治的试点单位。加大对宝源小区的管理提升和建设投入，理顺管理体制，成立业主委员会，引进专业物业公司，解决了长期困扰宝源社区的管理难题。开展环境卫生整治，从组织管理、资金投入、机制创新等方面入手，做好“五清四化三提升”，完成梧园水库除险加固工程，镇容村貌和人居环境质量明显改善，环境卫生集中综合整治考评居全市前列。

【科教文卫事业发展】 龟湖中心小学新教学楼、塘边小学一号教学综合楼、前坑小学新校区一号教学楼投入使用，桃源小学教学综合楼主体封顶，城北小学进入施工阶段，后垵小学进入施工设计阶段；创设铺锦青少年活动中心，为本地及外来务工人员的子女提供了良好的社会教育场所；调整充实学校领导班子，实施奖励机制，在镇村两级广泛开展奖学金助学活动。提升宝盖卫生服务中心医疗服务水平，保障辖区群众和外来务工人员的就医问题；通过“国家级卫生乡镇”“国家级生态乡镇”验收，获福建省第七批省级生态乡镇（街道）称号；计生年度考核位居全市第二名，创宝盖计生工作历史最好成绩，顺利通过泉州黄牌脱帽检查。

【便民服务水平不断提高】 2013年，完善镇行政服务中心，简化涉民审批事项，推行“马上就办、办就办好”的一站式、一条龙服务，最大限度地方便辖区群众办事，打造泉州乡镇行政服务示范单位。自觉融入“12345”便民服务系统，及时处理群众的咨询、求助、投诉。建设村（社区）公共服务站和便民代办点，健全基层管理和服务体系，辖区内医保、社保覆盖面达100%。设立7个村级居家养老服务中心。帮助群众做好限价商品房的申购工作，解决低收入群体住房困难户、危房户的实际困难。

【开展平安建设】 落实《宝盖镇领导干部接待群众来访活动实施意见》，将矛盾纠纷化解在基层，较好地处理了塘边村回批地出让等问题。开展“五抓促三率”活动，通过宣传踩街、警灯闪烁、平安短信等形式，不断提高群众满意率，综治“三率”综合成绩始终保持全市前列，镇调委会获得“2013年度全省优秀人民调解委员会”称号。成立宝盖镇村两级和谐社会促进会。开展校园治安、消防安全、道路交通专项活动。制定“简化丧葬礼俗公约”，在全市率先开展以“丧事简办”为主要内容的移风易俗活动。

宝盖镇举办大型主题宣传踩街活动
（图／李荣鑫）

【强化绩效考评】 2013年，制定计生、安全生产、重点项目绩效考核办法，提高干部的服务水平和工作效率。以落实石狮市年度绩效评估工作方案、财政投资类项目建设绩效评估办法为载体，强化干部责任意识，加强机关效能建设，健全创先争优长效机制。

【工作作风】 落实中央关于改进工作作风、联系群众的八项规定，规范公车使用、控制干部外出考察次数、取消各类庆典活动，杜绝不必要公务开支；进一步完善村级“三资”监管制度，印发《关于开展农村（社区）集体资金、资产和资源清查工作的通知》，开展“三资”清查工作；强化政务公开和政府信息公开，不断增强政府工作的透明度和公信力。

（林翠玲撰　施长华审）

蚶江镇

【概况】 蚶江镇位于石狮北部，泉州湾南岸，泉州跨海大桥南端，总面积38.47平方千米，被列入泉州环湾980平方千米中心城区范围，是泉州市第二批小城镇综合改革建设试点镇。辖区内有19个行政村，常住人口5万多人，外来人口5万多人，海外华人、华侨及港澳台胞3万多人。拥有国家一类口岸、泉州湾中心港区—石湖港，海岸线长17公里，配套规划面积560公顷的石狮经济开发区成功升级为泉州高新技术产业开发区石狮园。镇区水路交通便捷，基础设施日臻完善。全镇形成以服装纺织、电子五金、机械制造、精细化工、物流仓储为主支柱的产业。是“中国裤业名镇”“第七批省级生态镇”，通过国家级生态镇预验收。

【经济发展】 2013年，全镇规模

石湖港区　（图／摘自《石狮日报》）

以上工业总产值达146.5亿元，同比增长2.4%；财政总收入达3.87亿元，其中，中央“三税”1.75亿元，一般预算收入1.65亿元；完成固定资产投资24.9亿元。引进并建成益家家居建材市场，已签约项目30多家，国内外意向入驻商家100多家，将建成综合型家居建材市场。引进占地10公顷，总投资18亿元的石狮市台湾商贸城，拟建台湾商品水果市场以及国内外商品品牌馆。卡宾服饰营运中心即将进行主体工程建设，将带动服装创意设计产业发展。盘活闲置占地34公顷的蚶江西裤基地，谋划创建“中国裤业蚶江淘宝村”，并将与木林森国际进出口商品贸易中心、富星电子商务物流园，形成联动效应，打响“中国裤业名镇”名气。引导通达、日冠等15家企业申报企业技改，申请奖励资金达1200多万元。32家企业申请"即征即奖"，获奖金额达800多万元。共承办省、市、镇重点项目58个，完成年初既定任务的项目37个，其中，新远辉、华飞、富星电子一期、通达变频、德宝等15个生产性项目完成征地任务，物华二期、立晖漆等项目正式投产。帮扶绿境果蔬等7家农业专业合作社成长，海狮果蔬种植等专业合作社积极探索技术升级，采用无土栽培技术立体种植，实现产值倍增。发放农渔业补贴129万元，粮食直补70万元。

【城乡建设】 2013年，落实石狮全域城市化发展要求，推动区域协调发展。环湾蚶江片区控制性详规终期方案已完成，正在修编北环片区控制性详规，同时进行片区内滞洪公园概念性设计。桥头片区控制性规划编制进一步优化论证。江川田城市综合体项目、蚶江安置区即将招拍挂，洪窟安置区已开始钻探。开展"新型社区"建设，石渔、石农试点村进行村级改造提升，大厦、莲塘等7个村级做到"一村一规划、一村一图纸"。交通景观提升。石材南路投入使用，蚶江大道完工即将通车，泉州湾跨海大桥南岸主体工程、环湾大道、濠江北路加速推进。沿海大通道锦江外线(水头至环湾大道段)、卡宾三路安征拆工作基本完成。完成六胜塔公园、蚶江文化公园、镇区公园路、海丝二路、沿海景观道路绿化带等景观提升工程。顺利通过国家生态镇考核预验收，大厦村、东垵村获省级生态村命名。完成19个村级自来水"一户一表"申报改造工作。组织厝仔、莲西等7个村率先开展征地"统征统排"工作。

【社会事业】 2013年，蚶江中心幼儿园建成开班。完成锦亭小学综合楼建设，洪窟小学礼堂改建即将完成。完成蚶江中学、莲埭小学、华锦小学塑胶运动场建设，青莲小学代表全市唯一一家小学接受国检。城乡居民养老保险、医疗保险全面并轨，参保覆盖面均保持在99.5%以上。市镇财政投入115万元补助参保，26750人次受益，6400多名村民领到724万元养老金。完善社会救助体系，共投入1035万元用于社会医疗福利救济和抚恤事业，推行公交敬老卡爱心卡办理，为60岁以上老人和残疾人免费办理公交卡2060张。城乡居民最低生活保障标准由每人每月420元提高至480元。成功举办第七届闽台对渡文化节暨蚶江海上泼水节，蚶江海上泼水节文化主题舞台、海丝遗址六胜塔公园二期建设被列入市重点项目。创建泉州文明村2个，石狮文明村5个，并争创泉州文明乡镇。开展"闽藏四方党建共建"活动，为西藏吧嘎乡藏胞打了两口爱心水井。积极开展关工委、老体协等涉老组织活动，创建9个居家养老点。科学安排"泉州980"控制区域内危旧房翻建指标，审批227户翻建申请。

【港口建设】 2013年，石湖港口5#6#泊位投资1.2亿元完成前期工作，准备开工建设。海事大楼基本建成并将投入使用，石湖疏港二路已通车。万弘物流、港泰物流、濠江物流、安通物流、石湖港石材物流按时序推进。

（傅凉凉撰　邱朝阳审）

永宁镇

【概况】 永宁镇位于石狮市境东南部滨海地带，距离石狮中心市区8千米，东临台湾海峡，西倚宝盖山，南与深沪湾隔海相望，三面临海，拥有良好的自然生态景观资源优势。镇域总面积28.6平方千米，现有常住人口4.6万人，海外及台、港、澳永宁籍侨亲5万多人，辖区内有1个居委会和20个行政村。永宁镇作为历史文化古镇，是明代中国三大古卫城之一，具有悠久的历史和深沉的文化底蕴。当今永宁镇拥有宝盖山风景区、黄金海岸旅游区、梅林国家一级渔港以及古卫城遗址等，生态资源丰富，土地资源较多，是石狮为未来发展预留的重要战略空间。先后获得"全国婚育新风进万家活动先进单位""全国先进基层计生协会""福建省百强乡镇""福建省文明村镇""福建省科技示范镇""福建省卫生乡镇""泉州市五好党委"等称号。

2013年，公共财政总收入2.45亿元，同比增收1922万元，增长25.14%；规上工业完成42.3亿，同比增长20%。通过"国家级生态乡镇"验收，被泉州推荐参评"全国特色景观旅游名镇"，列入泉州五个"连片示范及强镇扩权示范镇"之一；永宁老街获得"中国十大历史文化名街”称号；永宁镇前埔村、郭坑村被授予首批“泉州市美丽乡村”称号。

【支柱产业稳中有进】 2013年，服装面料、食品加工、五金辅料等支柱产业，面对国内外市场不景气的大环境，积极寻求应对措施，共渡难关，整体发展平稳。体育用品产业加快转变升级，逆势而上，创产值13.2亿元，同比增长23.7%，创历史新高。

【企业自主创新】 2013年，企业加快对科技创新的投入，开展新技术、新工艺、新产品开发和技术改造，增强发展后劲。如飞通通讯研发具有自主知识产权的核心技术，现已申请各种专利70多项；黎祥食品参与制订行业标准、国家标准共13项。

【传统农业有新发展】 2013年，新增3家农民专业合作社，引进物联网种植蔬菜新技术，发展现代观光农业。

【发展海洋经济】 2013年，扶持正源水产、海星食品开展水产品深加工研发。争取国家发改委、农业部下达梅林一级渔港建设资金，现已招投标；梅林码头仓储物流填海项目和游艇客运码头正在海域报批。

【园区建设】 2013年，台商投资园区首期7家入驻企业完成厂房基建面积20多万平方米，陆续投产；完成3家新增入园企业土地招拍挂、土石方平整，动工建设；纺织服装产业基地二期用地面积111公顷。

【推进小城镇建设】 2013年，实施小城镇建设项目22个，总投资15.3亿元，完成年度投资计划的128.5%，完成比率在泉州市级试点镇排名前列。龙头项目建设加快，2013年黄金海岸投资2.85亿元建设万平方米的度假公寓、精品酒店、商业街及旅游配套设施；信义开发区启动6.6万平方米的商品房和购物广场建设。

永宁小城镇片区改造(图/摘自《石狮日报》)

【推进片区改造】 实施黄金海岸海岸线整治、红塔湾旅游大道和城隍庙民俗文化街区等项目拆迁改造，需拆迁547户，面积7万平方米。自10月18日正式开签以来，已签订协议482户，签约率达88%，腾空454户，腾空率为83%，力争春节前完成拆迁任务，转入安置房建设。

【加快基础设施建设】 石永二路B标段建成通车，滨海旅游景观大道进行设计优化提升，共富路后杆柄中桥改造基本完成，环镇区路灯灯控改造进入实质性施工阶段，完成部分工程，镇区完成新建在建文化广场、公园、绿化广场5个。台商投资园区经三路、经四路、纬四路、纬六路等基础设施建设持续推进，排水排污、供电供水等配套设施步伐加快。加快污水处理厂及配套管网建设，首期日处理5000吨的永宁污水处理厂已建成并投入使用。

【推进新型社区示范引领】 2013年，在全镇24个行政村（社区）全面推行新型社区“136”工作机制（即“一个格局、三项机制、六有载体”），共筹资2000多万元，用于村容村貌改造和环境卫生整治；新建在建公园、广场6个，全镇绿化美化水平大幅提升。前埔、郭坑、浯沙、山边四个村列为市“新型社区”重点村，前埔村、郭坑村入选泉州首批十大“美丽乡村”并位居前列。

【提升生态环境】 2013年，完成郭坑水库、青年水库、沙墩桥水库的加固清淤和下宅溪上游、永港沟整治；郭坑村建成全市首个村级生活污水处理站；梅港片区农村环境综合整治示范项目顺利通过省级验收；建成泉州市级生态村16个，省级生态村3个，石狮市绿色学校4所；通过国家级生态镇验收。

【抓文化品牌　建特色名镇】 突出历史文化特色，打造滨海历史文化名镇。注重规划先行，打造文化

城隍文化节　(图/李少钧)

品牌。成功举办黄金海岸沙雕艺术展、“黄金海岸·永宁印象”导游之星电视大赛、第二届永宁古卫城暨城隍文化节等系列活动，接纳游客上百万人次，吸引国内外100多家媒体网络、微信微博广泛宣传报道。永宁老街荣获第五届“中国历史文化名街”称号；编印《永宁老街》《永宁古民居》宣传邮册、画册，永宁古卫城驿馆、黄金海岸文创基地、永宁古卫小吃客栈公益图书角相继开业。永宁镇的知名度、美誉度达到一个全新的水平。

【旅游建设】 2013年，投资1600万元修复古卫城（部分）城墙城门。拟融资3亿元，打造古卫城广场、永宁城隍民俗文化创意园、利用旧洋楼修缮设立永宁博物馆、修缮文庙、建设抗倭抗日纪念馆等爱国主义教育基地。

【文化交流】 2013年，进一步挖掘对台文化交流，深化对台经贸合作，与台湾鹿港镇签订《旅游文化产业战略合作协议》，掀开两地文化合作的新篇章；成立下宅旅澳同乡会，海内外联谊更加密切。

【社会保障】 2013年，全镇城乡居民社会养老保险参保面达100%，新型农村合作医疗参保面达100%；通过多渠道筹措资金，建立城乡居民最低生活保障制度，做到应保尽保；2013年，发放补助资金100多万元。实施环卫市场化运作，扩大镇区主要路段保洁面，通过督查、考评、以奖代补等方式，提高环卫队清扫保洁质量水平，实现环境卫生常态化管理。通过省级卫生乡镇复检，前埔、郭坑等七个村通过“省级卫生村”检查。

【教育水平】 通过国家义务教育发展基本均衡市督导检查，筹集教育基金3000多万元，完成6所校安工程建设；投入资金2000多万元建设永宁中学绿地广场、新教学楼配套工程、银江华侨中学体育馆与实验楼、永宁中心小学综合楼，着力改善办学条件。永宁中学获得“大语文教育示范学校”称号，通过福建省中学示范图书馆复查验收。

【改善人居条件】 结合永宁镇规划整合改造，推进石结构及危险房屋改造工作，共受理石结构及危房改造69宗，审批63宗。

【平安建设】 成立前埔工业区志愿消防队，在院东村选址规划建设石狮市综合应急救援中心暨特勤消防站。开展安全生产大检查和重点整治百日行动，查处非法采沙场5处，刑拘3人，查处非法盗采石窟3起，立案3起，关闭取缔石板材加工企业3家、食品加工小作坊5家、无证“三合一”服装加工厂2家，保持对非法违法生产经营行为的高压打击态势。加大综治平安建设经费投入，成立镇、村两级和谐社会促进会，成立红塔湾海上救助站。2013年，开展综治、交通安全、反邪教等各项法制宣传教育活动230多场，成功调解劳资纠纷31起135人次，讨回欠薪87万元；整治无牌摩托车、土方车、黑车载客和交通违法行为和校车安全整治，取得明显成效，2013年永宁镇交通事故发生率和死亡率比2012年明显下降，各项指标在全市名列前茅。

【效能建设】 受理各类信访督办件24件，办理答复人大代表建议15件、政协提案12件，满意率100%。强化绩效管理，抓住重点项目、计生、纪律作风和安全生产四条工作主线，制订绩效考评方案，确保各项工作落到实处；镇、村干部工作热情提升，创先争优氛围浓厚。深入开展“下基层、解民忧、办实事、促发展”和领导干部“四下基层”活动。规范镇便民服务中心标准化建设，完善便民事务一站式服务机制。健全政务村务公开、村务民主决策、农村“三资”监管等制度，提高民主管理水平。严格执行中央“八项规定”和《党政机关厉行节约反对浪费条例》，减少“三公”经费支出，节约行政开支。

（林再炎撰　王文挺审）

祥芝镇

【概况】 祥芝镇位于泉州湾口，地处石狮东北部突出部，辖10个行政村，面积15.9平方公里，海岸线长12.9公里，人口3.3万人，外来人口2万余人，是全国的渔业重镇和水产品加工基地，省级星火技术密集区，被建设部等六部委确定为全国重点镇，为全国综合实力千强镇之一。

【经济发展】 2013年，实现规模以上工业产值60.7亿元，同比增长20.9%，完成全年目标任务；固定投资17.5亿元，超额完成上级下达任务。大堡集控区企业自筹4000多万元改建污水处理设备投入运行。电镀企业投资1000多万元建设污水管道分流、计量监控等排污配套设施。华宝、祥鸿等4家染整企业完成中压蒸汽替代导热油炉加热改造，改造升级22台定型机，拆除15座蒸汽锅炉和1座烟囱。推动高新区祥芝片区内13家规模企业落地投建，2013年征用土地67多公顷，完成投资8.9亿元。

海洋产业持续壮大。祥芝中心渔港再获"全国文明渔港"称号，二期扩建工程工可已上报农业部。祥芝陆岛交通码头完成35%工程量。2013年，新增钢质捕捞渔船110余艘，总投资9.35亿元，总吨位近1万吨。新成立3家渔业公司、3家渔业合作社，新增冷冻库容量3万吨。2013年，发放柴油补贴3.6亿元。渔业产量23.4万吨、产值15.5亿元，分别同比增长1.3%、15.4%。紫菜年产290吨，产值2250万元；花蛤年产1200吨，产值650万元。2013年，农民人均纯收入16611元，同比增长12.5%。

祥芝镇风貌　（图/摘自《石狮日报》）

【城镇建设】 2013年，启动渔港风情小镇规划建设。聘请美国艾亦康公司完成祥芝渔港风情概念性规划和项目策划，着手成立旅游开发公司。古浮湾美食街及大山屿旅游开发项目设计方案进行修改。后井退安置小区、后斗美片区改造及渔需配套市场进行规划设计。祥芝外线景观改造规划、芳华步行街规划已完成。开始启动房地产项目，吉祥美墅和万祥•祥芝湾项目抓紧开发。加大城镇基础设施投入，2013年赤湖水厂40万吨供水投产使用，各村自来水"一户一表"改造工程基本完成。赤湖溪、南尾桥溪整治工程完工。祥芝污水管网和生活污水收集管网铺设完成。石狮高新区祥芝片区污水处理管网工程完成招投标，水尾桥溪整治工程基本完工。2013年，投入卫生经费287万元，全镇卫生环境有较大改观。审批民房翻建152宗，拆除102座"两违"建筑物和临时搭盖。全镇10个村完成村庄规划。完成6.7多公顷造林绿化。前山、湖西"新型社区"示范村建设投入800多万元。湖西村便民服务点建成投入使用。前山公园二期景观工程投入200万元。通过国家级生态乡镇验收，4个村被评为省级生态村。前山村"点、线、面"攻坚项目成为全市唯一村级省级优秀项目。

【社会事业】 教育事业优先发展，2013年教育基础投入2600多万元，祥芝第二中心幼儿园主体完工，祥芝中心幼儿园新教学楼动工建设，紫湖小学综合楼完成招投标，莲坂小学综合楼完成外装修。各小学电脑室全部升级，完成祥芝乡村少年宫建设。2名校长、4位教师入选市"三名"工程。石狮七中新办公楼、礼堂投入使用，并通过省义务教育标准化学校评估验收。祥芝中心小学获泉州市"文明学校"等3项称号；石狮七中、大堡和紫湖小学获石狮市"文明学校"，莲坂小学获"石狮市素质教育先进学校"。

社会保障体系逐步完善。2013年，发放低保金247万多元，发放优待金和重点优抚对象、残疾人及子女助学等补助236万元。建设10个村便民服务点和6个村居家养老服务站。镇财政分别补助55.2万元、75.7万元用于养老和医疗保险，全镇城乡居民养老保险参保17411人，新型医疗保险参合3.0279万人，参保、参合率均99%以上；通过全国文明村镇届中复查。举办第五届渔民文化节、承办福建省2013年度开渔仪式。湖西村为502位逝者举行海葬仪式，祥渔公益慈善会获捐80万元。全民健身活动、"八点开席"得到积极响应和倡导。"道德讲堂"定期开讲，镇团委启动"青春激励"计划，并被评为泉州市"五四"优秀团委。计生工作年终考核全市第一，年度排第五，代表石狮接受国家计生优质服务先进市检查并通过。在征兵工作中成为全市输送兵源最多的乡镇。2013年，投入综治经费278万元，第四季度“三率”综合测评全市第二。启动祥芝中心渔港社会管理创新试点，成立海上应急指挥中心和渔港巡逻队，配置巡逻车和海上巡逻艇。成立镇级和10个村级和谐促进会，新建2个企业调委会和1个渔业调委会。排查各类矛盾纠纷206多起，全部调处成功。办理“12345”便民服务热线诉求54件，及时率、办结率和满意率均为100%。祥芝法庭获得第四批“省级优秀人民法庭”称号，祥芝渔业协会获“海上抢险救助先进单位”，祥渔村获“省人民调解工作先进集体”称号，湖西村获“泉州市民主法治示范村”称号。

（卢盛银撰　吴志远审）

鸿山镇

【概况】 鸿山镇地处石狮市东部沿海，东临台湾海峡，下辖11个行政村，面积15.82平方千米，海岸线9.65千米，常住人口3.15万多人，流动人口2.05万多人，是石狮市纺织、面料和染整业的主要聚集地，中国休闲服装面料名镇。

2013年，实现规模以上工业总产值92.4亿元，同比增长21%；固定资产投资48.2亿元，同比增长87.5%；财税收入5.3亿元，同比增长76.7%，完成计划数151.4%；农民人均纯收入17021元，同比增长13.2%。

【经济发展】 2013年，鸿山镇加快产业转型速度，稳步发展鸿山热电，2013年累计发电68.4亿千瓦时，供气359万吨，完成产值35.6亿元；加快调整产业结构，规划建设2.5平方千米的循环经济示范园区，石狮循环经济项目一期粉煤灰生产线已经投产。发展海洋经济，以沿海大通道为轴线，依托东埔一级渔港，建设海洋产业区，规划东埔鱿鱼加工作坊区，设计引入热电厂的蒸汽为热源，实现减少环境污染和降低加工制作成本，万弘海洋生物科技等海洋经济项目正在加快建设，以促使各项目尽快投产见效。2013年，万弘海洋生物科技有限公司基本完成围堰工程。发展第三产业，综合开发镇区周边，启动规划建设集文体健身、休闲购物、特色餐饮、酒店商务、现代居住为一体的小型城市综合体。加快在建项目建设，华翔服饰项目一期顺利完工投产，完成产值近亿元，二期建设基本完成；美佳爽卫生用品有限公司鸿山厂区建设完成并投产；石狮高新区五金印刷基地13家企业正在施工建设，各企业已完成大部分的主体结构。

【科技创新】 2013年，企校科研合作成绩明显，博士后工作点和国家纺织产品开发基地运行成效显著，节能减排力度加大，石狮热电脱硫脱硝项目和中压蒸汽代替导热油炉供热项目动工建设，污水集中处理中心扩容到日处理能力30万吨的工程正式动工。染整业、纺织业和皮革鞋业整体发展平稳，自主创新持续增强，2013年全镇新增4项石狮市级科技计划项目和5家科技小巨人企业，能源、新型建材、染整加工、纺织服装、皮革鞋业和海产品深加工多个产业齐头并进的产业格局进一步凸显。

【城乡建设】 2013年，鸿山镇加快完善路网建设，鸿山路全线贯通，伍鸿路绿化亮化工程完成，祥鸿大道和莲邱路路面铺设基本完工，墩洪路路灯投入使用；加快休闲配套设施建设，鸿山人民公园改

鸿山镇莲厝公园　（摘自《石狮日报》）

造工程已完成景观建设，文体中心完成主体工程，侨联商会大厦完成前期工作，北环公园完成景观和绿化设计；加快优美环境建设，建成伍堡大溪生活污水收集管网，实施伍堡工业区环境卫生整治和绿化改造工程。实施镇区亮化工程，完成污水管网二期项目。关闭取缔“三无”“五小”环保违法企业6家，停产整顿4家，拆除违法石材厂3家，完成生态镇创建任务，获得国家级生态镇命名；深化新型社区建设，建全常态化卫生巡查机制，加大环境卫生整治投入，2013年投入卫生保洁经费268万元，莲厝村和乌山脚自然村通过泉州市新型社区验收。

【社会事业】 2013年，鸿山镇坚

持实施惠农利民措施，构造和谐社会各项事业，社会民生事业进一步的发展。提高基本生活保障，全镇最低生活保障对象发放保障金额192万元，实现应保尽保；积极推进新型农村保障工作，2013年全镇参保对象20805名，参保率100%；积极推进新型农村合作医疗保险工作，2013年全镇参合对象27821名，参合率99.43%，镇财政年补助资金70万元。

【完善教育基础设施】 2013年，投入教育经费255万元，福民中心小学、鸿山小学和锦林小学运动场改建橡胶跑道全部完工，鸿山第二中心幼儿园和石狮五中综合楼工程建设顺利推进。

【丰富群众文体生活】 2013年，鸿山镇承办全国大学生女子篮球邀请赛和石狮市企业篮球联赛，承办全市离退休干部文化节和老年大学开幕式活动、全市老年大学南音会演，开辟暑假青少年文体活动专区和老年人太极剑、健身舞培训班，群众文体活动蔚然成风。获得“2011—2013年度泉州市文明乡镇”称号。

【关注弱势群体生活】 2013年，鸿山镇补助生育关怀和“五大工程”总金额达95.8万元，完成鸿山敬老院建设，完成136宗石结构房和危旧房翻建审批手续，逐步解决危困户住房问题。

【拥军爱民固边】 2013年，鸿山镇超额完成年度征兵工作，保质保量为部队输送12名优秀人才；探索社会管理创新模式，深化“爱民固边”创建活动。

【开展便民服务】 2013年，鸿山镇完善标准化便民服务中心和各村便民服务代办点，进一步方便群众办事。主动对接石狮市“12345”热线，办结38件投诉件，实现“零退单”，解决石狮纠风论坛上反映的问题10件，件件有反馈。2013年，被中国关心下一代工作委员会授予“五好基层关工委先进集体”称号，被福建省关心下一代工作委员会授予全省“五好”基层关工委称号。

【“三农”工作】 2013年，鸿山镇继续关注和支持“三农”工作。支持和鼓励莲厝村和乌山脚自然村开展新型社区建设，增加绿化、亮化面积，进一步优化美化农村面貌，莲厝村和乌山脚自然村通过泉州市新型社区验收；分步实施伍堡溪、阴公溪、莲厝至东园溪水体整治工程，伍堡溪已完成溪底整治和两岸石砌，下一步将进行溪两岸的绿化、亮化工程建设；加大镇区和各村环境卫生的整治力度，投入268万元去改善农村人居环境，巩固全镇各行政村和自然村的保洁制度，有效地提高各村的清洁率，让村民有个优美的生活和工作环境；继续完善农业基础设施，抓紧东埔一级渔港建设，投入320多万元完成莲湖水库大坝加固工程；鼓励和支持发展现代农业，鼓励和支持引进新技术、新品种，推行集约化耕作；鼓励和支持渔民加大技改力度，发展远洋捕捞和海产品深加工，加快万弘海洋科技项目建设，为辖区群众提供更多就业机会，增加农民收入。

【平安建设】 2013年，鸿山镇坚持以“创建平安鸿山”为抓手，加强综治基层基础建设，加大安全生产工作力度。狠抓安全生产工作。坚持每月28号“创安日”活动和每周例行集中专项整治行动，坚持拉网式排查，全面清理“三合一”厂房，抓好危化品管理，全年排除安全隐患266例，取缔重大安全隐患场所18处，落实渔业安全生产制度，有效地遏制了安全生产事故发生，实现全年无发生安全生产责任事故。2013年，鸿山镇利用各村有线广播和流动宣传车，开展创建平安宣传活动，播放综治“闽南四句”等，为全镇6000多门固定电话、1万多部手机定制综治宣传彩铃，播放、发送平安建设宣传语音信息，宣传平安建设；继续投入17.5万元为全镇8000多户农户购买农村社会治安家庭财产保险，因被盗抢、飞车抢夺等造成伤害及财产损失可得到一定的补偿；全年投入综治专项经费126万元，用于增聘巡防人员、配备巡逻电动车加强治安巡逻等工作，增设51个治安高清视频监控点，全镇高清视频监控点达到112处，农村技防覆盖率达100%；建立健全干群警民交心会制度，征求、吸纳各方面意见建议，了解民情民意，第一时间化解矛盾纠纷，加强警民联系。

（吴天赐撰　张子群审）

锦尚镇

【概况】 锦尚镇位于泉州湾口突出部，属沿海乡镇，面积14.5平方公里，海岸线长8.4公里，辖11个建制村，16个自然村，人口2.35万余人，是石狮市的著名侨乡。全镇工业产业以纺织、服装和染整为主，工艺品、电子为辅，主要集中在锦尚、杨厝、港前三个工业小区；农业以海洋捕捞为主，粮食、蔬菜种植为辅；随着镇区建设步伐加快，华锦码头基本建成投入使用，商贸、服务、物流等第三产业迅速发展，所占比重逐年提升，全镇产业结构不断优化，发展质量不断提升。锦尚镇分别被评为全国优秀红十字会、省文明乡镇、纪委监察系统先进集体、家园清洁示范镇、信息化乡镇以及泉州市文明乡镇、双拥模范镇、成绩突出单位等称号。

2013年，全镇财政总收入1.23亿元，同比增长21%，其中公共财政预算收入6200万元，同比增长31%；规模以上工业总产值30.8亿元，同比增长29.5%；固定资产投资完成额18.7亿元，同比增长0.6%；农民人均纯收入17008元，同比增长12.5%。

【经济发展】 推动项目落地，市镇村合力推进纺织服装产业发展基地建设，完成基地一期85公顷土地征用任务，A区50万平方米标准厂房、宿舍及商业楼主体工程全面封顶，B区进行二次平整；2013年7月22家入驻企业集体搬迁投入使用。福明染整建成投产，宏兴染整、特斯无纺布、杰时帝电子、嘉柏服饰4家企业和奈厝前工业用地做好动工建设或前期征迁工作；提升染整产业，鼓励引导染整行业通过更新设备，技术改造和产品研发，提升市场竞争力。2013年，申报市级以上技改项目7个，其中海兴材料科技等2家企业通过“科技小巨人”评选。年产值超亿元企业12家，创新转型步伐加快。

【发展港口经济】 2013年，华锦码头投资6.8亿元，建成1—3号泊位，以及陆域配电房、堆场、仓库等配套设施。2013年，吞吐量为14570标箱、散装货物124.7万吨，带动锦尚镇物流等第三产业加快发展。锦东一级渔港建设被列入省“十二五”港口建设规划，完成勘探测量，委托省水产设计院编制。

【城镇化建设】 完善基础设施，完成横穿镇中心区域3.6千米的锦南路一期续建工程，启动纵贯镇沿线村庄3.5千米的永祥路锦尚段工程建设。镇区5.3千米生活污水管网铺设和泵站建设完工。工业区卢厝环岛电子信号系统完成招投标，动工改造；加快镇区改造，推动厝上大街第三期西港路口至锦尚村委会拆迁改造工作，镇村干部分组全面入户动员，有过半群众达成改造意向。理顺锦南路两侧厝上段回批地建设手续，210间商业店面分三批公开挂牌出让。

【改善村容村貌】 2013年，以新型社区建设为抓手，抓好港前、杨厝两个“工业邻里型”新型社区试点村建设。东店、厝上、锦尚、深埕等村道路硬化11700多米，铺设排水排污管沟5600多米，架设路灯421支，绿化4100多平方米。镇区主干道卫生保洁面积持续增加，投入110多万元，扶持各村添置垃圾运输车、设置垃圾桶，组织一支50多人的卫生保洁队伍，推动农村环境卫生保洁常态化。

【民生事业】 落实社会保障，居民最低生活保障实现应保尽保，社会养老保险参保率98.93%，医疗合作保险参合率99.35%。解决农村住房困难问题，加快农村危旧房屋改造建设，2013年民房新建24座、翻建197座，总建筑面积88077平方米。

【教育优先】 2013年，东店小学、锦里小学新教学楼以及琼山中心小学科技楼相继建成并投入使用。石狮二中校舍进行全面整修，第二中心小学新校区完成征地、平整及规划设计等前期工作。落实辖区各中小学标准化建设，夯实义务教育基础，中心幼儿园通过市级示范园验收，大力提高办学质量。

【卫生计生工作】 2013年，进一步完善镇卫生院医疗设备和村卫生所规范化建设，健全医疗卫生服务网络。深化新农合支付方式改革，镇卫生院住院费用纳入报销范围。落实计划生育目标责任，加强计生优质服务和“三高”综合整治，2013年出生政策符合率95.5%。

【社会稳定】 2013年，深化平安

锦尚镇风貌　　(图/摘自《石狮日报》)

建设，全面推行综治网格化服务管理工作，建立和完善派出所、护村队治安巡逻联防机制，在全镇主要路段及重点部位增设视频监控系统35个，构建切实有效的治安防控体系。为全镇群众购买家庭财产意外保险。成立镇、村和谐社会促进会，及时化解各种社会矛盾纠纷。社会治安群众满意率93.1%。

【保护生态环境】 2013年，全面拆除染整园区蒸汽锅炉，推动导热油炉清洁能源改造，推动污水处理厂提标改造，确保工业污水污染物达标排放。实施水系环境综合治理，做好厝上、卢港两条溪流清淤工作。完成省级生态镇验收，顺利通过国家级预验收。

【安全生产】 2013年，实行镇、村干部全员安全生产责任制和网格化管理，全面落实企事业单位安全生产标准化建设。开展安全生产大检查，狠抓“三合一”建筑、危化物品、特种设备、交通安全等专项整治，从源头上消除安全隐患。开展全国第三次经济普查，做好双拥、征兵和预备役工作，以及老龄老干、妇女儿童等工作。

【政务服务提速增效】 2013年，办理代表建议12件，满意率为100%。落实中央八项规定和《党政机关厉行节约，反对浪费条例》要求，政府行政办公费用明显下降；设立镇便民服务中心和村便民代办点，推行“一线工作法”“马上就办”，转变工作作风，提高办事效率，方便群众咨询办事；持续开展政务村务公开，推动政府工作公开透明。加强廉政建设，自觉接受人民群众监督。

(王鹏飞撰　李少斌审)

领导名录

（以2013年12月31日在职者为准）

中共石狮市委员会

书　记　张永宁

副书记　张贻山
　　　　梁炳辉

常　委　许锦聪
　　　　林自育
　　　　上官跃进
　　　　刘德旺
　　　　张桂森
　　　　李伯群
　　　　龚志阳（女）
　　　　方章成

办公室

主　任　庄国阳

副主任　吴宗顺
　　　　蔡长伟
　　　　洪志愿
　　　　陈增坛
　　　　曾国志
　　　　蔡鸿强

接待处

主　任　蔡长伟

机要局

局　长　林友生

市直党群系统党委

书　记　庄国阳

副书记　陈世猛

组织部

部　长　上官跃进

副部长　王莉萍（女）
　　　　施宝健
　　　　吴祖恒
　　　　蔡文博

党群系统党委

书　记　施宝健

副书记　王翌壮

非公企业党工委

副书记　龚金镇

宣传部

部　长　张桂森

副部长　茅罗平
　　　　薛文华
　　　　龚纯华
　　　　李繁红（女）
　　　　黄子仁
　　　　黄松瑜

宣传系统党委

书　记　林一峰

副书记　孙文添

统战部

部　长　林自育

副部长　施剑峰
　　　　蔡为艺

政法委

书　记　李伯群

副书记　陈殿魁
　　　　陈伟祥
　　　　张　新
　　　　王永杰（挂职）

综治办主任　陈伟祥

教育工委

书　记　龚志阳（女）

副书记　李怀忠

专职副书记　周拥护

机构编制委员会办公室

主　任　吴祖恒

副主任　许志民

事业单位登记管理局

局　长　王名体

直属机关工作委员会

书　记　梁炳辉

常务副书记　卢祖明

副书记　王丽璇（女）
　　　　李美蓉（女）

精神文明建设委员会办公室
主　任　　黄子仁
副主任　　蒋理丰

信访局
局　长　　吴宗顺
副局长　　陈国锋

农村工作领导小组办公室

农业办公室
主　任　　杨华铿
副主任　　邱灿飞
　　　　　许明艺
　　　　　林纪忠

农办系统党委
书　记　　黄进成
副书记　　高武志

新华电灌工程管理处
主　任　　黄进成
副主任　　蔡煜东

海洋与渔业执法大队
大队长　　黄鸿川
教导员　　吴世纯

防汛抗旱指挥部办公室
主　任　　蔡进强

农业机械管理站
站　长　　陈增雄

党　校
校　长　　龚志阳
常务副校长　叶泽旺
副校长　　邱海涛

党史研究室
主　任　　黄文毅
副主任　　林力生

档案局(馆)
局(馆)长　颜福瑜
副局(馆)长　邱友炳
　　　　　洪星炫

市委市政府发展改革研究中心
主　任　　陈增坛

石狮市人大常委会

主　任　　陈贻萍
副主任　　郭丽莲(女)
　　　　　陈贤明
　　　　　丁东福
　　　　　许赞成

办公室
主　任　　黄金山
副主任　　蔡淑惠(女)
　　　　　蔡攀峰

人事代表工委
主　任　　林玉燕(女)
副主任　　何天水

内务司法工委
主　任　　余日建
副主任　　陈益世

财政经济工委
主　任　　苏榕榕(女)
副主任　　许为民

教科文卫工委
主　任　　庄惠芬(女)
副主任

环境与城乡建设工委
主　任　　候建阳
副主任　　邱向阳

华侨民族宗教工委
主　任　　董启狮
副主任　　高双双(女)

石狮市人民政府

市　长　　张贻山
副市长　　刘德旺
　　　　　陈元生
　　　　　杜举胜
　　　　　庄宝玲(女)
　　　　　张鸰翔
　　　　　张永安
　　　　　蔡天守
　　　　　张慧君(挂职)

办公室
主　任　　洪建忠
副主任　　曾少嵘
　　　　　郭永加
　　　　　吴雄聪
　　　　　姚惠卿(女)
　　　　　张传标
　　　　　邱国坪
　　　　　蔡吉生
纪检组长　王晓明(女)

政府综合系统党委
书　记　　洪建忠
副书记　　蔡金勤

行政服务中心管理处
主　任　　曾少嵘
副主任　　邱尚定

便民服务中心
主　任　　吴雄聪

驻福州办事处
主　任　　蔡吉生

安全生产管理监督管理局
局　长　　蔡建国
副局长　　林建桓

人力资源和社会保障局
局　长　　廖闽欣
副局长　　蔡民权
　　　　　叶　玮
　　　　　黄丽雅(女)
纪检组长　蔡　菁

社保系统党委
书　记　　陈清璜
副书记　　邱尚进

机关事业单位社会保险管理中心
主　任　　刘永辉

人才人事公共服务中心
主　任　　邱建仁

监察局
局　长　　叶金宝
副局长　　李宁韧
　　　　　陈拥护

民政局
局　长　　陈清璜
副局长　　章文新
　　　　　李志雄
纪检组长　蔡育婷(女)

支援前线办公室
主　任　　林再贤

市老龄办
副主任　　陈世武

国土资源局
局　长　　林志坚
副局长　　吴志勇
　　　　　邱亚环
　　　　　卢明鹏
纪检组长　蔡俊清

国土资源监察大队
大队长　　郑建民

住房和城乡规划建设局
局　长　　王春艺
副局长　　张基明
　　　　　陈朝晖
纪检组长　洪志胜

国土规划建设系统党委
书　记　　蔡世鑫
副书记　　王少凡

行政执法局
局　长　　邱于松
副局长　　汪华晔
　　　　　曾国辛
纪检组长　姜德勇

城市卫生管理考评中心
主　任　　林建福

环境保护局
局　长　　蔡英殿
副局长　　陈垂汉
　　　　　吴　侯
纪检组长　邱允阳

侨台外事局
局　长　　许海鸣
副局长

财政局
局　长　　黄诗建
副局长　　洪文德
　　　　　章华旺
　　　　　董立新
纪检组长　陈文希

财税系统党委
书　记　　颜鸿瑜
副书记　　邓莲珍(女)

会计核算中心
主　任　　陈岩松

审计局
局　长　　连伟强
副局长　　杜清耀
　　　　　张辉程
纪检组长　林淑莲(女)

统计局
局　长　　吴顺泰
副局长　　郑传家

社会经济调查大队
大队长　　周加建

交通运输局
局　长　　丁聪岭
副局长　　涂夏旭
　　　　　高志伟
纪检组长　纪锦锋

交战办
主　任　　傅子斌

交通运输系统党委
书　记　　丁聪岭
副书记　　蔡志坤

运输管理所
所　长　　邱尚泽

经济局
局　长　　李圣阳
副局长　　林金场
　　　　　林启彬
纪检组长　王志春

经济系统党委
书　记　　林金场
副书记　　邱尚攀

服装城管理办公室
主　任　　邱育振
副主任　　吴杰雄

供销合作社联合社
主　任　　林银元
副主任　　蔡文作
　　　　　陈联章

城镇集体工业联合社
主　任
副主任　　姜荣树
　　　　　蔡荣滢

市场服务中心
主　任　　张江滨

对外贸易经济合作局
局　长　　杨思恩

教育局
局　长　　李怀忠
副局长　　周拥护
　　　　　卢崎青
纪检组长　朱石雄

教师进修学校
校　长
书　记　　卢崎青
副校长　　黄雅芳(女)
　　　　　王昆仑
　　　　　卢鸿利

教育督导室
主　任　　吉同福

文体旅游新闻出版局

局　长　　吴泽荣
副局长　　邱尚城
　　　　　吴月明(女)
纪检组长　卢俊杰

文化市场综合执法大队

大队长

地震办

主　任　　蔡熙达

广播电视事业局

局　长　　薛文华
副局长　　刘延钦
　　　　　吴志民
　　　　　卢小钦
纪检组长　刘文洪

卫生和计划生育局（10月设置）原卫生局、人口和计划生育局领导班子没有同时调整

卫生局

局　长　　邱永丰
副局长　　曾庆宗
　　　　　邱华巧(女)
纪检组长　邱宗财

疾病预防控制中心

主　任　　苏玉城
书　记　　蔡亚碟(女)

卫生监督所

所　长
教导员　　林清传

妇幼保健院

院　长　　蔡荣旭
书　记　　施文静

人口和计划生育局

局　长　　邱永丰
副局长　　卢丽雅(女)
　　　　　邱天生
纪检组长　廖赞团

市计生服务站

站　长　　施方毅

市流动人口计生管理站

站　长　　龚聪明(停职)

民族与宗教事务局

局　长　　许新新
副局长　　陈丽娜(女)

人防办

主　任　　张英勇
副主任　　何子冬

公安局

局　长　　刘南辉
政　委　　杨福兴
副局长　　魏夏阳
　　　　　许铭坛
　　　　　邹毅斌
　　　　　陈建煌
　　　　　柳金盾
　　　　　庄　强
　　　　　郑平仕

公安局党委

书　记　　刘南辉
副书记　　杨福兴
　　　　　苏响应
纪委书记　黄　哲

政工室

主　任　　胡俊峰

指挥中心

主　任　　刘锦添

警务保障室

主　任　　杨少辉

纪检监察室

主　任　　李宝玉

法制大队

大队长　　蔡红生
教导员　　陈传芳

出入境管理大队

大队长　　朱家扬
教导员　　郑日新

国保大队

大队长　　廖河章
教导员　　杨春凤

刑侦大队

大队长　　庄　强
教导员　　邱　鑫

经侦大队

大队长　　施正白
教导员　　邱尚坤

治安大队

大队长　　蔡建志
教导员　　柯宏伟

禁毒大队

大队长　　陈国华
教导员　　谢　佳

交通管理大队

大队长　　林建华
教导员　　许伟雄

凤里派出所

所　长　　陈清芳
教导员　　黄振东

湖滨派出所

所　长　　阮新平
教导员　　戴元军

灵秀派出所

所　长　　邱志鹏
教导员　　陈健伟

宝盖派出所

所　长　　许峰柏
教导员

蚶江派出所

所　长　　曾志忠
教导员　　江志琛

永宁派出所

所　长　　赖火车
教导员　　吕志新

祥芝派出所

所　长　　温卫东
教导员　　王金德

鸿山派出所

所　长　　李健腾

教导员

锦尚派出所

所　长　　王瑞荣

教导员　　郑旭阳

看守所

所　长　　张振友

教导员

拘留所

所　长　　高守勇

教导员　　黄昭阳

司法局

局　长　　李毓熙

副局长　　杨新生

王小斌

纪检组长　　刘春色

地方志编纂委员会办公室

主　任

副主任　　李秉源

蔡连庭

科学技术局

局　长　　林晓晖

副局长　　何迎新

政协石狮市委员会

主　席　　李丽月(女)

副主席　　黄章煌

施心新

吴清木

吕培榕

办公室

主　任　　纪丽卿(女)

副主任　　刘福全

提案法制办公室

主　任

副主任　　何世明

经济资源办公室

主　任　　王玉芬(女)

副主任

教科文卫史办公室

主　任　　纪培明

副主任　　洪明芳

台港澳侨民宗办公室

主　任　　吴明玥(女)

副主任　　王仁国

中共石狮市纪律检查委员会

书　记　　许锦聪

副书记　　叶金宝

伊华平

常　委　　曾江明

陈章彬

杨鸿波

王胜利

黄月英(女)

办公室

主　任　　陈章彬

党风廉政建设室

主　任　　黄月英(女)

纪检室

主　任　　蔡紫孟

案管室

主　任　　陈拥护

审理室

主　任　　庄雪峰

信访室

主　任　　蔡德森

宣教室

主　任　　傅　胜

纠风室

主　任　　蔡一鹏

石狮市人民法院

院　长　　林明容

副院长　　许良才

黄秀宝(女)

颜良伙

纪检组长　　邱国旭

政治处

主　任　　叶　青

专职审委　　吴明晶

执行庭

庭　长　　施琪璇

刑二庭

庭　长　　吴明晶(女)

办公室

主　任　　林配顺

民二庭

庭　长　　杨荣群

研究室

主　任　　吴志生

立案庭

庭　长　　程耕轮

祥芝法庭

庭　长　　苏跃斌

刑一庭

庭　长　　田建明

民一庭

庭　长　　李鸿鹤

行政庭

庭　长　　龚寿庆

审监庭

庭　长

监察室

主　任　　邱国旭

湖滨法庭

庭　长

石狮市人民检察院

检察长　　张温龙

副检察长　　王文龙

陈国兴

邱新跃

纪检组长　　张铭毅

政治处

主　任　　蔡志强

专职检委　　吴美满

洪劲松

反贪局

局　长

办公室

主　任

公诉科

科　长

控申科

科　长　　柯建国

行装科

科　长

侦监科

科　长

反渎局

局　长　　谢忠宣

监所科

科　长　　吴志坚

民行科

科　长　　陈少欣

研究室

主　任　　吴美满(女)

监察科

科　长

地方军警机构

石狮市人民武装部

部　长　　周中华

政　委　　方章成

副部长　　刘振华

齐建伟

公安边防大队

大队长　　李江文

政　委　　劳建忠

公安消防大队

大队长　　黄志强

教导员　　黎方雪

武警中队

中队长　　朱秀伟

指导员　　蔡金铝

民主党派、群团

国民党革命委员会石狮市总支部委员会

主　委　　施汉杰

副主委　　许雄飞

蔡清淳

纪荣海

张庆玉

民主同盟石狮市总支部委员会

主　委　　王　瑛

副主委　　谷晋青

蔡鸿鹏

洪少培

蔡进强

民主建国会石狮市总支部委员会

主　委　　吕培榕

副主委　　洪克明

施鸿滨

杨祖杏

民主促进会石狮市总支部委员会

主　委　　林晓晖

副主委　　刘永康

陈飞跃

农工民主党石狮市总支部委员会

主　委　　林介平

副主委　　李灿新

蔡子鸿

邱清雄

王荣柏

致公党石狮市总支部委员会

主　委　　施文坛

副主委　　朱建墩

孙白薇(女)

蔡丽勉(女)

九三学社石狮市基层委员会

主　委　　黄　刚

副主委　　郑海滨

王克锰

戴鹏章

台湾民主自治同盟石狮市支部委员会

主　委　　叶心凤(女)

副主委　　林宏楠

工商业联合会(总商会)

主席(会长)　　林和平

副主席　　施剑峰

蔡振宇

党组书记　　施剑峰

总工会

主　席　　黄章煌

副主席　　颜莉莉(女)

陈誉佳

党组书记　　颜莉莉(女)

共青团石狮市委员

书　记　　卢荣斌

副书记　　邱雪亮(女)

陈彩霞(女，挂职)

妇女联合会

主　席　　戴小芬(女)

副主席　　李灵燕(女)

科学技术协会

主　席　　何子晖

副主席　　陈晓东

归国华侨联合会

主　席　　施养谊

副主席　　洪其伟

文学艺术界联合会
主　席　李繁红(女)

残疾人联合会
理事长　卢瑞墩
副理事长

国际贸易促进委员会(国际商会)
会　长　蔡绵绵(女)

计划生育协会
会　长　卢文进
常务专职副会长　卢丽雅(女)
副会长　蔡文乾

红十字会
会　长　庄宝玲(女)
专职副会长　洪永家

台湾同胞联谊会
常务专职副会长　佘圣尧

慈善总会
会　长　蔡志从
副会长　吴清水
　　　　蔡水换
　　　　吴金煌
秘书长　龚显勤

垂直管理部门、上级驻石机构

工商行政管理局
局　长　王春炜
副局长　王重荣
　　　　苏思远
　　　　佘连捷
纪检组长　蔡江山

机关党委
专职副书记　王国明

凤里工商所
所　长　余泗水

湖滨工商所
所　长　吴育进

灵秀工商所
所　长　谢玉亮

特营工商所
所　长　蔡怡适

宝盖工商所
所　长　黄怡毓

蚶江工商所
所　长　黄荣炉

永宁工商所
所　长　邱志宏
指导员　王建群

鸿锦工商所
所　长　胡文献
指导员　王永松

祥芝工商所
所　长　林贤种
指导员　彭开基

宝盖工商所
所　长　吴育进
指导员　陈振强

国家税务局
局　长　谢铭峰
副局长　施渊若
　　　　张祖顶
纪检组长　郭　峰

稽查局
局　长　林凤添

进出口税收管理分局
分局长　蔡清菲

税源管理一分局
分局长　李华强

税源管理二分局
分局长　柯清运

税源管理三分局
分局长　吴建强

税源管理四分局
分局长　吴木赐

税源管理五分局
分局长　傅文能

地方税务局
局　长　张美雪
副局长　王文曲
　　　　洪晓东
　　　　林宝珠
纪检组长　柯建成

稽查局
局　长　吴清河

狮城分局
分局长　施静瑜

经济开发区分局
分局长　李春王

东区管理分局
分局长　王朝晖

西区管理分局
分局长　蔡耿惠

北区管理分局
分局长　郭梅攀

南区管理分局
分局长　邱尚欣

灵秀分局
分局长　陈晓生

宝盖分局
分局长　蔡海彬

蚶江分局
分局长　林扬波

祥芝分局
分局长　吴天德

鸿山分局
分局长　林志龙

锦尚分局
分局长　田丽雅

石狮海关
关　长　黄　榕
副关长　赖永伟
　　　　施养猛

石狮海事处

处　长　　吴国海
副处长　　赵顺尧
　　　　　陈柳君

出入境检验检疫局石狮办事处

主　任　　余永成
副主任　　严少群

质量技术监督局

局　长　　纪锦明
副局长　　方福根
　　　　　林丽莹
纪检组长　龚铭峰

食品药品监督管理局

局　长　　施永忠
副局长　　余文革
纪检组长　周龙水

泉州市公路局石狮分局

局　长　　何怀海
教导员　　郭晓萍
副局长　　刘福土
　　　　　刘亚泽

气象局

局　长　　杨建东
副局长　　林中鹏

泉州市住房公积金管理中心石狮管理部

主　任　　施小云

石狮日报社

总编辑　　茅罗平
副总编辑　庄亚界
　　　　　胡毅杰

中国人民银行石狮市支行

行　长　　吴周雄
副行长　　李　莎
　　　　　李典棋

烟草专卖局(公司)

局　长(经理)吴明晶
副局长（副经理）
　　　　　张辉扬
副经理　　徐芳南
纪检员　　吴　俊

邮政局

局　长　　陈少锋
副局长　　曾振兴

石狮市企业单位(部分)

中国电信股份有限公司石狮分公司

总经理　　庄文华
副总经理　伍佰淳
　　　　　余志应
　　　　　徐坚彬

移动通信石狮分公司

总经理　　林添火
副总经理　洪文提

石狮电力有限责任公司

总经理　　黄颖峰
副总经理　傅仰坚
　　　　　许建昆
　　　　　郭明强
　　　　　黄文元

服装名城开发有限公司

董事长　　吴祖育
总经理　　吴祖育
副总经理　苏景超

石狮国际轻纺城发展有限公司

董事长　　吴祖育
总经理　　吴祖育
副总经理　苏景超

供水股份有限公司

董事长　　陈连进
副董事长　吴清民
总经理　　陈连进
副总经理　蔡清潮
　　　　　谢真固

中国旅行社

总经理　　蔡英展
副总经理　柯建社

各开发区

石狮高新技术产业开发区管理委员会

党工委

书　记　　朱　贤
副书记　　施汉杰
　　　　　邱汉清

管委会

主　任　　施汉杰
副主任　　郭好君(女)
　　　　　许明忠

各镇、街道

凤里街道

党工委

书　记　　邱银河
副书记　　王清波
　　　　　郑秀林
　　　　　许经杭
组织委员　吴激扬
宣传委员　黄彩霞(女)
统战委员　蔡芳汶
秘　书　　蔡芳汶
武装部长　蔡文轴
委　员　　蔡文质(挂职)

人大工委

主　任　　林承佳

街道办事处

主　任　　王清波
副主任　　洪光铅
　　　　　黄进来
　　　　　骆旺山

湖滨街道

党工委

书　记　　吴进金

副书记　杨　韬（女）
刘以欣
邱尚付
组织委员　王汉滨
宣传委员　傅毓丽（女）
统战委员　谢文传
秘　书　谢文传
武装部长　黄建军

人大工委

主　任　邱华侨

街道办事处

主　任　杨　韬（女）
副主任　李金城
郑金象
王英俊
企业党委专职副书记
卢永清（女）

灵秀镇

党　委

书　记　李　斌
副书记　王春雷
邱明革
邱国衍
组织委员　陈楚亮
宣传委员　王艺明
统战委员　蔡盈盈（女）
秘　书
武装部长　傅文淮

人大主席团

主　席　蔡新群

镇政府

镇　长　王春雷
副镇长　蔡世博
许支援
谢德森（挂职）
吴国钦
佘明涵
企业党委专职副书记
洪志胜

宝盖镇

党　委

书　记　刘艺波
副书记　蔡俊龙
傅培钊
（停职检查）
蔡提福
郭晓锋
组织委员　林建勤
宣传委员　陈庆联（女）
统战委员　施长华
秘　书　施长华
武装部长　杨思明

人大主席团

主　席　李迎河

镇政府

镇　长　蔡俊龙
副镇长　王益富
龚怡诺
邱尚齐
李铭集
企业党委专职副书记
黄圣岚

蚶江镇

党　委

书　记　洪志扬
副书记　邱朝阳
潘住林
卢扬怀
组织委员　施鸿礼
宣传委员　邱世炎
统战委员　陈锦章
秘　书　郑明丽（女）
武装部长　钟钢乾

人大主席团

主　席　龚一士

镇政府

镇　长　邱朝阳
副镇长　龚朝阳
蔡忠秋
蔡坚定
邱永乐
企业党委专职副书记

永宁镇

党　委

书　记　张国钦
副书记　王文挺
李祝坚
邱文伟
组织委员　蔡加勉
宣传委员　颜建生
统战委员　洪奇树
秘　书　洪奇树
武装部长　林雄飞

人大主席团

主　席　林东宁

镇政府

镇　长　王文挺
副镇长　丁思洪
李志红
蔡清墩
邱尚进
企业党委专职副书记

祥芝镇

党　委

书　记　苏金灿
副书记　洪孝心
邱伟煌
邱建申
组织委员
宣传委员　许英姿
统战委员　蔡邑鹏
秘　书　蔡邑鹏
武装部长　吴志远

人大主席团

主　席　林新苗

镇政府

镇　长　洪孝心

副 镇 长　林积沪
王巍巍
邱培钦
孙甜甜（女）
企业党委专职副书记
邱国默

鸿山镇

党　委

书　　记　郑文芳
副 书 记　刘建辉
林育明
邱建明
组织委员
宣传委员　纪华雄
统战委员
秘　　书
武装部长　蔡育权

人大主席团

主　　席　张育群

镇政府

镇　　长　刘建辉
副 镇 长　李巨擘
张子群
企业党委专职副书记
杜晓岚

锦尚镇

党　委

书　　记　林忠民
副 书 记　黄明瑄（女）
苏　斌
李有接
组织委员
宣传委员　颜文艺
统战委员　陈文晖
秘　　书　陈文晖
武装部长　林高欣

人大主席团

主　　席　李少斌

镇政府

镇　　长　黄明瑄（女）
副 镇 长　蔡晓智
黄梅跃
蔡泽群
企业党委专职副书记
张金从

（佘日森　校对）

石狮市2013年获地、厅级(含)以上表彰的先进单位名表

表51

获奖单位	奖励名称	颁奖单位
石狮市人民检察院	全国检察宣传先进单位	最高人民检察院
石狮市人民检察院	全国先进基层检察院	最高人民检察院
石狮市人民政府、石狮市科技局	全国科技进步先进市	科技部
石狮市图书馆	国家一级图书馆	文化部
石狮市看守所	集体一等功	公安部
石狮市龟湖公园	2009—2012 年度全国群众体育先进单位	国家体育总局
锦尚镇体育健身工程	全国乡镇体育健身示范工程	国家体育总局
国网石狮市供电公司	全国电力行业质量管理小组活动优秀企业	中国水利水电质量管理协会
石狮市司法局	2013 年度人民调解宣传工作先进单位称号	中华全国人民调解协会
石狮市贸促会	2013 年度全国贸促工作先进单位	中国贸促会
国网石狮市供电公司	国家电网公司一流县供电企业	国家电网公司
石狮边防大队	公安边防部队爱民固边先进集体	公安部边防局
凤里派出所	成效突出的基层科所队公安政务微博(凤里派出所)	公安部办公厅
国网石狮市供电公司	2012 年度全国“安康杯”竞赛活动优胜单位	中华全国总工会国家安监总局
中国移动石狮分公司	全国安康杯竞赛优胜企业	全国总工会、国家安监总局
石狮市	省级双拥模范城	中共福建省委、福建省人民政府、福建省军区
石狮市人民检察院办公室	2012 年度全省检察机关信息工作先进单位	福建省人民检察院
石狮市人民法院祥芝人民法庭	省级优秀人民法庭	福建省高级人民法院

续表51

获奖单位	奖励名称	颁奖单位
石狮市人民检察院	2011—2012 年度全省先进基层检察院	福建省人民检察院
石狮市拘留所	全省拘留所社会矛盾化解工作成绩突出集体	省公安厅
石狮市公安局	全省公安机关执法质量优秀单位	省公安厅
石狮市公安局	全省公安机关刑事科学技术工作业绩突出集体	省公安厅
石狮市公安局交通管理大队	集体二等功	省公安厅
石狮市公安局出入境管理大队	集体二等功	省公安厅
侦办王 X 臣等人销售假冒品牌服装案集群战役专案组	集体二等功	省公安厅
石狮市公安局灵秀派出所	全省公安机关学雷锋活动成绩突出先进集体	省公安厅
石狮市公安局刑侦大队	全省公安刑事侦查工作成绩突出集体	省公安厅
石狮市公安局禁毒大队	全省公安机关“扫毒害、保平安”严打整治行动成绩突出集体	省公安厅
古浮村	福建省生态村	省环保厅
湖西村	福建省生态村	省环保厅
后湖村	福建省生态村	省环保厅
石狮市宝盖镇人民调解委员会 湖滨街道花园城社区 灵秀镇港塘村 蚶江镇厝仔村 永宁镇梅林村 祥芝镇祥渔村 鸿山镇洪厝村 锦尚镇厝上村人民调解委员会	2012 年度福建省人民调解工作“先进单位”	省司法厅
石狮市司法局宝盖司法所	2012 年度全省 100 个规范化司法所	省司法厅
石狮石光华侨联合中学	实施素质教育工作先进学校	福建省教育厅
石狮市司法局	“2010—2012 年度全省司法行政基层建设先进司法局”，记集体三等功。	福建省司法厅
石狮市水产技术推广站	全省水产技术推广系统先进集体	福建省海洋与渔业厅
石狮市民政局	2009—2012 年度福建省居家养老服务工作先进单位	福建省民政厅、福建省老龄办
石狮市民政局	2012 年度村(居)委会换届选举工作先进单位	福建省民政厅
石狮市	全省无偿献血先进市(县)	福建省卫生厅、福建省红十字会、福建省军区后勤部
中共石狮市委统战部	2013 年工作中表现突出	福建省委统战部
中共石狮市委统战部	2013 年度全省县级统战信息工作三等奖	中共福建省委统战部
中共石狮市委统战部	《整合资源创新机制深化扩大对台文化交流—石狮市对台文化交流工作初探》获 2013 年度全省统战理论研究优秀成果三等奖	中共福建省委统战部
石狮市委宣传部	2012 年度全省调研工作先进单位	中共福建省委宣传部
中共石狮市委组织部	全省组织工作调研课题优秀成果二等奖	中共福建省委组织部 福建省党的建设研究会
东埔边防派出所	全省边防部队基层建设先进单位	福建边防总队

续表51

获奖单位	奖励名称	颁奖单位
蚶江边防派出所	全省边防部队基层建设先进单位	福建边防总队
石狮市湖滨街道	福建省安全社区	福建省人民政府安全生产委员会办公室
石狮市湖滨街道	福建省“清剿火患”战役先进集体	福建省社会管理综合治理委员会
石狮市湖滨街道	2009—2013 年全省依法治省先进集体	福建省依法治省领导小组办公室
中国石狮网	网上“宣传中共十八大好专栏”三等奖	中共福建省委对外宣传办公室、中共福建省委网络文化建设管理办公室
中共石狮市委组织部	全省党建重点课题调研成果评选三等奖	中共福建省委党的建设工作领导小组办公室
湖滨派出所	省一级档案工作规范化管理单位	福建省档案局
灵秀派出所	省一级档案工作规范化管理单位	福建省档案局
石狮市老干部活动中心	省级示范老干部活动中心	福建省委老干部局
闽南理工学院团委	2012 年度福建省五四红旗团委	共青团福建省委
石狮市青年志愿者分会	2012 年度团省委青年五四奖章集体(标兵)	共青团福建省委
石狮市公安消防大队	2012 年度团省委青年五四奖章集体	共青团福建省委
石狮市蚶江镇石渔村妇女之家	第二批福建省先进妇女之家示范点	福建省妇联
石狮市大帝集团有限公司妇女之家	第二批福建省先进妇女之家示范点	福建省妇联
石狮市人民法院刑事审判第二庭	福建省巾帼文明标兵岗	福建省妇女联合会和福建省“巾帼建功”活动领导小组
石狮电力有限责任公司蚶江供电所营业厅	福建省巾帼文明岗	福建省妇联 福建省“巾帼建功”活动领导小组
石狮市国家税务局纳税服务科	福建省巾帼文明岗	福建省妇联 福建省“巾帼建功”活动领导小组
石狮市公安局禁毒大队	全省公安机关“扫毒害保平安”严打整治行动成绩突出的集体	福建省公安厅办公室
石狮市地震办公室	2012 年度全省市县地震应急救援工作评比二等奖	福建省地震局
石狮市地震办公室	2013 年度全省市县防震减灾工作综合评比优秀奖	福建省地震局
石狮市	省级依法治县(市、区)创建活动先进单位	福建省依法治省领导小组办公室
石狮市大仑中心小学	福建省优秀少先队集体	福建省教育厅
石狮市永宁中学工会	五一先锋岗	福建省总工会、福建省教育厅
福建省渔业互保协会石狮市办事处	福建省渔业保险工作先进单位	福建省渔业互保协会
国网石狮市供电公司	福建省安全文化建设示范企业	福建省人民政府安全生产委员会
国网石狮市供电公司	2012 年福建省厂务公开民主管理示范单位	福建省厂务公开办公室
石狮市图书馆	福建省农家书屋工程先进单位	福建省新闻出版局
国网石狮市供电公司	福建省“慈善贡献奖”	福建省慈善总会
石狮市医院	2013 年度福建省医院感染横断面调查先进单位	福建省医院感染管理质量控制中心
石狮市疾病预防控制中心	全省健康教育与健康促进工作先进集体	福建省疾病预防控制中心、福建省健康教育促进中心
石狮市疾病预防控制中心	福建省 2012 年度艾滋病防治项目干预工作质量奖	福建省疾病预防控制中心

续表51

获奖单位	奖励名称	颁奖单位
石狮市图书馆	福建省农家书屋工程建设先进单位	福建省新闻出版局
石狮市文体旅游新闻出版局	2012 年福建省全民健身活动优秀组织奖	福建省体育局
石狮市文体旅游新闻出版局	2012 年度"健康福建"网站信息报送先进单位	福建省体育局
石狮市广播电视事业局（台）	2012 年度全省电视新闻供稿十强县级台	福建省广播影视集团
国网石狮市供电公司	2011—2012 年度福建省电力有限公司文明单位	省电力公司党组
国网石狮市供电公司	福建省电力有限公司科技进步先进县供电企业	省电力公司党组
国网石狮市供电公司	2013 年农电安全管理标杆单位	省电力公司
国网石狮市供电公司	2013 年农电供电服务标杆单位	省电力公司
国网石狮市供电公司	2013 年度财务工作先进单位	省电力公司
国网石狮市供电公司	2012 年度供电服务标杆单位	省电力公司
国网石狮市供电公司	2012 年度设备运行维护标杆单位	省电力公司
国网石狮市供电公司	2012 年度安全生产先进集体	省电力公司
国网石狮市供电公司	2012 年度品牌维护工作先进单位	省电力公司
国网石狮市供电公司	2012 年度人力资源工作先进单位	省电力公司
国网石狮市供电公司	2012 年度集体企业清产核资工作先进单位	省电力公司
国网石狮市供电公司	2012 年度深化"平安电力单位"建设活动工作先进单位	省电力公司
石狮市水禽保种中心	泉州市科学技术进步二等奖	泉州市政府
国网石狮市供电公司	泉州市劳动用工规范管理先进单位	泉州市人民政府
石狮市蚶江镇莲埭小学	2011—2013 泉州市文明学校	泉州市人民政府
石狮市第二实验小学	泉州市 2011—2013 年度文明学校	泉州市委、市政府
湖滨长福小学	泉州市（2011—2013 年度）文明学校	中共泉州市委、泉州市人民政府
石狮市国土资源局	泉州市 2011—2013 年度精神文明建设先进集体	中共泉州市委　泉州市人民政府
石狮市永宁镇前埔村	泉州美丽乡村	中共泉州市委　泉州市人民政府
石狮市永宁镇郭坑村	泉州美丽乡村	中共泉州市委　泉州市人民政府
福建省石狮供水股份有限公司	泉州市 2011—2013 年度文明单位	中共泉州市委、泉州市人民政府
杨厝村	文明村	泉州市委、市政府
石狮市直机关幼儿园	泉州市 2011—2013 年度文明学校	中共泉州市委
石狮市湖滨街道关工委	全市关心下一代工作先进集体	中共泉州市委

石狮市2013年获地、厅级(含)以上表彰的先进个人名表

表52

姓名	获得表彰时的工作单位和职务	奖励名称	授予机关
黄秀宝	石狮市人民法院	荣誉天平奖章	最高人民法院
林晓晖	石狮市科技局	2013年全国县(市)科技进步考核先进个人	国家科技部
谢冬棉	石狮市科技局	2013年全国县(市)科技进步考核先进个人	国家科技部
黄种彬	福建省石狮市水禽保种中心	全国农业先进个人	农业部
刘彩洪	蚶江边防派出所	全国公安机关学雷锋活动成绩突出个人	公安部
胡松涛	祥芝边防派出所	公安部政治部"四会"优秀政治教员	公安部
卢章达	石狮市文体旅游新闻出版局	2009—2012年度全国群众体育先进个人	国家体育总局
卓光辉	石狮市公安局禁毒大队	全国公安机关"肃毒害、创平安"禁毒百日攻坚会战成绩突出先进个人	国家禁毒委员会办公室
高守勇	拘留所	全国拘留所社会矛盾化解工作先进个人	公安部监管局
蔡海炳	政工室	成效突出的民警个人工作微博(狮城苍狼)	公安部办公厅
王　涛	刑侦大队	全国审讯办案人才	公安部刑侦局
卢荣斌	共青团石狮委员会	2012年度"全国优秀共青团干部"	共青团中央
刘彩洪	蚶江边防派出所	福建省委、省政府拥政爱民模范	福建省政府
邱国泉	交通管理大队	福建省先进工作者	福建省委、省政府
陈振广	刑侦大队	全省公安刑事侦查工作成绩突出个人	省公安厅
朱建阳	禁毒大队	全省公安机关"扫毒害、保平安"严打整治行动成绩突出个人	省公安厅
魏夏阳	石狮市公安局	个人二等功	省公安厅
张振友	看守所	个人二等功	省公安厅
刘锦添	指挥中心	个人二等功	省公安厅
许峰柏	宝盖派出所	个人二等功	省公安厅
邱　鑫	刑侦大队	个人二等功	省公安厅
林鸿阳	灵秀派出所	全省公安机关一级法制员	省公安厅
马朝能	法制大队	执法质量考评工作表现突出人员	省公安厅
徐灵友	石狮市司法局凤里司法所	2012年度福建省人民调解能手	福建省司法厅
徐灵友	石狮市司法局凤里司法所	全省优秀人民调解员	福建省司法厅
许海鸣	石狮市卫生局	全省卫生系统先进工作者	福建省卫生厅　福建省人力资源和社会保障厅
王经锵	石狮市市政建设管理处	"十一五"全省城市污水垃圾垃圾处理工作先进个人	福建省住房和城乡建设厅
谢金磐	石狮市新型农村合作医疗管理中心	全省新型农村合作医疗工作先进个人名单	福建省卫生厅
李荣锋	市海洋与渔业执法大队	渔业安全生产管理先进工作者	省海洋与渔业厅
王金城	石狮市人民检察院	全省检察机关第十二期司法警察培训班优秀学员	福建省人民检察院
邱瑜谊	石狮市人民检察院	第三届全省检察机关侦查监督业务竞赛活动中荣获"全省侦查监督业务能手"	福建省人民检察院

续表52

姓名	获得表彰时的工作单位和职务	奖励名称	授予机关
纪英艺	石狮市人民检察院	2012年度全省检察机关信息工作先进个人	福建省人民检察院
邱新跃	石狮市人民检察院	在全省检察机关践行政法干警核心价值观身边先进典型的评选活动中被授予“忠诚履职”典型	福建省检察院
蔡祖灿	石狮市人民法院	全省法院刑事审判工作先进个人	福建省高级人民法院
邱国旭	石狮市人民法院	全省法院纪检监察工作先进个人	福建省高级人民法院
胡松涛	祥芝边防派出所	全省边防部队优秀共产党员	福建边防总队
周查某	祥芝边防派出所	全省边防部队优秀船管员	福建边防总队
蔡　浩	祥芝边防派出所	全省边防部队基层基础工作先进个人	福建边防总队
沈振汉	蚶江边防派出所	全省边防部队基层基础工作先进个人	福建边防总队
刘佳松	祥芝边防派出所	全省边防部队基层基础工作先进个人	福建边防总队
王燊杰	祥芝边防派出所	全省边防部队基层基础工作先进个人	福建边防总队
许锡鸿	蚶江边防派出所	全省边防部队优秀边防民警村干部	福建边防总队
沈晓荣	石狮边防大队	个人二等功	福建边防总队
韩俊勇	石狮边防大队	个人二等功	福建边防总队
陈向阳	东埔边防派出所	个人三等功	福建边防总队
林宝珠	石狮市地方税务局	福建省“三八”红旗手	福建省妇联、福建省公务员局、福建省人力资源开发办公室
林曙燕	石狮市教育局教育系统妇委会	福建省“三八”红旗手	福建省妇联、福建省公务员局、福建省人力资源开发办公室
董　典 连晓青	国网石狮市供电公司	2013年度财务工作先进个人	省电力公司
洪湘媚 高一潮	国网石狮市供电公司	2012年优秀班组长	省电力公司
许建昆	国网石狮市供电公司	2012年度深化“平安电力单位”建设活动工作先进个人	省电力公司
许建昆 王文祝 王漳南 陈明宇 张仁忠	国网石狮市供电公司	2012年度安全生产先进个人	省电力公司
王于蓝	国网石狮市供电公司	2012年营销工作先进人员	省电力公司
蒋泽庭	国网石狮市供电公司	2012年度企业文化建设先进个人	省电力公司
林英英	国网石狮市供电公司	集体企业清产核资工作先进个人	省电力公司
施鸿滨	国网石狮市供电公司	福建省电力安全生产先进个人	福建省电监办
林自育	中共石狮市委统战部	在2013年工作中表现突出	中共福建省委统战部
李加勇	中共石狮市委统战部	在2013年工作中表现突出	中共福建省委统战部
施剑峰	中共石狮市委统战部	在2013年工作中表现突出	中共福建省委统战部
蔡迎媚	石狮市文体旅游新闻出版局	2012年福建省全民健身活动先进个人	福建省体育局
林清富	石狮市文体旅游新闻出版局	2012年度“健康福建网站信息报送先进个人	福建省体育局

续表52

姓名	获得表彰时的工作单位和职务	奖励名称	授予机关
邱雪亮	共青团石狮委员会	2012 年度“福建省优秀共青团干部”	共青团福建省委
陈晓聪	石狮市宝盖镇团委	2012 年度“福建省优秀共青团干部”	共青团福建省委
王玉英	石狮市锦尚镇	2012 年度“福建省优秀共青团员”	共青团福建省委
余　颖	石狮市工商局永宁工商所	2012 年度“福建省优秀共青团员”	共青团福建省委
徐　驰	闽南理工学院信息管理系 09 级	2012 年度“福建省优秀共青团员”	共青团福建省委
蔡彩红	石狮市鸿峰环保生物工程有限公司	2012 年度团省委青年五四奖章	共青团福建省委
朱建阳	石狮市公安局禁毒大队	全省公安机关“扫毒害保平安”、严打整治行动成绩突出个人	福建省公安厅办公室
黄鸿川	市海洋与渔业执法大队	福建省渔业保险先进工作者	福建省渔业互保协会
王丽雅	中共石狮市委宣传部	2009—2012 年度全省党委宣传部先进工作者	中共福建省委宣传部、省公务员局、省人力资源开发办公室
王礼谦	中共石狮市委组织部	2010 年党政类选调生第二期培训(提高)班“优秀学员”	中共福建省委组织部、中共福建省委党校福建行政学院学员工作处
蔡猛森	石狮市疾病预防控制中心	寄生虫病防治先进个人	福建省疾病预防控制中心
邱丽虹	石狮市疾病预防控制中心	福建省 2013 年度艾滋病防治项目干预宣教工作先进个人	福建省疾病预防控制中心
陈世武	石狮市民政局	2009—2012 年度福建省居家养老服务工作先进个人	福建省民政厅 福建省老龄办
王晋荣	石狮市人民检察院	荣获 2012 年全省“扫黄打非”办案有功个人称号	福建省扫黄打非领导小组
荆国良	石狮市人民检察院	《悲悯,是另一种情怀》一文荣获全省检察机关“领航检察梦—影响我的一本书”征文三等奖	福建省人民检察院政治部
陈世武	石狮市民政局	2009—2012 年度福建省居家养老服务工作先进个人	福建省民政局厅、福建省老龄办
林晓晖	石狮市科技局	授予“福建省重点项目建设先进工作者称号”	省重点项目办
卢丽含	石狮市实验小学	省优秀少先队辅导员	团省委
吴宝红	石狮市医院	2013 年度福建省医院感染横断面调查先进个人	福建省医院感染管理质量控制中心
陈瑞玲		“我的助残故事”优秀奖	省残联
顾思平	石狮市医院	泉州市政府科技进步二等奖	泉州市政府
高丹阳	石狮市医院	福建医科大学优秀带教	福建医科大学

2013年国民经济主要指标完成情况

表53

指标	单位	2013 年
石狮市生产总值(现价)	万元	5709187
石狮市生产总值(可比价)	万元	5434840
三次产业比重		3.4∶59.6∶37.0
工农业总产值(现价)	万元	9746640
#工业总产值	万元	9359944
农业总产值	万元	386696
粮食作物总产量	吨	6361
水产品产量	吨	382953
社会消费品零售总额	万元	2876479
固定资产投资总额	万元	2907324
财政总收入(不含基金)	万元	574148
#地方财政收入	万元	359008
一般预算支出	万元	417395
银行存款余额	万元	6543534
#城乡居民储蓄余额	万元	3562376
银行贷款余额	万元	4935556
邮政收入	万元	5777
电信业务收入	万元	34725

续表53

指标	单位	2013 年
移动电话业务收入	万元	66930
新批“三资”企业数	家	9
外商投资总额	万美元	5120
合同外资额	万美元	3529
实际利用外资(验资口径)	万美元	15098
城镇居民人均可支配收入	元	40002
农民人均纯收入	元	17952
年末总人口(户籍)	万人	32.149
年末总人口(常住)	万人	66.30
居民消费价格指数	%	102.4
人口自然增长率	‰	5.6
人口出生率	‰	11.5
人口死亡率	‰	5.9
城镇化水平	%	77

石狮市各镇村 2013 年

表54

地区别	总户数	年末人数							
		合计	总计中：		性别		年龄		
			非农业人口数	未落常住户口人员数	男	女	18 岁以下	18—35 岁	35—60 岁
石狮市合计	87736	321487	97165	102	163477	158010	53456	103733	124587
凤里办事处	9602	31103	31103	10	15835	15268	3907	10107	12831
大仑社区	1936	6311	6311	4	3216	3095	874	1994	2677
东村社区	720	1641	1641	1	834	807	214	513	668
后花社区	480	2220	2220	0	1090	1130	318	704	895
华仑社区	499	1501	1501	0	747	754	178	500	621
华南社区	837	3210	3210	1	1703	1507	455	983	1367
宽仁社区	1245	3100	3100	1	1565	1535	307	1038	1242
龙华社区	1043	4331	4331	1	2156	2175	518	1544	1715
仁里社区	1175	2395	2395	0	1226	1169	255	762	1027
五星社区	721	3685	3685	1	1880	1805	493	1175	1493
新华社区	946	2709	2709	1	1418	1291	295	894	1126
湖滨办事处	10077	32207	32207	8	16471	15736	5466	9589	13614
长福社区	1046	3484	3484	0	1753	1731	681	980	1448
湖边社区	1057	3226	3226	4	1673	1553	477	992	1431
花园城社区	936	2610	2610	1	1297	1313	549	659	1201
金林社区	553	1623	1623	0	846	777	368	400	735
林边社区	1408	4450	4450	3	2290	2160	723	1382	1931
仙迹社区	827	2645	2645	0	1384	1261	330	778	1110
新湖社区	766	2493	2493	0	1294	1199	269	784	1064
玉湖社区	1302	4489	4489	0	2296	2193	604	1461	1788
曾坑社区	2182	7187	7187	0	3638	3549	1465	2153	2906
灵秀镇	7787	30028	1683	7	14776	15252	4972	10196	11283
钞坑村	1003	3778	0	0	1816	1962	556	1303	1428
彭田村	1238	4955	0	0	2392	2563	824	1713	1816
塘园村	455	1683	1683	0	825	858	282	532	675
仕林村	450	1891	0	0	953	938	299	651	703
塔前村	576	2189	0	0	1117	1072	287	786	855
港塘村	915	3696	0	0	1772	1924	608	1255	1341

人口及其变动情况表

单位:户、人

	本年度人口变动(人)									
	出生数			死亡数			迁 入		迁出	
60岁以上	合计	男	女	合计	男	女	省内迁入	省外迁入	迁往省内	迁往省外
39711	4512	2519	1993	1354	836	518	3160	967	2829	1027
4258	277	171	106	167	111	56	227	140	377	189
766	59	40	19	37	27	10	50	29	59	46
246	15	10	5	7	3	4	19	8	9	9
303	21	13	8	13	9	4	27	23	31	11
202	8	6	2	1	1	0	17	17	29	12
405	20	10	10	3	1	2	31	17	53	29
513	31	18	13	23	14	9	7	8	29	15
554	42	24	18	28	20	8	22	5	63	29
351	16	10	6	18	12	6	8	7	27	14
524	35	22	13	23	16	7	27	18	26	8
394	30	18	12	14	8	6	19	8	51	16
3538	282	156	126	114	72	42	796	150	855	212
375	34	17	17	9	6	3	95	8	51	12
326	32	15	17	6	6	0	47	9	255	24
201	14	9	5	1	1	0	79	18	70	24
120	12	6	6	4	4	0	98	20	49	9
414	51	32	19	22	11	11	98	16	113	43
427	20	14	6	13	7	6	11	12	54	25
376	20	9	11	12	6	6	62	5	47	14
636	33	18	15	14	8	6	94	14	92	26
663	66	36	30	33	23	10	212	48	124	35
3577	604	323	281	141	93	48	316	116	148	76
491	72	38	34	24	15	9	45	10	9	14
602	110	57	53	32	20	12	49	10	16	14
194	35	16	19	8	4	4	15	7	6	4
238	48	25	23	10	7	3	21	6	6	2
261	28	17	11	9	6	3	11	9	15	4
492	74	40	34	15	11	4	65	5	22	8

续表54

地区别	总户数	年末人数							
		合计	总计中：		性别		年龄		
			非农业人口数	未落常住户口人员数	男	女	18岁以下	18—35岁	35—60岁
灵狮村	865	3094	0	0	1532	1562	570	989	1193
灵峰村	450	1658	0	2	805	853	278	577	612
灵山村	353	1395	0	3	687	708	251	426	554
前廊村	610	2310	0	2	1158	1152	408	805	839
华山村	551	2273	0	0	1157	1116	413	769	842
镇直机关	1	1	0	0	0	1	0	0	1
茂厦村	217	848	0	0	423	425	122	312	325
曙光社区	103	257	0	0	139	118	74	78	99
宝盖镇	10421	40757	4795	8	20247	20510	7321	13541	15022
宝源居委会	639	1737	1737	0	923	814	396	443	766
坑东村	433	1753	0	0	854	899	254	621	658
龙穴村	580	2091	0	2	971	1120	390	712	749
杆头村	487	1914	0	0	944	970	335	610	710
前坑村	515	2099	0	1	1014	1085	402	764	728
前园村	203	794	0	0	403	391	174	236	288
松茂村	376	1546	0	0	790	756	252	492	594
塘后村	874	3630	0	0	1775	1855	670	1201	1314
塘边村	772	3058	3058	0	1501	1557	539	1053	1140
塘头村	881	3488	0	1	1821	1667	556	1168	1320
后垵村	529	2051	0	1	1046	1005	359	640	803
上浦村	435	1626	0	0	822	804	249	572	596
玉浦村	498	1954	0	0	970	984	357	609	728
山雅村	266	1051	0	1	535	516	189	341	380
仑后村	607	2402	0	2	1182	1220	444	801	866
雪上村	426	1760	0	0	858	902	329	607	606
铺锦村	989	4097	0	0	1995	2102	779	1422	1402
后宅村	314	1213	0	0	595	618	234	383	468
郑厝村	372	1609	0	0	806	803	279	553	564
苏厝村	225	884	0	0	442	442	134	313	342
祥芝镇	8401	32924	2310	17	17075	15849	5970	10700	12491
祥芝派出所	2591	9923	0	7	5048	4875	1869	3208	3703

	本年度人口变动(人)									
	出生数			死亡数			迁 入		迁出	
60岁以上	合计	男	女	合计	男	女	省内迁入	省外迁入	迁往省内	迁往省外
342	58	33	25	14	9	5	26	18	20	12
191	29	13	16	7	5	2	8	5	12	4
164	28	14	14	7	5	2	19	2	6	5
258	47	28	19	7	6	1	22	12	13	1
249	57	31	26	8	5	3	15	8	10	3
0	0	0	0	0	0	0	0	0	0	0
89	12	7	5	0	0	0	11	13	6	5
6	6	4	2	0	0	0	9	11	7	0
4873	669	378	291	167	100	67	673	125	232	92
132	23	13	10	2	1	1	219	8	52	11
220	24	14	10	8	7	1	22	9	0	4
240	39	25	14	13	5	8	28	4	20	3
259	35	22	13	9	6	3	43	8	6	4
205	33	19	14	9	5	4	57	15	5	5
96	12	10	2	7	4	3	19	9	7	1
208	21	11	10	5	3	2	9	2	5	7
445	65	34	31	7	3	4	64	20	33	18
326	43	25	18	14	4	10	36	5	15	8
444	69	39	30	27	21	6	28	6	19	11
249	20	13	7	9	6	3	5	6	8	3
209	16	6	10	1	0	1	14	2	7	0
260	42	23	19	3	2	1	22	4	12	3
141	23	11	12	3	1	2	10	2	4	3
291	51	30	21	11	10	1	25	6	9	1
218	26	12	14	6	2	4	22	6	5	1
494	78	42	36	23	15	8	32	3	8	4
128	16	9	7	2	2	0	4	4	5	4
213	20	12	8	3	1	2	11	5	9	0
95	13	8	5	5	2	3	3	1	3	1
3763	441	244	197	149	85	64	176	72	212	119
1143	140	73	67	41	19	22	82	14	63	26

续表54

地区别	总户数	年末人数							
		合计	总计中:		性别		年龄		
			非农业人口数	未落常住户口人员数	男	女	18岁以下	18—35岁	35—60岁
赤湖村	981	3734	0	1	1922	1812	690	1187	1407
后湖村	544	2111	0	2	1076	1035	395	697	785
湖西村	211	772	0	1	376	396	152	250	292
莲坂村	855	3306	0	3	1674	1632	632	1074	1219
祥芝边防所	5810	23001	2310	10	12027	10974	4101	7492	8788
前山村	214	909	0	0	476	433	171	297	326
古浮村	739	2883	0	3	1476	1407	508	886	1133
祥农村	994	3680	0	1	1887	1793	697	1183	1401
祥渔村	2509	10097	0	3	5320	4777	1869	3314	3809
祥运村	758	3122	0	0	1656	1466	511	998	1245
大堡村	596	2310	2310	3	1212	1098	345	814	874
鸿山镇	8265	30953	6864	16	16141	14812	5436	10135	11790
东埔边防所	5258	19645	6864	10	10268	9377	3381	6407	7538
鸿山镇东埔一村	1126	4229	0	3	2221	2008	723	1392	1623
鸿山镇东埔二村	1031	3724	0	0	1974	1750	621	1200	1458
鸿山镇东埔三村	1318	4828	0	3	2567	2261	852	1533	1870
鸿山镇伍堡村	1783	6864	6864	4	3506	3358	1185	2282	2587
鸿山派出所	3007	11308	0	6	5873	5435	2055	3728	4252
西墩村	659	2438	0	5	1248	1190	415	821	925
洪厝村	400	1550	0	0	794	756	286	482	590
莲厝村	499	1903	0	1	1018	885	323	633	735
东园村	492	1883	0	0	996	887	343	614	712
郭厝村	236	874	0	0	454	420	166	286	322
邱下村	478	1801	0	0	904	897	346	630	635
湖厝村	243	859	0	0	459	400	176	262	333
锦尚镇	6304	24072	2519	14	12309	11763	3975	7985	9196
锦尚派出所	3097	11827	2519	9	6110	5717	2061	3825	4462
杨厝村	396	1489	0	1	766	723	267	461	569
西港村	441	1604	0	1	849	755	262	545	610
谢厝村	198	746	0	1	385	361	138	234	273
卢厝村	646	2519	2519	2	1304	1215	435	807	968

	本年度人口变动(人)									
	出生数			死亡数			迁　入		迁出	
60岁以上	合计	男	女	合计	男	女	省内迁入	省外迁入	迁往省内	迁往省外
450	58	35	23	19	7	12	30	4	28	14
234	32	17	15	8	3	5	26	1	10	0
78	10	3	7	5	4	1	5	0	10	2
381	40	18	22	9	5	4	21	9	15	10
2620	301	171	130	108	66	42	94	58	149	93
115	12	6	6	4	1	3	6	9	6	1
356	31	17	14	18	13	5	15	2	20	8
399	30	20	10	21	12	9	16	6	10	3
1105	166	95	71	43	29	14	33	29	72	55
368	35	22	13	16	9	7	10	4	23	22
277	27	11	16	6	2	4	14	8	18	4
3592	438	246	192	113	69	44	167	67	264	51
2319	273	150	123	43	31	12	109	49	175	34
491	59	33	26	2	2	0	27	13	30	7
445	52	26	26	19	13	6	20	7	42	6
573	75	43	32	10	6	4	31	4	49	6
810	87	48	39	12	10	2	31	25	54	15
1273	165	96	69	70	38	32	58	18	89	17
277	52	32	20	16	9	7	11	5	29	4
192	24	13	11	11	6	5	5	1	11	2
212	17	9	8	11	4	7	13	6	13	3
214	23	15	8	11	5	6	8	2	7	1
100	11	7	4	4	3	1	9	3	4	1
190	23	11	12	9	8	1	11	1	18	5
88	15	9	6	8	3	5	1	0	7	1
2916	356	215	141	139	80	59	158	51	159	44
1479	180	95	85	69	41	28	87	27	62	23
192	15	6	9	5	5	0	11	1	8	2
187	28	10	18	5	2	3	17	6	7	1
101	11	5	6	4	3	1	8	1	5	3
309	40	22	18	23	12	11	12	5	15	8

续表54

地区别	总户数	年末人数							
		合计	总计中：		性别		年龄		
			非农业人口数	未落常住户口人员数	男	女	18岁以下	18—35岁	35—60岁
港前村	362	1366	0	1	701	665	247	434	499
奈厝前村	775	2986	0	2	1551	1435	545	966	1113
港东村	279	1117	0	1	554	563	167	378	430
深埕边防所	3207	12245	0	5	6199	6046	1914	4160	4734
东店村	960	3661	0	3	1883	1778	622	1213	1412
锦尚村	778	3064	0	0	1510	1554	448	1088	1198
深埕村	383	1447	0	0	730	717	214	481	564
厝上村	1086	4073	0	2	2076	1997	630	1378	1560
永宁镇	13141	45700	9561	15	22994	22706	6853	14272	18116
永宁派出所	8172	28712	9561	10	14409	14303	4307	8882	11514
下宅村	672	2479	0	2	1266	1213	382	737	997
新沙堤村	80	339	0	0	169	170	74	108	120
郭坑村	240	906	0	0	457	449	165	274	337
后杆柄村	418	1588	0	0	779	809	258	534	596
院东村	266	1075	0	0	507	568	189	365	391
山边村	224	832	0	1	414	418	149	264	321
郭宅村	196	740	0	1	405	335	114	233	307
塔石村	191	706	0	0	351	355	110	223	272
西偏村	287	1086	0	0	532	554	147	367	440
洋厝村	346	1153	0	0	593	560	190	334	459
前埔村	229	832	0	0	420	412	110	251	352
子英村	630	2261	0	0	1150	1111	367	638	911
西岑村	714	2605	0	1	1311	1294	425	828	1009
沙美村	711	2549	0	0	1274	1275	336	798	1052
永宁第一居委会	739	2370	2370	3	1186	1184	325	740	967
永宁第二居委会	734	2288	2288	1	1159	1129	313	717	949
永宁第三居委会	951	3037	3037	1	1495	1542	386	903	1270
永宁第四居委会	544	1866	1866	0	941	925	267	568	764
永宁边防所	4969	16988	0	5	8585	8403	2546	5390	6602
浯沙村	272	1018	0	0	513	505	183	313	395
沙堤村	1531	5933	0	3	3010	2923	1036	1828	2256

	本年度人口变动（人）									
	出生数			死亡数			迁　入		迁出	
60岁以上	合计	男	女	合计	男	女	省内迁入	省外迁入	迁往省内	迁往省外
186	24	14	10	6	4	2	4	2	8	1
362	45	27	18	20	12	8	18	8	13	8
142	17	11	6	6	3	3	17	4	6	0
1437	176	120	56	70	39	31	71	24	97	21
414	74	45	29	16	9	7	15	5	27	6
330	43	30	13	27	14	13	12	6	27	6
188	10	6	4	8	3	5	8	3	10	7
505	49	39	10	19	13	6	36	10	33	2
6459	587	289	298	136	80	56	293	99	292	126
4009	356	174	182	80	49	31	180	73	195	81
363	30	17	13	1	0	1	8	3	8	13
37	5	5	0	1	1	0	0	0	3	1
130	14	8	6	5	2	3	4	4	4	0
200	19	7	12	12	6	6	13	2	8	0
130	22	7	15	3	3	0	33	8	4	3
98	15	5	10	2	1	1	8	1	4	3
86	11	5	6	0	0	0	2	3	5	0
101	7	5	2	3	1	2	5	1	2	4
132	14	8	6	4	4	0	8	2	9	2
170	22	13	9	3	2	1	5	2	5	4
119	9	1	8	2	1	1	3	4	12	1
345	24	13	11	4	4	0	13	7	19	5
343	43	22	21	12	7	5	17	5	16	4
363	22	7	15	19	10	9	20	8	23	5
338	31	14	17	1	1	0	9	5	25	6
309	30	20	10	1	0	1	13	2	13	16
478	17	7	10	6	5	1	10	8	27	11
267	21	10	11	1	1	0	9	8	8	3
2450	231	115	116	56	31	25	113	26	97	45
127	16	8	8	2	2	0	1	0	3	3
813	105	58	47	8	7	1	59	11	31	14

续表54

地区别	总户数	年末人数							
		合计	总计中：		性别		年龄		
			非农业人口数	未落常住户口人员数	男	女	18岁以下	18—35岁	35—60岁
金埭村	301	1003	0	0	494	509	120	352	381
外高村	327	1169	0	0	598	571	133	400	451
港边村	1013	3231	0	0	1627	1604	426	1007	1262
梅林村	1525	4634	0	2	2343	2291	648	1490	1857
蚶江镇	13738	53743	6123	7	27629	26114	9556	17208	20244
蚶江派出所	8442	32210	0	5	16552	15658	5731	10601	12018
锦里村	356	1391	0	1	704	687	251	417	547
莲塘村	1813	7060	0	1	3656	3404	1288	2274	2647
溪前村	540	2032	0	0	1054	978	373	691	746
青莲村	408	1674	0	0	838	836	340	556	606
厝仔村	713	2700	0	0	1392	1308	431	1055	920
古山村	351	1382	0	0	693	689	254	437	538
石壁村	504	1850	0	0	942	908	308	630	704
东垵村	417	1561	0	1	815	746	316	492	559
洪窟村	1218	4600	0	0	2365	2235	746	1496	1768
锦亭村	493	1839	0	0	945	894	320	593	706
莲东村	563	2116	0	1	1098	1018	372	673	777
莲中村	516	1916	0	1	986	930	340	631	723
莲西村	550	2089	0	0	1064	1025	392	656	777
蚶江边防所	5296	21533	6123	2	11077	10456	3825	6607	8226
蚶江村	1635	6123	6123	2	3160	2963	972	1833	2410
水头村	1506	6444	0	0	3330	3114	1040	2207	2410
石渔村	675	2932	0	0	1516	1416	632	901	1045
大厦村	262	1061	0	0	529	532	210	313	401
锦江村	647	2616	0	0	1327	1289	467	732	1061
石农村	571	2357	0	0	1215	1142	504	621	899

	本年度人口变动（人）									
	出生数			死亡数			迁 入		迁出	
60 岁以上	合计	男	女	合计	男	女	省内迁入	省外迁入	迁往省内	迁往省外
150	7	4	3	6	2	4	9	2	6	1
185	8	4	4	6	3	3	9	1	3	6
536	33	20	13	19	9	10	15	9	18	13
639	62	21	41	15	8	7	20	3	36	8
6735	858	497	361	228	146	82	354	147	290	118
3860	510	286	224	166	109	57	239	113	185	92
176	16	10	6	1	1	0	6	4	5	1
851	108	65	43	45	30	15	47	19	41	16
222	40	22	18	7	5	2	24	4	16	5
172	29	16	13	12	6	6	12	2	13	3
294	50	29	21	8	3	5	42	30	32	24
153	15	10	5	7	4	3	6	1	3	9
208	29	12	17	11	6	5	12	5	9	1
194	31	18	13	8	4	4	11	8	3	7
590	63	33	30	28	21	7	21	8	21	15
220	31	14	17	12	6	6	13	3	17	2
294	39	20	19	10	7	3	11	11	4	6
222	32	18	14	10	9	1	24	10	14	1
264	27	19	8	7	7	0	10	8	7	2
2875	348	211	137	62	37	25	115	34	105	26
908	77	54	23	12	6	6	32	8	33	10
787	116	73	43	28	16	12	32	8	34	7
354	69	41	28	3	1	2	15	5	10	3
137	10	6	4	5	5	0	4	1	4	0
356	31	13	18	8	5	3	21	11	12	4
333	45	24	21	6	4	2	11	1	12	2

石狮市2013年农林牧渔业总产值(年报)

表55

项目	代码	计量单位	按现行价格计算	按可比价格计算
甲	乙	丙	1	2
农林牧渔总产值	01	万元	386695.6	363551.48
一、农业产值	02	万元	9296.62	8941.78
(一)谷物及其他农作物	03	万元	2873.09	2749.9
1.谷物	04	万元	794.31	
其中:小麦	05	万元		
稻谷	06	万元	764.85	
玉米	07	万元	24.19	
2.薯类	08	万元	1126.51	
其中:马铃薯	09	万元	29.67	
3.油料	10	万元	590.99	
其中:花生	11	万元	590.99	
油菜籽	12	万元		
4.豆类	13	万元	192.12	
其中:大豆	14	万元	146.62	
5.棉花	15	万元		
6.生麻	16	万元		
7.糖料	17	万元		
8.烟叶(未加工的烟草)	18	万元		
9.其他农作物	19	万元	169.17	
其中:饲料作物	20	万元		
(二)蔬菜、食用菌及花卉盆景园艺产品	21	万元	5846.03	5634.73
1.蔬菜(含菜用瓜)	22	万元	5784.98	
2.食用菌	23	万元	61.05	
3.花卉	24	万元		
4.盆景园艺	25	万元		
(三)水果、坚果、茶、饮料和香料	26	万元	577.49	557.16
1.水果(含果用瓜)	27	万元	577.49	
园林水果	28	万元	280.98	
其中:苹果	29	万元		
梨	30	万元		

续表55

项目	代码	计量单位	按现行价格计算	按可比价格计算
柑橘	31	万元	16.95	
果用瓜类	32	万元	296.51	
2.食用坚果	33	万元		
其中:核桃	34	万元		
板栗	35	万元		
松子	36			
3.茶及饮料原料	37			
其中:茶叶	38			
4.香料原料	39			
其中:花椒	40			
八角	41			
(四)中草药材	42			
二、林业产值	43	万元	115.29	104.74
(一)林木的培育和种植	44	万元	91.8	81.21
1.育种育苗	45	万元	1.77	
2.造林	46	万元	74.03	
3.抚育和管理	47	万元	16	
(二)竹木采运	48	万元	23.49	23.53
其中:村及村以下	49	万元		
(三)林产品	50	万元		
三、牧业产值	51	万元	3903.47	3751.11
(一)牲畜饲养	52	万元	633.56	575.44
1.牛的饲养	53	万元	308.8	
2.羊的饲养	54	万元	118.35	
3.其他牲畜饲养	55	万元		
4.奶产品	56	万元	206.41	
其中:生牛奶	57	万元	63.69	
(二)猪的饲养	58	万元	1185.5	1199.17
(三)家禽饲养	59	万元	2084.42	1976.5
1.肉禽	60	万元	1283.63	
2.禽蛋	61	万元	800.78	681.08
(四)狩猎和捕捉动物	62	万元		
(五)其他畜牧业	63	万元		

续表55

项目	代码	计量单位	按现行价格计算	按可比价格计算
其中：蚕茧	64	万元		
家兔	65	万元		
四、渔业产值	66	万元	373130.22	350509.95
（一）海水产品	67	万元	372669.71	350088.97
1.鱼类	68	万元	256550.21	
2.虾蟹类	69	万元	49107.4	
3.贝类	70	万元	13615.8	
4.藻类	71	万元	1005.9	
5.其他	72	万元	52390.4	
（二）淡水产品	73	万元	460.51	420.98
1.鱼类	74	万元	460.51	
2.虾蟹类	75	万元		
3.贝类	76	万元		
4.其他	77	万元		
五、农林牧渔服务业产值	78	万元	250	243.9

全市工业企业工业总产值

表56

指标	工业总产值(万元)	比重(%)
全部工业	9359945	
轻工业	7351990	78.55
重工业	2007955	21.45
#规模以上工业总产值	7957473	85.02
在规模以上产值总计中：		
内资企业	3721326	46.77
股份合作企业	20269	0.25
有限责任公司	1154820	14.51
股份有限公司	26470	0.33
私营企业	1786897	22.46
其他企业	732870	9.21
港、澳、台商投资企业	3317489	41.69
外商投资企业	918659	11.54

石狮市工业主要行业分布情况表

表57

指标	单位数	工业总产值(万元)	比重(%)
全部工业	8216	9359945	100
农副食品加工业	65	179261	1.92
食品制造业	55	57927	0.62
酒、饮料和精制茶制造业	23	83933	0.90
纺织业	860	1217865	13.01
纺织服装、服饰业	4155	3276565	35.01
皮革、毛皮、羽毛及其制品和制鞋业	210	1134996	12.13
家具制造业	24	5093	0.05
造纸和纸制品业	88	55082	0.59
印刷和记录媒介复制业	231	234806	2.51
文教、工美、体育和娱乐用品制造业	80	294029	3.14
化学原料和化学制品制造业	30	835273	8.92
医药制造业	1	78913	0.84
化学纤维制造业	23	45645	0.49
橡胶和塑料制品业	269	278570	2.98
非金属矿物制品业	82	11919	0.13
有色金属冶炼和压延加工业	2	8031	0.09
金属制品业	792	68165	0.73
通用设备制造业	3	2700	0.03
专用设备制造业	200	149514	1.60
汽车制造业	20	13796	0.15
铁路、船舶、航空航天和其他运输设备制造业	44	7691	0.08
电气机械和器材制造业	90	68181	0.73
计算机、通信和其他电子设备制造业	40	321302	3.43
仪器仪表制造业	24	54078	0.58
其他制造业	795	214834	2.30
电力、热力生产和供应业	4	613067	6.55
燃气生产和供应业	3	5881	0.06
水的生产和供应业	3	42825	0.46

电量收支平衡表

表58

项　　　目	用户个数（个）	装接容量（千瓦）	用　电　量(万千瓦时)		
			本月	本季	本月止累计
甲	1	2	3	4	5
发购电量总计	0	0.00	30389.0000	94988.0000	394335.0000
发电量	0	0.00	2373.0000	7719.0000	32093.0000
输购入电量	0	0.00	28016.0000	87269.0000	362242.0000
1.输入电量	0	0.00	0.0000	0.0000	0.0000
其中:外省(系统)输入电量	0	0.00	0.0000	0.0000	0.0000
2.购入电量	0	0.00	28016.0000	87269.0000	362242.0000
全社会用电总计	186785	3197128.00	29261.0000	91101.0000	378567.0000
一、农、林、牧、渔业	178	7964.00	53.0000	164.0000	587.0000
二、工业合计	18674	1293006.00	19464.0000	60170.0000	252926.0000
三、建筑业	596	79838.00	484.0000	1369.0000	4725.0000
四、交通运输、仓储和邮政业	203	75897.00	168.0000	416.0000	1678.0000
五、信息传输、计算机服务和软件业	1817	24957.00	294.0000	731.0000	2541.0000
六、商业、住宿和餐饮业	20987	342907.00	2204.0000	7112.0000	25889.0000
七、金融、房地产、商务及居民服务业	702	62785.00	322.0000	1157.0000	4390.0000
八、公共事业及管理组织	2907	173591.00	996.0000	2869.0000	11046.0000
九、城乡居民生活用电合计	140721	1136183.00	5276.0000	17113.0000	74785.0000
城镇居民	46410	435754.00	2290.0000	7481.0000	33819.0000
乡村居民	94311	700429.00	2986.0000	9632.0000	40966.0000
输出电量	0	0.00	1128.0000	3887.0000	15768.0000
其中:向外省(系统)输出电量	0	0.00	0.0000	0.0000	0.0000
支出电量总计	0	0.00	30389.0000	94988.0000	394335.0000

2013年供水公司主要经济指标

表59

项目	单位	2012年	2013年	增长量	增长率(%)
一、供水量					
(一)供水总量	立方米	147509061	150081888	2572827	1.7
1.市区	立方米	51384205	53314535	1930330	3.8
2.乡镇	立方米	96124856	96767353	642497	0.7
(二)平均日供水量	立方米	403030	411183	8153	2.0
1.市区	立方米	140394	146067	5673	4.0

表59

项目	单位	2012 年	2013 年	增长量	增长率(%)
2. 乡镇	立方米	262636	265116	2480	0.9
二、销售量					
(一)销售总量	立方米	135495857	134850715	-645142	-0.5
1. 市区	立方米	42949369	43486097	536728	1.2
2. 乡镇	立方米	92546488	91364618	-1181870	-1.3
(二)平均日销售量	立方米	370207	369454	-753	-0.2
1. 市区	立方米	117438	119140	1702	1.4
2. 乡镇	立方米	252859	250314	-2545	-1.0
三、回收率	%	91.86	89.85	-2.01	-2.2
1. 市区	%	83.58	81.57	-2.01	-2.4
2. 乡镇	%	96.28	94.42	-1.86	-1.9
四、销售收入	万元	23202	23088	-114	-0.5
1. 市区	万元	6719	6856	137	2.0
2. 乡镇	万元	16483	16232	-251	-1.5
五、水质综合合格率					
1、国标	%	100	100	0	0
2、内控	%	100	100	0	0
六、资金回笼率	%	99.9	98.61	-1.29	-1.29

2013 年度港口货物吞吐量情况表

表60

<table>
<tr><th rowspan="2">指标</th><th colspan="4">石湖港</th><th colspan="2">梅林港</th><th colspan="4">华锦码头</th></tr>
<tr><th>总重量(吨)</th><th>集装箱(TEU)</th><th>集装箱(吨)</th><th>散杂货(吨)</th><th colspan="2">总重量(吨)</th><th>总重量(吨)</th><th>集装箱(TEU)</th><th>集装箱(吨)</th><th>散杂货(吨)</th></tr>
<tr><td>总计</td><td>23551818</td><td>1118780</td><td>21417776</td><td>2134042</td><td colspan="2">651000</td><td>1655500</td><td>14823</td><td>379500</td><td>1276000</td></tr>
<tr><td rowspan="9">基本参数</td><td colspan="3">最大起重量(吨)</td><td>65</td><td>最大起重量(吨)</td><td>10</td><td colspan="3">最大起重量(吨)</td><td>65</td></tr>
<tr><td colspan="3">泊位总数(个)</td><td>5</td><td>泊位总数(个)</td><td>3</td><td colspan="3">泊位总数(个)</td><td>3</td></tr>
<tr><td colspan="3">#多用途万吨级泊位(个)</td><td>1</td><td>#5000 吨级泊位(个)</td><td>1</td><td colspan="3"></td><td></td></tr>
<tr><td colspan="3">三万吨级集装箱泊位(个)</td><td>1</td><td>3000 吨级集装箱泊位(个)</td><td>1</td><td colspan="3"></td><td></td></tr>
<tr><td colspan="3">五万吨级集装箱泊位(个)</td><td>1</td><td></td><td></td><td colspan="3"></td><td></td></tr>
<tr><td colspan="3">十万吨级集装箱泊位(个)</td><td>1</td><td></td><td></td><td colspan="3"></td><td></td></tr>
<tr><td colspan="3">三千吨泊位(个)</td><td>1</td><td>500 吨泊位(个)</td><td>1</td><td colspan="3"></td><td></td></tr>
<tr><td colspan="3">泊位总长(米)</td><td>1325</td><td></td><td></td><td colspan="3">泊位总长(米)</td><td>613.2</td></tr>
<tr><td colspan="3">泊位水深(理基)(米)</td><td>-15.1</td><td>泊位水深(黄零)(米)</td><td>10.5</td><td colspan="3">泊位水深(理基)(米)</td><td>12.53</td></tr>
</table>

社会消费品零售总额

表61

单位：万元

指标名称	2013年	2012年	增长(%)
社会消费品零售总额	3084689.8	2687012	14.8
按行业分组			
1.批发零售业	2542816.9	2204139	15.4
#:限额以上贸易企业	1032207.9	806960	27.9
限额以下贸易和个体户	1510609	1397179	8.1
2.住宿餐饮业	541873	482873	12.2
#:限额以上住宿和餐饮业	34888.3	38154	-8.6
限额以下住宿餐饮和个体户	506984.7	444719	14.0

说明：本表社会消费品零售总额为年度核定数

石狮市城镇居民生活情况主要指标(2013年)

表62

指标名称	单位	2013年	2012年	增长(%)
一、调查户数	户	70	50	40.00
二、人均家庭总收入	元	40294.8	36845.24	9.36
其中：人均可支配收入	元	40002.2	36417.3	9.84
(一)工薪收入	元	17618.8	12667.27	39.09
(二)经营净收入	元	13180.5	13980.78	-5.72
(三)财产性收入	元	6231.1	7040.06	-11.49
(四)转移性收入	元	3178.4	3157.12	0.67
三、人均借贷收入	元	101.1	2301.64	-95.61
四、人均家庭总支出	元	24965.7	22073.57	13.10
(一)消费支出	元	22634.9	20536.58	10.22
1.食品	元	8559.1	5158.93	65.91
2.衣着	元	2187.4	7699.26	-71.59
3.家庭设备用品及服务	元	2225.1	1921.82	15.78
4.医疗保健	元	903.5	1160.6	-22.15
5.交通和通讯	元	2943.4	2447.04	20.28
6.教育文化娱乐服务	元	2229.1	1845.34	20.79
7.居住	元	2168.3	2030.37	6.79
8.杂项商品和服务	元	1419.1	1319.86	7.52
(二)购房与建房支出	元			
(三)转移性支出	元	2169.3	1278.71	69.65
(四)财产性支出	元			
(五)社会保障支出	元	127.1	255.95	-50.34
五、人均借贷支出	元	968.3	18108.8	-94.65

2013年石狮市房地产开发投资和销售汇总分析表

表63　　单位:万元、平方米

指标名称	代码	石狮市
甲	乙	1
企业数	001	47
项目个数	C80	47
项目规划占地面积	B06	2241116
项目规划建筑面积	B07	6925457
住宅	B071	3735221
商业营业用房	B072	1012734
办公楼	B073	717980
其他	B074	1459522
规划住宅套数	B08	22210
90平方米以下	B081	4994
144平方米以上	B083	5963
其中:别墅、高档公寓	B084	968
计划总投资	B101	2893009
自开始建设累计完成投资	B103	1707481
本年完成投资	B107	800697
按构成分		
建筑工程	B108	376789
安装工程	B109	52934
设备工器具购置	B110	4654
其他费用	B112	366320
其中:旧建筑物购置费	B113	
其中:土地购置费	B114	344596
按工程用途分		
住宅	B118	503490
90平方米以下	B117	36291
144平方米以上	B129	149601
其中:别墅、高档公寓	B119	72817
办公楼	B121	122213
商业营业用房	B122	124029
其他	B123	50965
本年新增固定资产	B128	111715
本年资金来源合计	C301	902696
1.上年末结余资金	C302	97238
2.本年资金来源小计	C303	805458
(1)国内贷款	C305	83050
银行贷款	C322	83050
非银行金融机构贷款	C325	
(2)利用外资	C307	900
其中:外商直接投资	C308	900
(3)自筹资金	C311	543817
其中:自有资金	C316	158725
其中:股东投入资金	C326	213367
其中:借入资金	C327	127208
(4)其他资金来源	C318	177691
其中:定金及预收款	C323	102188
其中:个人按揭贷款	C324	40313
本年各项应付款合计	C320	38672
其中:工程款	C321	29266
待开发土地面积	B403	48845
本年土地购置面积	B404	456022
本年土地成交价款	B405	245037
其中:拆迁补偿费	B406	308
其中:土地使用权出让金	B407	241419
契税	B408	3680
房屋施工面积	6011	4402826
住宅	6012	2420876
90平方米以下	6013	134131
144平方米以上	6019	520354
其中:别墅、高档公寓	6015	248799
办公楼	6016	512153
商业营业用房	6017	736872
其他房屋	6018	732925
新开工面积	6021	1672099
住宅	6022	883584
90平方米以下	6023	45298
144平方米以上	6029	299512
其中:别墅、高档公寓	6025	160809
办公楼	6026	264285
商业营业用房	6027	244174
其他房屋	6028	280056
房屋竣工面积	6031	356420
住宅	6032	290938
90平方米以下	6033	83077
144平方米以上	6039	36655
其中:别墅、高档公寓	6035	
办公楼	6036	19147
商业营业用房	6037	13945
其他房屋	6038	32390
不可销售面积	6041	81137
住宅	6042	74880
90平方米以下	6043	74638
144平方米以上	6049	0
其中:别墅、高档公寓	6045	0
办公楼	6046	6

续表63

指标名称	代码	石狮市
甲	乙	1
商业营业用房	6047	94
其他房屋	6048	6157
住宅竣工套数	6052	3008
90 平方米以下	6053	1182
144 平方米以上	6059	213
其中：别墅、高档公寓	6055	
竣工房屋价值	6081	94285
住宅	6082	76389
90 平方米以下	6083	21022
144 平方米以上	6089	10266
其中：别墅、高档公寓	6085	
办公楼	6086	5366
商业营业用房	6087	3856
其他房屋	6088	8674
批准预售面积	6261	715374
住宅	6262	573463
90 平方米以下	6263	34192
144 平方米以上	6269	239940
其中：别墅、高档公寓	6265	114034
办公楼	6266	64849
商业营业用房	6267	32769
其他房屋	6268	44293
批准预售住宅套数	6272	3599
90 平方米以下	6273	483
144 平方米以上	6279	968
其中：别墅、高档公寓	6275	300
出租房屋面积	6091	0
住宅	6092	0
90 平方米以下	6093	0
144 平方米以上	6099	0
其中：别墅、高档公寓	6095	0
办公楼	6096	0
商业营业用房	6097	0
其他房屋	6098	0
商品房销售面积	6101	793570
住宅	6102	648576
90 平方米以下	6103	105919
144 平方米以上	6109	176584
其中：别墅、高档公寓	6105	5666
办公楼	6106	39241
商业营业用房	6107	14858
其他房屋	6108	90895
现房销售面积	6111	144240
住宅	6112	102411
90 平方米以下	6113	11040
144 平方米以上	6119	10972
其中：别墅、高档公寓	6115	959
办公楼	6116	15996
商业营业用房	6117	3235
其他房屋	6118	22598
期房销售面积	6121	649330
住宅	6122	546165
90 平方米以下	6123	94879
144 平方米以上	6129	165612
其中：别墅、高档公寓	6125	4707
其中：经济适用房	6124	
办公楼	6126	23245
商业营业用房	6127	11623
其他房屋	6128	68297
商品房销售额	6131	424513
住宅	6132	354941
90 平方米以下	6133	55851
144 平方米以上	6139	92644
其中：别墅、高档公寓	6135	11666
办公楼	6136	23766
商业营业用房	6137	20624
其他房屋	6138	25182
现房销售额	6141	69917
住宅	6142	53455
90 平方米以下	6143	8516
144 平方米以上	6149	6344
其中：别墅、高档公寓	6145	1294
其中：经济适用房	6144	
办公楼	6146	9298
商业营业用房	6147	2837
其他房屋	6148	4327
期房销售额	6151	354596
住宅	6152	301486
90 平方米以下	6153	47335
144 平方米以上	6159	86300
其中：别墅、高档公寓	6155	10372
办公楼	6156	14468
商业营业用房	6157	17787
其他房屋	6158	20855
商品住宅销售套数	6162	4895
90 平方米以下	6163	1388
144 平方米以上	6169	682
其中：别墅、高档公寓	6165	12
其中：经济适用房	6164	
现房销售套数	6172	1084

续表63

指标名称	代码	石狮市	指标名称	代码	石狮市
甲	乙	1	甲	乙	1
90 平方米以下	6173	249	待售 1-3 年(含 1 年)	6241	20869
144 平方米以上	6179	59	住宅	6242	4398
其中:别墅、高档公寓	6175	2	90 平方米以下	6243	0
期房销售套数	6182	3811	144 平方米以上	6249	1908
90 平方米以下	6183	1139	其中:别墅、高档公寓	6245	0
140 平方米以上	6189	623	办公楼	6246	11578
其中:别墅、高档公寓	6185	10	商业营业用房	6247	1582
其中:经济适用房	6184		其他房屋	6248	3311
待售面积	6231	125239	待售 3 年以上(含 3 年)	6251	246
住宅	6232	74331	住宅	6252	246
90 平方米以下	6233	5635	90 平方米以下	6253	0
144 平方米以上	6239	4931	144 平方米以上	6259	246
其中:别墅、高档公寓	6235	634	其中:别墅、高档公寓	6255	0
办公楼	6236	11578	办公楼	6256	0
商业营业用房	6237	8715	商业营业用房	6257	0
其他房屋	6238	30615	其他房屋	6258	0

2013 年 12 月财政收入情况表

表64　　单位:万元、%

项目		年初任务	完成情况				同比				
			本月数	累计数	完成任务%	征收部门占比%	上年同期	增减	增减%	征收部门占比%	比重变化
财政总收入	合计	574000	63301	574148	100.0		505775	68373	13.5		
	其中:国税	297000	26444	266628	89.8	46	244309	22319	9.1	48	-2
	地税	237000	19349	227205	95.9	40	186950	40255	21.5	37	3
	财政	40000	17509	80315	200.8	14	74516	5799	7.8	15	-1
其中:一般预算收入	小计	337900	41033	359008	106.2		306932	52076	17.0		
	其中:国税	92280	7102	83774	90.8	23	74995	8779	11.7	24	-1
	地税	205620	16422	194919	94.8	54	157421	37498	23.8	51	3
	财政	40000	17509	80315	200.8	22	74516	5799	7.8	24	-2
其中:中央级收入	小计	236100	22268	215140	91.1		198843	16297	8.2		
	其中:国税	204720	19342	182854	89.3	85	169314	13540	8.0	85	0
	地税	31380	2927	32286	102.9	15	29529	2757	9.3	15	0
基金收入		690893	82780	690876	100.0		441936	248940	56.3		

金融机构(不含外资)人民币收支情况表

表65

	本月	比上月增减额		比年初增减额	
	余额	2013 年	2012 年	2013 年	2012 年
一、各项存款	6273095	127361	188882	1070755	1095482
1. 单位存款	2512902	19069	65244	649444	535266
其中:活期存款	737563	-27772	31457	-108442	139817
定期存款	504300	12750	6201	290208	8967
通知存款	62268	8743	2950	52117	1029
保证金存款	780852	51155	32517	208259	252812
2. 个人存款	3674452	129371	102403	424936	512492
储蓄存款	3552873	135143	62330	396019	446802
保证金存款	47870	-4583	-730	10439	10990
结构性存款	73710	-1189	40802	18478	54700
3. 财政性存款	12944	-15075	25141	-17989	16398
4. 临时性存款	6031	-5656	-434	-803	37
5. 委托存款	1729	-334	-3497	1415	-19926
6. 其他存款	65036	-15	26	13752	51215
二、金融债券					
三、中长期借款					
四、应付及暂收款	87290	7779	5899	19105	26236
其中:应付利息	63556	4823	259	18488	19718
五、同业往来	325	-1333	-1671	-806	552
六、系统内资金往来					
七、外汇买卖	293255	55852	10853	252449	40805
其中:结售汇	293255	55852	10853	252449	40805
八、各项准备	70689	2796	197	13003	7379
其中:贷款损失准备金	57242	2796	190	13009	7337
九、所有者权益	274020	49818	9354	80133	28544
其中:实收资本	77210	10123		17311	8262
十、其他	-562400	-69487	-164883	-183978	-209194
资金来源总计	6436274	172786	48631	1250662	989804

说明:表中打★号的项目因2011年统计口径调整,故与上年数据不可比,口径调整见《2011年金融统计报表调整说明》

续表65

	本月	比上月增减额		比年初增减额	
	余额	2013 年	2012 年	2013 年	2012 年
一、各项贷款	4572313	37686	57012	624829	607375
(一)境内贷款	4523747	37104	56234	626655	602053
1.短期贷款	3233819	40486	70741	556668	541440
(1)个人贷款及透支	888361	2980	11658	215730	165640
其中:个人消费贷款	257454	-64	7469	39446	12338
(2)单位贷款及透支	2234715	41388	49776	343980	343199
其中:经营贷款	2234701	41426	48777	345265	342596
固定资产贷款			1000	-1200	1200
(3)普通并购贷款					
(4)银团贷款					
(5)贸易融资	110743	-3882	9307	-3042	32602
(6)境外筹资转贷款					
2. 中长期贷款	1286329	-910	-10428	72017	57988
(1)个人贷款	748599	3253	4900	92374	65011
其中:个人消费贷款	579339	-1809	4802	74195	54730
(2)单位贷款	537729	-4163	-15328	-20357	-7023
其中:经营贷款	21525	-5693	-1900	-44126	-23446
固定资产贷款	516204	1529	-13428	23769	16423
(3)普通并购贷款					
(4)银团贷款					
(5)贸易融资					
(6)境外筹资转贷款					
3. 融资租赁					
4. 票据融资	3130	-2005	-4956	862	418
其中:贴现	3130	-2005	-4956	862	418
5. 各项垫款	468	-468	877	-2892	2207
(二)境外贷款	48567	583	778	-1826	5322
二、有价证券	59599	-9258	200	3302	6119
三、股权及其他投资	112374	26978	-284	106491	1678
四、应收及预付款	30719	-36208	-3550	-22915	29150
其中:应收利息	17029	-3741	-2294	2966	2139
五、同业往来					
六、系统内资金往来	1253998	54376	-28185	260284	291988
七、金银占款					
八、外汇买卖	293140	55883	10848	252364	40776
其中:结售汇	293140	55883	10848	252364	40776
九、固定资产	71540	36105	859	36302	108
十、库存现金	42591	7224	11732	-9995	12611
十一、投资性房地产					
资金运用总计	6436274	172786	48631	1250662	989804

2013年度民政基本情况

表66

指 标	单位	数 量
一、结婚登记		
(一)内地居民	对	3,699
初婚人数	人	6,112
再婚人数	人	1,286
其中:男性	人	
二、离婚登记	对	448
三、收养登记	件	7
四、被收养人	人	7
(一)社会弃婴	人	2
五、民间组织		
(一)社团管理		
1.上年末实有社团数	个	241
2.本年批准登记社团数	个	76
3.年末实有社团数	个	317
(二)民办非企业		
1.上年末实有民办非企业数	个	157
2.本年批准登记民办非企业数	个	49
3.年末实有民办非企业数	个	206
六、社会救济对象		
(一)城镇最低生活保障对象	人	4,768
城镇最低生活保障金	万元	1781.8128

指 标	单位	数量
七、基层群众自治组织		
(一)社区居民委员会		
1.个数	个	25
2.社区居委会成员数	个	122
3.居民小组个数	个	432
(二)村民委员会		
1.个数	个	102
2.村委会成员数	个	362
3.村民小组个数	个	776
八、优抚对象		
(一)革命伤残人员	人	73
其中:革命伤残军人	人	73
(二)烈军属人数	人	25
其中:烈士家属	人	14
军属	人	11
(三)在乡复员军人	人	81
(四)带病回乡退伍军人	人	1
(五)参战人员	人	243
(六)优抚对象中孤老人数	人	1029
(七)优待烈军属户数	户	25
其中:优待军属户数	户	11
(八)优待总金额	万元	864.6775
其中:优待军属金额	万元	478.43
九、当年安置人数	人	
(一)义务兵	人	129
(二)转业士官	人	

（图/摘自《石狮日报》）

全面深化改革　加快创新转型
掀起“质量石狮　二次创业”新高潮

——在中国共产党石狮市第六届代表大会第三次会议上的报告

张永宁

（2013年12月24日）

各位代表、同志们：

现在，我代表中共石狮市第六届委员会向大会做报告，请予审议。

一、关于2013年工作回顾

一年来，我们认真贯彻落实省委、泉州市委的各项决策部署，按照“质量石狮、二次创业”的总体要求，扎实推进各项工作，经济社会发展朝着质量和效益的方向迈出新步伐。

这一年，是经济稳中向好、产业加快转型的一年。我们积极应对经济下行压力，坚持在稳大盘、保增长中调结构、促转型，经济运行总体保持“平稳、均衡、向上”态势，预计全年GDP增长12.5%，财政总收入增长13.5%，主要经济指标大多能完成或超额完成年度目标任务，固定资产投资、自营出口、社会消费品零售总额分别增长25%、8%、14%，工业增加值、第三产业增加值分别增长13.2%、11.9%，工业用电、企业贷款、产品产销率、工业经济效益指数等相关指标呈上扬态势。农业稳步发展，获农业部批准15艘远洋渔船网具指标，新增农民专业合作社31家。产业平台建设加快推进，星·期·yi服饰创意博览园、纺织服装产业基地一期、国际轻纺城、辅料城、益家建材城基本建成、即将陆续投用，甲骨文纺织服装创新发展云、海西电商城已投入运营，新型染整产业园循环化改造全面启动，高新区跻身国家知识产权试点园区，32个生产性项目和24个基础设施项目建设顺利推进，海洋生物科技园被列入国家级农业高新技术园区。企业品牌运营、增资扩营、技术改造、研发设计、改制上市、线上线下融合等步伐加快，新增上市公司3家，企业技改总投入45亿元，新增国家科技项目12个、省星火科技重点项目3个、高新技术企业2家，3个项目被列入省战略性新兴产业重点项目。

这一年，是城建提质提速、市容明显改观的一年。我们坚持规划引领，编制完成石狮X年发展战略规划，环湾片区、北环片区、城北片区控制性详细规划，城东片区、祥芝渔港风情特色小镇、永宁文化旅游特色小镇概念性规划，以及交通、景观风貌等专项规划。继续实施交通质量提升三年计划，推进环湾大道、石龙路、蚶江大道等41条道路建设，完成东港路、宋塘路等道路“白改黑”，推进公交线路优化、公共停车场增设、交通安全等畅通工程。有序推进“五片区二小镇”规划建设，钞坑片区、幸福新城、镇中路二期、长福等城市更新改造项目全面动工，城北片区和梧园、洋内亭、永宁小城镇等项目改造积极推进。继续实施景观风貌提升三年计划，完成石狮大道、八七路、香江路等主干道的绿化彩化，推进高速公路互通口、人民广场、“口袋公园”、公园拆墙透绿等景观工程。继续实施水系环境综合治理三年计划，推进东沟、塘园溪、灵山沟等内沟河整治，开展晋石跨境流域水环境污染治理，获得省级生态市命名。扎实推进“新型社区”建设，环境卫生考评位居泉州市前列，前埔、郭坑入选泉州首批十大“美丽乡村”。

这一年，是体制改革深化、活力不断增强的一年。我们抓住国家推进新型城镇化的契机，及早谋划启动全域城市化发展改革，试点方案获省政府批准实施，成为全省第一个获批的试点，在人口管理、城市规划体系、低效用地再开发、城市更新改造等方面再创体制和政策优势。金融服务实体经济改革取得阶段性成效，开辟投融资信息频道，成立民生银行海洋产业金融泉州中心，启动建行“善融商务”平台，创新集体建设用地抵押贷款、小微企业“助保贷”“无间贷”、产业园区“批发贷”等金融产品和服务，进一步破解中小微企业担保抵押难问题，拓宽了企业融资渠道，至11月底，贷款余额486.8亿元，比增21.5%。公立医院改革继续深化，在全省率先实行药品零差率销售、医院班子组阁制、引入第三方考核等一系列改革，医改试点经验得到卫生部医改办推广。行政审批制度改革、城市环卫体制改革稳步推进，取得明显成效。

这一年，是民生持续改善、社会和谐进步的一年。我们积极落实“幸福之城”指标体系，优先保障民生，预计全年民生投入25亿元，占财政支出的62%。推进引水二期工程、新医院、校安工程、农贸市场改造、城市副食品基地等一批民生项目，出台沿海五镇石结构及危险房屋改造实施意见，完成408宗危旧房翻建审批，低保、新农保、新农合三项标准继续保持全省县级市第一。深化平安建设，社会治安满意率创历史新高；成立全省首家县级“12345”便民服务中心，创设市、镇、村三级和谐社会促进会。志愿服务、文明出行、道德讲堂、文明餐桌等公益活动持续深化，助学、助医、助困等善行义举蔚然成风，钞坑村举行迄今为止最大规模骨灰海葬，文明社会风尚进一步形成。深入开展“全国文明城市”“国家卫生城市”“省级教育强市”创建活动，顺利通过国家义务教育发展基本均衡县评估、国家计生优质服务先进市检查验收，连续16年荣膺“全国科技进步先进市”，省公共文明指数测评连续两年居全省县级市第一名。

这一年，是作风不断转变、党建全面加强的一年。我们深入学习贯彻中共十八大、中共十八届三中全会和习近平总书记一系列重要讲话精神，开展“增强忧患意识推动长远发展”大讨论活动，汇聚发展正能量。坚持“多角度看干部”和“干部动态管理”，在基层和项目一线提拔重用了一批表现优秀的干部。积极构建社会组织、非公企业、机关、镇(街道)、村(社区)党建工作新机制。加强青年企业家、纺织服饰创意设计人才、专业技术人才培养工作。市人大、市政协职能作用有效发挥，各项工作有声有色。统战、民族宗教、群团、党史、党校、档案、机要、老干老龄、关心下一代等工作取得新成效。国防动员、民兵预备役和双拥工作有力推进，荣获省级双拥模范城七连冠。严格落实中央“八项规定”，狠抓作风建设，开设“石狮纠风论坛”，推行“马上就办”，促进行政大提速。组建公共资源交易中心，健全公共资源市场化配置机制。严肃查办违纪违法案件，全年立案51件，给予党纪处分49人、政纪处分11人。

各位代表、同志们！在宏观形势复杂严峻的情况下，我市保持良好的发展态势实属不易，特别是随着一批产业项目、商贸项目、平台项目、城建项目、道路及基础设施项目和民生社会事业项目的建成投用，我市将迎来新一轮快速发展的高潮。一年来所取得的成绩，得益于省、泉州市的坚强领导、大力支持，得益于全市各级党组织、广大干部群众的同心创业、奋勇拼搏，得益于各民主党派、工商联、无党派人士、各人民团体和港澳台同胞、海外侨胞的倾注心血、鼎力相助；得益于驻石部队、武警官兵、上级驻石单位、新闻界朋友和来石务工人员的积极参与、默默奉献。在此，我代表市委，向所有关心支持石狮建设发展的同志们、朋友们表示衷心的感谢！

我们也清醒地认识到，我市发展中还存在不少矛盾和困难。主要是：高新技术产业、现代服务业、新型业态等发展不快、规模偏小；企业市场竞争剧烈，综合运营成本明显上升，生产经营困难增多，创新转型的压力加大；城市功能有待进一步完善，城市更新改造面临不少难题，沿海镇村基础设施仍较薄弱；资源环境制约明显，生态环境保护面临较大压力；民生改善与群众新期待尚有不小差距；社会治理面临一系列新问题新挑战；干部服务意识、办事效率、推动改革发展能力有待提升，勤政廉政建设也存在一些不容忽视的问题，等等。对此，我们必须用改革创新的办法认真加以解决。

二、关于全面深化改革

中共十八届三中全会吹响了全面深化改革的进军号角，出台了《中共中央关于全面深化改革若干重大问题的决定》，描绘了全面深化改革的新蓝图、新愿景、新目标。日前，省委、泉州市委分别就全面深化改革进行专门部署、提出具体要求。全市各级党组织和广大党员干部要切实把思想和行动统一到中央和省委、泉州市委的决策部署上来，在领会精神实质、推动贯彻落实上下功夫。为此，要坚持“五个必须”：

——必须准确把握上级精神。十八届三中全会对全面深化改革的战略重点、主攻方向、推进方式和时间表、路线图做出了总体部署，提出改革的总目标是完善和发展中国特色社会主义制度，推进国家治理体系和治理能力现代化；具体目标是加快建设社会主义市场经济、民主政治、先进文化、和谐社会、生态文明；核心问题是处理好政府和市场的关系，使市场在资源配置中起决定性作用和更好发挥政府作用。强调改革要坚持社会主义市场经济方向，以促进社会公平正义、增进人民福祉为出发点和落脚点，进一步解放思想、解放和发展社会生产力、解放和增强社会活力；改革的根本目的是让一切劳动、知识、技术、管理、资本的活力竞相迸发，让一切创造社会财富的源泉充分涌流，让发展成果更多更公平惠及全体人民。省委就贯彻十八届三中全会精神全面深化改革提出，改革要以深化经济体制改革为重点，充分发挥福建的潜力和优势，充分体现福建特色，力争若干区域成为全国改革“排头兵”和“试验田”。在具体实践中，既要注重统筹协调，又要立足重点突破；既要着眼长远谋划，又要抓好当前落实；既要加强组织领导有序推进，又要注重发挥基层和人民群众的积极性创造性。学习贯彻十八届三中全会精神，是当前和今后一段时期的首要政治任务，全市各级各部门要深入学习领会上级精神，深入思考、谋划我市的改革工作，争当改革的先行者、排头兵。

——必须增强全面深化改革的责任感和紧迫感。石狮作为福建省综合改革试验区，曾经率先在行政体制、财政体制、投融资体制、国有集体企业改制等方面进行了一系列改革，赢得了发展的先机。回顾历史，没有改革开放，就没有石狮的今天；立足当前，我们正面临着“稳定增长”与“转型升级”的双重任务，资源、成本、市场、环境等要素约束趋紧，区域竞争日趋剧烈，在这个“千帆竞发、不进则退”的重要关口，如果我们缺乏改革的意识和勇气，故步自封、停滞不前，我们已有的一些优势就会逐步弱化，发展的新动力无法形成，从而产生被“虹吸”效应，拉大与先进地区的差距。如果我们不重视创新制度安排，不解决那些造成社会不公、分配不公的体制机制问题，促进社会公平正义，社会矛盾有可能进一步加剧，落入所谓的“中等收入陷阱”。即使是干部作风问题，有的是干部自身的原因，有的则与体制机制不完善有关，转变作风也要靠制度去约束，最终还必须通过深化改革才能根本解决。所以，全市上下必须充分认识到，解决我们面临的困难和问题，改革是唯一的最好的选择。

——必须解放思想、大胆创新。石狮向来有改革的土壤和条件，石狮人向来有敢拼会赢、敢为人先的勇气和担当！全面深化改革必然会有困难风险和矛盾挑战，必须牢牢把握解放思想这个“总开关”，大胆改革，先行先试。当前，在我市的一些干部中，仍然存在小农意识、保守思想，不敢担当、求稳怕乱，好人主义、患得患失等问题，这些都将制约我市的改革工作。因此，广大干部特别是领导干部，一定要有自我革新的勇气和胸怀，冲破思想观念障碍，突破利益固化藩篱，积极主动地参与改革、推进改革；一定要带头学习思考，开阔眼界，勇于实践，提高推动改革的能力和本领；一定要发扬“钉钉子”精神，一旦认清方向、选准着力点，就毫不犹豫地干、坚定不移地闯。

——必须充分体现石狮特色、突出重点。全面深化改革是一项长期的系统工程，我市的改革既要统筹规划，又要重点突破，着重把握五个方面：一是围绕民营经济综合配套改革，着力解决民营企业发展中遇到的市场准入、投资壁垒、股份制改造、兼并重组、公共服务体系建设等方面的问题，进一步转变政府职能，厘清政府与市场的关系，为民营经济发展营造良好的体制政策环境。二是围绕全域城市化发展改革，着力解决存在于城市与农村、市民与农民之间、本地居民与外来农民工之间的“双二元结构”问题，推进人口管理、产业布局、规划建设、土地管理、公共服务、社会保障、行政管理和城市管理等“八个一元化”。三是围绕金融服务实体经济改革，着力解决小微企业融资难、金融基础设施不够完善、民间资本尚未充分和规范利用等问题，进一步优化金融生态环境，为实体经济提供更好的金融服务。四是围绕社会事业改革和社会治理体制机制创新，着力解决教育、医疗、就业、文化、社会保障等群众关心的热点问题，在政府履行好应尽职责的同时，发挥市场的作用为社会提供多样化服务。大力推动社会治理方式创新，在格局上由政府包办转为政府主导、社会协同、公众参与，方法上由单向垂直管理转为双向互动的协同治理，模式上由强制管控转为各主体间的协商合作，途径上由行政手段为主转为政策、市场、法律、道德等多重手段体系，实现政府治理和社会自我调节、居民自治良性互动。五是围绕反腐倡廉和改进作风，着力解决干部“四风”方面存在的群众意识淡化、办事效率不高、开拓创新意识不强、作风不够深入等问题，努力规范权力运行，健全改进作风常态化制度，建设清正廉洁、高效为民的干部队伍。

——必须加强组织领导、凝聚改革合力。各级各部门要建立改革的组织领导机制，认真研究、对接上级改革部署，提出本单位、本系统的具体改革方案。对方向明确、条件成熟的，不拖不等、立做立行；对已获批准、允许先行或正在推进的，放手做、放胆闯，不能把改革方案写在纸上、喊在口上，迟迟没有作为。要注重把握各项改革的关联性，协调推进各个领域、各个层面、各个方块的改革，体现整体效果。要强化项目运作，以抓项目的理念、举措、力度推进重点改革事项；建立统一的跟踪、督促、检查机制，把改革任务纳入绩效考评和干部考核内容。要加强宣传和舆论引导，完善全社会参与机制，充分调动人民群众推进改革的积极性、主动性和创造性，营造改革良好社会氛围。

三、关于2014年工作思路

2014年是贯彻落实十八届三中全会精神、全面深化改革的开局之年，也是深入实施“十二五”规划的关键一年。2014年工作的总体要求是：深入贯彻中共十八大、中共十八届三中全会和中央经济工作会议、城镇化工作会议、农村工作会议精神，认真落实省、泉州市的各项决策部署，持续推进落实市委六届三次全会的总体思路，以全域城市化发展改革为总抓手，把改革创新贯穿于经济社会发展各个领域各个环节，更加注重发展的质量和效益，更加注重基础设施和基本公共服务全市域统筹，更加突出以人为本和民生改善，掀起新一轮“质量石狮、二次创业”热潮。主要预期目标是：地区生产总值增长11%，财政总收入增长12%，城镇居民人均可支配收入和农民人均纯收入分别增长9%和9.5%。重点从五个方面开展工作：

1.在稳增长中促进产业转型。一是抓企业服务。突出政策引导扶持，在推进上级惠企政策和本级既有的总部经济、电子商务、兼并重组、改制上市、自营出口、人才引进等政策落实的同时，制订若干专项政策，把着力点落在细分行业和平台建设上，提高政策的精准度和有效性。进一步强化工业调度，协调解决企业生产经营中的困难和问题，落实用电、用水、用工等要素保障。支持企业组团参展，依托“4·

18"海博会、大型品牌联销活动，推动采购商与本地企业、工贸企业与大中型商超有效对接。积极发展货物通关、外贸中介服务，帮助企业开拓国内外市场。支持行业协会建立产业联盟机制，打造产业"联合舰队"，促进业内协同协作。二是抓项目带动。以"五大战役"为抓手，加大项目的协调推进力度，对现有在建项目促进度、促投用；对已对接的"三维"项目和企业的增资扩营项目，促落地、促建设。注重项目策划和前期，围绕填补产业链缺失、发展新兴产业、新型业态和现代服务业，以及挖掘海洋、港口、岸线、文化等资源优势，策划生成项目，加大对接、引进力度，形成项目滚动机制。继续推行"责任、督查、服务、巡视"四位一体的项目推进体系，积极协调解决项目建设中用地、用林、用海等问题，着力营造项目无障碍施工的环境。三是抓产业集聚。统筹推进产业平台、商贸市场和虚拟平台建设，推动人流、物流、信息流、资金流和技术流汇聚叠加。重点加快服饰创意博览园、轻纺城、辅料城、建材城的后续建设和招商运营，加快纺织服装产业基地、高新区、海洋生物科技园、仓储物流园的建设进度和企业进驻，加快新型染整产业园循环化改造，支持海西电商城拓展规模，推动纺织服装创新发展云平台在广大中小企业深入运用。提升服装城、纺织机械市场的运营水平，打响国际时装周品牌，启动凤里儿童产业聚集区、蚶江西裤基地的规划建设。结合城市更新改造，依托城市综合体、特色文化街区，打造"2.5 产业"和新型消费业态聚集区。创新农业生产经营方式，推动传统农业向生态农业、休闲农业、观光农业转型。四是抓创新驱动。大力推动技术创新、产品创新、组织创新、管理创新、市场创新，强化创新要素保障，制订聚集"人才、人口、人气"实施意见，引进和培养一批创新创业人才、管理人才和高技能实用人才。加强企业家队伍建设，支持工商联（总商会）、青商会、行业协会开展培训活动，培养企业家的战略眼光和创新思维。加大企业技术改造、引进先进设备的扶持力度，以全国首批信息消费试点城市为抓手，加快"两化"融合步伐，促进产业装备智能化、研发设计协同化、企业管理信息化；推动企业商业模式创新，实现线上线下融合发展。加强与科研机构、高等院校的交流合作，促进学科群与产业群对接。抓好国家知识产权试点园区、"政产学研用"工作基地、科技成果孵化中试基地、院士工作站等公共服务平台建设，发挥中科招商创新创业种子基金、民生银行海洋产业金融中心的作用，引进、培育一批"科技小巨人"和创新型企业。

2. 按照全域统筹的思路推进城市建设。一是城市规划要在 X 年战略规划、概念性规划的基础上，围绕构建与全域城市化相协调的规划体系，编制全域一体空间统筹、全域路网优化、单元控规、产城融合、风景名胜等一系列规划。二是交通道路建设要在构建"外联、内通、疏港、滨海"路网架构的基础上，向城市片区、专业市场、产业园区和沿海五镇拓展，重点推进钞坑、梧园、镇中路二期、长福等城市片区和建材城、辅料城、高新区、纺织服装产业基地等园区的道路设施建设，加快红塔湾旅游公路、共富路、永祥路、锦蚶路等组团联系通道建设。支持沿海五镇各打造一条镇区示范路段或特色街。完善石湖港基础设施建设，拓展港口价值链，提升石湖港效益。三是城市更新改造要在推进钞坑片区、城东片区、城北片区和镇中路二期、长福、梧园、洋内亭、永宁小城镇等项目建设的基础上，推动北环片区和加曾寨、灵山灵峰等项目的规划建设；积极探索城市更新改造、低效用地再开发多元模式，启动凤里城隍庙老街区、湖滨金林社区等历史文化特色街区的规划设计和改造建设。大力推进"新型社区"建设，打造一批示范村、特色村。四是景观生态提升要在抓好中心城区主次干道、门户节点提升的基础上，向市政公园、风景名胜区、城郊道路和生态建设等方面拓展，重点实施鸳鸯池公园景观提升、宝盖山文化旅游景区规划建设和城郊道路建设的绿化亮化配套；以全国循环经济示范城市为抓手，按照创建"国家生态市"的要求，大力推进"四绿"工程，提高森林覆盖率；进一步推进内沟河等水系环境综合治理和晋石跨境流域水环境污染整治；加强水库、沿海防潮、防洪排涝工程管理和石窟生态修复。

3. 围绕再造体制新优势全面深化改革。要在落实上级各项改革部署的同时，从本市实际出发，组织实施《2014 年深化重点领域改革方案》，特别是针对我市的"强点”和“短板”，选准改革的切入点，扎扎实实抓起来，抓一件成一件，为我市全面深化改革争取良好开局。比如：推进工商登记制度改革，实行“先照后证”登记制；妥善处理历史遗留问题，推进土地的确权办证、资产盘活；建设企业和个人信用信息系统，健全民间融资征信体系；出台与居住证相衔接的积分制管理办法，聚集“人才、人口、人气”；按照全域一体空间统筹规划，实行“多规融合、一张图作业”；制订城市更新管理办法，探索“土地重划、业主自改”模式；按“大部制”方向推进政府机构改革，探索建立政府雇员制；理顺市镇（街道）两级收入支出划分，建立事权和支出责任相适应的制度；深化教育综合改革、公立医院改革；推进水务一体化管理改革，等等。

4. 呼应群众新期待抓好民生改善。一是统筹全市中小学校规划布局，解决就近入学；筹建厦门外国语学校石狮分校，推行“名校办分校、老校带新校、强校扶弱校”等办学模式，提升教育教学质量；提高招生工作透明度，建立教师队伍合理流动机制，扩大中小学校对外交流。二是加快新医院建设，引进优质高端医疗资源，加大重点学科、技术人才队伍培育力度，提升诊疗水平和服务水平；提高新农合筹资标准和报销比例；整合卫生和计生公共服务资源，建立健全保健预防体制。三是大力推进沿海五镇石结构及危险房屋改造，按单元有序推进市区“城中村”改造；抓好各片区征迁安置小区的建设进度、建筑质量、业主回迁及物业管理；在城市片区开发、工业园区建设中配建一批限价房、公租房和人才公寓、员工公寓；结合城市更新改造，有序推进“回批地”问题处理。四是持续抓好城市环境卫生整治和大气污染防治，深化村（社区）改水改厕和环卫保洁，推进“国家卫生城市”创建。五是推进第三轮“平安石狮”建设，启动社会治安防控体系“百千万”工程，支持村级强化巡防队伍力量；完善和创新打击犯罪机制；推进平安海域建设；继续推进交通安全综合整治；推行城乡社区网格化服务管理“1+1+N”模式；发挥和谐社会促进会融合新老石狮人的平台作用；深化便民服务中心和职工服务网络建设。强化社会稳定风险评估，加大维稳工作力度。六是开展移风易俗，推行丧事简办；迎接创建“全国文明城市”总评，开展以“仁爱、诚信、礼仪、勤俭”为主题的文明创建活动；培育与城市形象相契合的特色文化节庆和体育赛事。七是健全安全生产隐患排查防控体系和防灾救灾工作机制，强化食品、医药、交通等民生领域的安全监督机制，有效防范安全事故发生，创建“国家安全发展示范城市”。八是关心弱势群体，加强残疾人服务工作，健全社会救助体系和社会福利体系，推进低保提标、社保扩面工作。同时，继续抓好农贸市场改造提升、小区物业管理、公交运行优化、就业促进、社区养老等民生工作。

5. 着眼作风转变提升党建科学化水平。一是扎实开展以为民务实清廉为主要内容的党的群众路线教育实践活动，建立健全党群沟通机制，探索服务群众新办法、新途径，推动联系群众、转变作风常态化、制度化。二是加强反腐败体制机制创新，加大办案力度，坚决查办违纪违法案件。认真执行党风廉政建设责任制，严格落实中央“八项规定”，深化作风和效能建设，加大监督检查力度，集中解决“四风”问题；深入推进“马上就办、办就办好”活动，重点整治“庸懒散”行为，纠正损害群众利益的不正之风。三是深化干部人事制度改革，改进干部考核评价办法，加强干部日常跟踪考核，构建有效管用、简便易行的选人用人机制。加强干部教育培训和实践锻炼，提高干部推动改革发展的能力。四是拓展机关、农村、社区、非公企业党建工作机制，推行社会组织党建“双五”工作法，推动基层服务型党组织建设制度化。加大优秀村级党组织带头人培养力度。五是强化宣传思想文化工作，深化新闻工作“走转改”，扎实开展文化利民、惠民工程；对接泉州“东亚文化之都”建设，打好服饰文化、对渡文化、城隍文化、渔民文化品牌，实施一批具有石狮特色的文体项目，修复提升永宁老街，高起点建设城市文化艺术中心，提升城市文化软实力。精心策划开展城市营销，提升城市的知名度和美誉度。六是发挥党委总揽全局、协调各方的领导核心作用，支持人大完善工作机制，增强监督工作实效，发挥政协职能作用，推动协商民主广泛多层制度化发展，强化党管武装工作，推动军民融合发展，切实做好老干部服务工作，认真落实老干部各项政策待遇，激发工青妇等人民团体活力，加强与民主党派、工商联、民族宗教和党外代表人士团结合作，巩固壮大最广泛的爱国统一战线，尽最大努力调动社会各界积极性。

各位代表、同志们，目标已经确立，思路已经明确，改革再出发，创新再提速。让我们紧密团结在以习近平同志为总书记的党中央周围，在省委、泉州市委的正确领导下，拿出石狮人敢闯敢试的豪情，以时不我待、只争朝夕的精神，以勇于开拓、敢于担当的锐气，全面深化改革，加快创新转型，再创体制机制新优势，再创“质量石狮”新的业绩！

政府工作报告

（2013年12月30日在石狮市第六届人民代表大会第三次会议上）

石狮市人民政府市长　张贻山

各位代表：

现在，我代表市人民政府，向大会做工作报告，请予审议，并请各位政协委员和列席会议的同志提出宝贵意见。

一、2013年工作回顾

一年来，在上级党委政府和石狮市委的正确领导下，市政府认真落实"质量石狮、二次创业"发展战略，积极应对严峻的经济形势，攻坚克难，砥砺前行，推动经济社会发展朝着质量和效益的方向迈出坚实步伐，较好完成了市六届人大二次会议确定的各项目标任务。预计全年实现生产总值565亿元，增长12.5%；公共财政总收入57.4亿元、增长13.5%，其中公共财政预算收入35.8亿元、增长16.6%；社会消费品零售总额278亿元，增长14%；全社会固定资产投资290亿元，增长25%；实际利用外资（历史可比口径）4.3亿美元，增长15.4%；出口商品总值19.5亿美元，增长18%。经济综合实力位居全国中小城市科学发展百强第21位，比去年晋升2位；全域城市化发展改革方案获省政府批准实施，成为全省首个试点。

（一）稳增长调结构，产业质量不断提升。一是工业发展强劲有力。全年实现工业增加值304亿元，增长13.2%，对GDP增长贡献率达59.1%。先后制订出台推进产业集群集聚发展、电子商务、企业改制上市、促进染整企业兼并重组、集聚纺织服饰创意设计人才等政策措施，兑现惠企奖励资金3亿元，组织企业家参加清华大学高级研修班，评选十大杰出青商、纺织服饰行业十佳职业经理人和十佳新锐设计师，成立企业与企业家联合会；同时，安排191套住房奖励企业中高层管理人员和教育卫生人才，与13家国内著名纺织服装院校开展政校企合作对接，保障企业用工和人才需求。对接"三维"项目22个、总投资473亿元，实施技改项目97个、完成投资45亿元；新增卡宾、富贵鸟等3家上市企业，255家企业开展增资扩股，新增注册资本30亿元，全年产值超亿元企业达144家，企业发展后劲和活力不断增强。二是第三产业加速提升。第三产业增加值214亿元，增长11.9%，增幅居泉州市前列。入选全国首批信息消费试点城市。服装城新增入驻636家商户、1000多个时尚品牌；海西（石狮）电子商务园一期建成投入使用，入驻近300家电商企业；甲骨文纺织服装创新发展云投入运营，入驻100多家企业；石狮辅料市场意向入驻500多个国内外辅料品牌；国际轻纺城市场主体结构、星•期•yi服饰创意博览园基本完工；第十六届海博会实现成交额115亿元，增长11.6%。"金改"创新取得显著成效，成立民生银行海洋产业金融中心，开发建行"善融商务"、小微企业"助保贷"、泉州银行"无间贷"等金融产品，创新集体建设用地抵押贷款、产业园区"批发贷"等金融模式，分别与厦门大学、中科招商集团建立金融战略合作关系；至11月底，全市银行存款余额642.7亿元，贷款余额486.8亿元，同比分别增长24.8%和21.5%。港口运输业迎难而进，石湖港实现货物吞吐量2350万吨、集装箱吞吐量111.6万标箱。三是现代农业扎实推进。农业总产值38亿元，增长1%。新认证省级海洋产业龙头企业3家、泉州市级重点龙头企业12家，获农业部批准远洋渔船网具指标15个；新增农民专业合作社31家，推广种植（养殖）新品种7个。海洋经济加快发展，编制完成海洋产业发展规划，海洋生物科技园获评国家级农业高新技术园区，16个省级海洋经济重大项目完成投资33.2亿元。四是自主创新持续增强。新增国家科技项目12个、省区域科技重大项目和星火科技重点项目4个、高新技术企业2家，3个项目列入省战略性新兴产业重点项目；扶持培育首批50家“科技小巨人”企业。连续十六年荣获全国科技进步先进市称号，高新区跻身国家知识产权试点园区。

（二）优环境促统筹，城乡面貌显著变化。一是城市发展规划不断深化。编制石狮X年发展战略规划，明确向湾面海的发展方向，统筹全市人口、产业、基础设施和公共服务布局。完成片区概念性总体规划和交通、景观提升等专项规划。围绕“时尚织就梦想”的形象定位，开展城市营销推介。二是城乡建设迈开大步。城市建成区面积扩大到35.3平方公里，城镇化率达75.9%，居全省县级市首位。片区改造全速推进，钞坑片区半年多时间完成征迁任务，世茂城市综合体项目快速落地建设，建成展示区、样板区，城市新地标初具雏形；镇中路二期中骏商城、长福泰禾城市广场、城东幸福新城、梧园片区等项目进展顺利，安置房建设加速推进。永宁、蚶江小城镇建设超额完成年度投资任务。交通质量不断提升，完成中心城区“白改黑”工程40.6公里。福辉路建成通车，蚶江大道、宝盖山拥军路、石龙路基本完工，跨海大桥、环湾大道、濠江北路加快推进。启用公交IC卡，新增公交车65部，新建公共停车场3个、停车泊位1819个。引水二期工程建成通水，全市日供水能力达64万吨。城东110千伏输变电工程竣工投产。三是人居环境明显改善。公共文明指数测评连续两年保持全省县市第一，荣获省级生态市命名。“点线面”综合整治项目持续推进，景观提升成效凸显，完成门户廊道、市政道路、滨海岸线、口袋公园等工程，大力推进“借地绿化”、公园“拆墙透绿”，整个城市面貌焕然一新。下大力气整治水系环境，实施治理项目26个，与晋江市联手推进跨境流域水环境污染治理，取得阶段性成效。启动新型染整产业循环发展园建设，推进清洁能源替代导热油炉改造工程。新型社区“五清四化三提升”取得良好成效，前埔、郭坑入选泉州市首批十大“美丽乡村”。

（三）办实事惠民生，社会事业协调推进。一是群众生活水平不断提升。城镇居民人均可支配收入增长10.1%，达40095元；农民人均纯收入增长12.5%，达18048元，居全省县市首位；城镇居民家庭平均每百户拥有移动电话292部、家用电脑114台、家用汽车26辆。城乡居民低保标准提高到户月人均480元，居全省县级市第一，共发放低保金1781.8万元，1980户4768人受益；城乡居民社会养老保险续保率99.3%，居全省第一。就业服务继续优化，城镇新增就业1.85万人，农村劳动力转移就业3550人。出台沿海五镇石结构及危险房屋改造实施意见，完成450宗危房翻建审批；建成2690套保障性住房，进一步改善群众居住条件。二是教育质量逐步提高。投入2.7亿元，实施60个校安工程和薄弱校改扩建项目。开办第六实验小学、蚶江中心幼儿园，完成第二实验幼儿园改扩建，凤里中学搬入新校区。“三名”工程和教育教学改革成效明显，高考本科上线率达65.4%，高于省、泉州市平均水平。顺利通过国家义务教育发展基本均衡市督导评估。1.9万人在石狮接受高等职业教育，有效改善全市人才结构。三是文体事业加快发展。成功举办闽台对渡文化节暨蚶江海上泼水节、永宁古卫城暨城隍文化节、第三届全市工人运动会，承办国际龙狮争霸赛、全国象棋锦标赛、海峡两岸马拉松比赛等赛事，城市美誉度进一步提升。荣获全国民族传统推广优秀奖、全民健身先进单位称号，永宁老街入选第五届“中国十大历史文化名街”，市图书馆再次荣膺国家一级图书馆，市博物馆被授予“泉州市第一届社会科学普及基地”称号。四是卫生计生工作稳步推进。公立医院改革试点经验得到卫生部医改办推广，继续推行药品零差率销售，减轻患者药品费用1886万元。投入1940万元，免费提供基本公共卫生服务11类41项。新农合财政人均补助330元，保持全省最高，28万人次报销医药费用1.2亿元。市医院新院主体工程封顶。计生工作顺利通过国家计生优质服务先进市检查验收，年度综合考评位居泉州市第三名。五是平安建设成效明显。综治维稳工作力度进一步加大，群众对社会治安满意率达94.8%，创历史新高。安全生产事故四项指数全面下降。建立市、镇（街道）、村（社区）三级和谐社会促进会，推进镇（街道）网格化服务管理、流动人口居住证发放等工作。渣土车整治经验获得上级肯定和推广。全省首辆101米登高平台消防车投入使用。此外，成功举办世界石狮同乡联谊会第二届理监事就职典礼，首次评选6位荣誉市民，成立石狮市台胞联谊会、台北市石狮同乡总会、北京石狮商会，海内外联谊更加密切，全市侨捐公益历年累计达14亿元。国防动员和民兵预备役工作有力推进，荣获省级双拥模范城七连冠。开展志愿者服务行动32万人次，在泉州市率先成立老龄服务志愿者协会。市残疾人服务中心正式启用。完成高清电视播出系统改造。钞坑村举行迄今为止最大规模骨灰集体海葬。扎实做好全国第三次经济普查。人事、统计、人防、档案、气象、慈善、地方志、民族宗教、防震减灾、妇女儿童、老龄老干等工作均取得新成绩。

（四）转作风提效能，政府建设不断加强。自觉接受市人大及其常委会监督，依法执行人大决定决议。主动接受市政协民主监督，支持政协履行职能。办理人大代表建议141件、政协提案224件，办结率100%、满意和基本满意率100%。大力推行“一线工作法”“马上就办”、破解效能阻滞点，深入开展“下基层、解民忧、办实事、促发展”和领导干部“四下基层”活动。启动行政服务中心标准化建设，当场办结率达81%，位居泉州市前列。建成全省首个县级便民服务中心，开通“12345”热线和网站，设立社会服务大厅，为群众提供一站式服务。开设石狮纠风论坛，解决网民反映的问题837件。成立市公共资源交易中心，促进公共资源市场化配置和规范化运作。出台落实中央“八项规定”实施意见，推行国库支付、公务卡改革，开展公务接待专项审计，惩防体系建设取得新进展。

这些成绩的取得，是上级党委政府和石狮市委正确领导的结果，是市人大依法监督、市政协民主监督的结果，是全市上下艰苦奋斗、真抓实干的结果。在此，我代表市人民政府，向全市广大干部群众，人大代表、政协委员，各民主党派、工商联、无党派人士、各人民团体、离退休老同志，驻石单位、驻石部队、武警官兵、企业界人士、新闻界朋友和来石创业务工人员，以及广大港澳台同胞、海外侨胞、海内外朋友，致以崇高的敬意和衷心的感谢！

在总结成绩的同时，我们也清醒地认识到，发展中还存在着不少困难和问题，主要表现在：高新技术产业、龙头企业规模不大，支撑力不强；企业、市场竞争剧烈，创新转型压力加大；城市建设管理比较粗放，公共设施和服务配套有待进一步完善；生态保护和节能减排仍需加强，民生改善与群众要求尚有差距；干部改革意识、服务意识、法治意识、廉政意识有待增强，推动改革发展和创新的能力有待提升，等等。对此，我们将在今后的工作中，采取有效措施，认真加以解决。

二、2014年工作安排

2014年是贯彻落实中共十八届三中全会精神的开局之年，也是我市全面推进全域城市化发展改革的重要一年。政府工作的总体要求是：深入贯彻中共十八大、中共十八届三中全会和中央经济工作会议、中央城镇化工作会议、中央农村工作会议精神，认真落实省、泉州市的各项决策部署和石狮市六届三次党代会的部署安排，以全域城市化发展改革为总抓手，把改革创新贯穿于经济社会发展各个领域各个环节，更加注重发展的质量和效益，更加注重基础设施和基本公共服务全市域统筹，更加突出以人为本和民生改善，掀起新一轮“质量石狮、二次创业”热潮。

主要预期目标是：全市生产总值增长11%；公共财政总收入增长12%；公共财政预算收入增长12%；工业增加值增长12%；全社会固定资产投资增长17%；出口商品总值增长8%；实际利用外资（验资口径）与2013年持平；社会消费品零售总额增长11%；居民消费价格总水平涨幅控制在3%以内；城镇居民人均可支配收入增长9%，农民人均纯收入增长9.5%；人口自然增长率控制在6.6‰以内；万元生产总值能耗下降、主要污染物排放量削减完成泉州市下达的指标。

实现上述目标任务，要着力抓好以下五个方面工作：

（一）立足创新转型，致力发展实体经济

培育壮大产业集群。发挥工业支撑作用，强化政策扶持、行政服务和工业调度，协调解决企业生产经营中的困难和问题，确保新增2个产值超百亿元的产业集群，全年工业总产值突破1000亿元，形成以工促贸、工贸互动、产城融合的新型城市业态。服装服饰业要深入

实施“东方米兰”计划，强化产业链上下游协作配合，鼓励企业技术改造、创新创意、增资扩营、做大做强，力争完成产值400亿元。纺织染整业要突出转型升级，着力推动10家企业整合重组，积极淘汰落后产能，提升产业竞争力，力争完成产值120亿元。皮革鞋业要引导企业走差异化发展道路，加强功能性产品研发，不断扩大市场份额，力争产值超100亿元。电力能源业要加快鸿山热电厂二期等项目建设，有力支撑我市产业发展需求，力争完成产值80亿元。同时，大力培育童装与儿童产业，扶持发展电子通讯、机械设备、食品饮料、体育用品、印刷包装等产业。

打造千亿交易市场。商贸是石狮的看家本领，要做好规划引导、规模经营、规范管理，培育形成年交易额超千亿元的省级重点专业市场群。石狮服装城要加强管理体制和租赁机制创新，完善周边商业、生活配套设施，为广大商户和采购商提供优质、便捷的服务，推动商圈进一步繁荣发展。纺织机械市场要着力增强集聚效应，汇聚更多国内外知名品牌，扩大市场的凝聚力和影响力。海西(石狮)电子商务园要继续完善提升，聚集各地电商创业人才，促进产业与贸易有机融合，争创国家级电子商务示范基地。国际轻纺城要加快施工进度，完成一期工程建设，同步做好宣传推介和招商工作，强化我市产业转型要素保障。石狮辅料市场和益家建材市场要完善周边道路，加快招商和商户入驻，推动开业融市，力促繁荣发展。

筑牢产业发展平台。完善工业园区管理体制和配套设施，抓好高新区、五金基地、中小企业创业基地、宝盖科技园二期、灵秀服装创业园、蚶江西裤基地等园区27个新建工业项目的服务保障，力促入园企业早建成、早投产、早见效。规划建设总部经济聚集区，鼓励企业退二进三、总部回迁。加强公共服务平台建设，提升中国纺织工业联合会石狮检测中心服务水平，支持新建辅料产品检测中心；拓展甲骨文纺织服装创新发展云项目的服务领域和内容，推广应用行业资源聚合交易平台；建成星•期•yi服饰创意博览园，吸引优秀设计人才入园创业。

突出创新支撑带动。深化高新区国家知识产权试点园区创建工作，启动科技型中小企业加速器规划建设。创新高新技术企业管理机制，培育认定“科技小巨人”企业50家。鼓励企业突破一批行业关键技术、核心技术和共性技术，参与制订各级行业标准。加大企业品牌创新和管理创新力度，加强知识产权创造、运用、保护和管理，新增专利申请量突破1000件。加快“两化”融合步伐，促进产业装备智能化、研发设计协同化、企业管理信息化；推动企业商业模式创新，实现线上线下融合发展。

大力发展海洋经济。加快建设海洋生物科技园区，建立“中国技术供需在线”海洋产业平台，积极推动产业项目入驻，培育发展海洋生物医药、海洋食品、海洋装备制造等科技型海洋产业链条。支持发展远洋捕捞，探索建立综合性远洋渔业基地。做优水产品精深加工，开发一批名优特产品、高附加值产品。启动海洋产业中小企业“助保贷”业务。

积极推进现代农业。强化农业装备支撑，鼓励发展温室栽培、无土基质栽培大棚，新增千亩节水喷灌。以永宁省级农民创业示范基地、锦尚奈厝前蔬菜基地为载体，推广特色蔬菜种植，完成13个无公害农产品生产基地认证。创新农业生产经营模式，重视粮食生产，确保粮食安全；加强中心粮库管理。大力发展都市农业，拓宽农民增收渠道。

(二)立足激发活力，致力推进改革开放

深化空间管理改革。编制全域一体空间统筹规划，实行“多规融合、一张图作业”。制订生态控制线管理办法。积极探索城市更新改造、低效用地再开发多元模式，开展城市更新试点工作，试行“土地重划、业主自改”，按单元有序推进市区“城中村”改造。探索建立农村集体经营性建设用地流转的监管机制，确保农村集体建设用地流转市场健康有序发展。

强化人力资源保障。落实《关于推进人才人口人气聚集的若干意见》。加强企业家队伍建设，支持工商联(总商会)、青商会、行业协会开展培训活动，培养企业家的战略眼光和创新思维。密切与西安工程大学、江西服装学院等院校的合作，建设“政产学研用”对接基地。引进一批声誉较好的猎头公司，通过购买合作服务等方式招揽产业紧缺人才和一线技工。全面实行居住证制度，完善外来人口市民化推进机制。建立常住人口服务管理信息平台，通过积分制管理，逐步把具备条件的外来人口纳入城乡社保、医保和住房保障范围。

抓好“金改区”建设。引进或发起设立金融机构，组建村镇银行，培育发展创业投资基金和风险投资基金。建设企业和个人信用信息系统，成立民间融资登记中心，建立中小微企业融资助力中心、金融供需对接热线等平台，提高金融服务的覆盖率和渗透率。推动土地、房产、渔船、海域使用权、林权、知识产权等资源资产确权和可流转，盘活社会闲置资产，拓宽资源资产可抵押范围，支持实体经济发展。深化与厦门大学金融战略合作，举办金融讲堂，培育金融人才。做好企业上市资源培育工作，引导企业股改、上市、挂牌融资或兼并重组。提升港口综合竞争力。加快石湖港5号、6号10万吨级泊位建设，同步建设集装箱拖车停放、维修和后勤服务基地。支持企业开通、加密内外贸集装箱航线，研究解决企业货物进出港口遇到的困难和问题，提高港口发展效益。创新港口通关机制，抓紧建设联检大楼，积极发展报关行、船货代理、信息咨询、金融结算等中介机构，进一步完善港口综合配套服务体系。依托石湖、华锦等码头，大力发展港口物流，规划建设保税物流市场，支持发展现代物流项目。积极争取祥芝国家中心渔港改造升级，推进梅林国家一级渔港、祥芝陆岛交通码头建设。

扩大经贸交流合作。大力发展会展经济，提升“4·18”海博会和石狮国际时装周办展水平，积极组团参加广交会、“6·18”交易会、“9·8”投洽会、中国国际服装服饰博览会、上海国际面辅料展、美国拉斯维加斯国际服装展等知名展会，进一步帮助企业抢占国内外市场。扶持外贸企业发展，探索跨境贸易电子商务，鼓励更多企业开展自营出口业务，不断提高外贸交易额。推进招商选资工作，加强“三维”项目对接，强化与专业投资促进机构和行业组织的合作。发挥市台联会的桥梁纽带作用，深化狮台经贸金融合作，建设台湾商贸城。建好石狮市政和产业园，推进山海协作。

（三）立足提升品位，致力打造宜居城市

加快城市片区建设。推进世茂城市综合体、五星级酒店和配套设施建设，打造优美靓丽的“城市客厅”。完善长福片区、镇中路二期周边道路和商业配套设施，快速集聚人流、商流和资金流，培育形成新的城市商圈。抓紧加曾寨片区安征迁扫尾，积极引进大型物流企业和商户，不断扩大服装城商圈。加快城东新区喜来登商业综合体、幸福新城小区和小学、幼儿园等项目建设，打造高品位现代社区。抓紧黄金海岸旅游区建设，打造现代化滨海旅游度假基地。加快城北片区安征迁，妥善做好群众生活保障，规划建设区域性大型购物中心，大力发展“道口经济”。抓好北环片区规划和安征迁，启动金融街、文化艺术中心等项目前期设计，推动形成城市文化商务中心。做好桥头片区规划，着手商贸会展中心前期工作，争取早日打造环湾城市新区。加紧灵山灵峰片区安征迁和项目招商，推进梧园、洋内亭等片区商住项目和安置房建设，妥善处理联邦商业城等历史遗留问题。

完善城乡基础设施。健全道路交通网络，推动跨海大桥、环湾大道、沿海大通道祥芝外线建成通车，加快建设锦蚶路、永祥路、共富路、蚶江大道东段、红塔湾旅游路等道路，支持沿海五镇各打造一条镇区示范路段或特色街。推进水务一体化管理改革，建设城市应急水源工程。完善鸳鸯池公园、宝盖山、城市道路等景观提升工程，继续种植三角梅10万株。合理开发利用城市地下空间，提高人防工程的经济效益和社会效益。抓好水头防洪排涝综合枢纽工程、雪上沟拓宽整治、龙穴水库除险加固等水利项目。

推进新型社区建设。加大新型社区规划编制力度，实现规划全覆盖。稳妥推进沿海五镇石结构及危险房屋改造，鼓励集中连片改造。加强环卫保洁和改水改厕，整治“脏乱差”现象，建设安居乐业的美丽家园。盘活集体建设用地，鼓励建设标准厂房、员工公寓，积极发展集体物业经济。

凸显城市管理实效。深化城市管理体制改革。编制实施城市户外广告牌专项规划。建立疏导机制，治理占道经营、乱停车、“牛皮癣”等城市乱象，严厉打击运输车辆“滴洒漏”和乱倒、焚烧垃圾等不文明行为。落实查处“两违”责任，强化制违拆违联合执法，持续开展拆违植绿。坚决查处违规新扩建寺庙、骨灰堂和民间信仰场所。重视社区基层基础作用，强化社区对小区物业的指导管理服务。均等保障环境卫生管理，开展垃圾分类收集处置，推进垃圾焚烧厂更新改造和飞灰固化稳定处理。

（四）立足民计民生，致力提升幸福指数

优先发展教育事业。统筹抓好教育体制改革和全市中小学校规划布局，两年内新建或改扩建中小学、幼儿园37所；扶持高等教育和职业教育发展，规范民办幼儿园管理。加快办学体制改革，引进厦门外国语学校到石狮合作办学，推行"名校办分校、老校带新校、强校扶弱校"等办学模式，促进教育均衡发展。推进"三名"工程，加强师德师风建设，建立教师队伍合理流动机制，不断提高教育教学质量。

重视卫生计生工作。深化市医院改革，建立以市医院为龙头，凤里、湖滨、灵秀、宝盖社区卫生服务中心为网络的医疗联合体。探索药品采购机制，推行绩效考核制度，加强重点学科建设，实施医疗人才提升工程。健全新农合管理体制，推进总额预付、单病种付费方式改革。加快建设市医院新院，改造提升镇卫生院和社区卫生服务中心，整合优化卫生、计生公共服务资源，健全市、镇（街道）、村（社区）三级人口健康信息网络和公共卫生应急体系。做好生育政策调整的衔接工作，完善利益导向机制，综合治理出生人口性别比偏高问题，努力实现优生优育。

繁荣文体旅游产业。主动融入泉州"东亚文化之都"建设，挖掘石狮文化潜力，打好服饰文化、对渡文化、城隍文化、渔民文化品牌，推动文化与经济、科技、金融等融合发展，进一步提升石狮文化软实力。启动凤里城隍庙老街区、湖滨金林社区等历史文化特色街区的规划设计和改造建设。延续和培育与城市形象相契合的文化节庆及体育赛事，吸引高端人群来石参加文体盛会。完善村（社区）公共文体设施。修编全市旅游发展规划，推进永宁古卫城系列旅游项目、祥芝渔港风情特色小镇、宝盖山AAA景区、服装城AAAA景区，以及富豪、荣誉国际等酒店建设，积极发展工业旅游，打造有影响力的旅游服务平台，形成"吃、住、行、游、购、娱"要素齐全的旅游服务体系。策划城市宣传，推进城市品牌营销。

健全公共服务体系。抓好创建全国文明城市、国家卫生城市各项工作，开展以"仁爱、诚信、礼仪、勤俭"为主题的文明创建活动。办好年度10件25项为民办实事项目，集中财力抓好民生社会事业类重点项目。深化移风易俗，推动喜事简办、丧事短办。加强对高校毕业生、就业困难人员、被征地农民等重点群体的就业服务，城镇新增就业1.85万人以上。加大劳动争议调解力度，积极构建和谐用工环境。继续建设3349套保障性住房。落实城乡低保制度和优抚政策，完善重点优抚对象、低保户和残疾人等特殊困难群体的各项保障措施，推进居家养老服务中心、残疾人康复中心建设。支持工青妇等人民团体发挥作用，推动社会组织健康有序发展。继续加强统计、人事、民族、气象、防震、科普、档案、地方志、老龄老干、关心下一代等工作。

维护社会和谐稳定。推进第三轮"平安石狮"建设，支持建立覆盖全市的村（社区）巡防队伍，完善视频监控网络，健全动态维稳综合体系，有效预防和打击各类违法犯罪活动。创新社会治理体制，探索新经济组织和社会组织参与社会治理的模式，继续推进便民服务中心建设，发挥和谐社会促进会的平台作用。稳步实施城乡社区网格化服务管理。启动建设综合应急救援中心及特勤消防站。开展安全生产大检查和重点行业领域专项整治，健全社会公共安全体系，争创国家安全发展示范城市。加强药品安全工作，提高食品安全水平。强化普法宣传，营造良好的法制环境。坚决打击"黄赌毒"等行为，不断净化社会风气。扎实抓好双拥、国防动员和民兵预备役工作。

（五）立足持续发展，致力建设生态文明

加大节能减排力度。推进工业、建筑、交通、公共机构和居民生活等领域的节能工程。积极创建国家级循环经济示范城市。加快新型染整产业循环发展园集中供热和雨污分流、综合管网改造，拆除燃煤导热油炉、烟囱、煤堆场，提标改造污水处理设施，提高污水回用率和排放标准。推进污水收集管网建设，启动祥鸿锦综合污水处理厂、中心区污水处理厂扩建工程，巩固提升高新区污水处理厂、永宁镇污水处理厂的处理能力。加强机动车尾气、施工扬尘、餐饮油烟、工业废气综合整治，严格落实禁止销售、使用高污染燃料区域规定，不断提高空气环境质量。

加强生态环境保护。启动国家生态市和国家环境保护模范城市创建工作。持续开展水系环境综合治理三年计划，重点推进晋石跨境流域污染整治，以及1—2条水系全流域治理和农村环境连片整治。加强生态自然修复，扎实抓好“四绿”工程建设，严肃查处采砂等破坏山体植被和海洋自然资源的行为。深入开展环保专项行动，强化企业环保主体责任，严格环保设施投入和规范运行，依法追究各类环境违法行为。

三、加强政府自身建设

始终坚持以人为本、执政为民的理念，勤政廉政，务实高效，进一步提升服务群众、服务企业、服务发展的能力和水平。

（一）强化改革意识，解放思想，加压奋进。当前我们正面临着“稳定增长”与“转型升级”的双重任务，前有标兵，后有追兵，发展的压力很大，前进的困难重重，如果不深化改革，我们上升的空间就会变窄；如果不加快转变，我们原有的优势也将弱化。解决发展中的困难和问题，改革是唯一的最好的选择，别无他途。我们要努力造就一支勇于改革、敢于担当的公职人员队伍，不折不挠，锐意进取，负重前行，抓好改革发展的各项工作，努力推进石狮更好更快发展。

（二）强化服务意识，转变职能，为民谋利。按照“综合化、扁平化”的思路，进行新一轮政府机构改革，简化机构，转变职能，采取措施，坚决治理庸懒散，不断提高工作效率和服务水平。深入开展群众路线教育实践和领导干部“四下基层”活动，把公共资源更多地向民生领域倾斜，真心实意为群众办实事、解难题，让人民群众得到更大实惠。

（三）强化法治意识，依法行政，公开公平。自觉接受市人大及其常委会的法律监督、工作监督，主动接受市政协的民主监督，虚心接受社会舆论和人民群众的监督，确保行政权力依法公正行使。加快建设政府公共服务信息网络平台，及时公开政府信息，不断提高政府工作的透明度和公信力。

（四）强化廉政意识，廉洁奉公，从严治政。认真落实中央“八项规定”和《党政机关厉行节约反对浪费条例》《党政机关国内公务接待管理规定》，大力倡导艰苦奋斗、勤俭节约，坚决反对铺张浪费和奢靡之风，塑造政府良好形象。落实《建立健全惩治和预防腐败体系2013—2017年工作规划》，加强公共资源交易中心建设，抓好以土地出让、工程建设、产权交易、政府采购等领域为重点的廉政风险防控，进一步从源头上预防和杜绝腐败现象发生，努力实现干部清正、政府清廉、政治清明。

各位代表！改革蓝图已经绘就，科学发展重任在肩。让我们紧密团结在以习近平同志为总书记的党中央周围，在上级党委政府和石狮市委的坚强领导下，团结和依靠全市人民，开拓进取，扎实工作，为把石狮建设成为更加时尚、更加精美、更加幸福的现代化城市而努力奋斗！

政府工作报告附注

☆“三维”项目：与央企、民企、外企开展对接合作的项目。

☆“科技小巨人”企业：产业排名居泉州市乃至全省、全国前列，技术水平领先、发展潜力较大的科技型企业。

☆ 口袋公园：小型绿地、小公园、街心花园、社区小型运动场等规模小的城市开放空间。

☆ 新型社区“五清四化三提升”：清理垃圾、清理杂物、清理河塘沟渠、清理乱搭乱盖、清理架空管线；村庄绿化、建筑美化、道路硬化、路灯亮化；提升环境卫生的管理水平、提升基础设施的配套水平、提升公共服务和社会管理水平。

☆“三名”工程：名校长、名教师、名班主任培养工程。

☆ 药品零差率销售：在医疗机构中，药品不再加价15%，按进价销售，让利给患者。

☆ 安全生产事故四项指数：安全生产事故发生起数、死亡人数、受伤人数、直接经济损失。

☆ 领导干部“四下基层”活动：信访接待下基层，解矛盾促和谐；现场办公下基层，解难题促民生；调查研究下基层，解瓶颈促发展；宣传党的方针政策下基层，解疑惑促落实。

☆ 退二进三：调整城市市区用地结构，降低工业企业用地比重，提高服务业用地比重。

☆“两化”融合：信息化和工业化高层次深度结合。

☆ 全域一体空间统筹规划：以“多规融合”的理念为指导，通过明确城市目标定位，构建全域一体的空间格局和管制体系，完善基础配套支撑，建立全域城市规划管理体系，以行政边界为规划区界限并着重解决区内城乡空间发展问题的规划。

☆ 多规融合：国民经济和社会发展规划、城市规划、国土规划，以及产业区规划、林业、水利、环保等规划之间，在规划编制方法、用地边界和属性、空间管制办法等方面相互协调、整合互通，实现“一张图作业”。

☆ 金改区：金融服务实体经济综合改革试验区。

☆ 道口经济：依托道口优越交通条件而兴起的经济区域，既为高速公路、铁路使用者提供便捷服务，又吸引周边地区人口、物流。

☆ 两违：违法建设、违法占地。

☆ 四绿：绿色城市、绿色村镇、绿色通道、绿色屏障。

石狮市人民代表大会常务委员会工作报告

（2013 年 12 月 31 日在石狮市第六届人民代表大会第三次会议上）

陈贻萍

各位代表：

现在，我代表石狮市第六届人大常委会向大会报告工作，请予审议，并请列席人员提出意见。

2013 年的主要工作

2013 年，市人大常委会在中共石狮市委的领导下，在上级人大的关心指导下，坚持以邓小平理论、“三个代表”重要思想、科学发展观为指导，深入学习贯彻中共十八大、中共十八届三中全会精神，紧紧围绕全市工作大局，认真履行宪法和法律赋予的职责，解放思想、转变作风、依法履职，积极促进全市经济社会发展和民主法制建设。一年来，共召开常委会会议 7 次，主任会议 12 次，听取和审议“一府两院”专项工作报告 17 项，做出决议决定和提出审议意见 13 项，开展工作检查和执法检查 14 次，开展专题调研 8 次，依法任免地方国家机关工作人员 15 人（次），较好完成市六届人大二次会议确定的各项任务。

一、围绕中心促发展，切实提高服务全局水平

主动融入中心工作。力推“解放思想、转变作风”。根据市委要求，人大常委会就“继续解放思想、推动科学发展”课题进行多次调研，提出对策建议，为市委“解放思想、转变作风”工作部署提供参考，并组织贯彻落实情况视察检查，突出强调，“一府两院”干部要以更宽广的视野来谋划石狮的发展，坚决破除怕担风险、墨守成规、“等靠要”的依赖心态，勇于克服总是等上级安排等红头文件、等外力推动的办事惯性，树立“非禁即可”和“自主创新”理念，先行先试，主动作为，在“质量石狮、二次创业”中充分发挥表率作用。同时明确要求，市政府及有关部门进一步解放思想，用创新的办法破解发展难题，着力深化重点领域和关键环节改革，推进新发展。一年来，市政府在审批改革、服务企业、要素保障、民生保障、工作机制等方面，采取行之有效措施，推进行政大提速，推动工作新突破。力推生态市建设。主持召开生态市建设专项规划专家座谈会，广泛听取各方意见建议，指导专项规划编制修改工作，并审议通过《石狮市生态市建设“十二五”规划》。要求市政府切实加强领导，认真组织实施。市政府有效作为，我市跻身省级“生态市”行列。力推人才人气聚集。审议通过授予地方荣誉称号和石狮市荣誉市民称号的规定，鼓励和表彰贡献突出的非石狮市户籍人士。根据市政府的提请，投票表决同意授予马万等 6 人第一批“石狮市荣誉市民”称号，由市政府颁发证书、证章，并给予优待和礼遇。力推挂钩项目落实。按照市委工作安排，常委会领导负责参与城北片区改造、绿化景观提升、城市道路改造、幸福新城建设、环湾和蚶江大道建设、钞坑片区改造、永宁小城镇片区改造等重点项目建设，出色完成任务。积极参与“下基层、解民忧、办实事、促发展”和“四下基层”活动，持续深入挂钩镇（街道）、村（社区）、企业，帮助协调解决困难，赢得好评。

扎实推进重点工作。关注实体经济。组织开展经济运行情况调研，针对财政收入占 GDP 比重偏低、税源没有新的增长点等问题，强调要以全域城市化改革为契机，全力推进项目建设，大力发展实体经济，加快产业转型升级，把推动发展的立足点转到提升质量和效益上来。重视海洋经济。组织开展加快发展海洋经济专题调研，针对海洋经济产业结构有待优化、海洋资源环境保护不容乐观等问题，强调要充分发挥项目带动作用，切实重视海洋科技创新，加快发展现代

海洋产业，可持续开发与保护海洋资源。市政府加快发展海洋经济，推进16个省级海洋经济重大项目，完成投资22.8亿元。推动文化建设。组织对基层文化建设进行调研，针对公共文化服务体系、文化人才队伍、文化遗产保护等方面存在的问题，强调要坚持突出一条主线，把社会主义核心价值体系融入国民教育、精神文明和文化建设全过程；以文明城市创建为引领，全面提升城市品位，提高文明程度和市民文明素质；提升文化传播能力和文化保障能力，弘扬主旋律，传播正能量；实施文化产业发展工程、文化精品打造工程、文化事业惠民工程和文化人才建设工程。市政府深入挖掘资源，永宁老街成功入选第五届全国“十大文化名街”。促进旅游发展。组织加快旅游产业发展视察，针对旅游产业发展缓慢问题，强调要开拓思路，塑造品牌，举办特色旅游活动，开展旅游招商，培植示范点，全面提升旅游产业。市政府注重旅游规划，提升服务功能，强化综合措施，进一步优化旅游环境。

有效开展监督工作。督促计划预算执行。听取审议国民经济和社会发展计划执行情况报告、预算执行情况报告、预算执行和其他财政收支情况的审计报告，督促计划、预算依法执行，实现民生优先，确保重点之需。同时要求市政府对审计发现的问题，依法依规限期进行整改，建立并完善全口径预决算体系，推进财政科学管理。督促“十二五”规划纲要实施。组织4个调研组，历时2个多月，深入市直有关部门、各镇（街道）、村（社区）及企业开展调研，全面了解《纲要》实施情况。在此基础上，听取和审议市政府关于《石狮市国民经济和社会发展第十二个五年规划纲要》实施情况中期评估报告，对市政府中期评估工作做出基本评价，要求市政府注重规划的引领作用，推进规划高水准实施；注重国内外形势变化，提高有效应对能力；注重经济发展质量效益，促进可持续发展；注重精品城市建设，推动全域城市化改革；注重民生改善，提升民众幸福指数；注重体制机制创新，优化发展环境。督促议案决定落实。跟踪检查市五届人大四次会议《关于全市自来水由市供水股份有限公司统一管理到户的议案的决定》执行情况，提出要强化意识、强力推动，加大力量、力保进度，明确责任、完善机制。跟踪检查市五届人大五次会议《关于开展全市小流域专项治理议案的决定》执行情况，提出要抓紧编制水系环境综合整治规划；加快污水管网建设，努力提高污水收集率；继续加大环境执法力度，最大限度减少环境污染；建立健全管理机制，巩固小流域治理成果。跟踪检查市五届人大五次会议《关于建设石狮国际轻纺城的议案的决定》执行情况，提出要调整方案，抢抓进度，确保质量，做优招商，加快推进国际轻纺城建设。市政府高度重视，加大投入，自来水“一户一表”改造取得成效，全市小流域专项治理进展顺利，国际轻纺城建设方案及时调整并扎实推进。督促重点项目建设。多次组织对全市重点项目和为民办实事项目进行跟踪检查，针对工业类重点项目建设相对滞后和部分项目因征迁、资金、审批困难影响进度问题，提出要高度重视工业类生产性重点项目建设，攻坚克难全力推动事关民生的重点项目建设，确保按时完成，同时做好新一年项目筛选安排工作，确保更科学、严谨。

二、围绕热点促解决，切实提高民生保障水平

推动危房改造。石狮危旧房面广量大，安全隐患突出，加快危旧房改造刻不容缓。为此，常委会自2009年起，就把危旧房改造列为重点工作并多次开展视察检查。2013年初，组成专题调研组，多次深入沿海五镇和旧街区，召开20多场（次）座谈会，进行问卷调查，广泛征求意见，形成调研报告送市政府研究处理。明确指出，生命财产安全是最大的民生，要以对人民群众高度负责的态度，大胆破除前置限制，简化报批程序，分批分类加快改造。在听取和审议市政府关于危房改造专项工作报告后，再次强调，危房改造涉及千家万户，要通过制度与方法的创新，发挥政府和市场主体各自优势，加快危房改造步伐，扩大农村危房改造试点，尽力解除事关石狮长远发展的最大隐患，让“民心工程”真正落到实处。市委、市政府多次召开会议专题研究，采纳人大建议，及时出台《关于进一步推进沿海五镇石结构及危险房屋改造工作的实施意

见》，并着手就旧街区危房改造进行方案论证，努力解决群众居住安全难题。目前，沿海五镇危房改造已审批450宗。

关注校安工程。组织对校安工程建设情况进行检查，针对当前校舍安全形势不容乐观、资金缺口较大、专业技术人员不足等问题，提出要强化落实责任，扎实推进校安工程；积极筹措资金，确保工程进展顺利；严格质量管理，建设“放心工程”；强化督促检查，打造“阳光工程”。市政府狠抓落实，34个校安项目已完成33个。

促进学前教育。组织对学前教育情况进行检查，针对优质学前教育资源不足、办园水平参差不齐、幼儿园安全管理亟须重视等问题，提出要进一步加大工作力度，做优示范园，做强公办园，规范民办园，取缔非法园。市政府高度重视，我市学前教育走在全省前列。

推进公共卫生。组织对公共卫生进行调研，针对公共卫生意识有待提高、疾病防控任务仍然严峻、公共卫生人才队伍结构不合理、公共卫生服务保障乏力等问题，提出要加强宣传教育，营造齐抓共管良好氛围；加强监测预警，提高疾病防控和卫生应急能力；加强职业病防控，建立健全责任追究制度；加大财政投入，增强公共卫生服务保障能力；引进高素质人才，加强公共卫生队伍建设。市政府深化医药卫生体制改革，公共卫生服务逐步均等化。

督促环境卫生。组织对环境卫生管理工作进行视察，针对垃圾焚烧产生的飞灰得不到有效处理、建筑垃圾和扬尘影响环境卫生、环卫设施建设仍需完善等问题，强调要高度重视飞灰的处置，加强建筑垃圾的清理和管理，加强环卫设施建设，积极探索垃圾分类回收处理，完善环卫管理制度。市政府及时出台《关于进一步加强环境卫生管理工作的实施意见》，深化环卫体制改革，加大日常管理和整治力度。全市108个村（社区）通过省、泉州“家园清洁行动”达标验收，环境卫生考评成绩位居泉州前列。

规范殡葬管理。组织对殡葬管理工作情况进行视察，针对丧葬陋习仍未有效破除、殡葬服务和管理水平有待提高、公益性骨灰堂的规划建设有待加强等问题，提出要健全长效机制，提升管理水平；完善设施建设，提升服务水平；加强队伍建设，提升素质能力。市政府高度重视，近期正研究制订殡葬管理有关规定。

三、围绕法治促推进，切实提高法律监督水平

强化法律监督。组织开展修改后《中华人民共和国刑事诉讼法》执法检查，针对执法理念、实践的转变与新法要求尚有一定距离，强调市人民法院、检察院、公安局要加强学习研究，提升取证能力，探索建立证人保护和证人作证补偿机制，强化程序意识，确保每一起案件都能得到公平、公正处理，维护法律权威与尊严。积极配合省人大开展非物质文化遗产保护、历史文化名街（永宁街）及省民族文化保护条例修订调研，积极配合泉州人大开展妇女权益保障法及省实施办法、档案法及省档案条例的执法检查。

促进社会和谐。推动警务改革。组织开展“三警合一”综合警务改革工作调研，针对改革过程中存在的队伍建设有待加强、管理水平有待提升等问题，强调要激活潜力，提高队伍整体素质；完善制度，提升监督管理水平；保障经费，解决警力不足问题。重视消防安全。组织开展消防安全工作视察，针对消防意识相对薄弱、消防设施有待更新等问题，强调要加强联动，推进消防工作社会化；完善设施，重视旧城区的消防安全；加大宣传工作，形成齐抓共管的良好局面。组织代表参与调解、旁听庭审。将人大代表协助诉讼调解作为监督法院工作的新载体，组织市人大代表参与814件案件的诉讼调解，成功调解741件，有效化解各种矛盾纠纷。组织代表30人（次）旁听法院庭审，互动座谈，既增进代表对法院工作的理解和支持，又促进法院司法水平的提高。

推进依法行政。为提高人大常委会审议质量，对“一府两院”专项工作报告均进行满意度测评，以按电子表决器的方式进行表决，并现场公布测评结果，“不满意”占半数以上的，要求有关单位和部门认真整改，并在规定的期限内向常委会补充报告或重新报告。一年来，常委会共对“一府两院”17项专项工作报告进行满意度测评，有力推动“一府两院”改进工作。认真做好规范性文件备案审查工作，全年审查市政府报送备案的规范性文件27件，较好地履行监督职责。

四、围绕履职促规范，切实提高代表工作水平

搭建代表履职平台。坚持常委会组成人员联系代表制度，走访代表40多人（次），组织代表听取有关部门工作汇报，为提出意见建议和审议各项报告做好准备。组织各级代表参加培训205人（次），邀请代表列席常委会会议72人（次），参加执法检查、视察、调研活动193人（次），参加各种座谈会62人（次），激发代表履职积极性。通过召开会议、发送资料、新闻媒体和人大网站等渠道，及时向代表通报工作情况和其他重要信息。召开“危房改造意见建议”办理情况通报会，通报相关工作情况，畅通代表知情知政渠道。根据工作需要，依法做好代表补选工作。指导代表小组立足辖区，依法开展专题调研活动，提出工作意见建议。

认真督办代表建议。重视代表建议、批评和意见的办理工作，加大督办力度，提高办理实效。对本届人大二次会议代表提出的建议，及时联合市政府召开交办会，将141件建议分解成274件交由各有关单位承办，并组织对代表建议办理情况进行视察，促使代表意见、批评、建议得到有效办理。市政府及承办单位重视办理工作，办理答复率100%，已经解决或基本解决的比去年提高10.72%；代表满意和基本满意率为100%，表示满意的比去年提高12.6%，一些涉及群众切身利益的问题得到较好解决。

切实维护群众权益。把人民群众普遍关心的热点、难点以及申诉、控告较为集中的问题作为监督工作的重要内容，热情接待群众来访，及时办理群众来信，尽心竭力为群众办实事、解难题、谋利益。一年来，共受理群众来信85件，来访207人（次），上级人大批转信访件28件，按照规定程序转交有关部门处理，督促职能部门认真处理，努力化解社会矛盾，维护群众合法权益。

五、围绕绩效促提升，切实提高自身履职水平

加强思想政治建设。坚持把学习宣传贯彻中共十八大、中共十八届三中全会精神作为首要政治任务，及时传达学习，充分认识重大意义，深刻领会精神实质，切实把学习宣传活动引向深入。认真贯彻落实中央、省、市重要部署，进一步增强危机意识、责任意识和全局意识，紧密联系人大工作实际，抓好重大改革措施的贯彻落实，在全面深化改革、推进石狮全域城市化发展改革中，发挥好人大及其常委会的保障和促进作用。坚持正确政治方向，组织学习全市干部大会、企业工作会、“增强忧患意识、推动长远发展”务虚会、党建工作会等会议精神，切实把思想和行动统一到会议精神上来，把智慧和力量凝聚到市委部署要求上来，明确任务，激发动力，不断开创人大工作新局面。

规范人大工作制度。坚持重大事项向市委请示报告制度，准确把握市委意图和决策部署，增强人大工作的科学性、全局性和前瞻性。认真执行人大议事规则，严格会议纪律，依法开好常委会会议，不断提高审议水平。坚持民主集中制原则，决定重大事项、开展监督、任免干部等工作，充分发扬民主，严格依法办事，集体行使职权。创新工作制度、工作机制和工作方法，充分发挥常委会组成人员和人大各专门委员会的作用。

创建务实为民机关。坚决贯彻落实中央“八项规定”及省委、市委有关进一步加强作风建设的要求，切实改进工作作风，坚持讲实话、办实事、敢作为、勇担当。坚决反对形式主义、官僚主义、享乐主义和奢靡之风，组织机关干部深入基层、调查研究，了解群众需求，解决发展难题，不断增进与人民群众的感情。推进创先争优，防控廉政风险。举行党支部和工会换届选举，举办“道德讲堂”，开展志愿服务，做好老干工作，提高服务基层、服务代表、服务群众的能力和水平。注重工作交流，积极参加各级人大工作座谈会，主动反映问题，推动事业发展。加强与上级人大的联系，自觉接受监督和指导。加强对基层人大的指导，推进基层民主建设。加强与“一府两院”及其职能部门的沟通，互动交流推进工作。

各位代表，过去一年所取得的成绩，是市委正确领导、“一府两院”密切配合、市政协和社会各界大力支持的结果，也是全体代表和人大工作者团结奋斗、共同努力的结果。在此，我代表市人大常委会表示崇高的敬意和衷心的感谢！

在总结成绩的同时，我们也清醒地认识到，常委会工作离宪法法

律的要求，离人大代表和人民群众的期望，还有不少差距。主要是：对经济社会发展重大问题的调查研究还不够深入，对法律法规实施的监督还不够有力，对闭会期间联系和指导代表依法履职还需进一步加强。对此，我们要高度重视，虚心听取代表意见，自觉接受人民监督，在今后的工作中努力加以改进。

2014年的主要工作

新的一年，面对全面深化改革的新形势、新任务，我们要在中共石狮市委的正确领导下，深入贯彻中共十八大、中共十八届三中全会精神，贯彻落实市委六届三次会议精神，积极推动人民代表大会制度与时俱进，不断完善工作机制，以实干求成效，以创新增活力，以作为树形象，认真履行法定职责，为推动石狮新一轮发展做出新的贡献。

一、更加关注改革创新，提高经济质量效益

督促政府进一步解放思想，深化改革开放，强化创新转型，注重统筹发展，突破产业发展、资源配置、城市建设、科技支撑、生态建设的体制机制障碍，优化发展环境。督促政府科学计划、合理预算、加强审计，确保经济运行规范有序，确保资金发挥最大效益。督促政府重视实体经济的支撑作用，重视生产性项目的带动作用，防止经济实体外迁，防止经济出现“空心化”。督促政府加快产业转型升级，推动科技创新，盘活社会闲置固定资产，为经济发展注入活力。

二、更加关注民主法治，促进社会公平正义

深入推进“平安石狮”建设，开展“六五”普法视察检查，加强人民代表大会制度宣传，引导和动员全市人民参与民主法制建设。组织开展《教师法》《物业管理条例》等执法检查，调查“醉驾入刑”实施情况，扎实推进依法治市进程。监督支持“一府两院”创造性开展工作，求真务实，廉洁奉公。继续对“一府两院”专项工作进行满意度测评，组织对“一府两院”有关工作进行专题询问或质询，监督支持行政机关依法行政、司法机关公正司法，保证宪法和法律正确实施，保证市人大及其常委会决议决定认真执行，保障人民权力真正实现。

三、更加关注民生改善，提升群众幸福指数

把保障和改善民生作为工作出发点和落脚点，多谋民生之利，多解民生之忧，依法监督推进民生工程，督促政府有效落实各项惠民举措，推动解决涉及人民群众根本利益的热点、难点问题，让改革发展成果更多更公平地惠及全市人民。综合运用各种监督形式、方法，继续对群众关注的就业难、入学难、看病难、出行难等问题加强监督，着力对新型农村合作医疗和城市扬尘污染防治工作情况进行调查，着重对沿海危旧房改造工作开展情况进行跟踪检查，切实推动旧城区危旧房改造工作，维护人民群众切身利益。

四、更加关注自身建设，增强依法履职水平

加强和改进代表工作，凝聚全面深化改革的正能量。加强常委会同人大代表的联系，进一步组织好闭会期间代表活动，充分发挥代表作用。拟设立人大代表联系选民活动平台，建立“人大代表活动日”制度，密切代表同选民联系，充分发挥桥梁纽带作用。从保障人民当家做主的高度，加强对人大代表的培训，组织好代表的视察、调研等活动，开展代表向选民述职活动，增强代表依法履职的责任感和使命感。不断改进代表建议、批评和意见督办方式，努力提高办理质量。深入开展群众路线教育实践活动，切实解决“四风”方面存在的突出问题，着力转变作风，不断提高服务群众的本领。围绕全面深化改革的总目标，以改革创新精神做好人大工作，探索形成“突出监督工作重点、增强监督工作实效”的机制，促进人大工作更加科学、更加民主、更加规范、更具实效。

各位代表！石狮的改革发展已经站在一个新的历史起点上。让我们在中共石狮市委的坚强领导下，紧紧依靠全市人民，充分发挥地方国家权力机关的作用，解放思想，开拓创新，凝心聚力，为全面深化改革，加快创新转型，再创“质量石狮”新业绩而努力奋斗！

中国人民政治协商会议 第六届石狮市委员会常务委员会 工作报告

（2013 年 12 月 29 日在政协第六届石狮市委员会第四次会议上）

李丽月

各位委员、同志们：

我受中国人民政治协商会议第六届石狮市委员会常务委员会的委托，向大会做工作报告，请各位委员予以审议，并请列席会议的同志提出意见。

2013 年工作回顾

一年来，市政协常委会在中共石狮市委的正确领导和市政府的大力支持下，围绕市委市政府的决策部署，切实履行职能，充分发挥作用，为助推“质量石狮、二次创业”做出了积极贡献。

一、紧扣发展大局，协商议政成效显著

市政协把促进科学发展作为履职的第一要务，坚持围绕中心、服务大局，积极组织委员建言献策，协商议政取得明显成效。

协商建言多献良策。根据市委市政府不同时期的工作重点，精心确定协商主题和范围，组织全委会、常委会、主席会和专委会等不同层面的协商议政活动，促进党政决策民主化和科学化；市政协六届二次会议期间，市委市政府领导分别深入到各讨论组听取委员们的意见和建议，共谋发展大计；每季度常委会预先确定协商主题，分别听取市纪委、公安局、住房和城乡规划建设局、文体旅游新闻出版局通报工作，听取市政府通报 2013 年重点建设项目、为民办实事项目进展情况和提案办理情况，做到协商主题突出、协商过程规范、协商效果明显；各专委会根据年度工作计划，加强与对口部门的沟通联系，积极参与对口部门的重要会议和重大活动，就专业领域与对口部门展开协商。

调研工作成果丰硕。转变调研定题方式，调研工作以市委意图定思路、与政府工作相配合，使调研成果更快得到采纳并转化为实际成效。结合我市推进殡葬改革工作成立调研组，多方听取政府部门、村居、老人会和群众的意见，提交主席建议案《关于进一步强化殡葬改革的建议》，市委市政府高度重视并采纳到殡葬改革实施方案中；开展全市教育均衡发展专题调研，广泛征求社会各界人士意见，提交主席建议案《关于石狮全域城市化进程中教育优先均衡发展的建议》；在“增强忧患意识，推动长远发展”大讨论活动中深入纺织服装产业各行业协会和企业调研，撰写调研报告《关于全力推进传统产业改造提升的对策和建议》，为我市推进产业转型升级提出建议；以城市地下管网建设、创新社会管理和发展文化旅游为题组织政协常委外出学习考察，提交三个考察报告得到市长批示在《石狮政讯》全文转载；开展“美丽石狮”专题调研，共撰写 21 篇调研报告，为我市新型社区建设提供有益参考；提案法制委员会撰写的调研报告《关于加强外来人员普法教育推进幸福石狮建设的建议》被《石狮研究》采用，教科文卫委员会撰写的《关于石狮全域城市化的思考》在泉州市政协常委会上交流发言，锦尚委员活动组撰写的《在城镇化建设中增加农民收入的思考》转报到泉州市政协。

参政议政更加有为。依托常委会、专委会和活动组开展视察 16 场（次）、组织知情议政活动 19 场（次），营造参政议政的良好氛围。市政协机关与市文体旅游新闻出版局联合组织“美丽石狮你我游”活动，推动“蚶江海上泼水”“永宁历史文化名街游”常态化开展；经

济资源委员会组织专业委员建言“金改”工作，提出四大项16条建议被采纳到我市创建金融服务实体经济综合改革先行区文件和金融机构“7项创新”中；湖滨委员活动组视察街道综合服务中心、湖滨中心幼儿园、长福实验小学、长福片区改造安置项目，帮助协调项目遇到的困难；祥芝委员活动组举行政协委员与企业共话“中国梦”主题实践活动，呼吁企业为实现中国梦贡献力量。

二、关注热点难点，民主监督更加有力

市政协注重发挥上通下达、渠道畅通的优势，围绕群众关注的热点难点问题开展多种形式的民主监督，较好地发挥民主监督作用。

增强提案在民主监督中的主渠道作用。通过开展提案知识培训、提前印发征集提案通知和参考目录、召开提案研讨会等方式，引导委员从全市发展大局和群众关注的热点难点出发，积极提出高质量、有分量的提案；通过加强协商、开展视察督察，推动提案办理落实；针对提案办理的重点难点问题深入调研，以社情民意专报件、主席建议案、报送泉州市政协大会发言材料等方式进一步提升提案办理实效；制订《提案工作实施办法》和提案办理绩效考评指标，评选表彰22件优秀提案、13个提案办理先进单位和15名先进个人，提高提案工作水平；市政协六届二次会议以来，委员们提出并经审查立案的224件提案，分别交由51个部门办理，提案办理满意率和成果转化率实现双提升。

增强委员在民主监督中的主体作用。注重选派政治素质好、熟悉相关部门工作的委员担任特邀监督员，他们在行风评议、听证会、工作通报会和征求意见会等活动中认真履行职责，促进职能部门及其工作人员转变工作作风；尊重和依法保护委员的各项民主权利，让委员能放心地讲实话、讲真话，做到依法监督、勇于监督、善于监督，敢于提出批评和建议；组织委员观摩市法院庭审活动，参加市检察院“检察开放日”和市质量技术监督局“开门审案”等活动，委员们实地了解和亲身体验职能部门工作情况，既为职能部门推进工作献计献策，又向职能部门反映意见和建议，实现政协工作与部门工作的良性互动。

增强社情民意在民主监督中的“直通车”作用。拓展信息搜集渠道，引导委员深入基层一线和群众中间实地调查，了解真实情况，提出解决问题的意见和建议，一年来报送17件《社情民意专报件》引起相关部门高度重视并采纳不少建议。提案法制委员会报送的《关于非正常息访基层政府负担过重的情况反映》，被泉州市政协采用并转报上级部门；文史学宣委员会报送的《关于在征迁片区大力保护古建筑的建议》，呼吁加强文物保护并提出具体措施，促成设立永宁片区改造文物保护小组和启动华山村古民居建筑群保护规划；凤里委员活动组报送的《关于加强我市公共厕所建设和管理的建议》，张贻山市长、蔡天守副市长批示住房和城乡规划建设局、行政执法局办理。

三、坚持履职为民，汇聚力量共建和谐

市政协高举大团结大联合两面旗帜，密切关注民生，真心贴近群众，协助做好争取人心、凝聚力量工作，为促进社会和谐稳定贡献力量。

搭建党派团体参政平台。加强与党派团体合作共事，坚持广开言路、集思广益、求同存异、相互尊重原则，为党派团体和各族各界人士发表意见提供广阔的舞台和畅通的渠道，努力营造民主求实、团结鼓劲的和谐氛围；进一步加强与民主党派、工商联、无党派和社会各界人士的联系，通过走访、座谈等形式，沟通情况，联络感情；注意安排民主党派委员参加政协会议、调研和视察等活动，积极反映民主党派的意见和建议；民主党派、工商联和人民团体结合各自特点，发挥界别作用，以党派名义提出集体提案124件（占提案总数的55.4%），许多提案得到重视和采纳。

积极推进联络联谊活动。开展联络和走访政协常委、委员活动，做好各界别各阶层大团结大联合工作，把各界人士的意志和力量凝聚到实现市委确定的战略目标上来；协助做好“海博会”“闽台对渡文化节”“世联会”等活动的会务工作，参与接待与会的港澳台同胞和海外侨胞；台港澳民宗委员会经常走访民族宗教人士和港澳委员，协助香港、澳门委员活动组开展活动，增强港澳委员爱国爱乡信念；宝盖委员活动组经联络和协调，促成玉浦港澳同乡会组团回乡了解城北片区改造项目；针对当前低迷的经济形势，鸿山委员活动组联合镇工会、商会走访辖区企业，为企业和职工提供政策、法律、融资等方面咨询服务；把接待工作作为开展联谊的载体，协助安排全国政协“高等教育质量建设”调研、省政协“推进城镇化建设”调研和“取消药品加成落实情况”调研等17批上级政协调研活动，抓住时机宣传推介石狮。

服务群众维护社会安定。充分发挥政协组织桥梁纽带作用，密切关注民生，协助做好化解矛盾、理顺情绪、增进理解、促进和谐工作；扎实推进“下基层、解民忧、办实事、促发展”活动和“四下基层”活动，市政协领导经常深入镇（街道）、村（社区）和企业调研，走访慰问挂钩贫困户，筹资5万元支持薄弱村、贫困户、计生“二女户”和文明单位结对帮扶对象；帮助孤寡老人、孤儿、残疾人、贫困学生等弱势群体，香港委员活动组慰问15户特困失能老人家庭，给每位老人送上2000元慰问金；市政协机关携手澳门委员活动组慰问古浮慈爱老人福利院和石狮市社会福利院，为孤寡老人和孤儿捐献6万元；蚶江委员活动组开展的“重阳助孤”为10位孤寡老人送上慰问金，并捐款帮助西藏阿里藏胞打水井；永宁委员活动组联合市残联、佛教协会开展“关爱残疾人”慰问活动，为24个村（社区）的贫困残疾人士送上慰问金和生活物资。

四、加强自身建设，不断提升履职水平

市政协始终把自身建设放在突出位置，围绕履行政协职能的制度化、规范化和程序化建设，采取切实有效措施，不断提升履职水平。

进一步提升政协工作水平。自觉接受市委对政协工作的领导，牢牢把握政协工作的正确政治方向，全面贯彻落实市委决策部署，始终与市委保持思想上同心、目标上同向、工作上同步，圆满完成市政协六届三次会议选举任务；抓好学习提升素质，把学习培训作为干部队伍和委员队伍建设的重要举措，组织学习中共十八届三中全会精神，举行《认真撰写提案，履行委员职责》专题讲座，各专委会和活动组采取以会代训等方式组织时政学习、理论学习和业务学习，不断提升委员履职能力；市政协委员活动中心揭牌投入使用，为政协各参加单位和各级政协委员开展活动、学习交流、联络交友提供一个新的服务平台；努力创建“学习型、服务型、创新型、和谐型”机关，不断提升统筹协调能力和服务保障能力，把政协机关建设成为领导决策的参谋部和委员履职的服务部，获评石狮市党建工作先进单位和泉州市文明单位。

进一步转变机关工作作风。全面贯彻落实中央八项规定，厉行勤俭节约、反对铺张浪费，端正会风、文风、学风，市政协六届三次会议议程结合在政协常委会、活动组例会和委员培训会议中，灵活简便又规范有序的会务安排得到与会人员的好评；市政协机关和各委员活动组将俭办会务、精简会议节省的经费用于扶贫济困、助医助学等公益活动，传递正能量，凝聚向心力；修订完善政协机关工作目标考评、财务审批、物品采购、接待工作等12项业务制度和管理制度，规范机关运行，提高工作效率；举办6堂“道德讲堂”，开展文明交通督导、保护山川河流、义务植树等志愿活动，不断提升干部职工思想道德修养；认真落实市委安排的挂钩重点项目和重点企业、旧城改造、防抗台风、安全生产、卫生整治等工作，全力完成目标任务；严格按照要求抓好党风廉政建设、惩防体系建设和廉政风险防控工作，强化干部队伍的风险意识和廉政意识，切实转变工作作风。

进一步加强政协文化建设。文史工作取得新进展，在泉州地区率先成立县级政协文史资料室，收藏全国各地文史资料2000多册，编撰出版反映石狮与台湾“五缘关系”文史专辑——《石台亲缘》，配合有关部门出版描写杨丽婉夺冠历程一书——《妈妈，我终于看到国旗升起来了》，支持文史委成员李天锡教授出版《石狮文史散论》，发挥文史工作传承历史、启迪未来、以文会友、以史传情的社会功能；创新宣传形式，自7月1日在《石狮日报》开设《政协之窗》专栏以来已发刊52期，多角度宣传政协组织和政协委员履职的工作成就；加大信息工作力度，编发《政协信息》8期，刊发本级政协工作信息79条，有13篇稿件被全国政协、省政协等上级政协刊物刊用，宣传我市党委重视、政府支持、政协主动、各方配合的良好政协工作格局；成立石狮政协之友书画院，举办“中国梦·石狮情”书画展，编纂《政协之友》画册，丰富政协对外交流内容，以书画艺术为媒介团结海内外各界朋友，为讴歌石狮建设成就、促进文化事业发展做出贡献；灵秀委员活动组结合非公经济人士理想信念教育实践活动，开展《道德经与现代企业管理》讲座和“电影进委员企业”活动，助推现代企业文化建设。

各位委员、同志们，今年以来，市政协承前启后，继往开来，各项工作取得了一定成效。这是在中共石狮市委的正确领导和上级政协的指导下，在市人大和市政府大力支持下取得的，是与各部门、各民主党派和社会各界积极配合，与政协各参加单位、广大政协委员和政协工作者的共同努力是分不开的。在此，我谨代表第六届市政协常委会，向所有关心支持政协工作的各级各部门和各界人士，向政协各参加单位和广大政协委员表示衷心的感谢并致以崇高的敬意！

回顾一年来的市政协工作，虽然取得一定的成绩，但还存在一些不足，主要是：政治协商工作还要进一步规范，民主监督渠道还要进一步拓展，委员主体作用还要进一步发挥等。这些都需要我们在今后的工作实践中认真研究，不断改进。

2014 年工作意见

2014 年是贯彻中共十八届三中全会精神、全面深化改革的开局之年，也是深入实施“十二五”规划的关键一年。2014 年市政协工作的指导思想是：高举中国特色社会主义伟大旗帜，以邓小平理论、“三个代表”重要思想、科学发展观为指导，深入贯彻中共十八届三中全会精神，按照做好统一战线和人民政协工作的新要求，围绕落实市六届三次党代会确定的目标，着眼全市发展大局，认真履行政协职能，推进政协工作上新水平，为助推“质量石狮、二次创业”做出新的更大贡献。为此，重点做好五个方面的工作：

一、学习贯彻十八届三中全会精神

学习贯彻十八届三中全会精神，是当前和今后一个时期的首要政治任务，要迅速掀起学习贯彻全会精神的热潮，准确学习和把握全会提出的新思想、新论断、新举措，切实把思想统一到全会对形势的分析判断上来，把力量统一到全会确定的目标任务上来，把行动统一到全会提出的部署要求上来；要准确把握一系列重大理论创新、政策创新、实践创新，坚持学以致用，紧密联系政协工作实际，以全会精神指导政协工作，把学习成果转化为创新发展政协事业的正确思路；要把学习贯彻全会精神和学习贯彻市六届三次党代会精神结合起来，自觉把市委的决策部署转化为政协服务大局的方向、履职尽责的目标、建言献策的重点，把市党代会提出的目标、任务和要求落实到认真履行职能、主动服务发展的实际工作中，推动政协工作再上新水平。

二、服务中心着力推动科学发展

要围绕党政工作中心，服务全市发展大局，发挥政协自身优势，积极协助市委市政府向既定的发展目标迈进。要认真搞好协商议政，围绕推进创新转型、转变发展方式、调优产业结构、统筹城乡发展等事关我市长远发展的重大问题积极建言献策；要深入开展调查研究，着眼发展实体经济、强化项目引进、新型社区建设、全域城市化改革、“金改区”建设、环境保护、健全公共服务体系等课题开展调研活动，搞好咨询论证，力争形成一批站得高、谋得准、有见地的调研成果；要积极推进民主监督，创新民主监督形式，加大民主监督力度，围绕全市重点工作推进、重点项目建设组织好委员视察，推动市委决策部署得到贯彻执行。

三、心系群众大力推进民生改善

要把实现好、维护好、发展好人民群众的根本利益作为参政议政的出发点和落脚点，充分发挥政协委员联系界别群众的作用和优势，使建言献策具有更坚实的群众基础；要加大对各类民生提案的督办力度，深化提案办理实效，促进民生事业发展；要继续办好《社情民意专报件》，发动委员深入基层、深入群众，了解生产生活中的重要情况和群众关注的热点难点问题，及时收集和反映社情民意，切实畅通下情上传渠道，促使群众诉求得到解决；要始终坚持群众路线，倡导政协委员为社会、为群众服务，关心困难群体、弱势群体和特殊群体，继续开展扶贫济困、助医助学等公益活动，多做得人心、顺人心、暖人心的好事实事，增强政协工作的感染力和凝聚力，推动改革发展成果更多更公平地惠及全市人民。

四、团结协作广泛汇聚各方力量

要始终把沟通思想、团结各界、凝聚力量贯穿政协工作的全过程，充分发挥人民政协包容各界、联系广泛、位置超脱的独特优势，在统一思想、推进和谐、凝心聚力、服务大局上发挥积极作用；要增进与参加政协的各党派、团体、无党派人士之间的团结合作，邀请民主党派、工商联、人民团体参加重要会议和重要活动，支持党派、团体提出集体提案；要全面贯彻落实党的民族宗教方针和政策，加强与民族宗教人士沟通交流，促进民族团结、宗教和睦；要加强与港澳台同胞和海外侨胞的联系交往，做好新社会阶层的团结和引导工作，团结各方力量，巩固和发展最广泛的爱国统一战线。

五、勇于探索提升政协工作水平

要紧紧围绕十八届三中全会提出的“推进协商民主广泛多层制度化发展”和“发挥人民政协作为协商民主重要渠道作用”这些新的部署和要求，自觉适应新形势和新任务，把创新作为人民政协工作的不竭源泉，推进政协工作制度化、规范化和程序化建设；要认真抓好各项规章制度的贯彻执行，在实践中不断加以完善，逐步形成健全的协商议事机制、长效的民主监督机制、活跃的参政议政机制；要切实加强委员队伍建设，抓好委员的学习培训和服务管理工作，努力建设一支综合素质高、政治热情高、议政水平高的委员队伍；要全面贯彻落实“八项规定”，大力加强政协机关的思想、作风、制度和组织建设，继续开展创建“学习型、服务型、创新型、和谐型”机关活动，努力培养造就一支政治坚定、作风优良、学识丰富、业务熟练的高素质政协干部队伍，不断提高政协机关的统筹协调能力和服务保障水平。

各位委员、同志们，面对新的形势，我们豪情满怀，信心百倍；肩负新的任务，我们责无旁贷，大有作为。让我们紧密团结在以习近平同志为总书记的中共中央周围，在中共石狮市委的坚强领导下，以饱满的政治热情、昂扬的精神状态，务实履职、开拓进取，为再造“质量石狮”新辉煌做出应有贡献，谱写人民政协事业新篇章！

〔石狮市2013年重点调研课题〕

推进危旧房改造　逐步消除安全隐患

石狮市人大常委会课题组

由于闽南建筑习惯等历史原因，石狮沿海五镇存在着大量石头结构房屋，同时并存着一些超期服役的破危砖木等混合结构古大厝，这些危房严重威胁着人民群众的生命财产安全。近年来，特别是汶川地震以来，人民群众要求对危房进行改造的呼声一浪高过一浪。对此，市人大常委会专门组织调研组对我市危房改造情况进行调研，通过抽样调查、入户走访、实地察看、召开座谈会、听取汇报等形式，详细了解沿海五镇危房改造情况、存在困难和问题，广泛征求市直有关部门、镇村干部、人大代表以及部分住房危困户的意见，探讨如何因地制宜有效推进危房改造工作。

一、基本情况

(一)石狮的自然地理特征。石狮位于环泉州湾核心区南端，处于台湾海峡构造带边缘、长乐—诏安和永安—晋江两条断裂带上。泉州作为国务院首批公布按7度地震烈度抗震设防城市之一和地质学家李四光预言的全国四大地震地区之一，在历史上曾发生过十余次中强地震，如1604年泉州外海的8.0级大地震。据泉州、晋江史料记载："安海大震，声如雷，震动如下急滩之舟，如登巅峰之树，人俱覆坠，未敢必其命，从古未有，半年方息。泉州府大震，自东北向西南，是夜连震十余次，山石海石皆动，郡城尤甚，地裂数处，城内外庐舍圮者有八，楼铺雉堞倾圮殆尽，覆舟甚多，东塔顶盖榱石从南圮者有二，从东南隅圮者有八，颓而下诸级，沿所压者皆圮"，当时石狮地区大部分砌石房屋倒塌，人员伤亡惨重。

(二)沿海五镇危房基本情况。据统计，截至2013年1月，我市沿海五镇房屋总数为43210座、常住人口177214人、户籍数48227户，其中危房数为20050座、占46.4%，涉及人口76519人、占43.2%，涉及的户数21825户、占45.3%。

(三)危房改造工作推进情况。自2012年3月以来，相继出台了《关于沿海五镇危险房屋和居住危困户就地翻建的补充通知》《石狮市危险房屋和居住危困户管理暂行规定》(以下简称《暂行规定》)等一系列文件,并在危房就地翻建方面取得了一定成效。截至2013年3月19日,沿海五镇政府共受理民房翻建申请941宗(其中:蚶江302宗、永宁36宗、祥芝160宗、鸿山203宗、锦尚240宗),镇政府批准就地翻建312宗(其中:蚶江96宗、永宁23宗、祥芝29宗、鸿山85宗、锦尚79宗),另上报市直有关部门待批翻建37宗(其中:蚶江9宗、永宁3宗、祥芝13宗、鸿山5宗、锦尚7宗),对缓解沿海群众居住压力起到了一定作用。

二、存在的主要困难及问题

从调研情况看,目前沿海五镇危房改造模式比较单一,主要采取危房零星就地翻建改造模式,个别村庄正在探讨采取集中安置的改造模式,但尚未有实质性进展。从上述数据看,已批翻建的宗数仅占总危房数的1.6%、占受理申请宗数的33%,大部分危房翻建申请难以获批。出现这些困难和问题,主要是由于现行的政策没有充分考虑到危房改造工作的现实性、迫切性和特殊性,导致危改工作实践中碰到不少政策层面、操作层面的困难。主要表现在以下几个方面:

(一)规划控制与群众建房需求之间矛盾突出。沿海五镇有一大部分危房处于镇中心控制区、泉州环湾980平方米控制区、规划路网控制区等,属于禁止建设和翻建的范围。这些控制区的危困户,虽然政府给予了购房补助或租房补助的政策,但这些补助对于购房来说是杯水车薪,低收入者还是买不起房,即便买得起房子也住不起,因为离开原来"靠山吃山,靠海吃海"的生活环境,经济来源没了,根本就养不起房子;租房过日子又不符合石狮人的世俗生活习惯,于是这些群众长期居住在墙体破裂、屋面裂缝漏雨,局部坍塌的危房里,随时面临着生命危险。有一位危房户自嘲说:我们生活在新社会的"水深火热"中,下雨天住在水里,出太阳时住在火炉里。尤其是家中有大龄未婚青年的危房户,危房改造可以说是"等不得、等不起",房子可能成为贻误他们终身大事的祸首,所以控制区的危房改造工作显得十分迫切。

(二)核准翻建规模与群众的期望值有差距。《暂行规定》要求,"就地翻建房屋建筑占地面积原则不得超过120平方米,建筑层数不得超过二层半,每层限高3.5米,总建筑面积不得超过300平方米""一宅多户或一宅一户多个兄弟,可将民房翻建批准规模调整为三层半。最大建筑占地面积不得超过120平方米,每层限高3.5米,建筑面积不得超过420平方米"。这些规定,对于原有房屋占地和建筑面积都比较大的危房户来说,他们认为翻建不合算,于是主动放弃了危房翻建要求;对于一宅3户或3兄弟以上的危房户,他们考虑到按规定翻建后仍不能满足"一户一层"的基本居住需求或是苦于产权难以分配,最后无奈地放弃了翻建的念想。

(三)现行政策中束缚条款较多。调研过程中,群众普遍反映《暂行规定》中一些非法律、法规禁止的条条框框,进一步阻碍了我市危房改造工作的推进步伐。如:非本村户籍限制,对原籍为本村的华侨、港澳台侨胞及因工作、学习、参军等原因户口外迁列为危房翻建限制对象;户口认定基准日为2008年6月1日前;把在我市范围内拥有商品房认定为"一宅"的范畴;下达翻建指标等等。

(四)审批手续烦琐效率不高。据了解,去年一年来经沿海五镇政府审核,按规定先后报送了37宗须土地、住建、执法三局联合核准的危房翻建申请件,至今还没有任何1宗获批。"到底是土地、住建、执法三局对这些危房情况熟悉,还是当地镇党委政府对这些危房情况更熟悉"这是群众提出的质疑。另外,对于整村改造及拟建设居住小区的行政审批手续更为烦琐,涉及用地审批、规划审批、建设审批诸多环节,尤其土地审批周期较长,少则半年,多则1—2年,还要派专人办理;即便获批建设居住小区手续,建设资金筹措更是大问题,如果得不到上级的资金支持将是画饼充饥。面对如此繁杂的手续问题和资金困惑,有建设念想的村庄也只能望而却步。

三、意见建议

(一)要深刻认识当前推进危房改造的目的和意义

农村危房改造是一项重大的民生工程、民心工程和德政工程。

实施农村危房改造工程，消除群众居住安全隐患，实现“住有所居”，是当前和今后几年各级党委、政府的一项重要任务。所以危房改造工作更应充分考虑农民群众意愿、经济承受能力和生产生活习惯等因素，让困难群众实现“搬得进、住得起、过得好”的安居梦想。同时，要看到危房改造的实施不仅可以解决广大农民群众生命财产的安全问题，还能产生积极的社会综合效益：一是能使村容村貌得到改善和提升，推进新型社区建设步伐；二是能有效拉动社会经济消费、扩大市场内需和促进就业；三是能快速推进“城镇一体化”发展，实现全域城市化的目标；四是能打破危房只堵不疏的紧张局面，从而密切党群干群关系。

（二）要因地制宜灵活采取危房改造模式

危房改造应当在符合城市总体规划、近期建设规划、各专项规划以及各镇、村规划的前提下，正确理解和处理全域城市化与农村社区建设的关系，结合新农村建设、小城镇建设和新型社区建设，灵活运用有关政策、规定，因地制宜采取危房改造模式，通过多种形式相结合的模式快速推进危房改造工作。第一种模式是结合镇区规划整合改造。对镇中心区域的危房，规划要先行，配套基础设施要一步到位，整合镇中村改造和农村住房建设的相关政策，推进镇区住房建设和危房改造。如：鸿山镇西墩村、伍堡村建议进行“镇域小城市综合体整合改造”；永宁镇区第一、二、三居委会建议选择“复古创新型改造”，以古卫城风格翻建如旧，重塑古卫城展示卫城雄风。第二种模式是实施拆零整体改造。鼓励有条件的村庄通过实施宅基地置换小区建设用地、宅基地有偿退出、危房由政府收储、推进项目建设等措施，集中建设多层单元式住宅或农村住宅小区，实现节约集约用地和集中居住，完善区域配套功能。有两种具体做法，一是零星拆危，异地集中安置；二是连片拆除，就地局部分期滚动建设(此办法能整理出多余的土地，真正达到节约集约用地。晋江市磁灶镇大埔村美丽村庄建设示范点就是一个佐证)。如：鸿山镇洪厝村、祥芝镇湖西村建议进行“异地集中安置”；祥芝镇祥渔村、祥运村和鸿山镇东埔村等土地稀少、建筑密度高、房屋依山而建的渔村建议采用“局部连片拆除滚动翻建”。第三种模式是实行应急零星就地翻建。对短期内无法实施连片开发改造或集中安置的危房户，要本着以人为本的原则，千方百计创造条件让他们就地翻建，让危房户感受到党和政府的关爱和温暖。第四种模式是寻找泉州 980 控制区危改出路。一方面，市政府要积极向泉州市政府反映住房危困群众的呼声，争取泉州尽快明确近、中、远期开发建设的线路图和计划，对中、远期开发建设区域内的危房户，建议给予控制建设规模翻建；另一方面，对近期可能开发建设区域内的危房户，建议由镇政府按照区域统筹的原则选择确定集中安置地块，用于集中建设异地安置房。

（三）要进一步“松绑”现行的危房改造政策

1.放宽户籍限制规定。危房改造不同于普通建房，只要是危房就必须想方设法排险解危，不应受户口限制。特别是海外侨亲，在老家只要有危房，都应该支持翻建，既能消除安全隐患，又有利于汇聚海外侨亲及家乡贤达人士的力量，凝心聚力促进家乡社会事业的发展，落实政府“二次创业”回归工程的政策。此外，建议取消户口基准日，比较科学合理。

2.明确“一户一宅”的概念。土地管理法第 62 条第 1 款规定：农村村民一户只能拥有一处符合法定面积标准的宅基地，这叫作“一户一宅”。购买商品房是不属于“一户一宅”的范畴(法律法规没有明文规定)，所以不要将在我市范围内拥有商品房的农村危房户列入违反“一户一宅”规定的对象。这样的界定不科学、会自捆手脚。

3.正确解读“新批宅基地面积标准”，放宽翻建面积控制。《福建省农村村民住宅建设管理办法》第十条规定：“村民建房每户宅基地限额为 80 平方米至 120 平方米，利用空闲地、荒坡地和其他未利用地建设住宅，或者对原旧住宅进行改建的，每户可以增加不超过 30 平方米的用地面积。”为此，建议适当放宽旧住宅翻建的占地面积和建筑面积。

4.依法灵活把握建设规模。对“一宅多户”和“一宅多兄弟”就地翻建的，允许多种建设模式，按“每户平均翻建房屋占地面积不超过 120 平方米、建筑面积不超过 300 平方米”的标准，供他们自由选择，进行独栋式、叠加式或并联式自建住宅，总建筑占地面积不得超过原占地面积，总层数原则上不超过5层。这既有利于集约用地，又能满足群众的多样化选择和住房需求。

（四）要进一步完善危房改造配套政策

1.出台鼓励“拆危建新”和“拆危建绿”政策。首先，要鼓励“多拆多建”，对单户原建筑面积已超出300平方米的危房户，允许其等建筑面积建设，但其占地面积在留足消防通道、满足采光需求的情况下作适当地放宽，层数不超过5层；其次要鼓励“拆危建绿”，对拥有多处危房或能获得本村亲朋好友支持的，采取先拆后建的办法，把不同产权人、不再翻建的危房“拆危建绿”，在保留其土地权属的前提下，参照目前片区拆迁补偿方案，把“拆危建绿”的危房建筑面积整合增加到拟申建的住宅指标上，但其占地面积不得超过150平方米，层数不超过5层。

2. 开辟加层建设安全鉴定路径。根据要求，原混合结构房屋加层建设须经有资质检测单位对其进行安全技术鉴定。据了解，目前具有鉴定资质单位仅厦门、泉州各1家且费用相当昂贵，并且鉴定房屋须达到一定规模才肯受理。对此，建议由市住建局牵头对全市需鉴定的房屋进行打包组合、集体议价，邀请有资质单位统一组织鉴定，或由市建设工程管理部门联合组成房屋安全技术鉴定小组，接受群众的鉴定申请。

3. 妥善解决房屋移位建设问题。我市大多数村庄都存在着因新农村建设或道路建设民房被拆迁需移位建设，但至今尚未安置的历史欠账问题，还有一些危房在控制区内、规划路网上无法翻建的情形。这些遗留或现实问题务必妥善处理好，它关系到党和政府的诚信问题，关系到党和政府在人民群众中的威信问题。建议在符合规划的前提下，允许其移位翻建，这既能解决危房户的住房问题，又为今后拆迁征用节省成本。

（五）要开通危房改造审批“绿色通道”和“快车道”

危房改造工作量大面广，是一项复杂的系统工程，需要各职能部门相互配合、互相协调。市居住危困户工作领导小组要充分发挥决策、指挥和协调作用，每个月至少召开1次会议，研究危房改造工作，同时要结合镇、村熟悉基层情况的实际，把危房就地翻建审批权全面下放至镇一级。市国土资源局、住房和城乡规划建设局、行政执法局要加强业务指导和监督检查，尤其要加强对连片翻建、小区安置等须上报上级审批事项的跟踪力度，指定专人负责，对受理的危房改造申请件要建立限时办结或答复制度。镇、村干部要为危房户提供“保姆式”优质服务，全面建立危房改造的议事、办事、服务制度，开辟审批“绿色通道”和“快车道”，简化审批程序和手续，缩短审批时间。

（六）要探索建立农村宅基地收储与调配机制

从调研的情况看，沿海五镇仍存在一些闲置宅基地，有的村民向镇、村购买了宅基地，因各种原因无法获批建设，形成了“有地无建”闲置宅基地；有的村民圈用房前屋后集体土地，形成了“违法用地”闲置宅基地；有的村民建新不拆旧，形成了“破旧房屋”闲置宅基地；有的原宅基地面积超过现有标准，现拆旧建新，形成了“腾笼”闲置宅基地，等等。在石狮宅基地紧张的情况下，建议盘活利用这些闲置宅基地，探索以行政村为单位建立“宅基地储备库”，收贮闲置宅基地，在收储方法上，制订相应的补偿标准和激励机制。收储的宅基地根据各项建设规划，优先置换和调配给居住危困户。

〔石狮市2013年重点调研课题〕

打造现代港口 服务质量石狮

——石湖港的发展现状及对策建议

石狮市交通运输局课题组

"港城联动，以港兴市"是很多国内外沿海城市迅速崛起的一条重要经验。坚持"产业、港口、城市、民生"四位一体联动发展，用现代理念建设、管理、经营港口，大力提升港口质量，是石狮今后发展的重要方向。

一、石湖港的发展现状及优势

石湖港区是泉州湾的中心港区、国家一类口岸，内贸集装箱吞吐量连续多年位居全国"前五强"，进口荒料石吞吐量全国第一。2012年度，货物吞吐量2555万吨，比增0.84%；集装箱吞吐量125万标箱，比增5%；散杂货吞吐量165万吨，比增13%，其中进口荒料石123万吨，比增31.1%。

1.港口条件优越，发展潜力较大。目前世界海运对港口水深条件的要求越来越高，主要集中在10万吨级以上的深水港。石湖港水深港阔，避风条件好，常年不淤，泊稳条件好，深水岸线长达4000米以上，水深在10米以上，可规划建设1万吨至10万吨级的泊位13个以上。目前，石湖港区基础设施已具相当规模，可满足国际先进集装箱船舶作业。现拥有泊位5个，泊位总长度1325米，新报批建设的2个10万吨级集装箱泊位，计划2015年建成，届时深水泊位将达到2000米以上。

2.港口腹地发达，民营经济活跃。港口经济价值大小，主要取决于港口腹地经济发达程度。在经济总量方面，泉州已连续14年领跑全省，石狮已经连续10年保持两位数的增长。2012年，石狮实现生产总值500.1亿元，增长幅度13%，首次突破500亿元大关。其中，纺织服装、鞋业、五金制造等传统产业的规模以上民营企业销售产值664亿元，增长17%，产销率达96%。区域经济的持续快速增长，民营经济的蓬勃活力，为打造现代港口创造了厚实的产品资源，是石湖港口发展的直接推动力。

3.临港工业发展迅速，重大项目带动明显。近年来，石狮以港口为依托，大力发展临港工业，实施项目带动战略，推进港城联动、产城融合。截至目前，临港的高新区入驻企业56家，通达、佳龙石化、日盛化工、汇龙纺纤等一批规模以上工业企业生产经营形势良好，有力拉动工业经济稳步增长。2012年，高新区工业生产总体稳中有升，实现工业产值118.9亿元，同比增长17.03%；固定资产投资增长较快，完成固定资产投资10.65亿元，同比增长54.65%。

4.交通体系初步形成，集疏运能力有所提高。去年以来，石狮实施交通质量提升计划，逐步完善的交通体系，与港口形成较强的良好互动关系。泉州环城高速石狮互通口于去年12月建成，这样通过泉三高速公路直接把石湖港的经济腹地延伸到三明、龙岩和南平。随着环湾大道和泉州湾跨海大桥的建成，将极大改善港口集疏运系统。去年，石狮新增货车1071辆，实现公路货运量1005.6万吨，周转量101529.7万吨公里，水路货运量2156.9万吨，周转量3066922.6万吨公里。相对完整的交通体系提升了港口集疏运能力，保证了石湖港的持续发展。

二、石湖港存在的主要问题

石湖港区具有较好的发展条件和优势，但应清醒地认识到，石湖港发展也面临着诸多问题，主要有：

1.周边港口竞争加剧。以泉州湾为例，原已建成石湖、秀涂、后渚等港区，大小码头泊位26个，且大都为多用途泊位。其中，与石湖隔湾相望、近在咫尺的秀涂港区，高起点规划，高标准建设，功能区域完善，后发优势渐显。所有这些港口均以泉州、晋江、石狮、惠安、南安为主要经济腹地，服务的客户也大都为同一群体（实际围头湾各港区也是如此）。在激烈的竞争状态下，港口行业经营效益持续低位徘徊，难以作更大的投入来提升港口综合服务能力，难以打造核心港区，从长远看必将削弱港口竞争力。

2.交通网络缺乏纵深。虽然我市形成了较为完整的交通体系，不过集疏运能力还不能完全满足港口发展的需要。尤其是缺乏东西走向的铁路干线，更没有延伸至港口的专门铁路。就港口周边交通现状而言，目前参加港口运输的车辆达1800多辆，现在疏港公路已处于超负荷状态。石湖港区5号、6号泊位开工在即，4号堆场年内竣工。不出5年，车辆需求量将达4000辆以上，届时，因道路拥堵、无处停车，汽车运输能力无法同步跟进，将成为制约港口发展的瓶颈。

3.港口物流发展滞后。港口功能单一，融入现代商贸、物流增值服务等领域不够，缺乏高端航运物流企业，物流服务的层次和水平需进一步规范。目前，除中外运、中海、中远少数企业可提供"一站式""门到门"的综合服务外，绝大多数企业普遍规模小，基本为传统的小货代、小仓储、小运输公司，大部分经营业务只停留在物流链某一环节的服务，只能简单地提供运输和仓储服务，而在物流信息服务、流通加工、物流成本控制等物流增值等服务方面尚处于摸索阶段。目前，全市尚无能够为物流企业、客户提供服务的物流信息服务平台。

4. 外贸吞吐比重偏低。2012年，石湖港外贸集装箱完成5.75万标箱，占比4.6%。这与港口整体发展态势极不相称，反映出石湖港外贸航线起步晚，国际航线少，服务体系薄弱，缺乏核心竞争力。尽管石狮近年来对外贸易受国外市场变化的影响起伏较大，但随着外贸形势的变化，与国际集装箱枢纽港90%以上的集装箱化率相比，石湖港外贸集装箱吞吐量在未来几年内还有相当大的发展空间。

三、加快石湖港发展的思考

纵观石湖港的发展历程，环顾周边港口的发展态势，引发我们对石湖港未来发展的一些思考。

思考之一：必须创新机制，争取政策层面的支持。港口作为一个地区的重要基础设施，没有政策的支持是不可想象的。石湖港具有得天独厚的地理条件、充足的货源和初具规模的基础设施，具有发展成为现代化港口的资源优势。应积极争取上级的支持，优化泉州湾港口布局，强化石湖港作为泉州湾中心港区的地位，集中力量和资源，把石湖港建设成规模化、集约化、信息化程度较高的港区。要勇于先行先试，积极探索建立"保税港"的可行性，积极创造条件申报保税港区，以更加开放的政策来提升港口竞争力。

思考之二：必须协同互动，走竞争合作的发展路子。石湖港的发展，不可避免需要直面周边港口的竞争，最直接的就是与厦门港的竞争。石狮、泉州与厦门共处100平方公里的共同经济腹地内，厦门港则约有40%左右的货物来自泉州。因此，石湖港要寻求突破发展，必须加强对厦门港的研究，学习借鉴厦门港在集装箱经营、物流发展、通关环境等方面的先进经验。石湖港与周边港口既竞争又合作，必须发挥比较优势，扬长避短，加强港口间的互动和协作，才能形成互利共赢的发展局面。

思考之三：必须把握机遇，大力推进港口转型提升。当前国际航运持续低迷，海运市场何时走出"低谷"，目前还很难判断。谁能在这个时候抓住机遇发展自己，谁就能在经济复苏后抢占先机，赢得市场。低迷的市场对港口的冲击，表面上是对货物吞吐量等增长速度的冲击，实际上是对港口发展方式、经营结构的一次重大冲击和严峻考验。所以，在这个时候，更应该对石湖港的发展作系统梳理，把"强项做强，短板补齐"，积蓄进一步发展的强大力量；用现代眼光来审视整个港口的建设和管理，摒弃粗放的港口管理模式，植入高效的现代港口经营管理体系。同时，要构建良好的税收政策环境，加大财政扶持力度，引导和鼓励占泉州总运力三分之一的本地航运企业在逆境中练好内功、蓄势待发。

四、加快石湖港发展的对策建议

从总体上看，石湖港发展优势大于劣势，机遇大于挑战，在发展过程中应实施有效的发展对策，推动港口质量提升。

1.拓宽投资渠道，加快港口建

设。坚持“谁投资、谁受益”的原则，多渠道筹措建设资金，实现港口投资多元化。除争取国家投资外，还应充分利用我市民营资本雄厚的优势，创新融资渠道，以股份制形式吸收民营资本参与港口建设。充分发挥中远集团在港口建设中的作用，加快石湖港5号、6号10万吨级泊位建设，加快推进石湖港7号—10号15万吨级深水泊位前期工作。

2.加快集疏运通道建设，拓展港口腹地。推进港口铁路的规划建设，考虑将铁路支线延伸至港区，提高港口辐射力，拓展港口经济腹地。支持港航企业参与赣州、吉安、三明等城市“无水港”建设，与腹地构建战略伙伴关系，形成福建中西部及周边省份货物从石湖港进出的服务优势和成本优势，尽早使石湖港货物走江(西)、湖(南)。当前，要着手建设港口运输车辆服务中心，配置停车场、维保点、加油站，解决今后制约港口发展的瓶颈。

3.发展现代物流业，拓展港口服务价值链。按照有利于拓展港口综合物流功能的路子，促进现代物流业的发展和产业升级。可借鉴厦门象屿发展港口物流经验，成立国有港口物流开发公司，全权负责整个港口的物流规划运营和土地增值开发，防止“小而散”的无序开发，在政府目标和企业目标之间寻找契合点，努力实现政府利益和企业利益最大化，做大做强石湖港物流体系。

4.鼓励开辟新航线，发展外贸集装箱业务。出台优惠政策吸引国际大型航企在石湖港开辟国际干线，支持本地航企增开国际航线，并加强与上海、深圳、宁波等国际枢纽港口的合作，开展“同船运输”业务，克服石湖港国际航线少及舱位利用率低的困境。同时，拓展与厦门港的合作领域，吸引厦门港到石湖港设置场站，一方面可以使企业享受到厦门港的优惠政策，为企业节省成本，另一方面也可以不断积累、集聚港口周边的物流、货代等各项配套资源和国际航线，从而逐步改善石湖港发展外贸业务所需的各种要素。

5.加快口岸建设，优化港口通关环境。推动泉州太平洋集装箱码头有限公司建设石湖新联检大楼，加强港口行政管理系统的协调运作。建设完善的电子口岸信息监控系统，将海关、海事、港口、商检、查验、保险、金融等相关的政府资源和港区、码头、堆场、航空、物流企业资源整合一起，从舱单生成开始，对货物和单证进行实时的动态跟踪，亦可结合企业内部数据，对货物进行全程跟踪，用最快捷、最真实、最权威的数据帮助企业改善通关效率。

6.以港口为依托，打造海洋经济带。石狮拥有丰富的海洋资源，海洋捕捞业和水产品加工业发达，临港工业也初具规模，正在逐步形成活跃的海洋经济带。建议以石湖、祥芝港区为支撑点，统一进行规划调整，做好高新区、海洋科技生化园区的衔接和呼应，加强海洋传统产业技术改造和产业结构调整，注重培育新兴海洋产业，全方位发展海洋产业，促使沿海港口运输、滨海旅游、海洋渔业和滨海工业蓬勃发展。

课题指导：杜举胜
课题负责：丁聪岭
课题执笔：蔡志坤